Biblioteca Historica de Puerto-Rico, que contiene varios documentos de los siglos 15, 16, 17 y 18, coordinados y anotados por Alesandros Tapia y Rivera.

Alejandro Tapia y rivera

Biblioteca Historica de Puerto-Rico, que contiene varios documentos de los siglos 15, 16, 17 y 18, coordinados y anotados por Alesandros Tapia y Rivera.
Tapia y rivera, Alejandro
British Library, Historical Print Editions
British Library
1854
587, 14 p. ; 8°.
9555.bbb.16.

The BiblioLife Network

This project was made possible in part by the BiblioLife Network (BLN), a project aimed at addressing some of the huge challenges facing book preservationists around the world. The BLN includes libraries, library networks, archives, subject matter experts, online communities and library service providers. We believe every book ever published should be available as a high-quality print reproduction; printed on- demand anywhere in the world. This insures the ongoing accessibility of the content and helps generate sustainable revenue for the libraries and organizations that work to preserve these important materials.

The following book is in the "public domain" and represents an authentic reproduction of the text as printed by the original publisher. While we have attempted to accurately maintain the integrity of the original work, there are sometimes problems with the original book or micro-film from which the books were digitized. This can result in minor errors in reproduction. Possible imperfections include missing and blurred pages, poor pictures, markings and other reproduction issues beyond our control. Because this work is culturally important, we have made it available as part of our commitment to protecting, preserving, and promoting the world's literature.

GUIDE TO FOLD-OUTS, MAPS and OVERSIZED IMAGES

In an online database, page images do not need to conform to the size restrictions found in a printed book. When converting these images back into a printed bound book, the page sizes are standardized in ways that maintain the detail of the original. For large images, such as fold-out maps, the original page image is split into two or more pages.

Guidelines used to determine the split of oversize pages:

- Some images are split vertically; large images require vertical and horizontal splits.
- For horizontal splits, the content is split left to right.
- For vertical splits, the content is split from top to bottom.
- For both vertical and horizontal splits, the image is processed from top left to bottom right.

BIBLIOTECA

HISTORICA DE PUERTO-RICO,

que contiene varios documentos

De los siglos XV, XVI, XVII y XVIII,

COORDINADOS Y ANOTADOS

Por D. Alejandro Tapia y Rivera.

PUERTO-RICO.
IMPRENTA DE MARQUEZ.
1854.

La antigua BORINQUEN, (1) hoy San Juan de Puerto-Rico, es la menor de las grandes antillas. Situada al S. E. de la Española, sirve de eslabon que une á esta con las islas menores, en la cadena que parte de la Florida y termina en los confines del seno Colombiano. Atravesada de oriente á poniente por un sistema de montañas, posee valles deliciosos, risueñas colinas y abundantes rios; y su clima templado y su hermoso cielo y sus campiñas verdes, hacen que Puerto-Rico merezca una página en la cartera del viagero y un recuerdo en el corazon del poeta.

Pero si la naturaleza tuvo á bien ornarla con sus galas y sus dones, en cambio, no la cupo en suerte la riqueza de los acontecimientos, el prestigio de antiguo nombre, ni la luz de la tradicion.

Mas felices las demas provincias de América, debieron á la pluma de los conquistadores, tan pródigos en hazañas como en escribirlas, una abundancia de relaciones, que si bien no ponen en claro la historia primitiva, no dejan de ofrecer ancho campo á la investigacion de infatigables y eruditos escritores. Los conquistadores de Puerto-Rico, mas dados á las armas que á las letras, han dejado en la oscuridad los antecedentes del

---

(1) El nombre primitivo de la Isla era el de BORIQUEN, pero el Padre Abad de la Mota, que sin razon manifiesta, adulteró muchos vocablos indígenas, añadió una *n* á la segunda sílaba, variacion que ha confirmado el uso moderno.

El laborioso jóven D. Francisco Pastrana, con cuya amistad me honro, en su apreciable Geografía de Puerto-Rico, dice: "que la Isla se llamó *Borícua ó Borinquen.*" Respecto de la primera palabra, me hallo en el caso de manifestar, que no es propia, puesto que ninguno de los escritores mas autorizados justifica su uso; y puede muy bien suponerse que Pastrana la tomó de algun autor extrangero poco versado en la ortografía española del siglo XVI. Los manuscritos de aquella época traen la diccion *Boriquen*, escrita en esta forma, *Boriquẽ*, supliendo por vía de abreviatura, como en muchas voces semejantes, la *n* final con un tilde. Por otra

país; y gracias á alguno que otro cronista oficial, nos quedan escasos rasgos de la vida pública y doméstica de la raza de Agueynaba. Y en verdad que es raro semejante hecho, porque los españoles del siglo 16, y en especial el clero, mostraron siempre el amor á la investigacion que era natural en hombres que, dotados de imaginacion fogosa, veian por do quiera paises vírgenes y de suma fertilidad, y una raza de hombres cuyos usos y costumbres ofrecian desemejanza notoria con el modo de vivir de los pueblos conocidos hasta entonces. Por eso se muestra en sus escritos el deseo de referir la variedad de impresiones que les sugerian las nuevas tierras; escritos que en estilo incorrecto, llevan el sello de pueril candidez y credulidad rústica propia de los tiempos, y retratan con vivos colores el asombro y la admiracion que les inspiraba lo que tenian ante su vista.

En todos ellos se muestra el corazon del autor, y en muchos, la pasion individual en contraste con la buena fé y el sentimiento de justicia que es propiedad de todas las épocas, porque es innato en el hombre y pugna por sobreponerse á las preocupaciones.

Grande es el número de relaciones, de viajes y descubrimientos, de informes y pareceres, y sobre todo el de instrucciones y ordenamientos que, llenos de la mejor intencion por parte de los Reyes, tienden á plantear la colonizacion y á desarrollar la riqueza y bienestar de los pueblos nuevamente hallados, y que son base del código célebre, que con el nombre de *Leyes de Indias*, es muy superior en buenos principios y en rectitud, á los adelantos del siglo en que fué formado.

Con todo, careciendo los indígenas de BORINQUEN del conocimiento de la escritura, no pudieron legarnos la menor reseña de su primitiva historia; destituidos de artes, no poseemos

---

parte la sílaba *cu* solian escribirla *qu*, como sucede en *quenta questa* &c., y de este modo es fácil esplicar la transformacion de *Boriquen* en *Boricue* ó *Boricua*.

Los ilustrados D. Juan Manuel Echeverría y D. Manuel Felipe Castro, cuyos talentos son muy estimables, en sus cantos épicos consagrados al asédio británico de 1797, llaman á Puerto-Rico, *Carib*. Sin duda habrán visto usada esta palabra por algun autor, pero este á mi ver es un aserto que no confirma ninguno de los escritores de mejor nota; y en verdad, que no deja de perjudicar á la historia que semejante equivocacion se generalice, pues el nombre de *Carib* que segun algunos, significaba entre los indios *enemigo, antropófago* &c., se aplicaba á cierta raza del archipiélago y continente, muy distinta en carácter y costumbres de los habitantes de Puerto-Rico.

un solo monumento como huella de su paso, y la arqueología con ayuda de todas sus palancas, no encuentra un solo epígrafe que descifrar, ní un solo símbolo que la ilumine. Sus recuerdos murieron con su lengua, que no estudiada por los conquistadores, terminó con la raza. Apénas quedan escasas y vagas noticias de su carácter y costumbres en los pocos escritores generales del nuevo continente, que al trazar los cuadros del descubrimiento y breve conquista de la Isla, dicen alguna cosa sobre el modo de existir de los naturales; y aun es mas notable si alguno se detiene de vez en cuando, al continuar su narracion, en los primeros pasos de la poblacion del país, dejando vacios, que resaltan mas á causa de los destellos, que á manera de relámpagos, brillan de tarde en tarde en el horizonte histórico de Puerto-Rico.

Para llenarlos ocurre el historiador á las fuentes originales, busca en el laberinto de los documentos de oficio y en la correspondencia particular de la época el hilo que cortado á trechos, puede guiarle con trabajo, si bien con seguridad, al término de sus investigaciones.

Por tanto, algunos escritores del nuevo continente que tratan la historia del país, formarán la primera seccion de esta Biblioteca. He juzgado importante la insercion de aquella parte de sus obras que se refiere á Puerto-Rico, porque algo costosas, no se encuentran al alcance de todos, y porque son de absoluta conveniencia en una coleccion como la presente. Entre ellos merecen preferencia los que como Oviedo, fueron testigos presenciales de los sucesos que refieren, y cuya narracion sirvió de fuente á los que como Herrera y Gomara, (2) entre los nacionales, y Laët y Robertson, entre los estraños, han escrito tambien historias generales del nuevo mundo.

Cuenta ademas Puerto-Rico como escritor particular al padre D. Iñigo Abad de la Mota.

D. Antonio Valladares de Sotomayor publicó en Madrid en 1,788 la historia geográfica, civil y política que escribió el primero por mandato del Conde de Florida Blanca. Este libro aunque no exento de errores, atendida su índole y su forma es de sumo bien, pues que su autor, laborioso en estremo, pudo consultar la tradicion viva, por hallarse mas próximo á la época en que pasaron los sucesos, logrando esclarecer algunos

---

(2) En la coleccion de Barcia, impresa en la Península, se encuentra la historia de las Indias escrita por Francisco Lopez de Gomara; en la que se habla muy poco de Puerto-Rico.

puntos muy interesantes en razon de referirse á la conqu..
y colonizacion.

La segunda seccion de esta Biblioteca, mas interesante aun que la primera, contiene muchas memorias y documentos inéditos hasta el dia. Diseminados aquí y allá por todas partes en códices de "varios" con asignaturas muy agenas á Puerto-Rico, cuya pobreza histórica hacia mas dificil y árdua su adquisicion; gracias á la constancia del erudito y laborioso Don Juan Bautista Muñoz, de quien hablaré mas adelante, han podido salvarse muchos de la confusion y olvido.

En vista de tales circunstancias, el trabajo que con el carácter de preparatorio, ofrezco á la juventud estudiosa, es de bastante interes para la nacion y la provincia, porque abre camino á nuevas investigaciones, que acaben de ilustrar en todos sus puntos la historia de Puerto-Rico. Si la presente Biblioteca es acogida como merece por la importancia que en sí encierra, quedará pagada la buena intencion que á falta de otras dotes ha guiado mi deseo.

Convencido de esto, concluyo estas líneas no sin dar mis mas sinceras gracias á los distinguidos literatos D. Pedro Sainz de Baranda y D. Domingo Delmonte, cuya vasta erudicion bibliográfica, é ilustrada crítica, así como la escelencia y bondad de su carácter, me han sido de gran utilidad en esta empresa.

FRAGMENTOS

DE LA HISTORIA GENERAL Y NATURAL

DE LAS INDIAS,

POR GONZALO FERNANDEZ DE OVIEDO.

Libro 16, y algunos capítulos de otros
libros referentes a Puerto-Rico.

GONZALO FERNANDEZ DE OVIEDO, nació en Madrid en 1478, y habiendo sido en su juventud paje del Príncipe D. Juan, hijo de los Reyes Católicos, pasó á América en donde sirvió varios cargos, y fué por último nombrado *Cronista de las Indias.*

Entre sus obras se encuentra su "*Historia general y natural de las Indias,*" compuesta de cincuenta libros, cuyo diez y nueve primeros fueron publicados en 1535; y aunque algunos años despues se reimprimió esta primera parte de su obra, con adicion del libro 20 titulado de *Naufragios*, el resto de ella ha permanecido inédito hasta el dia, en que la Real Academia de la historia de Madrid, ha emprendido tan interesante publicacion, de cuya edicion, digna del autor ilustre, ha visto la luz el primer tomo.

Esta obra, si bien es poco notable por sus cualidades literarias, no así por su mérito histórico, pues aunque el autor escribió algunas cosas de oidas, en otras fué testigo ocular, y estuvo relacionado con muchos de los que en ella figuran. El propio amor á los pormenores que hace indigesta y desproporcionada la obra, el poco enlace y unidad que guarda en el conjunto, aunque circunstancias negativas en apariencia, son de gran aprecio por lo que respecta á la verdad. Llevado el autor de su buena fé, muestra gran empeño en averiguar datos y atesorar noticias, y en su libro se ofrece, aunque irregular é incoherente, el cuadro de los hechos tales como se presentan á la imperfecta vista del coetáneo.

La historia de Oviedo es pues una reunion de hechos, ciertos en su mayor parte, que solo aguardan la forma que le preste un hábil escritor, y el razonamiento del filósofo que los haga útiles al mundo. Este amor á la verdad, fué sin duda lo que le hacia clamar contra los que suelen escribir libros mas allegados á buen estilo, que buenas y juiciosas historias.

Con todo, es forzoso hacer justicia al ilustre Oviedo; si no supo llegar en la via especulativa al cabal y debido término, podemos decir que no le fueron desconocidos ni el fin moral y político de la conquista, ni el particular de la nacion española. Por lo que hace al primero; la gloria del cristianismo se ofrecia á su vista con todo su brillo; y por lo que toca al segundo; el engrandecimiento de su patria no se ocultaba á su corazon.

Hasta aqui su historia política; la parte *natural* de su obra, tan curiosa é importante á la ciencia, ha merecido el acatamiento de los sabios, y ha sido de gran utilidad al mundo médico por el valor de los hechos que acopió su espíritu.

Bajo estos dos puntos de vista se muestra su obra, y de ella he creido conveniente tomar para esta Biblioteca, no solo el libro 16 que se refiere á la conquista de la isla, sino tambien todos aquellos capítulos en que el autor trata del carácter, costumbres, religion y naturaleza de la Española, por ser en un todo idéntica, segun su sentir, á Puerto-Rico.

Comiença el libro décimo sexto de la Natural y general historia de las Indias, islas y Tierra-Firme del mar Oçeano: *el qual tracta de la conquista y poblacion de la isla de Boriquen, á la qual los chripstianos llaman agora isla de Sanct Johan.*

PROHEMIO.

Pues conviene, para conclusion de la primera parte desta *general historia de Indias*, dar particular raçon de las otras islas, pues he recontado lo que he podido ver y entender de la prinçipal dellas, llamada por los indios *Hayti* é por los chripstianos *Española*, passemos á la de *Boriquen* que agora se llama *Sanct Johan*, pues que en la verdad es muy rica é fertil y de mucha estimaçion. Y como mas brevemente pudiere, despues que haya dado fin á este libro XVI, passaré á otras islas notables, de quien tractaré en los libros siguientes. Y despues diré de las demas, exçepto de aquellas que están muy çercanas de la Tierra-Firme, porque de las tales en la segunda parte será hecha mençion en el lugar que convenga. Y por no dar pesadumbre á los letores con la repetiçion de una mesma cosa, bastará que en aquello que oviere, semejante á lo que está dicho, me refiera á la isla Española, porque en muchas cosas tienen semejança, assi en las aves como en los animales y en las pesquerias y otras particularidades. Y porque mejor se entienda, no seguiré á algunos auctores antiguos que se contentaron, quando escribieron de alguna provinçia, con decir, las que están próximas á aquella para la dar á entender, é como notorias, se entendiessen las unas por las otras; pero haré yo lo mesmo, que es como mostrar los aledaños ó linderos, é tambien diré en que paralelo ó altura é grados está assentada esta isla é las otras en quien habláre, é quanto distan de la equinoçial, que es el mas çierto medir, ó entender de todos en este caso. E si esto hiçieran los que escribieron destas islas Hespérides (que yo por tales las tengo, por las raçones que tengo alegadas en el terçero capitulo del II libro desta primera parte), no se perdiera la navegaçion ni vinieran agora á tenerlas por Nuevo Mundo, como intitula Pedro Mártir sus décadas *De orbe novo*, y lo escribió destas nuestras Indias. Porque ni esto de acá es mas nuevo ni mas viejo de lo que son Assia, Africa y Europa. Pero porque en ninguna destas tres partes, en que los antiguos cosmógraphos dividen el mundo no pussieron esta tierra é grandes provinçias é reynos de nuestras indias, paresçiole al dicho auctor que sus décadas y él tractaban del mundo nuevo. Vista cosa es que Africa ni Europa no pueden ser estas Indias, pues que el rio Nilo divide la Africa de la Assia por la parte oriental, y por el Poniente la rodea el Oçéano, é assi mesmo por el Mediodia. Y dáse en la cosmographia del Tholomeo todo lo demas de la otra parte del Nilo á Assia, pues Europa tambien tienen los antiguos que la divide de Assia el rio Thanaís, é por la parte austral tiene el mar Mediterráneo, é por el Occidente mucha parte della çircuye assi mesmo el mar Oçéano, é á la parte superior del Norte tiene el mar congelado é los montes Hyperbóreos, é á Levante tiene á Sarmaçia é Sçithia y el mar Caspio, que es todo de Assia, etc. Pues visto é muy notorio está que estas nuestras Indias en ninguna manera pueden ser parte de Europa ni de Africa, por lo que tengo dicho de sus límites; y que si han de tener partiçipaçion de alguna de las tres, ha de ser con Assia. Y esto, quando estoviesse averiguado que la última tierra que en Assia estoviesse al Oriente ó delante del reyno de la China, ú otra que estoviesse ó haya mas oriental se juntasse con la parte mas occidental de la Tierra-Firme destas nuestras Indias que és lo que está mas al Poniente de la Nueva España, que acá llamamos. La qual, como no está toda descubierta aun, no se sabe si es mar ni tierra en el fin, ó si está toda por alli rodeada del mar Oçéano, lo qual yo mas creo; é mi opinion é de otros hasta agora mas sospecha me da que no es parte de Assia ni se junta con la que Assia llamaron los antiguos cosmógraphos. Antes se tiene por mas çierto que la tierra firme destas Indias es una otra mitad del mundo, tan grande ó por ventura mayor que Assia, Africa y Europa; é que toda la tierra del universo está dividida en dos partes, y que la una es aquello que los antiguos llamaron Assia é Africa y Europa, que dividieron de la manera que he dicho; y que la otra parte ó mitad del mundo es aquesta de nuestras Indias. Y desta manera tuvo razon Pedro Martir de llamarlo Mundo Nuevo, conforme á la notiçia ó raçon que dieron los antiguos, é por lo que agora paresçe que ynoraron ellos, é vemos nosotros. Porque, como tengo dicho en otras partes (y probado) que estas islas son las Hespérides, la Tierra-Firme no la cuento por las Hespérides, sino por una mitad ó mayor parte de dos prinçipales que contiene el universo todo. Y que sea verdad esta cosmographia de mi opinion, es la causa ver palpable la pintura de todo lo descubierto, é como nos enseñan las agujas del marear la linia del diámetro puntualmente en las islas de los Açores, como mas largamente lo toqué en el libro II. E desde aquellas al Oriente llamo yo la una mitad de todo el orbe, en la qual consisten Assia, África y Europa; é desde las mesmas islas al Occidente la otra mitad, en que caen nuestras Indias é la Tierra-Firme. La qual abre una boca en figura ó forma de señuelo de caçador, é la punta que tiene al Norte es la tierra que llaman del *Labrador*, que está en sessenta grados ó mas apartada de la equinoçial; y la punta que tiene al Mediodia, está en ocho grados de la otra parte de la linia equinoçial, la qual punta se llama el cabo de *Sanct Augustin*. Y partiendo de la una punta para la otra, tierra á tierra, seria menester navegar por tal costa mas de tres mill leguas en la çircunferençia de la parte interior, ó por de dentro de las dos puntas del señuelo. Mas queriendo andarlo por defuera de punta á punta, por la parte que rodea la mar esta grande tierra, aviendo de bojar ó entrar por el estrecho que descubrió el capitan Hernando de Magallanes (si como dixe de suso no se junta con Assia, pues de mi opinion es todo agua, é abraçada del mar Oçéano,) mas de seys mill leguas avria de caminar quien tal camino hiçiesse, é se han de hallar en la çircunferençia de la Tierra-Firme, por lo que se muestra de la nueva cosmographia. Porque desde la dicha punta ó cabo de *Sanct Augustin* corriendo á la parte austral, se dilata esta Tierra-Firme hasta el dicho estrecho de Magallanes, que está en çinqüenta é dos grados é medio. Pues entrad, cosmógrafos, por el estrecho que digo, é yd á buscar tierra á tierra el cabo del *Labrador* á la parte del Norte, é vereys si será doblado el camino, el que por defuera de estas puntas se avria de andar, que el que dixe por la parte de dentro desta tierra. Quanto mas que ni por de dentro ni por defuera de las puntas, no está sabido puntualmente ni descubierto lo que hay, puesto que la mayor parte está vista en lo que está entre la una é la otra punta por de dentro, é vienen á ser estas nuestras islas como mediterraneas, conforme á lo que tengo dicho é á lo que nos enseñan las cartas modernas de navegar. Pues de aquestas islas que están al Occidente de la linia del diámetro en nuestras Indias, ó mas al Poniente de las que se diçen de los Açores, escrebiré particularmente, en especial de las que están pobladas de chripstianos, demas é allende de la Isla Española, que es la mas prinçipal é de quien he tractado en los libros preçedentes.

Estas que agora quiero distinguir, son la isla de *Boriquen*, é la que los indios llaman Cuba y los chripstianos Fernandina, é la quarta será Jamayca, que agora se llama Sanctiago: la quinta será Cubagua, que los chripstianos llaman Isla de las perlas, ó la Nueva Cáliz. Otras dos hay pequeñas que tambien hay en ellas algunos chripstianos, pero pocos, que son la que llaman la Margarita, çerca de la de Cubagua, y la otra es la Mona, que está entre esta Isla Española é la de *Sanct Johan*. Y de cada una dellas se dirá alguna cosa, é primero de la Mona, pues que para yr desde aquesta isla de *Hayti* ó Española á la de *Sanct Johan*, dicha por otro nombre *Boriquen*, ha de passar la mente é aun los navios que lo andovieren por la isleta dicha Mona. E assi con el auxilio soberano, como haya complido con estas particulares islas que he nombrado, se dirá en general de las de demas en su lugar para dar conclussion á la primera parte desta *general é natural historia de Indias*: en la qual, aunque hay muchas novedades é cosas de notar, se verán muchas mas é mayores en la segunda é terçera partes, si Dios fuere servido de me dexar escrebir en limpio lo que tengo notado de la tierra firme ó mitad del universo que tengo dicho de suso: por que en la verdad son cosas que nunca se oyeron ni pudieron ser escriptas hasta nuestros tiempos por otros auctores antiguos, ni alguno dellos habló en esta tierra. Porque lo que dixesse en otras partes de las islas Hespérides no obligan á ser la Tierra-Firme las palabras de Solino de *Mirabilibus mundi*, ni los otros auctores que con él se conforman en la navegaçion de los quarenta dias desde las islas Gorgades ó de Cabo Verde. Pues que desde aquellas á la Tierra-Firme, mas próxima á ellas, se podria navegar en mucho menos tiempo.

CAPITULO 1º

En que se tracta del assiento de la Isla de la Mona é de la de Boriquen, *que agora se llama isla de* Sanct Johan *y otras particularidades.*

Llaman los indios *Boriquen* á la isla que agora los chripstianos llaman *Sanct Johan*, la qual está al Oriente desta Isla Española, veynte é çinco ó treynta leguas. Y en la mitad deste camino está la isla de la Mona en diez é siete grados de la linia equinoçial, á la parte de nuestro polo ártico; la qual isla de la Mona es muy pequeña isleta, é baxa, é llana que podrá tener de çircunferençia tres leguas poco mas ó menos; pero es fértil y habitada de pocos chripstianos é algunos indios, y está á cargo de Françisco de Barrionuevo, que poco ha fué por gobernador de Castilla del Oro. Hay en ella mucha pesqueria é tiene buena agua; é la grangeria della es de pan de caçabi, que he dicho que es el pan de los indios, é buen mahiz. Hay muchos é buenos cangrejos de los colorados, que son mejores que los otros. Y hay muy buena hortaliza, é háçense alli muy singulares melones de los de Castilla, pero como es poquita tierra, de lo que mas sirve es en lo que he dicho, y tambien por que algunas naves hallan alli agua quando vienen con nesçessidad della. No pararé mas en esto por ir á la de *Boriquen ó Sanct Johan* que está otras doçe ó quinçe leguas adelante, mas al Oriente de la Mona; en la punta de la qual, al Occidente, tiene un isleo redondo é alto, que se llama *Çicheo*, el qual es deshabitado, pero la mesma isla de *Sanct Johan* tiene de longitud çinquenta é çinco leguas, pocas mas ó menos, y de latitud hasta diez é ocho ó veynte, donde es mas ancha. E de ahy abaxo en algunas partes doçe é quinçe segund la forma é figura que tiene.

La parte occidental della está en diez é siete grados, é por la parte del Norte quassi en diez é ocho, é assi vá del leste al hueste. Por la parte del Norte es costa brava, exçepto la bahía donde agora está el pueblo prinçipal de ella: todo lo demas es peligrosa costa, por ser traviessa del Norte. Por la parte del Oriente tiene muchas islas pequeñas é baxas llamadas las *Virgenes*, é por la parte austral tiene otras islas pequeñas al luengo de la costa, y al Occidente tiene el isleo del *Çicheo* que dixe de suso, é aquesta Isla Española segund he dicho. Es, aquesta isla muy rica de oro, é háse sacado en ella en grand cantidad, é se saca continuamente, en especial en la costa ó vanda del Norte. De la parte que esta isla tiene mirando al Sur, es muy fértil de mantenimientos de mucho pan de caçabi é de mahiz é de todo lo demas que los indios cultivaban é tenian en la Isla Española; y es de muy buenas pesquerias, á causa de lo qual vivia é señoreaba en aquella parte el mayor señor de la isla, al qual obedesçian otros muchos caçiques.

Hay assi mesmo en esta costa del mediodia muchos é buenos puertos. En las aves é animales, é pescados é arboles y en el traje ó hábito y en la manera de la gente, no difieren en cosa alguna de lo que tengo dicho de la Isla Española, exçepto que estos indios de *Sanct Johan* eran flecheros é mas hombres de guerra; pero assi andan desnudos é son de la misma color y estaturas. Y la manera de las barcas ó canoas es assi, como se ha dicho en lo que he escripto de la Isla Española ó *Hayti*, y lo que oviere diferente á ella se dirá adelante en algunas cosas particulares. Pero antes que á estas vengamos diré de la manera que fué conquistada esta isla por los chripstianos, juntamente con algunas cosas notables que en la paçificaçion della passaron.

Esta isla tiene quassi por la mitad della, tan luenga como es, una hermosa sierra con muchos é muy buenos rios é aguas en muchas partes della: pero el mayor é mas prinçipal entra en la vanda de la mar del Norte é se llama *Cayrabon*: otro se diçe *Taynabon* en la misma costa mas al Oriente; otro llaman *Bayamon*, el qual entra en la bahia que confina con la isla, en que está assentado el pueblo principal, llamado la cibdad de *Sanct Johan* de Puerto-Rico. Porque una ria de agua salada passa de la mesma mar á la dicha bahia é dexa dividido aquel espaçio é termino en que está al un canto, y en lo mas alto de la costa la dicha cibdad, llamada como la isla, *Sanct Johan* y es cabeça de obispado é gentil poblaçion, y avrá en ella hasta çient veçinos con una iglesia catedral, de la qual aun vive el primero obispo llamado D. ALONSO MANSO, religiosa persona é buen perlado. El qual fué sacristan mayor del serenissimo prinçipe D. Johan, mi señor, y despues que el prinçipe passó desta vida, fué por el Cathólico Rey elegido á esta dignidad é obispado en el mesmo tiempo que fueron erigidas las iglesias é obispados de la Isla Española año de mill é quinientos é onçe años, y ha seydo hombre de grande exemplo é sancta persona.

Hay en esta cibdad de *Sanct Johan* un muy gentil monesterio de la órden de los Predicadores, é muy bien edificado, aunque no de todo punto acabado. El rio mas oriental en la mesma costa y al levante de la dicha cibdad se llama *Luysa*; donde tuvo su assiento una caçica que fué despues chripstiana é se llamó Luysa, la qual mataron los indios caribes, como se dirá adelante. Y el mas occidental rio se diçe *Canuy*; pero el mayor de toda la isla es *Cayrabon*, como tengo dicho. A la parte oçcidental desta isla está una villa que se diçe *Sanct German*, en que avrá hasta çinquenta veçinos: el puerto della no es bueno, porque es un ancon ó bahia grande desabrigada, en la qual entra un rio que se diçe *Guaorabo*. Y en la misma costa de poniente hay otros rios, assi como el *Aguada é Culibrinas*, entre los quales estuvo ya un pueblo llamado *Soto-*

mayor. Y de la otra parte de *Sanct German* hácia el Sur, en la mesma costa del Poniente estan *Mayagüex é Corigüex*, rios, é mas adelante está la punta que llaman el *Cabo roxo*. Y de la vanda del Sur, subiendo desde el Occidente, está primero una bahia donde estuvo un pueblo que se llamó *Guanica*, y mas al leste está otra bahia redonda y de buen puerto, llamado *Yauco*: y mas oriental está el rio de *Baramaya*; é mas adelante está el rio que llaman *Xacagua*, en frente del qual está una isla llamada *Angulo*, (puesto que ella es redonda). Y mas al levante, cassi en medio de esta costa del Sur, estan las salinas, é delante de ellas está el rio de *Guayama*; y mas al oriente está otro rio que se diçe *Guaybana*; y mas adelante otra que llaman *Guayaney*; y mas adelante otro que se nombra *Macao*, y adelante, en la frente ó parte de la isla que mira al Levante, está otro rio que se diçe *Fajardo*. Todos estos rios de la vanda del Sur, é tambien los de la parte del Norte penden é han sus nasçimientos en la montaña ó sierra que tengo dicho, que va por medio de la isla del leste al hueste, de luengo á luengo de la tierra toda, é por sus vertientes reparte los rios que tengo dicho: los quales por la mayor parte son pequeños, mas algunos de ellos son buenos rios, pero todos inferiores ó menores que el que se llama *Cayrabon*, que está de la parte del Norte; é aquesta costa es la mas rica de oro en la isla. Y como el ayre es templado, y las aguas naturales las que tengo dicho, es toda la isla fertilíssima; é assi abunda de muchos ganados de todas las maneras que los hay en la Isla Española, de vacas y ovejas, é puercos, é caballos, é todo lo que en los libros preçedentes queda escripto, en loor de *Hayti* ó *Isla Española*.

CAPITULO 2º

Como por mandado del Comendador mayor de Alcántara, don frey Nicolas de Ovando, gobernador de la Isla Española, se començó á poblar de chripstianos la isla de Boriquen (que agora llamamos de Sanct Johan) por mano del capitan Johan Ponce de Leon, y de otras particularidades á esto concernientes.

Despues que el comendador mayor, D. Frey Nicolás de Ovando, vino por gobernador á la Isla Española, é ovo conquistado en ella ó paçificado la provinçia de Higüey, que es á la parte mas oriental de toda la isla y mas veçina á la isla de *Boriquen ó de Sanct Johan*, de quien aqui se tracta, puso por su teniente en aquella villa de Higüey, á un capitan hombre de bien é hidalgo llamado Johan Ponçe de Leon. El qual yo conosçí muy bien, é es uno de los que passaron á estas partes con el almirante primero D. Chripstóbal Colom, en el segundo viaje que hizo á estas Indias: é como se avia hallado en las guerras passadas, teníase experiençia de su esfuerço y persona y era tenido por hombre de confiança y de buena habilidad. Y como este avia sido capitan en la conquista de Higüey, tuvo notiçia desde aquella provinçia é alcançó á saber de los indios que en la isla de *Boriquen ó Sanct Johan* avia mucho oro. Y sabido, comunicólo en secreto con el comendador mayor, que á la sazon residia en la Isla Española: el qual le dió liçençia para que passase á la isla de *Sanct Johan* á tentar é saber que cosa era; porque aunque la isla ya se sabia, y avia sido descubierta por el almirante primero, no estaba conquistada, ni paçífica. Y para este efeto, tomó un carabelon con çierta gente é buenas guias de indios, é fué á la tierra del prinçipal rey ó caçique de aquella isla, el qual se llamaba Agueybana, como el rio que se dixo de suso: del qual fué muy bien reçebido y festejado, dandole de aquellas cosas que los indios tienen para su mantenimiento, é mostrando que le placía de le conosçer é ser amigo de los chripstianos. Y su madre é padrastro del caçique mostraron que holgaban mucho con los chripstianos; y el capitan Johan Ponçe puso nombre á esta caçica D.ª Inés, y á su marido D. Francisco, y á un hermano della hizo llamar Añasco, porque el mismo indio quiso que lo llamasen como á un hidalgo que yba con el Johan Ponçe, que se deçia Luys de Añasco. Y al mesmo caçique Agueybana le puso nombre Johan Ponçe, como se llamaba el mesmo capitan que digo: porque es de costumbre de los indios en estas islas que quando toman nueva amistad, toman el nombre propio del capitan ó persona, con quien contraen la paz ó amiçiçia. Este caçique era buena persona é muy obediente á su madre; y ella era buena muger, é como era de edad, tenia notiçia de las cosas acaeçidas en la conquista é paçificacion de la Isla Española, é como prudente continuamente deçia é aconsejaba á su hijo é á los indios que fuessen buenos amigos de los chripstianos, si no querian todos morir á sus manos. Y assi, por estas amonestaçiones, el hijo se anduvo con el capitan Johan Ponçe, y le dió una hermana suya por amiga, y le llevó á la costa ó vanda del Norte de aquella isla, y le mostró algunos rios de oro, en espeçial el que se diçe en aquella lengua *Manatuabon* y otro que llaman *Çebuco*, que son dos rios ricos, de los quales el capitan Johan Ponçe hizo coger oro, é truxo gran muestra dello á esta Isla Española al comendador mayor, dexando en la isla de *Sanct Johan* algunos chripstianos muy en paz é amistad con los indios. Y quando Johan Ponçe llegó á esta cibdad de Sancto Domingo, hayó que ya era venido el segundo almirante, D. Diego Colom, y que estaba removido de la gobernaçion el comendador mayor. É vino entonçes con el almirante un caballero que avia seydo secretario del sereníssimo rey D. Felipe, llamado D. Chripstóbal de Sotomayor, que yo conosçí muy bien, hijo de la condessa vieja de Caminan, y heredero del conde de Caminan: el qual D. Chripstóbal era hombre generoso é noble, al qual el rey Cathólico enviaba por gobernador de la isla de *Sanct Johan*; pero el almirante no dió lugar á ello, aunque con él avia venido, ni le consintió quedar en aquella isla, é vínose aqui á esta cibdad de Sancto Domingo de la Isla Española, desde la qual el capitan Johan Ponçe, se volvió á *Sanct Johan* y llevó allá á su muger é hijas; pero excluydo del cargo, porque el almirante envió allá por su teniente é alcalde mayor á Johan Ceron, é por alguaçil mayor á Miguel Diaz, del qual en otras partes se ha hecho mençion, é aquestos dos gobernaron quassi un año aquella isla. Y como el comendador mayor era ydo ya en España, fizo relaçion de los serviçios de Johan Ponçe, é negoçió con el Rey Cathólico que le diesse la gobernaçion de aquella isla, é assí le envió la provission real para ello. El qual, por virtud della, fué admitido al offiçio de gobernaçion como teniente del almirante, D. Diego Colom; pero puesto por el Rey, porque le paresçió que assí convenia á su serviçio; y desde á pocos dias que tomó el cargo Johan Ponçe, prendió al alcalde mayor Johan Çeron y al alguaçil mayor Miguel Diaz, por algunos excesos, de que los culpaban; y enviólos presos á España, para que se presentassen en la corte ante el Rey Cathólico, é hiço su alcalde mayor á D. Chripstobal de Sotomayor. Al qual, en lo aceptar, siendo tan generoso é haçerse inferior en tal offiçio ni otro de Johan Ponçe, é aun porque no era bien tractado, ó él ó muchos se lo tuvieron á poquedad, como en la verdad lo era; porque demas de ser de tan clara é noble sangre, poco tiempo antes avia seydo secretario del Rey D. Phelipe, nuestro señor, como tengo dicho: y el Johan Ponçe era un escudero pobre quando acá passó, y en España avia sido criado de Pero Nuñez de Guzman, hermano de Ramiro Nuñez, señor de Toral. El qual Pero Nuñez, quando le sirvió de page Johan Ponçe, no tenia çien mill maravedis ó poco mas de renta, puesto que fuesse de ilustre sangre; y despues fué ayo del sereníssimo señor Infante Don Fernando, que agora es rey de los romanos. Quiero deçir que de la persona de D. Chripstóbal á la de D. Johan Ponçe avia mucha desigualdad en generosidad de sangre, puesto que el Johan Ponçe estaba reputado por hidalgo y tuvo persona y ser para lo que fué despues, como se dirá en la prosecuçion de la historia. Assí que, los que avian ido con el capitan Johan Ponçe, como los que llevó D. Chripstóbal, todos le tuvieron á mal aver açeptado tal cargo; y por esso, como corrido dello, é reconoçiendo su error, dexó el offiçio é no lo quisso, como arrepentido; pero no sin ser culpado en lo aver tomado. Desde á poco tiempo el capitan Johan Ponçe vino á esta cibdad de Sancto Domingo é truxo consigo al caçique Agueybana para ver las cosas desta Isla Española, la qual en aquella saçon estaba muy poblada de indios y de chripstianos. E si este caçique Agueybana ó su madre vivieran, nunca oviera rebelion ni las maldades que subçedieron en los indios de Sanct Johan; pero desde á poco tiempo murieron madre é hijo, y heredó el señorio un hermano suyo, el qual naturalmente era malo é de peores desseos. Y este estaba encomendado á D. Chripstóbal de Sotomayor por repartimiento, é púsole su nombre é llamábanle D. Chripstóbal, y era tan buen caballero su amo Don Chripstóbal de Sotomayor y tan noble que quanto el tenia daba á aquel traydor de su caçique, en pago de lo qual y de las buenas obras que le hizo, le mató muy cruelmente de la manera que adelante se dirá: assí por complir con el odio que á su señor é á los chripstianos tenia, como porque en la verdad esta gente destos indios á natura es ingrata y de malas inclinaçiones é obras; é por ningun bien que se les haga dura en ellos la memoria ni voluntad para agradesçerlo.

CAPITULO 3º

Que tracta del primero pueblo de chripstianos que ovo en la isla de Borinquen *ó* Sanct Johan, *é por que se mudó á donde se hiço despues.*

En el tiempo que Johan Ponçe gobernaba la isla de *Sanct Johan*, hiço el primero pueblo que los chripstianos tuvieron en aquella isla á la vanda del Norte, é púsole nombre Caparra. En el qual pueblo hiço una casa de tapias, é andando el tiempo hiço otra de piedra: porque en la verdad, era hombre inclinado á poblar y edificar. Mas este pueblo, por la indisposiçion del assiento, fué mal sano é trabajoso, porque estaba entre montes y çiénegas, é las aguas eran açijosas, é no se criaban los niños. Antes en dexando la leche, adolesçian é se tornaban de la color del açije, y hasta la muerte siempre yban de mal en peor, y toda la gente de los chripstianos andaban descoloridos y enfermos. Estaba este pueblo una legua de la mar, el qual intervalo era todo de çiénegas é muy trabajoso de traer los bastimentos á la villa, el fundamento de la qual ó su principio fué el año de mill é quinientos é nueve. Y estuvo aquella república ó villa en pie doçe años poco mas ó menos, hasta que despues se mudó á donde al presente está, que es una villeta puesta en la mesma bahia donde las naos solian descargar; pero á donde se mudó y está agora el pueblo es muy sano, aunque en la verdad las cosas nesçessarias son dificultosamente ó con mucho travajo avidas, assí como buena agua, é la leña, é hierva para los caballos é para cobrir las casas; porque los mas se sirven destas cosas é otras por la mar, con canoas é barcas.

CAPITULO. 4º

Del pueblo de Guanica, é por que se despobló é se hizo otro que se llamó Sotomayor, é del levantamiento é rebelion de los indios, é como mataron la mitad de los chripstianos que avia en la isla de Sanct Johan, y del esfuerço é cosas hacañosas del capitan Diego de Salaçar.

Entrante el año de mill é quinientos é diez años fué la gente que Don Chripstóbal de Sotomayor llevó é otros que passaron desta aquesta isla Española á la de *Sanct Johan*, é hiçieron un pueblo que se dixo *Guanica* que es quassi al cabo de la isla, donde está una bahia que se cree que es una de las mejores que hay en el mundo: é desde allí descubrieron çinco rios de oro á çinco leguas del pueblo de *Guanica*, llamados *Duyey, Horomico, Icau, In y Quiminen*. Pero en este pueblo ovo tantos mosquitos que fueron parte muy bastante para lo despoblar, é passóse aquella gente é veçinos al *Aguada* que se diçe al hues-norueste, é llamaron á este otro nuevo pueblo ó assiento *Sotomayor*. Y estando en este pueblo, se alçaron los indios de la isla un viernes quassi al prinçipio del año mill é quinientos é onçe estando los indios é los chripstianos en mucha paz, é tuvieron aquesta forma para su rebelion. Ellos vieron que los chripstianos estaban derramados por la isla, é assí cada caçique mató los que dellos estaban en su casa ó tierra; por manera que en un mesmo tiempo mataron ochenta chripstianos ó mas. Y el caçique Agueybana, que tambien se deçia Don Chripstóbal, como mas principal de todos, mandó á otro caçique dicho Guarionex, que fuesse por capitan é recogiesse los caçiques todos é fuessen á quemar el pueblo nuevo llamado *Sotomayor*. Y para esto se juntaron mas de tres mill indios; y como todo lo de alrededor del pueblo hasta él eran arcabucos y montes çerrados de arboledas, no fueron sentidos hasta que dieron en la villa, puesto que un indio niño los vido é lo dixo; pero no fué creydo. E assí como dieron de súbito ovieron lugar de pegar fuego al pueblo é mataron algunos chripstianos, é no quedara ninguno con la vida, si no fuera por un hidalgo que en aquella villa vivia llamado Diego de Salaçar: el qual demas de ser muy devoto de la Madre de Dios y de honesta vida, era muy animoso hombre y de grande esfuerço. Y como vido la cosa en tan mal estado é á punto de se perder todos los cripstianos que quedaban allí, los acaudilló é puso tan buen coraçon en los que estaban ya quassi vençidos, que por su denuedo é buenas palabras los esforçó é persuadió á que con gran ímpetu é osadia, como varones, se pussiesen á la resistencia; é assí lo hiçieron, y pelearon él y ellos contra la moltitud de los enemigos, de tal manera que los resistió, é como valeroso capitan á vista de los contrarios, recogió toda la gente de los cripstianos que avian quedado é los llevó á la villa de Caparra, donde estaba el capitan Johan Ponçe de Leon, que como he dicho ya era Gobernador de la Isla: é todos los que allí fueron, dixeron que despues de Dios, Diego de Salaçar les avia dado las vidas. Quedó desto tanto espanto en todos los indios, y en tanta reputaçion con ellos la persona de Diego de Salaçar, que le temian como al fuego, porque en ninguna manera podian creer que oviesse hombre en el mundo tan digno de ser temido. Verdad es que antes desto ya el mesmo Diego de Salaçar avia hecho otra experiençia de su persona con los indios, é tan grande que si ellos penssáran hallarle en la villa de *Sotomayor*, no osaran yr allá, aunque como he dicho eran mas de tres mill. Pero porque passemos á lo demas, pues se ha tocado del esfuerço é persona deste hidalgo, diré otro caso muy señalado dél, donde ovo prinçipio la reputaçion é conçepto en que los indios le tenian é porque le temian, é fué esta la causa. Un caçique que se deçia del Aymanio tomó á un mançebo chripstiano, hijo de un Pero Xuarez de la Cámara, natural de Medina del Campo, é atólo, é mandó que su gente lo jugasen al batey (que es el juego de la pelota de los indios), é que jugado, los vençedores lo matassen. Esto seria hasta tres meses antes de lo que tengo dicho que hiçieron en la poblaçion de la villa de *Sotomayor*; y en tanto que comian los indios, para despues en la tarde haçer su juego de pelota, como lo tenian acordado sobre la vida del pobre mançebo, escapóse un muchacho, indio naboria del preso Pero Xuarez, é fuesse huyendo á la tierra del caçique Guarionex, donde en esta saçon estaba Diego de Salaçar: é como el muchacho lloraba, pesandole del trabaxo é muerte en que dexaba á su señor, el Salaçar le preguntó que donde estaba su amo y el indio le dixo lo que passaba: é luego el Salaçar se determinó de yr allá á morir ó salvarle, si pudiesse; mas el muchacho temiendo no queria volver ni guiarle. Entonçes Diego de Salaçar le amenaçó é dixo que lo mataria, si no yba con él, y le enseñaba donde tenian los indios á su amo: de manera que ovo de yr con él, é llegado çerca de donde estaban, esperó tiempo para que no le viessen hasta que diesse en los indios. Y entró en un caney ó buhio redondo, á donde estaba atado el Xuarez, esperando que acabassen los indios de comer para lo jugar, é jugado lo matar; y prestamente Diego de Salaçar le cortó las ligaduras con que estaba atado, é dixole. "Sed hombre é haçed como yo." É començó á dar por medio de tresçientos indios gandules ó mas, con una espada é una rodela matando é hiriendo con tan gentil osadia y efeto, como si tuviera alli otros tantos chripstianos en su favor, é hizo tanto estrago en los indios, que aunque eran hombres de guerra, á mal de su grado le dexaron yr con el dicho Xuarez; porque como Diego de Salaçar hirió muy mal á un capitan de la mesma casa, donde aquesto passó, los otros desmayaron en tanta manera que el Salaçar y el Xuarez salieron de entre ellos, segund es dicho. Y despues que estuvo bien apartado enviaron tras él mensageros, rogandole que quisiesse volver, porque le querian mucho por ser tan valiente hombre, é que le querian contentar é servir en quanto pudiessen. El qual, oyda la embaxada, aunque de gente tan bárbara é salvaje, determinó de volver á saber que le querian los indios; mas el compañero, como hombre que en tal trançe é tan al cabo de la vida se avia visto, no era de parescer que volviessen: antes se hincó de rodillas delante de Diego de Saalçar é le pidió é rogó que por amor de Dios no tornasse, pues sabia que eran tantos indios, y ellos dos solos no podian sino morir, é que aquello era ya tentar á Dios y no esfuerço ni cosa de se haçer. E Diego de Salaçar le respondió é dixo. "Mirad, Xuarez, si vos no quereys volver conmigo ydos en buen hora que en salvo estays: mas yo tengo de volver á ver que quieren estos indios, y no han de pensar que por su temor lo dexo." Entonçes el Xuarez no pudo haçer otra cosa sino tornar con él, aunque de mala voluntad; pero como era hombre de bien é tenia la vida por causa de Salaçar acordó de le seguir é la tornar á peligro, en compañia de tan osado varon é que tan bien meneaba el espada. Y tornaron juntos, é hallaron muy mal herido al capitan de los indios; é Diego de Salaçar le preguntó que queria, y el capitan ó caçique le dixo que le rogaba que le diesse su nombre é que con su voluntad, oviesse por bien que le llamassen Salaçar como á el, é que queria ser su amigo perpetuo é le queria mucho: é Diego de Salaçar dixo que le plaçia que se llamase Salaçar, como él. É assí luego sus indios le començaron á llamar *Salaçar, Salaçar*; como si por este consentimiento se le investiera la mesma habilidad y esfuerço del Diego de Salaçar. E para prinçipio desta amistad é por la merçed que se le haçia en dexarle de su grado tomar su nombre, le dió quatro naborias ó esclavos que le sirviessen é otras joyas é preseas, y se fueron en paz con ellas los dos chripstianos. Desde entonçes fué tan temido de los indios Diego de Salaçar que, quando algund chripstiano los amenaçaba, respondian. "Piensas tu que te tengo de temer como si fuesses Salaçar."

Viendo pues Johan Ponçe de Leon, que gobernaba la isla, lo que este hidalgo avia hecho en estas dos cosas tan señaladas que he dicho, le hiço capitan entre los otros chripstianos é hidalgos que debaxo de su gobernacion militaban, y otros fueron mudados; é aunque despues ovo mudanças de gobernadores, siempre Diego de Salaçar fué capitan é tuvo cargo de gente hasta que murió del mal de las buas. É aunque estaba muy doliente lo llevaban con toda su enfermedad en el campo, é dó quiera que yban á pelear contra los indios: porque de hecho penssaban los indios, que ni los chripstianos podian ser vencidos ni ellos vencer donde el capitan Diego de Salaçar se hallase, é lo primero de que se informaban con toda diligençia era saber si yba con los chripstianos este capitan. En la verdad fué persona, segund lo que á testigos fidedignos y de vista yo he oydo, para le tener en mucho; porque demas de ser hombre de grandes fuerças y esfuerço, era en sus cosas muy comedido é bien criado é para ser estimado do quiera que hombres oviesse, é todos le loan de muy devoto de nuestra Señora. Murió despues, de aquel trabajoso mal que he dicho, haçiendo una señalada é paçiente penitençia, segund de todo esto fuy informado en parte del mesmo Johan Ponçe de Leon, y de Pero Lopez Angulo y de otros caballeros é hidalgos que se hallaron presentes en la Isla, en la mesma saçon que estas cosas passaron y aun les cupo parte destos é otros muchos trabajos.

CAPITULO 5º

Que tracta de la muerte de Don Chripstóbal de Sotomayor é otros chripstianos: é como escapó Johan Gonçalez, la lengua, con quatro heridas muy grandes, é lo que anduvo assi herido en una noche, sin se curar, é otras cosas tocantes al discurso de la historia.

Tornando á la historia del levantamiento de los indios, digo, que despues que los prinçipales dellos se confederaron para su rebelion, cupo al caçique Agueybana, que era el mayor señor de la isla, de matar á D. Chripstóbal de Sotomayor, su amo, á quien el mesmo caçique servia y estaba encomendado por repartimiento, segund tengo dicho, en la casa del qual estaba; y jugarónlo á la pelota ó juegos que ellos llaman del batey, que es lo mesmo. E una hermana del caçique que tenia D. Chripstóbal por amiga, le avisó é le dixo: "Señor, vete de aquí: que este mi hermano es bellaco y te quiere matar." Y una lengua que D. Chripstobal tenia llamado Johan Gonçalez, se desnudó una noche é se embixó ó pintó de aquella unçion colorada, que se dixo en el libro VIII capítulo VI que los indios llaman bixa con que se pintan para ir á pelear, ó para los *areytos* y cantares y quando quieren paresçer bien. E como el Johan Gonçalez venia desnudo é pintado y era de noche y se entró entre los que cantaban en el corro del *areyto*, vió é oyó como cantaban la muerte del D. Chripstóbal de Sotomayor é de los chripstianos que con él estaban; é salido del cantar quando vido tiempo y le paresçió, avisó á D. Chripstóbal é díxole la maldad de los indios é lo que avian cantado en el *areyto* é tenian acordado. El qual tuvo tan mal acuerdo, que como no avia dado crédito á la india caçica, tampoco creyó al Johan Gonçalez: la qual lengua le dijo: "Señor, esta noche nos podemos yr, é mirad que os vá la vida en ello: que yo os llevaré por donde no nos hallen." Pero como su fin era llegado, no lo quiso haçer. Con todo esso, assí como otro dia amanesçió, estimulado su ánimo é como sospechosso, acordó de se yr; mas ya era sin tiempo: é dixo al caçique, que él se queria yr donde estaba el gobernador Johan Ponçe de Leon, y el dixo que fuesse en buen hora, y mandó luego venir indios que fuessen con él, y le llevassen las cargas é su ropa, é diósolos bien instrutos de lo que avian de haçer; é mandóles que quando viessen su gente, se alçasen con el hato é lo que llevaban é fué assí: que despues de ser partido D. Chripstóbal, salió tras él el mismo caçique con gente é alcançóle una legua de allí de su assiento en un rio que se diçe *Cauyo*. É antes que á él llegassen, alcançaron al Johan Gonçalez, la lengua, é tomáronle la espada é diéronle çiertas heridas grandes, é queriánle acabar de matar: é como llegó luego Agueybana, dixo la lengua, en el lenguaje de los indios: "Señor, ¿por qué me mandas matar? Yo te serviré é seré tu naboria;" y entónçes dixo el caçique: Adelante, adelante, á mi *datihao* (que quiere deçir mi señor, ó el que como yo se nombra,) dexa ese bellaco." É assí le dexaron, pero con tres heridas grandes é peligrosas, y passaron y mataron á D. Chripstóbal é á los otros chripstianos que yban con él (que eran otros quatro) á macanaços; quiero deçir con aquellas macanas que usan por armas, é flechándolos. É hecho aquesto, volvieron atras para acabar de matar al Johan Gonçalez, la lengua; pero el se habia subido en un árbol é vido como le andaban buscando por el rastro de la sangre, é no quiso Dios que le viessen ni hallassen; porque como la tierra es muy espessa de arboledas y ramas, y el se avia desviado del camino y emboscado, se escapó desta manera. É fuera muy grande mal si este Johan Gonçalez alli muriera, porque era grande lengua; el qual despues que fué de noche, baxó del árbol é anduvo tanto que atravessó la sierra de Xacagua, é creése que guiado por Dios ó por el angel, é con favor suyo tuvo esfuerço é vida para ello, segund yba mal herido. Finalmente él salió á Coa, que era una estançia del rey; pero el creia que era el Otuao, donde penssaba que lo avian de matar, porque era tierra alçada é de lo que estaba rebelado; pero su estimativa era hija de su miedo con que yba; é avia andado quinçe leguas mas do lo que se penssaba. É como alli avia chripstianos, viéronle; y él estaba ya tal é tan dessangrado y enflaquesçido, que sin vista cayó en tierra. Pero como le vieron tal, socorriéronle con darle algo que comió y bebió y cobró algund esfuerço é vigor, é pudo hablar, aunque con pena, é dixo lo que avia passado. É luego hiçieron mandado al capitan Johan Ponçe notificándole todo lo que es dicho: el qual luego aperçibió su gente para castigar los indios y haçerles la guerra. En la qual saçon llegó el Diego de Salaçar con la gente que avia escapado con él, segund se dixo en el capítulo de suso. É luego Johan Ponçe envió al capitan Miguel de Toro con quarenta hombres á buscar á Don Chripstóbal, al qual hallaron enterrado (porque el caçique le mandó enterrar) y tan somero ó mal cubierto que tenia los piés de fuera. Y este capitan é los que con él yban hiçieron una sepultura, en que lo enterraron bien, é pusieron á la par della una cruz alta é grande. É aqueste fué el prinçipio é causa de la guerra contra Agueybana é los otros indios de la isla de Boriquen, llamada ahora Sanct Johan.

CAPITULO 6.º

De los primeros capitanes que ovo en la conquista é paçificaçion de la isla de Boriquen que agora se llama isla de Sanct Johan.

Tornando Miguel de Toro é los quarenta chripstianos que con él fueron á enterrar á D. Chripstóbal y á los otros quatro españoles que con él fueron muertos, el gobernador Johan Ponçe entendió en ordenar su gente y estar en vela, para se defender con los pocos chripstianos que avian quedado, en tanto que era socorrido é le yba gente desde aquesta Isla Española, para lo qual hiço tres capitanes. El primero fué Miguel de Toro, de quien he dicho de suso: el qual era hombre reçio é para mucho, é avia seydo armado caballero por el Rey Cathólico (puesto que él era de baxa sangre), porque en la Tierra-Firme avia muy bien probado como valiente hombre é con su esfuerço habia honrado su persona, en compañía del capitan Alonso de Hojeda. El otro capitan que Johan Ponçe hiço, fué Diego de Salaçar de quien es fecha mençion en el capítulo de suso. El terçero capitan fué Luis de Almansa. A estos tres capitanes fueron consinados cada treynta hombres. é los mas dellos coxos y enfermos, pero sacavan fuerças y esfuerço de su flaqueça porque no tenian otro remedio sino el de Dios y el de sus manos; acordándose de aquella grave sentencia de Séneca (1) donde diçe "que es locura temer lo que no se puede escusar." *Stultum est timere quod vitare non possis.* Avian pues muerto los indios la mitad de los chripstianos, como ya tengo dicho, ó los mas é la mas luçida gente: é con los que quedaban, que podrian ser çiento por todos, Johan Ponçe siempre se hallaba con ellos, y de los delanteros; porque era hombre animoso é avisado é solíçito en las cosas de la guerra; é traia por su capitan general é teniente é por su alcalde mayor á un hidalgo, llamado Johan Gil. É assí lo fué despues de su gobernaçion, hasta que la isla fué paçificada, é sirvió muy bien; porque aun despues de passada la guerra de la isla de Sanct Johan, á su costa la haçia á los caribes de las otras islas comarcanas, que son muchas, é los puso en mucha nesçessidad; en tal manera que no se podian valer con él y le temian mucho. En este exerçiçio de los caribes traia consigo por capitanes á Johan de Leon, hombre diestro en las cosas de la mar y en la tierra, y en las cosas de la guerra, de buen saber y gentil ánimo. Y el otro capitan que traia el teniente Johan Gil era un Johan Lopez, adalid, y otros hombres de bien de los que avian quedado de la guerra de Sanct Johan, que por ser diestros y de buen ánimo, dó quiera que se hallaban, haçian muy bien lo que convenia al exerçiçio de la conquista de los caribes, en la mar y en la tierra.

CAPITULO 7?

Que tracta de algunas personas señaladas por su esfuerço y de algunas cosas á esto conçernientes en la guerra é conquista de la isla de Sanct Johan.

Parésceme muy digno de culpa el escriptor que olvida ó dexa de deçir algunas cosas particulares de la calidad de las que en este capítulo se escrebirán; porque aunque el prinçipal

(1) In libro de remediis fortuitorum.

intento de la historia sea endereçado á otro fin, en espeçial en esta, que es haçer prinçipal memoria de los secretos é cosas que la natura produçe en estas nuestras Indias naturalmente, tambien consuena con el título de llamarla *general historia* recontar los méritos de los conquistadores destas partes, porque á lo menos, si quedaron sin galardon ó pago de sus trabaxos y méritos, no les falte por culpa de mi pluma é pigriçia la memoria de que fueron é son muy dignos sus hechos, porque en la verdad es mejor satisfaçion que otras; y en mas se debe tener lo que se escribe, en loor de los que bien vivieron é acabaron como buenos é valerosos, que quantos bienes les pudo dar ó quitar fortuna. É porque de mi parte no quede en silençio algo desto, digo que ovo muchos hidalgos é valerosas personas que se hallaron en la conquista de la isla de Boriquen que agora se llama Sanct Johan. Y no digo muchos en número, pues que todos ellos eran poca gente, pero porque en essa poca cantidad de hombres los mas dellos fueron muy varones y de grandíssimo ánimo y esfuerço. Rara cosa y presçioso don de la natura, y no vista en otra naçion alguna tan copiosa y generalmente conçedida como á la gente española; porque en Italia, Françia y en los mas reynos del mundo solamente los nobles y caballeros son espeçial ó naturalmente exerçitados ó dedicados á la guerra, ó los inclinados é dispuestos para ella; y las otras gentes populares é los que son dados á las artes mecánicas é á la agricultura é gente plebea, pocos dellos son los que se ocupan en las armas ó las quieren entre los extraños. Pero en nuestra naçion Española no paresçe sino que comunmente todos los hombres della nasçieron prinçipal y espeçialmente dedicados á las armas y á su exerçiçio y les son ellas é la guerra tan apropiada cosa, que todo lo demas les es açessorio, é de todo se desocupan de grado para la miliçia. Y desta causa, aunque pocos en número, siempre han hecho los conquistadores españoles en estas partes, lo que no pudieran aver hecho ni acabado muchos de otras nasçiones.

Ovo pues en aquella conquista un Sebastian Alonso de Niebla, hombre labrador, y que en España nunca hizo sino arar é cavar é las otras cosas semejantes á la labor del campo: el qual fué varon animoso, reçio, suelto, pero robusto, é junto con su robustiçidad que en si mostraba á primera vista en su semblante, era tractado de buena conversaçion. Este salió muy grande adalid, y osaba acometer y emprendia cosas, que aunque paresçian dificultosas y ásperas, salia con ellas victorioso. E como era hombre muy suelto y gran corredor, atreviásse á lo que otros no hiçieran, porque junto con lo que he dicho de su persona era de tan gran fuerça, que el indio á quien él asia, era tanto como tenerle bien atado, estando entre sus manos; y desta causa, quando fué entendido de los indios, é ovieron conosçimiento de la esperiençia de su persona, temíanle mucho. Pero al cabo, como en la guerra nasçen pocos, y el officio della es morir, assí le intervino á este hombre hazañoso por ser muy denodado; y el año de mill é quinientos é veynte y seys le mataron en una provinçia que se llama del *Loquillo*, en la isla de Sanct Johan, donde aqueste Sebastian Alonso de Niebla tenia su haçienda y assiento; y su muerte proçedió de sobrarle esfuerço, é fué puesta en efeto de aquesta manera. Este hombre estaba quassi enemigo y desavenido con un hidalgo veçino suyo, llamado Martin de Guiluz, vizcayno, veçino agora de la cibdad de Sanct Johan de Puerto-Rico, é de los prinçipales de aquella cibdad; é como otras veçes solian los indios caribes de las islas comarcanas venir en canoas á saltear, acaesçió que entraron en la isla é dieron en una estançia é haçienda del Martin de Guiluz, y como lo supo Sebastian Alonso é oyó deçir que los indios caribes flecheros llevaban robada la gente que el dicho Martin de Guiluz tenia en su estançia é haçienda, y quanto tenia, luego Sebastian Alonso á gran priessa mandó á un negro suyo que le ensillase un caballo é dixo: "No plega á Dios qne digan que por estár yo mal con Martin de Guiluz, le dexo padesçer é perder lo que tiene, é dexo de yr, hallándome tan çerca, contra los que le han robado." É assí subió luego á caballo, é llevó consigo dos ó tres negros suyos é un peon chripstiano, y fué en seguimiento de los indios caribes, é los alcançó y peleó con ellos, é los desvarató é quitó la cabalgada, é prendió quatro dellos; y desde ençima del caballo los tomaba por los cabellos é los sacaba de entre los otros é los daba y entregaba á sus negros, é volvia por otros. É uno que assí avia tomado, tenia en la mano una flecha hervolada, é aqueste le mató, porque como le llevaba assí á vuela pié, assido por los cabellos, dióle con la flecha á manteniente, é açertó á le herir á par de una ingre, y de aquella herida murió despues: é como se vido herido, él mató al indio é otros siete ú ocho assí mismo é volvió con su despojo é dióle á su dueño Martin de Guiluz. E como la hierva, con que aquellos indios tiran sus flechas, es muy pestífera y mala, murió de aquella herida; pero como cathólico cripstiano, é repartió muy bien quanto tenia á pobres é personas nesçessitadas, y en obras pias. E desta manera acabó, dexando mucho dolor é lástima en todos los chripstianos y españoles que avia en esta isla, porque en la verdad era hombre que les haçia mucha falta su persona, y era tal que se hallan pocas veçes tales hombres; ó porque demas de ser muy varon y de gran esfuerço, temíanle mucho los indios y estaba en grande estima é reputaçion con ellos ó con los chripstianos; porque como se dixo de suso, era grande adalid y tenia mucho conosçimiento en las cosas del campo ó de la guerra.

En compañía deste andaba otro hombre de bien llamado Johan de Leon, de quien atrás se dixo. Este imitaba asaz á Sebastian Alonso, porque era muy suelto é buena lengua y de buenas fuerças é osado. Y en las cosas que se halló, que fueron muchas, assí en la tierra como en la mar, se señaló como hombre de gentil ánimo y esfuerço; pero el uno y el otro fueron mal galardonados de sus serviçios é trabaxos, porque en el repartimiento de los indios no se miró con ellos, ni con los buenos conquistadores como se debiera mirar. Y al que algo dieron fué tan poquita cosa que no se podian sostener con ello; porque es costumbre que unos goçen de los sudores y trabaxos de otros; y que el que meresçe merçedes sea olvidado y no bien satisfecho, y que los que debrian ser olvidados ó á lo menos no son tan dignos de la remuneraçion, aquellos goçen de las mayores partes é galardones que no les competen. Este offiçio es el del mundo, é los hombres haçen como hombres; pero sus passiones no los dexan libremente haçer lo que debrian, porque mejor entendamos que es solo Dios el justo y verdadero galardonador. E assí nos enseña el tiempo, que ni los que lo repartieron, ni los otros á quien lo dieron injustamente, lo goçaron sino pocos dias; y ellos y ello ovo el fin que suelen aver las otras cosas temporales: y plega á Dios que sus ánimas no lo escoten en la otra vida, donde ya están los mas.

Otro Johan Lopez, adalid, gran hombre en las cosas del conosçimiento del campo, pero no de tal ánimo. Este offiçio de adalid es mas artifiçioso, y demas saber sin comparaçion en estas partes que en España: porque esta tierra acá es muy çerrada é llena de arboledas, é no tan clara ni abierta como la de Castilla y de otros reinos de cripstianos. Pero pues está movida la materia de los adalides, diré aquí de uno que yo conosçí, un hecho notable y al propóssito de aqueste offiçio. Ovo en la Tierra-Firme de Castilla del Oro un hidalgo, llamado Bartolomé de Ocon, que passó una sola vez por çierta parte de montes muy espessos y çerrados; y desde á mas de siete años fué por otras tierras á parar, con çiertos compañeros, muy çerca de donde en el tiempo passado que he dicho avia estado; ó yban allí çinco ó seys hombres de los que se avian hallado en el primero viage ó entrada; é toda la tierra era tan emboscada y espessa de árboles que apenas se veya el çielo, ni aun podian quassi caminar, sino haçiendo la via con las espadas y puñales, é todos los que allí estaban penssaban que yban perdidos é no conosçian á donde guiaban, ni á donde debiessen continuar su viaje; y estando juntos y en concejo de lo que debian hacer, dixo Bartolomé de Ocon: "No temays hidalgos: que menos de doscientos passos de aquí está, en tal parte, un arroyo (señalando con el dedo, que no veian ni era possible verse por la espessura de los árboles é matas), donde agora siete años viniendo de tal entrada nos paramos á beber; é si quereys verlo, vengan dos ó tres de vosotros conmigo y mostraróslo hé." Y es de saber que no tenian gota de agua que beber, é yban con la mayor nesçessidad del mundo de topar el agua, ó avian de peligrar de sed ó morir algunos, segund yban desmayados. È assí fueron de aquellos que primero se avian hallado allí; é llegados al arroyo que todo yba enramado é cubierto, se sentó en una piedra á par del agua é començando á beber dixo: "Assentado yo en esta misma piedra, merendé con vosotros agora siete años é veys allí el peral, donde cogimos muchas peras é agora tiene hartas." È assí los compañeros por la piedra que era grande é conosçida, como por el peral y otras señales y árboles, é por el mismo arroyo, vinieron en conosçimiento que era assí, y que algunos dellos avian estado allí otra vez, como he dicho: de lo qual no poco quedaron maravillados é socorridos con el agua. Todos dieron muchas graçias á Dios, y no fué poco el crédito que desto y otras cosas semejantes alcançó este Bartolomé de Ocon; porque en verdad en este caso paresçia que tenia graçia espeçial sobre quantos hombres en aquellas partes andaban, puesto que en lo demas era material y no de mejor razon que otro; antes era tenido por grossero.

Pero tornando al propóssito de los conquistadores de la isla de Sanct Johan, digo que aquel Johan Lopez, adalid, de quien se ha tractado de suso, aunque era grand adalid, era crudo, y no tan esforçado como astuto guerrero con los indios.

Ovo otro mançebo de color loro, que fué criado del comendador mayor Don Frey Nicolás de Ovando, al qual llamaban Mexia, hombre de buen ánimo é suelto é de vivas fuerças al qual mataron los caribes en el *Haymanio de Luysa*, é á la mesma Luysa, caçica principal, la qual le avisó é le dixo que se fuesse, y él no lo quiso haçer, por no la dexar sola, é assí le flecharon; y estando lleno de saetas, é teniendo una lança en la mano, puso los ojos en un prinçipal de los caribes, y echóle la lança é atravessóle de parte á parte por los costados, habiendo primero muerto otros dos indios de los enemigos é herido á otros. È assí acabó sus dias.

Ovo otro hombre de bien que se decia Johan Casado, buena persona é labrador llano; pero gentil adalid é dichoso en muchas cosas de las que emprendia y hombre de buen ánimo. Assí que, estos que he dicho, en especial, hiçieron muchas cosas buenas; pero sin ellos ovo otros hombres hijosdalgo é mançebos, que aunque no tenian tanta experiençia, no les faltaron los ánimos para se mostrar en la guerra tan hábiles y esforçados quanto convenia. Destos fué uno Françisco de Barrionuevo, que agora es gobernador de Castilla del Oro del qual se hizo mençion en la paçificaçion del caçique D. Enrique; é aunque en la guerra de la isla de Sanct Johan él era mançebo, siempre dió señales de sí de lo que era, como hombre de buena casta. Otro hidalgo dicho Pero Lopez de Angulo, é Martin de Guiluz, é otros que seria largo deçirse particularmente, se hallaron en aquella conquista, que aunque su edad no era tan perfecta como su esfuerço, é desseos, siempre obraron como quien eran, é por ningun trabaxo dexaron de mostrarse tan prestos á los peligros, como la neçessidad y el tiempo lo requerian. È por ser tan valerosa gente, aunque como he dicho poca en número, se acabó la conquista en favor de nuestra fé y en mucha victoria de los conquistadores españoles que en esta guerra se hallaron, á los quales socorrieron desde aquella Isla Española con alguna gente, y se juntaron mas, en tiempo que el socorro fué muy nesçessario. È tambien fueron algunos que nuevamente venian de Castilla: los quales por buenos que sean, es menester que estén en la tierra algunos dias, antes que sean para sofrir los trabaxos é nesçessidades, con que acá se exerçita la guerra, por la mucha diferençia que hay en todas las cosas y en el ayre é temple de la tierra, con quien es menester pelear primero que con los indios, porque muy pocos son aquellos á quien no prueba y adolesçe. Pero loores á Dios. Pocos peligran desta causa, si son bien curados.

CAPITULO 8º

Como los indios tenian por inmortales á los chripstianos luego que passaron á la isla de Sanct Johan, é como acordaron de se alçar é no lo osaban emprender hasta ser çertificados si los chripstianos podian morir ó nó. Y la manera que tuvieron para lo esperimentar.

Por las cosas que avian oido los indios de la isla de Sanct Johan de la conquista y guerras passadas en esta Isla Española, é sabiendo, como sabian ellos, que esta Isla es muy grande y que estaba muy poblada é llena de gente de los naturales della, creian que era imposible averla sojuzgado los chripstianos, sino por que debian ser inmortales, é por heridas ni otro desastre no podian morir; y que como avian venido de haçia donde el sol sale, assí peleaban; que era gente celestial é hijos del Sol, y que los indios no eran poderosos para los poder ofender. E como vieron que en la isla de Sanct Johan ya se avian entrado y hecho señores de la Isla, aunque en los chripstianos no avia sino hasta dosçientas personas pocas mas ó menos que fuessen hombres para tomar armas, estaban determinados de no se dexar sojuzgar de tan pocos, é querian procurar su libertad y no servirlos; pero temíanlos é pensaban que eran inmortales. E juntados los señores de la Isla en secreto, para disputar desta materia, acordaron que antes que se moviessen á su rebelion, era bien experimentar primero aquesto, y salir de su dubda, y haçer la experiençia en algun chripstiano desmandado ó que pudiessen aver aparte é solo; y tomó á cargo de saberlo un caçique llamado Urayoan, señor de la provinçia de Yagüeca, el qual para ello tuvo esta manera. Acaesçióse en su tierra un mançebo, que se llamaba Salçedo é passaba á donde los chripstianos estaban, y por manera de le haçer cortesia é ayudarle á llevar su ropa, envió este caçique con él quinçe ó veinte indios, despues que le ovo dado muy bien de comer é mostrádole mucho amor. El qual yendo seguro é muy obligado al caçique por el buen acogimiento, al pasar de un rio que se diçe Guarabo, que es á la parte occidental y entra en la bahía en que agora está el pueblo é villa de Sanct German, dixerónle: "Señor, quieres que te passemos, porque no te moxes," y el dixo que sí, é holgó dello, que no debiera, siquiera porque demas del peligro notorio en que caen los que confian de sus enemigos, se declaran los hombres que tal haçen por de poca prudençia. Los indios le tomaron sobre sus hombros, para lo qual se escogieron los mas réçios y de mas esfuerço y quando fueron en la mitad del rio, metiéronle debaxo del agua y cargaron con él los que le passaban é los que avian quedado mirándole, porque todos yban para su muerte de un acuerdo, é ahogáronle; y despues que estuvo muerto sacáronle á la ribera y costa del rio, é deciánle: "Señor Salçedo, levántate y perdónanos que caymos contigo, é iremos nuestro camino." É con estas preguntas é otras tales le tuvieron assí tres dias, hasta que olió mal, y aun hasta entónçes ni creian que aquel estaba muerto ni que los chripstianos morian. Y desque se çertificaron que eran mortales por la forma que he dicho, hiçiéronlo saber al caçique, el qual cada dia enviaba otros indios á ver si se levantaba el Salçedo; é aun dubdando si le deçian verdad, él mismo quiso yr á lo ver, hasta tanto que passados algunos dias, le vieron mucho mas dañado é podrido á aquel peçador. Y de allí tomaron atrevimiento é confiança para su rebelion, é pusieron en obra de matar los chripstianos, é alçarse y haçer lo que tengo dicho en los capítulos de suso.

CAPITULO 9º

De las batallas é recuentros mas prinçipales que ovo en el tiempo de la guerra é conquista de la isla de Sanct Johan, por otro nombre dicha Boriquen.

Despues que los indios se ovieron rebelado é muerto la mitad ó quassi de los chripstianos, y el gobernador Johan Ponçe de Leon dió órden en haçer los capitanes que he dicho é poner recaudo en la vida y salud de los que quedaban vivos, ovieron los chripstianos y los indios la primera batalla en la tierra de Agueybana, en la boca del rio Caoyuco, á donde murieron muchos indios, assí caribes de las islas comarcanas y flecheros, con quien se habian juntado como de los de la tierra que se querian passar á una isleta que se llama Ángulo, que está çerca de la isla de Sanct Johan á la parte del Sur, como lo tengo dicho. É dieron los chripstianos sobre ellos de noche al quarto del alba, é hiçieron grande estrago en ellos, y quedaron deste vençimiento muy hostigados é sospechosos de la inmortalidad de los chripstianos. É unos indios deçian que no era possible sino que los que ellos avian muerto á trayçion avian resuçitado; y otros deçian que do quiera que oviesse chripstianos, haçian tanto los pocos como los muchos. Esta batalla vençió el gobernador Johan Ponçe, aviendo para cada chripstiano mas de diez enemigos; y passó desde á pocos dias despues que se avian los indios alçado.

Desde allí se fué Johan Ponçe á la villa de Caparra, y reformó la gente é capitanias con alguna mas compañía que avia, y fué luego á assentar su real en Aymaco, y envió á los capitanes Luys de Añasco é Miguel de Toro á entrar desde allí con hasta cinqüenta hombres, é supo como el caçique Mabodomoca estaba con seysçientos hombres esperando en çierta parte, y deçia que fuessen allá los chripstianos, que los atendería é ternia limpios los caminos. É sabido esto por Johan Ponçe, envió allá al capitan Diego de Salaçar, al qual llamaban capitan de los coxos y de los muchachos; y aunque paresçia escarnio por su gente la mas flaca, los cuerdos lo tomaban por lo que era razon de entenderlo, porque la persona del capitan era tan valerosa, que suplia todos los defetos é flaqueza de sus soldados, no porque fuessen flacos de ánimo, pero porque á unos faltaba salud para sofrir los trabajos de la guerra, y otros que eran mançebos, no tenian edad ni experiencia. Pero con todas estas dificultades llegó donde Mabodomoca estaba con la gente que he dicho, é peleó con él, é hizo aquella noche tal matança é castigo en los indios que murieron dellos çiento é çinquenta, sin que algund chripstiano peligrasse ni oviesse herida mortal, aunque algunos ovo heridos; y puso en huyda los enemigos restantes. En esta batalla Johan de Leon, de quien atrás se hizo memoria, se desmandó de la compañía por seguir tras un caçique que vido salir de la batalla huyendo, é llevaba en los pechos un *guanin* ó pieça de oro de las que suelen los indios principales colgarse al cuello; é como era mançebo suelto alcançole é quísole prender; pero el indio era de grandes fuerças é vinieron á los braços por mas de un quarto de ora, é de los otros indios que escapaban huyendo, ovo quien los vido assí trabados en un barranco donde estaban haçiendo su batalla, é un indio socorrió al otro que estaba defendiéndose del Johan de Leon, el qual porque no paresçiesse que pedia socorro, oviera de perder la vida. Pero no quiso Dios que tan buen hombre assí muriesse, y acaso un chripstiano salió tras otro indio é vido á Johan de Leon peleando con los dos que he dicho, y en estado que se viera en trabaxo ó perdiera la vida: entónçes el chripstiano dexó de seguir al indio, é fuele á socorrer, é assí mataron los dos chripstianos á los dos indios que eran aquel caçique, con quien Johan de Leon se combatia primero, é al indio que le ayudaba ó le avia socorrido. Y desta manera, escapó Johan de Leon del peligro, en que estuvo.

Avida esta victoria é vençimiento que he dicho, assí como esclaresçió el dia, llegó el gobernador Johan Ponçe de

Leon por la mañana con la gente que el traia é la retaguarda, algo desviado del capitan Diego de Salaçar é no supo cosa alguna hasta que halló los vençedores bebiendo y descansando de lo que avian trabaxado, en espacio de tiempo de dos horas é media ó tres que avian peleado con los enemigos. De lo qual todos los chripstianos dieron muchas gracias á nuestro Señor porque assí favoresçia é ayudaba miraglosamente á los chripstianos.

CAPITULO 10º

De otra guaçábara ó recuentro que ovieron los españoles con los indios de la isla de Boriquen *ó de* Sanct Johan.

Despues que se passó la batalla, de quien se tractó en el capítulo preçedente, juntáronse la mayor parte de los indios de la isla de Boriquen; é sabido por el gobernador Johan Ponçe ovo nueva como en la provinçia de Yagüeca se haçia el ayuntamiento de los contrarios contra los chripstianos, é con entera determinaçion de morir todos los indios ó acabar de matar todos los chripstianos, pues eran pocos y sabian que eran mortales como ellos. Y con mucha diligençia el gobernador juntó sus capitanes, é pocos mas de ochenta hombres, y fué á buscar á los indios, los quales passaban de onçe mill hombres; y como llegaron á vista los unos de los otros quassi al poner del sol, assentaron real los chripstianos con algunas ligeras escaramuças; y como los indios vieron con tan buen ánimo é voluntad de pelear los españoles, y que los avian ydo á buscar, començaron á tentar si pudieran de presto ponerlos en huyda ó vençerlos. Pero los chripstianos comportando é resistiendo, assentaron á su despecho de los contrarios, su real muy çerca de los enemigos, é salian algunos indios sueltos y de buen ánimo á mover la batalla; pero los chripstianos estuvieron quedos y en mucho conçierto y aperçibidos junto á sus banderas, y salian algunos mançebos sueltos de los nuestros y tornaban á su batallon, aviendo fecho algun buen tiro de asta ó de ballesta. Y assí los unos y los otros temporiçando esperaban que el contrario prinçipiasse el rompimiento de la batalla; é assí atendiéndosse los unos por los otros, siguióse que un escopetero derribó de un tiro un indio, é creyóse que debiera ser hombre muy principal, porque luego los indios perdieron el ánimo que hasta aquella hora mostraban é arredraron un poco atrás su exercito donde la escopeta no alcançasse. E assí como la misma noche fué bien escuro se retiró para fuera el gobernador, ó se salió con toda su gente, aunque contra voluntad é paresçer de algunos, porque paresçia que de temor rehusaban la batalla; pero en fin á él le paresçió que era tentar á Dios pelear con tanta moltitud é poner á tanto riesgo los pocos que eran, y que á guerra guerreada, harian mejor sus hechos que no metiendo todo el resto á una jornada: lo qual él miró como prudente capitan, segund paresçió por el efeto é subçesso de las cosas adelante.

CAPITULO 11º

Como el gobernador Johan Ponçe acordó de yr á descubrir por la vanda ó parte del Norte, é fué á la Tierra-Firme en la costa de las islas de Bimini; é halló la isla dicha Bahamá; é como fué removido de la gobernaçion é volvieron á gobernar los que él avia enviado presos á Castilla; y de otros gobernadores que ovo despues en la isla de Sanct Johan.

Ya tenia el gobernador Johan Ponçe de Leon quassi conquistada é paçifica la isla de Sanct Johan, aunque no faltaban algunos sobresaltos é acometimientos de los indios caribes, los quales eran resistidos, é Johan Ponçe estaba muy rico. É como las cosas llegaron á este estado, siguióse que aquel alcalde mayor del almirante, llamado Johan Çeron, y el alguaçil mayor Miguel Diaz, que Johan Ponçe avia enviado presos á España, negoçiaron sus cosas é libertad; y su prinçipal motivo, demas de desculparse á sí, fué culpar á Johan Ponçe diçiendo que demas de los aver injustamente preso, él avia cometido otras culpas y hecho otros errores mayores. É aquestos eran favoresçidos por el almirante, porque como Johan Ponçe era afiçionado al comendador mayor, é por su respecto avia avido el cargo contra la voluntad del almirante, y echado sus ofiçiales de la isla, y enviadolos en prisiones, sintiéndose desto, procuró que Johan Ponçe fuesse removido, pues que el almirante era gobernador é visorrey, é deçia que aquella administracion de la justiçia en la isla de Sanct Johan le pertenesçia, por sus previlegios. É mandó el Rey Cathólico que volviessen á la isla de Sanct Johan é se les entregassen las varas é offiçios; é assí tornados quitaron el cargo al dicho Johan Ponçe, porque finalmente el Rey mandó que el almirante pusiesse allí los offiçiales de justiçia que el quissiese. É sabido esto por Johan Ponçe, acordó de armar é fué con dos caravelas por la vanda del Norte é descubrió las islas de Bimini que están de la parte septemtrional de la isla Fernandina, y entonces se divulgó aquella fábula de la fuente que haçia rejovenesçer ó tornar mançebos los hombres viejos: esto fué el año de mil é quinientos y doçe. É fué esto tan divulgado é çertificado por indios de aquellas partes, que anduvieron el capitan Johan Ponçe y su gente y caravelas perdidos y con mucho trabajo mas de seys meses, por entre aquellas islas, á buscar esta fuente: lo qual fué muy gran burla deçirlo los indios, y mayor desvario creerlo los chripstianos é gastar tiempo en buscar tal fuente. Pero tuvo notiçia de la Tierra-Firme é vídola é puso nombre á una parte della que entra en la mar, como una manga, por espaçio de çient leguas de longitud, é bien çincuenta de latitud, y llamóla la *Florida*. La punta ó promontorio de la qual está en veynte é çinco grados de la equinoçial de la vanda de nuestro polo ártico, y se extiende y ensancha haçia el viento Norueste, la qual tiene á par de la dicha punta muchas isletas y baxos, que llaman los *Mártyres*.

En tanto que el capitan Johan Ponçe andaba en su descubrimiento, el almirante, D. Diego Colom, por quexas que le dieron de Johan Çeron é Miguel Diaz, les quitó el cargo de la gobernaçion de Sanct Johan, é puso allí por su teniente al comendador Rodrigo de Moscoso. É aqueste estuvo poco tiempo en el cargo, y tambien ovo muchas quejas dél, aunque era buen caballero: por lo cual el almirante acordó de yr á aquella isla de Sanct Johan, é proveyó de su teniente en ella á un caballero llamado Chripstóbal de Mendoça, hombre de buena sangre y casta, é virtuosa persona é conviniente para el cargo, é aun para otro que fuera mucho mayor: el qual tuvo en paz y justiçia la isla, y en las cosas de la guerra é conquista de los caribes se mostró muy buen capitan, é como hombre valeroso y de mucho esfuerço é ánimo, todas las veçes que convino y el tiempo se ofresçió.

Porque no solamente los hombres deben ser loados é gratificados, conforme á sus virtudes y méritos pero aun de los brutos animales nos enseñan los que bien han escripto, que es razon é cosa nesçessaria, y no para olvidar lo que algunos han fecho: porque ademas de nos maravillar de lo que fuere digno de admiracion é pocas veçes visto ú oido, es grande la culpa que resulta de lo tal á los hombres de razon, quando no haçen lo que deben pues que los brutos animales se diferençian é aventajan en las virtudes é cosas que obran y aun á algunos hombres sobrepujan en buenos actos y hazañas. ¿Qué mas vituperio puede ser para un cobarde que ganar sueldo una bestia entre los hombres, é dar á un perro parte y media, como á un ballestero? Este fué un perro llamado *Beçerrillo*, llevado desta Isla Española á la de Sanct Johan, de color bermejo y de boço de los ojos adelante negro, mediano y no alindado, pero de grande entendimiento y denuedo. É sin dubda, segund lo que este perro haçia, penssaban los chripstianos que Dios se lo avia enviado para su socorro; porque fué tanta parte para la paçificaçion de la isla, como la terçia parte dessos pocos conquistadores que andaban en la guerra, porque entre dosçientos indios sacaba uno que fuesse huydo de los chripstianos, ó que se le enseñassen, ó le asia por un braço é lo constreñia á se venir con el, é lo traia al real, ó adonde los chripstianos estaban: é si se ponia en resistençia é no queria venir lo haçia pedazos, é hizo cosas muy señaladas y de admiraçion. É á media noche que se soltasse un preso, aunque fuesse ya una legua de allí, en diciendo "Ido es el indio, ó búscalo," luego daba en el rastro é lo hallaba é traia. É con los indios mansos tenia tanto conosçimiento como un hombre, y no les haçia mal. Y entre muchos mansos conosçia un indio de los bravos é no paresçia sino que tenia juiçio y entendimiento de hombre (y aun no de los neçios), porque como he dicho, ganaba parte y media para su amo como se daba á un ballestero en todas las entradas que el perro se hallaba. É penssaban los chripstianos que en llevarle yban doblados en número de gente, é con mas ánimo, y con mucha raçon porque los indios mucho mas temian al perro que á los chripstianos; porque como mas diestros en la tierra, ybanse por pies á los españoles é no al perro; del qual quedó casta en la isla de muy exçelentes perros, é que le imitaron mucho algunos dellos, en lo que he dicho. É yo vi un hijo suyo en la Tierra-Firme llamado *Leonçico*, el qual era del adelantado Vasco Nuñez de Balboa, é ganaba assí mismo una parte, é á veçes dos, como los buenos hombres de guerra y se las pagaban al dicho adelantado en oro y en esclavos. É como testigo de vista, sé que le valió en veçes mas de quinientos castellanos que le ganó, en partes que le dieron en las entradas. Pero era muy espeçial é haçia todo lo que es dicho de su padre. Pero tornando al *beçerrico*, al fin le mataron los caribes llevándolo el capitan Sancho de Arango: el qual por causa deste perro escapó una vez de entre los indios herido é peleando todavia con ellos, y echóse el perro á nado tras un indio é otro desde fuera del agua le dió con una flecha hervolada yendo el perro nadando tras el otro indio, é luego murió; pero fué causa que el dicho capitan Sancho de Arango y otros chripstianos se salvassen; é con çierto despojo los indios se fueron.

Sabido esto por el teniente Chripstóbal de Mendoça, que gobernaba la isla por el almirante, como tengo dicho; salió de la villa de Sanct German con hasta çincuenta hombres de aquella veçindad, aunque la mayor parte dellos eran mançebos, puesto que tambien avia algunas reliquias de los hombres de la guerra passada, assí de los adalides que se dixo de suso, como de algunos hombres escogidos y experimentados. Y embarcáronse en una caravela con dos barcos é alcançaron los indios é hiçieron un hecho de memoria; porque junto á una isleta que está mas al Oriente de la de Sanct Johan, llamada Bieque, pelearon con ellos quassi toda una noche y mataron al caçique capitan de los indios que se deçia Yahureybo, hermano de otro caçique llamado Caçimar, que primero é pocos dias antes le avian muerto los chripstianos en la misma isla de Sanct Johan en otra batalla aviendo venido á saltear. El qual estando abraçado con él un hidalgo, llamado Pero Lopez de Angulo é punando de matar el uno al otro, salió de través un Françisco de Quindos é oviera de matar á entrambos porque con una lança passó al indio de parte á parte é poco faltó de no matar tambien al Pero Lopez. Este Caçimar era valentíssimo hombre é muy estimado capitan entre los indios, é por vengar su muerte, avia venido el hermano á saltear á la isla de Sanct Johan é avia herido al capitan Sancho de Arango é otros chripstianos que escaparon por causa del perro Beçerrillo que mataron, lo qual no fué pequeña pérdida, porque aunque se murieran algunos chripstianos, no lo sintieran tanto los que quedaron, como faltarles el perro. Assí que, yendo el capitan ó gobernador, como he dicho, tras los malechores, los alcançó é mató al caçique é otros muchos de los indios é prendió algunos y les tomó las piraguas á los caribes é tornó victorioso á la villa de Sanct German é repartió muy bien y á voluntad de todos la presa. Y envió una de las piraguas que tomó á esta cibdad de Sancto Domingo al almirante D. Diego Colom: la qual era muy grande é muy hermoso navio para del arte que estos son. Pero porque de las cosas de aquel perro seria larga narraçion lo que con verdad se podria dél escrebir, no diré aqui sino una sola que no es de preterir, porque la supe de testigos de vista que se hallaron pressentes, personas dinas de crédito, y fué aquesta. La noche que se dixo de la guaçábara ó batalla del caçique Mabodomoca, á la mañana antes que el gobernador Johan Ponçe llegasse, acordó el capitan Diego de Salaçar de echar al perro una india vieja de las prisioneras que allí se avian tomado; é púsole una carta en la mano á la vieja, é díxole el capitan. "Anda vé, y lleva esta carta al gobernador que está en Aymaco," que era una legua pequeña de allí: é deçiale aquesto para que assí como la vieja se partiesse y fuesse salida de entre la gente, soltassen el perro tras ella. E como fué desviada poco mas de un tiro de piedra, assí se hizo, y ella yba muy alegre, porque penssaba que por llevar la carta, la libertaban; mas soltado el perro luego la alcançó, é como la muger le vido yr tan denodado para ella, assentóse en tierra, y en su lengua començó á hablar é deçiale. "Perro, señor perro, yo voy á llevar esta carta al señor gobernador" é mostrábale la carta ó papel cogido, é deçiale: "no me hagas mal, perro señor." Y de hecho el perro se paró como la oyó hablar, é muy manso se llegó á ella é alçó una pierna é la meó, como los perros lo suelen haçer en una esquina ó quando quieren orinar, sin le haçer ningun mal. Lo qual los chripstianos tuvieron por cosa de misterio, segund el perro era fiero y denodado: é assí el capitan, vista la clemençia que el perro avia usado, mandóle atar, é llamaron á la pobre india é tornóse para los chripstianos espantada, pensando que la avian enviado á llamar con el perro, y temblando de miedo se sentó, y desde á un poco llegó el gobernador Johan Ponçe, é sabido el caso, no quiso ser menos piadosso con la india de lo que avia sido el perro y mandóla dexar libremente y que se fuesse donde quissiese, é assí lo fizo.

CAPITULO · 12º

Del repartimiento de los indios de la isla de Sanct Johan y de lo que en ello se siguió.

Estando la isla de Sanct Johan pacífica, y encomendados los indios á quien los debia tener, paresçióles á los que tal procuraron que, yendo allí quien hiçiesse el repartimiento de nuevo, los sabria mejor repartir entre los veçinos que quien los avia visto servir é conquistar la isla. Fué para esto enviado allá un juez de resideçia, llamado el liçençiado Velazquez, á quien culpaban diçiendo que fué engañado por los ofiçiales é procuradores del pueblo; porque, como fueron señalados por personeros y factores ó soliçitadores los que tenian mas avivadas y despiertas las lenguas, que no trabaxadas las personas en la paçificaçion é conquista de la tierra, como sagaçes procuraron de dexar á los que lo meresçian sin galardon, porque á ellos é á sus amigos se les diesse lo que los otros avian de aver. É tuvieron tales formas para ello que entre otras cosas dieron al juez muchas memorias cautelosas que él debiera entender de otra manera, ó al revés, diçiendo que los unos eran labradores, y los otros de baxa suerte, no se acordando que los que estas tachas ponian, pudieran muy mejor é con mas verdad apropiarlas á sí mesmos, que no á los otros de quien murmuraban; pues se desacordaban de los virtuosos hechos y denuedos é serviçios de aquellos contra quien hablaban. Los quales, á su propria costa é sin sueldo alguno, avian ganado é conquistado la isla con mucho derramamiento de su propria sangre, é mas de la de los enemigos aviendo muchos, é no quedando en pié para la gratificaçion la mitad de los verdaderos conquistadores, y no les aviendo dado para su substentaçion mas de palabras, é vanos prometimientos, ofresçiéndoles que entre ellos se avian de repartir los indios, como en la verdad ello fuera muy justo que assí se hiçiera: mas hizose al revés, é assi los dió á quien quiso y nó á quien debiera. Fué este liçençiado el primero que entró en aquella isla, sin el qual é sin los que despues fueron con estos títulos de letras, estuvo mejor gobernada la tierra é paresçióse bien en el teniente Chripstóbal de Mendoça; pues ninguna demanda se le puso ni persona alguna se quexó dél: antes le lloraba aquella isla, quando se le tomó resideçia viendo que le quitaban el cargo. Pero assí van estas cosas, que á veçes permite Dios que por los pecados del pueblo se les quiten los buenos jueçes, ó por méritos de los tales jueçes los aparte Dios de donde ternian ocasion para errar é ofender á sus conçiençias. E assí paresçió por la obra que despues sobre estas novedades é mutaçiones de gobernaçion ninguna cosa ha ganado aquella isla, por las diversas costumbres de los que allí han tenido cargo de justiçia. É ydo Chripstóbal de Mendoça en España, estuvo mas honrado é le dió la Çesarea Magestad el hábito de Sanctiago y le dió de comer, como á uno de los caballeros de su real casa, donde reçibió mayores merçedes y con menos peligros, y en su patria é no tan apartado acá en este Nuevo Mundo.

CAPITULO 13?

De la muerte del adelantado Johan Ponçe de Leon, primero conquistador de la isla de Boriquen que agora llaman Sanct Johan, y otras cosas tocantes á la mesma isla.

Dicho se há como Johan Ponçe de Leon fué removido del cargo é gobernaçion de la isla de Sanct Johan y de como fué á descubrir á la vanda del Norte, é como anduvo en busca de aquella fabulosa fuente de Bimini, que publicaron los indios que tornaba á los viejos moços. Y esto yo lo he visto (sin la fuente), no en el subgeto é mejoramiento de las fuerças; pero en el enflaqueçimiento del sexo, é tornarse en sus hechos moços y de poco entender: y destos fué uno el mismo Johan Ponçe, en tanto que le turó aquella vanidad de dar crédito á los indios en tal disparate, é á tanta costa suya de armadas de navíos y gentes, puesto que en la verdad el fué honrado caballero é noble persona é trabaxó muy bien en la conquista é paçificaçion de aquesta Isla Española y en la guerra de Higüey; y tambien fué el primero que començó á poblar é paçificar la isla de Sanct Johan, como tengo dicho, donde él é los que con él se hallaron padesçieron muchos trabaxos, assí de la guerra como de enfermedades é muchas nesçessidades de bastimentos é de todas las otras cosas nesçessarias á la vida. Halló pues este capitan aquella tierra que llaman la Florida, é tornó á la isla de Sanct Johan, é fué á España é dió relaçion de todo al Rey Cathólico: el qual, aviendo respecto á sus serviçios, le dió título de adelantado de Bimini y le hizo otras merçedes, para lo qual le aprovechó mucho el favor de su amo Pero Nuñez de Guzman, comendador mayor de Calatrava, ayo del sereníssimo infante D. Hernando, que es agora la Magestad del rey de los romanos. É despues se tornó á la isla de Sanct Johan é armó de mas propósito para ir á poblar en aquella tierra de su adelantamiento é gobernaçion que allí se le dió, é gastó mucho en el armada é volvió de allá desbaratado y herido de una flecha, de la qual herida vino á morir á la isla de Cuba. É no fué solo él quien perdió la vida y el tiempo y la haçienda en esta demanda: que muchos otros por le seguir, murieron en el viaje é despues de ser allá llegados, parte á manos de los indios é parte de enfermedades; é assí acabaron el adelantado y el adelantamiento.

CAPITULO 14.º

Del pueblo llamado Daguao, que hizo poblar el almirante, D. Diego Colom, en la isla de Sanct Johan.

Informaron al almirante, D. Diego Colom, que en una provinçia de la isla de Sanct Johan sería bien haçerse un pueblo, adonde llaman el Daguao, porque se creia que aquella tierra era rica de minas; y determinado en ello, envió allá para fundar la poblaçion á un hidalgo llamado Johan Enriquez, con çierta gente: el qual era pariente de la vireyna, mujer del almirante, y el pueblo se hizo en lo mas rico de la isla, é Juan Enriquez fué allí teniente por el almirante. Pero por floxedad de los que allí estaban ni se dieron maña á substentar el pueblo ni á buscar las minas, é al cabo se despobló por los caribes en breve tiempo. É despues de despoblado, se hallaron çerca de aquel assiento muchos rios é arroyos ricos de oro; pero como está muy á mano é aparejado para resçebir daño de los caribes é han hecho por allí muchos saltos en veçes, á esta causa no se sostuvo aquella villa. Mas si el oro se descubriera quando allí ovo poblaçion, siempre permanesçiera el pueblo é fuera muy gran seguridad de toda la isla, porque estaba en parte muy conveniente, y en tierra muy fértil de labranças é pastos é oro rico é buenas aguas. É aun quieren algunos deçir que ninguna poblaçion pudiera aver tan al propósito de los chripstianos, como fuera aquella. Este pueblo se llamó Sanctiago, pero como he dicho, turó poco su poblaçion.

CAPITULO 15.º

De los gobernadores que ovo en la isla de Sanct Johan, despues que allí fué por juez de residençia el liçençiado Velazquez.

Dicho se há como el liçençiado Velazquez fué por juez de residençia á la isla de Sanct Johan: el qual se ovo de tal manera en el offiçio, que ovo muchas quejas dél, por lo qual fué por Su Magestad proveydo de juez de residençia para aquella isla el liçençiado Antonio de la Gama, é aqueste hizo lo que supo. El qual despues se casó con una donçella llamada Doña Isabel Ponçe hija del adelantado Johan Ponçe de Leon, de quien aveis oido que gobernó é pobló primero aquella isla; é diéronle grande dote con ella, é aveçindóse en la tierra, é tuvo cargo de la gobernaçion de la isla por el Rey, en tanto que le turó el offiçio de juez de residençia. Despues de lo qual, tornó el cargo á cuyo era; y el almirante, D. Diego Colom, puso por su teniente á Pedro Moreno, veçino de aquella isla, del qual tampoco faltaron quexas, aunque no tantas como de algunos de los que primero avian gobernado. Y en este tiempo se siguieron muchas passiones entre Antonio Sedeño, contador de aquella isla, y el tesorero Blas de Villasancta. Y ambos anduvieron en la corte el año de mill é quinientos y veynte y tres é veynte y quatro é mas tiempo, pleyteando é acusándose ante los Señores del Consejo Real de Indias, para que oviesse lugar aquel probervio que diçe: *Riñen las comadres, y descúbrense las verdades.* Y entre las otras querellas deste Villasancta no olvidaba al liçençiado de la Gama, por lo qual se mandó al liçençiado Lucas Vazquez de Ayllon, oydor desta Audiençia Real de la isla Española, que á la saçon estaba en Castilla negoçiando una gobernaçion (donde despues fué á morir), que se viniesse por la isla de Sanct Johan y entendiesse en aquellas diferençias de los offiçiales, é tomase residençia al Pedro Moreno y al liçençiado de la Gama é assi lo hizo. E yá el de la Gama avia enviudado é acabado el primero matrimonio, y se avia casado segunda vez con Isabel de Cáçeres, muger que avia seydo de aquel Miguel Diaz de quien en otras partes se ha hecho mençion: la qual estaba muy rica muger, y aqueste su segundo marido fué proveydo despues por juez de residençia á la Tierra-Firme, á la provinçia y gobernaçion de Castilla del Oro, donde hizo lo que se dirá adelante en la administraçion de aquel offiçio, quando se tracte de las cosas de aquella tierra, en la segunda parte de aquesta historia. Assi que, despues que el liçençiado Ayllon les tomó residençia tornó al cargo de la isla de Sanct Johan el teniente Pedro Moreno é lo tuvo é gobernó aquella isla hasta que murió: despues de la muerte del qual tiene hasta agora el mismo offiçio el teniente Françisco Manuel de Olando, el qual es buen caballero y noble persona, y que ha muy bien gobernado, y haçe su offiçio muy en conformidad de aquellos pueblos é como conviene al serviçio de Dios y de sus Magestades, é mas al propóssito de la tierra que lo han fecho los letrados, porque de lo uno y lo otro se ha visto la experiencia muchas veçes. È no sin causa sus Magestades en Castilla del Oro y en otras partes mandan que no passen letrados ni procuradores, porque conoçidamente son pestilençiales para haçiendas agenas, y para poner en contienda á los que sin ellos vivirian en paz. Y estos cargos de justiçia yo no los querria ver en los que mas leyes saben, sino en los que mas justas conçiencias tienen; y pocas diferençias puede aver entre los veçinos que no las sepan averiguar buenos juycios, si el juez tiene sano el pecho é çerrada la puerta á la cobdiçia, sin que Bártulo ni otros doctores entiendan en ello.

CAPITULO 16º

De diversas particularidades de la isla de Sanct Johan.

Pues se ha dicho de la gobernaçion de la isla de Sanct Johan y de las cosas que passaron en los prinçipios de su conquista é poblaçion, quiero deçir en este capítulo algunas particularidades, convinientes á la relaçion desta isla y de los indios della.

Estos indios eran flecheros; pero no tiraban con hierva, é algunas veçes passaban los indios caribes de las islas comarcanas flecheros en su favor contra los chripstianos; y todos aquellos tiran con hierva muy mala, é tal que és irremediable hasta agora, que no se sabe curar.

Algunos diçen que no comian carne humana los de esta isla, é yo lo pongo en dubda; pues que los caribes los ayudaban é conversaban con ellos, que la comen.

La gente desta isla es lora y de la estatura y forma que está dicho de los indios de la Española, sueltos y de buena disposiçion en la mar y en la tierra, puesto que son para mas los de la isla de Sanct Johan, ó mas guerreros, é assí andan desnudos.

En las ydolatrías del çemí y en los areytos é juegos del batey y en el navegar de las canoas y en sus manjares é agricoltura y pesquerías, y en los edefiçios de casas y camas, y en los matrimonios é subçession de los caçicados y señorío, y en las herençias, y otras cosas muchas, muy semejantes los unos á los otros. É todos los árboles, y plantas, y fructas, é hiervas, é animales, y aves, y pescados, é insectos que hay en Haytí ó en la Isla Española, todo lo mismo se halla en la de Boriquen ó isla de Sanct Johan, é assí mesmo todo lo que por industria é diligençia de los españoles se ha hecho é multiplicado en la Española de ganados, desde ella se passaron los primeros á Sanct Johan, y se han hecho muy bien, é lo mesmo de los naranjos é granados é higueras é plátanos, é hortaliza é cosas de España.

Pero allí en Sanct Johan hay un árbol que llaman el *palo sancto*, del qual como cosa muy digna de particular memoria, se hará adelante un capítulo, en que se diga alguna parte de sus exçelençias.

Hay un ingenio de açúcar que hizo Thomas de Castellon, ginoves, que quedó á sus herederos, no sin pleytos é litigios de la herençia; pero en quien quedare, diçen que es gentil heredamiento.

Estos indios de Sanct Johan, é comunmente todos los de las Indias, encienden fuego con los palillos, como atrás queda dicho. Tienen muy buenas salinas en la parte que tengo dicho de la costa ó vanda del Sur, é muy buenos rios é aguas é minas muy ricas de oro, de las quales se ha sacado muy gran copia de oro y continuamente se saca. Hay mas aves comunmente que en la Isla Española; pero no dexaré de deçir de çierta caça que nunca la vi sino de aquella isla, ni aun lo oy deçir que en otra parte del mundo se diessen á ella. Y estos son unos murçiélagos que los comen los indios (é aun los chripstianos haçian lo mismo en el tiempo que turó la conquista), y están muy gordos, y en agua muy caliente se pelan façilmente é quedan de la manera de los paxaritos de cañuela é muy blancos é de buen sabor, segund los indios diçen: é no niegan los chripstianos que los probaron é comieron muchas veçes por su nesçessidad, é otros hombres porque son amigos de probar lo que veen que otros haçen. Finalmente, esta isla es muy fértil é rica, é de las mejores de las que hay pobladas de chripstianos hasta el pressente tiempo.

CAPITULO 17.

Del árbol del palo Sancto é de sus muy exçelentes propriedades.

El árbol que en las Indias llaman *palo Sancto*, digo que

en opinion de muchos es uno de los mas exçelentes árboles del mundo, por las enfermedades é llagas é diversas passiones que con él curan. Muchos le tienen en la verdad por el mesmo que *guayacan*, ó por espeçie ó género dél, en la madera y médula ó coraçon y en el peso é otras particularidades y efetos medeçinales, puesto que aqueste *palo sancto*, ha hecho mayores experiençias; porque demas de se curar con él el mal de las buas, como con el *guayacan* é muy mejor, curanse otras enfermedades muchas que no se sanan con el *guayacan*, como mas particularmente los médicos que dél usan, lo saben aplicar, y otras personas por la experiençia que ya se tiene. Pero solamente diré yo aquí lo que ví haçer ó experimentar en un enfermo tocado del mal de las buas, y que desde á mucho tiempo que las tuvo, vivia con una llaga vieja en una pierna muchos años despues, y de quando en quando se le refrescaban sus trabajos y le daban muy mala vida, é ya él la tenia por incurable. El qual usó desta reçepta que agora diré. Púrgase el doliente con píldoras de regimiento, que creo que llaman de *fumus terræ*, las quales se toman passada la media noche, é despues que ha purgado, come de un ave y bebe un poco de vino muy aguado; y desde á dos dias que esto ha hecho, échase en cama, y entretanto come templadamente y de buenas aves pollas. É assí echado en la cama, ya ha de estar hecha el agua del *palo sancto*, la qual se haçe desta manera.

Toman un pedaço de palo é pícanlo menudo, quanto pudiere ser, y ponen en una olla nueva libra é media del palo assí picado, con tres açumbres de agua, y pónenlo en remojo desde prima noche hasta otro dia de mañana, y en seyendo de dia, cuéçenlo hasta qué el agua ha menguado la terçia parte. Y entonçes toma el paçiente una escudilla de aquella agua assí coçida, tan caliente como la pudiere comportar; é despues que la ha bebido, cúbrese muy bien, é suda una hora ó dos, é despues hasta medio dia bebe de la misma agua, estando fria, quantas veçes quiere é pudiere; é quando quissiere comer ha de ser un poco de un rosquete de vizcocho ó unas passas pocas y cosas secas. El caso es, que la dieta y beber harta agua de la manera que he dicho, es lo que haçe al propóssito: assí que, hasta medio dia se ha de haçer lo que tengo dicho, y despues sacar aquella agua y verterla, y despues echar otra agua fresca en el palo mismo, como avia quedado sin echar mas palo, y coçerlo otra vez con la segunda agua, y de aquella fria beber entre dia. Y ha de estar el paçiente muy sobre aviso en estar muy abrigado, quanto pudiere, y en parte que el ayre no le toque; é assí continuarlo hasta que sea llegado el siguiente dia. Y el segundo dia se ha de echar á mal aquel palo que estaba en la olla, y en aquella tornar á echar otro tanto palo é agua con la misma medida é haçer todo lo mismo que es dicho del primero dia: é assí de dia en dia continuadamente haçer todo lo que tengo dicho, hasta que passen doçe ó quinçe dias. E si se sintiere flaco en el comedio deste tiempo, puede comer de un pollito chiquito: y ha de ser la comida para sustentar, é nó para mas ni hartar, porque como he dicho, complidos doçe ó quinçe dias, sentirá mucha mejoría é obra hasta noventa dias, que cada dia le yrá muy mejor. E quando oviere acabado de tomar esto el tiempo que he dicho, comerá pollas pequeñas é assí como fuere convalesçiendo yrá mejorando é aumentando poco á poco la comida. Algunos usan, despues de passados los quinçe dias que han tomado el agua del palo, tornarse á purgar; pero ha de estár muy sobre aviso en no comer cosas açedas, ni vinagre, ni verdura, ni pescado ni aver ayuntamiento con muger en aquellos tres meses.

Los que tienen llagas, lavanlas con aquella agua que es dicho, é limpianlas con un paño é despues de enxutas, tornan á huntar la llaga con la espuma que haçe el agua en el coçimiento, que tienen recogida para ello, é pónenle sus hilas blancas y ençima sus paños blancos é limpios, é nó de camisa de mujer. E sanan de llagas (que por çierto yo las he visto sanar desta forma) tales que se tenian ya por incurables por ser muy viejas é muy enconadas y denegridas que ya paresçian mas de espeçie de cançer ó de Sanct Lázaro, que otra cosa. Para mi opinion yo tengo por muy sancta cosa esta medeçina deste árbol ó *palo sancto* que diçen.

CAPITULO 18º

De otras particularidades de la isla de Sanct Johan, con que se dá fin al libro décimo sexto.

Muchas cosas quedan dichas en los capítulos precedentes, en general de aquesta Isla de Sanct Johan, é muchas otras referí á lo que tengo escripto de la Isla Española. Pero ocurre á la memoria una çierta goma que hay en aquesta isla de Sanct Johan que nunca lo oy de otra parte alguna, é informado de

Johan Ponçe de Leon y de otras personas de honra que lo pudieron muy bien saber, diçen que çerca de las minas que llaman del Loquillo, hay cierta goma que nasçe de los árboles, la qual es blanca, como sebo, pero muy amarga é sirve para brear los navios, mezclándola con açeyte sin otra mixtura. Y es muy buena, porque como es amarga, no entra en ella la broma, como en la brea de la pez. Los indios y aun los chripstianos llaman en aquella isla á esta goma *tabunuco*, y es muy exçelente para lo que he dicho, quando se puede aver en tanta cantidad. E con esto se dá conclusion á las cosas desta Isla de Sanct Johan, hasta el presente tiempo é año de mill é quinientos é treynta é cinco.

LIBRO 5.º

Este es el 5.º libro de la primera parte de la Natural y General historia de las Indias, Islas y Tierra Firme del mar Oçeano: *el qual tracta de los ritos é çerimonias é otras costumbres de los indios, é de sus idolatrías, é viçios, é otras cosas.*

PROHEMIO.

En el libro terçero desta *Natural Historia* se expresaron algunas causas por qué se acabaron é murieron los indios de aquesta isla Española, y tambien se repitió algo de la misma materia mas adelante en el primero capítulo del quarto libro, hablando en la calidad destos indios. Y porque mejor se entienda que esta culpa é castigo está principalmente fundado en los delitos é abominables costumbres é ritos desta gente, se dirán alguna parte dellos y de sus culpas en aqueste libro quinto. Por lo qual fáçilmente se puede colegir la retitud de Dios, é quan misericordioso ha seydo con esta generaçion, esperando tantos siglos á que se enmendassen. Pues ninguna criatura dexa de conosçer que hay un Dios todopoderoso, y por tanto dice el psalmista: *los çielos recuentan la gloria de Dios, é las obras de sus manos denuncian el firmamento* (1). Quanto mas que, como en el segundo libro dixe, que la Sancta Iglesia ya tenia en todo el mundo predicado en todas partes dél el misterio de su redempçion; pues estas palabras dixo Sanct Gregorio Magno, doctor de la Iglesia, (2) el qual tomó el pontificado é silla de Sanct Pedro, año del señor de quinientos y noventa, é la tuvo é gobernó catorçe años; (3) y Francisco Petrarxa en aquella *Summa* que escrebió de las vidas de los summos Pontífiçes, diçe que Gregorio tuvo la silla apostólica treçe años y seis meses é diez dias. Síguese que subió Sanct Gregorio al çielo, año de seysçientos é quatro; y aunque el postrero año de su vida se acabára de predicar en todas las partes del mundo (como él dixo) el misterio de la redempçion nuestra, han passado despues hasta que Colom vino á estas partes (año de mill é quatroçientos y noventa y dos años) ochoçientos é ochenta y ocho. Y despues que vino Colom á estas Indias, é passaron los chripstianos á ellas, corren hasta el presente año de mill é quinientos y quarenta é ocho, otros çinqüenta y seys años mas, que serian noveçientos é quarenta y quatro años despues de Sanct Gregorio. Y por tanto estas gentes debrian ya de aver entendido una cosa en que tanto les va (como es salvar sus ánimas), pues no han faltado ni faltan predicadores é relijiosos çelosos del serviçio de Dios, que se lo acuerden, despues que las banderas de Chripsto y del Rey de Castilla passaron acá, puesto que lo tuviessen olvidado, ó que de nuevo se les tornasse á enseñar.

Pero en fin, estos indios (por la mayor parte dellos), es nasçion muy desviada de querer entender la fé cathólica; y es machacar hierro frio pensar que han de ser chripstianos, sino con mucho discurso de tiempo, y assí se les ha paresçido en las capas (ó mejor diciendo) en las cabeças: porque capas no las traian, ni tampoco tienen las cabeças como otras gentes; sino de tan resçios é gruesos cascos, que el prinçipal aviso que los chripstianos tienen, quando con ellos pelean é vienen á las manos, es no darles cuchilladas en la cabeça, porque se rompen las espadas. Y assí como tienen el casco grueso, assí tienen el entendimiento bestial y mal inclinado, como se dirá adelante, espeçificando algunos de sus ritos, é çerimonias, é idolatrías, é costumbres, é otras particularidades que al mismo propóssito ocurrieren é yo tuviere notiçia dellas hasta el tiempo presente. Y aunque esto se haga é note en aqueste libro, no se dexarán de deçir algunas cosas de las çerimonias é ritos, con otros, á donde quadren en otras partes destas historias.

CAPITULO 1º

Que tracta de las imágenes del diablo que tenian los indios, é de sus idolatrías, é de los areytos é bayles cantando, é la forma que tienen para retener en la memoria las cosas passadas que ellos quieren que queden en acuerdo á sus subçesores y al pueblo.

Por todas las vias que he podido, despues que á estas indias passé, he procurado con mucha atençion, assí en estas islas como en la Tierra Firme, de saber por qué manera ó forma los indios se acuerdan de las cosas de su prinçipio é anteçesores, ó si tienen libros, ó por quales vestigios é señales no se les olvida lo passado. Y en esta Isla, á lo que he podido entender, solos sus cantares, que ellos llaman *areytos*, es su libro ó memorial que de gente en gente queda de los padres á los hijos, y de los presentes á los venideros, como aqui se dirá. Y no he hallado en esta generaçion cosa entrellos mas antiguamente pintada, ni esculpida ó de relieve entallada, ni tan prinçipalmente acatada é reverenciada como la figura abominable é descomulgada del demonio, en muchas é diversas maneras pintado ó esculpido, ó de bulto con muchas cabeças é colas ó difformes y espantables é caninas é feroces dentaduras, con grandes colmillos, é desmesuradas orejas, con ençendidos ojos de dragon é feroz serpiente, é de muy diferençiadas suertes; y tales que la menos espantable pone mucho temor y admiraçion. Y ésles tan sociable é comun, que no solamente en una parte de la casa lo tienen figurado, mas aun en los bancos, en que se assientan (que ellos llaman *duho*,) á significar que no está solo el que se sienta, sino él é su adverssario. Y en madera y de barro y de oro, é en otras cosas, quantas ellos pueden, lo esculpen y entallan, ó pintan regañando é feroçísimo, como quien él es. Al qual ellos llaman *çemí*, y á este tienen por su Dios, y á este piden el agua, ó el sol, ó el pan ó la victoria contra todos sus enemigos y todo lo que dessean; y pienssan ellos que el *çemí* se lo dá, quando le plaçe; é aparesçiales fecho fantasma la noche. É tenian çiertos hombres entre sí que llaman *buhiti*, que servian de auríspiçes ó agoreros adevinos; é aquestos les daban á entender que el *çemí* es Señor del mundo é del çielo y de la tierra y de todo lo demas, y que su figura é imágen era aquella tan fea como he dicho, y mucho mas que se sabrá penssar ni deçir; pero siempre diferente, y como lo haçian en diversas maneras. Y estos *çemís* ó adevinos les deçian muchas cosas, que los indios tenian por çiertas, que vernian en su favor ó daño: é aunque muchas veçes saliessen mentirosos, no perdian el crédito, porque les daban á entender que el *çemí* avia mudado consejo, por mas bien suyo ó por haçer su propria voluntad. Estos, por la mayor parte, eran grandes hervolarios é tenian conosçidas los propiedades de muchos árboles é plantas ó hiervas; é como sanaban á muchos con tal arte, teníanlos en gran veneraçion é acatamiento, como á sanctos: los quales eran tenidos entre esta gente como entre los chripstianos á los saçerdotes. É los tales siempre traian consigo la maldita figura del *çemí*, é assí por tal imágen les daban el mismo nombre que á ella, é los deçian çemíes, allende de los deçir buhitis. É aun en la Tierra-Firme, no solamente en sus ídolos de oro y de piedra y de madera, é de barro, huelgan de poner tan descomulgadas y diabólicas imágenes, mas en las pinturas que sobre sus personas se ponen (teñidas é perpetuas de color negro, para quanto viven, rompiendo sus carnes y el cuero, juntando en sí esta maldita efigie,) no lo dexan de haçer. Assí que, como sello que ya está impresso en ellos y en sus coraçones, nunca se les desacuerda averle visto ellos ó sus passados, é assí le nombran de diversas maneras.

En esta Isla Española çemí, como he dicho, es el mismo que nosotros llamamos diablo; é tales eran los que estos indios tenian figurados en sus joyas, en sus moscadores, y en las frentes é lugares que he dicho, é en otros muchos, como á su propóssito les paresçia, ó se les antojaba ponerle. Una cosa he yo notado de lo que he dicho y passaba entre esta gente: y es que el arte de adevinar (ó pronosticar las cosas por venir) y quantas vanidades los çemíes daban á entender á esta gente, andaba junto con la medeçina é arte mágica; lo qual paresçe que concuerda con lo que disçe Plinio en su *Natural Historia*, confesando que, bien que sea el arte mas fraudulento ó engañoso de todos, ha avido grandísima reputaçion en todo el mundo y en todos siglos.

Ni se maraville alguno aquesta arte aver adquirido tan grandísima auctoridad, porque ella sola abraça en sí otros tres artes, los quales sobre todos tienen el imperio de la vida humana. Porque prinçipalmente ninguno dubda este arte aver venido de la medeçina, como cosa mas sancta é mas exçelente que la medeçina, y en aquesta forma á sus promessas muy desseadas y llenas de halagos, averse juntado la fuerça de la religion. É despues que aquesto le subçedió, juntóse con esto el arte matemática, la qual puede mucho en los hombres, porque cada uno es desseoso de saber las cosas futuras é por venir, é creen que verdaderamente se puedan entender del çielo. Assí que, tal arte aviendo atado los sentidos de los hombres con tres ñudos, ha llegado á tanta sublimidad ó altura, que aun hoy ocupa la mayor parte de la gente, y en el oriente manda á rey de reyes; é sin dubda allí nasçió en la region de Persia, y fué el primero auctor deste arte Zoroastres, en lo qual todos los escriptores concuerdan. Todo esto que he dicho es de Plinio, á propóssito de lo qual diçe Isidoro en sus *Etimologías* que el primero de los magos fué Zoroastres, rey de los batrianos. Por manera que en estas partes de nuestras Indias muy extendida está tal vanidad, é junto con la medeçina la traen y exerçitan estos indios, pues sus médicos prinçipales son sus saçerdotes adevinos, y estos sus religiosos les administran sus idolatrías y çerimonias nefandas y diabólicas.

Pasemos á los *areytos* ó cantares suyos, que es la segunda cosa que se prometió en el título deste capítulo. Tenian estas gentes una buena é gentil manera de memorar las cosas passadas é antiguas; y esto era en sus cantares é bayles, que ellos llaman *areyto*, que es lo mismo que nosotros llamamos baylar cantando. Diçe Livio que de Etruria vinieron los primeros bayladores á Roma, é ordenaron sus cantares, acordando las voçes con el movimiento de la persona. Esto se hizo por olvidar el trabajo de las muertes de la pestilençia, el año que murió Camilo; y esto digo yo que debia ser como los *areytos* ó cantares en corro destos indios. El qual *areyto* haçian desta manera. Quando querian aver plaçer, çelebrando entre ellos alguna notable fiesta, ó sin ella por su pasatiempo, juntábanse muchos indios é indias (algunas veçes los hombres solamente, y otras veçes las mugeres por sí); y en las fiestas generales, assí como por una victoria ó vençimiento de los enemigos, ó casándose el caçique ó rey de la provinçia, ó por otro caso en que el plaçer fuese comunmente de todos, para que hombres é mugeres se mezclassen. É por mas extender su alegría é regoçijo, tomábanse de las manos algunas veçes, é tambien otras trabábanse braço con braço ensartados ó assidos muchos en rengle (ó en corro assí mismo), é uno dellos tomaba el ofiçio de guiar (ora fuese hombre ó muger), y aquel daba çiertos passos adelante é atras, á manera de un contrapás muy ordenado, é lo mismo (y en el instante) haçen todos, é assí andan en torno, cantando en aquel tono alto ó baxo que la guia los entona, é como lo haçe é diçe, muy medida é conçertada la quenta de los passos con los versos ó palabras que cantan. Y assí como aquel diçe, la moltitud de todos responde con los mismos passos, é palabras, é orden; é en tanto que le responden, la guia calla, aunque no çessa de andar el contrapás. Y acabada la respuesta, que es repetir ó deçir lo mismo que el guiador dixo, proçede encontinente, sin intérvalo, la guia á otro verso é palabras, que el corro é todos tornan á repetir; é assí sin çessar, les tura esto tres ó quatro horas y mas, hasta que el maestro ó guiador de la dança acaba su historia; y á veçes les tura desde un dia hasta otro.

Algunas veçes junto con el canto mezclan un atambor, que es hecho en un madero redondo, hueco, concavado, é tan grueso como un hombre é mas ó menos, como lo quieren haçer;

ó suena como los atambores sordos que haçen los negros; pero no le ponen cuero sino unos agujeros ó rayos que trasçienden á lo hueco, por do rebomba de mala graçia. É assí, con aquel mal instrumento ó sin él, en su cantar (qual es dicho) diçen sus memorias é historias passadas, y en estos cantares relatan de la manera que murieron los caçiques passados, y quantos y quales fueron, é otras cosas que ellos quieren que no se olviden. Algunas veçes se remudan aquellas guias ó maestro de la dança; y mudando el tono y el contrapás, prosigue en la misma historia, ó diçe otra (si la primera se acabó), en el mismo son ú otro.

Esta manera de bayle paresçe algo á los cantares é danças de los labradores, quando en algunas partes de España en verano con los panderos hombres y mugeres se solaçan; y en Flandes he yo visto la mesma forma de cantar, baylando hombres y mugeres en muchos corros, respondiendo á uno que los guia ó se antiçipa en el cantar, segund es dicho. En el tiempo que el comendador mayor D. Frey Nicolas de Ovando gobernó esta isla, hizo un *areyto* antel Anacaona, muger que fué del caçique ó rey Caonabo (la qual era gran Señora): é andaban en la dança mas de tresçientas donçellas, todas criadas suyas, mugeres por casar; porque no quiso que hombre ni muger casada (ó que oviesse conosçido varon) entrassen en la dança ó *areyto*. Assí que tornando á nuestro propóssito, esta manera de cantar en esta y en las otras islas (y aun en mucha parte de la Tierra Firme) es una efigie de historia ó acuerdo de las cosas passadas assí de guerras como de paçes, porque con la continuaçion de tales cantos no se les olviden las haçañas é acaesçimientos que han passado. Y estos cantares les quedan en la memoria, en lugar de libros de su acuerdo; y por esta forma resçitan las genealogías de sus caçiques y reyes ó señores que han tenido, y las obras que hiçieron, y los malos ó buenos temporales que han passado ó tienen; é otras cosas que ellos quieren que á chicos é grandes se comuniquen ó sean muy sabidas é fixamente esculpidas en la memoria. Y para este efecto continúan estos *areytos*, porque no se olviden, en espeçial las famosas victorias por batallas.

Pero en esto de los *areytos*, mas adelante (quando se tracte de la Tierra Firme) se dirán otras cosas; porque los de esta isla, quando yo los ví el año de mill é quinientos é quinçe años, no me paresçieron cosa tan de notar, como los que ví antes en Tierra Firme y he visto despues en aquellas partes. No le parezca al lector que esto que es dicho es mucha salvajez, pues que en España é Italia se usa lo mismo, y en las mas partes de los chripstianos (é aun infieles) pienso yo que debe ser assí. ¿Qué otra cosa son los romançes é cançiones que se fundan sobre verdades, sino parte é acuerdo de las historias passadas? A lo menos entre los que no leen, por los cantares saben que estaba el Rey D. Alonso en la noble çibdad de Sevilla, y le vino al corazon de ir á çercar Algeçira. Assí lo diçe un romançe, y en la verdad assí fué ello: que desde Sevilla partió el Rey Don Alonso Onçeno, quando la ganó, á veynte é ocho de março, año de mill é tresçientos é quarenta é quatro años. Assí que ha en este de mill é quinientos é quarenta é ocho, dosçientos é quatro años que tura este cantar ó *areyto*. Por otro romançe se sabe que el Rey D. Alonso VI hizo córtes en Toledo para cumplir de justiçia al Çid Ruy Diaz, contra los condes de Carrion; y este Rey murió primero dia del mes de Julio de mill y çiento é seys años de la Natividad de Chripsto. Assí que han passado hasta agora quatroçientos quarenta é dos años hasta este de mill é quinientos é quarenta é ocho años, y antes avian seydo aquellas córtes é rieptos de los condes de Carrion; y tura hasta agora esta memoria ó cantar ó *areyto*. Y por otro romançe se sabe que el Rey D. Sancho de Leon, primero de tal nombre, envió á llamar al conde Fernan Gonzalez, su vassallo, para que fuesse á las córtes de Leon: este rey D. Sancho tomó el reyno año de nueveçientos é veynte é quatro años de la Natividad de Chripsto, é reynó doçe años. Assí que, murió año del Redemptor de nueveçientos é treynta é seys años; por manera que ha bien seysçientos doçe años este de mill é quinientos é quarenta é siete que tura este otro *areyto* ó cantar en España. Y assí podriamos deçir otras cosas muchas semejantes y antiguas en Castilla; pero no olvidemos de Italia aquel cantar ó *areyto* que dice:

> A la mia gran pena forte
> dolorosa, aflicta é rea
> diviserunt vestem mea
> et super eam miserunt sorte.

Este cantar compuso el Sereníssimo rey D. Federique de Nápoles, año de mill é quinientos é uno, que perdió el reyno, porque se juntaron contra él, é lo partieron entre sí, los Reyes Cathólicos de España, D. Fernando é Doña Isabel, y el rey Luis de França, anteçesor del rey Françisco. Pues haya que tura este cantar ó *reyto* de la partiçion que he dicho quarenta é siete años, este de mill é quinientos é quarenta é ocho, é no se olvidará de aquí á muchos.

Y en la prision del mismo rey Françisco se compuso otro cantar ó *areyto* que dice:

> Rey Françisco, mala guia
> desde Francia vos truxistes;
> pues vençido é presso fuistes
> de españoles en Pavia.

Pues notorio es que esto fué assí é passó en efeto, estando el rey Françisco de França sobre Pavia con todo su poder, é teniendo çercado é en grand nesçessidad al invençible é valeroso capitan el señor Antonio de Leyva, que por el Emperador Rey, nuestro señor, la defendia, é seyendo socorrido del exérçito imperial del Çésar (del qual era vicario é prinçipal capitan el duque de Borbon, é juntamente en su compañia se halló Mingo Val, caballerizo mayor é visorey de Nápoles, é el valeroso marqués de Pescara, D. Fernando de Avalos é de Aquino, é su sobrino el marqués del Guasto é otros exçelentes milites) un viérnes veynte é quatro de hebrero, dia de Sancto Matías Apostol, año de mill é quinientos é veynte é çinco, el propio rey de França fué presso, é juntamente con él todos los mas prinçipales señores é varones, é la flor é la caballeria é poder de la casa de França. Assi que, cantar ó *areyto* es aqueste: que ni en las historias se olvidará tan gloriosa jornada para los tropheos y triunphos de Çésar y de sus españoles, ni los niños é viejos dexarán de cantar semejante *areyto*, quanto el mundo fuere ó turare. Assi andan hoy entre las gentes estas é otras memorias muy mas antiguas y modernas, sin que sepan leer los que las cantan é las resçitan, sin averse passado de la memoria. Pues luego bien haçen los indios en esta parte de tener el mismo aviso, pues les faltan letras, é suplir con sus *areytos* é sustentar su memoria é fama; pues que por tales cantares saben las cosas que ha muchos siglos que passaron.

En tanto que turan estos sus cantares é los contrapases ó bayles, andan otros indios é indias dando de beber á los que danzan, sin separar alguno al beber, sino meneando siempre los pies é tragando lo que les dan. Y esto que beben son çiertos bevrages que entre ellos se usan, é quedan, acabada la fiesta, los mas dellos y dellas embriagos é sin sentido, tendidos por tierra muchas horas. Y assí como alguno cae beodo, le apartan de la dança é prosiguen los demas; de forma que la misma borrachera es la que da conclusion al *areyto*. Esto quando el *areyto* es solemne é fecho en bodas ó mortuorios ó por una batalla, ó señalada victoria é fiesta; porque otros *areytos* haçen muy á menudo, sin se emborrachar. E assí unos por este viçio, otros por aprender esta manera de música, todos saben esta forma de historiar, é algunas veçes se inventan otros cantares y danças semejantes por personas que entre los indios están tenidos por discretos é de mejor ingenio en tal facultad.

CAPITULO 2º

De los tabacos ó ahumadas que los indios acostumbran en esta isla Española, é la manera de las camas en que duermen.

Usaban los indios desta isla entre otros sus viçios uno muy malo, que es tomar unas ahumadas, que ellos llaman *tabaco*, para salir de sentido. Y esto haçian con el humo de çierta hierva que, á lo que yo he podido entender, es de calidad del beleño; pero no de aquella hechura ó forma, segund su vista, porque esta hierva es un tallo ó pimpollo como quatro ó çinto palmos ó menos de alto y con unas hojas anchas é gruesas, ó blandas ó vellosas, y el verdor tira algo á la color de las hojas de la lengua de buey ó *buglosa* (que llaman los hervolarios é médicos.) Esta hierva que digo, en alguna manera ó género es semejante al beleño, la qual toman de aquesta manera: los caçiques ó hombres prinçipales tenian unos palillos huecos del tamaño de un xeme ó menos de la groseza del dedo menor de la mano, y estos cañutos tenian dos cañones respondientes á uno, ó todo en una pieza. Y los dos ponian en las ventanas de las nariçes ó el otro en el humo ó hierva que estaba ardiendo ó quemándose; y estaban muy lisos é bien labrados, y quemaban las hojas de aquella hierva arrebujadas ó envueltas de la manera que los pajes cortesanos suelen echar sus ahumadas: é tomaban el aliento é humo para sí una é dos ó tres é mas veçes, quanto lo podian porfiar, hasta que quedaban sin sentido grande espaçio, tendidos en tierra, beodos ó adormidos de un grave ó muy pessado sueño. Los indios que no alcançaban aquellos palillos, tomaban aquel humo con unos cálamos ó cañuelas de carrizos, é á aquel instrumento con que toman el humo, ó á las cañuelas que es dicho, llaman los indios *tabaco*, é no á la hierva ó sueño que les toma (como pensaban algunos.) Esta hierva tenian los indios por cosa muy presçiada, y la criaban en sus huertos é labranças para el efeto que es dicho; dándose á entender que este tomar de aquella hierva é zahumerio no tan solamente les era cosa sana, pero muy sancta cosa. Y assí como cae el caçique ó prinçipal en tierra, tómanle sus mugeres (que son muchas) y échanle en su cama ó *hamaca*, si él selo mandó antes que cayesse; pero si no lo dixo é proveyó primero, no quiere sino que lo dexen estar assí en el suelo hasta que se le passe aquella embriaguez ó adormeçimiento. Yo no puedo penssar qué plaçer se saca de tal acto, sino es la gula del beber que primero haçen que tomen el humo ó *tabaco*, y algunos beben tanto de çierto vino que ellos haçen, que antes que se zahumen caen borrachos; pero quando se sienten cargados é hartos, acuden á tal perfume. E muchos tambien, sin que beban demassiado, toman el *tabaco*, é haçen lo que es dicho hasta dar de espaldas ó de costado en tierra, pero sin vascas, sino como hombre dormido. Sé que algunos chripstianos ya lo usan, en espeçial algunos que estan tocados del mal de las *buas*, porque diçen los tales que en aquel tiempo que están assí transportados no sienten los dolores de su enfermedad, y no me paresçe que es esto otra cosa sino estar muerto en vida el que tal haçe: lo qual tengo por peor que el dolor de que se excusan, pues no sanan por eso.

Al presente muchos negros de los que están en esta Çibdad y en la isla toda, han tomado la misma costumbre, é crian en las haçiendas y heredamientos de sus amos esta hierva para lo que es dicho, y toman las mismas ahumadas ó *tabacos*; porque diçen que, quando dexan de trabajar é toman el *tabaco*, se les quita el cansançio.

Aqui me paresçe que cuadra una costumbre viçiosa é mala que la gente de Traçia usaba entre otros criminosos viçios suyos, segund el Abulensis escribe sobre Eusebio *de los tiempos*, donde diçe que tienen por costumbre todos, varones é mugeres, de comer al rededor del fuego, y que huelgan mucho de ser embriagos, ó lo paresçer: é que como no tienen vino, toman simientes de algunas hiervas que entre ellos hay, las quales echadas en las brasas, dan de sí un tal olor que embriagan á todos los presentes, sin algo beber. A mi paresçer esto es lo mismo que los tabacos que estos indios toman; mas porque de suso se dixo que quando algun prinçipal ó caçique cae por el *tabaco*, que lo echan en la cama, si él lo manda assí haçer, bien es que se diga qué camas tienen los indios en esta isla Española, á la qual cama llaman *hamaca*; y es de aquesta manera.

Una manta texida en partes y en partes abierta, á escagues cruzados hecha red, porque sea mas fresca, y es de algodon hilado (de mano de las indias), la qual tiene de luengo diez ó doçe palmos y mas ó menos y del ancho que quieren que tenga. De los extremos desta manta estan asidos, é penden muchos hilos de *cabuya* ó de *henequen* (de los quales hilos se dirá adelante en el capítulo X del libro VII.) Aquestos hilos ó cuerdas son postizos ó luengos, é vanse á concluir cada uno por sí en el extremo ó cabos de la *hamaca*, desde un trancahilo (de donde parten), que está fecho como una empulguera de una cuerda de ballesta, é assí la guarnesçen, asidos al ancho de cornijal á cornijal en el extremo de la *hamaca*. A los quales trancahilos ponen sendas sogas de algodon ó de *cabuya* bien fechas ó del gordor que quieren: á las quales sogas llaman *hicos*, porque *hico* quiere deçir lo mismo que soga ó cuerda; y el un *hico* atan á un árbol ó poste y el otro al otro, y queda en el ayre la *hamaca*, tan alta del suelo como la quieren poner. E son buenas camas é limpias, é como la tierra es templada, no hay nesçessidad alguna de ropa encima, salvo sino están á par de algunas montañas de sierras altas, donde haga frio: é como son anchas é las cuelgan floxas, porque sean mas blandas, siempre sobra ropa de la misma *hamaca* si la quieren tener encima de algunos dobleçes della. Pero si en casa duermen, sirven los postes ó estantes del *buhío*, en lugar de árboles, para colgar estas hamacas ó camas: é si haçe frio, ponen alguna brasa sin llama debaxo de la hamaca, en tierra ó por alli çerca, para se calentar. Pero en la verdad al que no es acostumbrado de tales camas, no son apaçibles, sino son muy anchas; porque están la cabeça é lospiés del que duerme en ellas, altos y los lomos baxos y el hombre enarcado, y es quebrantado dormitorio; pero quando tienen buena anchura, échanse en la mitad dellas de traves, y assí está igual toda la persona.

Para en el campo, y en espeçial donde oviere arboledas para las colgar, me paresçe que es la mejor manera de camas que puede ser entre gente de guerra; porque es portátil, é un muchacho se la lleva so el brazo, y el de caballo por caparazon ó coxin de la silla. Y en los exérçitos no serian poco provechosas en España é Italia é otras partes, por que no adolosçerian ni moririan tantos, por dormir en tierra en los inviernos é tiempos tempestuosos. Y llévanlas en estas partes é Indias los hombres de guerra dentro de unas çestas con sus tapadores ligeras, que acá se llaman *havas*, y en otras partes destas Indias se dicen *patacas*, segund se dirá adelante, las quales haçen de los *bihaos*, é assi van guardadas é limpias; é no duerme la gente en tierra tendidos, como en los reales de los chripstianos se haçe en Europa é Africa é otras partes. Y sí acá esto no se hiçiesse, por ser la tierra tan húmeda, seria mayor peligro este que la misma guerra.

CAPITULO 3º

De los matrimonios de los indios, é quantas mugeres tienen; en qué grados no toman mugeres, ni las conosçen carnalmente; é de sus viçios é luxuria, é con que manera de religiosidad cogian el oro, é de la idolatría destos indios, é otras cosas notables.

Hase dicho en el preçedente capítulo la forma de las camas de los indios desta isla Española: dígasse del cumplimiento dellas qué es el matrimonio que usaban, puesto que en la verdad este acto que los chripstianos tenemos por sacramento, como lo es, se puede deçir en estos indios sacrilegio, pues no se debe deçir por ellos: *los que Dios ayunta no los aparte el hombre*; pues antes se debe creer que los ayunta el diablo, segund la forma que guardan en esto; y como cosa de su mercadería, los tenia impuestos de manera que en esta Isla (1) cada uno tenia su muger é no mas (si no podia sostener mas): pero muchos tenian dos é mas, y los caçiques ó reyes tres é quatro é quantas querian. El caçique Behechio tuvo treynta mugeres proprias, é no solamente para el uso é ayuntamiento que naturalmente suelen aver los casados con sus mugeres; pero para otros bestiales é nefandos pecados, porque el caçique Goacanagari tenia çiertas mugeres, con quien el se ayuntaba, segund las víboras lo haçen. Ved que abominaçion inaudita, la qual no pudo aprender sino de los tales animales; y que aquesta propiedad é uso tengan las víboras escríbelo el Alberto Magno: *De proprietatibus rerum*, é Isidoro en sus *Etimologías*, y el Plinio en su *Natural historia* y otros auctores. Pero muy peores que víboras eran los que las cosas tales haçian, pues que á las víboras no les conçede natura otra forma de engendrar, é como forzadas vienen á tal acto; pero el hombre que tal imitaba, ved si le viene justo lo que Dios le ha dado, donde tal cosa se usó ó acaesçió. Pues si deste rey ó ca-

(1) Hayti.

çique Goacanagari hay tal fama, claro está que no sería él solo en tan nefando é suçio crímen, pues la gente comun luego procura (y aun todo el reyno) de imitar al prínçipe en las virtudes ó mesmos viçios que ellos usan. Y desta causa sus culpas son mayores é dignas de mayor puniçion, si son inventores de algun pecado ó delicto; y sus méritos y gloria es de mayor exçelencia é premio, quando son virtuosos los que reynan; é dando en sus mesmas personas loables exemplos de virtudes, convidan á sus súbditos á ser mejores, imitándolos.

Assí que, lo que he dicho desta gente en esta isla y las comarcanas es muy público, y aun en la Tierra Firme, donde muchos destos indios é indias eran sodomitas, é se sabe que allá lo son muchos dellos. Y ved en qué grado se presçian de tal culpa, que como suelen otras gentes ponerse algunas joyas de oro y de presçiosas piedras al cuello, assí en algunas partes destas indias traian por joyel un hombre sobre otro, en aquel diabólico é nefando acto de Sodoma, hechos de oro de relieve. Yo ví uno destos joyeles del diablo, que pessaba veynte pesos de oro, hueco, vaçiado é bien labrado, que se ovo en el puerto de Sancta Marta en la costa de Tierra Firme, año de mill é quinientos é catorçe, quando alli tocó el armada quel Rey Cathólico envió con Pedrarias Dávila, su capitan General, á Castilla del oro; é como se truxo á monton el oro que alli se tomó, é lo llevaron despues á fundir ante mi, como oficial real veedor de las fundiçiones del oro, yo lo quebré con un martillo é lo machaqué por mis manos sobre un tas ó yunque en la casa de la fundiçion, en la çibdad del Darien.

Assí que, ved si quien de tales joyas se presçia é compone su persona, si usará de tal maldad en tierra, donde tales arreos traen, ó si se debe tener por cosa nueva entre indios: antes por cosa muy usada, é ordinaria é comun á ellos. Y assí avés de saber que el que dellos es paçiente ó toma cargo de ser muger en aquel bestial é descomulgado acto, le dan luego ofiçio de muger é trae *naguas*, como muger.

Yo querria, quando en algun passo se toca algun nombre extraño á nuestra lengua castellana, satisfaçerle sin pasar adelante, por el contentamiento del que lee, y á este propósito digo que las *naguas* son una manta de algodon que las mugeres desta isla, por cobrir sus partes vergonçosas, se ponian desde la çinta hasta media pierna, revueltas al cuerpo; é las mugeres prinçipales hasta los tovillos: las donçellas vírgines, como he dicho en otras partes, ninguna cosa se ponian ó traian delante de sus partes vergonçosas, ni tampoco los hombres se ponian cosa alguna; porque como no saben que cosa es verguença, assí no usaban de defensas para ella.

Tornando á la materia deste pecado abominable contra natura, muy usado era entre estos indios desta isla; pero á las mugeres aborresçible, por su interesse mas que por ningun escrúpulo de conçiençia, y aun porque de hecho avia algunas que eran buenas de sus personas, sobre ser en esta isla las mayores bellacas é mas deshonestas y libidinosas mugeres que se han visto en estas Indias ó partes. É digo que eran buenas é amaban á sus maridos, porque quando algun caçique se moria, al tiempo que le enterraban, algunas de sus mugeres vivas le acompañaban de grado é se metian con él en la sepoltura; en la qual metian agua é *caçabi* consigo (que es el pan que comen) é algunas fructas. Llamaban los indios desta isla *athebeane nequen* la muger hermosa é famosa que viva se enterraba con el marido; mas quando las tales no se comedian, aunque les pesasse, las metian con ellos. É assí acaesçió en esta isla, quando murió el caçique Behechio (grand señor, como se dixo en su lugar) que dos mugeres de las suyas se enterraron con él vivas, no por el amor que le tenian; mas porque de enamoradas dél no lo haçian de su grado, forçadamente é contra su voluntad las metieron en la sepoltura vivas, y cumplieron estas infernales obsequias por observar la costumbre. La qual no fué general en toda la isla, porque otros caçiques cuando morian, no tenian essa forma; sino despues que era muerto, le faxaban todo con unas vendas de algodon texidas, como cinchas de caballos, é muy luengas, y desde el pié hasta la cabeça lo envolvian en ellas muy apretado, é haçian un hoyo é alli lo metian, como en un silo, é poníanle sus joyas é las cosas que él mas presçiaba. Y para esto en aquel hoyo, donde avia de ser sepultado, haçian una bóveda de palos, de forma que la tierra no le tocasse, é asentábanlo en un *duho* (que es un banquillo) bien labrado, y despues lo cubrian de tierra por sobre aquel casamento de madera é rama; é turaban quinçe ó veynte dias las endechas que cantaban é sus indias é indios haçian, con otros muchos de las comarcas é otros caçiques prinçipales, que venian á los honrar. Entre los quales forasteros se repartian los bienes muebles del caçique difunto, y en aquellas endechas ó cantares resçitaban las obras é vida de aquel caçique, y deçian que batallas avia vençido, y qué bien avia gobernado su tierra, é todas las otras cosas que avia hecho, dignas de memoria. É assí desta aprobaçion que entonçes se haçia de sus obras, se formaban los *areytos* é cantares que avian de quedar por historia, segund ya se dixo de los *areytos* en el capítulo primero deste libro.

Mas porque se ha fecho memoria de Anacaona, que fué la muger mas prinçipal desta isla en su tiempo, es bien que se sepa que toda la suçiedad del fuego de la luxuria no estuvo solamente en los hombres en esta tierra, puesto que fuesse en ellos mas abominable. Esta fué una muger que tuvo algunos actos semejantes á los de aquella Semíramis, reyna de los Asirios, no en los grandes fechos que de aquella cuenta Justino, ni tampoco en haçer matar los muchos, con quien se ayuntaba, ni en haçer traer á sus donçellas paños menores en sus vergonçosas partes, como de aquella escribe Johan Bocaçio. Por que Anacaona ni queria sus criadas tan honestas, ni desseaba la muerte á sus adúlteros; pero queria la moltitud dellos, y en muchas suçiedades otras libidinosas le fué semejante. Esta Anacaona fué muger del rey Behechio: la qual fué muy disoluta, y ella y las otras mugeres desta isla, aunque con los indios eran buenas ó no tan claramente luxuriosas, facilmente á los cripstianos se conçedian é no les negaban sus personas. Mas en este caso esta caçica usaba otra manera de libidine, despues que murieron su marido y su hermano, en vida de los quales no fué tan desvergonçada; pero muertos ellos, quedó tan obedesçida é acatada, como ellos mismos ó mas. Hizo su habitacion en la tierra é señorío del hermano, en la provinçia de Xaragua, al poniente é fin desta isla, é no se haçia mas de lo que ella mandaba; porque puesto que los caçiques tenian seis é siete mugeres é todas las que mas querian tener, una era la mas prinçipal é la que el caçique mas queria, y de quien mas caso se haçia, puesto que comiessen todas juntas. É no avia entre ellas rençilla ni diferençia, sino toda quietud é igualdad, é sin rifar passaban su vida debaxo de una cobertura de casa é junto á la cama del marido: lo qual paresçe cosa impossible, é no conçedida sino solamente á las gallinas é ovejas, que con un solo gallo é con un solo carnero muchas dellas, sin mostrar çelos ni murmuracion, se sostienen. Pero entre mugeres es cosa rara, y entre todas las naçiones de la generaçion humana, estas indias é la gente de Traçia guardan tal costumbre; é paresçense estas dos maneras de gentes en muchos ritos é cosas otras, como mas largamente adelante se dirá, porque aunque entre los moros é otros infieles en algunas partes usan tener dos ó tres ó mas mugeres, no çesan entre sí sus envidias é murmuraçiones é çelos, con que dan molestia al marido é á sí mesmas.

Assi que, tornando á nuestra historia, entre las muchas mugeres de un caçique siempre avia una singular que preçedia á las otras, por generosa ó mas querida, sin ultrajar á las demas ni que ella desestimasse ni mostrasse señorío, ni lo toviesse sobre las otras. É assi era esta Anacaona en vida de su marido é hermano; pero despues de los dias dellos fué, como tengo dicho, absoluta señora é muy acatada de los indios; pero muy deshonesta en el acto venéreo con los cripstianos, é por este é otras cosas semejantes quedó reputada y tenida por la mas disoluta muger que de su manera ni otra ovo en esta Isla. Con todo esto, era de grande ingenio, é sabia ser servida é acatada é temida de sus gentes é vassallos, é aun de sus veçinos.

Dixe de suso que las mugeres desta isla eran continentes con los naturales, pero que á los chripstianos de grado se conçedian; é porque salgamos ya desta suçia materia, me paresçe que quadra con esto una notable religiosidad que los indios guardaban en esta tierra, apartándose de sus mugeres, teniendo castidad algunos dias: no por respeto de bien vivir ni quitarse de su viçio é luxuria, sino para coger oro; en lo qual paresçe que en alguna manera querian imitar estos indios á la gente de Arabia, donde los que cogen el ençienso (segund Plinio), no solamente se apartan de las mugeres, pero enteramente son castos é inmaculados del coyto. El almirante D. Chripstóbal Colom, primero descubridor destas partes, como cathólico capitan é buen gobernador, despues que tuvo notiçia de las minas de Çibao, é vió que los indios cogian oro en el agua de los arroyos é rios sin lo cavar, con la çerimonia é religion que es dicho, no dexaba á los chripstianos ir á cojer oro, sin que se confessasen é comulgassen. Y deçia que pues los indios estaban veynte dias primero sin llegar á sus mugeres (ni otras) é apartados dellas, é ayunaban, é deçian ellos que quando se vian con la muger, que no hallaban el oro; por tanto que, pues aquellos indios bestiales haçian aquella solemnidad, que mas razon era que los chripstianos se apartasen de pecar y confessassen sus culpas, y que estando en graçia de Dios, nuestro Señor, les daria mas complidamente los bienes temporales y espirituales. Aquesta santimonia no plaçia á todos, porque deçian que quanto á las mugeres, mas apartados estaban que los indios, los que las tenian en España; é quanto al ayunar, que muchos de los chripstianos se morian de hambre é comian rayçes é otros malos manjares, y bebian agua; y que quanto á la confession, que la Iglesia no los constreñia sino una vez en el año por Pascua de la Sancta Resurresçion, é que assi lo haçian todos, é algunos mas veçes, é que pues Dios no les pedia mas, que le debia al almirante bastar lo mismo é dexarlos buscar su vida, é no usar con ellos de tales cautelas. É assi lo atribuian á otros fines, que por aventura seria bien possible no le passar por pensamiento; pero á los que se confessaban é comulgaban no les negaba la liçençia para ir á coger oro; mas á los otros no les consentia ir á las minas: antes los mandaba castigar, si yban sin expressa liçençia suya.

Del reyno ó caçicado é estados destos indios he seydo de muchos informado que se heredaban é subçedian en ellos, é venia la herençia al hijo mayor de qualquiera de las mugeres del señor ó caçique, pero si despues que tal hijo heredaba, no avia hijos, no venia el Estado al hijo de su hermano, sino al hijo ó hija de su hermana, si la tenia ó tuvo; porque deçian que aquel era mas çierto sobrino ó heredero (pues era verdad que lo parió su hermana,) que no sería el que pariesse su cuñada, y el tal seria mas verdadero nieto del tronco ó mayoradgo. Pero si el caçique moria sin dexar hijos ni hijas, é tenia hermana con hijos, ni ellos ni ellas heredaban el caçicado, si habia hermano del caçique muerto que fuesse hermano de padre, si por el padre venia la haçienda; y si venia por la madre, heredaba en tal caso el pariente mas propinquo á la madre, por aquella via que proçedia ó venia la subçesion del señorio é haçienda. No paresçe esto mucha bestialidad ó error, en espeçial en tierra donde las mugeres eran tan deshonestas é malas, como se dixo de suso. Los hombres, aunque algunos eran peores que ellas, tenian un virtuoso é comun comedimiento é costumbre, generalmente en el casarse; y era assí, que por ninguna manera tomaban por muger ni avian açesso carnal con su madre, ni con su hija, ni con su hermana, y en todos los otros grados las tomaban é usaban con ellas, siendo ó no sus mugeres; lo qual es de maravillar de gente tan inclinada é desordenada en el viçio de la carne. E á tan bestial generaçion es de loar tener esta regla guardada inviolablemente, y si algun prinçipe ó caçique la quebranta, es avido por muy malo é comunmente aborresçido de todos los suyos é de los extraños Pero entre algunos que tienen nombre de chripstianos en algunas partes del mundo se habrá quebrantado algunas veçes, y entre judios é gentiles no menos, como se prueba en la Sagrada Escriptura con Amon y Thamar, su hermana. Suetonio Tranquilo diçe assí en la vida de Cayo calígula: *Cum omnibus sororibus suis stupri consuetudinem fecit*; é en aquel Suplementum chronicarum dice que el emperador Cayo Calígula usaba con dos hermanas suyas, y de una dellas ovo una hija que tambien la forçó el mismo padre. La hija le perdona Eusebio, é diçe que Cayo con sus hermanas ovo ayuntamiento é las desterró á çiertas islas. Y en el mismo Suplimento de chrónicas se escribe hablando de la gente de los parthos que, dexando aparte la debida castidad, usaban los naturales usos con sus proprias hijas é hermanas é otras mugeres en debdos estrechos é á ellas conjuntos; pero en este caso uno de los mas malos principes, de quien se escriben tales exçesos, es el emperador Cayo Calígula, de quien de suso se hizo memoria; y quien mas particularmente lo quisiere saber, escuche á Suetonio Tranquilo, que escribió su vida, é mire lo que diçe. El Tostado sobre Eusebio *de los tiempos* dice, alegando á Solino en el Polihystor, que los que no tienen leyes algunas, no usan de matrimonio, mas son todas las mugeres comunes, como entre los garamanthas, que son ethiopgos; y el mismo Tostado, alegando á Julio Celso, dice aver seydo en otro tiempo costumbre entre los ingleses que seys dellos casassen con una muger juntamente. Esta costumbre no la aprobara en estos tiempos nuestros el rey Enrique VIII de Inglaterra: antes pienso yo que la mandara él guardar al contrario.

Mas en eso poco que yo he leido, la gente que á mi me pareçe ser mas conforme á estos indios, en el uso de las mugeres, son los de Traçia; porque escribe el mismo Abulensis, que cada hombre tiene en aquella tierra muchas mugeres, é que aquel se tiene por mas honrado que mas mugeres tiene; é que las mugeres destas que mas aman á sus maridos vivas se echaban en el fuego, cuando quemaban al marido defunto, (como era su costumbre quemarse los cuerpos de los hombres en aquella tierra, despues que morian.) Y la que esto no haçia era tenida por muger que no habia guardado castidad á su marido, pues ya tengo dicho que en estas nuestras indias, de su grado se enterraban vivas algunas mugeres con sus maridos, siendo ellos muertos. Y en el capítulo siguiente diçe este mismo autor que esta gente de Traçia sacrifica hombres de los extrangeros, é que con las calavernas de los muertos haçen vasos para beber sangre humana é otros bevrages. Isidoro en sus *Etimologias*, diçe que esto es mas fabuloso é falso que no verdadero; lo qual yo pienso que él no dubdara, si supiera lo que hoy sabemos de los caribes en estas islas é de la gente de la Nueva España, é de las provinçias de Nicaragua, é de las provinçias del Perú, é aquellos que viven en la Tierra Firme, debaxo de la equinocial é çerca de allí, assi como en Quito, é Popayan, é otras partes muchas de la Tierra Firme, donde es cosa muy usada sacrificar hombres, é tan comun comer carne humana como en Françia, é España é Italia comer carnero é vaca. Quanto mas que en esto del comer carne humana, diçe Plinio, que entre los sçithios hay muchas generaçiones que se substentan de comer

carne humana, ó que en el medio del mundo, en Italia é en
Seçilia fueron los Çíclopes é estrigones que haçian lo mismo,
ó que nuevamente de la otra parte de los Alpes en Françia
(ó á la banda del Norte) sacrificaban hombres. Pero dexemos
esto del comer carne humana é un hombre á otro, para en su
lugar adelante: que desto en la segunda parte, quando se tracte
de la Tierra Firme, hay mucho que deçir: é volvamos al error
de los indios en esto de las mugeres. Digo que se podian traer
á consequençia otras generaçiones de gentes tan culpadas en
esta materia, y aunque entre chripstianos no es de buscar tamaño delicto, no dexo de sospechar que podria averse cometido por algun temerario desacordado, ó apartado de la verdadera fé cathólica; y por esta misma razon estoy mas maravillado destos indios salvages que tan colmados de viçios estan,
no averse errado en esto de las mugeres, ayuntándose con las
madres é hijas ó hermanas, como en las otras sus culpas que
es dicho. Ni tampoco se ha de pensar que lo dexaban de haçer
por algun respecto virtuoso, sino porque tienen por cosa çierta y averiguada los indios desta isla (y de las á ella çircunstantes), que el que se echa con su madre, ó con su hija, ó hermana, muere mala muerte. Si esta opinion, como se diçe, está
en ellos fixada, débese creer que se lo ha enseñado la esperiençia. Ni es de maravillar que los indios esten metidos en los
otros errores que he dicho, ni que incurran en otros, mas los
que desconoçen á su Dios Todopoderoso y adoran al diablo en
diversas formas é ídolos, como en estas indias es costumbre entre estas gentes; pues que, como he dicho, en muchas cosas ó
partes pintan, y entallan, y esculpen en madera y de barro, y
de otras materias haçen un demonio que ellos llaman *cemí*, tan
feo é tan espantable como suelen los cathólicos pintarle á los
pies del arcángel Sanct Miguel ó del apostol Sanct Bartolomé;
pero no atado en cadenas, sino reverençiado: unas veçes asentado en un tribunal, otras de pies, y de diferentes maneras.
Estas imágenes infernales tenian en sus casas en partes y lugares diputados é obscuros que estaban reservados para su
oraçion: é alli entraban á orar é á pedir lo que desseaban, assí
agua para sus campos y heredamientos, como buena simentera,
é victoria contra sus enemigos; y en fin alli pedian é ocurrian
en todas sus nesceçidades, por el remedio dellas. E allí dentro
estaba un indio viejo que les respondia á sabor de su paladar,
ó conforme á la consultaçion habida con aquel, cuya mala vista alli se representaba: en el qual es de pensar que el diablo,
como en su ministro, entraba é hablaba en él; y como es antiguo estrólogo, deçíales el dia que avia de llover, é otras cosas

de las que la natura tiene por oficio. A estos tales viejos haçian mucha reverençia, y eran entre los indios tenidos en grand reputacion, como sus saçerdotes y perlados; y aquestos eran los que mas ordinariamente tomaban aquellos tabacos ó ahumadas que se dixo de suso, y desque volvian en sí deçian si debia hacerse la guerra ó dilatarla; é sin el paresçer del diablo (habido de la forma que es dicho), no emprendian, ni haçian cosa alalguna que de importançia fuesse. Era el exerçiçio prinçipal de los indios desta isla de Haytí ó Española, en todo el tiempo que vacaban de la guerra ó de la agricoltura é labor del campo, mercadear é trocar unas cosas por otras, no con la astuçia de nuestros mercaderes, pidiendo por lo que vale un real muchos mas, ni haçiendo juramentos para que los simples los crean; sino muy al reves de todo esto y desatinadamente, porque por maravilla miraban en que valiesse tanto lo que les daban como lo que ellos volvian en presçio ó trueco; sino teniendo contentamiento de la cosa por su passatiempo, daban lo que valia çiento por lo que no valia diez ni aun cinco. Finalmente que acontesçió vestirlos y darles los chripstianos un muy gentil sayo de seda ó de grana ó muy buen paño, é desde á poco espaçio, passado un dia ó dos, trocarlo por una agujeta, ó un par de alfileres: é assí á este respecto todo lo demas barataban, y luego aquello que avian avido lo tornaban á vender por otro disparate semejante, valiendo ó no valiendo mas ó menos presçio lo uno que lo otro; porque entrellos el mayor intento de su cabdal era haçer su voluntad, y en ninguna cosa tener constançia. El mayor pecado ó delicto que los indios desta isla mas aborresçian é que con mayor riguridad ó sin remision ni misericordia alguna castigaban, era el hurto; é assí el ladron por pequeña cosa que hurtasse, lo empalaban vivo (como diçen que en Turquia se haçe), é assí lo dexaban estar en un palo ó árbol espetado, como en assador, hasta que allí moria. Y por la crueldad de tal pena pocas veçes acaesçia aver en quien se executasse semejante castigo; mas ofreçiéndosse el caso, por ninguna manera, ni por debdo ó amistad era perdonado ni disimulado tal crimen; y aun quasi tenian por tan grande error querer interçeder ó procurar que tal pena fuesse perdonada ni promutada en otra sentençia, como cometer el mismo hurto.

Ya se desterró Satanás desta isla: ya çesó todo con çessar y acabarse la vida á los mas de los indios, y porque los que quedan dellos son ya muy pocos y en serviçio de los chripstianos ó en su amistad. Algunos de los muchachos y de poca edad destos indios podrá ser que se salven, si creyeren é baptizados fueren, como lo diçe el Evangelio. Assí que, salvarse han los que guardaren la fé cathólica, é no siguieren los errores de sus padres é anteçesores. Pero que diremos de los que andaban alçados algunos años ha, seyendo chripstianos, por las sierras é montañas con el caçique D. Enrique é otros prinçipales indios no sin vergüenza é daño grande de los chripstianos é veçinos desta isla? Mas porque aqueste es un passo notable é requiere particularizarse, tractarse ha la materia en el capítulo siguiente, para que mejor se comprehenda el orígen desta rebelion é á que fin la truxo Dios con la clemençia de la Çesarea Magestad del Emperador Rey D. Cárlos, nuestro Señor, é por la prudençia de su muy alto é Real consejo de Indias.

LIBRO 6.º

CAPITULO 1º

El qual tracta de las casas y moradas de los indios desta isla Española, por otro nombre llamada Haytí.

Vivian los indios desta isla de Hayti ó Española en las costas ó riberas de los rios ó cerca de la mar, ó en los assientos que mas les agradaban, ó eran en su propóssito, assí en lugares altos, como en los llanos ó en valles é florestas; porque de la manera que querian assí haçian sus poblaciones é hallaban dispusicion para ello; é junto á sus lugares tenian sus labranças ó conucos (que assí llaman sus heredamientos) de mahizales é yuca, é arboledas de fructales. Y en cada plaça que avia en el pueblo ó villa estaba lugar diputado para el juego de pelota (que ellos llaman *batey*) y tambien á las salidas de los pueblos avia assí mismo sitio puesto con assientos, para los que mirassen el juego, é mayores que los de las plaças, de lo qual en el capítulo siguiente se tractará mas largo. Tornemos á las casas en que moraban, las quales communmente llaman *buhio* en estas islas todas (que quiere deçir casa ó morada); pero propriamente en la lengua de Hayti el *buhio* ó casa se llama *eracra*. Estas *eracras* ó *buhios* son en una de dos maneras, é en ambas se haçian segund la voluntad del edificador; y la una forma era aquesta. Hincaban muchos postes á la redonda de buena madera, y de la groseza (cada uno) conviniente, y en circuyto á quatro ó çinco passos el un poste del otro, ó en el espacio que querian que oviesse de poste á poste: é sobre ellos, despues de hincados en tierra, por encima de las cabeças, en lo alto pónenles las soleras, é sobre aquellas ponen en torno la varaçon (que es la templadura para la cubierta); las cabezas ó grueso de las varas sobre las soleras que es dicho, é lo delgado para arriba, donde todas las puntas de las varas se juntan é resúmen en punta, á manera de pabellon. E sobre las varas ponen de través cañas, ó latas de palmo á palmo (ó menos), de dos en dos (ó sencillas), é sobre aquesto cubren de paja delgada é luenga: otros cubren con hojas de *bihaos*: otros con cogollos de cañas: otros con hojas de palmas, y tambien con otras cosas. En lo baxo, en lugar de paredes desde la solera á tierra, de poste á poste, ponen cañas hincadas en tierra someras é tan juntas, como los dedos de la mano juntos; é una á par de otra haçen pared, é átanlas muy bien con *bexucos*, que son unas venas ó correas redondas que se crian revueltas á los árboles (y tambien colgando dellos) como la correhuela: los quales bexucos son muy buena atadura, porque son flexibles é taxables, é no se pudren, é sirven de clavaçon é ligaçon en lugar de cuerdas y de clavos para atar un madero con otro, é para atar las cañas assí mismo. El buhio ó casa de tal manera fecho, llámase *caney*. Son mejores é mas seguras moradas que otras para defenssa del ayre, porque no las coje tan de lleno. Estos *bexucos* que he dicho ó ligaçon se hallan dellos quantos quieren, é tan gruesos ó delgados, como son menester. Algunas veçes los hienden para atar cosas delgadas, como haçen en Castilla los mimbres para atar los arcos de las cubas; y no solamente sirve el bexuco para lo que es dicho, pero tambien es medecinal; é hay diversos géneros de bexucos, como se dirá en su lugar adelante, quando se tracte de las hiervas é plantas, é árboles medecinales é sus propiedades.

Esta manera de casa ó *caney*, para que sea fuerte é bien trabada la obra é armaçon toda; ha de tener en medio un poste ó mástel de la groseza que convenga, é que se fixe en tierra quatro ó cinco palmos hondos, é que alcançe hasta la punta ó capitel mas alto del *buhio*; al qual se han de atar todas las puntas de las varas. El qual poste ha de estar como aquel que suele aver en un pabellon ó tienda de campo, como se traen en los exérçitos é reales en España é Italia, porque por aquel mástel está fixa la casa toda ó *caney*.

Otras casas ó *buhios* hacen assí mismo los indios, y con los mesmos materiales; pero son de otra façion y mejores en la vista, y de mas aposento, é para hombres mas prinçipales é caçiques; hechas á dos aguas y luengas, como las de los chripstianos é assí de postes é paredes de cañas y maderas, como está dicho. Estas cañas son maçizas y mas gruessas que las de Castilla y mas altas, pero córtanlas á la medida de la altura de las paredes que quieren haçer, y á trechos en la mitad van sus horcones, que acá llamamos *haytinales*, que llegan á la cumbrera é caballete alto; y en las prinçipales haçen unos portales que sirven de zaguan ó resçibimiento, é cubiertas de paja, de la manera que yo he visto en Flandes cubiertas las casas de los villajes ó aldeas. É si lo uno es mejor que lo otro é mejor puesto, creo que la ventaja tiene el cobrir de las Indias á mi ver porque la paja ó hierva de acá, para esto es mucho mejor que la paja de Flandes.

Los chripstianos haçen ya estas casas en la Tierra Firme

con sobrados é quartos altos é ventanas, porque como tienen clavaçon é haçen muy buenas tablas, y lo saben mejor edificar que los indios, hacen algunas casas de aquestas, tan buenas, que qualquier señor se podria apossentar en algunas dellas. Yo hiçe una casa en la cibdad de Sancta María del Antigua del Darien, que no tenia sino madera é cañas, é paja é alguna clavaçon, y me costó mas de mill é quinientos pesos de buen oro: en la qual se pudiera apossentar un prinçipe, con buenos apossentos altos é baxos, é con un hermoso huerto de muchos naranjos é otros árboles, sobre la ribera de un gentil rio que passa por aquella Çibdad. La qual república, en desdicha de los veçinos della, é en desserviçio de Dios y de particulares, de hecho se despobló por la maliçia de quien fué causa dello.

Assí que de una destas dos maneras que he dicho son las casas ó *buhios* ó *eracras* desta isla, é de otras islas que los indios haçen en pueblos y comunidades y tambien en caseríos apartados en el campo, y tambien en otras diferenciadas maneras, como se dirá en la segunda parte desta *Natural y general Historia*, quando se tracte de las cosas de la Tierra Firme; porque allá en algunas provinçias son de otra forma, y aun algunas dellas nunca oydas ni vistas, sino en aquella tierra. Y puédesse tener por çierto que los dos ó tres años primeros la cubierta de paja, si es buena y bien puesta, que son de menos goteras que las casas de teja en España; pero passado el tiempo que digo, ya la paja va pudriéndosse, é es nesçessario revocar la cubierta é aun tambien los estantes é postes, excepto si son de algunas maderas de las que hay en estas partes, que no se pudren de baxo de tierra; assí como la *corbana* en esta isla; y el *guayacan* me diçen que en la provinçia de Venezuela haçen estantes á las casas con ello, é que no se pudren por ningun tiempo. Y en la Tierra Firme hay otra madera, que la llaman los chripstianos madera *prieta*, que tampos no se pudre debaxo de la tierra; pero porque en otras partes se ha de tractar de las maderas, y se espeçificaran mas las calidades dellas, no hay nesçessidad de deçir aqui mas de lo que toca á estos edifiçios ó maneras de casas.

CAPITULO 2º

Del juego del batey de los indios, que es el mismo que el de la pelota, aunque se juega de otra manera, como aqui se dirá, y la pelota es de otra espeçie ó materia que las pelotas que entre los chripstianos se usan.

Pues en el capítulo de suso se dixo de la forma de los pueblos é de las casas de los indios, y que en cada pueblo avia lugar diputado en las plazas y en las salidas de los caminos para el juego de la pelota, quiero deçir de la manera que se jugaba y con qué pelotas; porque en la verdad es cosa para oyr é notar en torno de donde los jugadores haçian el juego, diez por diez y veynte por veynte, y mas ó menos hombres, como se concertaban, tenian sus assientos de piedra; é el caçique é hombres prinçipales poníanles unos banquillos de palo, muy bien labrados, de lindas maderas, é con muchas labores de relieve é concavadas, entalladas y esculpidas en ellos, á los quales bancos ó escabelo llaman *duho*. É las pelotas son de unas rayçes de árboles é de hiervas é çumos é mezcla de cosas, que toda junta esta mixtura paresçe algo çerapez negra. Juntas estas y otras materias, cuéçenlo todo é haçen una pasta; é redondéanla é haçen la pelota, tamaña como una de las de viento en España, é mayores é menores: la qual mixtura haçe una tez negra é no se pega á las manos; é despues que está enxuta tornasse algo espongiosa, no porque tenga agujero ni vacuo alguno como la esponja pero alijeresçesse, y es como fofa y algo pessada.

Estas pelotas saltan mucho mas que las de viento sin comparaçion, porque de solo soltalla de la mano en tierra, suben mucho mas para arriba, é dan un salto é otro é otro y muchos, disminuyendo en el saltar por sí mismas, como la haçen las pelotas de viento é muy mejor. Mas como son maçizas son algo pessadas; é si le diessen con la mano abierta ó con el puño çerrado en pocos golpes abririan la mano ó la desconçertarian. Y á esta causa le dan con el hombro y con el cobdo y con la cabeça, y con la cadera lo mas continuo, ó con la rodilla; y con tanta presteza y soltura, que es mucho de ver su agilidad, porque aunque vaya la pelota quassi á par del suelo, se arrojan de tal manera desde tres ó quatro passos apartados, tendidos en el ayre, y le dan con la cadera para la rechaçar. Y de qualquier bote ó manera que la pelota vaya en el ayre (é no rastrando) es bien tocada; porque ellos no tienen por mala ninguna pelota (ó mal jugada), porque haya dado dos, ni tres, ni muchos saltos, con tanto que al herir, le den en el ayre. No haçen chaças sino pónense tantos á un cabo como á otro, partido el terreno á compas del juego, y los de acullá, la sueltan ó sirven una vez echándola en el ayre, esperando que le toque primero qualquiera de los contrarios; y en dándole aquel, luego subçede el que antes puede de los unos ó de los otros y çessan con toda la diligençia possible á ellos para herir la pelota. Y la contençion es que los deste cabo la hagan passar del otro puesto adelante de los contrarios, ó aquellos la passen de los límites ó puestos destos otros; y no çessan hasta que la pelota va arrastrando que ya por no aver seydo el jugador á tiempo no hace bote, ó está tan lexos que no la alcança, é ella se muere ó se para de por sí. Y este vençimiento se cuenta por una raya, é tornan á servir para otra los que fueron servidos en la passada, é á tantas rayas cuantas primero se acordaron en la postura, vá el presçio que entre las partes se conçierta.

Algo paresçe este juego en la opinion ó contraste del al de la chueca, salvo que en lugar de la chueca es la pelota, y en lugar del cayado es el hombro ó cadera del jugador, con que la hiere ó rechaça. Y aun hay otra diferençia en esto: y es que siendo el juego en el campo y no en la calle, señalada está la anchura del juego; y el que la pelota echa fuera de aquella latitud, pierde él é los de su partida la raya, é tórnasse á servir la pelota, no desde allí por do salió al traves, sino desde donde se habia servido antes que la echasen fuera del juego. En Italia, quando en ella estuve, vi jugar un juego de pelota muy gruesa, tan grande como una botija de arroba ó mayor é llámanla *balon* ó *palon*. Y en espeçial lo ví en Lombardía y en Nápoles muchas veçes á gentiles hombres; y dábanle á aquella pelota ó *balon* con el pie, y en la forma del juego paresçese mucho al que es dicho de los indios, salvo que como acá hieren á la pelota con el hombro ó rodilla ó con la cadera, no van las pelotas tan por lo alto como el *balon* que he dicho ó como la pelota de viento menor. Pero saltan estas de acá mucho mas é el juego en sí es demas artifiçio é trabaxo mucho. Y es cosa de maravillar ver quan diestros y prestos son los indios (é aun muchas indias) en este juego: el qual lo mas continuamente lo juegan hombres contra hombres ó mugeres contra mugeres, é algunas veçes mezclados ellos y ellas; y tambien acaesçe jugarle las mugeres contra los varones y tambien las casadas contra las vírgenes.

Es de notar, como en otra parte queda dicho, que las casadas ó mugeres que han conosçido varon traen revuelta una mantilla de algodon al cuerpo desde la cinta hasta medio muslo; é las vírgenes ninguna cosa traen jugando ó no jugando en tanto que no han conosçido hombre carnalmente. Pero porque las caçicas é mugeres prinçipales casadas traen estas *naguas* ó mantas desde la cinta hasta en tierra, delgadas é muy blancas é gentiles, si son mugeres moças é quieren jugar al *batey*, dexan aquellas mantas luengas, é pónense otras cortas, á medio muslo. Y es cosa mucho de admirar ver la veloçidad é presteza que tienen en el juego, y quan sueltos son ellos y ellas. Los hombres ninguna cosa traian delante de sus vergüenzas, antes que los chripstianos acá passassen, como tengo dicho; pero despues se ponian algunos, por la conversaçion de los españoles, unas *pampanillas* de paño, ó algodon ó otro lienço, tamaño como una mano, colgando delante de sus partes vergonçosas prendido á un hilo que se çeñian.

Pero por esso no se escussaban de mostrar quanto tenian, aunque ningun viento hiçiesse, porque solamente colgaba aquel trapillo, presso en lo alto y suelto en las otras partes, hasta que despues fueron mas entendiendo ellos y ellas, cubriéndosse con camisas que haçian de algodon muy buenas. Y al pressente essos pocos que hay, todos andan vestidos ó con camisas, en espeçial los que están en poder de chripstianos; y si algunos no lo haçen assí, es entre las reliquias que han quedado destas gentes del caçique D. Enrique, del qual se hizo mençion en el libro preçedente.

Este juego de la pelota ó invençion de tal pasatiempo atribuye Plinio al rey Pirro, del qual ninguna notiçia tienen estas gentes: por manera que deste primor no debe goçar Pirro, hasta que sepamos quien fué el verdadero é primero enseñador de tal juego, pues questas gentes se han de tener por mas antiguas que Pirro.

CAPITULO 4º

Que tracta de los navios ó barcas de los indios, que ellos llaman canoas, *é en algunas islas é partes las dicen* piraguas; *las quales son de una pieza é de un solo árbol.*

Hablando Plinio en las cosas de la India oriental, diçe que Modusa es una çibdad de çierta region, llamada Conçionada, desde la qual region se lleva la pimienta al puerto llamado Becare con naveçillas de un leño. Estas tales navetas creo yo que deben ser como las que acá usan los indios, que son desta manera. En esta Isla Española y en las otras partes todas destas Indias que hasta el presente se saben, en todas las costas de la mar, y en los rios que los chripstianos han visto hasta agora, hay una manera de barcas que los indios llaman *canoa*, con que ellos navegan por los rios grandes y assí mismo por estas mares de acá; de las quales usan para sus guerras y saltos y para sus contractaçiones de una isla á otra, ó para sus pesquerías y lo que les conviene. E assí mismo los chripstianos que por acá vivimos, no podemos servirnos de las heredades que están en las costas de la mar y de los rios grandes, sin estas canoas. Cada canoa es de una sola pieça ó solo un árbol, el qual los indios vaçian con golpes de hachas de piedras enhastadas, y con estas cortan ó muelen á golpes el palo, ahocándolo, y van quemando lo que está golpeado y cortado, poco á poco, y matando el fuego, tornando á cortar y golpear como primero; y continuándolo assí, haçen una barca quasi de talle de artesa ó dornajo; pero honda é luenga y estrecha, tan grande y gruesa como lo sufre la longitud y latitud de el árbol, de que la haçen; y por debaxo es llana y no le dexan quilla, como á nuestras barcas y navios.

Estas he visto de porte de quarenta y çinqüenta hombres, y tan anchas que podria estár de través una pipa holgadamente entre los indios flecheros, porque estos usan estas canoas tan grandes ó mayores, como lo que he dicho, é llámanlas los caribes *piraguas*, y navegan con velas de algodon y al remo assí mismo con sus *nahes* (que assí llaman á los remos). Y van algunas veçes vogando de pies, y á veçes assentados, y quando quieren, de rodillas. Son estos *nahes* como palas luengas, y las cabezas como una muleta de un coxo ó tollido. Hay algunas destas canoas tan pequeñas, que no caben sino dos ó tres indios, y otras seys, y otras diez é de ahí adelante, segund su grandeza. Pero las unas y las otras son muy ligeras, mas peligrosas, porque se trastornan muchas veçes; pero no se hunden aunque se hinchan de agua: é como estos indios son grandes nadadores, tórnanlas á endereszar y dánse muy buena maña á las vaçiar. No son navios que se apartan mucho de la tierra, porque como son baxos, no pueden sufrir grande mar; é si haçe un poco de temporal, luego se anegan, y aunque no se hundan, no es buen passatiempo andar hombre asido (dentro del agua) á la canoa, en espeçial el que no sabe nadar, como ha acaesçido muchas veçes á chripstianos que se han ahogado. Y con todo eso son mas seguras estas canoas que nuestras barcas (en caso de hundirse), porque aunque las barcas se hunden menos veçes, por ser mas alterosas y de mas sosten, las que una vez se hunden vánse al suelo; y las canoas, aunque se aneguen é hinchan de agua, no se van al suelo ni hunden, como he dicho, é quédanse sobreaguadas. Pero el que no fuere muy buen nadador, no las contiene mucho. Ninguna barca anda tanto como la canoa, aunque la canoa vaya con ocho remos é la barca con doçe; é hay muchas canoas que la mitad menos de gente que voguen, andará mas que la barca; pero ha de ser en mar tranquila é con bonança.

El Tostado, sobre Eusebio *De los tiempos*, tractando la causa porqué no debieron de entrar algunos animales en la barca de Deucalion, diçe que porque no avia barca tan grande; porque, segund la intençion de Ovidio é Virgilio, en aquel tiempo apenas sabian los hombres haçer una muy pequeñas barcas de un solo madero cavado, sin alguna juntura, como agora haçen las artesas. Esto que este doctor diçe me paresçe que es lo mismo que tengo dicho de las canoas.

CAPITULO 5º

Que tracta de la manera que los indios tienen en sacar y ençender lumbre sin piedra ni eslabon, sino con un palo, torçiéndole sobre otros palillos, como agora se dirá.

Quán proveyda es la natura en dar á los hombres todo lo que les es nesçessario, en muchas cosas se puede ver cada hora. Esta manera de ençender fuego los indios paresçerá cosa nueva en muchas partes, y no poco de maravillar á los que no lo han visto; y es en todas las Indias tan comun, quanto es razon é nesçesario que sea comunicable el fuego para la vida humana é serviçio de las gentes; y esto háçenlo los indios desta manera. Toman un palo tan luengo como dos palmos ó mas, segund cada uno quiere, y tan gruesso como el mas delgado dedo de la mano, ó como el grosor de una saeta, muy bien labrado é liso, de una buena madera fuerte que ya ellos tienen conosçida para esto: é donde se paran en el campo á comer ó á çenar é quieren haçer lumbre, toman dos palos secos de los mas livianos que hallan, é juntos estos dos palillos lijeros é muy juntos é apretados el uno al otro, pónenlos tendidos en tierra, y entre medias destos dos en la juntura dellos, ponen de punta el otro palo reçio que dixe primero, é entre las palmas torçiéndole ó frotando muy continuadamente: é como la punta ó extremo baxo esté ludiendo á la redonda en los dos palos baxos que están tendidos en tierra, ençiéndelos en poco espaçio de tiempo, y desta manera haçen fuego. Esto se haçe en esta Isla Española y en las otras todas, y en la Tierra Firme; pero en la provinçia de Nicaragua é otras partes no traen guardado el palillo que dixe que es labrado é liso, de madera reçia, que sirve de parahuso ó taladro ó eslabon, sino de la madera misma de los otros palillos que se ençienden y están tendidos en tierra, y son todos tres palillos.

En Castilla del Oro y en las islas, donde los indios andan de guerra é continúan el campo é han menester mas á menudo el fuego, guardan é traen consigo aquel palo prinçipal, para quando van camino: porque está labrado é qual conviene para aquello é para que ande mas á sabor entre las palmas, estando liso, é con mas velocidad. E assí, con aquel tal se saca el fuego mas presto é con menos fatiga ó trabaxo para las manos, que no con los que se hallan acaso ásperos ó torçidos.

Quien oviere leido, no se maravillará destos secretos, porque muchos dellos hallarán escriptos, ó sus semejantes. Esto á lo menos del sacar fuego de los palos pónelo Plinio en su *Natural Historia*, donde habla de los miraglos del fuego; é diçe que torçiendo los leños, ó ludiendo juntamente, se saca y ençiende fuego: de manera que lo que Plinio diçe y aquestos indios haçen (en este caso), todo es una mesma cosa. Diçe Vitruvio que los árboles por tempestad derribados, é entre sí mismos fregándosse los ramos, excitaron el fuego, é levantaron llamas, é aqueste orígen da este autor al fuego. ¿Mas para qué quiero yo traer auctoridades de los antiguos en las cosas que yo he visto, ni en las que natura enseña á todos y se ven cada dia? Preguntad á esos carreteros que tienen uso de exerçitar las carretas ó carros; y deçiros han quántas veçes se les ençienden los cubos de las ruedas por el ludir y revolver de los exes: que esto basta para que á do quiera se aprenda á sacar fuego, de la manera que acá se haçe é yo tengo aqui dicho. Mas porque truxe á conseqüençia é prueba las carretas, no se ençenderán si van de espaçio ó vaçias poco á poco; pero quanto mas corriere con veloçidad bien cargada, tanto mas ayna acude el fuego, y mas en unas maderas que en otras.

El año de mill é quinientos é treynta y ocho mandó la Çesárea Magestad proveer de artillería gruessa é muy hermosa esta fortaleza suya que está á mi cargo, é se truxeron culebrinas de á septenta quintales é mas cada una de bronçe, é cañones de á çinqüenta é çinco, é medias culebrinas de á quarenta é algo menos; é despues que las naos llegaron á este puerto é se sacaron estas pieças en tierra, heçímoslas llevar á braços á muchos negros, é truxéronlas hasta esta casa, y como era mucha gente la que tiraba de cada pieza, por muy pessadas que eran, las traian corriendo; pero á çinqüenta passos se encendian las ruedas, y para excusar esto, hiçe que á par de cada tiro fuessen hombres con calderas llenas de agua, con que yban bañando é matando el fuego. Assí que, esto es cosa que se vé é es natural.

CAPITULO 8º

El qual tracta de los metales é minas que hay de oro en esta Isla Española: el qual se divide en onçe párrafos ó partes; y deçirse ha assí mismo de la manera que se tiene en el coger del oro, é otras particularidades notables é conçernientes á la historia. (1)

V. Tornemos á nuestra historia, y diré de qué forma acá se coge este oro por nuestros españoles, que á la verdad no es con la facilidad que los françeses lo pensaban llevar; sino con mucho trabaxo, é con la ventura que Dios da á cada uno. Yo dixe en el libro III de un grano de oro que pesó tres mill é seysçientos pesos de oro, que se perdió en la mar, é se avia hallado en esta isla; y esto solo debe bastar para que se crea que donde aquel crió Dios, no le hizo solo ni se le acabó el poder, ni el arte á la natura en aquel grano, ni deja de aver grandíssima cantidad de oro. Pero porque quiero satisfaçer, en lo demas puedo yo ser creido é testificar en esta materia mas que otro; pues que desde el año de mill é quinientos é catorçe hasta el que passó de mill é quinientos é treynta y dos serví al Rey Cathólico, D. Fernando, y á la Cathólica é seteníssima Reyna Doña Johana, su hija, y á la Çesárea Magestad, nuestros señores, de su veedor de las fundiçiones del oro en la Tierra-Firme. Y Su Magestad, queriendo que mi hijo, Francisco Gonzalez de Valdés, le sirva en el mismo ofiçio, le hizo merçed dél por mi renunçiaçion é suplicaçion; y mandó que yo, como hombre constituido en edad para repossar, descansase ya en mi casa, recoligiendo y escribiendo con mas reposso por su Real mandado estas materias é nuevas historias de Indias. Y

---

(1) De este capítulo solo se insertan los párrafos 5º y 6º

desta causa sé muy bien y he muchas veçes visto cómo se saca el oro ó se labran las minas en estas Indias: y porque esto es en todas ellas de una manera, é yo lo he hecho sacar para mí con mis indios y esclavos en la Tierra Firme, en la provinçia ó gobernaçion de Castilla del Oro; é assí he entendido de los que lo han cogido en estas é otras islas que se haçe de la misma forma; pues que es comun el arte ó general, deçirlo he aqui en este libro VI (que yo llamo *de los depósitos*), por no lo repetir despues en otras partes.

VI. En muchas riberas é partes desta Isla Española se halla oro, assí en las sierras é rios que llaman de Cibao (rio muy famoso en esta isla por la riqueza de su oro), como en el Cotuy, de los quales de suso se hizo mençion. Y tambien se saca en las minas que llaman de Sanct Chripstobal, y en las minas viejas é otras partes; pero no acostumbran coger el oro á do quiera que se halla, á causa de ser la costa grande que en ello se pone de bastimentos é otros aparejos, assí como de las compras de los esclavos, y herramientas y bateas, y otras cosas; sino donde haya tanto que se supla la costa y sobren dineros, y sea tal la ganançia, que puedan medrar los que en este exerçiçio entienden. Porque de hallar oro poco ó en cantidad vista, se está la diferençia; y lo poco en muchas partes lo hallan, y si se siguiese lo poco, mas seria perder tiempo y dineros, que no hallarlos.

Este oro no es do quiera que se halle tan fino ni igual de ley que no tenga mas ó menos quilates de bondad, si en diversas partes se coge, aunque sea lo uno é lo otro de un mesmo rio, é que haya salido de un mesmo nasçimiento ó minero. No hablo aqui en el oro que se ha avido por rescates, ó en la guerra, ni en lo que de su grado ó sin él han dado los indios en estas islas ó en la Tierra Firme; porque esse tal oro ellos lo labran ó lo suelen mezclar con cobre ó con plata, y lo abaxan, segund quieren, é assí es de diferentes quilates é valores. Mas hablo del oro vírgen, en quien la mano mortal no ha tocado ó hecho essas mixturas, como adelante diré en el proçesso desta materia. Y aveis de entender que este oro vírgen se halla en los rios del agua y en las costas dellos y en el monte y en las quebradas y en savanas, como agora lo iré particulariçando é distinguiendo cada cosa destas por su parte. Y tenga el que lee memoria que digo que se halla el oro en una destas tres maneras: en *savana*, ó en *arcabuco*, ó dentro del rio é agua. Ya podria ser que el rio ó quebrada ó arroyo esten secos é hayan mudado su curso, ó por qualquier causa que sea, les falte agua; pero no por eso dexará de aver oro, si por alli lo ovo en el curso que tuvieron las aguas. Llaman *savana* los indios, como en otro lugar lo tengo dicho, las vegas é cerros é costas de riberas, si no tienen árboles, ó á todo terreno que está sin ellos, con hierva ó sin ella. El *arcabuco* es boscaje de árboles en monte alto ó en lo llano: en fin, todo lo que está arbolado es arcabuco. Y en qualquiera destas maneras que se halle el oro, tienen la órden que agora diré para lo sacar.

Los hombres mineros, expertos en sacar oro, tienen cargo de alguna quadrilla de indios ó esclavos para ello (suyos ó agenos, andando por su proprio interesse é haçienda suya, ó por su soldada con ellos). Y este tal minero, quando quiere dar catas para tentar é buscar la mina que ha de labrar, si las quiere dar en savana ó arcabuco, haçe assí. Limpia primero todo lo que está sobre la tierra de árboles ó hierva ó piedras, é cava con su gente ocho ó diez pies (y mas y menos en luengo), y otros tantos (ó lo que le paresçe en ancho), no ahondando mas de un palmo (ó dos igualmente); y sin ahondar mas, lavan todo aquel lecho de tierra é cantidad que ha cavado en aquel espaçio que es dicho, sin calar mas baxo. Y si en aquel peso de un palmo ó dos halla oro, síguelo; é si no, despues de limpio todo aquel hoyo, ahonda otro palmo, é lava la tierra assí igualmente, como hizo la que sacó del primero lecho ó cata primera. E si tampoco en aquel peso no halla oro, ahonda mas é mas por la órden que he dicho, palmo á palmo, lavando toda la tierra de cada lecho (ó tiento de cata), hasta que llegan á la peña viva abaxo. E si hasta ella no topan el oro, no curan de lo buscar mas allí, é vánlo á buscar á otra parte. Mas donde lo hallan en aquella altura ó peso, sin ahondar mas en aquella igualdad que se topó el oro, lo siguen; é si el oro va para abaxo, assí mismo van tras él, é continúan su labor hasta aver labrado toda la cantidad de la mina: la qual ya tiene establesçida çierta medida, é hay ordenanças reales que declaran el terreno é cantidad de la mina é territorio de cada una en la superfiçie de la tierra. E de aquella medida adentro, que es en quadra ó quassi, pueden para abaxo ahondar quanto quisieren. Ovo un tiempo diez é ocho pasos en quadra por mina, é tambien en otra saçon ovo veynte, é mas é menos; porque esto se haçe por ordenanças que hay para ello, é no son mas perpétuas de quanto le plaçe al que la justiçia gobierna. E como conviene, segund el tiempo, assí se corta ó alarga el compás que debe tener la mina. Pero assí cómo uno halla la mina, es obligado á los ofiçiales reales notificarlo, y en especial al veedor y ante el escribano mayor de minas, porque se le mida é señalen la mina con estacas, é le pongan límites, porque otros puedan tomar minas á par de aquel primero que las descubrió. É aquel terreno que tiene ó le cabe á la mina, no puede otro alguno entrar ni tocar en él, para sacar oro, sin cometer hurto é incurrir en otras penas que se executan sin alguna remission. Mas alli, á par donde se acaba ó passa la raya de la mina del primero descubridor, luego desde alli adelante señala é hinca estacas, é toma otra mina hacia la parte que quiere juntarse con la primera, el que primero viene. Y aun aquí quadra bien el proverbio que diçe: "*Quien há buen veçino, há buen matino;*" porque aquel descubridor primero avisa al que quiere ayudar é tomar por veçino, é apossentarlo á par de sí. É comunmente las mas veçes, quando la mina es rica, lo suele ser la que es su veçina, aunque no sea en tanto grado; y tambien acaesçe que açierta á ser muy mas rica que la primera. Tambien se vé muchas veçes que uno coge mucho oro en una mina, y en la que está á par della no se halla grano. Una de las cosas en que se ven palpables las venturas de algunos hombres ó quán diferençiadas son, es en esto de las minas; porque acontesçe que hay dos, ó tres y seys y diez é mas minas en un término ó costa de un rio (ó quebrada) y sacar todos buen oro: é avrá entre ellos uno que, aunque tenga mas é mejor gente, no saca ni topa oro alguno, ó muy poco. Y por el contrario, se ve assaz veçes que uno solo halla harto oro, é muchos otros alli çerca no cogen alguno, ni lo hallan, como poco há acaesçió en la isla de Sanct Johan á un Fulano de Melo, portugués, que sacó en poco tiempo çinco ó seys mill pesos de oro, y muchos mineros otros que cogian oro alli á par dél, no lo sacaban, aun para pagar la costa que haçian buscándolo. Dexemos esto: que ninguno ha de ser mas rico ni mas pobre de lo que Dios tiene ordenado; y por ventura los que menos oro cogen, son mejor librados; porque les guarda Dios otras riquezas mayores á los que con su voluntad se conforman é le aman, é quieren conosçer.

Estas minas de savana ó halladas en tierra, siempre se han de buscar çerca de algun rio ó arroyo ó quebrada de agua, ó laguna ó balsa ó fuente, donde el oro se pueda lavar é limpiarlo de la tierra. Dixe de suso que se ha de lavar la cata de la mina un palmo ó dos en hondo: no se ha de entender que ha de ser dentro de aquel tal hoyo que se hiçiere en la cata é propia mina: que si allí, dó se cava la tierra, se lavasse, mas seria haçer barro ó lodo que otra cosa. Pero toman aquella tierra poco á poco fuera de la mina, é llévanla al agua ó arroyo donde se han de lavar, é alli purgan ó limpian la tierra con el agua, é ven si hay oro en las bateas (que son çierto instrumento con que la tierra se lava), é para lavar esta tierra é labrar la mina haçen assi. Ponen çiertos indios á cavar la tierra en la mina dentro, é aquello llaman escopetar (que es lo mismo que cavar); é de la tierra cavada hinchen bateas de tierra, é otros indios toman aquellas bateas con la tierra é llévanlas al agua, en la qual están assentados las indias é indios lavadores; é vaçian aquellas bateas que truxeron en otras mayores que tienen los que lavan en las manos, é los acarreadores vuelven por mas tierra, en tanto que los lavadores lavan aquella que primero se les truxo. Estos que lavan por la mayor parte son mugeres indias ó negras; porque el ofiçio del lavar es de mas importançia é mas sçiente y de menos trabaxo que el escopetar ni que acarrear la tierra. Estas mugeres ó lavadores están assentadas orilla del agua, é tienen las piernas metidas en el agua hasta las rodillas ó quassi, segund la dispussiçion del assiento é del agua; é tienen en las manos sendas bateas assidas por dos assas ó puntas que tienen por assideros, y despues que en la batea tienen la tierra que se les trae de la mina para lavarla, mueven la batea á balançes, tomando agua de la corriente con çierta maña é façilidad é vayven que no entra mas cantidad de agua de la que el lavador quiere, é con la misma maña é arte, y encontinente que toma el agua, la vaçian por otro lado é la echan fuera; é tanta agua sale quanta entra, sin que falte agua dentro, mojando é deshaçiendo la tierra. La qual se va á vueltas del agua que se despide de la batea; é robada poco á poco la tierra, llevándola tras sí el agua, como el oro es pessado, váse siempre al fondo ó suelo de la batea, é como queda de todo punto la batea sin tierra é queda el oro limpio, pónelo el lavador á parte, é torna á tomar mas tierra é lávala, segund que es dicho, &c.

É assi continuando esta manera é labor, cada uno de los que lavan saca al dia lo que Dios es servido, segund á él plaçe que sea la ventura del señor de los indios é gente que en tal haçienda y exerçiçio se ocupan. Háse de notar que para un par de indios que laven son menester dos personas que sirvan en traerles tierra, é otros dos que caven ó escopeten é rompan la tierra é hinchen las bateas de serviçio (porque assi se llaman, del serviçio aquellas bateas, en que se lleva la tierra desde los que la cavan hasta los que la lavan). Estos indios estan en la ocupaçion del oro, sin los otros indios é gentes que ordinariamente atienden á las heredades y estançia, donde los indios se recogen á dormir y çenar, y tienen su habitaçion é domiçilio: los quales andan en el campo, labrando el pan y los otros mantenimientos, con que los unos y los otros se sustentan y mantienen. Y en aquellas tales estançias é moradas hay mugeres contínuamente que les guisan de comer y haçen el pan, y el vino (donde lo haçen de mahiz ó del caçabi), y otras que llevan la comida á los que andan en la labor del campo ó en la mina. De manera que quando se pregunta á uno que quántas bateas tiene de lavar en la mina, y responde que son diez, aveis de entender ordinariamente que el que tal alcança tiene çinquenta personas de trabajo, á razon é respecto de çinco personas por batea de lavar, non obstante que con menos cantidad de gente algunos las traen; pero esto que he dicho se entiende quanto á lo conviniente é nesçessario para andar las bateas bien servidas.

Sácasse oro de otra manera en los rios ó arroyos ó lagunas de agua; y es desta forma. Si es laguna, procuran de la agotar, siendo pequeña y que se pueda haçer; y despues labran y lavan aquella tierra del suelo y cogen el oro que en ella hallan, segund se dixo de suso. Pero si es rio ó arroyo el que se ha de labrar, sacan el agua de su curso, é despues que está seco, en medio de la madre, por donde primero yba el agua, assi como lo han xamurado (que en lengua ó estilo de los que son mineros pláticos quiere deçir agotado, porque xamurar es agotar), hallan oro entre las piedras y hoquedades y resquiçios de las peñas, y en aquello que estaba en la canal de la madre ó prinçipal curso del agua, por donde primero yba el rio ó arroyo. Y á las veçes, quando una madre destas açierta á ser buena, hállase mucha cantidad de oro en ella; porque açierta algunas veçes á lo echar la corriente en hoyos, donde no lo pudo llevar el agua adelante.

Háse de tener por çierto (segund paresçe por el efeto) que la mayor parte del oro nasçe en las cumbres é mayor altura de los montes; pero críasse y engéndrasse en las entrañas de la tierra; é assi como lo pare ó echa fuera de sí, por la abundançia de la materia en las cumbres, las aguas de las lluvias despues, poco á poco, con el tiempo lo traen y abaxan á los arroyos y quebradas de agua que nasçen de las sierras; non obstante que muchas veçes se halla en los llanos que están desviados de los montes. E quando esto acaesçe, todo lo circunstante es tierra de oro, é se halla mucha cantidad por todo aquello. Pero por la mayor parte é mas continuadamente se halla el oro en las haldas de los çerros y en los rios mismos é quebradas, porque ha mucho tiempo que se recoge en ellos. Assí que, por una destas dos maneras que he dicho se saca el oro comunmente en estas Indias. Tambien se halla algunas veçes que la vena del oro no corre al luengo para se haçer lo que es dicho en las minas de tierra ó fuera del rio; sino para abaxo, hácia el çentro derechamente ó en soslayo, baxando en unas partes mas que en otras, y esto no es muy disforme de lo que está dicho, porque el oro, aunque salga por la superfiçie, no nasçe alli, sino en las interiores é secretas partes de la tierra. Y en tal caso háçense las minas en forma de cavernas é pozos ó cuevas, y siguiendo el oro, vánlas apuntando, porque son peligrosas é cubiertas debaxo de la tierra; é suelen hundirse algunas veçes é matar la gente que las labra, é destas ha avido hartas en la Isla Española.

CRÓNICA GENERAL

DE LAS INDIAS,

POR

ANTONIO DE HERRERA.

Lo referente á la Isla de Puerto Rico

DESDE LA DÉCADA 1ª HASTA LA 8ª

Antonio de Herrera nació en 1565. En su juventud sirvió á las órdenes de Vespasiano Gonzaga, Virey de Nápoles, y algun tiempo despues fué nombrado por Felipe 2º, cronista de las Indias.

Entre otras obras escribió la *Historia General de las Indias* compuesta de ocho décadas. A juicio de algunos, con quienes estoy acorde, la obra de Herrera es un traslado de la Historia del Padre Casas, mejorado en la diccion, confeccionado con mas enlace y descartado de muchas exageraciones, con lo que Herrera menos cándido que el generoso obispo de Chiapa, da á sus juicios mas valor histórico. Las Casas tenia la índole entusiasta del apóstol, al paso que Herrera le aventajaba en dotes críticas.

Por otra parte, si éste no presenció como aquel la mayor suma de los sucesos, su carácter de cronista oficial puso á su disposicion los mas ricos y autorizados archivos de la época. Esta circunstancia unida al buen juicio que se concede á este escritor, prestan á sus décadas el interés mas estremado.

Herrera murió en 1625 á la avanzada edad de sesenta años.

LIBRO 2.º

Decada 1ª—Capítulo 7º—Año de 1493.

Que el Almirante prosigue su viaje (el 2º) y descubre otras islas de camino.

A 14 de Noviembre surgió en Santa Cruz: tomáronse en ella cuatro mugeres y dos niños, bolviendo la barca topó una canoa con cuatro indios y una india, que se pusieron en defensa, y la india tiraba las flechas tan bien como los hombres, hirieron á dos soldados, y la muger, pasó con la suya una adarga. Embistieron con la canoa y la trastornaron, y uno, nadando tiraba su arco con mucha fuerza. Siguiendo el viaje, se descubrieron muchas islas juntas, que parecian sin número. Puso á la mayor *Santa Ursula*, y á las otras *las once mil vírgenes*. Llegó á otra grande, que llamó San Juan Bautista, que se llamaba *Boriquen*. Halláronse en una baía de ella, al Poniente, diversas especies de pescados, como *lizas, sabalos y sardinas*: habia muchas y buenas casas, aunque de paja y madera, que tenian una plaza con un camino desde ella hasta la mar, muy limpio y seguido, y las paredes de cañas cruzadas ó tejidas, con sus verduras, graciosamente como en Valencia. Estaba junto á la mar un mirador, adonde cabian doce personas, de la misma manera labrado. y no vieron persona y se sospechó que se habian huido. Viérnes á 22 del mismo, tomó el Almirante la primera tierra de la Isla Española, que está á la vanda del Norte, y la postrera de la isla de San Juan, obra de quince leguas.

LIBRO 7.º

Capítulo 4º.—Año de 1508.

Que Juan Ponce de Leon pasó á reconocer la isla de San Juan de Puerto-Rico, llamada el Boriquen, y que el Almirante D. Diego Colon puso demanda al Fisco, sobre sus pretensiones.

Despues de la postrera guerra, que se hizo en la provincia de Higuey, en la isla Española, quedó por teniente del Comendador Mayor, y por capitan de la villa de Salvaleon, Juan Ponce de Leon, que habia ido por capitan de la gente de Santo Domingo: y residiendo en aquella parte, tuvo noticia de algunos indios de los que le servian, que en la isla de San Juan, que los indios llamaban *Boriquen*, habia mucho oro: porque como los vecinos indios de aquella provincia de Higuey, eran los mas cercanos de la isla de San Juan, porque no habia sino doce ó quince leguas de distancia, cada dia se iban en sus canoas los de la Española á San Juan, y los de San Juan á la Española: y se comunicaban, y asi pudieron bien saber los unos y los otros, lo que en la tierra de cada uno habia. Dió parte Juan Ponce de Leon á Nicolas de Ovando de las nuevas que habia sabido, y le pidió licencia para pasar á la Isla, á inquirir la verdad, y tomar trato con los indios, y ver que disposicion habia para poblarla, porque hasta entonces, ninguna se sabia de lo que habia dentro de ella, mas de que por de fuera echaban de ver, que era hermosísima, y que parecia mucha gente, cada vez que pasaban por allí navios. Metiose Juan Ponce en un caravelon, con algunos castellanos é indios pláticos de la Isla, y fué á desembarcar á donde señoreaba Agucybaná el mayor Señor de toda ella, que tenia madre y padrastro: los cuales recibieron y aposentaron á Juan Ponce y á los suyos, con mucho amor, y el cacique trocó su nombre con él, que era haverse *guatiaos*, llamándose Juan Ponce, Agueybaná: y Agueybaná, Juan Ponce, como arriba se dijo, que era una señal, entre los indios de aquellas Islas, de perpetua consideracion y amistad. A la madre del cacique llamó Doña Inés, y al padrastro D. Francisco; y aunque no se quisiesen bautizar, se quedaban con estos nombres, que los cristianos les daban á su voluntad.

Este cacique, su madre y padrastro eran muy bien acondicionados, y siempre aconsejaron al hijo, que fuese amigo de cristianos: luego quiso entender Juan Ponce, si eran verdaderas las nuevas que le habian dado, que habia minas de oro en la Isla, y si lo sacaban: el cacique le llevó por toda la Isla, y le mostró los rios adonde lo habia: y entre otros, dos muy ricos, de donde se sacó despues mucha riqueza: el uno se llamaba *Manatuabon*, el otro *Cebuco*, en los cuales hizo hacer catas, de donde llevó buenas muestras al comendador mayor, y dejó en la Isla algunos castellanos, muy encomendados al cacique, y á su madre, y estubieron allí muy bien tratados, hasta que se volvió mas de propósito á poblar. Esta Isla es la mayor parte de ella sierras y montañas altas, algunas de arboledas espesas, de muy hermosa yerva, como la de la Española: tiene pocos llanos, muchos valles, y rios, por ellos muy graciosos, y toda ella es muy fértil: está de la punta oriental de la Isla Española, la punta ó cabo occidental de ella, doce ó quince leguas: veese una Isla de otra, cuando hace claro, estando en lo alto de las puntas de ellas: tiene algunos puertos, aunque no buenos, sino es el que llaman Puerto-Rico, á donde la ciudad, y cabeza del obispado tiene su asiento: tendrá de largo cuarenta leguas buenas, y quince, ó diez y seis de ancho, y en circuito boxará ciento y veinte: toda la costa del Sur tiene en diez y siete grados, y la del Norte en diez y ocho de la línea equinocial, á la parte de nuestro Artico, de manera, que su ancho es casi un grado, tomado de Norte á Sur. Tuvo mucho oro, no tan fino como el de la Española, aunque no tenia de quilates, y valor menos de quatrocientos y cinquenta maravedis el peso: fué combatida de los caribes, comedores de carne humana, y los naturales fueron valerosos contra ellos, y defendian bien su tierra: lo demas se dirá mas cumplidamente adelante.

CAPÍTULO 7.—AÑO DE 1508.

Que Alonso de Ojeda y Diego de Nicuesa, capitularon para poblar en la Tierra Firme.

Y porque ya se tenia noticia de lo que Juan Ponce de Leon havia descubierto en la Isla de San Juan, y se tenia aquello por cosa muy llana, se dió licencia á D. Cristobal de Sotomayor, hijo de la condesa de Caminan, y hermano del conde de Caminan, Secretario de el Rey D. Felipe Primero, para que pudiese pasar en aquella Isla, y llevar á ella todas las personas que quisiese, con facultad de tomar un cacique, el que quisiese, con los Indios que le perteneciesen; y en esta ocasion se hizo merced al comendador Lope de Conchillos, del oficio de fundidor y marcador de la isla de San Juan: y mandose á los oficiales de la casa de contratacion, que acudiesen al Almirante con la parte que se le debia, de lo que hasta entonces se havia traido de las Indias; y que dejasen pasar á todos los pasageros las armas que quisiesen; y que tratasen con Pedro Xuares de Castilla, veinte y cuatro de Sevilla, sobre un asiento, que queria hacer, para ir á poblar en la isla de San Juan, con que ante todas cosas se capitulase sobre la fábrica de una buena fortaleza, en sitio fuerte, para tener la Isla en paz, con dos poblaciones, en lugares cómodos para el servicio de las minas. En esta misma ocasion andaban los oficiales de la casa de la contratacion de Sevilla muy disgustados, por algunos estorvos, que hallaban en sus negocios, por las Justicias ordinarias, y por el regimiento, y procuraban que el Rey les diese licencia para mudarse á otra parte; pero la ciudad lo sentia mucho, y hacia instancia con el Rey para que no lo permitiese, el qual lo iba deteniendo quanto podia, por darla satisfaccion.

CAPÍTULO 10.—AÑO DE 1509.

Que el Almirante llegó á la Española, y lo que pasó en la residencia del comendador mayor Nicolas de Ovando.

El Almirante D. Diego, por haber llevado poder para encomendar indios, tomó para si una parte, como los tenia Nicolas de Ovando, y para su muger: diólos á su hermano, y á sus tios, y á otros, que llevaban Cédulas Reales para ello, y no fueron tratados mejor en su tiempo, de lo que habian sido en el de Nicolas de Ovando, y sabidas las nuevas, que havia traido Juan Ponce de Leon, de la isla de San Juan, proveyó luego gente, y envió con ella por Gobernador á un caballero, natural de Ecija, llamado Juan Ceron, con nombre de teniente suyo, y á Miguel Diaz, que havia sido criado del adelantado D. Bartolomé Colon, por Alguacil mayor: fuése á vivir á aquella Isla, con su muger, y casa, Juan Ponce y D. Cristoval de Sotomayor; y otras muchas personas de los que fueron con el Almirante.

Capítulo 13.—Año de 1510.

Que el Rey proveyó á Juan Ponce de Leon por gobernador de la Isla de San Juan; y la guerra con los indios de ella; y de las quejas del Rey de Portugal, sobre los descubrimientos que se hacian.

Llegado el comendador mayor Nicolás de Ovando á Castilla representó al Rey el servicio que le habia hecho Juan Ponce de Leon, en reconocer la isla de San Juan, y saber los secretos de ella, y las demas cosas en que le habia servido; por lo qual el Rey le proveyó de la gobernacion de la Isla, sin que el Almirante le pudiese quitar; y tomada la posesion de la Isla, buscó achaques para prender á Juan Ceron, y á Miguel Diaz, y los envió presos á Castilla, para que se presentasen en la Corte, que fué una de las sofrenadas que se dieron al Almirante. Entendió luego en edificar un pueblo de castellanos, que llamó Caparra, en la costa del Norte, y hizo para si una casa de tapias: todas las otras eran de paja, y despues hizo otra de piedras: tenia el asiento á una legua de la mar, frontera del puerto, que llaman Rico, por ser toda aquella legua de un monte ó bosque de árboles, tan cerrado y tan lodoso, que bestias y hombres atollaban; por lo qual los mantenimientos de Castilla, y otras mercaderías, costaban mas de ser llevadas desde la mar, aquella legua, hasta el pueblo, que habian costado desde Castilla; y con todo eso, la codicia de sacar oro no los dejó en 10 ó 12 años salir de allí. Mudando el pueblo, hizieron otro pueblo, casi al cabo de la Isla, en un valle, á la misma costa del Norte, cerca de adonde aora está, el que se dice San German, y le llamaron Guanica, por que hallaron ciertos rios de oro, y de allí le mudaron quatro leguas la costa arriba, adonde dicen el Aguada, por qué en un buen rio, que alli sale, toman agua los navíos, y le llamaron Sotomayor, y despues le pasaron al mismo valle, y le nombraron San German; y aunque se hizieron otras poblaciones de castellanos en esta Isla, luego se deshicieron, asi nunca huvo mas que estas dos. Hizo luego Juan Ponce el repartimiento de los indios: los cuales, no queriendo obedecer, concertaron que cada cacique tuviese cargo, para cierto tiempo, de matar los castellanos que pudiese haver en su comarca, en las minas, ó en otras grangerías adonde andaban descuidados.

Con este acuerdo mataron 80 hombres, y juntándose quatro mil indios, fueron sobre el pueblo, dicho Sotomayor, y matando algunos vecinos, porque estaban descuidados, pusieron fuego al lugar: pelearon los castellanos en este aprieto valerosamente; y aunque los indios hizieron lo posible por matarlos á todos, se retiraron á Caparra, adonde estaba Juan Ponce, perdiendo cuanto tenian: y porque tubo D. Cristóval de Sotomayor en su repartimiento al cacique Agueybana, hermano del que la primera vez recibió á Juan Ponce, que le habia sucedido en el estado, acordó de matarle; y aunque una hermana del cacique, á quien D. Cristoval tenia por amiga, le avisó de lo que contra él y los castellanos se trataba no la creyó. Tambien le avisó un castellano, que sabiendo la lengua de los indios, y viéndoles una noche pintados, se desnudó y pintó, y entre ellos anduvo entendiendo lo que pasaba; y sabido que en aquel *areyto* cantaban la muerte de D. Cristoval de Sotomayor, le avisó, y le ofreció de salvarle; pero no queriendo tampoco creerle, le mataron otro dia, con otros cuatro castellanos. Juan Ponce, visto el caso, procuró con diligencia, de recoger la gente que quedaba en la Isla, que serian como cien hombres; habiendo sido muertos pocos menos, y adonde quiera que sabia que havia junta de Indios, los iba á buscar, y peleaba con ellos con mucho valor, porque tenia hombres muy valientes, y que en muchas batallas, y recuentros hizieron cosas maravillosas, en que no les ayudó poco el *perro Becerrillo*, que hacia en los Indios estragos admirables, y conocia los que eran de guerra, y los de paz, como si fuera una persona; por lo cual temian mas los indios de diez castellanos con el *perro*, que de ciento sin él, y por esto le daban parte y media de lo que se ganaba, como á un ballestero, asi de oro, como de esclavos, y otras cosas, y lo cobraba su amo. Dijéronse cosas notables de este *perro*, y entre ellas fué, que haviendo acordado de echar una India vieja á este *perro*, el capitan la dió una carta, para que la llevase á ciertos castellanos, que estaban cerca de alli; la India tomó su carta, y en saliendo de entre la gente, la echaron el *perro*; y viéndole ir sobre ella tan feroz, sentóse; y hablando en su lengua, mostrábale la carta, diciendo: *señor perro, yo voy á llevar esta carta á los cristianos, no me hagas mal, perro señor,* porque los Indios truecan las palabras: parose el *perro* muy manso, y comenzola á oler, y alzó la pierna y orinóla; como lo suelen hacer los perros á la pared, de que los castellanos quedaron admirados.

LIBRO 8.º

Capitulo 12.—Año de 1511.

De la Junta que se tubo de diversas personas de letras, sobre la opinion de los Padres Dominicos: y que se envió á la española un nuevo Tribunal: y lo que sentian los indios de San Juan, que los castellanos se arraigasen en aquella Isla.

Fueron tambien proveidos en esta ocasion, Gil Gonzalez Dávila por contador de la Española, y Juan de Ampues, por Factor, con cada, otros doscientos indios de repartimiento, y comision para tomar las quentas al tesorero Pasamonte; y por que no se dijo atras en particular, mas de que el Rey havia mandado dar por libres á Juan Ceron, y á Miguel Diaz, á quien Juan Ponce havia embiado presos á la Corte, es de saber, que el Rey les mandó bolver los oficios que tenian, encargándoles, que por ninguna cosa mostrasen rencor, ni mala voluntad á Juan Ponce, ni le quitasen sus casas, heredades, ni los indios que tenia: y que con él tubiesen toda conformidad; y el Rey le escrivió; que en el consejo se habia hallado ser justicia, que Juan Ceron y Miguel Diaz fuesen restituidos, y que no se havia hecho por ningun desmérito suyo: que viese en que le podia aprovechar. A Juan Ceron, y Miguel Diaz hizo el Rey otras mercedes, mandó dar repartimientos, y licencia, para que la muger de Miguel Diaz, que era aragonesa, pudiese traer sedas, sin incurrir en las penas de la pragmática de los vestidos.

Mandó el Rey que en la isla de San Juan se pusiese mucho cuidado en edificar las iglesias, entretanto que iban los prelados, y que los gastos se hiciesen de lo que havian rentado los diezmos: y que faltando, se supliese de la Real Hacienda, y que se diesen cien indios de repartimiento á cada hospital, de los que se habian fundado; y que los oficiales de Sevilla proveyesen de ornamentos, y recado para el servicio de las iglesias, y que con los veinte y tres frailes de San Francisco, que á la sazon pasaban á las Indias, se fundase un monasterio en la isla de San Juan, y que se tuviese mucho cuidado de los indios, tomando muchos niños para instruirlos: y que á los vecinos que tenian indios, no se les quitasen, sino por los mismos delitos, por los cuales mereciesen perdimiento de bienes, y que pudiesen tener barcos y caravelas para sus tratos y provisiones. Que no se mudase el pueblo de Caparra, sin espresa licencia de S. M; y cuanto á los indios ordenó el Rey de esta vez, que se tuviese mucha cuenta con ellos, haciéndoles todo buen tratamiento, dándoles bien de comer, y no cargándoles, señalando la cantidad de la comida, y la manera de camas y ropas que se les habian de dar, y lo mismo se ordenó para la Española.

Mandóse, que se enviasen nóminas de los pueblos, para que se hiciese nombramiento de Jurados y Regidores, y proveyéndose otras cosas muy convenientes para el gobierno político; y á suplicacion de Pedro Moreno, procurador de la Isla de San Juan, dió por armas á la Isla un escudo verde, y dentro de él un cordero plateado, encima de un libro colorado, y atravesada una vanda con una cruz, y su beleta, como la trae la divisa de San Juan, y por orla castillos, leones, y vanderas, y detras de las armas y por divisa una F. y una Y. con sus coronas encima, y el yugo, y flechas del Rey Católico. Tambien dió licencia á los de esta Isla, porque se quejaron mucho, que los caribes les hacian cruel guerra, continuando en comer carne humana, y que por este solo fin la hacian, que se la pudiesen hacer á ellos, y tomarlos por esclavos; pues constaba que haviendo sido requeridos, que se apartasen de aquel abominable pecado, y de sus idolatrías, y de otros enormes vicios, que tenian, no lo querian hacer, ni recibir la fé católica: y estos eran los de la Domínica, y otras islas comarcanas á ella.

Habiase proveido por Fiscal de la Española al licenciado Sancho Velasquez, y mandósele, que de camino pasase por la

Isla de San Juan, y tomase residencia á Juan Ponce. En este mismo tiempo se tuvo aviso, que portugueses, con deseos de navegar por el occeano, perteneciente á la corona de Castilla, con mucha importunidad pedian cartas á Americo Vespucio; por lo cual se le ordenó que no las diese á nadie, sin espresa licencia de los oficiales de la casa, y á ellos, que mirasen bien, que á las personas que se diesen, fuesen confidentes.

Entre tanto que estas cosas pasaban en Castilla, y que se proveia el Juez de residencia, para contra Juan Ponce de Leon, es bien decir lo que en la Isla de San Juan pasaba, pues sucedió en este año, aunque atras con brevedad se havia tocado algo de ello. Los indios de esta Isla, reconocidos de la pérdida de la vida viciosa y libre que tenian, viendo que los castellanos iban haciendo cada dia nuevas poblaciones, y multiplicaban en número, estaban descontentos, y los hacian los tiros que podian, y entre otros fué, que un cacique, llamado Aymamon, prendió, descuidado, á un mozo de hasta diez y seis años, hijo de Pedro Xuarez, natural de Medina del Campo, y mandó á los de su casa, que le jugasen á la pelota, que decian el juego del bateo, para que los vencedores le matasen; y mientras comian, para jugar á la tarde, un muchacho indio, criado de Pedro Xuarez, se escapó, y se fué á la poblacion, á donde se hallaba Diego de Salazar, á quien dió noticia de lo que pasaba; el cual, animosamente, determinó de socorrer al preso, y llevando consigo al muchacho indio (aunque de mala gana) llegado á donde estaba, le desató, y le dijo: *haced como vieredes*; y al momento dió con una espada y rodela en mas de trescientos indios, que unos jugaban, y otros miraban la pelota, con tanto valor que parecia que tenia mas de cien hombres de socorro, y hizo tanta matanza, que salió de ellos libre con el mozo: y despues de apartado algo del lugar, le enviaron á llamar: y aunque el mancebo le dijo, que era temeridad, y que daria en alguna emboscada, dijo Salazar: *Haced lo que quisieredes, que yo buelbo á ver lo que quieren estos, porque no piensen que tengo miedo.* No le quiso desamparar Xuarez, y halló que el cacique estaba mal herido, y le rogó, que quisiese ser su amigo, y que le diese su nombre. Salazar holgó de ello, con que el cacique recibió tanto contento, que pensando que con el nombre ganaba juntamente el valor, le dió quatro esclavos, y otras joyas: y Diego de Salazar quedó con tanta opinion entre los indios, que cuando alguno reñia contra algun castellano, decia: *no sois Salazar, no os temo.*

CAPITULO 13.—AÑO DE 1511.

De la guerra que Juan Ponce de Leon, tuvo en la Isla de San Juan de Puerto-Rico: y que los indios naturales llamaron caribes en su favor.

Y continuando el aborrecimiento de los indios de San Juan, determinaron de veras de procurar de salir de sujecion: y concertaron, que pues los castellanos andaban esparcidos por la Isla, cada cacique matase á los que hallase en su tierra: ellos lo ejecutaron un viernes, y mataron hasta ochenta; y el cacique Agueynaba, que se llamaba D. Christobal, como mas principal que los otros, mandó al cacique Guaynoex, que con tres mil indios fuese á quemar la poblacion de Sotomayor: y como toda la campaña era boscage muy espeso, no fueron sentidos, hasta que dieron sobre el lugar. El asalto fué repentino: y por la furia del fuego, pudieron matar algunos castellanos, y los mataran á todos, si no acertára hallarse alli Diego de Salazar, que vivia en aquella poblacion; el cual con la opinion, y con el valor pudo tanto, que recogiendo á los castellanos, y peleando con los Indios, con mucha destruccion de ellos, llegó en salvo á Caparra, á donde se hallaba Juan Ponce, quedando el temor de Salazar, para con los indios, tan aumentado, que con su nombre los espantaba. A D. Cristobal de Sotomayor, que estaba en su poblacion, tocó de matar al cacique Agueybana, que era de su encomienda: y por haverle mandado jugar á la pelota, lo pudo entender de una su hermana, como atrás se ha dicho: pero como debia de ser tal su destino, no la dió crédito, ni á otros. Con todo eso, la mañana siguiente, estimulado de su corazon, se halló con algun temor: y dijo al cacique, que queria ir adonde se hallaba Juan Ponce: proveyole de indios, que le acompañasen, y llevasen su ropa, á los cuales dio órden que le matasen. En partiéndose, le siguió el cacique, y hallando en el camino solo á un Juan Gonzalez, que hablaba la lengua de los indios, le quitaron la espada, y le quisieron matar: pero llegado el cacique, como le habló, y se le ofreció por esclavo, le mandó dejar con tres heridas: y alcanzando á Don Christoval, le mataron, con otros cuatro castellanos, á golpes de macanas, y flechándolos: á la buelta buscaron á Juan Gonzalez para matarle, pero habiendo subido en un árbol, miraba que le buscaban: llegada la noche, con sus heridas se fué á donde se hallaban algunos castellanos, que le curasen.

Entendida la rebelion por el gobernador Juan Ponce y lo que le avisaron que referia Juan Gonzalez de D. Cristoval de Sotomayor, envió al capitan Miguel de Toro, con cuarenta hombres á socorrerle, y le halló enterrado, con los pies de fuera: Juan Ponce se comenzó á apercibir para la guerra: nombró tres capitanes que fueron, Diego de Salazar, Miguel de Toro y Luis de Añasco, y á cada uno dió treinta hombres, muchos de ellos cojos y mancos: y nombró á Juan Gil por su Lugar-Teniente de Justicia mayor: envió á la Isla Española por socorro; porque habiendo muerto los indios ochenta castellanos, le quedaban pocos: embió espías por la Isla, para entender los designios de los indios; y no es de pasar por alto, que de algunos que se prendieron, se entendió, que tratándose entre los indios de la rebelion, teniendo los mas por opinion, que los castellanos eran inmortales, no querian emprender el negocio; y para desengañarse, cometieron á un cacique, llamado Broyoan, que hiciese la esperiencia. Sucedió que pasando por su tierra un mancebo llamado Salcedo, le regaló y dió de comer, y mandó que le llevasen la ropa quince ó veinte indios, y que le acompañasen; y llegando al rio Guarabo, que estaba en la parte occidental de la Isla, que por San German desagua en el mar, los indios le dijeron, "si queria le pasasen en hombros:" y teniéndolo por mucha merced, se contentó de ello; y cuando le tuvieron en medio del agua, le dejaron caer y se echaron sobre él, hasta que le ahogaron: sacáronle á la ribera y le decian: *Señor Salcedo, perdonad, que caimos con vos*; de esta manera le tuvieron tres dias, hasta que el cuerpo corrompido hedía, y con todo eso no pensaban que era muerto, ni el Cacique lo quiso creer, porque fué en persona á verlo, y tampoco se aseguraban, hasta que vieron el cuerpo podrido; y en viendo esta esperiencia, acordaron de intentar su proposicion.

No bastando á estos indios el ánimo para la guerra, viéndose en estrema necesidad y desesperacion, llamaron en su ayuda caribes de las islas cercanas, aunque eran sus enemigos; y pareciendo á Juan Ponce, que por haverse juntado muchos, convenia guerrear mas con el arte que con la fuerza, les hacia emboscadas y usaba otras estratagemas, con que los molestaba mucho; pero sabiendo que mas de cinco mil estaban juntos en tierra del cacique Agueybana y que no convenia perder tiempo, porque se ivan ensoberveciendo, determinó de ir sobre ellos junto al rio Coayuco: acometióles al quarto del alba y los desbarató con muerte y prision de muchos: y con esta pérdida bolvieron á dudar en la inmortalidad de los cuerpos castellanos, pensando que los que habian muerto eran resucitados y juntados con los demas: otros decian, que tanto hacian los pocos como los muchos. Con esta victoria, que dió gran reputacion á Juan Ponce, se fué á Caparra, y se puso en orden con algunos pocos castellanos que le habian acudido de fuera: bolvió á salir en campaña la vuelta de Aymaco, y embió adelante á los capitanes Luis de Añasco y Miguel de Toro, con cincuenta hombres: y entendiendo que el cacique Mabodamaca estaba con seiscientos hombres aguardando, con voluntad de pelear con los castellanos, Juan Ponce embió al capitan Diego de Salazar con su compañía, que era la peor, y dando de noche en los indios, mató ciento cincuenta sin perder ninguno de los suyos, aunque algunos quedaron heridos: huyeron los otros indios, y desmandóse Juan de Leon en seguimiento de un cacique, que llevaba un pedazo de oro en el pecho, como traian los principales, le alcanzó y estubieron mas de un cuarto de hora luchando, porque el cacique era hombre de gran fuerza: y aconteció que quiso un indio socorrer á su cacique, pero llegó un castellano, y viendo á Juan de Leon pelear con dos, le ayudó, y mataron á los indios. Llegó Juan Ponce con su gente y halló que la compañía de Diego de Salazar estaba descansando por el trabajo que havia tenido, y dió gracias á Dios por la victoria: los indios se recogieron en la provincia de Yagüeca; y habiendo sido Juan Ponce avisado de ello y que estaban con pensamiento de morir todos, ó acabar los christianos, pues que ya estaban ciertos que eran mortales, con poco mas de 80 castellanos fué á buscarlos, que pasaban de once mil: y haviendo casi á puesta de sol, llegado á vista los unos de los otros, los castellanos con algunas ligeras escaramuzas los entretuvieron, hasta que fortificasen sus alojamientos: los indios que con tanta determinacion vieron á los castellanos, hicieron diversas acometidas, pero siempre Juan Ponce conservó á los suyos en buena orden; y si todavia algun castellano salia, en haviendo hecho alguna buena suerte con la bayesta, ó con la pica, se retiraba al esquadron: y de esta manera se estubieron los unos aguardando que los otros acometiesen, y haviendo acontecido que Juan de Leon de un arcabuzazo derribó á un indio, se juzgó que devia ser algun hombre principal, porque no hicieron mas acometidas, y se conoció flaqueza en ellos, porque se retiraron á donde el arcabuz no les pudo alcanzar. En siendo bien de noche, el gobernador Juan Ponce se retiró, aunque pareció á muchos que era mostrar poco ánimo: pero él decia, que con tan poco número de gente, era mejor alargar la guerra que ponerlo todo en riesgo. Señaláronse mucho los tres capitanes, y Francisco de Barrio Nuevo, Juan de Leon,

Juan Casado, Juan Lope de Angulo, Bartolomé de Ocon, Juan Mexia Guiluz y Juan de Almansa. Quedaron los indios tan tristes por la muerte de aquel á quien mató Juan de Leon con el arcabuz (que segun se supo era Agueibana) que nunca mas se juntaron, ni hubo reencuentro de consideracion, y la isla quedó pacífica, salvo de rebates de caribes, de que siempre fué muy infestada, porque venian á deshoras, y sin sentir hacian sus cavalgadas en los ganados y en los hombres.

Libro 9º.—Capítulo 10.—Año de 1512.

De la navegacion de Juan Ponce de Leon, al Norte de la isla de San Juan, y descubrimiento de la Florida; y porqué la llamó así.

Hallándose Juan Ponce de Leon sin oficio, por haber sido restituido en los de la isla de San Juan, Juan Ceron y Miguel Diaz, y viéndose rico, determinó de hacer alguna cosa, con que ganar honra y acrecentar hacienda; y como havia nueva que se hallaban tierras á la vanda del Norte, acordó de ir á descubrir ácia aquella parte; para lo cual armó tres navios, bien proveidos de vituallas, gente y marineros, que para efecto de descubrir son los mas necesarios. Salió de la Isla, juéves en la tarde, á tres de Marzo, partiendo de el puerto de San German. Fué al Aguada, para tomar de allí su derrota. La noche siguiente salió á la mar al Norueste, quarta del Norte, y anduvieron los navios ocho leguas de singladura, hasta que salió el sol.

Capítulo 11.—Año de 1512.

Que Juan Ponce de Leon, acabada su navegacion por la costa de la Florida, bolvió á la isla de San Juan.

Llovaron dos indios para pilotos de los bajos, porque son

tantos, que con mucho peligro se puede andar por ellos: y partió este navío á diez y siete de Septiembre, y Juan Ponce dia para su viaje, y en veinte y un dias llegó á reconocer á San Juan, y fué á tomar puerto á la baía de Puerto-Rico, adonde despues de haber hallado á Bimini, aunque no la fuente, llegó el otro navio con relacion que era isla grande, fresca y de muchas aguas y arboledas: y este fin tubo el descubrimiento de Juan Ponce en la Florida, sin saber que era tierra firme, ni algunos años despues se tuvo de ello certificacion.

LIBRO 10.—CAPÍTULO 10.—AÑO DE 1514.

De lo que respondió el Rey á las pretensiones del Almirante; lo que hizo en la isla de San Juan Christoval de Mendoza; y que Francisco de Garay no puede entrar en la isla de Guadalupe; y de una embajada del Rey al de Portugal.

Las quejas que acudian contra Juan Ceron y Miguel Diaz, eran muy grandes, por lo cual el almirante, aconsejado de los Jueces de apelacion y de los oficiales reales, con quien era fácil su conformidad, si las pasiones de ellos dieran lugar, los quitó los oficios, y embió por gobernador de la Isla al comendador Moscoso; y por que presto acudieron quejas de él, determinó el Almirante de pasar á la Isla, y visitarla; cuyos pasos tampoco dejaron de ser calumniados: dejó por gobernador en ella á Christoval de Mendoza, persona discreta y que en la guerra de los caribes se governó bien, de los cuales era muy molestada. Poco despues que salió de ella el Almirante, cierto número de caribes dieron al punto del alva, en unas estancias de castellanos, y acudiendo al socorro, con poca gente, el capitan Sancho de Arango aunque llevaba consigo á *Becerrillo*, fue muy apretado; pero el ayuda del perro fué tal, que aunque Sancho de Arango y otros quedaron heridos, se libraron de las manos de los caribes, pero mataron á *Becerrillo*; por que echándose al agua tras un caribe, otro que estaba en tierra, le tiró un flechazo, de que murió: cosa que fué muy sentida de los castellanos por la particular ayuda que en este perro tenian.

El governador Christoval de Mendoza, que supo el caso en San German, se embarcó luego en una caravela, y con otras dos barcas, con cinquenta hombres, fué en seguimiento de los caribes, y los alcanzó junto á una pequeña isla, llamada Bieque, al levante de la de San Juan: combatió con ellos toda una noche, matóles su capitan, llamado Jaureybo, hermano de otro cacique dicho Cacimez, que pocos dias antes fué muerto en otra entrada que hicieron en la misma isla de San Juan; porque luchando con Pedro Lopez de Angulo, llegó Francisco de Quindos, y le atravesó con una lanza: en sustancia, Christoval de Mendoza prendió y mató á los caribes, y les tomó las piraguas; y una que era bajel estraordinario, embió al Almirante: y eran estos hombres tan carniceros, que por mucho que los molestaban con la guerra, no sosegaban.

Pidióse al Rey, con mucha instancia, atenta la inquietud de esta gente, que absolutamente los mandase dar por esclavos, asi á los de las islas, como á los de tierra firme; pero el Rey respondió, que las provisiones dadas para los caribes de las islas, se guardasen, entretanto que se sabia cierto, si los havia en tierra firme; y que el dar licencia para irlos á cautivar, en esta parte seria alterarlos, de que podria resultar muy gran inconveniente para las cosas de la poblacion; y que en ninguna manera se pudiesen llevar indios esclavos de ninguna nacion á Castilla, aunque fuesen caribes. Ordenóse tambien en esta ocasion, que se mandase á todos los que tenian indios por pages, que los enseñasen á leer y escribir: y que no se les impidiese hacer sus *areytos* y *juegos*, asi en los dias de fiesta, como en los otros, como no fuese de impedimento para sus trabajos; y que cada dos años se tomase residencia á los visitadores de los indios, para que se supiese como cumplian con sus obligaciones; y que durante el tiempo de la fundicion no se pudiese prender por deudas á nadie.

DECADA 2.ª

Libro 3º—Capítulo 14.—Año de 1518.

De la plaga de las hormigas que hubo en la Española y en San Juan; y el remedio que tubo.

No era solo el cuidado de los padres Gerónimos, en lo que tocaba al bien de los indios, porque tambien persuadian á los castellanos, que se aplicasen á las grangerías, de que aquella Isla (la Española) es muy capaz; y á su instancia se empezaron á criar cañafistolos, y se hicieron tales y tantos, que parecia que la tierra no se havia criado sino para estos árboles, y como el año de 1506 un vecino de la Vega, llamado Aquilon, llevó de Canaria cañas de azúcar, y las plantó, fueron poco á poco dando tan bien, que con mas diligencia se puso á criarlas el bachiller Bellosa, vecino de Santo Domingo, cirujano, natural de Verlanga, y con algunos instrumentos sacó azúcar, y al cabo hizo un trapiche: y viendo los padres Gerónimos la buena muestra de ello, y conociendo que seria muy provechosa grangería, ordenaron, que se prestasen quinientos pesos de oro á cada vecino, que quisiese hacer ingenio de azúcar: y con este principio, en poco tiempo, se hallaron en la isla quarenta ingenios de agua y de caballos. Y es de notar, que antiguamente no havia azúcar, sino en Valencia, y despues la hubo en Granada, de donde pasó á Canaria y de alli á las Indias: lo cual dió mayor cuidado en llevar negros para el servicio de los trapiches, y esto despertó á los Portugueses, para ir á buscar muchos á Guinea: y como la saca era mucha y los derechos crecian, el Rey los aplicó para la fábrica del Alcazar de Madrid y para el de Toledo. Probaron tan bien los negros en la isla Española, que se tubo por opinion, que si no acontecia ahorcar al negro nunca moria, porque no se havia visto ninguno que de su enfermedad acabase, y asi hallaron los negros en la Española, su propia tierra, como los naranjos, que les es mas natural, que su Guinea: pero como los metieron en los ingenios de azúcar, por los brevages que hacen de las mieles de cañas, hallaron su muerte y por no trabajar se huian, quando podian, en quadrillas, y se han levantado, y hecho muertes y crueldades.

Comenzando, pues, los castellanos á gozar del fruto de sus trabajos, y á cumplirse la esperanza de las grangerías, embió Dios sobre la Española y principalmente sobre la isla de San Juan, una plaga, que se temió, que si mucho creciera, totalmente se despoblaran: fué una infinidad de hormigas, que por ninguna via, ni modo humano, de muchos que se tuvieron, se pudieron atajar: y las de la Española hacian mayor daño en los árboles, y las de San Juan mordian y causaban mayor dolor que si fueran abispas, y no habia quien de ellas se defendiese de noche en las camas, si no se ponian sobre quatro dornajos grandes de agua: las de la Española comenzaron á comer los árboles por la raiz, y como si fuego cayera del cielo, y los abrasara, de la misma manera los paraban negros, y se secaban, y era lástima ver perdidas las muchas y muy graciosas huertas. Dieron tras los naranjos grandes, que habia infinitos, lindísimos y no dejaron ninguno que no quemasen: á los cañafistolos, como mas dulces, mas pronto los abrasaron. Los padres Franciscos tenian en la Vega un huerto de muchos naranjos, que daban fruto de dulces, secas y agrias, y hermosísimos granados y cañafistolos, que producian cañas gruesas, y largas, de cerca de quatro palmos, y en un momento pereció, y lo mismo fué de todas las heredades que habia en la Vega: y las que se pudieron en ella plantar de cañafistola, bastaran á proveer á toda Europa y Asia, aunque la comieran como pan, porque la Vega es fertilísima, y dura ochenta leguas de mar á mar, llena de rios y felicidad.

Tomaron algunos por remedio, para curar esta plaga, cabar los árboles al rededor, quan hondo podian, y matar las hormigas en el agua, y otras veces quemándolas con fuego: hallaron cuatro palmos, y mas, en el fondo de la tierra, la suficiente, y overas de ellas, blancas como la nieve, y acaecia quemar cada dia un celemin y dos, y el siguiente dia hallaban de hormigas vivas mayor cantidad. Pusieron los religiosos de San Francisco de la Vega una piedra de soliman, que debia de tener tres ó quatro libras, sobre un petril de una azotea, acudieron todas las hormigas de la casa, y en llegando á picar en él, caian muertas, y como se embiaran mensageros á convidar, á las que estaban media legua, para el banquete, asi iban los caminos llenos, y subian al azotea; y en picando caian, y se vió el azotea negro el suelo como carbon. Duró esta mortandad, cuanto duró el pedazo de soliman: y como los religiosos vieron que el soliman no aprovechaba, sino para llevar basura á su casa, acordaron de quitarlo, maravillándose de dos cosas: la una, del instinto de naturaleza y la fuerza que da á las criaturas sensibles y no sensibles, como pareció en estas hormigas, que de tanta distancia sintiesen, si asi se puede decir, ó el mismo instinto las guiase y llevase al soliman; la otra, que como el soliman, antes de molerlo, es tan duro como una piedra de alumbre, si ya no es mas, que un animal tan menudo tuviese tanta fuerza para morder de ello, y para disminuirlo y acabarlo. Viéndose, pues, en aquella Isla, sin remedio de tan grande afliccion, acudieron á Dios: hizieron grandes procesiones, rogándole que los librase de aquella plaga por su misericordia; y para mas presto recibir el Divino beneficio, pensaron tomar un Santo por abogado, el que por suerte Nuestro Señor declarase: y hecha una solemne prosecion, el Obispo, y clerecía, y toda la ciudad echaron suertes sobre cual de los Santos de la Letanía, tendría por bien la Divina Providencia de darles por abogado: cayó la suerte sobre San Saturnino, y recibiéndoles con regocijo y alegría, por su Patron, le celebraron la fiesta con mucha solemnidad, como despues acá siempre lo hacen, y desde aquel dia se vió por experiencia, que se fué disminuyendo aquella plaga; y si totalmente no se quitó, fué por los pecados de los hombres: las plantas que las hormigas destruyeron nunca se restauraron, porque del todo quedaron quemadas, pero plantáronse otras que presto felizmente produjeron. La causa en donde tuvo orígen este hormiguero, dijeron que fué de las posturas de plátanos, que se llevaron de fuera: pero en sustancia, el verdadero remedio en todo, es de acudir á Dios, que todo lo gobierna, rige y modera á su voluntad.

LIBRO 5º—CAPÍTULO 3.—AÑO DE 1519.

De una Nao inglesa que llegó á las Indias: y del estado en que se hallaban las Islas.

Dijo asimismo Ginés Navarro, que el capitan de aquella Nao le quiso mostrar la instruccion que llevaba del Rey de Inglaterra, si supiera leer, y que en la isla de la Mona echaron gente en tierra, y en la isla de San Juan rescataron algun estaño.

DECADA 3.ª

Libro 1º—Capítulo 14—Año de 1521.

Corria el nombre de Hernando Cortés, y su fama andaba muy reputada, lo cual levantó el ánimo á muchos de los mas antiguos y mas principales capitanes de las Indias, para emprender cosas señaladas, porque siendo del tiempo de Hernando Cortés, no se tenian en ménos.

Fué uno de estos, el adelantado Juan Ponce de Leon, que desde el año de doce, que descubrió la Florida y anduvo buscando aquella fuente santa tan nombrada entre los indios, y el rio cuyas aguas remozaban los viejos: y desde que le maltrataron los caribes de la isla de Guadalupe, se estuvo retirado. Ahora determinó de armar en la isla de San Juan de Puerto-Rico, adonde tenia su casa y dos navíos en que gastó mucha parte de su hacienda; fué con ellos á la Florida, que aun se tenia por isla, para certificarse de camino, si era tierra firme, como lo dice en sus cartas que escribió en este año al Emperador, al Cardenal Adriano, gobernador de estos reinos, en aquella sazon, y al secretario Samano. Y llegado á tomar tierra en la Florida, habiendo pasado muchos trabajos en la navegacion, los indios le salieron á resistir, y peleando con él porfiadamente, le mataron alguna gente, y herido en un muslo, con la que le quedaba se volvió á Cuba, á donde acabó sus dias, y el Rey por contemplacion de sus servicios, dió el adelantamiento y las demas mercedes que tenia á Luis Ponce de Leon, su hijo.

DECADA 4.ª

Libro 5º—Capítulo 2º—Año de 1528.

De el cuidado que el Rey tenia en la libertad é institu-

ción christiana de los indios, y licencia que se da para armar contra caribes.

No cesaban los indios caribes de molestar la isla de San Juan y la de Cubagua, en la costa de tierra firme y otras partes, matando y cautivando la gente para comerla; y robando los ganados, y en particular por el mes de Octubre de este año, intentaron de tomar la fortaleza de Cumaná y mataron ciertas personas: y ciento de ellos, en tres canoas entraron de noche en la isla de San Juan, matando y robando, y haciendo gran daño en las minas; y siendo el Rey informado que este atrevimiento procedia de lo mucho que se iba á mano á los christianos para que ni con sus armadas, ni en otra forma los maltratasen, visto que estos caribes, así de las costa de tierra firme, como de las isla y partes comarcanas á la Isla Española, San Juan, Cuba y otras, hacian los daños referidos, así á los christianos castellanos, como á los indios naturales que estaban de paz; dió licencia para que á vista, consentimiento y parecer de la Audiencia y Chancillería Real de la isla Española, los vecinos de las dichas islas y otras partes, pudiesen hacer armas contra los caribes que estaban declarados por esclavos y de guerra, prenderlos y tenerlos por tales, como habidos en justa guerra; y para la seguridad de la isla de San Juan, mandó á los vecinos que se juntasen y considerasen en que sitio de la ciudad de Puerto-Rico convendria hacer una fortaleza para la defensa de los caribes y corsarios; y que elegido el sitio, comenzasen la obra, y que de la Real Hacienda se pagasen los materiales y jornales de los maestros: y que los jornales de los peones los pagasen los vecinos de la Isla que tuviesen indios ó esclavos, dando de cada doce indios ó esclavos, uno, y de esta manera al respecto; y mandó que se proveiesen de artillería y municiones para la defensa de la fortaleza: y que todos los vecinos de la Isla estubiesen armados para resistir en las ocasiones, y para que los niños, hijos de los indios, fuesen mejor doctrinados en la fé, se ordenó que todos los que estuviesen á su cargo, los llevasen cada mañana á la Iglesia, siendo de seis hasta doce años, para que les enseñasen la doctrina christiana; y que el Obispo y el Gobernador así lo hiciesen ejecutar; y porque se tuvo informacion que Diego de Muriel, vecino de la isla de San Juan, era persona de confianza, se le cometió que tubiese en administracion los indios de la Hacienda Real, de la rivera de Toa; encargándole el cuidado de doctrinarlos y curarlos cuando estuviesen enfermos; y acaeciendo á morir alguno, el Cura estuviese presente para consolarle á bien morir y le enterrasen conforme al uso de la Santa Madre Iglesia Romana: y qué en la estancia se dijesen, por lo ménos, cada semana, dos misas, y que los tragesen bien vestidos, de tal manera, que demas de los vestidos del trabajo, tuviesen otros en casa para mudarse cuando viniesen mojados: y que para dormir tuviese cada uno su hamaca ó manta con barbacoa y cada lecho; y que para la comida se proveiese, que tuviesen companages y carne, lo que hubiesen menester; y que los clérigos y el mismo Diego Muriel, pues sabian quales indios tenian mugeres, tuviesen mucho cuidado de darlos á entender qué cosa era el matrimonio y lo que en él eran obligados de guardar, porque no anduviesen tamando unas mugeres y dejando otras: porque sabia su Magestad que habia en esto mucha corrupcion.

Capítulo 3º.—Año de 1528.

Que el Rey mandó que se casasen los vecinos de la isla de San Juan, que llaman Puerto-Rico: que envió á tomar residencia á los Oficiales reales de ella: y de su descripcion.

Y porque el Rey sabia que con ser la isla de San Juan una de las mas ricas de oro y otras cosas, que hasta entónces se habian descubierto, se hallaba muy despoblada de vecinos casados y que si no se remediaba, se disminuiria mucho, ordenó al Gobernador, que proveiese que dentro de dos años todos los vecinos castellanos de la Isla se casasen, y viviesen en ella con sus mugeres: con apercibimiento, que no lo cumpliendo, se mandarian encomendar los indios que tenian en otras personas. Los vecinos de la villa de San German, que tenian repartimientos de tierras, tampoco residian: y tambien se ordenó al Gobernador, que les señalase término conveniente, para que fuesen á residir; y que no haciéndolo, se los quitasen: y á los oficiales reales, que sopena de diez mil maravedis, estubiesen presentes á las fundiciones del oro, y otras cosas, sin que pareciese cumplir con sus obligaciones, poniendo sus criados. Estos desórdenes y abusos, y la trasgresion de los mandamientos del Rey, le movieron para ordenar al licenciado Antonio de la Gama, que pues iba á tomar residencia á los oficiales de

Castilla del oro, de camino la tomase á los de la isla de San Juan: advirtiéndole, que era el oficio de los Jueces de residencia, y el suyo, de trabajar de tal manera, que averiguase bien lo necesario y escusase lo superflúo, viendo y saliendo los capítulos de los Jueces de residencia y Corregidores, y guardando lo que por ellos estaba proveido.

Que abreviasen los procesos de pedimento de partes y los de oficio y pesquizas. Que hiziesen y acortasen el exámen de los testigos, no dejando de preguntar lo sustancial, y haciendo asentar para saber la verdad, dejando lo superfluo, y repreguntando á los testigos para que diesen suficiente razon: y si tenian odio al Corregidor, ó Gobernador, por alguna causa. Que inquiriesen las culpas del Gobernador, y oficiales: y si los que supiesen la verdad no pudiesen ser havidos tomasen de ellos testimonio para que constase que no havía quedado por ellos de averiguarlo. Que tomada la residencia, enviase una sumaria informacion sacada de cada cargo, con los testigos que depusiesen: y si eran de vista ó de oidas, acotando las hojas del proceso, adonde se trataba de cada cosa. Que de la misma manera se tomase la residencia de los Regidores y Escribanos, Procurador del Consejo, Fieles y otros oficiales, Sesmeros de la tierra, Alcaides de la hermandad, Alguaciles del campo de los Nuncios, que emplazan, Procuradores del Audiencia: y no se enviase cosa indecisa y por determinar, ni se remitiese cosa alguna al Consejo, salvo los que debian de ser remitidos; porque haciendo lo contrario se embiaría persona que lo determinase á su costa.

Que tomase bien las quentas de las penas de Cámara, cobrando las que se debiesen de los propios, sisas, y repartimientos que se hubiesen hecho, no recibiendo en quenta lo mal gastado; y sin embargo de cualquiera apelacion, se executasen los alcances, se embiase relacion de todo, y de lo que pareciese remediar, asi en reparos de caminos, puentes, y fuentes, como de otra cuarquier cosa para el bien público y ornato de la tierra, y servicio del Rey, y para el buen tratamiento de los indios, é instruccion de la fé católica. Que se tuviese particular cuidado de castigar, durante el tiempo de su oficio, los delitos que se hiziesen en su jurisdiccion, y los pecados públicos, y de administrar justicia libre, igualmente, á las partes que la pidiesen: con apercibimiento que si tomando los dichos oficios, se proveise, por su culpa ó negligencia, Juez de comision, para las cosas en que el havía de entender y executar, pagaría las costas y salario al tal Juez.

Y haviéndose dicho, acerca de la *Historia natural*, lo que

ocurre en las otras partes de las Indias, tambien será apropósito decir en este lugar, lo que se ofrece de la isla de San Juan. á la cual dieron este apellido por Juan Ponce de Leon, su primer pacificador, natural de la villa de San Servas de Campos.

Puerto-Rico es pueblo principal y sano: no se sabe que haya tenido otro nombre, y este se le puso por la mucha riqueza de oro que se halló en esta isla; y otros dicen, que por ser el puerto muy bueno, cerrado y seguro de tormentas: estaba legua y media de la ciudad otra llamada Caparra, y despoblóse por que por las malas aguas no se criaban los niños: su sitio es una isleta distinta de la isla principal, por lo cual no tiene agua sino de algibes y de una fuente, que mana de arenales, y sale junto á la mar, que se llama la fuente de Aguilar: su temple es bueno, y casi uno en todo el año, salvo en Diciembre y Enero, que reconoce el tiempo: hay invierno entre años: no es muy caluroso, llueve mucho desde Mayo hasta Septiembre, cerca de la conjuncion de la luna, suele haver tormentas que llaman hucaranes, que hacen gran daño en el campo, y ya son muy ordinarios; pero los nortes son los que queman las sementeras. Esta isla es muy áspera y doblada: habia buenos pastos de ganados, y van disminuyendo, porque han nacido unos árboles que dicen guayabos, que dan fruta como manzanas, amarillas por de fuera, y de dentro coloradas, blanca la carne, llenas de granos, de la cual comen todos los ganados y aves: y á donde quiera que caen los granos de cada uno, con la estercoladura del ganado sale un árbol, con lo cual se va cerrando la tierra de monte, de tal manera, que las vacas se esconden y no salen y se hacen bravas, y no vienen al hato, y paren entre las arboledas, y asi no son de provecho: debajo de este árbol no se cria yerba. Está en esta isla, San German el nuevo, que otro tiempo se llamó la nueva Salamanca: la fundó el Gobernador Francisco de Solis, con el despojo de otro pueblo, que se llama Guadianilla, que estaba á la vanda del sur, y la robaron franceses, y la perseguian caribes: está San German cuatro leguas de la mar, adonde han llegado franceses, y la han robado: dista de la ciudad de San Juan 30 leguas: los indios tienen mal asiento en una sierra, sin cosa llana, con el agua lejos.

Los indios de esta Isla no comian carne humana, ni tocaban en el pecado nefando: los de la costa de la mar peleaban con flechas, sin yerba: los de la tierra adentro, con palos: sus ritos eran como los de la Española: adoraban al Demonio, con el qual hablaban: tenian los caribes, indios comarcanos, de la parte de levante de la Isla: no huvo Señor, que tuviese toda la isla sujeta, sino que en cada valle ó rio principal, havia un cacique, que tenia un teniente que le servia, y en su lengua le llamaban Ditayno.

De la ciudad de Puerto-Rico, diez leguas á la parte del Les Sueste, está una sierra muy grande que hace tres abras, que es muy alta toda ella. se llama la sierra del Loquillo, por un indio alzado que se retiró á ella: la mas alta se llama de Furzidi, nombre puesto por negros, que significa cosa que siempre esta llena de nublados: á la tercera llaman el Espíritu Santo: de esta sierra nace una cordillera, que parte la Isla por medio de Leste Oeste, hasta la mar y comarca de San German. La boca del rio Bayamon, sale dentro de la baia de Puerto-Rico, á media legua de la ciudad, en la boca del rio Arcubo: están poblados algunos vecinos, que los governaba un teniente del Gobernador de castellanos, que de él toma el nombre, que tienen cantidad de ganado; y es cosa notable que con no ser toda la circunferencia de esta Isla mas de ciento y veinte leguas y no tener mas que quarenta buenas leguas de largo, salen de ella á la mar veinte y tres rios, y siete caudalosos, que son: Bayamon, Toa, Guayanes, Arecibo, Guabiabo, Rio-Grande, Luisa, por una cacica christiana, que se llamó asi: Dagua, que en su boca hay puertos para naos: y la tierra adentro hay infinitos arroyos, y en todos se halla oro, y hay minas de ello, y de plata, plomo y estaño, y una de azogue, y otros metales, y veta de una piedra azul, de que se sirven los pintores: hace dado bien todo ganado; tiene diez ingenios de azúcar, á donde se labran quince mil arrobas al año, y se haria mas cantidad, si hubiese gente; y su riqueza es de esto, se cria bien la cañafistola, y todas frutas de Castilla, salvo olivas, que aunque crecen, no dan fruto, y hortalizas, y muchas de la tierra: hállase en esta Isla el árbol Tabernáculo, que hecha resina blanca como Anime, que sirve de brea para los navios, y para alumbrarse: y es medicinal, para sacar frios, y curar llagas: el árbol Maga, que tambien se halla aquí, es incorruptible, y sirve para escritorios, y muchas otras cosas; hecha flor como rosa colorada: hay mucho palo Santo, que llaman Guayacan, y tambien sirve de teñir paños: el higuillo pintado es tan saludable, que estrujado el zumo de la hoja en una herida, no es necesario curarla segunda vez; y lo mismo hace otro arbolillo que llaman yerva de Santa María, y otro que llaman bálsamo: y una yerva espinosa, que echa una flor blanca como violeta algo mas larga, llámase quibey: qualquier animal que la come muere: el manzanillo, que está en la costa de la mar, quien duerme á su sombra se levanta hinchado: y el pescado que come las manzanas, se le vuelven los dientes negros; y ha acontecido morir los hombres que comen el pescado, dentro de veinte y cuatro horas, y si no pelarse; el árbol zeyba hace al mediodia tan gran sombra que un gran tirador no la puede pasar, de una parte á otra con una piedra: es tan grueso, que huvo un carpintero llamado Pantaleon, que quiso hacer un hueco para una capilla: y tendrá tanto de ancho por el pié, que quince hombres, asidos de las manos, rodeados de él, no le alcanzan. La fortaleza está en un cerro, que llaman el Morro, empinado, á la entrada del puerto, en una angostura, de manera que es rodeado de la mar, y por sola una parte bien entrecha es su entrada, y es fuerte.

DECADA 4.ª

Libro....—Capítulo 7.—Año 1529.

Que el presidente del Audiencia de la Española, embió al capitan San Miguel, contra el cacique Enrique y muchas buenas ordenes que dió.

En este tiempo en la isla de San Juan, la víspera de San Lucas, á 18 de Octubre, á media noche, entraron en la bahía del puerto ocho piraguas de caribes: tomaron un barco con cinco negros, y otra gente, que venian de fuera, y havian madrugado; y por haver sido sentidos, no salieron á tierra: estuvieron quedos, hasta que salió el sol: y porque les tiraban con el artillería, se fueron, dejando desfondado el barco: parecieron los tres negros muertos, y flechados, porque debieron de intentar de irse; y los de la ciudad de Puerto-Rico solicitaban, que se hiziese la fortaleza como estaba ordenado: y el presidente les dió licencia para que pudiesen tener armados dos vergantines para contra los caribes: y para ello, les alcanzó merced del Rey, de lo que le pertenecia de su quinto, de los indios.

Llegaron en este año diversas naves á Castilla, con mercaderías ordinarias, y grandes cantidades de oro y plata, de diversas partes de las Indias, y las primeras trajeron trescientos y setenta y cinco marcos de perlas, de todas suertes, y ochenta perlas ricas, todo del quinto del Rey; y las otras, quinientos y setenta y seis marcos, y ciento y cinquenta perlas grandes, redondas, y muy finas, tambien del quinto. En fin, este presidente puso órden en todas las cosas; y dió tanta reputacion á la Justicia, que se mudó manera de vivir, y los hombres hizieron notable mudanza, viviendo con orden y regla.

Libro 7.—Capítulo 6.—Año de 1530.

Que trata de Santo Domingo y San Juan y otras provincias.

En la isla de San Juan se hallaban en grandísimo trabajo, porque dos tormentas, que havian sucedido de huracanes, los havian puesto en gran necesidad, porque las avenidas de los rios les havian llevado los sembrados, y derribado árboles, y muerto ganados, con que cesó el sacar oro de las minas, y otras grangerías, pero lo que mas pena les daba, era la guerra que les hacian los caribes; porque de nuevo havian dado en aquella Isla, en la parte del Daguao, que es lo mas poblado de grangerías, once canoas de caribes, en que podrian ir quinientos; y saquearon el hacienda de Christoval de Guzman y le mataron, y á todos los castellanos, negros é indios que havia, y tambien á los perros bravos y caballos que havia, y le llevaron vivos hasra veinte y cinco indios y negros para comérselos como tenian de costumbre, de lo cual havia nacido tanta confusion que las mugeres y niños se iban de noche á dormir en los Monasterios é Iglesias, y los hombres estaban en contínua centinela y guarda: pedian armas y que se les armasen dos vergantines; porque aunque se havia mandado, nunca tuvo efecto: y que se les diese licencia para ir á ofender á los caribes á sus Islas, como se hacia en tiempo del Rey Católico: y que las armadas que llevaban aquella derrota, tocasen en ellas, y los quemasen sus poblaciones, y destruyesen sus grangerías: porque haviéndose hecho esto una vez, havian pasado mas de doce años, sin desmandarse: y tambien que se hiciese la fortaleza, que estaba ordenada en Puerto-Rico, y una torre en una calzada, con su puente: porque no se proveyendo con tiempo, la Isla se despoblaría.

DECADA 5ª

Libro 2.—Capítulo 1º—Año de 1532.

Que Antonio Sedeño hizo asiento con el Rey, de pacificar y poblar la Isla de Trinidad, y lo que en ello le sucedió.

En la isla de San Juan, procuraba Avendaño de recoger algunos soldados para llevar á Antonio Sedeño, pero hallaba dificultad, porque los caribes de las islas comarcanas la daban mucha molestia. En este mismo tiempo, el Rey havía embiado el armazon de dos navíos de remo, para hacer la guerra á los caribes, y ponerlos freno, para que no se atreviesen tanto en acometer aquella Isla, y convenia armarlos de buena gente; y por la opinion que se tenia, de que las alteraciones de aquellas islas havian sido causadas por esclavos negros geloses y berberiscos, suplicaban á su Magestad, que no los embiase, y por tanto no convenia desguarnecerlas de gente castellana.

Esta suplicacion, de no embiar estos esclavos, fué juzgada por cautelosa, porque sintieron tanto en aquellas islas, que se les quitase el uso de los esclavos indios, que les parecia que no permitiéndose pasar los negros y berberiscos, el Rey forzosamente había de venir, en que se tomase á ellos; pero no aprovechando, pedian que se concediese el poder llevar indios de la tierra firme á las islas; pero ni aun esto quiso el Rey permitir, asi por el daño que recibian, sacados de su naturaleza, como lo havía mostrado la experiencia, como porque trasplantados en las islas, serian tratados como esclavos, y asi se bolvia toda la fuerza sobre los caribes, en que no faltaba razon á los castellanos, por ser gente barbára, enemiga de todo bien.

HISTORIA
DEL NUEVO MUNDO

ó

DESCRIPCION DE LAS INDIAS OCCIDENTALES.

ESCRITA EN 18 LIBROS.

POR

El Sr. Juan de Laet, natural de Amberes.

Año de 1640.

DESCRIPCION

DE LAS INDIAS OCCIDENTALES

LIBRO 1.º

ISLAS DEL OCEANO.

ISLA DE SAN JUAN DE PUERTO-RICO. (*)

CAPITULO 1º

Situacion, tamaño, naturaleza del clima y del suelo de la isla de San Juan.

La Isla, que tanto sus primitivos moradores como sus vecinos llamaban en otro tiempo *Boriquen*, fué descubierta por Cristobal Colon en su segundo viaje, año de 1493, y por él bautizada con el nombre de San Juan Bautista. Dista de la isla Española por el lado de poniente de 15 á 16 leguas de 17 y media en grado: 136 del cabo de Paria en el continente sudamericano por la parte del mediodia, y algo menos de *Coquibacoa*, término occidental del mismo continente. Sus costas Norte y Sur están comprendidas entre los 18 y 19 º latitud Norte: mide treinta leguas de largo, segun unos, y treinta y cinco, segun otros, y veinte de ancho: su figura es cuasi cuadrada, si bien uno de sus lados es mayor que el otro.

(*) La presente version de la edicion francesa, la debo á mi amigo el estudioso jóven Mayagüezano D. Segundo Ruiz Bélvis, que con su natural bondad ha querido ayudarme en mis tareas.

Salvo en los meses de Diciembre y Enero, gózase en ella de una temperatura en extremo deliciosa, pues ni se sienten allí con grande intensidad los rigores del sol, ni escasean las lluvias, escepto en la época que media entre Mayo y Setiembre llamada *sequía*. En cambio en este último mes y en el de Agosto, combátenla fuertes y repentinas tormentas, conocidas con el nombre de *huracanes*, y á veces tiene tambien que sufrir las perniciosas consecuencias del viento nordeste que quema sus sementeras.

Su suelo es feraz y abundante en pastos, pero mas lo fuera todavia á no estorbarlo los *guayabos*. Este árbol, tan comun en las demas islas, y aun en el mismo continente, dá una fruta semejante á la manzana, de corteza oscura y carne rojiza, salpicada de menudos granos que tan luego como caen en el suelo, se les vé por la abundancia del *humus* y la fecundidad del terreno, germinar, crecer y poblar la planicie formando un tupido bosque cuya sombra impide el desarrollo de la vegetacion. A este inconveniente se agrega el no menor de que por su causa las vacas y demas animales domésticos se alzan y vuelven al cabo montaraces.

Pequeñas colinas cortan el terreno en su mayor parte: ademas una cadena de montañas, *sierra de Luquillo*, arranca del estremo mas oriental de la Isla y á distancia de diez leguas de su capital, se estiende en una serie no interrumpida, por mitad de ella hácia el sud-oeste para terminar en su punta occidental no lejos de la villa de San German.

Riéganla gran número de rios, siendo de ellos el principal, en sentir de Oviedo, el *Cairabon:* próximo se halla el *Bayamon*, que va á desaguar en el mar frente á la fortaleza que domina la bahía de la ciudad mas notable de aquella antilla. Siguen en importancia los llamados *Loaisa* y *Toa*: entrambos nacen del monte *Gayamo*, corren hácia el nordeste hasta el monte de *Caguas*, donde despues de haber recibido el tributo de multitud de riachuelos de una y otra ribera, se dividen para formar el primero un canal que se estiende á lo largo del territorio de *Loaisa*, miéntras que el segundo bajo la denominacion de *Toa* que en aquel punto toma, prosigue en la direccion nordeste hasta desaguar en el puerto del mismo nombre. Vienen tras estos, el *Guayama*, *Arecibo*, *Gabiabo* y otros, algunos de los cuales ofrecen fácil navegacion á embarcaciones así de grande como de pequeño porte.

Cuenta ademas la Isla con un número infinito de torrentes entre ellos los que arrastran oro en sus arenas, y es fama que de estos últimos, los mas ricos son *Manatuabon* y *Cebuco*.

En otro tiempo se encontraban tambien en ella ricas y abundantes minas de oro y plata que en el dia están ó exhaustas ó abandonadas por la penuria de los mineros.

Fuera de los árboles que tiene de comun con las otras islas, posee la de San Juan algunos que le son exclusivamente propios, tal es entre otros el *Tabernáculo ó Tabonuco*, árbol que mana cierto betun blanquecino muy á propósito para el calafateo de los buques, útil á las artes, y cuyas propiedades medicinales son admirables en la cura de las úlceras y el reuma. Tal es tambien la *Maga*, árbol de madera muy consistente, impenetrable á la carcoma y de frecuente uso en carpintería; pero preferible á uno y otro es el llamado *palo santo*, que se asemeja mucho al *Gayac*, aunque sin llegar á confundirse con él, segun opinion de Oviedo, no obstante estar dotado de la misma virtud medicinal contra la viruela, cuando se le usa en cocimiento, conforme á los consejos de la práctica.

Se encuentran allí otros dos arbustos: el jugo de las hojas del conocido bajo la denominacion de *higuillo pintado*, es muy á propósito para la cicatrizacion de las úlceras: el otro llamado arbusto de *Santa María* no cede al anterior en propiedades medicinales.

Entre las plantas venenosas que produce su suelo, figura en primera línea el *quibei*, de hojas puntiagudas y flor parecida á la violeta, aunque algo mayor, el cual produce una muerte repentina á los animales que lo comen. Cerca de la costa se ve crecer tambien cierto arbusto, llamado *manzanillo*, de cuyas ramas penden manzanas, que al caer al agua amenazan con segura muerte á los peces que las gusten: su sombra misma es mortífera para el que imprudente se aduerme al alcance de sus efluvios. Este arbusto es de tamaño regular, estiende sus ramas paralelamente á la tierra y sus hojas son muy semejantes á las de nuestros peros: vésele vestido de abundantes flores á las que luego suceden pequeñas manzanas ovaladas teñidas de rojo y amarillo, que alhagan la vista y deleitan el olfato con su esquisita fragancia; pero bajo tan seductora apariencia encubren la muerte. Su sombra es de tal modo nociva que si alguno se acoje á ella ve á poco hinchársele el cuerpo, y si por desgracia una gota de rocio desprendida de las ramas acierta á caerle sobre la cutis, al punto la corroe cual si fuera agua fuerte. Los salvajes estraian de sus manzanas un veneno sin antídoto conocido.

Por último, existe allí otro árbol denominado *guao* por los isleños y *thetlatian* por los mejicanos, á quienes es muy familiar: sus hojas son rojas, aterciopeladas y con venas de color de fuego: su fruto es verde y semejante, asi en el tamaño como en la forma al *madroño*. El jugo de este árbol es hasta tal punto cáustico, que los animales que contra él se rascan, pierden el pelo; igual cosa sucede á estos y á los hombres que duermen bajo su sombra: tan activas son sus emanaciones.

La principal riqueza de la Isla consiste en caña de azúcar, gengibre, cañafistula, y en un cuantioso número de hermosos bueyes. Es tal la abundancia de ellos que solo se les mata para coger el cuero, dejando la carne á los perros y á las aves.

De las antedichas producciones, que dan en cambio de mercaderías europeas, sacan gran partido los habitantes europeos españoles pues los indígenas en su mayor parte, ó mas bien, en su totalidad, han desaparecido; y hé aquí la razon por que no se habla en este libro de su carácter, costumbres y religion.

CAPITULO 2?

Ciudades fundadas por los Españoles y de las cuales es Puerto-Rico la Capital.

Habitaron los Españoles por primera vez la Isla en el año de 1510 bajo las órdenes de Juan Ponce de Leon, que habiendo sido recibido humanamente por los aborígenes, y por su principal rey Agueybana que en compañia de aquellos les colmó de ricos presentes, dió principio á la fundacion de una colonia en la costa norte, á una legua escasa de la mar, y sobre su mas notable puerto, que desde entónces lleva el calificativo de *Rico*. Mas por lo incómodo de su situacion y lo dificil de su acceso, fué diez ó doce años mas tarde abandonada, trasladándose sus moradores á *Guánica*, punto poco distante de la altual villa de San German. Esta segunda colonia fué á su vez abandonada de repente para dar nacimiento á *Sotomayor* en las inmediaciones de la *Aguada*; pero no tardaron muchos los colonos en restituirse á San German y fijar alli su residencia de una manera definitiva.

En el año de 1514 por órden del Rey de España, despue de haber unido la isleta que está en la boca del puerto á la grande Isla por medio de un puente, se dió comienzo á la ciudad mas importante, que hoy conocemos con el nombre de *Puerto-Rico*, nombre que trae su orígen del puerto que la baña, segun antes dijimos. Esta ciudad está en la costa Norte á los 18 grados y algunos minutos al Septentrion de la línea. Aunque desprovista de murallas y baluartes está sinembargo bien fortificada: sus calles son espaciosas y sus casas, á la usanza española, esto es, sin ventanas, pero con anchas puertas que dan paso á la brisa, la cual templa, desde las ocho de la mañana hasta las cuatro de la tarde, los calores bastante rigorosos desde esta hora hasta la media noche.

Tiene una Iglesia Catedral de elegante arquitectura, con un doble órden de columnas y ventanas cerradas con fino cañamazo por la escasez de cristales; tiene ademas dos pequeñas capillas, y hácia el nordeste, un Convento de frayles domínicos.

Su puerto, al par que espacioso, está al abrigo de los vientos y de invasiones enemigas, pues forma la entrada una estrecha boca, que domina un castillo respetable mandado ensanchar por órden del Rey, con nuevas fortificaciones y abundante provision de cañones y pertrechos militares. No lejos de este castillo, hácia el sudoeste, descúbrese otro denominado la fortaleza, que sirve de depósito al Tesoro Real, y á las municiones de guerra de la plaza.

Lo restante del islote está cubierto en su totalidad de un espeso é impenetrable bosque, á escepcion tan solo de una plaza y de los senderos que conducen al puente, donde se levantan dos castillos pequeños, que interceptarian el paso al enemigo que por aquel punto intentase penetrar en la ciudad.

El valiente caballero *Francisco Drac* la atacó en el año de 1595 pero infructuosamente, pues aunque logró penetrar en el puerto con gran número de barcas y chalupas, y dar fuego á las naves enemigas, no pudo con todo tomar la plaza, habiendo al cabo de desistir de su própósito con pérdida de 40 ó 50 de los suyos.

El célebre conde de *Cumbrie*, año de 1597, despues de haber desembarcado su gente en la grande isla y conducídola por difíciles senderos hasta el puente, se hizo dueño, al primer asalto de los mencionados castillejos que guardan la entrada por aquel sitio, y sin gran riesgo penetró luego en la ciudad, que sus moradores habian dejado abandonada. Mediante una capitulacion, tras un cerco de ocho dias, se apoderó de la fortaleza que defiende la boca del puerto.

El ánimo de *Cumbrie* era tomar asiento en el islote y fundar una colonia de ingleses, mas como viera que el número de estos, por diversas enfermedades y en poco tiempo, se habia reducido al de 400, hubo de cambiar de idea y partirse dejando cuasi intacta la ciudad, pero no sin cojer un rico botin, y los cañones de mas calibre que encontró, cuyo número, segun aseveracion de los mismos ingleses, no bajaba de setenta.

Por último en el año de 1615, *Boudoin Henri*, burgo-maestre de Edam, creado general de la armada que la compañía de las Indias Occidentales de las Provincias Unidas de los Paises-Bajos, habia mandado en socorro de sus compatriotas cercados en el Brasil, se presentó frente á Puerto-Rico, con 17 navios mal tripulados á consecuencia de una larga y penosa navegacion y de enfermedades diversas que habian disminuido notablemente su tropa y marinería. Mas *Boudoin* lleno de heróico arrojo, despues de salvar la estrecha boca, bajo los fuegos del castillo que la proteje, (cosa que hasta entonces ningun otro habia intentado con navios de gran porte), y sin haber sufrido notable avería en la Capitana y ménos aun en el resto de la escuadra, vino á dar fondo en el puerto mismo. No tardó mucho en apoderarse, con la ayuda de 250 soldados y 400 marineros, de la Ciudad, que sus habitantes habian abandonado á favor de la oscuridad, la noche anterior, retirándose á la fortaleza los que podian llevar armas, y refugiándose los demas en la grande isla. Atacó luego al punto la fortaleza pero no sin haber tomado ántes los dos castillejos, cortado el puente para estar á cubierto de los ataques del enemigo por la retaguardia, levantado una trinchera y formado con sus cañones la competente batería. Mas al ver el sitiador la tenaz y denodada resistencia de los que la defendian, y al considerar que con su corta tropa, pues que le faltaba uno de sus mejores navíos, provisto de municiones de guerra y montado por ciento treinta soldados, no podia guardar la ciudad y los otros fuertes, y apoderarse al propio tiempo de aquella por la fuerza de las armas, toda vez que estrecharla por hambre fuera vano intento, hubo de pensar mal su grado en la retirada, cuidando antes de embarcar no solo sus propios cañones, sino tambien los del enemigo, y un rico y cuantioso botin. Arrasada la Ciudad y quemadas siete velas enemigas surtas en la bahía, emprendió el General la retirada en órden de batalla. A favor del buen viento pasó de nuevo la boca con pérdida de un solo navio que como empezase á hacer agua, no le fué dado seguir al convoy mas que por los fuegos del castillo por la torpeza de los que lo tripulaban.

La poblacion mas importante de la isla despues de la que acabamos de describir, es la villa de San German en otro tiempo *nueva Salamanca*, á la que segun queda dicho se trasladaron los habitantes de *Guánica*. Dista cuatro leguas de la costa por el lado de poniente y treinta de la capital por el sudoeste.

Carece de buenas fortificaciones, y he aqui porque ha sido en mas de una ocasion saqueada por los franceses.

Su rada que sirve de desaguadero al rio *Guarabo* es incómoda y de poco abrigo.

Arecibo se llama la tercera poblacion importante, y está situada á diez leguas al oeste de la capital.

Hay ademas en la isla, algunas aldeas y muchos cortijos, á que los españoles dan el nombre de *estancias,* como se observa de ordinario en América, su poblacion es bastante considerable, pues, segun asegura su gobernador Diego Meneses Valdés, contaba en el año de 1590 con mil quinientos hombres capaces de tomar las armas, entre ellos ochenta ginetes, sin los veteranos, que en número de doscientos mantiene alli el Rey. Esto no obstante, hay quien dice que su poblacion es muy reducida, juzgando que apenas podrá ascender toda ella á mil quinientas almas.

CAPITULO 3º

Puertos y costas de las islas de San Juan y Mona.

No abundan en la primera, puertos de gran capacidad y sus fondeaderos son poco seguros porque ademas de los vientos nortes que la combaten, el mar que baña toda su costa septentrional, rompe con mucha fuerza.

Para evitar omisiones, nombrarémos, á partir de Puerto-Rico, todos sus puertos y radas con el mismo órden que se encuentran.

El primero en la costa norte y al Este de Puerto-Rico, es el de *Luisa,* asi llamado del rio que en él desagua: sigue el de *Canoba* y es el tercero el de la *Cabeza* en el estremo mas oriental, de cuyo punto, segun dijimos, parten las muy elevadas montañas de *Loquillo.* La costa al llegar aqui toma la direccion Sur, y solo ofrece los dos puertos de *Santiago* y *Yabucoa* á tres leguas proximamente uno de otro. Desde esta costa que es la oriental de la isla se descubren una multitud de pequeñas islas comprendidas bajo la comun denominacion de *Vírgenes* y de las que en lugar oportuno hablarémos. Tambien se ve desde esta costa la isla de *Boique.* En la costa Sur el primer puerto que se encuentra es el de *Guayama:* vienen trás él los rios de *Neabon* y *Xavia*, y á seis leguas de este último el puerto de *Guadianilla*: á una legua hácia el Oeste está el rio llamado de *Mosquitos* y algo mas lejos *Guánica*. Por último en el estremo occidental y á seis del anterior se halla el de *Cabo-rojo*, á cuyas inmediaciones, los ingleses han descubierto algunas salinas. Por esta costa Sur tambien se descubren varias isletas, tales como *Santana*, *Haberiana* y *Bomba del infierno*. Desde Cabo-rojo la costa vuelve hácia el Norte formando una gran bahía en la que se encuentra en primer término el puerto de *Pinos*, luego *Mayagües* y un poco mas lejos el antiguo *San German*, muy grato á los navegantes por las excelentes naranjas, limones y demas frutas que brinda un próximo y ameno valle. Se halla en la misma costa la desembocadura del rio *Guarabo*, llamado la *Aguada*, por la comodidad que ofrece á los buques para hacerla: finalmente muy inmediato al cabo mas occidental de esta costa se encuentra el puerto de *Guahataca*. Al occidente de esta costa está situada la *Mona*, isla de regular tamaño sobre los 18° y otra mas pequeña llamada *Monico*. La *Mona* está casi en el promedio de San Juan y la Española, aunque algo mas próxima á la primera: su estension es de poco mas de tres leguas en circuito, su suelo bajo, plano, salobre, segun algunos, pedregoso y bastante elevado por la parte del norte: aunque produce muy buenas frutas y en especial naranjas muy estimadas por su dulzura y tamaño: está inhabitada.

Hay ademas de este mismo lado y en frente de *Guahataca* otra isleta, ó mas bien una roca llamada *Zacheo* y habitada solo por pájaros.

Desde el cabo occidental que mira al Norte, ántes mencionada, la costa toma la direccion Este: en ella se encuentra la desembocadura de algunos rios, siendo de ellos los principales: *Camuy*, *Cibuco*, *Bayamon* y *Toa*: estos dos últimos, segun dijimos, desaguan en el puerto de la ciudad metropolitana con cuya descripcion empezamos la de esta costa.

Entre los muchos escritores que han ilustrado la conquista de América, se cuentan el padre Las Casas y Juan de Castellanos. El siglo décimo sexto debe á sus páginas un monumento en que están descritos, con minuciosos é indelebles rasgos, aquellos hechos que en copioso número y suma consecuencia, forman un período, el mas notable de la historia humana.

El primero de los escritores que acabamos de citar, fray Bartolomé de las Casas, obispo de Chiapa, nació en Sevilla en 1474, y en 1502 hizo su primer viaje al Nuevo Mundo en compañía del Comendador de Alcántara Don Nicolas de Ovando. Su vida laboriosa y activa fué muy útil á la religion y á su patria. Recorrió los paises nuevamente hallados, predicando y convirtiendo, y su voz que habia resonado en las selvas de América con los acentos del evangelio, se alzaba luego al pié del trono para implorar en pro de los indios los efectos de la real munificencia.

Entre sus obras se halla la *Historia general de las Indias* en tres volúmenes é inédita hasta el dia. Sus originales reposan en la Real Academia de la Historia de Madrid, y existe ademas una copia en la Biblioteca nacional. En razon á no haber á mano la dicha obra, me es imposible incluir algunos capítulos que se refieren á Puerto-Rico y que ofrecen bastante interés.

El Presbítero Juan de Castellanos, nació en Alanis (Andalucía). Algunos concedian á la ciudad de Tunja, en Nueva Granada, la gloria de haberle visto nacer, empero este error desvanecido en parte por el coronel Neo-granadino Joaquin Acosta, en un juicioso artículo impreso ha poco años en Madrid; desaparece del todo en vista de lo que el propio Castellanos manifiesta en su Elegía 6ª canto 2º octava 46.

Segun se deduce de sus obras, vino á América algunos años despues de comenzada la conquista, en la cual tomó parte retirándose al cabo como beneficiado á Tunja, en donde tuvo ocasion de entregarse á sus recuerdos. Entónces fué cuando levantó *con débiles acentos voz anciana* para cantar sus Elegías.

Estas, aunque imcompletas, constan de mas de diez mil octavas, y forman la obra que titula "Varones Ilustres de Indias." Su estilo incorrecto algunas veces, amanerado otras, adolece en gran parte del mal gusto de su época, pero considerado en general, es espontáneo, prepotente ante lo estraño de los nombres y lo prosaico de las fechas y las distancias. Su afluencia, su variedad y lo inflexible de su rima, obligan á considerarle como un versificador maravilloso. Como historiador se le acusa de poco exacto en materias cronológicas.

Por haberse publicado últimamente en Madrid sus "Varones Ilustres" de una manera que puede satisfacer las mayores exigencias, no se juzga necesario insertar en este libro su Elegía histórica *"A la muerte de Joan Ponce de Leon."*

DOCUMENTOS INEDITOS

Siglos XV y XVI.

Don JUAN BAUTISTA MUÑOZ, colector infatigable, dió á luz en 1793 el primer tomo de su *Historia del Nuevo Mundo*, que fué el único que pudo legarnos, pues la muerte vino á interrumpir sus útiles tareas. Segun se esplica el mismo en el prólogo de su obra, esta le fué mandada escribir por Real órden de 17 de Julio de 1779, ordenando se le franqueasen para el objeto todos los archivos del reino. Sobre trece años invirtió en los trabajos preparatorios al cabo de los que pudo reunir una coleccion, que lleva su nombre, y cuenta mas de 90 volúmenes. Relaciones de viajes, pareceres, informaciones del nuevo continente, todo se encuentra en su excelente compilacion. Cuanto llega á sus manos lo estracta con una precision, con un tino admirable, y á veces con minuciosidad infinita copia, compulsa y coordina todo lo que juzga de alguna importancia.

Brilla en su trabajo la observacion mas perseverante, la paciencia mas tenaz; dotes de un espíritu incansable.

Por lo general examina, juzga, anota, en una palabra: su vasta coleccion, consultada por todo el que intenta estudiar la *Historia Hispano-americana*, es un libro de memorias, en que el ilustrado *Muñoz* apuntó opiniones contrarias, hechos al parecer inconsecuentes, juicios emitidos con toda la imparcialidad propia del que habla con su conciencia, con el cuidado natural en el hombre que habiendo de escribir sobre un asunto interesante, desea no olvidar nada. Por eso merece su contenido tanta fé y autoridad.

La coleccion pues, á que me refiero, reposa en parte en la Real Academia de la Historia de Madrid, y parte en la Biblioteca particular de S. M. De ella he tomado todo lo relativo á Puerto-Rico, que va conprendido en los estractos que siguen á estas líneas.

Simancas. Apos Patronadgo Real antiguo, cap. 1º Arca de Indias. Legajo 1º

COLON.

Copia de una *Carta de previlegio y confirmacion*, por la cual los Reyes Católicos, á pedimento de Colon, confirman y aprueban para él y sus hijos y herederos perpetuamente, la capitulacion de 17 de Abril de 1492, (que se inserta), en atencion á los servicios que tenia hechos y se esperaban dél. *Fué escripta en pergamino de cuero é sellada con nuestro sello de plomo pendiente.* Burgos 23 de Abril de 1497.—YO EL REY.—YO LA REINA.—Yo Fernand Alvarez de Toledo, Secretario del Rey é de la Reina, nuestros Señores, la fize escribir por su mandado.—Antonius Doctor.—Registrada.—Dr. Rodricus, Dr. Antonius, Dr. Fernand Alvarez, Juan Velazquez, é dice al pié: "Confirmacion de los capítulos é asiento fecho con el Almirante."

Copia de otra *Carta de previlegio* por la cual se confirma la siguiente de merced.

"Don Fernando é Doña Isabel.... Por cuanto vos Cristo-
"bal Colon, vades por nuestro mandado á descubrir é ganar
"con ciertas fustas nuestras, é con nuestras gentes, ciertas islas
"é tierra-firme en la mar Oceana, é se espera, que con la ayu-
"da de Dios, se descubrirá é ganará algunas de las dichas
"islas é tierra-firme, por vuestra mano é industria: é ansi es
"cosa justa é razonable que pues os poneis al dicho peligro por
"nuestro servicio seades dello remunerado: é queriendoos hon-
"rar é hacer merced por lo susodicho, es nuestra merced é vo-
"luntad que vos el dicho Cristobal Colon, despues que ayades
"descubierto las dichas islas é tierra-firme ó cualesquier de-
"llas, seades nuestro Almirante de las dichas islas é tierra-firme
"que asi descubierdes é ganardes é seades nuestro Almirante

"é Visorey é Gobernador de ellas é vos podades dende en
"adelante llamar é intitular Don Cristobal Colon, é ansi vues-
"tros hijos é sucesores en el dicho oficio é cargo.

"Si que: que unos y otros perpetuamente gozen de la ju-
"risdiccion, preeminencia &c., de Almirante, Visorey é Gober-
"nador (sin que nadie pueda impedirlo) oficios *de que vos face-*
"*mos merced por juro de heredad para siempre jamas....* É
"mandamos á nuestro Canciller é Notarios é otros oficios que
"están á la tabla de nuestro sello, que vos den, é libren, é
"pasen, é sellen nuestra Carta de previlegio rodado la mas
"fuerte, é firme é bastante que les pidierdes é ovierdes menes-
"ter &c.—Granada 30 de Abril de 1492.—Yo EL REY.—Yo
"LA REINA.—Yo Juan de Coloma, Secretario del Rey é de la
"Reina, nuestros Señores, la fize escribir por su mandado; acor-
"dada en forma, Rodricus Doctor.—Registrada, Sebastin Do-
"lano.—Francisco de Madrid, Canciller." "É agora porque
"plugo á nuestro Señor que vos fallases muchas de las dichas
"islas, y esperamos que con el ayuda suya fallareis é descubri-
"reis otras.... nos suplicastes é pedistes por merced, que vos
"confirmasemos la dicha nuestra carta que de suso va encorpo-
"rada, é nos acatando el arrisco é peligro en que por nuestro
"servicio vos posistes en el que agora vos porneis en ir á bus-
"car é descubrir.... é por vos facer bien é merced, por la pre-
"sente vos confirmamos á vos é vuestros sucesores para siem-
"pre jamas &c. Barcelona 28 de Mayo de 1493.—REY.—REI-
"NA.—Fernand Alvarez de Toledo, Secretario.—Pero Gutie-
"rez, Canciller del sello.—Acordada, Rodricus Doctor.—Re-
"frendada: Alonso Perez. É agora por cuanto vos el dicho Don
"Cristobal Colon, Almirante del mar Océano é nuestro Visorey
"é Gobernador de la tierra-firme é islas, nos suplicastes.... nos
"acatando vuestros servicios y esperando otros, aprobamos é
"confirmamos dicha Carta para vos é vuestros sucesores &c. é
"mandamos al príncipe D. Juan nuestro hijo, é á los infan-
"tes &c. &c., que vos la guarden é hagan guardar, vos man-
"damos dar esta Carta de previlegio é confirmacion, en per-
"gamino de cuero, sellada con el sello de plomo pendiente.
"Burgos 23 de Abril de 1497.—REY.—REINA.—Fernand Al-
"varez de Toledo, Secretario.—Rodricus, Doctor; Antonius,
"Doctor; Hernand Alvarez, Juan Velazquez, Antonius, Doc-
"tor: y decia al pié:" "Confirmacion de la Carta de los oficios
"de Almirante, Visorey é Gobernador con poder de usar y ejer-
"cer la justicia con tanto que las provisiones se espidan en
"nombre de V. A., é vayan selladas con su sello, é que puedan
"poner los oficiales é mudarlos &c." É á las espaldas: "Re-

"frendada Dr.... sin Cancillería ó sin derechos por mandado
"de SS. AA." Acaba la copia de todo lo antecedente: "Estan
"corregidos con los que estan en el proceso.—El Dr. Alonzo
"de Buendia.—El Licdo. Villalobos.—El Licdo. Paredes.—
"(Firmas originales) son 12 fojas, letra del siglo 16.

1493.

ARMAS DE COLON.

"Don Fernando ó Doña Isabel &c. Por facer bien &c. á
"vos Don Cristobal Colon, y á vuestros sucesores perpetua-
"mente damos licencia ó facultad para que podades traer ó
"poner, demas de vuestras armas, encima dellas un castillo ó
"un leon, que nos vos damos por armas, esto es dividido el es-
"cudo en quatro quarteles; en el superior de la derecha, cas-
"tillo de oro en campo verde, en el de la izquierda leon de púr-
"pura en campo blanco; en el interior de la derecha unas islas
"doradas en ondas de mar y en el de la izquierda las armas
"vuestras que soliades llevar &c. Barcelona 20 de Mayo de 1493,

1504 Y 1505.

BULA DE PRIMERA ERECCION DE OBISPADOS EN INDIAS.

Julio II.—17 Kalendas Decemb. 1504.—Autorizada en Roma 1505. Erige un Arzobispado y dos Obispados en la Española.

No agradó al Rey Católico sin duda por que concedia á los Obispos la facultad de percibir diezmos y primicias sin escepcion alguna, igualmente que á otros Obispos cualesquiera, cuando esto era del Rey por concesion de Alexandro 6º Por eso va enmendado en la supresion de estas y ereccion de otras en 1511.

Los Obispos nombrados para las sillas erigidas consintieron, pero no tomaron posesion.

1505.

ASIENTO CON VICENTE YAÑEZ PINZON,

PARA IR A POBLAR LA ISLA DE SAN JUAN.

1. En atencion á vuestros servicios especialmente en la conquista de la Española y descubrimientos, os nombro mi capitan y corregidor de la isla de San Juan, adonde debereis ir con pobladores correspondientes dentro de un año.

2. Que señale sitios para una, dos, tres ó cuatro poblaciones, de cincuenta ó mas vecinos cada una, y reparta heredades &c., como se hizo en la Española, donde hayan de residir cinco años.

3. Que hareis á vuestra costa una fortaleza, y tendreis la tenencia por dos vidas &c.

4. Que de cuanto labraren y criaren me paguen diezmos y primicias, y nada mas por cinco años. Nos reservamos la soberania, mineros, salinas &c.

5. Que de todo el oro que cojieren den el quinto neto, pero que no puedan rescatarlo de los indios.

6. Que no puedan cojer brasil alguno.

7. Que del algodon y otras cosas habidas de indios, fuera de los términos de las poblaciones, den el cuarto.

8. Que si alguno descubriere mineros, sea obligado á dar el quinto del metal, quedando la mina del Rey.

9. Que puedan ir á descubrir y rescatar á otras islas y tierras descubiertas, donde no hay Gobernador, pero no á la costa de dó trajeron perlas Cristobal Guerra é Pedro Alonso Niño, ni á dó va Ojeda, y de todo lo precioso pagueis un quinto, de lo demas un sexto.

10. Lo mismo pagareis de lo rescatado en tierras que de nuevo descubrieren, y no podrán volver á ellas sin permiso del Rey.

11. Que si en la isla de San Juan se descubren algunas minas, Nos pondremos veedores.

12. Que no puedan ir á dicha isla los que están en la Española ú otras de Indias, ni moros, judios &c.

13. Que obedecereis al Gobernador de Indias.

14. Que el que no cumpliere lo tratado, sobre otras penas, pierda los provechos contenidos en esta capitulacion.

Lo cual todo os mandaré gauardar &c.—Toro 24 de Abril de mil quinientos cinco.—Grizio.—Licdo. Zapata.

1510.

Algunas concesiones de vecindad en la isla de San Juan.

23 de Febrero.—En este dia se concedió vecindad para la isla de San Juan á Gaspar de Villalobos, Alonso de Herrera, Arias Cabezas, Sebastian de Villalobos y Estéban Sanchez.

15 de Junio.—Dos vecindades para la isla de San Juan, una á Diego de Arce, y otra á Martin de Isasaga.

2 de Agosto.—Se dió cédula de vecindad para la isla de San Juan, á Pedro Magalló.

5 de Octubre.—Vecindad para San Juan, á Juan de Portogalete.

19 de Octubre.—Vecindad para San Juan, á Francisco Fernandez, Rodrigo Pardo y Juan de Morales.

3 de Noviembre.—Vecindad para San Juan, á Antonio de Orozco.

5 de Noviembre.—Vecindad para San Juan á Alonso Diaz.

28 de Diciembre.—Vecindad para San Juan á Juan de Mondeago.

1511.

4 de Enero.—Vecindades para San Juan, á Juan Michel y.... Sacedo.

22 de Marzo.—Vecindad para San Juan, á Miguel de Gorraez.

3 de Mayo.—Vecindad con 60 indios, en San Juan á Antonio de Rivadeneyra.

30 de Abril.—Vecindad con 60 indios en San Juan, á Garcia ó Gracian Cansino.

26 de Febrero.—Vecindad en San Juan, á Domingo de Alzaga.

26 DE FEBRERO.—Vecindad con 40 indios, á Ortuño de Vedia.

15 DE JUNIO.—Vecindad con 60 indios á Luis de Apueyo, hombre de la cámara de la Reina.

17 DE JULIO.—Vecindad en San Juan con 40 indios, á Pedro Campano.

26 DE FEBRERO.—Vecindad con tierras, indios &c.; á Francisco de Lizaver.

26 DE FEBRERO.—Vecindades en San Juan á Juan de Espinosa y á Sañs de San Sebastian.

18 DE MAYO.—Vecindad en San Juan con 50 indios á Francisco Zerezeda; otra con 40 indios al hijo del Dr. la Gama, Sebastian de la Gama.

6 DE JUNIO.—Vecindad con 50 indios á Sebastian de la Gama, hijo del doctor.

6 DE JUNIO.—Vecindad á Diego Rodriguez Comitre, con 40 indios.

6 DE JUNIO.—Otra igual á Martin Pinzon.

2 DE JULIO.—Vecindad con 100 indios, á Miguel Diaz y con 40 á Juan de Sayavedra.

9 DE NOVIEMBRE.—Vecindad con indios, á Pedro de Isla.

29 DE JUNIO.—Vecindad con 40 indios, á Francisco de Morales.

1510.

ALGUNAS FUNDICIONES DE SAN JUAN.

La primera fundicion que se hizo en la isla de San Juan, fué por mandado de Juan Ponce de Leon, gobernador.

Comenzó en 26 de Octubre de 1510. Montó el quinto, dos mil seiscientos cuarenta y cinco pesos y cuatro granos de oro. Hízose en la villa de Caparra.

Asi mismo se hizo la segunda que empezó en 22 de Mayo de 1511. Montó el quinto, tres mil cuarenta y tres pesos, cinco tomines, seis granos.

1513.

En la fundicion de San German, que empezó en 21 de

Abril, perteneció de un quinto á S. A. seis mil ciento cuarenta y siete pesos, tres tomines, tres granos.

En la de la ciudad de San Juan, que empezó en 1º de Agosto de 1513, se hizo del quinto, siete mil trescientos setenta y cinco pesos.

1514.

Fundicion de San German que empezó el 11 de Febrero, y se hizo para enviar oro á S. A. en el navio de que fué por capitan Juan Ponce de Leon, se hubo de un quinto, quinientos noventa pesos, seis tomines, diez granos.

En fundicion de San German que empezó en 7 de Junio del mismo año, se hubo de un quinto, seis mil seiscientos cincuenta y dos pesos, un tomin, seis granos. De diezmos de oro de nacimientos (que es la primera vez que se cobró por cédula Real), doscientos sesenta y seis pesos, dos tomines, dos granos.

Al Almirante, de diezmos, seiscientos sesenta y cinco pesos, un tomin, nueve granos.

De oro de nacimientos, que se empezó á fundir en San German, 9 de Junio de 1514, fué el diezmo, doscientos sesenta y seis con dos.

En la fundicion de la ciudad de San Juan de Puerto-Rico, que empezó en dicha ciudad de Puerto-Rico, montó el quinto, ocho mil cuatrocientos ochenta y dos pesos, cuatro tomines seis granos.

1515.

En dos fundiciones; una en la ciudad de Puerto-Rico, que empezó en 22 de Marzo, otra en la villa de San German que empezó en 14 de Mayo, hubo el Rey, de *quintos*; en la 1ª cinco mil setecientos veinte y nueve pesos, cuatro tomines, cinco granos, y en la 2ª dos mil ochocientos treinta y cuatro pesos, suman mas de *ocho mil quinientos*, á lo que se debe añadir alguna cosa de diezmo que se pagaba del oro de nacimiento, y otras porciones que se sacaban por cuenta del Rey que serán cerca de *dos mil* pesos.

En fundicion de oro de S. A. que se fundió en la ciudad de San Juan desde 29 de Octubre de 1515 se hubo, dos mil trescientos cincuenta y cinco pesos.

1516.

En fundicion de Puerto-Rico que empezó en 21 de Julio de 1516, metiéronse sin el oro de S. A. "ciento ocho mil setecientos cincuenta y dos pesos," limpios y pagados los gastos de mineros y derechos de fundidor, se hubo de un quinto, mil ochocientos cincuenta y un pesos, tres tomines, seis granos.

En fundicion de Puerto-Rico que empezó en 29 de Octubre de 1516 fué el quinto, siete mil trescientos nueve pesos.

Los cuadernos en que esto consta van en un grande legajo de fundiciones de esta Isla, hasta los años de 1525 y 26. No están las de 1512.

Van en dicho legajo, cuentas de lo que valieron las lizas, el cazabí, maiz, frijoles &c. de la isla de la Mona, que estaba por S. A. Son del año de 1515.

Item cuentas de cargo y data de oficiales y de deudas.

1510.

En Abril de 1510 una de las caravelas en que vinieron á descubrir Pinzon y Solis, se envia por S. A. á servir en las islas, y en ellas envia todas cosas, entre otras, ladrillos por lastre, 200 hanegas de trigo para sembrar en la Española. Pasaron dos maestros canteros y once oficiales. Tambien se enviaron quince bestias. Item un Micer Geron de Bruselas, pasó de fundidor á la isla de San Juan por el secretario Conchillos.

Item se enviaron ciento y tantos esclavos, comprados en Lisboa, á la Española, consignados al almirante y oficiales.

Son venidas dos naes, la de Juan Bono de Quejo, de San Juan, y la de Bartolomé Diaz, de Santo Domingo. En la primera viene pliego de lo procedido entre Juan Ponce de Leon y Juan Ceron y Miguel Diaz y el Bachiller Morales; el cual con cartas para S. A. enviamos con Juan Velazquez criado de Juan Ponce de Leon.

Este parte está encabezado así: "Al Secretario Conchillos." Juan Lopez de Recalde.—Sevilla 24 de Agosto de 1510. (Cádiz.)

1511.

Instruccion para Diego de Arce, veedor de la isla de San Juan.

1. Gran cuidado en la cuenta de las fundiciones.
2. Avisaréis si alguno reseata en las islas comarcanas.
3. Cuidad si vá ahí alguno sin licencia.
4. Que se guarden las ordenanzas.
5. Que los maestres de naos obren sin fraudes segun instruccion.
6. Avisaréis de todo.

Sevilla 26 de Febrero de 1511.—Conchillos.

Instruccion para el Contador de San Juan, Lizaur, ó Lizaver.

Que tenga la cuenta y razon individual de todo en libros. Que junto con Gobernador y Factor entienda en las rentas reales, grangerías, minas y fundiciones y en avaluar las mercaderías de que se hubiere de pagar el siete y medio por ciento. Que haga las libranzas en el tesoro por la nómina que se dará. Que con los otros oficiales procure que venga el oro al punto y á buen recaudo, y no se detengan allá los navíos, y en que las salinas de dicha Isla se aprovechen y crezcan. Que generalmente haga todo lo que fuere de nuestro servicio, y escriba largamente.

Real título de Contador de la isla de San Juan con 40,000 mrs. de salario y las mismas facultades é indios que el Contador de la Española á favor de Francisco de Lizaver. Sevilla 15 de Abril de 1511.—Conchillos.—Obispo de Palencia.
Otra tal de la Reina.

Instruccion para Juan Ceron y Miguel Diaz, Alcalde y Alguacil mayores de San Juan, para la buena gobernacion de ella.

1º Tomareis las varas con mucha paz, procurando ganar con el buen trato á Ponce y sus amigos, para que como eran suyos, sean vuestros en bien de la isla.

2º Hecho esto, entendereis en la pacificacion de los indios.

3º Que anden muchos indios en minas y sean muy bien tratados.

4º Que se traigan muchos indios de afuera y se les trate bien. Que favorezcan á los oficiales de justicia.

5º Mucho cuidado que no se coma carne en cuaresma y dias prohibidos, como hasta aqui se ha hecho en la Española.

6º Que los que tuvieren indios traigan la tercera parte en las minas.

7º Que ande mucho recaudo en las salinas, y se pague á real el celemin, como en la Española.

8º Que envien relacion del número y calidad de vecinos é indios repartidos, si ya no lo hubiese hecho Ponce; y de los que han servido bien en esta jornada de la rebelion.

9º Ya sabeis que desde que en esas islas, hay la debida administracion de sacramentos, han cesado tormentas y terremotos. Hágase luego una capilla con la advocacion de San Juan Bautista, y un monasterio, aunque sea pequeño, para frailes Franciscos, cuya doctrina es muy saludable.

10º Gran cuidado en las minas, y avisad de continuo á Pasamonte ó su comisionado en esa, de lo que ocurra y se necesite.

11º Túmense los mas niños indios que ser pueda para doctrinarlos como en la Española: ellos podrán doctrinar á otros con mayor fruto.

12º No haya blasfemias y juramentos, imponiendo graves penas sobre ello.

13º No sean cargados los indios con cargas de peso, antes bien tratados &c.

14º Procúrese que no infesten esa isla los caribes comarcanos, é informad lo que convenga proveer para la total seguridad de esa. Para que los indios entiendan en lo que deben, convendrá quitarles con maña todas las naos que tuvieren.

15º Guardareis el contenido de esta hasta otra.

Tordesillas 25 de Julio de 1511.—Conchillos.

En 4 de Setiembre de 1511, se entregan por los oficiales de Sevilla, siete ornamentos, imágenes, cálices, campanas &c. y variedad de armas ofensivas y defensivas para la isla de San Juan, á Juan Ceron que vá por Alcalde mayor de ella, y á Miguel Diaz que vá por alguacil mayor. Debian pagarse las cosas del culto, de diezmos; las armas, por los vecinos á quienes se repartiesen.

Tambien se envian varios utensilios, ropas &c. segun memorial de allá.

Las franquezas y libertades de los vecinos mercaderes y tratantes de Indias apregonadas en Sevilla en 17 de Octubre de 1511 por mandado de los oficiales Matienzo y Isasaga, Lope de Recalde.

1º Cualquiera podrá llevar mantenimientos y mercaderías á la isla de San Juan, que agora nuevamente se puebla, y residir en ella con las mismas libertades que en la Española.

2º Todo español podrá ir libremente á Indias, esto es á Española y San Juan, con solo presentarse á los oficiales de Sevilla, sin dar ninguna informacion.

3º Todo español podrá llevar á Indias las armas que quisiere no obstante el vedamiento.

4º S. A. manda quitar la imposicion que pagaban los que tenian indios, de un castellano por cabeza, y en adelante nada paguen.

5º A quien almirante y oficiales den licencia para ir por indios, no se les llevará el quinto que solian pagar sino que los traerán libremente.

6.º Los indios que una vez se dieren á cualquiera vecino por repartimiento, ha mandado S. A. no se le quiten jamas, salvo por delitos que merezcan perdimiento de bienes.

7.º Por cuanto todas las minas ricas de oro que se descubran en las dichas indias eran reservadas para S. A. y despues del año de 1505 mandó que los que descubriesen minas ricas, registrando primeramente ante los oficiales, y pagando un quinto y un noveno de lo que sacasen, pudiesen tenerlas durante un año; de aqui adelante manda las tengan dos años y mas cuando fuera la voluntad de S. A. sin que haya de facer ninguna diligencia de manifestar como facian, y como antes un quinto y un noveno, pagarán un quinto y un décimo. Esto solo se entiende de las minas ricas, que del otro oro solo se pagará el quinto.

8.º Quien quiera hacer partido para ir á poblar ó rescatar á algunas partes de la tierra firme ó golfo de las perlas, acuda á los oficiales de Sevilla que le harán partido que le sea honra y provecho.

9.º Obligacion de registrar cuanto se cargue para indias, pena de perderlo.

10. Obligacion de no salir navio alguno sin ser antes visitado pena de dos mil maravedis.

Conocimiento original firmado por Antonio Sedeño y Garcia Croche ó Troche en Puerto-Rico á 8 de Noviembre de 1511 en que se abonan á Andres de Haro, Tesorero de S. A, cuarenta y cuatro pesos gastados en componer el bohío de S. A. y hacer la forja para fundicion. (Cartas legajo 5.)

1512.

En 4 de Mayo de 1512. Por el gasto de la espedicion de las Bulas de las Iglesias de San Juan, Sto. Domingo y la Concepcion, Gerónimo Vich, embajador en Roma, 2240 florines de oro, por los cuales se pagaron en Sevilla 593,600 maravedis.

Luego un florin 265 maravedis.

Capitulacion ó ordenacion de los Reyes D. Fernando y su hija Doña Juana, cada uno por si por la magestad que respective les pertenece en las indias segun las bulas de Alexandro 6? (se insertan las de 1493; 4 nonas Maii y 5 nonas Maii) con los obispos Fr. Garcia de Padilla de Santo Domingo; Don Pedro Xuarez de Deza doctor en decretos, de la Concepcion; ó D. Alonso Manso, licenciado en Teología, de San Juan, como electos Obispos, por sí y sus sucesores.

1º Que SS. AA. les ceden los diezmos que les tocan por concesion de Alexandro 6? (se inserta la Bula de 1501.— 16 calendas Aprilis).

2º Que las dignidades, canongias &c., serán de presentacion y patronadgo Real.

3º Que todos los beneficios que adelante vacaren se proverán á hijos y descendientes legítimos de los que destos reinos han pasado ó pasaren á poblar á dichas partes y no á los hijos de naturales. Esto hasta que se determine otra cosa por SS. AA. Sigue la forma de oposicion y provision.

4º Es sobre el vestido de los eclesiásticos que sea honesto &c.

5º A nadie podrá ordenarse de corona que no sepa latin, y á quien tuviere muchos hijos, solo se le puede ordenar uno.

6º Que no se acrescienten fiestas fuera de las ordenadas por la Iglesia universal.

7º Que los Obispos lleven diezmos segun la Bula, no del oro &c.; y lo lleven en frutos, no en dineros, como se ha hecho algun tiempo: que animaran los indios á sacar oro, diciéndoles que es para la guerra á infieles.

8º Que se reconozca por metropolitano al arzobispo de Sevilla, y se le guarden &c.

9º Que ningun eclesiástico pueda sacar oro sino sujetándose á la jurisdiccion y ordenanzas del Rey como cualquier lego.

10. Que ni los que tienen indios en las minas, ni los indios que en ellas andan, puedan ser convenidos, ni traidos, ni arrestados durante las demoras (entiendo, las temporadas de trabajar en minas).

11. "En las causas civiles los que se eximieren por la co-"rona, pierdan los indios y lo que tuvieren en las minas seña-"lado, seyendo la causa profana: que seyendo eclesiástica, "bien se puede ventilar ante el Juez eclesiástico sin incurrir "en pena.

Y los dichos Obispos prometieron guardar todo lo dicho en presencia del muy reverendo y muy magnífico Sr. D. Juan de Fonseca Obispo de Palencia, capellan mayor y del consejo de SS. AA. En testimonio de lo cual otorgaron este instrumento en debida forma autentica. Burgos 8 de Mayo de 1512. Testigos Lope de Conchillos, secretario de la Reina, el licenciado Zapata y el doctor Carvajal del Consejo de S. A.—Yo Francisco de Valenzuela Canónigo de Palencia, Notario público &c. (Va su signo).

1513.

Instruccion para Haro, Tesorero de San Juan.

1. El Contador de San Juan, tomada la cuenta á quien hasta aqui ha tenido la Tesorería, como teniente de Pasamonte, os pasará á vuestro cargo, alcance, deudas &c.
2. Cobrareis el quinto del oro, la renta de la sal, como en la Española.
3. Cobrareis el siete y medio por ciento de las mercaderías, segun valieren en la Isla.
4. Las tercias cobrareis así: De las rentas decimales se harán cuatro partes. Daránse dos al Obispo y clerecia libremente: las otras dos partes se han de cobrar y pagar segun costumbre en Castilla.
5. Cobrareis los derechos de rescates, indios, guaníes, perlas, segun los asientos.
6. Cobrareis las penas de Cámara.
7. Serán de vuestro cargo nuestras grangerías, y el buen trato de nuestros indios.
8. Pagareis los salarios segun la *nómina*. Podreis emplear hasta cien pesos en gastos útiles, con el parecer de D. Alonso Manso, Obispo de esa que agora es ido, y de los otros oficiales. Para mayor cantidad, consultareis á Nos.
9. El oro que hubieredes nos lo enviareis, poniendo en cada navio, la cantidad que pareciere á dichos Obispo y Oficiales.
10. Nos avisareis de todo lo conveniente á nuestro servicio, particularmente sobre minas.
11. De lo producido en cada fundicion.
12. Direis si crecen ó menguan los indios, y si menguan, porque causa.

Todo lo hareis segun de vos confio.
Valladolid 2 de Junio de 1513.—Conchillos.—Obispo.

Nómina de lo que el Tesorero de San Juan ha de pagar.

A Antonio Sedeño, cuarenta mil maravedis.
A Miguel Diaz, Factor, treinta mil.
Vos, Tesorero, ochenta mil.
Pagaráse lo dicho, por tercio de año como en la Española, y ademas daréis para mantener los nuestros indios y pagar las mercedes que yo hiciere. Valladolid 2 de Junio de 1513.—Conchillos.—Obispo.

El Rey á Pasamonte, repartidor de solares, tierras é indios de San Juan.

A dicho Haro, Tesorero, que ha de tener casas en los dos pueblos de esa isla, San German y Puerto-Rico, señalaréis los solares y caballerías de tierra que se acostumbra. Valladolid 2 de Junio de 1513.—Conchillos.—Obispo.

Empiezan á *cargarse* al Tesoro muchas licencias de esclavos, á dos ducados cada una: desto no hay nada antes de ahora. La cédula que se cita para esto es de 22 de Julio de 1513.

Ordenanzas para el remedio de la poblacion de San Juan.

Don Fernando &c. Para bien de esa Isla, con parecer de algunos del Consejo, mandamos guardar las ordenanzas siguientes:
1. Todo vecino que tenga hacienda en valor de dos mil castellanos ó mas, sea obligado á hacer casas de tierra para tener su hacienda y mantenimientos, de modo que no puedan quemarlos los caribes ú otros: pena de cien pesos de oro.
2. Todo casado será obligado á llevar su muger y familia dentro de dos años: pena de perder los indios que tenga de repartimiento.
3. Nadie podrá adquirirse naborias de caciques encomendados á otro vecino: pena por cada vez de cincuenta pesos de oro.
4. Todo vecino desque tuviere indios será obligado á plantar dentro dos años cuatro árboles de cada especie destas:

granados, perales, manzanos, camuesos, duraznos, alvarcoques, nogales, castaños; mientras otro no se mande.

5. Todo maestre de nao que desembarque en la ciudad de Puerto-Rico, en los diez años siguientes sea obligado "á llevar dos barcadas de piedra, y echalla en la isleta que está par de la calzada del camino que va desde la mar." El concejo de Puerto-Rico cuidará de hacer dicha calzada, y si fuere acabada antes de diez años, los maestres serán fuera de la obligacion.

Se publiquen y cumplan.

Valladolid 27 de Setiembre de 1513.—Conchillos.—Muxica y Santiago.

Otras tales de la Reina.

1514.

Memorial de Arango contra el licenciado Velazquez.

Memorial de Sancho de Arango, vecino de San Juan, dirigido al Cardenal Cisneros, muerto el Rey, de lo que hizo el licenciado Sancho Velazquez, Juez de residencia y repartidor de dicha isla, desde 22 de Setiembre de 1514 en que llegó á ella, hasta 10 de Agosto de 1515 en que Arango se embarcó para venir á Castilla.

Supone haber dado otras peticiones al Cardenal y al Consejo, y tenido cartas de allá en confirmacion de lo que dice, y de continuar dicho licenciado en iguales escesos.

Para hacer el repartimiento, puso de su mano Procurador y Visitadores y elijió otro Alcalde y Regidores á su voluntad, para que nadie le fuera á la mano.

Dió y quitó indios de repartimiento y naborias.

Vedaba y concedia sacar oro de minas por pasion ó intereses.

Al que volvia indios y naborias, por cada uno le hacia pagar ciertos reales, lo mismo por licencias de coger oro, por las cédulas de encomienda y por todo.

Tomó de unos vecinos, indios, de otros, herramientas, mantenimientos &c. y así traia cuadrillas en las minas sin pagar nada.

A muchas personas que trataban bien á los indios y podian sustentarlos, los quitó y dió á los que se concertaban con él de darle parte. De ahi morirse muchos.

A quienes menos ha atendido en el repartimiento, ha sido á conquistadores y casados, dando indios á nuevos mozos de soldada, marranos hijos de reconciliados, oficiales de manos y mercaderes; y aun á vecinos de la Española que tienen repartimiento en ella, con la cautela de encomendarlos á mozos de ellos.

Los indios que la ciudad tenia para obras públicas, se los quitó.

A quien queria aprovechar dábale ciento cincuenta ó doscientos, y en la cédula solo decia ciento ó menos, los mas de ellos alzados, que no podia recoger veinte &c.

Hizo pesquisa de los que habian maltratado indios, y á varios por solo un bofeton ó azote, penaba en mucha suma de oro, y aunque otros hubiesen fecho muertes, pasaba por ello.

Por cuaresma íbase á una estancia, do estaba sin oir misa en domingo, y comiendo carne, y diciendo cosas contra la fé.

Mandaba tomar las cartas dirigidas á S. A. y á los Jueces de la Española, do los vecinos hablaban de sus vejaciones y robos.

De Cristobal de Mendoza, que era teniente del Almirante, y otros, tomó ciertas cadenas de oro.

Hizo requerir todas las romanas y pesos, y hubo mucho dinero así de penas de cámara mal llevadas, asi en esto como en otras mil maneras.

Deshonra á muchos con palabras feas.

Está concertado con los escribanos que le den la mitad de los derechos y se los consiente escesivos.

En las fundiciones hace aparecer ante si acrehedores y deudores, y de cada uno lleva un tanto.

Hizo unas ordenanzas á su arbitrio sobre el coger oro, mandó que las mercasen; así en la venta y en las penas crecidas de quien no las mercaba, lograba mucho oro.

A cuantos daba cédulas de encomiendas les sacaba por la cédula un peso y medio; por un mandamiento para recoger los indios, medio; por una memoria de las naborias que le encomendaba, medio; por las ordenanzas que le daba, cuatro reales. De casi todo tiene el Secretario Conchillos una probanza que presentó Alvaro de Sayavedra, vecino de dicha Isla; y dirán lo mismo muchos venidos de allá á esa corte. Dicho licenciado fué teniente en Medina del Campo, y hizo muchas cosas de la misma calidad

1515.

Costearonse este año por S. A. tres caravelas y su armazon contra los caribes al cargo de Juan Ponce de Leon, adelantado de Bimen y Florida, que se comenzó en 1514, y parte en seguimiento de su viaje del puerto de Sevilla en lúnes 14 de Mayo de 1515. La caravela Santiago, maestre Cristobal Sanchez: la caravela Santa María, maestre Francisco Gonzalez: la caravela Barbola, maestre Juan de Helo.

Nómbrase aquí redondamente una dobla de oro.—465 maravedis.

Suma el costo de la armada, sin dos falconetes y otras cosas que sobraron de la de Pedrarías 1.656,745. (*maravedis?*)

Testimonio de como Juan Cristobal de Montero, presentó dos cédulas Reales en el cabildo en 30 de Julio de 1515, siendo alcaldes, Gerónimo de Merlo é Francisco de Córdova; regidores, Andrés de Haro, Antonio Sedeño, Baltasar de Castro, Domingo Darse y Fernando Mogollon: escribano J. Perez.

Las cédulas son nombrando á dicho Montero, Fiel egecutor de la Isla. Fechas en Balbuena á 22 de Octubre de 1514.—Una del REY y otra de la REINA.—Secretario, Conchillos. Registrada, Covos.

1516 Y 1518.

VARIOS CARGOS CONTRA CONCHILLOS.

Para la buena provision de los negocios de las indias es de saber que la Reyna Doña Isabel nuestra Señora, que en gloria sea, en su testamento é postrimera voluntad, dispuso una cláusula que debe ser habida por ley fecha en esta guisa.

Item, por cuanto al tiempo que nos fueron concedidas por la Santa Sede apostólica, las islas é tierra firme del mar océano descubiertas, é por descubrir, nuestra principal intencion fué al tiempo que suplicamos al Papa Alexandro 6º de buena memoria, que nos fizo la dicha concesion de procurar de inducir é atraer los pueblos dellas, y los convertir á nuestra Santa Fé Católica, y enviar á las dichas islas é tierra firme, perlados é religiosos é clérigos, é otras personas dotas é temerosas de Dios para instruir los vecinos é moradores dellas en la Fé Católica, é les enseñar é dotar buenas costumbres, é poner en ello la diligencia debida, segun mas largamente en las letras de la dicha concesion se contiene; por ende suplico al Rey mi Señor muy afectuosamente, y encargo y mando á la dicha Princesa mi hija, é al dicho Príncipe su marido, que asi lo hagan é cumplan ó que este sea su principal fin é que en ello pongan mucha diligencia, y no consientan, ni den lugar que los indios é vecinos é moradores de las dichas indias é tierra firme ganadas y por ganar, resciban agravio alguno en sus personas é bienes, é mas mande que sean bien é justamente tratados é si algun agravio han rescibido lo remedien é provean, por manera que no se esceda en cosa alguna lo que por las letras apostólicas de la dicha concesion hanos infungido é mandado.

En consecuencia de lo cual el Rey D. Fernando, nuestro Señor, (Que Dios dé Santo Paraiso), hizo ordenanzas por las cuales ordenó é mandó que los indios fuesen encomendados á buenas personas, vecinos é pobladores de las dichas indias, que los tratasen bien de viandas é mantenimientos, é les diesen para vistuario y en que dormiesen, que no fuese en suelo y que les industriasen las cosas de la fé, y los llevasen á las Iglesias los dias de domingos é fiestas principales, é que á ninguno pudiesen ser dados ni encomendados mas de 150 indios ni menos de 40, é que no se arrendasen ni enagenasen de unas personas á otras é les dejen holgar cierto tiempo del año, y entender en sus faciendas y labranzas, y no les echen carga alguna sino lo que cada uno quisiere llevar por su voluntad para su mantenimiento, é que no les hagan trabajar demasiado &c.

Estan prevertidas las dichas orzenanzas en mucha desorden é contrario uso, de donde ha venido que por ser maltratados é peor mantenidos é mucho trabajados, se han deminuido de un cuento de ánimas que habia en la Española, á que no han quedado sino 15,000 ó 16,000 é fenecerán todos sino son presto remediados y desagraviados.

Fué fecha relacion á S. A. que cumplia á su servicio que mandase hacer grangerías con los dichos indios para si, é ficiese muchas mercedes de indios á otros particulares, é que enviasen repartidores, lo cual todo ha redundado en provecho particular de quien hizo la dicha relacion, ó de los que por su mano han tenido á cargo las dichas grangerías por S. A. dando á S. A. mas gasto que provecho, faciendo con ellos para si otras mayores grangerías, é arrendando los indios é trabajandolos demasiadamente, é mal mantenidos é peor tratados, é lo mismo se ha hecho é hace de los indios que se han dado por mercedes contra la dispusicion de la cláusula del testamento de la Reyna, y en violacion y quebrantamiento de las dichas ordenanzas, y en daño y perjuicio de los pobladores é agravio de los dichos indios en esta manera.

El secretario Lopez de Conchillos firmó del Rey merced para si de 300 indios en la Española, y en la isla de Sant Juan de trescientos, y en la isla de Cuba de 300, y en la isla de Jamayca de 300; son mil é doscientos.

Impetró por merced la Escribanía mayor de las minas de las islas Españolas é de la de Sant Juan, y de Cuba; y demas del salario, y de cient indios que hizo dar á Baltazar de Castro, su lugar teniente en la isla Española, le hizo dar en la isla de Sant Juan, doscientos; y lleva de cada uno de los que van á sacar oro á las minas, tres reales, é algunos son tan pobres cuando de acá van, que no los tienen, é por eso se pierden. y de lo que asi lleva por impusicion puesto por él, es mucha la cantidad.

Otro si, lleva de encomienda de cuarenta indios, un castellano en la Española y en Sant Juan y en Cuba, é si mas ó menos á este respecto.

Impetró merced de la Escribanía de los Jueces de apelacion é demas del salario, y de cient indios que hizo dar á su teniente lleva so color de derechos, escesivas cantidades que es grand cargo de conciencia no remediarlo.

Ha estendido el dicho oficio al registrar de las naos, que pertenesce al servicio de la Justicia, de que lleva cuantías so color de derechos.

Otro si, lo estiende á la vesitacion de las cárceles que pertenecen á los Escribanos del crímen é de las cárceles é llevan escesivos derechos.

Impetró merced de fundidor é marcador de la isla de Sant Juan de que lleva mas de seiscientos castellanos cada año, é hizo dar á su teniente cient indios.

E asi mismo de señalar los indios que vienen de otras islas, lleva un tomin que es dos reales.

Idem en la isla de Cuba otro tanto y para cuando se sacare oro en la isla Jamaica, otro tanto.

En la tierra firme es fundidor y marcador y Escribano del Juzgado.

El dicho Conchillos proveyó de su mano por Tesorero en la Española á uno que se llama Pasamonte que era escribiente en casa de Almazan é iba algunas veces por correo con cartas.

Hízole dar con el dicho oficio cada año doscientos mill mrs. y otros cient mill de ayuda de costa, é mas cincuenta mill mrs. por alcaide de la Concebcion aunque se derribó la fortaleza.

Otro si, le hizo dar en la Española doscientos indios; y en Sant Juan doscientos, é en cuba trescientos.

Reparte á quien ha gana de aprovechar con el salario que le place, los indios para las grangerías de S. A., é ha hecho é hace otras mejores para si, asi de labores de casas como en otras haciendas, é asi mismo los arrienda é maltrata contra las ordenanzas, y contra la dispusicion del testamento de la Reina.

Tiene en su casa ocho ó diez mozas por mancebas públicas, y de celoso, no consiente que duerme hombre en su casa aunque tiene en ella todo el oro del rey.

El dicho Pasamonte con favor del dicho Conchillos hace infinitos insultos é agravios, así en la casa de la fundicion del oro donde se hace juez, como fuera della, é da causa que los hagan los otros juezes é oficiales del Rey.

El dicho Conchillos proveyó de su mano por Fator del Rey en la isla de San Juan, á Baltazar de Castro, el que es su teniente de escribano en todas tres islas, é hízole dar doscientos indios en la dicha isla, demas del salario, é demas de los dichos cient indios que le hizo dar en la Española.

El dicho Conchillos proveyó de su mano en la Española á Juan de Ampies por Fator del Rey con ochenta mill de salario, é doscientos indios.

En la isla de Jamaica á uno que se dice Mazuelo con 100 mill mrs. de salario é 300 indios.

Item en la isla de Cuba, por veedor á otro que se dice Arce con 40,000 de salario é cient indios.

Aunque Almazan se le hacia conciencia de tomar indios se fizo dar buena copia dellos, los cuales tiene su hijo, y el oficio de fundidor y marcador de la Española.

E á Martin Cabrero, camarero en la Española, 200 indios é en la de Sant Juan 250.

E asi á otros muchos.

El licenciado Ayllon fué Alcalde mayor por el Comendador mayor de Alcantara contra el cual se fizieron procesos en su residencia, porque habia adquirido injustamente con el dicho cargo mucho; con lo cual vino en seguimiento de aquellos, é sin ser vistos le hizo proveer Conchillos de uno de los Jueces de apelacion con 150 mill mrs. de salario é doscientos indios.

El dicho Conchillos hizo proveer al licenciado Villalobos de Juez de apelacion con otro tanto salario é indios como al de suso.

Otro si, hizo proveer al licenciado Matienzo de Juez de apelacion con otro tanto salario, é indios, como á cada uno de los suso dichos.

Demas de lo que está dicho que hace en acrescer el número de sus indios, ha hecho muchos insultos é agravios conformándose con la voluntad del dicho Pasamonte, y entremetense en mas de lo que se estienden sus poderes en algunas cosas, y en otras no usan dellas por acebcion de personas.

Tienen contrataciones é parte é compañía en las armadas, y toman dineros é otras cosas de los letigantes so color de prestados.

Compran las haciendas é ganados é otras cosas so color que son fiados é son á nunca pagar.

El dicho Conchillos proveyó de su mano por repartidor, un escudero pobre que se decia Alburqueque é vínose rico, sin hacer residencia ni dar cuenta de lo que hizo.

Diego Velazquez fué puesto por teniente del Almirante en la isla de Cuba, é conformándose con Pasamonte, y con el favor de Conchillos, ha hecho para si grandes haciendas, é enviado poco ha, cada uno seiscientos castellanos á Conchillos é á Pasamonte, deciendo que es lo que han sacado sus indios, siendo de lo suyo propio, por que lo sostengan.

A Ojeda é Nycuesa, favoresció mucho Conchillos haciéndoles dar armadas á costa del Rey; é sin dar provecho á S. A. fenescieron ellos y la que llevaron é muchos indios que sin propósito mataron.

Juan Ponce, fué mozo de espuelas de D. Pedro Nuñez de Guzman, Comendador mayor de Calatrava, pasó á las indias por peon con Cristobal Colon, é allí se casó en la Española con una moza de un mesonero, y pasó á la isla de Sant Juan á partido que de lo que ganase, daria al rey la mitad, y aunque á S. A. no dió provecho, para si hobo tanto que envió á Conchillos una cadena de 600 ó 700 castellanos é otras cosas á él é á sus oficiales por las cuales le enviaron cédula del Rey para que fuese gobernador de la dicha isla.

En el cargo que tobo de las grangerías del rey, sacaba cada fundicion para si cuatro ó cinco mill castellanos, y lo de la compañía del Rey no pasó de mill é quinientos.

Pasamonte subdelegó al licenciado Sancho Velazquez que le tomase residencia, é corrompióle con dádivas.

Sobre esto envió Conchillos para tomarle cuenta á Francisco de Nizar al cual dió 800 castellanos, y cuando tobo acabada la cuenta se los tornó á pedir, sobre que reñieron é se descubrieron de la dicha cuenta.

El dicho Juan Ponce compró por 700 castellanos, que envió Oviedo oficial de Conchillos por mano de Yñigo de Zúñiga, el oficio de Contador de la isla de San Juan, para un mochacho, su criado, el cual ha hecho y hace con el dicho oficio muchos desconciertos y malos recabdos en la hacienda.

Otro si, le hizo proveer Conchillos é sus oficiales del oficio de Tesorero de la dicha isla de San Juan, el cual vendió por mill ducados á un mercader que se dice Juan de Haro.

El dicho Juan Ponce trajo despues desto á la corte seis ó siete mill castellanos que repartió entre Conchillos é sus criados con que le hicieron dar cuatro naos de armada á costa del Rey en que se gastaron ocho ó diez mill castellanos, donde ningun provecho ha subcedido sino perder, de la gente que llevó, la mayor parte.

Pasamonte supo como un Basco Nuñez que el Almirante habia enviado á la tierra firme habia habido buena dicha, é que se hallara mucho oro, é por su aviso Conchillos hizo relacion al Rey que convenia enviar á la tierra firme un caballero principal con mill ó dos mill hombres, é que tomase recia residencia al dicho Basco Nuñez, y como Pedrarias fué con la mas escogida gente que de España ha salido, y con gasto de mas de 50,000 ducados, tomó la residencia. El dicho Basco Nuñez se redemió con 10 ó 12 esclavas é otras cosas nuevas que envió á Pasamonte, el cual le aconsejó que enviase presentes á Conchillos, y con esto, y con lo que el dicho Pasamonte escribió, fué dada por buena su residencia, é proveido de adelantado de otra parte de aquella tierra firme, con otros favores y mercedes, y lo que ha aprovechado la ida de Pedrarias, es perder la mayor parte de la gente que llevó y alterar los indios de la tierra firme, y puestos en guerra.

Determinado estaba el Rey, que haya santa gloria, de mandar dejar las grangerías que por S. A. se fascian con los indios porque fué certificado que le daba mas costa que provecho dellas, y no se proveyó porque lo estorbó Conchillos por el interes de los que lo tienen á cargo, que son personas á el acebtas.

Lo cual todo es necesario que se provea é remedie presto é no lo impida la determinacion de la interpretacion y declaracion del asiento é previlegios del Almirante de las indias, porque requiere largo exámen, asi por que pertenesce la tal interpretacion é declaracion al rey, como por algunas que entienden en la dicha declaracion tienen otros semejantes títulos de mercedes é previlegios contra derecho é leyes é ordenanzas destos reynos, é de las partidas é votando en esto votan en sus causas propias, y por tanto S. A. debe mandarlo, pero á personas sin sospecha, é vista por tales, se hallará que en la capitulacion é asiento que tomaron con su padre del Almirante en el año de 92 ó en la confirmacion del que se dió el año de 97, solamente pasó el oficio del almirantadgo á su hijo é herederos é todo lo otro vacó por su fin en suerte é de las otras provisiones é poderes que se le dieron despues del asiento de que se le dieron previlegios, vistos los originales se hallará que no procedieron de la voluntad de SS. AA. estender á mas de la capitulacion é aunque sea que fuese su voluntad de le hacer nueva merced, aquello no vale por ser contra derecho y leyes é órdenanzas reales, y porque son contra el curso y órden de los semejantes previlegios y mercedes que están prohibidas y reprohibidas, y aun por haber usado mal dellas las ha perdido, y no valen; y esto no entra en el asiento sobre que afirman que es contrato é que..........

Otro sí, oficios que el dicho Conchillos ha hecho prover á criados del Obispo.

A Gil Gonzalez, Contador de la Española, con cient mill de salario é cuarenta mill de ayuda de costa y doscientos indios.

A Francisco de Tapia, alcaide de Santo Domingo con cien mill maravedis de tenencia, é doscientos indios.

A otro su hermano, veedor de la Española, con sesenta mill de salario é doscientos indios.

Todos estos é los otros oficiales sin ser casados, son regidores, é ha acaescido hablando en los Ayuntamientos, que dicen algunos: ahora voto como regidor, é otras como oficial de la hacienda de S. A.

Simancas Pat. Real antiguo, arca de Indias, legajo 7º

Sin duda este papel es del tiempo en que era gobernador Cisneros ó poco despues y muy probablemente el autor fray Bartolomé de las Casas.

1517.

Pregónase por las Andalucias, cédula Real del Cardenal

gobernador de Madrid 23 de Julio de 1517 sobre que los oficiales de Sevilla pagaran pasage y mantenimientos á cuantos labradores quieran pasar con sus mugeres á las cuatro islas. En Noviembre del siguiente año de 1518, se pregonan nuevas cédulas de franquezas, libertades y mercedes que S. A. otorgó á labradores y gente de trabajo que pasasen á indias, fecha en Zaragoza á 10 de Setiembre de 1518.

Fué á hacerlas publicar en todos los reinos y señorios de Castilla, el Bachiller Bartolomé de las Casas, y para ello se le libró salario, en cuenta del que se le dieron por mandado del Consejo Real en 18 de Octubre de 1518, en Zaragoza, doce ducados, y otro tanto al capitan Luis de Berrio que fué á lo mismo con dicho Casas.

A este Berrio se le señaló salario por eso á razon de 150 por dia, con obligacion de buscar y enviar á la casa de Contratacion de Sevilla, labradores con sus mugeres para pasar á indias: en lo que empezó á servir en 12 de Octubre de 1518 y siguió por lo menos hasta 12 de Mayo de 1519.

A dicho capitan Berrio, se le abona el mismo salario desde 12 de Mayo hasta 31 de Diciembre del citado año de 1519; y ademas, por cédula Real de Molin de Rey, de 23 de Octubre de 1519, se le pagan 93,750 por el gasto de cincuenta labradores de Antequera con sus casas, que tiene asentado de los traer á esta Casa de Sevilla para pasar á la Española. Compráronse en Febrero de 1520 y se dieron á dichos labradores, herramientas y mil géneros de plantas y semillas, ornamentos &c.

Partieron de San Lucar en 15 de Abril. Todos se nombran y á todos se dan mantenimientos. Componian estas cincuenta familias, doscientas siete personas; llevaban plantas en tinajas.

1518.

Dos renunciaciones que hace Lope Conchillos; una del cargo de la negociacion y despacho de las cosas de indias; otra del oficio de Secretario del Consejo de las órdenes. La causa, ciertas ocupaciones y dolencias por las cuales no puede venir á servir á SS. AA. Ambas cosas renuncia en el Secretario Francisco de los Covos, muy bien informado en las cosas de

Indias, y lo sabe por esperiencia mejor que ningun otro Secretario. Fechas en Toledo á 5 de Abril de 1518.—(Original memorias, penas de Cámara 37:)

Va juntamente confirmacion del oficio de Secretario del Consejo de las órdenes de Alcántara y Calatrava á dicho Conchillos para que lo sirva como en tiempo de los Reyes Católicos. Es provision de Don Cárlos &c.—Secretario, Francisco de los Covos. Dada en Gante á 12 de Junio de 1517.

Informacion hecha en San Juan de Puerto-Rico, 30 de Abril de 1518, á pedimento del Contador y Regidor Antonio Sedeño y del alcalde Domingo de Zayas, sobre cierta fuerza que hicieron en el puerto nuevamente descubierto de dicha Ciudad, á una mujer soltera que traia de Sevilla una niña de nueve á diez años, á la que pretendieron tomar so color que la habia sacado de un convento &c. Sobre ello fué mandamiento de los Gerónimos gobernadores, y del licenciado Zuazo, Juez de residencia y apelacion, Justicia mayor en Indias, al licenciado Sancho Velazquez, Justicia mayor de San Juan para que prendiese á dichos Sedeño y Zayas, y los suspendiese de sus oficios, especialmente á Sedeño por ese y otros delitos. En efecto, fueron presos y suspendidos de oficio: y estando asi, en 15 de Agosto quebrantaron la carcelería y se fueron furtibamente en un navio que en el puerto habia.

La principal culpa de todo se echa á Sedeño; su oficio de Contador se depositó en Hernando Mogollon, vecino y Regidor de la ciudad de Puerto-Rico, por mandato del licenciado Sancho Velazquez.

La citada informacion es de testigos buscados por Sedeño y Zayas, y por consiguiente favorables á ellos: pero en otra de oficio que empieza en Puerto-Rico en 12 de Agosto, salen bien feos.

(Está la 1ª, espedientes encomendados A. 7. y la 2ª, espedientes encomendados, sobrs.)

1519.

"Nos los religiosos de la orden de San Gerónimo que por

"mandado de SS. AA. residimos en estas partes, á vos el li-
"cenciado Sancho Velazquez y Justicia mayor de la isla de
"San Juan, é oficiales de SS. AA. é Juan Ponce de Leon."
Ya sabeis los servicios de Blas de Villasante en esta isla: le
dareis un repartimiento de los primeros que vaquen. Santo
Domingo 14 de Junio de 1519.

Requeridos con ella los dichos (ménos Leon, eran oficiales, Andrés de Haro, Antonio Sedeño y Baltazar de Castro)
en 1º de Julio, respondieron que estaban prestos. (Testimonio
auténtico. A. 7.)

Relacion de lo que han valido las grangerías de S. M. en
el término de la ciudad de Puerto-Rico é de la villa de San
German y de lo gastado en ellas desde 1514 á 1519 que fueron á cargo de Haro y Sedeño.

	Pesos.	Tomines.	Granos.
Del año 1514 resta neto para S. M..	4,653	2	4
.... 1515	2,397	5	5
.... 1516	1,702	6	9
.... 1517	1,577	5	6
.... 1518	1,698	2	2
.... 1519	2,822	4	,,
Suma.........	14,952	2	3(*)

La hacienda de S. M. de la ribera de Toa, y puercos de
ella, que se entregó al licenciado Antonio de la Gama, con los
indios de S. M. y desde 1519 hasta este de 1524, no parece
que sacadas las costas ha valido mas de seiscientos pesos en
poder del licenciado, como por cuenta parecerá. (Cartas V.)

Tres libramientos de Hernando de Mogollon contra Andres de Haro, Tesorero de San Juan de Puerto-Rico.

El 1º de 19 de Junio de 1519 que dé diez mil pesos de
oro fundido y marcado alli para llevar á S. A. en la nao Trinidad.

(*) Así en el original, pero está errada la suma, si bien en poco.

El 2º de 4 de Julio, que pague ciertas cosas compradas para repartir á los indios de la isla de la Mona, en recompensa de su trabajo en esta demora que acabó en 15 de Mayo.

El 3º á favor de Pedro de Zaragoza para las casas de S. A.; es de 12 de Octubre. Este Zaragoza sería puesto por Pasamonte para las grangerías (3½ pliegos. Cartas V.)

Mogollon era Regidor, y acaso haría á la sazon de Contador por Antonio Sedeño.

Traslacion de la capital de Puerto-Rico. (Estracto del espediente.)

Informacion hecha en la ciudad de Puerto-Rico, antes villa de Caparra, en 13 de Julio de 1519, por el licenciado Rodrigo de Figueroa, Juez de residencia ó Justicia mayor de la Española, ante el licenciado Sancho Velazquez, Justicia mayor de San Juan; el adelantado Juan Ponce de Leon; Andres de Haro, Tesorero y Regidor; Hernando Mogollon, regidor; Sancho de Arango; Drezo D' Arce, Veedor y Regidor; Pedro Moreno, Alcalde ordinario; Baltazar de Castro, Factor; Antonio Sedeño, Contador; y Escribano, Diego de Xerez.

Es sobre si estando el puerto á una legua de la ciudad, y siendo el sitio de esta, hondo, sombrio y malsano; convendria mudarla á la isleta que está junto al puerto. Llevó Figueroa este encargo en un capítulo de su instruccion.

Ponce de Leon sostenia que no debia mudarse, pues tenia buen asiento, enjuto, llano, con bastantes aguas de pozos, y de dos arroyos al rededor, mucha madera en las cercanías, las labranzas y minas cerca, muchos pastos, exidos y rios en su comarca. Que los mas alli se mantenian de cojer oro por medio de sus esclavos y necesitaban traer mantenimientos de las haciendas &c. Que la isleta de todo carece, y aunque sea mas sana y apacible para que vengan marineros y tratantes, no son estos á quienes se ha de tener mas respeto, sino á los moradores; de muchos de estos ha de tomarse informe, y no solo de los regidores que como ellos han representado primero á S. A., y luego á los Gerónimos por la mudanza, querrán sostener su empeño.

Pedro de Cárdenas, procurador de la ciudad, espone por testimonio de médicos, ser la ciudad malsana, cercada de cienegas, y la isleta sanisísima. Que esta para la contratacion es mucho mejor asiento, pues el camino del actual puerto á la ciudad es insoportable. Que para beber se harian pozos en la isleta, y se probó su agua en uno. Que aqui vendrian muchos mas navios y todo estaría abundante y barato, y las carnes se traerian de la isla. Estando la ciudad en el puerto muchos vecinos tendrian barcos y caravelas: habria mas negociacion y se ennoblecería; la renta del almoxarifazgo crecería. Escusaríanse muchas bestías de acarreto que solo sirven para el transporte de la ciudad al puerto &c. y por que los padres Gerónimos en vista de tantos frutos de la mudanza, á ruegos del cabildo y la mayor parte de los vecinos, dieron órden en que se hiciesen los pasos de los esteros de la tierra firme á la isleta, de los que ya está hecho el uno (que el mismo Ponce confiesa ser la calzada firme y buena) y al punto se haría el otro; pide por el comun que se confirme el mandamiento de mudanza de los dichos padres.

Tómanse luego los dichos á varios vecinos, Francisco Cardona, Domingo Arias Dávila, Juan Perez, Juan Ceron que fué alli desde el principio, Gerónimo de Merlo. Todos y otros ademas, convienen en que es útil la mudanza.

Tomóse despues la informacion acerca del agua de la isleta, y se halló ser buena la del pozo hecho año y medio antes.

Sigue copia de la provision de los Gerónimos: "Nos los religiosos de la órden de San Gerónimos.... á vos Consejo, Justicia é Regidores de Puerto-Rico. Ya sabeis como considerando el servicio de SS. AA. y el provecho de los vecinos de esa, si se pasase de donde está á la isleta, que es junto al surgidero de las naos que vienen de Castilla, dimos orden como se efectuase, é vos proveimos de los indios y haciendas que fueron del Secretario Lopez de Conchillos para que con lo que de si se granjease, se hiciesen ciertos pasos de piedra en dos esteros de mar que hay desde la isla principal á la isleta; y luego estando hecho el paso mas costoso, los vecinos piden licencia para hacer sus casas en la isleta é irse á vivirlas. Por tanto mandamos que luego que se comienze el segundo paso vayais á la isleta, veais el mejor sitio, deis solares, paseis la Iglesia, y acabado este paso, dentro de medio año sean todos obligados á pasarse. A Ponce de Leon, por sus gastos en la casa de piedra que ha hecho en la ciudad de Puerto-Rico, permítimos pueda vivir en ella cuanto quisiere, mas sí obligado de acudir al nuevo asiento, al ayuntamiento &c. Fecho en la ciudad de Santo Domingo 15 de Junio de 1519. Frey Ludovicus de Figueroa.—Frey Alfonso prior de Ortega.—E yo Juan Ramos, Escribano &c.

Aqui acaban estos autos de 19 folios útiles á que se sigue

en 3 folios una carta del licenciado Figueroa á S. M. donde le informa que vió la isleta y anduvo por ella un dia, luego fué del puerto á la ciudad por un malísimo camino, lleno de charcos: la ciudad está en un llano entre muchos montes que llaman *arcabucos* con muchas arboledas al rededor: el suelo es bien enjuto. Doce dias estuvo en ella en los que anduvo, por la isleta y á dos y tres leguas al rededor de la ciudad: es muy calurosa, malos caminos, malos aires: todos están enfermos y amarillos; muy cara al doble que la Española.

La isleta está como entramos en el puerto á la izquierda, una legua de largo, media de ancho á la parte del puerto; hácia la otra se va estrechando hasta el cabo do hace una punta roma: mucha árboleda y buen suelo. Es el mejor asiento del mundo para la ciudad; entre ella y la principal hay otra isleta.

Sigue una descripcion muy por menor, y luego que ordenó como se procurase haber toda el agua que prometian las esperiencias; dejándolo encargado al licenciado de la Gama, de quien dice ha recibido carta en que le manifiesta que todo anda bien. Envia á S. A. el debujo del asiento con la informacion y ruega provea presto. De Santo Domingo 12 de Setiembre de 1519. El licenciado Figueroa. (Cartas legajo V.)

El licenciado Antonio de la Gama, empezó á tomar residencia al licenciado Sancho Velazquez, Justicia mayor de la isla de San Juan en 20 de Julio 1519. Tomósela por si en la ciudad, y en la villa de San German, por el Bachiller, Pedro Gasque su alcalde mayor.

En vista de ámbas pesquisas secretas y de los cargos que resultaron dellas, y demandas de particulares, pronunció sentencia en 23 de Diciembre de 1519. Cúlpale de parcial en la justicia por favorecer espresamente al Tesorero, Andrés de Haro, de no haber tenido arancel de derechos, de haber tenido juegos de naipes, y jugado él mismo, de haber tomado algunas cosillas por sentencias favorables, no haber castigado amancebamientos y otros delitos, haber recibido banquetes, haber prendido á un Francisco Ximor, por enojo particular, azotándole por sus propias manos y de sus criados, colgado de los pies en un arcabuco: Por esto y otras cosas contra los capítulos de Corregidores, le priva de oficio, le remite preso á S. M., le impone ciertas multas. Apela el procurador de Velazquez en su nombre, y se le otorga la apelacion mandándole ir personalmente en seguimiento della.

Va juntamente carta del licenciado la Gama á SS. MM. de 30 de Mayo de 1520, do dice que no habiéndose aun enviado á España al licenciado Velazquez, por no estar fenecidos los pleitos de demandas; el tercero dia de Pascua de Resurreccion fué preso por el Obispo, á nombre de Inquisicion, y murió en la cárcel dia de la Asencion, 17 deste Mayo.

Al fin un pleito entre el Fiscal Crinos y Beatriz de la Fuente, viuda, vecina de Olmedo, madre del licenciado Sancho Velazquez, como su heredera sobre que el Fiscal pide á los herederos las condenas á favor del Fisco. Se emplaza á las partes por provision de Madrid 15 de Agosto de 1528. —Rey.—Covos.—Fray G. Episcopus Ox.—L. Episcopus Canar.—Doctor Beltran G. Episcopus Civit.—Licenciado Pedro Manuel.

Por parte de Velazquez se produce, que fué sentenciado injustamente, sin habérsele dado traslado de las informaciones hechas contra él, sin habérsele probado cosa legítimamente, ni dádole defensas legales: que los testigos contra él, fueron los que habia castigado &c., los resentidos sobre el repartimiento y quitar las varas á los criados del Almirante, el que estaba descontento del licenciado, por las probanzas, que siendo Promotor Fiscal de S. M. en la audiencia de la Española, hizo de órdenes reales de 1512 y 13, en tierra firme, contra los derechos del Almirante. Por la confianza que del hacia el Rei católico, habiendo negligencias en la isla de San Juan, en los oficiales reales, especial en Antonio Sedeño, le manda se informe y lo corrija, por su cédula de 19 de Octubre de 1514; y que desde tierra firme fuese á tomar residencia á dichos oficiales á San Juan, y ser allí repartidor de los indios. Que el licenciado Gama tenía pasion contra él porque no habia dado repartimiento á un hermano suyo que en la isla estaba.

Sentenció el Consejo en Toledo á 4 de Febrero de 1529, condenando al licenciado por las multas &c. en doscientos pesos de oro, los cuales retuviesen los herederos en recompensa de cualquier cosa que le debiese S. M.

NOTA: Ninguna queja hay contra este licenciado Velazquez de haberse servido de indios, ni de haberles maltratado, ni de grangerías y haciendas y otras codicias. Las mas de las culpas son sobre pleitos en que él habia entendido, y las deposiciones de los castigados que fingian agravio. Asi van con los autos fechos en el Consejo 528 testimonios de los mas demandantes cediendo en todas sus demandas.—Nota de D. Juan Bautista Muñoz.

La provision que se dió á Gama para Juez de residencia, no está.

1511 á 1519.

Memoria de lo que los oficiales de Sevilla, dieron á varios que van á Indias para descontarlo allá de sus quitaciones.

En 1511, consta que fueron á Indias: Gil Gonzalez Dávila, Contador de la Española, el licenciado Sancho Velazquez, fiscal del Audiencia.

En 1513, el Bachiller Hernan Suarez, fué á enseñar gramática á la Española, Gonzalo Hernandez de Oviedo, veedor de las fundiciones de tierra firme;....Conchillos, factor de San Juan.

En 1519, el licenciado de la Gama, Juez de residencia de San Juan.

Por cédula de Barcelona de 3 de Marzo de 1519, se mandan pagar 23 maravedis (*) adelantados, al licenciado de la Gama que va por Juez de residencia á San Juan, con seiscientos diarios.

Se embarcó en San Lúcar en 22 de Mayo.

1519 ó 1520.

Los indios que el licenciado Sebastian de la Gama ha depositado en el Factor de San Juan, son estos:

De S. A., ochenta.—De Conchillos, sesenta.—De la mujer de Miguel Diaz, veinte.—De Martin Garces, cuarenta.—De Juan de Leon, seis.—De Rosario de San Lucar, diez y siete.—Del camarero Cabrero, cuarenta.—De Merlo, difunto, diez y seis.—De Iñigo de Zúñiga, veinte y cinco.—De Juan Perez, difunto, veinte.—De Hernando de Isla, difunto, quince.—De un ausente, sesenta.—De Pasamonte, cuarenta y cinco.—Del Almirante, treinta.—De Juan Ponce, setenta.—Hay otros que se han quitado por maltratamiento é se les han tornado que serán cincuenta.—Depósito del obispo, treinta.—De Juan de Castellanos é Merlo, cuarenta.—Firma: Sebastian de la Gama.

(*) Quizá deban ser 23,000.

Proceso del pleyto entre el adelantado Ponce de Leon y el licenciado Sancho Velazquez, ante el licenciado Antonio de la Gama, Juez de residencia de San Juan.

Empezó en Puerto-Rico á 13 de Setiembre de 1519 y feneció en 6 de Marzo de 1520.

Pide Ponce mil trescientos y tantos pesos en que le condenó sin oirle, ni admitir apelacion, Sancho Velazquez, habia siete años, cuando fué á tomarle residencia y las cuentas de las grangerías que tenia en compañía de SS. AA.

Esas cuentas dió exactas hasta que duró la compañía, esto es, hasta que Ceron y Diaz fueron en nombre del Almirante. Del tiempo posterior, del cual no tenia que ver con él la renta real, pues estaban divididas las grangerías, sentenció Velazquez pagase tambien Ponce la mitad, que fueron dichos 1352 pesos dos tomines ó seis granos. Que pues Velazquez sentenció á dicho, se los restituya.

En efecto, Gama, condenó á Velazquez, mas le otorgó la apelacion que empieza.

"El licenciado Velazquez, procurador fiscal de V. A. en las indias," dice: Que la tal cantidad recibió Francisco de Cardona, Tesorero á la sazon, y gastó en pró de SS. AA.; pide se vean los autos de la residencia que el tomó á Ponce, y si juzgó bien, pase, y si mal, que se mande restituir al Tesorero, de las rentas de SS. AA., que el en nada interesa ni se debe hacer deudor.

(Un dedo de grueso tiene el espediente. Cartas V.)

1520.

Cuenta formada por el licenciado Figueroa y oficiales y fenecida en 13 de Enero de 1520, de lo que han rentado los indios del secretario Conchillos desde que se le quitaron por los Gerónimos, hasta que generalmente se quitaron á todos los caballeros de Castilla.

Son del año de 1517. Deducidos todos gastos, 1,019 pesos 3 tomines 5 granos.

Esta cuenta particular se tomó en virtud de Cédula real fecha en Barcelona á 30 de Marzo de 1519, secretario Covos, donde á pedimento de Conchillos, manda S. M. se averigüe lo que rentaron los indios de Conchillos desde que llegados á la

Española los Gerónimos los suspendieron á los caballeros de Castilla, y los depositaron en el Factor; hasta que á consulta del Consejo, mandó S. M. se quitasen á dichos para repartir á vecinos residentes.

Item que digan en cuanto se apreciaron las haciendas que igualmente quitaron los Gerónimos á dicho Conchillos, pues queria abonarle S. M. una y otra cosa en recompensa de sus servicios.

Dos libramientos de Antonio Sedeño, Contador de San Juan contra Andres de Haro, Tesorero.

El 1º de 25 de Junio de 1520 á favor de Juan de la Barrera por cosas para las haciendas de S. A.

El 2º de 30 de Agosto de 1520 para que pague á Alonso Barrientos que servia en la isla de la Mona.

Dice que fué cogido para servir en ella lo que le fuese mandado á razon de 36 pesos al año. Parece se hizo como presidio esta isleta. (Cartas, legajo V.)

1521.

Memoriales y peticiones, (Cámara de Castilla).

Juan Ceron y Sancho de Arango, vecinos de la isla de San Juan, se quejan en corte, del licenciado Velazquez, porque hizo muchos agravios en el repartimiento, y especial á Ceron en la residencia que le tomó del tiempo que fué Justicia mayor en la isla. Piden que informe Zuazo recien ido. (Legajo 37).

Don Alonso Manzo, Obispo de San Juan, é Inquisidor de las indias; por cuanto se le han muerto de enfermedad muchos indios que el Rey le dió para sustentarse, pide licencia para que su enviado para comprar 20 negros, pueda pasarlos. Peticion presentada en 1521. (Legajo 51).

Al Cardenal de Tortosa.

Antonio Sedeño. Isla de San Juan, 8 de Marzo de 1521. Este Francisco Velazquez, enviado por V. Rma. á tomar cuentas, ha venido á encender pasiones. Es hermano del licenciado Sancho Velazquez, el cual en tiempo de su cargo hizo tantos agravios é injusticias, que no solo en la residencia fué condenado en mucha suma de setenas ó cuatro tantos, pero al fin fué dado por mal Juez y remitido á que S. M. mandase hacer del justicia, y proveyendo Dios maravillosamente en su castigo, fué preso por la Santa Inquisicion, y murió en ella, antes que diese descargo de sus obras. Yo tuve con él pleitos en suma de mas de 5,000 pesos, y estos siguen con su hermano como heredero. ¿Como me tomará cuenta mi enemigo?. He suplicado de sus provisiones, y espero lo remedie V. Sria.

1521 Y 1522.

Requerimientos que hizo Blas de Villasante, Escribano mayor de minas por SS. AA., al Tesorero Diego de Villalobos é al teniente de Gobernador por el Almirante, Pedro Moreno, para que no se aceptase ningun libramiento que por el Contador le fuese hecho, sin que él tomase la razon y firmase. Fechos en 29 y 30 de Octubre de 1521. (Dos pliegos, cartas V).

Otros requerimientos del mismo, ante el mismo teniente, pidiendo que los oficiales Villalobos, Tesorero, Baltazar de Castro, Factor, Juan Sanchez de Robledo, teniente de Contador, le convocasen á sus juntas, no abriesen las cartas de S. M. sino en presencia y se las diesen á leer.

Inserta la cédula del Rey Católico á favor de Lope de Conchillos, su Secretario é del su Consejo, haciéndole merced por su vida de la Escribanía mayor de minas de todas las indias, dada en Burgos á 30 de Marzo de 1508, secretario Miguel Perez de Almazan; y otra de D. Cárlos, futuro Emperador, y su madre, en que por el tiempo de su voluntad hacen merced á Blas de Villasante de Escribanía mayor de minas de San Juan de Buriquen en lugar é por renuncia hecha en él del comendador Lope de Conchillos, dada en Valladolid 1º de Mayo de 1521, el Condestable, Juan de Samano secretario de SS. MM. la fizo escribir por su mandado, Condestable de Castilla su Gobernador en su nombre; á las espaldas, Fonseca Arch episcopus.

Responden los oficiales que su cédula no le da facultades para nada de lo que pide. (Son autos empezados en Puerto-

Rico á 25 de Febrero de 1522, y fenecidos en 26 Febrero.) (7 fojas útiles. Cartas V.)

1523.

Relacion al Emperador de como le han servido los oficiales reales de San Juan, Diego de Villalobos Tesorero, y Antonio Sedeño Contador, desque se pobló la isla, y el factor Baltasar de Castro. (En la cubierta se lee el nombre de Villasante, y sin duda es suya, segun lo encontrado estaba con los oficiales, fecha 1523.—2 pliegos, cartas V.

Refiere como Tesorero y Contador defraudan al Rey, y se consentian; y lo mismo otros Regidores y el mismo Pedro Moreno, teniente del Almirante, con otros que los años pasados habian tenido las rentas del almoxarifazgo.

Sucedió que Tesorero y Contador ambos querian, para aprovecharse como hacian en las haciendas, ciertos indios de V. M. y ambos riñeron. Acusáronse mutuamente, y se probaron ante la justicia y escribano sus fraudes.

Viendo que se destruian, como un mes antes que viniese el Contador de Cuentas que V. M. envió á esta y las otras tres islas, se compusieron, y aun hicieron de su parte al teniente de Gobernador Moreno; luego juntos en Cabildo mandaron á los escribanos públicos que no hiciesen auto alguno de lo pasado ante el Contador que venia, pena de 500 castellanos á cada uno. Súpolo el Contador luego en llegando, y requirió á los escribanos, pero tuvieron formas de ocultarle mucho, atrayendo á si porque no le aconsejasen, á los dos letrados que hay en la isla, al Bachiller Pero Gasque, haciéndole Procurador general de la Ciudad, y al licenciado Gama dieronle lugar que en su oficio que por V. M. tiene, metiese la mano. El Contador de Cuentas pidió á Sedeño le mostrase todos los libros de minas, rentas y grangerías, y no queriéndolos exhibir, con pretesto que el de Cuentas era su enemigo y no sabia tomarlas, fué puesto en la Cárcel, la cual quebrantó en 11 de Noviembre que *pasó ovo un año*, y con gente armada se fué al puerto distante una legua de dó á la sazon estaba la ciudad de Puerto-Rico: Tomó una nao suya, tuvo forma como le dieron poderes de Procurador de la tierra, y con este título se vino por no parecer huido. Estas cosas andavan cuando aqui las comunidades, y allá los rumores dellas entre estos oficiales con sus secuaces. Por esta causa el Contador de Cuentas, no pudiéndose averiguar con ellos, temporizó hasta ver su tiempo para informar á V. M.; mas le pillaron las cartas los oficiales. De este modo piensan encubrir treinta mil castellanos de V. M., de que se estan aprovechando ha mas de cuatro años los oficiales y siete ú ocho de sus secuaces. Esta es la causa de pedir Sedeño por la isla suspension de cobranza de deudas por dos años, diciendo que se destruirian los vecinos si les hacen pagar, y no son sino esas diez personas las que deben á V. M. Tres años ha cuando el Almirante pasó por allí, y mudó las justicias; fuele pedido por estos á voz del pueblo suspension de deudas, y la otorgó por un año. Otro comisionado logróla por auto de Audiencia de la Española, ocultando la suspension concedida por el Almirante. Y como en el Mayo que agora pasó se les cumplia el término, tuvieron manera como el Obispo de la isla, que está por Gobernador de ella con poder del Almirante, representase que con motivo de la mudanza de la Ciudad estando ocupados en hacer sus casas los vecinos no habian podido coger oro ni pagar, y se sacó suspension de otros diez meses. Todo este tiempo y aun antes se aprovechan de lo de V. M.

Sedeño creyó componerlo todo con venir, llevarse el cargo de Tesorero, hacer los otros cargos á quien quiera y así lo ofreció. A uno prometió la capitanía y un regimiento que vacó por muerte de Juan Ponce de Leon &c.

V. M. debe mandar que parezcan en el Consejo las acusaciones é informaciones recíprocas entre Contador y Tesorero, y que el Sedeño declare por qué él y sus compañeros en espacio de tres meses eligieron tres veces Alcaldes, y se verán las maldades y colusiones por robar á V. M. en rentas y grangerías.

Debe mandar se suspenda á los oficiales de sus cargos: que Sedeño se presente allá y esté á justicia. Que se vuelvan á ver las cuentas espresadas, y se prosigan en todo secreto, que no se huela porque podrian los oficiales que están allá, huirse á reinos estraños, tomando veinte y ocho mil castellanos de oro, y algunos marcos de perlas que habia allá de V. M. cuando yo vine &c. ——

Despachóse "que este Contador ha de ir allá y se ha de hacer justicia en todo; se haga provision para el Tesorero, que venga todo el oro y perlas." (Este Contador de cuentas fué Francisco Velazquez de quien se autoriza un auto en Puerto-Rico en 4 de Setiembre de 1,522.)

De resulta desta relacion de Villasante se dió provision real en Valladolid á 10 de Junio de 1523; mandando al licenciado Lucas Vazquez de Ayllon, Oidor de la Española, que tome residencia á los oficiales Diego de Villalobos, tesorero, Antonio Sedeño, contador, y Baltazar de Castro, factor, con suspension de oficios, y que tome las cuentas.

Empieza á tomarla en 30 de Julio de 1524, y se averigua lo mas de lo que informó Villasante. A Sedeño que estaba en corte se mandó ir á hacer su residencia.

En el pregon dice el licenciado Ayllon habérsele mandado ademas que tome residencia al licenciado Antonio de la Gama, Juez de residencia y comision en la materia de indios, y á los que han tenido cargo de justicia.

Se inserta provision real de Balbuena 19 de Octubre de 1514 prohibiendo contratar directa é indirectamente con los dineros del Rey. Otra provision de Valladolid 13 de Marzo de 1523 por la cual con motivos que de tres años á esta parte el Almirante y sus tenientes, habian hecho muchas novedades contra la jurisdiccion real, so color de la declaracion de la Coruña, queriendo conocer de casos de corte, de que solo debia conocer el audiencia, pretendiendo y haciendo pregonar que no habia apelacion de sus sentencias á Tribunal alguno de indias, que ha puesto Alcaldes de la mar, y tenientes con apelacion á él, que ha mandado llevar diezmos de cosas y partes que no solia, que ha presentado para prebendas, ha llevado derechos de los indios esclavos &c. sobre esto y otras cosas, insiste contra los.............del audiencia. Esto visto en el Consejo de indias, por una parte el fiscal, por otra sus procuradores y su hermano D. Hernando, se manda revocar todo lo innovado, se le advierte que no debiera entrometerse en tales cosas nuevas, aun cuando creyese tocarle sin consultar á S. M.

Otra provision de Valladolid 13 de Setiembre de 1520, por la cual se envia Juez de cuentas á la isla de San Juan de Borinquen, á Francisco Velazquez, contino de la casa real.

En la instruccion que se dió á Ayllon juntamente con la provision que va arriba, se le manda examinar las cuentas que tomó Velazquez, con las adiciones que ofrece Blas de Villasante que dice resultaran á beneficio de la Real Hacienda cinco mil ducados.

(Residencia á los oficiales de San Juan de 1523.)

1524 á 1542.

Fianzas y obligaciones que hay en la Casa de Contratacion, de los oficiales de S. M. que han pasado á Indias, que las hicieron al tiempo de pasar.

Se incluyen las de San Juan, á saber:

1524.—Fernando Ramirez de Vargas, Tesorero de la Isla de San Juan.
1529.—Miguel de Lizarazo, idem de idem.
1531.—Blas de Villasante, idem de idem.
1535.—Juan de Castellanos, idem de idem.
1538.—Garci Troche, Contador de la misma.
1542.—Luis Perez Lugo, idem de idem.

Del libro de Registros de naos, fianzas y obligaciones é índice de libros de copias de cédulas y provisiones reales—Sevilla, Contratacion.

1525.

Cuenta de lo que pesaron las perlas y aljofar y pedrería que ha venido en tres naos de la Española y San Juan.

Son seiscientos quince marcos, tres onzas, cinco tomines. Firman los oficiales de la Casa de Contratacion, Pero Suarez de Castilla, Domingo de Echandiano y el escribano Juan de Equivar, en 12 de Enero de 1525. (Un pliego).

1526.

Fé de los cargos, data, y alcance que se hicieron al Tesorero de la isla de San Juan, Fernan Ramirez de Vargas de todo lo que fué á su cargo desde 28 de Junio de 1524 hasta 28 de Abril de 1526, por el licenciado Juan de Vadillo, Juez en la cobranza de las deudas debidas á S. M. en las cuatro islas. Refiérense todas las rentas y grangerías reales. Dada por Juan Perez, Escribano, en 27 de Agosto de 1526. (5 fojas útiles.)

Sigue ibidem en un pliego, relacion de lo cobrado por el licenciado Vadillo del dicho tesorero Ramirez de Vargas para S. M. y demas, de *seiscientos treinta y siete* pesos de oro recibidos por mano del teniente Moreno de los depositarios de Antonio Sedeño, contador que fué, en cuya cantidad le condenó el licenciado Lucas Vazquez de Ayllon, que fué por Juez de residencia de Sedeño.

Sigue ibidem la cédula del Rey al licenciado Vadillo Juez de comision para cobrar las deudas de las cuatro islas, para cobrar del dicho tesorero Ramirez su alcance, que en año y medio, poco mas, era de 3280 pesos. Fecha en Toledo á 24 de Noviembre de 1525.

Otra fecha 10 de Febrero de 1526 dirigida á Francisco Hernandez y Alonso de Vargas, vecinos de San German, depositarios de Sedeño, que pagasen los 637 pesos en que fué condenado por Ayllon, Juez de residencia.

Sigue cédula del Rey al licenciado Ayllon, oidor de la Española, que así se espresa: Antonio Sedeño dice, que vos enviamos por Juez de residencia á San Juan, y á tomar cuentas á él y á los demas oficiales dandoos una relacion de ellos presentada en el Consejo por Blas de Villasante, llena de falsedades, por la qual se hallan perdidos. Pide venga esa relacion, se sepa la verdad y se haga justicia, buscadla y venga &c. Granada 31 de Agosto de 1526, Srio Cobos.

1528.

Mandamiento y carta monitoria de Nos Don Alonso Manso, licenciado en teología, primer Obispo de San Juan de Puerto-Rico, con sus anexos, é inquisidor general en estas partes de las indias, islas é tierra firme del mar oceano, del Consejo del Emperador, á Justicia é todas personas de Puerto-Rico, salud:

Bien sabeis como usamos el oficio de la Santa Inquisicion. Somos informados que alguna persona ó personas se atreven á decir palabras asi contra el santo oficio é execucion del, como contra el inquisidor, oficiales é ministros del; exortamos.... mandamos.... so pena de excomunion mayor, que ninguno sea osado de ir ni venir contra el dicho santo oficio, ni inquisicion, ni los ministros, ni oficiales, ni á nuestros mandamientos en dicho ni en fecho ni en Consejo, pública ni secretamente.... ni sea en encubrir herejes.... é los que supieredes de alguna ó algunas personas que hayan ido, dicho ó hablado de dicho santo oficio ó ministros, ó de la execucion é justicia del, qualesquier palabras en desacato de dicho oficio, oficiales ó ministros, lo vengais á declarar é manifestar dentro quince dias.... á los inobedientes pronunciamos sentencia de excomunion mayor.... privacion de oficios, confiscacion de bienes, ó procederemos contra tales como á malos é conversos.... fautores de hereges.... y sea esta ley publicada en esta iglesia y fijada en ella. Dada en esta ciudad de San Juan de Puerto-Rico 6 de Enero de 1528.—Episcopus Sti. Joannis.—Por mandado de su señoría, Juan Lopez de Bienvenido, Notario apostólico. (Cartas V.)

Cuenta que Miguel de Castellanos, contador de San Juan, hace al tesorero Blas de Villasante desde 23 de Febrero de 1527 en que por su ausencia empezó á ejercer la Tesorería Pedro de Espinosa y siguió Garci Troche hasta que vino el mismo Villasante. Es la cuenta hasta 27 de Marzo de 1528.

La primera partida dice, que hubo 1722 pesos de su antecesor interino Fernan Ramirez de Vargas á quien tomó cuentas Vadillo. (Era veedor Juan de Villasante.)

En dos refundiciones de Mayo y Setiembre de 1527 se hubieron de décimo 1305 pesos mas 1928.

De la fundicion de San German de Enero de 1528 se hubieron 429 pesos.

De la fundicion general de Puerto-Rico de Febrero de 1528 se hubieron 1936 pesos.

Almojarisfazgo de cuarenta y seis naos que entraron en Puerto-Rico en 1527 importó 4056 pesos.

En 12 de Setiembre de 1527, era teniente de almirante, Pedro Moreno. (Auténtica, liriza 4.)

El licenciado Antonio de la Gama, por provision de Monzon 5 de Junio de 1528, toma residencia al teniente del Almirante que habia sido Pedro Moreno, á Francisco Manuel Dolando, alguacil mayor, y á los tenientes suyos, á los escribanos, Alcaldes y Regidores de Puerto-Rico y San German.

Empieza en Puerto-Rico á 1º de Diciembre de 1528.

En la sentencia de 11 de Febrero de 1529, impone á Moreno algunas ligeras multas, y á todos trata con benignidad.

¿1530?

Representacion de la ciudad de Puerto-Rico, por medio de su procurador Juan de Betanzos, á Francisco Manuel de Lando, teniente de Gobernador por el Almirante Don Luis, suplicando de dos capítulos de la instruccion dada por la Emperatriz á los oficiales reales.

Los capítulos son: "1º Que tomen é confisque qualquier "mercadería no registrada, que llegare en navios: 2º Que si "algunas de las registradas no comparecen, se aprecien y co-"bren derechos dellas."

Dicen que allí van por primera escala quantas naos pasan de Castilla á Indias, y sin destino á esta isla venden en ella mantenimientos y mercaderías, lo qual no podrian hacer, y pereceria la tierra, do no hay otra grangería que sacar oro de minas con esclavos negros. (Es un proceso de 3 pliegos, cartas 16.)

1531.

Por cédulas de 27 de Febrero y 4 de Noviembre de 1531 se refiere que por Octubre de 1530 los caribes, primero con ocho piraguas y despues con nueve, hicieron mucho daño en la isla de San Juan, que armasen los oficiales y enviasen dos bergantines con que defenderse de los caribes. La 2ª cédula, peticion de Hernan Ximenez, en nombre de la Isla. Se hacen y entregan en piezas al Maestre Juan de Leon, para que los lleve en su navio, en Diciembre de este año.

Informacion hecha por Gaspar Troche, alcalde ordinario de Puerto-Rico, á pedimento de Antonio Sedeño, contador de San Juan y Gobernador de la Trinidad, por parecer que este trajo de esta isla ciertos indios é indias libres, porque con la conversacion de los cristianos, perdiesen el temor, y mejor se convirtiesen á la fé: trajo tambien á *Cariarto* principal de la provincia de Turipiani, que es do hizo la casa en la tierra firme, porque él quiso venir á ver las islas. Trajo tambien otros de la costa de Paria, que le fueron entregados como caribes habidos en guerra por los indios amigos, pero que Sedeño los recibió por libres para dotrinalles. Asi lo deponen tres testigos en 24 de Julio do 1531. Esta probanza hacia Sedeño para subsanarse: lo cierto es que Ordas le imputó que llevó indios de la Trinidad y tierra firme, por esclavos.

1532.

Mandamiento de D. Alonso Manso, Obispo de Puerto-Rico, inquisidor apostólico general de las Indias, al electo de Cuba y su Provisor inhibiéndoles pena de excomunion y cien pesos para gastos del santo oficio, en la causa que, á nombre de Inquisicion, fulminaron contra Vadillo excomulgándolo en ausencia &c. y que le envien el proceso é informacion. Y juntamente da poder á cualquier presbítero de Santo Domingo para que absuelva á Vadillo de la excomunion. Fecho en Diciembre 2 de 1532.

1533.

Relacion del oro enviado á S. M. por los oficiales de la isla de San Juan. Puerto-Rico 1º de Enero de 1533. 29 de Noviembre de 1538.

1533	Abril..................................	4,000	pesos.
1533	Agosto...............................	4,000	,,
1534	Mayo.................................	3,000	,,
1535	Marzo................................	5,000	,,
1536	Marzo................................	5,000	,,
1537	Agosto 15 por Nuñez Vela...	12,000	,,
	Suma............	34,000	,,

Firman: Castro, Castellanos, Troche.

Informacion hecha en la ciudad de San Juan de Puerto-Rico en 4 de Febrero de 1533 por el Provisor Bachiller Francisco Garcia de Guadiana, y el padre Fray Vicente de Guzman, predicador del Monasterio de Domínicos de dicha ciudad, de órden del Obispo Manso, sobre el pecado de usura, logro y renuevo, y vender y comprar al fiado desordenadamente. Pecado que los PP. Domínicos y el Obispo habian reprendido repetidamente en sus sermones, y no viendo enmienda, mandó el Obispo leer un edicto en la catedral el dia 20 de Enero mandando que dentro de cierto término acudiesen los tales usureros á confesar y recibir la medicina conveniente ante S. S. ó su Provisor, y los demas á delatar si alguno habia inobediente y rebelde. No habiendo acudido ninguno aun en otros términos que prorogó, creyó de su obligacion enviar á S. M. informacion dello tomando los dichos á las personas principales de la ciudad, que nombró. Fueron Juan de Castellanos, alcalde ordinario; Baltazar de Castro, tesorero; Garci Troche, regidor; Gaspar Troche, alguacil mayor; Martin Hernandez, Hernando de la Fuente, Domingo Garcia de Almonte, Gregorio de Santolaya, los PP. Juan de Herrera y Juan de Segobia, clérigos; Fray Vicente de Guzman y Fray Bernardo Tadeo, Domínicos.

El interrogatorio era en substancia:

Si sabian que á público pregon se vendian esclavos, vacas &c. á tal precio de contado, y á tanto mas, fiado, creciendo segun se alargara el pago, de modo que se vendia el tiempo. Que lo que se fiaba, todo se vendía á escesivos precios. Que se prestan dineros sobre esclavos, casas &c. con cartas de ventas y obligaciones de perderlos no cumpliendo á cierto término, gozando quien presta del servicio de los esclavos, y corriendo todo el riesgo por la persona á quien se presta &c. Que se compra á luego pagar por precios bajos y se fia á escesivos. Que á los deudores se les executa y hacen grandes costas, y se les destruye. Que de lo dicho, nacen discordias, juramentos falsos, destruccion en lo espiritual y temporal &c. y que este abuso está generalmente recibido en la isla.

Los testigos deponen ser asi verdad. Firman dicho provisor y Fray Vicente de Guzman. Autoriza la informacion Juan de Miranda, Notario público apostólico. (Original, dos pliegos.)

1535.

Ordenanzas sobre armamentos y porte de naos de Indias. Provision del Emperador. Palencia 11 de Agosto de 1522. (Cadiz, copia).

Es para remediar los daños que hacen corsarios en las naos que van y vienen de Indias, sin el órden y resguardo que conviene: prescribe la orden en el cargar y visitar las naos. Que no vayan á Indias navios de menos de ochenta toneladas, por que los menores no tienen resistencia, aun los de ochenta arriba iran bien marineros: el de cien toneladas lleve al menos quince marineros, cuatro tiros gruesos de hierro con otros menores, lanzas &c. No vayan sobrecargados: los visitadores hagan bien su oficio.

En mil quinientos treinta y cinco se envian tambien ordenanzas sobre lo mismo, de cuyo envio hay carta de Samano (Cadiz).

Testimonio dado en Puerto-Rico, á pedimento de su contador Antonio Sedeño, á 11 de Octubre de 1535.

Dice Sedeño que estando él conquistando la isla de la Trinidad, procuró que dicha ciudad enviase allí el armada fecha contra caribes, de que S. M. fuera servido y al tiempo que despacharon á su capitan Juan de Incar le mandaron espresamente que no tocase en la Trinidad, como lo hizo; declara Incar que asi se lo mandaron recelándose que iria á socorrer á Sedeño porque Fuente apoderado y teniente de dicho contador, era amigo suyo. (Un pliego, cartas V.)

1536.

Probanza hecha en Puerto-Rico, ante el teniente Francisco Manuel de Lando en 22 de Febrero de 1536, á pedimento de los oficiales Sedeño, contador, Castro, factor, que sirven sus oficios ha mas de 20 años, y Juan de Castellanos, tesorero, que lo es de dos meses á esta parte. Depone el veedor, Domingo de Cuellar y otros, que los oficios no pueden sustentarse con sus salarios que mas que importan ellos, gastan en los tenientes que tienen en Puerto-Rico y San German, y por las ocupaciones del oficio no pueden atender á sus haciendas y grangerías, y en esto pierden muchisimo.

1540.

Instruccion de lo que ha de pedir Sebastian Ramirez, procurador de Corte, en nombre de la ciudad de Puerto-Rico.

1º Que el préstamo de 4.000 pesos, para quien se obligue á hacer ingenio sea de 6000 (Proveido).

2º Licencia para traer esclavos (Proveido).

3º Artillería y municiones para la fortaleza &c, como en las cartas se pide.

Lo que al Consejo de Indias parece sobre el armada, lo que se comunicó con los cardenales y los otros del Consejo de Estado. (En la cubierta 1540.)

Se escriba á Burgos á Cristobal de Haro, factor de V. M. para que secretamente informe y sepa de todos los puertos de Francia, que navios se arman, y si para Indias, y para que tiempo, que porte &c. (Despachóse carta.)

Se escriba á los oficiales de Sevilla que viendo la osadía de los moros en haber entrado en Gibraltar, y llevado ciertos navios, se haga una buena armada contra ellos: y entretanto vean que salgan navios armados con los de indias &c. (Despachóse carta.)

Eisdem. Que para dicha armada compren luego 4000 hanegas de trigo y cantidad de vino, y vean si hay en aquel rio, navios de que echar mano (idem).

Eisdem. Que provean como los navios de indias vayan armados de modo que puedan defenderse de corsarios, como tantas veces se ha mandado (Ya está escrito).

Se busque quien se obligue á llevar armas á Sevilla asi para los navios, como para conducir á indias. (Escribióse á Juan Martinez de Recalde, se entienda en hacer artillería y arcabuces para ambos efectos.)

Se debe luego escribir y mandar á los alcaydes de las fortalezas que están hechas y mandadas hacer, en Santo Domingo de la Española y en la Yaguana que está en la punta de esa isla; y en Puerto-Rico y San German de San Juan; en Santiago y en la punta de la Havana, de Cuba, y en nombre de Dios, que continuen hasta acabarlas y reparen las ya hechas: y se escriba á la audiencia y gobernadores que entiendan en que se lleve á efecto. (Escrito.)

Se mande so graves penas á los gobernadores de Santa Marta, Cartagena, Venezuela, hagan luego las fortalezas á que están obligados. En Venezuela, dos; una en Coro que es el puerto principal, y otra en Cabo de la Vela, por pesqueria de perlas nuevamente descubierta allí, cosa rica é importante. (Hízose el despacho).

Fortaleza en Vera Cruz, en Veraguas y Rio de la Plata.

Cédula general al gobernador y Concejos de cada pueblo de indias, que provean como los vecinos tengan armas y los mas caballos que pudieren, y se haga alarde de cuatro en cuatro meses, y en tiempo de necesidad se ayuden mutuamente los gobernadores. (Hiziéronse los despachos).

Que se haga Capitan general de la Española, al Almirante Don Luis Colon, porque como sea aquel el puerto principal, conviene que haya allí gran recabdo y que una persona semejante tenga este cargo porque terná mas probabilidad...... y que en el uso del oficio guarde la orden general que el audiencia le diere. (Hízose el despacho, y háse enviado).

Búsquese persona para visitar las islas y la costa, y ver como alcaydes y gobernadores cumplen. (Va firmado, Episcopus Lucen).

———

Es fallecido D. Alonso Manso, Obispo de San Juan. La audiencia de la Española escribe que se provea luego, y propone á Don Rodrigo de Bastidas, Obispo de Venezuela, buen perlado, nacido allá, hijo de un poblador antiguo que fué gobernador de Santa Marta. Parece al Consejo, que se le debe presentar.

———

Informacion de testigos fecha en la ciudad de San Juan de Puerto-Rico en 8 de Abril de 1540, por la que consta que en cumplimiento de la cédula del Emperador fecha en Toledo 20 de Marzo de 1539 dada á pedimento de Garci Troche, alcaide de la fortaleza de dicha ciudad, se acabó esa fortaleza ó le falta por hacer muy poco y que eran menester para el servicio della seis hombres con sesenta pesos cada uno; dos artilleros, uno para la artillería baja y otro para la alta; un portero, otro que alimpie las armas, é otros dos que velen juntamente con los demas: que se necesitan en ella veinte arcabuces, veinte ballestas, cuarenta lanzas, y artillería gruesa ocho tiros; otros dicen que mas ó menos. Al fin dos sugetos hacen entrega á Pedro de Espinosa, alcaide de la fortaleza de las siguientes armas:

Cincuenta y siete ballestas con sus gafas.

Treinta y nueve arcabuces con sus frascos é turquesas é cebaderos.

Veinte y ocho capacetes.

Cuatro taleones de bronce con ocho cámaras ó dos cañones cada uno é sus carretones é llaves.

Medio sacre con su carreton.

Dos lombardas con siete cámaras de hierro que dijeron ser de la ciudad.

Hasta dos quintales de pólvora.

Ciertas pelotas de piedra é de plomo.

Siguen otras cosas de que se entrega el alcaide.

Despues de lo qué, en 25 de Mayo, los señores Alcaldes dijeron estar acabada la fortaleza, y estar ya despedidos el maestro y los oficiales &c.

1541.

Alarde de la gente de á pié y caballos de la ciudad de Puerto-Rico, hecho en 30 de Noviembre de 1541.

Son de caballo, con lanzas, adargas y algunos ademas con rodelas y ballestas....................

El primero es Francisco Juancho, alcalde, y 2º Martin de Equiluz, capitan............ .... } 26

Son de á pié, el primero, Francisco Vazquez, capitan; 2º Francisco Caro, alferez; 3º Alonso Lopez, sargento &c. Casi todos con espada y rodela, algunos ademas con lanzas y puñales, muy pocos arcabuces........................ 45

Total......... 71

1541 ó 1542.

Un memorial del Consejo de Indias, firmado Juan de Samano. (Dos pliegos, originales).

Vista la relacion acerca de los franceses corsarios, que se decia haber salido de Francia, y la sospecha de armada de Francia para descubrir, platicamos del armada que convenia hacerse.

Seria menester gastar 150,000 ducados del Erario Real. De averia podrian sacarse 12 ó 15,000 ducados. En Indias no hay oro sino un poco en Panamá. Por esto y porque S. M., significa que no quiere que por su parte se rompa la guerra sino que se guarden las treguas; parece que hacer la armada era hacer demostracion de lo contrario, especialmente publicando el rey de Francia, que no envia sino seis navios á la costa de Guinea para la contratacion de la malagueta, y á lo del Brasil, que nada es en tierras de S. M.: parece que se suspenda el armada.

Otras cosas podrian hacerse sin ese gasto. Enviar algunos arcabuceros á nombre de Dios para defender la entrada y paso á Panamá do esta el oro, otros á Puerto-Rico, Santo Domingo y la Havana.

Se ha tomado parecer del Valle, de Hernando Pizarro. V. M. provea.

1546.

Por una provision de la Audiencia de Santo Domingo de 30 de Agosto de 1546, se manda al licenciado Antonio de la Vega, tome residencia al licenciado Iñigo Lopez de Cervantes, Oidor de Santo Domingo del tiempo que fué gobernador de la isla de San Juan de Puerto-Rico, y á sus tenientes y oficiales.

Pregónase la residencia en San Juan, en 30 de Setiembre del mismo año, y lo mismo en las demas villas y lugares de la isla segun costumbre. Por la pesquisa secreta resultan muy ligeros cargos de los cuales le absuelve enteramente, declarándole buen Juez y digno de que S. M. le atienda, por sentencia de 29 de Octubre del mismo año de 1546.

1547.

Fé de haberse pregonado en la villa de San German en 16 de Mayo de 1547 por mandado del gobernador de la isla licenciado D. de Carasa, la cédula real del príncipe fecha en Valladolid 6 de Junio de 1546, en que se manda, que aunque se hayan asentado treguas por cinco años con Francia, por cuanto so color de contratar podrian ir franceses á otros fines; nadie sea osado á contratar con corsario alguno ni frances, pena de perdimiento de mitad de bienes y destierro de la isla á estos reinos.

1552.

Testimonio dado en Puerto-Rico á 14 de Enero de 1552 de como por Cristobal de Salinas, Tesorero, se presentó cédula real (Valladolid 1 de Mayo de 1551, la Reina, Samano) para que se desocupase la casa de contratacion de aquella ciudad, y viviesen en ella los oficiales. Respondió el Gobernador que obedecia, y en cuanto al cumplimiento, que el desde que fué á la Isla, vivió dicha casa pero que se estrechará y dará la mitad, y por lo que se queda pagará alquiler si parece á S. M.

1555.

Cartas.

A los oficiales de Sevilla. El licenciado Estevez. Puerto-Rico 4 de Junio de 1555.

Con Pedro Ochoa de Trabudo, envié la residencia que he tomado al Dr. Luis Angulo: venga despachado con brevedad. Vá tambien la contra Domingo Bernal, alguacil que fué, y contra el contador Luis Perez de Lugo, y ambos presos con ellas. Estamos guardando la plata de las naos que han arribado. Son 280,100 pesos. Era la flota de Farfan, de la que arribaron tres naos, y la capitana se fué á fondo.

Requerimiento hecho en Puerto-Rico por el General del armada, Don Gonzalo de Carvajal, al gobernador de San Juan para que le entregue el oro y plata de las tres naos, que en la tormenta, despues de salidas de la Havana, se separaron de la flota de Farfan del año anterior.

Va adjunta cédula Real firmada por la Princesa, en Valladolid á 18 de Mayo de 1555, en que refiere enviarse dicho Carvajal, con tres naos de armada de propósito para recojer dicho oro y plata de S. M. y particulares, que se cree serán *seiscientos* mil ducados y aun mas: Manda se le entreguen.

Responden el gobernador, Vallejo y los oficiales Miguel de Illanes, contador; Salinas, tesorero; y Alegre, factor; que estan prontos á entregarlo.

El Requerimiento y la respuesta son de 22 de Agosto de 1555. (Cartas 16).

En un papel suelto se lee:
"Aquí yace el muy ilustre Señor Juan Ponce de Leon, "primer adelantado de la Florida: primer Conquistador y go- "bernador de esta isla de San Juan. Este enterramiento y ca- "pilla es de sus herederos; y patronazgo della, de Juan Ponce "de Leon, su nieto, y de sus hijos de Doña Isabel de Loaysa".

Asi es el original, y la Iglesia está en el convento de Dominicos de Puerto-Rico.

Varias remesas de oro y perlas de la Isla de San Juan, segun consta de los apuntes que existen en la coleccion de Don Juan Bautista Muñoz.

Año de 1509.—En 4 ó 6 de Agosto.—Vino una cadena de oro de la isla de San Juan, valuada en ocho mil novecientos setenta y cinco pesos tres tomines.

1511.—Agosto 7.—Enviados por Juan Ponce de Leon de la isla de San Juan de lo procedido en ello; diez mil pesos.

1513.—Enero 8.—Vino de oro de la isla de San Juan; seis mil pesos.

Enero 8.—En granos, muestras de nuevas minas; doscientos treinta y cuatro pesos, cuatro tomines.

Agosto 2.—Venido de San Juan en tres naos; diez y seis mil cincuenta y siete pesos un tomin.

Noviembre 27.—De la isla de San Juan en una nao; cinco mil pesos.

1514.—Abril.—Arribó á Bayona de Galicia la caravela de Domingo Carral, vecino del puerto de Santa María, en que vino Juan Ponce de Leon, de San Juan, quien trajo y llevó por tierra á la Corte cinco mil pesos.

Setiembre 22.—Nao de San Juan; cuatro mil pesos.

Noviembre 28 y Diciembre 4.—Dos naos de San Juan; nueve mil pesos.

1515.—Octubre 4.—Nao de San Juan; cinco mil pesos.

Diciembre 10.—De San Juan; cinco mil pesos.

Id. 22.—De idem; cinco mil un pesos siete tomines.

Id. 8.—De idem; mil pesos sobre otros tantos antes recibidos.

1516.—Febrero 29.—De San Juan; siete mil cuatrocientos noventa pesos cuatro tomines ocho granos.

Abril 19.—De idem; cuatro mil pesos.

Hay cantidad de perlas varias y guanines y de los derechos procedidos de los esclavos caribes tomados y vendidos por Juan Ponce de Leon.

1517.—Mayo 9.—Nao venida de San Juan, cinco mil pesos.

1518.—Febrero 7.—Nao venida de San Juan; ocho mil pesos.

Marzo 6.—Nao venida de San Juan; ocho mil pesos.

Agosto 2.—Nao de San Juan; diez mil pesos.

Diciembre 13.—Nao de San Juan; siete mil cuatrocientos noventa y siete pesos.

1519.—Agosto 9.—De San Juan, diez mil pesos.

1520.—Enero 22.—Se recibió de nao de San Juan que aportó á Villanueva de Portiman en Portugal, y se trajo por tierra; diez mil pesos.

Marzo 20.—Nao con oro de San Juan; tres mil novecientos cuarenta y dos pesos cinco tomines.

Julio 23.—Nao de San Juan; cuatro mil setecientos cuarenta y siete pesos.

Octubre 5.—Nao de San Juan; dos mil doscientos noventa y nueve pesos tres tomines.

Octubre 22 y 23.—Llegaron dos navios: uno de Santo Domingo con sesenta y ocho marcos de perlas para S. M.: otro de San Juan con cuatro mil setecientos cuarenta y cinco pesos oro, y treinta y nueve marcos perlas. Vendimos el oro á 455 mrs. cada peso. Al Cardenal gobernador Juan Lopez de Recalde, Domingo de Ochandiano. Sevilla 31 de Julio de 1520. Son cuatro mil setecientos cuarenta y cinco.

1521.—Mayo 3.—Se recibió de nao venida de San Juan, cuatro mil novecientos noventa y nueve pesos tres tomines.

Id. 12.—De la isla de San Juan, han venido cinco mil pesos, segun carta de Juan Lopez de Recalde, contador de la casa de contratacion de Sevilla á un *He. Rmo. é mui magnífico señor* (acaso Fonseca) 12 de Mayo de 1521. (Cartas, legajo 1º)

No hay mas partida de oro. De *goayacan* en gran número de palos, se recibieron en diversas naos hasta Agosto entrado, 2429 quintales, sin contar lo que se descascaró y enxugó en la venida, y la décima del almirante.

1522.—Marzo 8.—Nao de San Juan, cuatro mil pesos.

Agosto 2.—De idem en que vino Blas de Villasante, tres mil novecientos setenta y nueve pesos.

Noviembre 11.—Llegaron cuatro naos de Cuba y San Juan, con once mil pesos (que por la averia, se razonaron peso á ducado) y 328 marcos perlas (que se razonaron por la averia, á 12 ducados) (*).

1527.—Noviembre 8.—Nao *Regina Celi*, maestre Gutierrez, de San Juan, con oro, perlas y cueros (*)

1530.—Junio 22.—Nao de la Española con oro de San Juan, dos mil cuatrocientos cuarenta pesos.

Idem 30.—Para S. M., de la Española, cinco mil cuatrocientos pesos, enviados allí de San Juan.

Viene una partida de dicha isla de San Juan, para Doña María Niño de Ribera, viuda de Conchillos.

Julio 6.—Oro de dicha Isla, con nao de la Española, cinco mil cuatrocientos pesos.

1531.—Julio 7.—De San Juan, dos mil quinientos pesos.

Idem.—Otra (es de Juan de Leon), cuatro mil pesos.

1532.—Agosto 16.—Nao de San Juan, cuatro mil pesos.

Setiembre 3.—Idem de idem, cinco mil pesos.

1533.—Julio 14.—Nao de San Juan, cuatro mil pesos.

(*) Esta partida no está detallada en el tomo de estractos de que está tomada, y no dice la suma procedente de la isla de San Juan.

(*) Tampoco fija cantidad.

1534.—Mayo 8.—Nao de San Juan, tres mil quinientos pesos.

1535.—Nao de la Española, con oro de San Juan que valió mas de mil ochocientos cuarenta y ocho pesos.

1536.—Mayo 2.—Nao de San Juan, cinco mil pesos.

Idem 29.—Idem de idem, cinco mil pesos.

ESTRACTO

DE PARECERES, INFORMES, Y ORDENANZAS

SOBRE EL TRATAMIENTO

DE LOS INDIOS DE LA ISLA DE SAN JUAN.

Ordenanzas para el tratamiento de los indios.

1513.

Don Fernando &c. Por cuanto Yo é mi mujer, siempre descamos el provecho espiritual de los indios de la isla de San Juan, hicimos algunas ordenanzas para ello por nos, á las cuales añadieron otras Bovadilla, Ovando, y el Almirante Don Diego y nuestros oficiales de allá. Pero la esperiencia ha mostrado que todas no son bastante para lograr el deseado fin, atendida la inclinacion al ocio y á los vicios que se observa en los indios, principalmente teniendo sus asientos con sus caciques distantes de las poblaciones de Españoles, á donde se retiran el tiempo que están desocupados del servicio. Porque aunque se les haya dado instruccion mientras servian, la olvidan luego, y vuelven á su holgazanería y vicios: sin querer oir al Español que vá con ellos para instruirlos, por no temerle ni respetarle. Siendo esto tan contrario á la fé, y nos, obligados á poner remedio; á consulta de algunos del Consejo, dictamen de personas doctas y piadosas, é informe de otras que tienen conocimiento de Indias; ha parecido conveniente que las estancias y asientos de los caciques é indios se pongan cerca de las poblaciones. Con lo cual podrán asistir á las Iglesias, oir las pláticas, conversar frecuentemente con los Españoles, recibir luego los Sacramentos &c., y ademas en lo temporal se evitará que les roben sus hijos y mugeres, y se les hagan otros daños á que algunos se han atrevido por pillarlos lejos de donde residen las justicias. Por estas y otras causas fué acordado de mudar sus estancias cerca de los pueblos de españoles, donde se guardará con ellos lo siguiente:

1º A causa de mudarse las estancias junto á las de los españoles, todo el que tuviese indios les hará para cada cincuenta, cuatro buios, largos treinta pies, y quince de ancho, y tenerles tres mil montones de yuca, dos mil de axes, doscientos cincuenta pies de axi, é cincuenta pies de algodon á contentamiento del visitador, el cual cuidará de que siembren á su tiempo media hanega de maiz, y que el encomendero dé á cada uno doce gallinas y un gallo, de cuyos pollos y huevos se aprovechen.

2º Los indios que hay y hubiere en dicha isla de San Juan, se traeran de do están, á las nuevas estancias, con amor y halago.

3º Todo encomendero hará en su hacienda una casa para Iglesia donde irá con todos los indios al amanecer y anochecer á rezar con ellos las oraciones, cuidando de corregir al que yerre. Daráse algun tiempo para holgar á los indios antes de que anochezca y será privado del, quien no acudiere.

4º Deberá el encomendero enseñarles la doctrina y cada 15 dias tomarles cuenta de lo enseñado, so pena de seis pesos de oro.

5º Donde oviere cuatro ó cinco estancias en término de una legua, se hará una iglesia en la del centro, donde concurran todas las fiestas á oir misa con el encomendero y oigan plática del clérigo; si por caso no lo hubiere, concurrirán á hacer oracion y rezar; so pena de diez pesos al encomendero que contraviniese.

6º Si fuera de dicha legua hubiere alguna estancia, hágase Iglesia alli para no obligar á los indios á ir lejos.

7º Los perlados que llevaren diezmos de tales estancias, proveerán de clérigos para decir misa, confesar á los que supieren y enseñar á los que no.

8º En las minas donde hubiere copia de gente se hará una iglesia, y todos los que alli los tuvieren harán lo dicho en las estancias.

9º Todo el que tenga cuarenta ó mas indios deberá enseñar á uno de ellos muchacho á leer, escribir y la dotrina, y porque algunas suelen servirse de un muchacho indio por paje, será obligado de enseñarle lo mismo.

10. Si hubiere algun indio enfermo deberá asistirle y con-

fesarse una vez al año: al que muriere deberá ir con la cruz para enterrarle; uno y otro sin paga; do quiera que muera un indio, su encomendero sea obligado á enterrarlo: pena de cuatro pesos.

11. Ningun indio podrá ser cargado, sino solo con sus mantenimientos, caso de mudarse de un lugar á otro pena de dos pesos y perder el indio para el hospital del lugar á que pertenezca.

12. En naciendo algun indio deberá el encomendero hacerlo bautizar dentro de ocho dias; si no oviere clérigo hágalo por si en caso de necesidad, pena si lo omite de tres pesos para la iglesia do se bautizase.

13. Serán empleados los indios en minas nada mas de cinco meses: luego holgarán cuarenta dias, en los que nada se les podrá mandar sino el traer mantenimientos de los montes: en los cuarenta dias se harán las fundiciones; y el enconmendero cuidará de instruirlos en la dotrina cristiana.

14. No se impidam á los indios sus areytos en domingos y dias de fiestas, ni en otros fuera de las horas del trabajo, porque he sabido se seguiria inconveniente.

15. Los encomenderos serán obligados á tener provision suficiente de pan, axes y axi, y darles suficiente de comer, y en los dias festivos ademas darán á cada uno una libra de carne ó de pescado segun el dia, y que vayan á comer en buhios, lo cual se dará todos los dias á los que anden en las minas: pena de dos pesos, cada vez que contravinieren.

16. Se enseñará á los indios que no deben tener mas de una mujer, con la cual se casen, segun manda la iglesia.

17. Todos los hijos de caciques se entregarán á la edad de trece años á los frailes Franciscos, los cuales les enseñarán á leer, escribir, y la dotrina; pasados cuatro años vuélvanse á quien son encomendados para que de ellos reciban la dotrina los otros indios mejor que de los nuestros.

18. Las indias preñadas de cuatro meses no podrán ser enviadas á minas, ni hacer montones, sino tenerse en casa por servicios de pocos trabajo: paridas, se hará lo mismo por tres años en que criarán sus hijos: so pena de seis pesos cada vez.

19. Deberán los encomendaderos dar á cada indio su hamaca dentro de 12 meses, y el visitador zelar que ni se les falte, ni los indios la truequen ó vendan.

20. Deberán dar anualmente un peso de oro á cada indio para vestir; del qual peso el cacique tendrá un real porque el y su mujer vistan mejor.

21. Nadie podrá servirse ni admitir en su estancia indios

agenos: pena de seis pesos por primera vez, 2.ª doblado y 3.ª tres doblado.

22. Porque los caciques sean mejor tratados, se señalarán para su servicio al que tuviere quarenta personas, dos; al que sesenta, tres; al que ciento quatro ó ciento sesenta, seis; los quales deberán servir al cacique, y á él en nada se le empleará, salvo cosas ligeras con el mismo fin de evitar la ociosidad.

23. Darán los encomenderos razon al visitador, de los indios que murieren, nacieren ó vinieren de la Española ú otras partes, pena de dos ducados por cada uno; los visitadores asentarán todos los indios de cada poblador con sus nombres, y en cada fundicion darán razon á los oficiales y estos á nos para saber si crecen ó se disminuyen.

24. Nadie podrá dar azote, ni palo, ni otro castigo á los indios, sino acusarlos al visitador que los castigue: so pena de cinco pesos de oro.

25. Todos deberán traer por lo menos la tercera parte de sus indios en minas, salvo los vecinos de la Çavaña é la villa nueva de Yaquimo que están muy distantes de las minas, los cuales emplearán sus indios en hacer hamacas, criar puercos &c.

26. Los que no tuvieren haciendas cerca de las minas, podrán hacer compañía con quien las tuviere, y uno ponga los indios y otro los mantenimientos, pero no haya en esto arriendo, so la pena susodicha.

27. A los indios traidos de islas comarcanas se les tratará del mismo modo que á los de la dicha isla; salvo si fueren esclavos, que cada uno podrá tratar como quiera, como sea usando de amor y blandura y dotriñándolos.

28. Porque no se muden las estancias de los indios, mandamos que si vacaren por muerte ó delito del encomendero, aquel á quien hicieremos merced dellos, compre la estancia por tasa de dos personas nombradas por el Almirante, Jueces de apelacion y oficiales.

29. En cada pueblo de dicha isla, habrá dos visitadores que celen la instruccion, buen trato de los indios, y cumplimiento de estas ordenanzas.

30. El Almirante, Jueces y oficiales nombren los visitadores, como mejor visto les fuere, con tal que sean de los mas antiguos vecinos; daranles por su oficio algunos indios sobre los que tengan de repartimiento: pero si los hallaren negligentes, particularmente en lo de comida y hamaca, quitenles aun los propios que tenian.

31. Dichos visitadores han de visitar los lugares, estancias,

mineros de su cargo, dos veces al año, en principio y á la mitad, uno cada vez, porque lo que se pase á uno, observe el otro.

32. No podrán los visitadores llevar á sus haciendas ningun indio perdido ó huido, sino depositenlo en persona fiable para que lo recoja su dueño cuando parezca: so pena de perder otro indio suyo, y de restituir aquel á su dueño.

33. Tendrán los visitadores traslado destas ordenanzas firmado de Almirante, Juez y oficiales, y una instruccion de los mismos para su gobierno.

34. El Almirante, Jueces y oficiales, deberán enviar cada dos años, persona que tome residencia á los visitadores, y estos darles relacion cumplida de los indios nacidos y muertos en su distrito en dichos dos años para que Nos seamos informados.

35. Ningun vecino de la dicha Española pueda tener mas de 150 indios de repartimiento, ni menos de cuarenta. Porque mando al Almirante, Jueces y oficiales que hagais guardar y guardeis todo lo dicho, so pena de perdimiento de indios repartidos. Y pregónese esta en la Española. Valladolid 23 de Enero de 1513.—Conchillos.—El Obispo. (Dióse otra tal para la isla de San Juan.)

1513.

Declaracion de las Ordenanzas sobre los indios.

Doña Juana &c. A vos el alcalde ó alguacil mayor de la isla de San Juan.... é á los Oficiales.... Justicias.... Concejos &c. Ya sabeis como el Rey mi Señor é Padre, é Yo.... con acuerdo de perlados y personas religiosas y de algunos del nuestro Consejo que para ello mandamos juntar, mandamos hacer ciertas ordenanzas por donde los dichos indios habian de ser dotrinados.... tratados é reducidos á pueblos.... Despues de lo cual el dicho Rey mi Señor y Padre é Yo, fuímos informados que aunque las dichas ordenanzas habian sido muy útiles..... habia necesidad de mandarlas declarar é moderar..... mandamos á algunos perlados y religiosos de Santo Domingo, é algunos de nuestro Concejo é predicadores é personas dotas...... prudentes é celosos del servicio de Nuestro Señor.... con acuerdo de los quales.... é oida, personas religiosas que tienen noticia de la isla é indios; hicieron la declaracion é moderacion de las dichas ordenanzas en la forma siguiente:

1. Primeramente ordenamos y mandamos que las mugeres indias, casadas con los indios que están encomendados por repartimiento no sean obligados de ir ni venir á servir con sus maridos á las minas ni á otra parte si no fueren por su voluntad dellas, ó si sus maridos las quisieren llevar consigo, pero que las tales mugeres, sean compelidas á trabajar en sus propias haciendas y de sus maridos, ó en la de los Españoles dándoles sus jornales que con ellas ó con sus maridos se convinieren, salvo si las tales mugeres estuvieren preñadas, porque con estas tales mandamos que se guarde la ordenanza que sobre esto por nos está hecha, so pena que el que lo contrario hiciere, demás de la pena que está puesta en la ordenanza, pierda la india que asi hiciere ó trabaxare, y á su marido y á sus hijos, y sean encomendados á otros.

2. Item, que los niños ó niñas indios, menores de catorce años, no sean obligados á servir en cosas de trabajo hasta que hayan la dicha edad y dende arriba, pero que sean compelidos á hacer y servir en cosas que los niños puedan comportar bien, como es en deservar las heredades y cosas semejantes en las haciendas de sus padres, los que los tuvieren, y los mayores de catorce años esten debajo del poderio de sus padres hasta que sean de legítima edad y sean casados, y los que no tuvieren padres ni madres, mandamos que sean encomendados por la persona que para ello tuviere nuestro poder, y los encargue á personas de buena conciencia que tengan cuidado de los hacer enseñar y dotrinar en las cosas de nuestra Santa Fé, y se aprovechen dellos en sus haciendas en las cosas que por los nuestros jueces de apelacion que alli tenemos fueren determinadas que pueden trabajar sin quebrantamiento de sus personas con tanto que les den de comer, y les paguen sus jornales conforme á la tasa que los dichos nuestros Jueces determinaron que deven haber y con que no los empidan á las horas que ovieren de aprender la dotrina christiana, y si alguno de los dichos mochachos quisiere aprender oficio, lo pueda libremente hacer, y estos no sean compelidos á hacer ni trabajar en otra cosa estando en el dicho oficio.

Otro si, que las Indias que no fueren casadas, las que están so poderio de sus padres ó madres, que trabajen con ellos en sus haciendas ó en las agenas conveniéndose con sus padres, ó las que no estuvieren debajo del poderío de sus padres ó madres, porque no anden vagamundas ni sean malas mugeres é que sean apartadas de vicios, y sean dotrinadas y contreñidas á estar juntas con las otras é á trabajar en sus haciendas, si las tovieren, ó si no las tovieren, en las haciendas de los indios é de los otros, pagándolas sus jornales como á las otras personas que trabajan por ellos.

Item, que dentro de dos años los hombres y las mugeres anden vestidos, y por quanto podria acaescer que andando el tiempo con la dotrina y conversacion de los christianos se hagan los indios tan capaces y tan aparejados á ser christianos, y sean tan políticos y entendidos que por si sepan regirse y tomen la maña de la vida que allá viven los christianos, declaramos y mandamos y decimos, que es nuestra voluntad que los que ansi se hicieren ábiles para poder vivir por si y regirse á vista y á arbitrio de nuestros Jueces, que agora en la dicha isla están ó esto vieren de aqui adelante, que les den facultad que vivan por si, y les manden servir en aquellas cosas que nuestros vasallos acá suelen servir, ó las que allá concurrieren semejantes á la calidad de las de acá, para que sirvan é paguen el servicio que los vasallos suelen dar é pagar á los príncipes.

Por que vos mando.... que veades las primeras ordenanzas y con ésta dicha declaracion y modificacion las guardedes.... é fagais egecutar las penas en los que.... incurrieren.... pena de perdimiento de los bienes muebles, y que seais privados, para que no se os puedan encomendar indios, como á personas que no los dotrinan ni enseñan ni los tratan con la caridad que deven ser tratados.... é perdais los indios que tovierdes encomendados.... Esta mi carta é ordenanzas.... sean pregonadas.... Dada en la villa de Valladolid á 28 dias del mes de Julio de 1513 años.—Yo el Rei.—Yo Lope Conchillos, Secretario de la Reina nuestra Señora, lo fize escrivir por mandado del Rei su Padre.—Registrada, Licenciado Ximenez.—Acordada, El Obispo de Palencia, Conde.—Castañeda, Chanciller. (Original. Sevilla, archivo de la Contratacion.)

1516.

Parecer anónimo en un pliego.

Los daños de las cuatro islas, Españolas, Cuba, Jamayca y San Juan, que son las pobladas hasta ahora, comenzó en tiempo del almirante, sobre el concierto que hizo con los Ginoveses, de donde se siguió que fué Bobadilla el que envió preso al almirante é á sus hermanos. Edende á dos años enviaron por gobernador al comendador de Lares. Este hizo todos los pueblos que hoy están en la isla Española é la sojuzgó é repartió, y encomendó los indios. En su tiempo se descubrieron las minas en cantidad. Y estando este alli, se casó Don Diego Colon, el almirante, con la sobrina del Duque de Alba, é prometieronle en casamiento de volverle la gobernacion de las Indias, como la habia tenido su padre. Fué luego y quitó á muchos los indios é diólos á sus criados ó á los que eran de su opinion, de dó se siguieron muchos daños é discordias; y á esta causa enviaron los jueces de apelacion y regidores y escribanos de por vida; é demas acordaron de enviar á un religioso de Alburquerque á que repartiese los indios juntamente con Pasamonte. Antes de que este fuese, un Fray Antonio, Domínico, hizo un sermon en la ciudad de Santo Domingo, en que dijo que los indios no los podian poseer ni servirse dellos, é que todo el oro que con ellos habian sacado é ganado lo habian de restituir. E sobre esto vino á la corte á Burgos, y en contrario vino Fray Alonso del Espinar, fraile Francisco, é sobre ello se juntaron en Burgos mas de veinte veces, muchos maestros teólogos de los Domínicos é muchos obispos y algunos de los del Consejo, é nunca pudieron dar medio en ello. El Rey, vista la diversidad, mandó á Fray Alonso del Espinar é á Pedro Garcia de Carreon, que es de Burgos, é al bachiller D' Enciso que habia estado en las Indias, que se juntasen en San Francisco, é por capp. hiciesen una órden, como los indios viviesen é pudiesen ser cristianos; se juntaron, é dieron forma en como habian de venir á trabajar é servir á Dios. Ordenaron que á ninguno pudiesen ser encomendados mas de ochenta indios, ni menos de cuarenta, é que estos se diesen á hombres casados, porque de los hijos dellos quedasen las islas pobladas; los demas á los que habian conquistado las islas é que á ninguno de los que estaban en Castilla, se diesen indios, ni á los oficiales ni Jueces que en las indias estaban.

Estas ordenanzas fueron dadas al Rey. Los maestros teólogos é obispos las aprobaron, é se imprimieron é las mandaron á las Indias, é enviadas, mandaron á Rodrigo de Alburquerque que fuese á repartir los indios; é los que en ello entendieron mandaronle que en el repartir de los indios no guardase las ordenanzas; de manera que á los que están en Castilla les dió é dejó á cada uno doscientos ó trescientos indios, é aun hay alguno que tiene é le dejó mas de 600; (*) é á los oficia-

---

(*) Este alguno es sin duda Conchillos.

les ó Juezes que allá estaban les dió á cada uno doscientos ó trescientos, é á cada Escribano ciento, é aun hay oficial allá que tiene mas de quinientos. (*)

Al gobernador en cada isla trescientos, que son mil doscientos, é los que quedaron á personas que no son casados, ni fueron en conquistar ni ganar las islas, sino personas que le daban dineros prestados á nunca pagar. Trujo gran cantidad de dineros; el sabe á quien los dió, porque esto no se supiese, los que lo enviaron procuraron con el Rey que hiciese un Consejo aparte para las indias. (*) E nombraron por Oidores á los mismos que allá tenian los indios, é por escribano á Conchillos que tenia ochocientos. E asi á uno daban la escribania de minas ó de los Juezes que cada uno tenia cien indios, sacábale el partido que de todo lo que en ella ganase les diese la mitad á ellos. Dieron forma como de su mano estuvieran los Oficiales que residen en Sevilla, de manera que las islas están perdidas é se desminuyen cada dia; y sino se remedia, en breve fallecerá la renta, é las indias é aun los cristianos que en ellas estan.

El remedio: que los que hicieron las ordenanzas las ejecuten, quiten los indios á todos los de Castilla, y á Gobernador, Juezes y Oficiales; é se den á casados con seguridad de que tengan allá sus mugeres, segun mandó el Rey Católico nuestro padre. (*Luego habla con la Reina y sin duda en 1516*).

2º Provéase un gobernador para cada isla, y no vuelva el Almirante, por evitar pasiones ó discordias con los de su valia. Que los Juezes de apelacion hayan á las cinco leguas en primera instancia, y en caso de corte, en toda la isla, é haya Relator. Quitar los oficiales presentes apasionados. Quitar tres oficios inútiles inventados por Conchillos. Uno escribano de minas, para llevar dineros por licencia de sacar oro, que antes no exijian, ni se debe, pues basta pagar el quinto. Otro es el hierro de las naborias, que pues son libres, no es conciencia herrarlos y dar dineros por el hierro: é baste que se hierren los esclavos. Otro es el registro de las naos que de allá parten, porque pagan cada una ciertos tomines, é con cada uno de estos oficios tiene su salario é sus derechos é cien indios: los cuales oficios nunca allá fueron fasta que de poco acá los envió Conchillos.

3º Si hubiere de haber Consejo de indias, los Oidores sean sin pasion, ni ellos ni el escribano tengan cosa en Indias, y asi no habrá pasion.

(*) Pasamonte.
(*) Consejo de Indias. Su forma primera.

Si alguno dice que no es lícito encomendar los indios, no lo crea V. A., que lo es guardando las ordenanzas dichas. Si se les da libertad volverán á idolatrar:

Memorial anónimo con el siguiente proyecto:

"Porque V. S. sé que pone en planta de remediar y sal-"var las ánimas y vidas de los indios," diré como se puede hacer con aumento de las rentas reales y sin que se despueblen de españoles las islas. Ponellos en libertad y que como sirven á vecinos sirvan todos á V. A., porque ninguna cosa los mata sino la tristeza del espíritu de verse en tal servidumbre y cautiverio, y del mal tratamiento que les hacen tomándoles las mugeres y las hijas, que lo sienten mucho, y hacerles trabajar demasiado y darles poco de comer. Los mozos de soldada los maltratan y como los indios no pueden servir de testigos, no se hace justicia.

El modo sea, que el que gobierne, convoque los caciques de cada isla, les diga que ya no han de servir á ningun vecino, sino que estén á placer como solían y den á V. A. el oro que daban á los encomenderos, salvo si algunos les hacian trabajar con esceso. Trabajarán con alegría, y en la mitad del tiempo, sin riesgo de la salud sacarán el oro.

Los inconvenientes que para esto ponen, son:

1.º Que no son capaces de vivir por sí, servir con lo dicho á SS. AA. Yo me obligaré á que cumplan cuanto se les mande sin premio; capacidad tienen y mas se verá si los ponen en libertad, y serán buenos cristianos, lo que ahora no, por odio de ellos. Mándese á los religiosos que anden constantemente entre ellos enseñándoles y defendiéndoles.

2.º Que los pobladores se irán si les quitan los indios. Muchos se sostienen sin ellos con esclavos negros, caribes y lucayos; y si algunos no los tienen, pueden dejarles algunos indios hasta tanto que se provean.

Propone que á costa de S. A. se traigan muchos caribes, hasta ocho mil, y se repartan entre los vecinos prestados, que luego los cobrará S. A., y que dé licencia general para llevar negros. A los que acá están (*) que tienen indios, recompénseles S. A. en otra cosa.

Durante los repartimientos como están, no pueden guar-

(*) En Castilla.

darse las ordenanzas y son tales los clamores de los vecinos que tienen indios cuando se los quitan, "que si viera la publicacion del repartimiento pasado, pudiera ver el espanto del juicio venidero." Para informarse de esto, no sea de ninguno que tenga intereses en Indias.

GERONIMOS.

Coleccion diplomática de la academia de la Historia. A 1516. Documento 2º (Son 17 fojas en folio, las seis primeras tocan al despacho de los Gerónimos por el cardenal Cisneros, letra coetánea.)

Carta de *Fray Cardenalis é los Gobernadores* á nombre del Rey y Reyna, al General de la órden de San Gerónimo fecha en Madrid 8 de Junio de 1516. El Credencial á favor del Tesorero de Baza, para que lo que este le dijere ponga por obra.

Otra al mismo de F. Cardenalis con la misma fecha. Dícele que el Tesorero de Baza le hablará sobre que envie dos religiosos. "Para que vayan á dar órden como nuestro señor sea "servido en aquellas partes (de las Indias) y la tierra se pue- "ble, y quiten y pongan para ello las personas que parecie- "ren, y fecho esto se podrá bolber."

Instruccion que llevó el Tesorero de Baza, de tenor siguiente.

Que SS. AA. han sido informados que en las cosas de los indios, no ha habido hasta agora tan buena órden como fuera razon, asi para convertir los indios á nuestra santa fé católica é instruirlos y enseñarlos en las cosas della como en el buen tratamiento de los dichos indios: á cuya causa han venido en mucha diminucion, tanta, que si no se remedia, diz que acabarán de despoblar las principales islas de aquellas partes. Y que SS. AA., como cristianos, doliéndose de un tan gran daño como este, deseando remediarlo, principalmente en lo espiritual, y despues en lo temporal, visto que non se puede bien proveer sino veyendo la tierra y conociendo la condicion y manera de los naturales; y que ninguna persona se ha enviado hasta agora á las dichas Indias en quien no haya reinado la codicia mas de lo que fuera razon, como dicho es; han acordado enviar para el remedio de lo susodicho, personas religiosas en quien no pueda caber codicia; y pareciéndole que en ninguna religion se hallan personas tan hábiles para poner en la órden que convenga á las dichas Indias como en la suya, asi en lo espíritual como en lo temporal, ni que con mayor voluntad lo hagan, han acordado que las personas que han de ir sean de su religion.

En la vida inédita del señor arzobispo de Granada, capítulo 2°, hablando de esta órden, dice: "Que estaba muy re-"cojida y en fama de la mayor órden regida de España." Y que por esto SS. AA. les ruegan que escojan luego dos personas para que juntamente con ellas entendamos en la forma que se terná para que los dichos indios sean convertidos á nuestra santa fé católica, ó instruidos en las cosas de ella, que es lo que principalmente desean SS. AA. y se conserven y multipliquen los que hoy hay, é las rentas de SS. AA. sean aprovechadas que en esto harán gran servicio; é nosotros serémos sus procuradores; solicitad al dicho general para que luego nombre dichos relijiosos, é los haga venir con vos. Fecha en Madrid 8 de Julio de 1516. Fray Cardenalis y el Embajador.

Recibidas estas cartas, el general llamado Fray Pedro de Mora, ayuntó los de capítulo privado, en la dicha por Agosto de 1516. Trataron el negocio, y dieron respuesta al Cardenal y al Embajador con dos Priores de la órden, Fray Gonzalo de Frias Prior de santa María del Armedilla, y Fray Antonio de Santa Cruz Prior de la Sisla. La respuesta es como sigue, en sustancia.

"Gracias por el buen concepto de nuestra órden; en el "capítulo, se han ofrecido dudas que no pueden resolverse sin "comunicar con Vuestra Reverendísima Señoria. Parece orde-"narse la ida de los religiosos, principalmente para instruir é "informar á los indios en la fé, y para que ellos sean mul-"tiplicados, y aprovechada la Real Hacienda.

"Para lo primero, ofrecemos nuestros religiosos, hacién-"doles Monasterios, do puedan tener observancia, no sea que "por ganar las ánimas agenas pierdan las suyas propias.

"Cuanto á lo segundo, bien que asunto meramente secu-"lar, ya le procurarian los religiosos por servir al Reino y á "Vuestra Señoría. Mas no se compadece, multiplicarse los in-"dios é aprovechar las rentas reales, porque al presente, tra-"bajando los indios todo lo posible, y no dándoles muy cum-"plido mantenimiento, las rentas reales, tienen su cierta cuan-"tía, la que se disminuiria luego que se tratase de quitarles "parte del trabajo y mejorarles el mantenimiento &c. La em-"presa parece imposible; que no se podria desempeñar, y se "daria ocasion á creer no se cumplia.

"Pero lo cierto es que nuestros religiosos no sabrán hacer
"bien ese negocio, que si religiosos han de ser, mejores serán
"los que tienen allá monasterios y autoridad.

"Otras varias razones de escusa. No obstante, si absoluta-
"mente se nos manda, ahí van cuatro compulsorias que V. S. hen-
"chirá en quien gustare; mas prevenimos será bien no se les fuer-
"ze, sino se les llame primero para que vayan de buena vo-
"luntad."

Respuesta del Cardenal en presencia del Embajador, y del Arzobispo de Avila, estando otro sí presentes, el Prior del Armedilla, el Prior de San Leonardo, y el Prior de la Sisla.

"No en menos tenemos, padres, vuestras discretas escusas,
"que la buena voluntad que siempre habeis tenido ó teneis al
"servicio de SS. AA., porque las escusas son de personas cuer-
"das que miran con mucha prudencia el peso de las cosas. Y
"tanto mas convidais á encomendaros el negocio sobredicho
"de las Indias, cuanto mas conocemos en vuestras escusas,
"vuestras muchas suficiencias y habilidad para todo lo que se
"os quiera encomendar. Porque los Secretarios, en el crédito
"que enviaron, no copiaron enteramente lo que les quisimos
"mandar que escribiesen. En tiempo de los Reyes de esclare-
"cida memoria, nuestros Señores D. Fernando é Dª Isabel,
"que en gloria sean, cuando las sobredichas Indias se ganaron,
"fué subdado en el Consejo Real, si los sobredichos indios ha-
"bian segun justicia, de ser libres ó tenidos por esclavos. Y
"fué concluido *jure cœli teiro duda contrapone el jus cali al*
"*pretuno jus belli*: ó por otras determinaciones que para esto
"hay, que pues los dichos indios eran gente pacífica que no
"empecian á estos Reyes ni á otros; y tenian por mano de
"Dios aquella su tierra, *quia Domini est terra et plenitud eius*,
"en la cual ellos hasta alli habian vivido en libertad, que jus-
"tamente no le podia ser quitada; mayormente que muchos
"dellos con paz recibieron á los nuestros. Pero por ser como
"era gente sin fé ni sin dotrina, sin las industrias é buenas
"artes en que suele ejercitar la razon humana; que les era es-
"pediente é provechoso servir mientras que esto de la fé é
"buenas artes se les enseñaba en tal que el servicio fuera mas
"de fijos que de esclavos. Y para hacer esto con mejor con-
"ciencia ganaron los sobredichos Reyes de esclarecida memo-
"ria de nuestro Santo Padre entera facultad, como mas larga-
"mente parece por su bula. Los caballeros é criados de los Se-
"ñores dichos Reyes con deseo de aprovechar sus haciendas
"solicitaron sus Reales personas, para que les ficiesen merce-
"des á cada uno de ellos de cierto número de indios de la suer-

"te é manera que los sobredichos Reyes los tenian por la bula
"Apostólica, como dicho es, para enseñarlos en la fé é ins-
"truillos en buenas artes y entretanto servirse de ellos. Los
"cuales que asi obtienen la sobredicha merced de número de
"indios, como su principal fué la codicia de servirse de los so-
"bredichos indios para que les sacasen oro, olvidada la ins-
"truccion y dotrina de la fé, segun en esta corte se ha pro-
"clamado, han puesto tan grave servidumbre en los dichos
"indios que opresos de intolerable trabajo, no solamente han
"aprovechado muy poco en la fé, mas de gran número que
"habia dellos es asi despoblada la tierra, que á pocos años,
"si no se remediase, se espera quedar sin morador é desierta.
"E esta relacion hicieron al Rey D. Hernando, nuestro Señor,
"que en gloria sea, al tiempo de su última enfermedad, *sed*
"*preventus morte*, no pudo remediar. Despues acá los venidos
"religiosos de las Indias é otras personas, que doliéndose de
"tan inumerable perdicion de ánimas, que por sacar oro son
"muertas, é doliéndose de tan gran tierra ansi despoblada,
"nos han solicitado con muchas peticiones é informaciones he-
"chas sobre el mismo caso. Nos veyendo que los hacedores de
"los dichos Señores que tienen de mercedes los dichos indios
"hacen de algunas cosas contraria relacion, para ser informa-
"dos de la verdad, hemos demandado á la Orden, dos ó tres
"religiosos; los cuales veyendo el negocio por sus propios ojos,
"nos informen de la verdad ó viniendo á esta corte á hacer
"relacion ó como mejor fuere para el negocio, escribiéndonos
"por cifras todo lo que cumpliere. Y este Consejo Real se ha
"determinado de escojer religiosos de vuestra Orden, porque
"os tenemos por personas cuerdas y que no teneis ocasion pa-
"ra que os venza codicia, como podria ser venciese á los de
"las ordenes mendiantes; y aun porque tenemos memoria en
"este Consejo Real, que en los tiempos pasados, estando en
"perpejlidad de la espedicion de algunos negocios que requie-
"ren fidelidad y prudencia, no hallamos otro remedio, que en-
"comendarlos á los religiosos de vuestra Orden: los que á glo-
"ria de nuestro Señor, dieron tan buen cobro, que la esperien-
"cia de lo pasado nos dá causa que os encomendemos esto
"presente. Y si parais mientes á aquesta relacion, que es muy
"diferente de la que hizo el Secretario, podeis ver, padres,
"claramente, como cesan las sobredichas escusas. Pues quere-
"mos los sobredichos religiosos, no para mas, que para ser tes-
"tigos de lo que pasa. Y estamos determinados en este Con-
"sejo Real, á les dar tanta autoridad é fé, cuanta se daba
"antiguamente en los Concilios, á los testigos sinodales que

"*erant exceptione* mayores y quien quiera que osaba contra-
"decirlos, por el mesmo caso era, segund los derechos antiguos,
"gravemente penado. Y pues finalmente, padres, concluis, que
"cuanto á nuestra determinacion, si de todo en todo nos de-
"terminamos, que vayan los sobredichos dos ó tres religiosos
"á las Indias, hareis lo que cumple al servicio de SS. AA.,
"quedará que el domingo en la tarde nos iremos á Sant Geró-
"nimo, vos encomiendo que cada uno de vosotros tenga pensa-
"dos tres ó cuatro Frayles, que le pareciere serán para esto,
"y los escriba apartadamente en su papelejo; y haga lo mismo
"el Prior de San Gerónimo.

"El domingo en la tarde, vino el Cardenal con el Emba-
"jador y el Obispo de Avila, á dicho monasterio, y juntos di-
"chos Priores y el de Gerónimos, estando presente el dicho
"Fray Lope, el Cardenal mandó que cada uno de los Priores
"señalase la persona que mas bien le pareciese, señaladas al-
"gunas, el Cardenal remitió al Padre general la eleccion y el
"modo de ganar la voluntad á los elejidos; para ayudar al ge-
"neral á persuadirles fué destinado Bartolomé de las Casas,
"que venia de las Indias.

"El General, despues de muchas dificultades por las es-
"cusas de varios, nombró al fin al padre Fray Luis de Sevilla,
"Prior, que era á la sazon del monasterio de la Mejorada, y
"fray Alonso de Santo Domingo, Prior que era de San Juan
"de Ortega y profeso de la Sisla. (Este fué uno de los que por
disposicion de los reyes, entendieron en la reforma del órden
de Santiago, véase Sigüenza 3ª parte, página 93 col. 2.) y á
"Fray Bernardino de Manzanedo, profeso en San Leonardo,
(Sigüenza escribe lo era de San Juan de Ortega) y fué con ellos,
"por compañero del Prior de la Mejorada, Fray Juan de Sal-
"vatierra, profeso en el monasterio de la Mejorada." Los cuales, aunque contra su voluntad, se prestaron por obediencia, y
dia de San Martin á once de Noviembre de mil quinientos diez
y seis alzaron velas del puerto de San Lucar.

Los poderes, é leyes, é ordenamientos que llevaron, allende de otras instrucciones y avisos secretos, traelos á la letra
Sigüenza. Historia de la orden de San Gerónimo, libro 1º, capítulo 25; y en el siguiente 26 trae á la letra el memorial de
Fray Bernardino de Manzanedo.

Los Gerónimos enviados á la Española por el Cardenal Cisneros, ademas de los informes y pareceres que tomaron en la Espa-

ñola de los Domínicos y Franciscos y del Comisario general Cristobal del Rio, hicieron una informacion de trece testigos los mas antiguos y de mas suposicion de la isla, por la cual se colige.

1º Que los indios son viciosos, especialmente su lujuria, glotoneria y haraganeria, que mas precian andar á monte, comer raices, arañas y otras vascosidades que los mantenimientos de los españoles.

2º Que puestos en libertad volverian á su desnudez, sus idolatrias y supersticiones, olvidarian cuanto se les ha enseñado; ni tienen capacidad para vivir por sí políticamente, antes el que mas hábil dellos parece, es mas idiota que el mas rústico labrador de España: por manera que la libertad sería perjudicial para sus cuerpos y almas. Que ya por mandado de los Reyes católicos se les puso en libertad, y la esperiencia mostró lo dicho, y ademas se alzaron y costó mucho trabajo reducirlos y hubo que tornarlos á encomendar.

3º Sobre si conviene sacarlos de sus asientos y *yncayeques* y traerlos cerca de los pueblos de Españoles, hay varios pareceres. Los mas juzgan que debe hacerse para el bien corporal y espiritual dellos, porque asi serán mejor dotrinados, aprenderán policia, vivirán racionalmente &c. no pasarán el sentimiento que tienen cada vez que han de venir á servir, y serán menos sus mudanzas: ni los Españoles tendrán el gasto de enviar cada vez por ellos. Asi que aunque no quieran deben ser compelidos por su mismo bien.

Algunos convienen en que deben traerse á las cercanías de los Españoles, dándoles tierras buenas para sus conucos, gallinas &c. pero que en ninguna manera conviene hacerlo contra su voluntad, porque se matarian muchos tomando agua de yuca, y de otros modos, como ya ha sucedido en no pocos, solo por haber oido que esto se intentaba; y seguramente los viejos arraigados perecerian por esta mudanza. Por lo cual convendrá disimular en algunos, regalar á otros y ganarles la voluntad con buen tratamiento para que se viniesen de su voluntad.

Uno dice que aunque ellos quieran no debe consentirse que se traigan, porque en realidad les es perjudicial; fuera de que se despoblaria gran parte de la tierra, y nadie podria transitar por falta de mantenimientos y caminos en tan grandes despoblados.

4º Igual variedad hay sobre si traerlos será mas conveniente para su salvacion: en los asientos dellos que los mas son chicos y pobres no hay clérigos ni frailes para instruirlos: mueren sin sacramentos y sin exortador: los niños hasta los doce ó catorce años que vienen á servir no aprendren dotrina alguna. Estas consideraciones hacen decir á los mas que conviene: mas otros creen que sería gravísimo el daño de la mudanza, y sería mejor enviar eclesiásticos que los instruyan en sus asientos, donde tomarán la dotrina de buena voluntad.

5º Sobre si conviene sigan las encomiendas como agora ó si será mejor ponerles un gobernador que tenga cuidado dellos (al modo del proyecto de Casas) ó si deberán ponerse en libertad; todos insisten que sigan como agora, pero perpetuando los repartimientos lo mas que se pueda, y tomando las precauciones posibles para el buen tratamiento, menos trabajo, mas de comer y salario.

Uno solo dice que estando en libertad multiplican mucho, y encomendados como agora, por mas ordenanzas que se den, perecerán todos brevemente.

6º Caso de haberse de encomendar que en ninguna manera se haga repartimiento general, porque se ha visto por esperiencia en tres repartimientos que la tierra ha recibido mucho daño por las ordenanzas. Que deben quitarse á S. A. y á todos los ausentes, y repartirse los vacos en vecinos casados de conciencia que los traten bien y tengan pensamiento de perpetuarse en la tierra.

Sobre la informacion antecedente y los pareceres que vinieron de la Española, se tomaron aquí otros y entre ellos el siguiente de Juan Lopez, que ó es el Oficial de la Contratatacion de Sevilla, ó el Contador mayor.

Presupónese que como están hoy dia las islas, perecerán todos los indios y acabados éstos se irán los españoles; y esto aunque se les hagan los alivios prescriptos en las ordenanzas mientras sean repartidos y se echen á minas y á otros trabajos recios. Que se ha visto por esperiencia ser muy peligrosa la mudanza de sus asientos á las cercanías de los pueblos de españoles. De lo cual concluye que debe procurarse á traerlos por grado y caso de hacerles algun apremio sea solamente para dotrinarlos y en lo que mira á su salvacion, pero en ninguna manera para que trabajen en minas y otras labores duras; y aunque parezca que se convidan á esos trabajos, debe atenderse á que quizá lo dirán y no será asi. En todo caso favorézcase la opinion comun de ponellos en libertad, á lo menos debe probarse una temporada, que acaso viendo el buen tratamiento, se aplicarán á los trabajos que pudieren soportar, y sin duda volverán á multiplicarse: Esto es lo mas seguro.

Convendria enviar allá con el cargo de esta negociacion una persona muy sabia y de conciencia con plenísimo poder para ejecutar lo que le pareciere sinembargo de suplicacion; de otra suerte se ocasionarian gravísimos daños por la dilacion.

Juntamente sería provechoso enviar algunos trabajadores, gente recia, que en caso de necesidad, fuesen útiles para las armas y defensa de la tierra.

GERONIMOS.

Memorial que dió en Valladolid Fray Bernardino de Manzanedo por Febrero de 1518.

Muy poderoso Señor:
"Sabrá V. A. que todo el tiempo que aquellos PP. é yo "estuvimos en las Indias, posimos mucho cuidado por hallar "manera como los indios fuesen en sus ánimas é cuerpos bien "tratados y las conciencias reales y de los que tienen los di- "chos indios seguras, y puesto que con muchas personas sabias "é ispertas platicamos muchos medios para conseguir este fin, "y vimos y supimos por nosotros mismos y por otros de las "condiciones de los indios: Por ninguna forma hallamos para "poner esta gente que cumplidamente nos satisfaciese: porque "cada una de las que se dan, está tan acompañada de incon- "venientes que parece desacuerdo tomar alguna dellas.

Quisiera escusarme de hablar, mas diré por servir á V. A.

1º Parece que los indios de la Española y San Juan no tienen capacidad para regirse por sí: por lo comun no tienen amor á nuestra fé: dejados á su albedrio pocos se salvarian, antes volverian á sus antiguos ritos y ceremonias.

2º Visto el mal tratamiento hecho á los indios sospecho que pónganse como quieran en poder de pobladores, serán disminuidos y mal tratados. "Mi dictámen es que salvándose los "inconvenientes, no se encomienden. Diré el modo."

3º Dicen algunos, que V. A. debe en conciencia ponerlos en plena libertad y aun por el bien temporal: de otra suerte acabarán ellos y las *rentas reales*. A lo de que podrian alzarse aumentándose, responde, que V. A. pueble bien la tierra, y los mande instruir, y serán pacíficos y buenos cristianos.

4º Este es el camino llano para asegurar la conciencia.

5º Afirman otros que deben encomendarse y cuidar mas de su buen tratamiento. Los religiosos Franciscos y Domínicos de ella, dicen que no se deben encomendar y dan otras maneras, todas llenas de inconvenientes. Mande V. A. examinar sus dictámenes y los de otros muchos moradores de Indias, que paran en el secretario Conchillos: y si personas de santidad y doctrina juzgan que pueden encomendarse, podria ser en esta forma:

Antes de todo véase si á las cazicas casadas con Españoles se pueden quitar los indios de sus cazicazgos, y las tierras de sus antepasados; y si hallándose algun cazique capaz de gobernar su gente, se podria quitársela. Uno y otro parece que no, en conciencia; mas veo tres inconvenientes. 1º El que los indios se repartirian en pocos en daño de la populacion. 2º Y estos pocos quizá los menos merecedores. 3º Que como toda la tierra estaba repartida antiguamente, no quedaría un palmo libre á la disposicion de V. A.

Como quiera que se pongan los indios, siempre deberán tener sus asientos junto á pueblos de Españoles: de no, no serán buenos cristianos, ni políticos.

Segun muchos, lo mejor para los indios fuera libertarlos de servir en minas. Es mucho el trabajo, especial el de hamurar y descopetar, y su comer débil, sino que el deseo del oro es infinito, y acaso fuera mas lucroso en adelante, y ciertamente mas útil á la populacion, el cultivo de la tierra lo que agora no se hace. Tampoco se cumplen las órdenes cerca de la moderacion de trabajo en viejos, niños, paridas y preñadas.

Las mudanzas que se han hecho en las Indias, ha sido una de las principales causas de donde ha venido la despoblacion, porque, como ninguno tenia seguridad que le habian de durar los indios que le encomendaban, usaban de ellos como de cosas emprestadas y agenas, y asi han perecido y perecen muchos de ellos. Ni tampoco osaban labrar casas en la tierra, ni hacer otras haciendas, temiendo que otro dia le quitarian los indios, y que se perderia todo lo hecho. Y por esta causa conviene mucho que se mire con diligencia lo que se ha de hacer y hecho no se mude, y aun dé V. A., cuanta seguridad sea posible para que lo crean firme, que no será fácil persuadirlo.

Lo que se provea sea, si es posible, á gusto de todos los de allá, eclesiásticos y seglares, de otro modo habrá mil clamores y V. A. se verá como hoy solicitado el remedio cada dos meses.

Usese gran piedad con los indios, pero haya recatamiento en lo que se ordene, porque ellos siempre han mostrado disposicion á levantarse: y agora dia de Navidad pasado (1517) recibí una carta del Prior de San Juan de Ortega nuestro compañero que allá está, en la que me escribe como un Regidor de la isla de San Juan que se llama Mogollon, le certificó que en la dicha isla andaban los indios tan alborotados que huian á los montes, y que estaban alzados la tercia parte de ellos, y que habian muerto ciertos pobladores, y si algun naboria se iba á los alzados, lo mataban é comian. Tómese aviso de este hecho.

Habiendo de repartir los indios, juzgo que se dejen á quien los tienen: los maltratos á los indios y los odios entre pobladores son indecibles en las novedades de repartimientos, solo podria enmendarse el esceso que se observe.

Dénse indios á casados juiciosos y á solteros tales, con obligacion de casar dentro cierto término: so pena de perder todo el provecho para el Fisco.

Dénse á quien se establezca para siempre allá y gran cautela en ello, no sea como lo pasado que en siendo ricos se vienen.

El mayor repartimiento no esceda de ochenta personas, y estas bajo un cacique, segun me dicen se hace en Cuba.

Ninguno de Castilla tenga indios, ni el de una isla en otra.

Ni los que allá tengan cargo de justicia: asi celarán las ordenanzas.

Nadie de estos tenga parte en las armadas, para traer indios de afuera, si han de continuar contra los caribes notorios: pues esto ha sido causa de no hacerse allá justicia.

No hay tanto inconveniente en lo de Alcaldes ordinarios, que cada dia se elijen.

El Católico mandó que en cada pueblo hubiese dos visitadores de indios; que por su trabajo tuviesen mas crecidos repartimientos. Estos tienen jurisdiccion civil y criminal en las cosas de los indios, y de sus providencias no hay apelacion sino á la Audiencia de la Española. De aquí han nacido escándalos entre visitadores y alcaldes, y que los indios han sido mal visitados.

Mejor será nombrar personas discretas de conciencia y esperiencia: dos en la Española, dos en San Juan y uno en Jamayca que sean visitadores continuos; pero sin jurisdiccion, salvo para ejecutar las penas en los que contravengan á las ordenanzas, y déseles alguna parte de ellas.

Y tengan salario, mas nó indios de repartimiento.

Los artesanos y mercaderes no tengan indios salvo algunos naborias para enseñarles sus oficios ó tratos.

Los oficiales de V. A. podrán tenerlos siendo pobladores y casados allá.

Suplican los de allá á V. A. que deje los indios que tiene y que haga ingenios de azúcar como los de Zabaria y Yaquimo, edificios públicos, caminos, haciendas gruesas y ganados para proveer las armadas, y mantener á los que van y poderles dar bueyes para abrir la tierra: cosas que no pueden hacer los particulares: y que ningun eclesiástico tenga indios: lo cual parece ageno de su estado, aunque es verísimile que mejor los tratarian que los seglares.

Provéase como los obispos de Indias residan porque no hay ninguno en ellas: hay tambien gran falta de algunos clérigos.

La ordenanza para que los obispos den clérigos para decir misa en las estancias los dias festivos, no se cumple, ni van á doctrinar, ni confesar. Quítese de sus diezmos para eso, que lo piden de allá.

Los que hayan de entender allá en lo que ha de proveerse, sean personas sin pasion, sin codicia &c.

Tales personas tengan favor y confianza para obrar, que ha sido gran daño proveer de Castilla lo que debiera allá.

No se provea desde acá ninguna encomienda de indios.

Convendrá dar los indios con toda la perpetuidad que quepa en justicia; asi los tratarán mejor como hacen con negros é lucayos.

El indio que se halle capaz de gobernarse por si, póngasele en libertad y ayúdesele, y vélen esto los visitadores.

Cuidado con darles bien de comer.

En no trabajarlos demasiado.

En doctrinarlos y civilizarlos que se descuida mucho.

Los que allá están y tienen las mujeres aqui ó vénganse ó llévenlas. Hay gran trabajo en esto.

Muchas de estas cosas hicieramos aquellos padres é yo si se nos hubiera dado respuesta á lo que escribimos: mas ni de V. A. ni de los gobernadores tuvimos carta alguna y esperando de dia en dia no osamos á hacer cosa que acaso hubiera de deshacerse.

Nada de lo hecho se mude mientras allá no vaya quien en todo dé asiento: repito que han hecho gran daño las mudanzas.

Mucho cuidado en que se guarde lo que se mande: gran falta hay en esto.

He dicho mi parecer con temor de errar por el poco tiempo que fuí en Indias.

Si los indios han de tener vida concertada y hacer algun servicio, temo que bastará para estorbar su disminucion. Asi vea V. A. como aquello se pueble bien, que ya oigo que la Española y San Juan se acabarán en breve: y dellas entran cada año en Sevilla vuestros y de vuestros vasallos mas de doscientos mil pesos de oro.

LUCAYOS.

Los indios de afuera traidos de las islas inútiles, ellos y sus sucesores son naborias perpetuas de los que los traen con tal que observen las ordenanzas y residan allá: los armadores pueden traspasarlas dentro de medio (será año) y no despues. Ofrecense estas dudas: Si una india de estas casase con Español quedaría en servidumbre? Si el que tiene de estos indios se viniese á Castilla sin ánimo de volver, podria conservarlos? Podrian los sucesores y herederos de los de Indias no viviendo en ellas? Si quien los tiene muere ab intestato y adeuda, podrán venderse para pagar en falta de otros bienes? Podrán darse en dote? Algunos los han vendido contra lo mandado y son tantos que era mucho volverlos á sus primeros dueños: así no proveimos sino que adelante se guardasen las provisiones. Mande V. A. proveer en esto y declarar si habiendo tales islas inútiles han de seguir trayendo sus indios á la Española; pues por los gobernadores de V. A. está proveido que no se traigan por los escesos que se hacian con ellos.

POBLACION.

El fundamento para poblar es que vayan muchos labradores y trabajadores; trigos, viñas, algodones &c., darán con el tiempo mas provecho que el oro. Convendrá pregonar libertad para ir á sentar allá á todos los de España, Portugal y Canarias: que de todos los frutos de Castilla puedan llevar mercaderías y mantenimientos sin ir á Sevilla. Mande V. A. que vayan á poblar las gentes demasiadas que hay en estos reynos. Hay ciertas islas de caribes despobladas. Seria bien desterrar á ellas perpetuamente todos los que por sus culpas merecen muerte y *ad tempus* lo que merecen penas corporales. Allá me importunaron sobre esto. Podria verse que los hijos de Españoles é indias no pudiesen venir, y asi el amor de ellos detendria allá á sus padres. Los de la Española pedian negros, porque ya no bastaban los indios: querianlos sin derecho de almoxarifazgo. Que se les abone pasaje y mantenimientos á los que pasen á poblar.

"Yo sé poco de poblar: Suplico á V. A., me perdone en "lo que menos bien hubiere dicho y me haga merced de darme "licencia para que me vaya á nuestro monasterio y aquellos

"P.P. que están allá para venirse al suyo: porque no son estas "cosas en que entendemos convenibles á nuestro hábito y "religion."

Parecer de Fonseca, (es Juan Rodriguez Fonseca, arzobispo de Rosano, obispo de Burgos), al muy alto y muy poderoso y muy católico Rey y Señor.

Me parece que los indios no pueden venir á la fé sino por la comunicacion de los cristianos, lo que no puede ser estando en su libertad y por si en pueblos apartados de los colonos. Mándese ir un caballero de confianza con dos letrados sin otro cargo que este; comuníquen con los Gerónimos, y ante todo quiten los indios á V. A., á mí y á todo ausente; y tambien á los Jueces de allá, los cuales ya que sepan que jamas han de tener indios, entren en la Junta. Esta Junta tome pareceres, disponga lo que se ha de hacer, y ejecútese con apelacion á V. A.

Un hombre de bien, y vénganse comisarios, letrados y Gerónimos. Asi escusará V. A. importunidades de una y otra parte.

Si hubieren de quedar encomendados, en ninguna manera conviene repartimiento ganeral, sino solo de los que digo se quiten, y de los que ahora tienen indios no se quiten sino por maltrato ó delitos. Y sea la encomienda por el mas tiempo posible que ser pueda, porque teniendo mudanza los encomenderos los trabajarán demasiado.

Convenia declarar las islas y parte de tierra firme donde habitan caribes que puedan traer por esclavos; así se evitará "lo que ya se ha visto", dar licencia el Rey Católico que haya gloria para ir á islas de caribes, tomar trescientos ó cuatrocientos, determinarse allá que no eran caribes y hacerlos tornar con pérdida de gastos &c.

OBISPO DE AVILA.

Memorial de lo que yo el Obispo de Avila he sido informado por muchas cartas y personas de la Española. (En la cubierta dice. Memorial secreto del Dr. Matienzo).

Abreviando dice: Que la Española va en gran disminucion, consúmense los indios, no multiplican y se vienen muchos pobladores hallándose con alguna cantidad de oro.

Para remedio de los indios sépase quien los maltrata y quítensele, déjense solo á quien los trate bien.

Que no tenga indios quien no resida allá con casa, labranza y crianza casados ú obligados á casar dentro de un año.

Envíense labradores de Castilla dándoles allá largamente tierras, págueseles pasaje y dénles á cada uno una yunta de bueyes de los que allá tiene S. A., y planten y siembren trigo y semillas y todos árboles de Castilla, y pregónese. Dénles algunos naborias, y muchas franquezas. Lo mismo digo de San Juan, Cuba y Jamayca.

Se engañan los que dicen que lo peor para convertirse los indios es conversar con los cristianos: consta que dejados, olvidan la doctrina y vuelven á sus ritos y areytos porque *vivunt pecudum qui nulla remixi presentia geruntur*, que tienen necesidad de ser regidos tratándolos bien. Ellos son como bestias, y quien hubiere de poner remedio no se engañe por lo que se diga so color de piedad.

Guárdese mucho en tomar el perverso consejo que dan muchos (dabanlo todos los piadosos) de conservar el almirante por gobernador sin que haya otros jueces superiores. Antes es de toda necesidad que haya allá quien ponga límites en las cosas del almirante, no le deje estender sus furias ó alas, no venga algun daño irremediable *quod deus avertat*.

Alude á que podria coronarse el almirante. Lo demas, que es poco, se refiere á Pedrarias y tierra firme.

Voto de Fray Cristóbal de Rio, comisario general.

Parece que el Cardenal Cisneros, tomó pareceres de personas doctas en la materia, y este del comisario general de los Franciscos es: Que son libres los indios y en ninguna manera es lícito que sean encomendados, aunque no se determina si será mejor juntarlos en pueblos, para el fin de ser buenos cristianos.

Parecer de los Dominicos de la Española, Fray Pedro de Córdova, Vicario provincial.—Fray Tomás de S. Yacobo. —Fray Juan de Toro.—Fray Paulo de Trujillo.—Fray Pedro de la Magdalena.—Fray Pablo de Santa María.—Fray Domingo de Betanzos (sacerdotes), dirijido á los padres Gerónimos, y dado por su mandado, los cuales ademas de la informacion que se estractará luego, tomaron parecer de varios.

El del Presidente es que son ilícitos los repartimientos y deben de ser puestos en libertad los indios, bien esten en pueblos por sí, ó entre los españoles, y cuando ni uno ni otro se hiciere "ámbos los deben dejar ir á sus *Yncayeques*, que encomendarlos" pues asi cuando no fueran cristianos, no se moririan como ahora.

Que los encomenderos están obligados á restituir lo habido con indios y para quitar escrúpulos convendria hacer relacion de sus escesos al Papa, el cuál proveyese de remedio á las conciencias.

Que Vuestras Reverencias atajen las idas de colonos á islas y tierra firme, y que vayan solo religiosos á convertir segun es obligado el Rey por la Bula de Alexandro 6º

Cerca de los cristianos remediarse, irán con licencia general para traer negros, y á quien no tuviese se los prestase el Rey, é hiciese alguna merced mas en los derechos del oro que ahora es el quinto.

Vuestras Reverencias se acuerden "cuan grande y cuan peligroso negocio es este, y como agora llegado á ser puesto en sus manos ha de quedar en lo uno ó en lo otro, provean en que no quede despues de hecho perpetua angustia para sus conciencias."

Dice Fray Pedro de Cordova, que él y sus frailes aunque harto tenian hablado en la materia dan este escrito á requerimiento ex parte Dei de Fray Bernardino de Manzanedo, y esplican se muestre á quien haya de entender en el remedio bien sea el cardenal Cisneros ó otro.

———

Carta de Fray Pedro de Cordova, Vice-Provincial de los Frailes de Santo Domingo que moran en las Indias al Serenísimo é muy alto Rey é señor nuestro de Santo Domingo de la Española á 28 de Mayo.

Pondera los daños como pudiera Casas aunque es mas templado en las espresiones. "Por los cuales males y duros tra-"bajos ya estas pobres gentes ni engendran ni multiplican.... "ni hay dellos posteridad que es cosa de gran dolor.

Sigue que del mismo modo se ha despoblado San Juan, y llevan igual camino Jamaica, Cuba y los Lucayos.

Que estos daños se hicieron saber al Rey católico, el cual dello se dolió mucho, y trató de poner remedio.

Suplican sean puestos en libertad los que hay. "Y porque en estas partes Dios nuestro Señor, ha despertado el espíritu de un clérigo llamado Casas, el cual con muy grande celo antes de la muerte del Sr. Rey D. Fernando fué en España á le informar de todas estas cosas, é le pedir remedio para ellas, y despues de muerto, negoció lo mismo con el Reverendísimo Cardenal gobernador de V. A. y tornó acá con el remedio que se dió, del cual él ni aun nosotros estamos satisfechos, é agora otra vez torna allá con pensamiento de ver á V. A. y darle cuenta entera de todo lo de acá: por tanto no quiero decir mas.... á él me remito que es persona de virtud y verdad.... que ha muchos años está en estas tierras, y sabe todas las cosas de acá. V. R. A. puede justamente dar crédito.... como á verdadero ministro de Dios que para atajo de tantos daños creo que le ha escojido.

Lo segundo es que toca á cristianos solos.

"Que despues que á esta isla fueron enviados tres jueces "de apelacion se han recrecido muchos daños en muchas dis- "cusiones y bandos.... y odios y enemistades, mormuraciones "é detracciones: en mucho luego de pleitos é gastos de muchos "y estraños derechos, por donde la tierra antes que ellos vi- "niesen, no conoscí en ella." Atribúyelo á haber muchas cabezas, y conviene haya una sola. "Que un Juez que agora fué "enviado por el Cardenal para que tomase residencia á todos "los que hasta aqui habian tenido administracion de justicia "en estas partes, dice, que teniendo en sí propio cuatro juris- "dicciones ó judicaturas que hasta aqui solian estar repartidas "en muchos, basta para todas ellas siendo á un tiempo de re- "sidencia.... Señal que los Jueces mas entendian en sus gran- "gerias y en las armadas que hacian para otras islas que en "pleitos ni causas."

Acuerda el tiempo en que gobernaba solo el almirante D. Diego, tiempos pacíficos, tranquilos de pleytos y gastos y otros muchos males: recomienda sus buenas partes, su intencion, razon y deseos de justicia. "Es hombre muy humano, humilde "é muy bien acondicionado; hombre que recibe doctrina y con- "sejo, especialmente de los que piensa que sirven á Dios, hom- "bre que en las cosas de dificultad veiamos aqui que solia te- "ner recurso á Dios con misa é otras oraciones encomendán- "dose en los relijiosos. Y lo que pienso por que nuestro Señor "ha de estar siempre con él, es por ser hombre muy limosnero."

Parecer de Fray Petrus Mexia (sin duda este es Francisco que vino con el P. Infantes Provincial.)

"Como los reverendos P.P. de San Hierónimo embiados "por el Sr. Cardenal de España, quisiesen acertar en dar la "sentencia que combenia cerca del buen tratamiento de los "indios.... votos de diversas y singulares personas, así religio- "sos como seglares, recibieron entre los que ansí como á uno "de los mas antiguos destas ínsulas mandaron.... lo que me "parecia dije."

"Primeramente digo, que ha once ó cerca de doce años, "que converso con estos indios, y hállolos dóciles para apren- "der nuestra Santa fé Católica, escepto que siempre han me- "nester al maestro ante los ojos, porque facilmente lo olvidan "todo.

"Por esto los Reyes D. Fernando y Doña Isabel los "mandaron encomendar. Entonces eran infinitos los indios y "poquísisimos los españoles que quisiesen venir: ahora al con- "trario para que vengan hasta dar libertad que puedan apro- "vecharse desta tierra sin ofensa de Dios y del Rey. Los que "agora tienen indios con el rey, oficiales reales, conquistadores, "muchos casados aqui, y todos con cédulas reales. Parece in- "humanidad quitarselos, y por otra parte si no se quitan aca- "baran de perecer todos los indios.... Pura conservacion de "todos mis pareceres.

Se quiten los indios á todos, escepto los que tienen dos ó tres naborias como hijos de casa. Así quitados, háganse pueblos juntando en cada uno cinco ó seis caciques. Esten con ellos dos ó tres sacerdotes y tres ó cuatro hombres del campo, que recojan á los que se huyeren. Entiendan en cojer algodon y den un tanto por cabeza al rey, escepto los niños y las mugeres preñadas y paridas hasta pasado año y medio.

"Los que creen ser mas útil andarse tras el oro, no lo entienden: es menos el provecho y acaba ese trabajo con todos los indios. Ni se perderian las rentas reales" porque agora se cojen en la isla Española por espacio de un año ciento veinte mil castellanos cuyo quinto es veinte y cuatro mil. Pero de ese oro cojen mucho los cristianos con bateas (ó gamellas) y por mano de los esclavos; por manera que del oro sacado con indios no pueden venir á S. A. doce mil castellanos. Hoy son quince mil indios en la Española, y podrian dar anualmente mas de sesenta mil arrobas (*) que aqui valen á peso de oro,

---

(*) De algodon.

y en España á peso y medio. Con este ejercicio multiplicarian de manera que de hoy en quince años serian ciento cincuenta mil ó doscientos mil indios.

A los encomenderos deles el Rey por cada cinco indios que se les quiten, un esclavo, macho ó hembra; si diez, dos; si ciento, veinte; y sean suyos propios para sus hijos y descendientes. Será mejor para esto que el Rey compre dos mil esclavos, mitad hembras, mitad varones, que puestos aqui podran costar á medio marco de oro, que son cincuenta mil pesos de oro "y con estos SS. AA. si lo gastan cobrarán todos "los indios y las rentas que dije dellos, y mas los Españoles "habitantes en esta tierra; y el quinto del oro que sacaren con "los esclavos será tanto ó mas que agora, y mas la multiplica- "cion de indios y esclavos, y S. A. y pobladores saldrán de "escrúpulos de conciencia."

Memorial de los vecinos de Indias que estan en la Corte.

Muy Poderoso Señor:
"Algunos criados de V. A. y vecinos de las Indias que "aqui están, dicen que han oido decir, que con algunas rela- "ciones mas aparentes que ciertas, procuran que V. A. quite "á todos los vecinos de las dichas Indias, los indios que tienen "encomendados para que todos ellos sirvan á V. A. ó esten "por sí. Lo cual creen haya causado alguna persona indiscre- "ta (*) y no de tanta prudencia, como en tal cosa es menester, "y porque V. A. sea avisado de la imposibilidad que esto lle- "va y de los grandes inconvenientes que dello se seguirian, "suplican á V. A. que mande oir lo que aqui dicen.

"Si á V. A. que haga esto por descargo de su Real con- "ciencia en ponellos en libertad, no se compadece porque los "indios no tienen capacidad natural para estar por sí: de lo "que V. A. ya tiene aquí probanza bastante. (*) Y ademas "desto se ha visto por esperiencia, porque en vida de los Ca- "tólicos Rey y Reina, mandaron poner en libertad, y se hizo: "de cuya causa se alzaron los dichos indios, y para volverlos á "sujetar fué menester hacerles guerra á mucha costa y daño "de los cristianos y dellos.

"Si aconsejan á V. A. que tenga todos los indios, y que

(*) Sin duda Casas.
(*) La informacion de los Gerónimos.

"con hombres de soldada, los recojan todos en pueblos porque
"no disminuyan y cese algun mal tratamiento que se les haya
"hecho: hacen saber á V. A. que las gentes de quien mas mal
"tratamiento los indios reciben, son de los hombres de soldada,
"por ser gente rústica y de poca caridad y virtud.

"Y si quieren decir los que desto informan á V. A. que
"los vecinos que hoy dia los tienen están con algun escrúpulo de
"conciencia, yerran, porque el Rey Católico con mucha dili-
"gencia lo hizo ver á muchos letrados y religiosos, personas
"de buena conciencia, y visto por estos se determinó que S. A.
"podria disponer dellos y encomendallos de la manera que ago-
"ra están con las ordenanzas que para ello se hicieron, y así
"se los encomendó; y guardándolas es lo mas provechoso para
"los indios.

"Y cuando V. A. se determinase á quitarles los indios,
"lo cual no creen, por el gran perjuicio que V. A. recibe, por
"que la tierra se despoblaria: V. A. es obligado á pagar á los
"vecinos, las haciendas y casas y todo lo que han edificado y
"multiplicado, porque con esta certinidad que el Católico Rey
"dió á vecinos, de tener los indios perpetuos, se animaron á
"labrar y gastar lo que tenian, y en ir muchas personas con
"sus mujeres é hijos á poblar aquellas partes, vendiendo lo
"que acá tenian, lo que hasta allí no se habia hecho.

"Tambien parece que seria á cargo de V. A. de gratifi-
"car á los vecinos que allá se han casado con indias, como
"tengan que comer por su vida; pues se casaron por la confian-
"za que tenian que los indios les habian de ser perpetuos, y por
"perpetuarse los unos y los otros en la tierra.

"Y si las islas que hoy están pobladas, V. A. permitiese
"que se despoblasen de los vecinos, seria un grand deservicio
"de Dios, que no habria cristianos en ellas, y los indios no lo
"serian, y seria una muy grande pérdida; porque por ventura
"están otras islas y tierra mucho mas ricas que las descubier-
"tas por descubrir. Y estando las islas con los vecinos que hoy
"dia están, ellos mismos á su costa las descubrirán, como ago-
"ra ha acaecido desde la isla de Cuba, que Diego Velasquez ha
"descubierto muchas islas, que algunas dellas se cree serán
"de tanto ó mas provecho que las que estan hoy dia pobladas.

"Y puesto caso que desto V. A. quisiese descubrir ó con-
"quistar ó poblar otras tierras, los que ovieren de ir allá du-
"darian con razon de ir á ser vecinos destas otras se habia fe-
"cho, pues con tanto trabajo las han poblado.

"Hay otra cosa, que V. A. daria mal galardon á sus va-
"sallos que tanto trabajaron en pacificar las islas, en andar

"descalzos mucho tiempo por ellas y gastando su vida aventu-
"rándola muchas veces ansí en esto como en ir y venir á Cas-
"tilla por cosas necesarias para perpetuarse en ellas y que
"agora á su vejez los mas dellos vengan á pedir por Dios;
"y seria quebrar las alas á los que tienen ganas de hacer ser-
"vicios señalados.

"Y aunque algunos pareciere que en la isla Española lle-
"vaba posibilidad de hacerse esto, por estar los indios domés-
"ticos, á causa de que los cristianos han trabajado con ellos
"lo cual es imposible en las otras islas: esto no tiene ninguna
"sazon por la braveza que los indios dellas tienen. Pues vien-
"do los vecinos de las otras islas lo que con los de la Española
"se hiciere, con que voluntad ni amor tratarian los indios ni
"los impornian en cosa que conveniese, pues habrian de creer
"que en teniéndoles domesticados y pacíficos, se los habian de
"quitar.

"Y así á V. A., dicen que terná mas intéres de las Indias
"con poner los indios de otra manera que agora están; certifi-
"can á V. A. que consideradas las costas que para ello será
"menester, seria mas la costa que el provecho: demas de la
"pérdida que á los vecinos dellá y los de acá ansí mercaderes
"como cibdadanos tratantes les viene y generalmente á toda
"España, porque cesaria la contratacion, viniéndose los ve-
"cinos, como de necesidad se han de venir quitándoles los
"indios.

"Y puesto que con este movimiento V. A. ganase, pues
"es con pérdida tan general de todos sus Reynos, nadie lo de-
"beria aconsejar á V. A., ni V. A. lo debria permitir.

"Y si por tener, los que esto dicen, indios en aquellas
"partes, su parecer no tenga voto; aqui en la corte, y cerca
"della hay personas que han estado allá harto tiempo, y están
"sin pensamiento de volver jamas allá, los cuales son el licen-
"ciado Maldonado y Luis de Lizarazo y Fray Juan Botello
"que fué guardian de San Francisco en la Española, y Pedro
"de Tudela, y Pedro Garcia de Carrion que vive en Burgos,
"y otros algunos, suplican á V. A. los mande juntar, pues son
"personas de creer, y mande V. A. saber dellos la verdad, y
"lo mas breve que ser pueda, mande V. A. despacharlos, porque
"dello será V. A. muy servido, y lo de allá pacificado, que con
"temor desta mudanza todo lo de allá está alterado y puesto
"en términos de grand perdicion.

"Y lo que mas convernia al servicio de V. A. es mandar
"dar órden que fuesen á aquellas partes muchas gentes destos
"sus reynos, y á estos hacerles mercedes y dalles libertades y

"franquezas porque pueblen la tierra y porque lo que está po-
"blado se conserve y se acreciente lo demas, porque hay mu-
"cha necesidad dello. Y desta manera habria muchos mas in-
"dios que se tornaran cristianos y aumentarse ya nuestra fé, y
"sus rentas serian mas acrecentadas y mas ciertas que no de
"ninguna otra manera.

"Y acuerdese V. A. que en algunos de sus reynos pone
"dineros para sustentallos demas de las rentas dellos, y que de
"las Indias sin costa ninguna, vienen á España cada año cua-
"trocientos mil ducados, y vernan cada año mas, favoreciendo
"los pobladores y dando órden como vayan mas.—Gregorio
"de Badajoz.—Gil Gonzalez Dávila, Contador de la Española.
"—Pánfilo de Narvaez, Contador de la isla de Cuba.—San-
"chez de Arango.—Gregorio Paez.—Gregorio de Guzman.—
"Francisco Bezerra.—Cristobal de Tapia, Veedor.— (original
un pliego.)

1520.

De resultas de todas las juntas é informaciones que ante-
ceden, se mandó al cabo lo siguiente, enviando á todas las go-
bernaciones semejante carta. (*)

El Rey.—Licenciado Antonio de la Gama, nuestro Juez
de Residencia de la isla de San Juan: el licenciado Rodrigo de
Figueroa, nuestro Juez de Residencia en la isla Española, me
ha escripto que conforme á lo que de mi llevó mandado cerca
de la materia de los indios, de como debian estar para que tuviesen libertad pues son libres y multiplicasen é viviesen vida
política é se salvasen, que tomó los pareceres é informaciones
de los religiosos é personas honradas, é Jueces é oficiales que
en la dicha Isla residen, cerca de la capacidad de los indios
naturales della, é de la manera que devria é podria tener para
que se conservasen y no viviesen en la diminucion que hasta
aqui por su mal tratamiento, y tambien para que fuesen instruidos en las cosas de la Santa fé Católica, que se salven é
vivan política é ordenadamente por si como cristianos, é se provean de las cosas necesarias para su vivir, las cuales me envió,

---

(*) En la cubierta dice: "Lo que se escribió á los licenciados Figueroa y de
la Gama sobre los indios de la isla Española y San Juan, sobre la libertad."

é ansí mismo su parecer: lo cual todo mandé ver por todos los de mi Consejo que para ello mandé juntar. Y despues de haberlo mucho mirado é platicado con muchos estudios é diligencia, fué acordado é determinado que los dichos indios son libres é por tales deben ser habidos y tratados, y se les debe dar entera libertad, é que nos con buena conciencia no los podemos, ni debemos encomendar á nadie como hasta aqui se ha hecho.

Item por cuanto de los dichos pareceres é informacion parece, que de sacarlos de poder de los dichos cristianos españoles que los tienen encomendados, podrian venir algunos inconvenientes, ansí en daño de los dichos indios para su salvacion é aumentacion, que es mi principal deseo, como en ser estorbo para el ser é poblacion de su isla, é otros inconvenientes que cerca desto parecieron, é aquel dicho licenciado, con estar á ello presente, que por vista de ojos lo podria juzgar é ver con la dicha informacion, no se osó determinar por ciertas causas que dice, de hacer la dicha mudanza general hasta mas esperimentar la negociacion: é visto todo é ansí mismo lo que acá por algunas personas se ha dicho é platicado cerca de la manera é libertad de los dichos indios; ha parecido que se debe tener en ello la órden siguiente.

Primeramente, que porque el licenciado dice en su carta que tenia hechos dos pueblos para comenzar á poner en ellos los indios que se quitaron á nos, á el Almirante é á su mujer é Jueces y á las otras personas absentes como lo llevasteis mandado vos y él por vuestra instruccion, é comenzar á hacer en ello la esperiencia que me ha parecido muy bien, é que si vos no lo habeis hecho lo debeis hacer, é aquellos continuar; é continueis poniendo ante todas cosas los dichos indios, que como dicho es, se quitaron á nos é á las otras personas, en los dichos pueblos y en los demas que fuese menester hacerse, haciéndolo é ordenándolo de manera que cada cacique teniendo número de indios que baste para un pueblo, se ponga solo en él con sus indios, é si no juntando dos ó tres que puedan todos juntos como dicho es.

Lo mismo habeis de hacer de los indios que de aqui adelante vacasen por muerte ó por las cláusulas que está declarado vacar, poniéndolos en los dichos pueblos sin los encomendar á ningun vecino ni á otra persona alguna.

Item ha parecido que porque los dichos indios tomen mejor la manera de vivir políticamente é proveerse mejor de las cosas necesarias, lo harán mejor teniendo conversacion de españoles, viéndoles como ellos lo hacen; que se deben poner é mezclar en los pueblos de los dichos indios é que se avecinden con ellos algunos españoles que sean buenas personas ó de buena instruccion y costumbres, especialmente algunos labradores que les enseñen á labrar é criar ganados, é hacer grangerías é las otras cosas que ellos hicieren é vivieren ó estubiesen en su conversacion, ansí en tener mucho cuidado que se haga con la mejor manera que ser pueda, teniendo siempre lo que por las ordenanzas desto está ordenado.

Item porque como sabeis, si cuando los dichos indios se pasen á vivir y estar en los dichos pueblos, como dicho es, no tuviesen en ellos provisiones é labranzas de pan y carne, é ansí é las otras cosas necesarias para su mantenimiento entretanto que ellos, despues de asentados, se las crian é hacen, seria grand inconveniente ansí por el peligro de sus vidas, como el desconsuelo é desabrimiento que sentirian en haberlos puesto allí, é no tener de comer é las otras cosas necesarias: habeis de tener muy grand y especial cuidado, que antes que los dichos indios, se pasen á los dichos pueblos, ni se saquen de sus estancias, se les hagan en ellos, todas sus labranzas é crianzas de pan é carne, que ovieren menester, para con que se sostengan é mantengan entre tanto que ellos crian é labran, como con la bendicion de Dios se espera que lo harán, por manera que cuando ellos llegaren á los pueblos, puedan luego descansar, é comer de lo que allá les estobiere hecho y aparejado.

Ansí mismo habeis de poner en cada uno de los dichos pueblos, un clérigo ó dos, personas honradas, é de buena vida é dotrina, para que diga misa á los indios, é les enseñe dotrina, é administre los Santos Sacramentos, como por las ordenanzas está mandado.

Otro si, sabed que algunas personas han sido de parecer, que para que los indios se conservasen é multiplicasen é tuviesen órden é manera de vivir, é se ordenasen pueblos é todas las otras cosas á la manera de acá, que el mejor medio que se podria hallar es, que hechos los dichos pueblos, é puestos los dichos indios en ellos, que se diesen á un caballero que los administrase, é tobiese cuidado de los favorecer, honrar é tratar, ansí como son acá en Castilla los vasallos, é que estos le tobiesen é acatasen como sus vasallos por Señor, é que todo lo que ganasen é adquiriesen se repartiese en tres partes, una para los dichos indios para se proveer de lo necesario para su comida é atavios para sus personas é casas, é de sus mujeres, é la otra para nos, é la otra cantidad de lo que fuese justo segun la persona á quien estobiesen dados; é desta manera estarian mejor é mas bien tratados, é la dicha persona ternia dellos mas cuidado; é que se podria hacer con buena conciencia é sin daño de los indios; platicad allá sobrello con las personas que os pareciere, é enviadme vuestro parecer, ó si os pareciere que deban estar como lugares de las behetrias de acá de Castilla encomendados.

En lo que toca á los indios que están encomendados á los vecinos de la isla, mientras no vacaren como dicho es, habeis de hacer con mucho cuidado, vigilancia é recabdo, que se guarden las ordenanzas que están hechas para su buen tratamiento é las que allá dice el licenciado que se han hecho, é todo lo demas que mas vierdes que pueda aprovechar á este propósito, é tengais siempre mucho cuidado de hacer grand inquisicion, é saber como se guardan ó son tratados los indios, é á los que por vuestra informacion hallaredes que alguna persona, contra aquello, los tratare mal, vos mando que luego le quiteis todos los indios que tuviere en encomienda, é los pongais en los dichos pueblos como vos mando que lo hagais de los que vacaren: lo cual haced luego pregonar por toda la isla porque venga á noticia de todos.

E ansí mismo, porque como está dicho, los dichos indios quedan por libres, habeis de informar ó tener mucho cuidado é vigilancia en saber si de los indios que de presente estan encomendados, aunque no vaquen, hay algunos que se conozca que quieren vivir é estar en pueblos é políticamente, é que tienen alguna capacidad para ello; é siendo ansí los pongais en los dichos pueblos aunque no vaquen como dicho es. De Valladolid á 12 de Julio de 1520 años.—Cardenal Dertussen.—Pedro de los Covos.

1537.

Por breve de Paulo 3º quedan escomulgados los que hagan esclavos á los indios ó les quiten sus bienes, esto, aunque sean infieles. Roma 29 de Mayo de 1537.

Por otro de 4 nonas Jun. 1537, se ratifica y añade: "Decretamos y declaramos que no deben hacerse esclavos, ni ser privados del dominio y propiedad de sus casas." Y para quitar todo pretesto á la iniquidad, refuta el Papa á los que pretendian que los indios no eran verdaderos hombres, sino capaces de razon política y religiosa. "Nos dice, *astendentes indos ut pote veros homines, nos solium cristiana fidi capaces existere, sed ut nobid."* &c.

En 1538.—El mismo Papa, revoca, anula y casa todos los breves que el emperador le hizo presente haber dado en perjuicio de S. M. y perturbacion del buen gobierno de las Indias. *Dat. in domo sancte crucis extramuros Niciesi....* 19 de Julio de 1538.

1543.

Por las nuevas ordenanzas se manda que ningun gobernador tenga indios encomendados, y que se gratifique á las familias de conquistadores y pobladores que tuvieren indios encomendados. Parece podria declarar V. M. que tambien se gratifique á mugeres é hijos de los gobernadores que bien sirvieron. *Nada se innove, mas si muerto algun gobernador dejare muger é hijos pobres, avise el audiencia á S. M.*

Tambien se manda que pues muchos tienen desmedidos repartimientos, señaladamente en Nueva España, Juan Infante, Diego de Ordas, Maestre Roa, Francisco Vazquez de Coronado, Francisco Maldonado, Bernardino Vazquez de Tapia, Juan Xaramillo, Martin Vazquez, Gil Gonzalez de Benavides y otros; se les reduzca á una cantidad moderada: y pues muchos de los primeros conquistadores carecen aun de lo necesario, infórmense el Presidente y Oidores, y les den en los tributos que hubieren de pagar los indios, lo necesario para su honesta sustentacion. Añadiendo que para los cargos de gobernador y otros aprovechamientos, sean preferidos los primeros conquistadores, luego los pobladores casados. Parece que habiendo quedado hijos de esos, pobres, podria estenderse á ellos la merced, siendo legítimos y suficientes. (*Fiat*).

Por otra parte, parece que no debe entenderse dicha merced con los conquistadores que tienen repartimientos, grangerías &c. y no necesitan. (*Fiat*).

Tambien mandan, que cuantos indios existan vivos, en Española, San Juan y Cuba, queden tan libres como cualquier español, y se les den sacerdotes para su instruccion, dejándoles holgar para que multipliquen.

Esto en Cuba traeria gran inconveniente. La isla en gran parte se despoblaria de españoles; los indios se irian á los montes y no recibirian doctrina. Los españoles son pocos y se sustentan de grangerías y ganados y labranzas, para lo que se sirven de indios: tal cual tiene negros esclavos, y esos solos quedarán. Adēmas los indios son pocos para hacer pueblos por sí en isla de casi trescientas leguas en largo: y antes que se juntaran para hacer casas y labranzas, se moririan, segun la esperiencia ha mostrado en la Española. Así pues por lo dicho, como porque algunos de los indios é indias están casados con negros, parece á los mas del Consejo, que por ahora no se ejecute en Cuba, y se envie luego por gobernador una persona de confianza, el cual junto con el perlado y religiosos de la Isla, informen sobre el modo de dar á los indios, toda aquella libertad que no sea dañosa á ellos mismos y á la poblacion de la Isla.

En San Juan y Española, puede observarse; ya porque hay muchos españoles que no tienen indios, ya porque hay pueblos formados de estos á do se recojen. (*Fiat.*)

Las declaraciones de las cosas espuestas, pudieran añadirse al pie de las ordenanzas ya impresas, é imprimirse tambien. (*No hay respuesta á esto.*)

ESTRACTO

DE VARIAS CEDULAS Y CARTAS DEL REY,

De 1509 á 1543.

ESTRACTO

DE VARIAS CEDULAS Y CARTAS DEL REY,

De 1509 á 1543.

1509.

29 de Enero de 1509.—Que Pedro Suarez de Castilla, veinticuatro de Sevilla, ha suplicado á S. A. concierto para poblar la isla de San Juan; que los oficiales de Sevilla lo traten con él y sea con diligencia.

El Rey á Ovando:
Está bien que se traigan indios de las islas comarcanas, de donde con buena conciencia puedan cojerse y se pongan los necesarios en nuestras grangerías, y los demas se repartan como hasta aqui, pues todos escribís que hay muy pocos en esa isla. Pondreis veedores en los edificios, como decís, para evitar los daños. Se pedirán las indulgencias para el Hospital de la villa de Santo Domingo. Mando que se observe la prohibicion de no ir ahi estrangeros: y al Ginoves que compró todo el pan, debíades muy bien castigarlo. Es muy bien que venga el oro repartido en muchos navíos. Cóbrese luego el alcance del Receptor. En las minas métase la mas gente que ser pueda, y dad favor á Pasamonte cuidando de que no falten mantenimientos á la gente. Me parece bien la diligencia que Juan Ponce pone en lo de la isla de San Juan. Escribidle que trabaje de dar fin á lo que ha comenzado por la órden que con el lo asentastes. Enviad á recojer las perlas que ovieren pescado. Decid la cantidad líquida de la renta del almojarifazgo. Acábese luego la casa de la fundicion, y hágase la de la contratacion. Pues la isla de las perlas es pequeña, no se pueble, sino cuidese de quitar el miedo á sus naturales. Todavia se cumpla lo mandado de que no se acuda al almirante con cosa

alguna de diezmos, penas de cámara y deténgase lo de nuestras grangerias y minas hasta que se determine en ello. Cumplid lo mandado en la carta que en nombre de Lope de Conchillos mi secretario, os presentó Juan de Serralonga, para lo cual envio sobre carta. Dareis posesion de las Tenencias de las Fortalezas á los que yo he proveido, antes de veniros.

Venida la caravela que enviasteis á visitar las islas de donde se han de traer indios, informadme lo que supierdes é proveyerdes. Ya mando segun vuestro parecer que los que van á tierra firme no toquen en Cumaná en la costa de las perlas que es en la tierra de Paria.

Concluid el asiento con los que han de ir por indios caníbales sin que por nos se gaste cosa alguna. No hay inconveniente en que traigan oro de la tierra firme á esa isla; ni en que salgan della seiscientos hombres y cuarenta indios que sepan lavar oro, ni en la facultad de traer cuatrocientos indios de otras islas haciendo conforme á lo capitulado; porque mejor es que los que van de acá paren en la Española á poblar, para lo cual hay muchos; y los que ya están ahi son mas útiles para ir á tierra firme como mas hechos á la tierra. A Gil Gonzalez Dávila, contino de nuestra casa, dad todo favor para que se cumplan las provisiones que lleva. No esten ahi hijos ni nietos de reconciliados, ni quemados. Los casados que ahi van, sean obligados de llevar su mujer dentro de tres años. Valladolid 3 de Mayo de 1509. Signada por el Obispo.

El Rey á Pasamonte. (entre otras cosas) Estoy satisfecho de los servicios de Juan Ponce en la isla de San Juan, y le envio cédula para que continue su cargo. Valladolid 14 de Agosto de 1509.

El Rey á Juan Ponce de Leon.
Le da las gracias por lo que ha trabajado en la poblacion de la isla de San Juan. Valladolid 14 de Agosto de 1509.

El Rey concede á Ponce de Leon el gobierno interino de la isla de San Juan. Valladolid 14 de Agosto de 1509.

El Rey al Almirante. Por cuanto el repartimiento de indios se ha hecho hasta ahora al arbitrio del gobernador que ha sido de la Española, y no se ha guardado la justa proporcion, ni se ha hecho el uso que debiera de los indios, empleándolos en labores y minas sino tomando á este por paje, al otro por mozo de espuela, para holgar con ellos; mandamos que en adelante no sirvan sino para las labores y se repartan en esta razon. A los oficiales y alcaides provistos por mí y mi hija, se darán *ciento*; al caballero que llevare su mujer, *ochenta*; al escudero con mujer, *treinta*. Si ansí repartidos sobraren ó faltaren indios, se les aumentarán ó disminuirán al dicho respeto. Las personas á quien se encomendaren indios, deberán instruirlos en la fé, darles vestuario y otras cosas segun costumbre. No se podrán quitar á nadie sino por delitos que merezcan perdimiento de bienes. En tal caso las personas que quisieren gozar de los indios confiscados, pagarán anualmente á la cámara un peso de oro por cada cabeza de indios. Para todo vos doy poder cumplido y mandareis pregonar esta cédula &c. Valladolid 14 de Agosto de 1509.

Llevó este despacho Alonso de Quiroga que fué por veedor de los rescates con Nicuesa y Ojeda, en Valladolid á 1º de Setiembre de 1509.

El Rey.—Responde á la del Tesorero general de Indias Pasamonte de 21 de Abril.

Gracias por varios avisos. A nadie haremos merced de ninguna de esas islas, ni daremos la gobernacion de esa isla de San Juan á quien ahí se dice. (Quizá alude á Pedro Suarez de Castilla).—Conchillos.—Valladolid 15 de Agosto de 1509. —(General cámara. Vease año de 1508.—A.—4.)

Desde muy temprano empezaron las intrigas para la gobernacion de la isla: el Rey se mostró agrio.

El Rey á Juan Ponce de Leon:

Que á Miguel de Pasamonte, Secretario que fué de la Reina Isabel, y Tesorero general de Indias, dé en la isla de San Juan cien indios y los solares y tierras que es costumbre dar á los oficiales. Setiembre 1º de 1509.

El Rey á Juan Ponce de Leon:
Que dé vecindad con las caballerías de tierra y repartimiento de indios, ni mas ni menos que se usa en la Española, á treinta personas.

El Rey á Juan Ponce de Leon.
Trabajad en poblar cuanto antes la isla de San Juan. Valladolid 15 de Setiembre de 1509.

El Rey á Ovando.
Recibí vuestras letras de 20 de Mayo y 9 de Junio. Se ha recibido el oro. Creo los buenos servicios de Juan Ponce, y pues no ha comenzado la poblacion de San Juan por falta de mantenimientos, y ahora van de acá en abundancia; empiece desde luego á poblarse y vayan los mas pobladores que ser pueda. (Siguen otros particulares agenos á San Juan.) Valladolid 15 de Setiembre de 1509.

El Rey al Almirante.
Ovando escribió, que por falta de mantenimientos no habia ido Juan Ponce á poblar la isla de San Juan, ahora que han ido en gran abundancia, hágase. (Siguen otros particulares.) Valladolid 15 de Setiembre de 1509.

El Rey á Juan Ponce: Vi vuestra letra de 16 Agosto. Poned gran diligencia en buscar minas de oro en la isla de San Juan: sáquese cuanto pueda, y fundido en la Española venga al instante. Hágase del mejor modo la poblacion de San Juan: escribid lo que se necesite y cuanto ocurra á menudo. Valladolid 12 de Noviembre de 1509.

El Rey al Almirante.
(Entre otras cosas estrañas á San Juan.) Vi con gusto la relacion de Juan Ponce sobre la isla de San Juan: Vuelva luego á poblarla. Valladolid 14 de Noviembre de 1509.

El Rey al Almirante.

Algunos vecinos de la Española han representado que Ovando no les ha permitido ir con sus mujeres é hijos á poblar la isla de San Juan. No les pongais impedimento. Valladolid 14 de Noviembre de 1509.—Conchillos.

El Rey á Ponce de Leon:

Que admita dichos casados con sus familias en la isla de San Juan, dándoles vecindades, como ha dado á otros, y en mas cantidad que á los solteros. Valladolid 14 de Noviembre de 1509.—Obispo.—Conchillos.

1510.

El Rey á Juan Ponce de Leon, gobernador interino de la isla de San Juan: Que dé vecindad con el solar, las caballerías de tierra é indios segun se acostumbra en la Española; al Bachiller Villalobos, físico, que vá con dos hijos y un yerno.—23 de Febrero de 1510.

El Rey á Juan Ponce de Leon:

Que dé ochenta indios al Bachiller Villalobos.—23 de Febrero de 1510.

El Rey á Juan Ponce de Leon:

Vi vuestra letra de 18 de Setiembre de 1509. Me tengo por servido de vos en lo hecho: continuad en acrecentar la poblacion de San Juan, que yo escribo á la Española para que os provean de lo necesario.—Madrid 28 de Febrero de 1510.

El Rey al Almirante:

Dejad llevar á la isla de San Juan, todos los bastimentos, yeguas, ganados, &c. que pudieran darse de la Española, no obstante cualquier vedamiento, que alzo.—Madrid 28 de Febrero de 1510.

Doña Juana &c.

Título de capitan de la isla de San Juan, por la mitad de la isla que á nos pertenece, para Juan Ponce de Leon, con facultad civil y criminal, de poner y mudar Alcaldes, alguaciles &c., mas de su Juzgado habrá apelacion al gobierno de la Española.—Madrid 2 de Marzo de 1510.—Conchillos.

Otra tal de la misma fecha, del Rey por la otra mitad de la Isla.

El Rey á Juan Ponce de Leon:

A nuestro piloto Vicente Yañez, dareis cien indios de que le hacemos merced en esa isla, yendo él á residir en ella, en enmienda y satisfaccion de sus servicios y de otras mercedes en esa isla, hechas por mí y mi difunta muger que no tuvieron efecto.—Hita á 9 de Abril de 1510.—Conchillos.

El Rey á Juan Ponce de Leon:

Que señale á dicho Vicente Yañez, diez caballerías de tierras en San Juan, con tal que resida allí.—Hita á 9 de Abril de 1510.—Conchillos.

El Rey.—A Juan Ponce de Leon, capitan de la isla de San Juan, que á quien poder tuviere de Lope Conchillos su Secretario, é del su Consejo, le dé cien indios de que le hace merced, con el oficio de la Escribanía mayor de minas, demas de un buen cacique que le mandó dar con el oficio de Fundidor y Marcador.—Medina 11 de Abril de 1510.—Secretario, Miguel Perez de Almazan.—Tomó la razon, Francisco de Covos.

El Rey á Juan Ponce de Leon:

A Pedro Moreno que vá á esa isla de San Juan, por teniente de la Escribanía mayor de minas, que tiene Conchillos para todas las Indias, dareis posesion de su oficio y todo favor y ayuda. Medina-Celi 11 de Abril de 1510.—Almazan.

El Rey á Juan Ponce de Leon:
A Conchillos hicimos merced del oficio de marcador y fundidor de esa isla, y de un buen cacique con sus indios naborias. Dareis este cacique é indios á Pedro Moreno apoderado de Conchillos. 11 de Abril de 1510.—Almazan.

El Rey á Juan Ponce de Leon, nuestro capitan de la isla de San Juan:
Que á Gerónimo de Bruselas, que vá allá por teniente de fundidor y marcador por Lope Conchillos, dé solar, tierras é indios y lo tenga por recomendado. Medina Celi 11 de Abril de 1510.—Almazan.

Sigue otra semejante; solo añade. *Cerca del solar que sea la casa de fundicion.*—Almazan.

Cinco cédulas á favor de dicho Gerónimo de Bruselas, todas de 11 de Abril de 1510.
1.ª Que pueda tener una caravela para traer indios de fuera.
2.ª Que Ponce de Leon, le señale cien indios.
3.ª Que pueda llevar dos yeguas.
4.ª Que pueda llevar dos esclavos.
5.ª Que no le impida el ser estrangero.—Almazan.

El Rey á Ponce de Leon:
Dareis ademas 100 indios á quien oviere poder de Conchillos, de que le hacemos merced con la Escribania mayor de minas. Por mandado de S. A.—Miguel Perez de Almazan.
—11 de Abril de 1510.

El Rey á Juan Ponce de Leon:
Que á mas de la vecindad, dé cien indios á Pedro Moreno.—11 de Abril de 1510.—Almazan.

El Rey á los Oficiales de Sevilla:
Licencia para que Pedro Moreno pueda pasar dos yeguas. 11 de Abril de 1511.—Almazan.

El Rey á Juan Ponce de Leon:
Que dé vecindad con tierras é indios á Francisco de Alvarado, vecino de la Española.—11 de Abril.—Almazan.

El Rey á Juan Ponce de Leon:
Dareis vecindad con tierras é indios á Pedro Moreno.—11 de Abril de 1510.—Almazan.

Doña Juana &c.
Título de Veedor de las fundiciones del oro y otros metales de la isla de San Juan, con salario de treinta mill maravedis sobre las rentas y haciendas reales de dicha isla para Diego de Arce.—Monzon 18 de Mayo de 1510.

El Rey al Almirante: (Entre otras cosas).
No se prohiba en adelante á ningun navio que toque en San Juan y la provea antes de ir á esa.—Monzon 15 de Junio de 1510.—Conchillos.

El Rey á los Oficiales de Sevilla:
Vos Matienzo examinareis los clérigos, y no dareis licencia para pasar á Indias sino á los bien hábiles, pues se quejan de allá. Entre la plata labrada que he mandado enviar allá, irán seis cálices de plata de que hay necesidad. Los navios que vayan á la Española podrán hacer escala en San Juan y

proveerla antes. Direisme siempre el oro que viene tanto nuestro como de particulares. Monzon 15 de Junio de 1510.—Conchillos.

El Rey á Ponce de Leon:
Vá la cédula de capitan para vos. Para bien de esa isla he mandado: Que los navios puedan hacer escala en ella y vos proveeros muy bien: Que ninguno de la Española pueda tener indios en esa y quitareis los que tuvieren.—Monzon 15 de Junio 1510.—Conchillos.

El Rey al Almirante:
Que nada sea vedado llevar de la Española á San Juan. 15 de Junio de 1510.—Conchillos.

Licencia del Rey á D. Cristóbal de Sotomayor para que pueda tener dos caravelas para traer indios de fuera y bastimentos á la isla de San Juan. 15 de Junio de 1510.

El Rey á los Oficiales:
Licencia para que Cristóbal de Sotomayor, lleve dos caravelas para traer indios y víveres á la isla de San Juan.—Monzon 19 de Agosto de 1510.—Conchillos.

El Rey á los Oficiales de Sevilla:
Recibí con vuestra carta los pliegos de la Española y San Juan. Cerca de los presos que de esta envia Juan Ponce ya os dije en otra. Cuidad que los mercaderes lleven mantenimientos, yeguas y ganados á San Juan en derechura, y allí se paguen los derechos como en la Española por ahora. Ha tiempo que no enviais dinero, y vinieron despues de los diez mil pesos, trece mil, que son veinte y tres mil. Venga siempre sin detencion porque hay necesidad. Está bien lo de la puja de las almadravas de Cádiz. Lugar de Arcos 13 de Setiembre de 1510.

El Rey á los Oficiales de Sevilla:

Juan Ceron, Miguel Diaz y el Bachiller Morales, que por no haber cumplido cierta provision mia, vinieron presos por Juan Ponce de Leon; dando seguras fianzas, déjense venir libremente á la corte, y no os metais en su causa, de que quiero conozca el Consejo. 13 de Setiembre de 1510.

El Rey á los Oficiales de Sevilla:

Tened entendido que el Almirante no ha de conocer de la causa de los presos de San Juan, ni de otras de aquella isla, y si algo entendiere, póngase las cosas en el primer estado. 13 de Setiembre de 1510.

El Rey al Almirante:

Que no conozca en la causa de los presos ni en otra contra Juan Ponce, segun os dije acá y envié por instruccion. 13 de Setiembre de 1510.

El Rey á Juan Ponce de Leon:

La causa de los presos he mandado ver en el Consejo. Poned en todo gran diligencia y escribid. 13 de Setiembre de 1510.

Cédula del Rey dando por libres de la pena de 3,000 castellanos impuesta por los Oficiales de Sevilla á Juan Ceron, Miguel Diaz y el Bachiller Diego de Morales, si no se presentaban en la Corte dentro de tres dias, aunque no se han presentado. Guadarrama 5 de Noviembre de 1510.—Conchillos.

El Rey á Juan Ponce de Leon, nuestro gobernador de la isla de San Juan:

Que los bienes é indios que tomó á Ceron, Diaz y Morales, que están en la Corte, los dé á las personas que ellos señalaren con fianzas legas y abonadas, entretanto se ven en el Consejo sus causas, porque no se pierdan sus haciendas. Tordesillas 20 de Noviembre de 1510.—Conchillos.

1511.

El Rey á Juan Ponce de Leon, capitan de la isla de San Juan.
A Diego (abajo dice Gil) Gonzalez de Malpartida, aunque soltero, señalareis cincuenta indios y otros veinte naborias en el puerto de Caparra, ó donde mejor pueda ser aprovechado, con tal que dentro de dos años lleve su mujer y casa. Madrid 4 de Enero de 1511.—Obispo.—Conchillos.

El Rey al Almirante:
Que á Juan Velazquez, vecino de San Juan, permita llevar de la Española, su mujer, sus sobrinos y bienes muebles.—Sevilla 13 de Febrero de 1511.—Conchillos.

El Rey á Pasamonte.
Que no se obligue á los de la isla de San Juan á pagar los diezmos y primicias de lo que labraren y criaren sino en los mismos frutos. 26 de Febrero de 1511.

El Rey á Juan Ponce de Leon:
Que no consienta en San Juan hijos ni nietos de condenados y quemados, pues sabe han ido algunos.—26 de Febrero de 1511.—Conchillos.

El Rey.—Por cuanto los de la isla de San Juan habeis suplicado que haga merced de las penas de cámara para caminos, puentes y calzadas de que hay gran necesidad por los muchos arroyos, rios y tierras agras; hago dicha merced por cuatro años.—Sevilla 26 de Febrero de 1511.—Conchillos.

El Rey á Pasamonte:

Porque la isla de San Juan va muy bien, y en llevar el oro de allí á la Española hay mas peligro que en traerlo hasta aquí; se hará casa de fundicion en San Juan con acuerdo de Ponce de Leon y los oficiales. Y por las libranzas de dicho Leon pagareis lo necesario para la obra del oro procedente de aquella isla.—Sevilla 26 de Febrero de 1511.—Conchillos.

El Rey á Juan Ponce de Leon:

Con los Oficiales vereis en que parte y forma convendrá hacer ahí casa de fundicion, y librad lo que fuere necesario. —Sevilla 26 de Febrero de 1511.—Conchillos.

El Rey á Juan Ponce de Leon:

Dareisme entera relacion de los vecinos, caciques é indios, y como estan repartidos en esa isla.—Sevilla 26 de Febrero de 1511.—Conchillos.

El Rey al Almirante:

Que Juan Ponce de Leon dice haberle el Almirante embargado los bienes que tiene en la Española. Que sean desembargados y se le deje pasarlos francos á la isla de San Juan.—Sevilla 26 de Febrero de 1511.—Conchillos.

Doña Juana &ª En atencion al trabajo que tienen los vecinos de San Juan, isla nueva, estéril de mantenimientos; declaramos que de todos los metales que sacaren por tiempo de diez años, solo nos paguen la *quinta*.—Sevilla 26 de Febrero de 1511.—Conchillos.—Dióse otra tal del Rey D. Hernando.

Doña Juana &ª Cédula de libertad de comercio entre la Española y San Juan, y que esta isla se mire como la Española, de suerte que todos libremente puedan llevar, traer, comerciar &c.—Sevilla 26 de Febrero de 1511.—Conchillos.—Otra del Rey.

Doña Juana &c. Que la isla de San Juan goze de la mismas libertades y privilegios que la Española.—Sevilla 26 de Febrero de 1511.—Conchillos.—Otra tal del Rey.

El Rey al Almirante:
Que á Luis Fernandez de Alfaro, vecino de Sevilla que ha cuatro años pasó á Española con treinta y seis vacas é un toro, se las permita pasar con sus crias y ademas dos yeguas, á la de San Juan.—Sevilla 26 de Febrero de 1511.—Conchillos.—Obispo.

El Rey al Almirante:
A Francisco de Lizaver, que vino con Ovando dejando ahi algunos bienes, damos licencia para irse á la isla San Juan: dejareisle llevar desembargadamente todos sus bienes.—Sevilla 26 de Febrero de 1511.—Conchillos.

El Rey á Juan Ponce de Leon:
Que á D. Cristóbal de Sotomayor, le conserve siempre el cacique é indios que se le repartieron.—Sevilla 26 de Febrero de 1511.—Conchillos.

Otra semejante y de la misma fecha á favor de D. Luis de Sotomayor.

El Rey.—Por cuanto los vecinos de la isla de San Juan me suplican &c., mando que los mantenimientos que alli se lleven de la Española no paguen derechos habiéndolos pagado en ella.—26 de Febrero de 1511.—Conchillos.

El Rey á Juan Ponce de Leon:
Recomendándole al otro hijo de Alonso Ruiz de la Cámara que diz pasó á San Juan.—Sevilla 27 de Marzo de 1511.

Provision original de 29 de Marzo de 1511.—Porque la isla de San Juan está allanada y se desea ennoblecer, se concede licencia á todos para ir á poblar y contratar en ella, no siendo personas de las prohibidas, ni mas ni menos que está concedido para la Española.

El Rey al Almirante:

Que no se ponga impedimento á D. Cristobal de Sotomayor para pasar sus yeguas y otras cosas que dejó en la isla de Santo Domingo, á la de San Juan.—Sevilla 3 de Mayo de 1511.

El Rey.—Licencia á Miguel Diaz, para que pueda traer, comerciar &c. en la isla de San Juan con dos caravelas suyas.—Sevilla 18 de Mayo de 1511.

El Rey á Juan Ponce de Leon:

A Miguel Diaz, á quien habiendo nombrado el Almirante alguacil mayor de San Juan, tomasteis la vara y enviasteis preso con un proceso porque no os habia entregado luego la vara; se la volvereis con su oficio.

Cuando él vino aquí, se vieron sus títulos en el Consejo, donde vistos los títulos del Almirante, y por nuestra parte el Procurador fiscal, se halló, que á dicho Almirante segun el tenor y forma de sus privilegios, pertenece la gobernacion de esa isla de San Juan.—Sevilla 31 de Mayo de 1511.—Conchillos.—Obispo de Palencia.

El Rey.—Hace merced de dos solares y dos caballerías de tierra á Miguel Diaz ó Diez.—Sevilla 31 de Mayo de 1511.

El Rey á Juan Ponce de Leon:

Que á Miguel Diaz se le vuelvan los bienes é indios que se le secuestraron; por que visto el derecho del almirante á la gobernacion desa isla, se mandaron tornar las varas de justicia que el proveyó.—Sevilla 31 de Mayo de 1511.—Conchillos.—Obispo.

Dióse otra tal, para que se alzase el embargo de bienes y grangerías de Juan Ceron, Alcalde mayor que fué de San Juan.

El Rey á Juan Ponce de Leon:
Que restituya la alcaldía mayor de San Juan á Juan Ceron.—Sevilla 15 de Junio de 1511.

Don Fernando &c.
Título de Factor de la isla de San Juan, con treinta mil maravedis de salario, para Miguel Diaz Daux.—Sevilla 21 de Junio de 1511.—Otra tal de la Reina.

El Rey á Juan Ceron y Miguel Diaz, alcalde y alguacil mayores de San Juan.
Que no se tome residencia á Juan Ponce ni á D. Cristobal de Sotomayor, ni á otros oficiales que Ponce ha tenido en la gobernacion de dicha isla, ni del tiempo que Ponce y sus oficiales tuvieron la gobernacion de Higüey, hasta que vayan los del Consejo que el rey ha mandado ir, los cuales tomarán dicha residencia: os mando que al tiempo que os entreguen las varas no hagais mas de tomar fianzas dellos que estarán á dicha residencia. Sevilla 15 de Junio de 1511.—Conchillos.

Despacho que se envió desde Sevilla al tiempo que se hizo la declaracion de las cosas del Almirante.
Entre otras: He sabido que para las minas de San Juan podrian procurarse mantenimientos de la isleta de la Mona. Entréguese á Pasamonte &c. y quiero que dicha isleta ande con la de San Juan.—Sevilla 6 de Junio de 1511.—Conchillos.—Obispo.

El Rey á Juan Ponce de Leon:

Porque en el Consejo se ha resuelto que al Almirante y sus sucesores pertenece la gobernacion de esa y otras islas descubiertas por su padre, y es necesario volver las varas á Ceron, Diaz y Morales; os vendreis donde yo estoy dejando á buen recaudo vuestra hacienda y se verá con vos en que se podrá emplearos segun vuestros buenos servicios.—Junio 6 de 1511.—Conchillos.—El Obispo.

El Rey á Pasamonte:

Entre otras cosas. Juan Ponce tenia un asiento muy dañoso á nuestra hacienda; consentíase porque no tenia sueldo de su capitanía: ahora se le dará, y asentad de manera que en las rentas de San Juan haya la misma órden que en las de la Española.

He mandado crear para San Juan Oficiales independientes de los de esa, nombrando contador, á Francisco de Lizaur, veedor, á un pariente del comendador Ysazaga. Las provisiones del tesorero y factor, van en blanco para que pongais los que fueren á propósito; y escribid largamente en particular de las cosas del Almirante.—Sevilla 6 de Junio de 1511.—Conchillos.—Obispo.

El Rey al Almirante y Oficiales:

Que den á Juan Ceron diez quintales de brasil, de que se le hizo merced en tiempo del Almirante primero &c. por los servicios de Ceron en Indias.—15 de Junio de 1511.

El Rey á los oficiales de Sevilla:

Que consientan á Miguel Diaz, que va por alguacil mayor de San Juan, pasar cincuenta marcos de plata labrada para su servicio.—Sevilla 21 de Junio de 1511.

El Rey á los oficiales de Sevilla.

Que permitan al mismo y su mujer pasar las joyas de oro del uso desta. Sevilla 21 de Junio de 1511.

El Rey á Juan Ponce de Leon:
Que restituya á Ceron los ciento cincuenta indios que tenia cuando le tomó la vara.—15 de Junio de 1511.

El Rey al Almirante y Oficiales.
Que Miguel Diaz le suplica se le permita pasar á San Juan, cuarenta indios esclavos que tiene en Española, los cuales puedan enseñar y doctrinar á los bozales de S. Juan. Que se lo consientan.—Sevilla 21 de Junio de 1511.

El Rey á Juan Ponce de Leon:
Al Bachiller Diego de Morales, volvereis los bienes é indios que le secuestrásteis al tiempo de tomarle la vara de teniente de Alcalde mayor.—Sevilla 21 de Junio de 1511.

El Rey á Juan Ponce de Leon:
Que al Bachiller Diego de Morales, señalo 150 indios de repartimiento.—Sevilla 21 de Junio de 1511.

En 21 de Julio de 1511 por Cédula Real, fecha en Cantillana 24 de Junio, se paga flete y mantenimiento &c. á los PP. Fray Remigio é Fray Pedro de Arcabandi é Fray Guillermo de Predio, Observantes Franciscos Franceses.

El Rey al Almirante &c. y Oficiales:
Despues de haber mandado entregar á Pasamonte la isla de la Mona, he sabido que vos dicho Almirante, se la disteis por repartimiento al adelantado vuestro: Por hacerle merced y en atencion á sus servicios, tendrá dicha isla con los indios que hay en ella, ademas de los doscientos indios de que yo le hice merced.—Delrranas Castañas, á 11 de Julio de 1511.

Don Fernando &c.

Título de Pregonero mayor de la isla de San Juan, para Juan de Oviedo. (Dice que esta Cédula es por la mitad de la isla, pues tiene otra de la Reina para la otra mitad).—Tordesillas 25 de Julio de 1511.—Conchillos.—Obispo.

El Rey.—Honrado cacique Guaybana: Envio á Ceron y Diaz á esa de San Juan &c. les dareis fé.—Tordesillas 25 de Julio de 1511.—(Otras 29 cartas en blanco).

El Rey á Juan Ponce de Leon:

Vi vuestras cartas de 20 de Marzo sobre la rebelion y vuestros servicios en la pacificacion, os lo agradezco mucho, y quisiera mostrarlo por la obra, dejandoos con la gobernacion desa isla: pero en el Consejo se ha resuelto pertenecer al almirante y deberse volver las varas á Ceron y Diaz. A estos envio para componer esas cosas, y os encargo les ayudeis mientras ahi estuvieredes, y luego hableis á vuestros amigos que hagan lo mismo. Yo os lo pagaré bien, y ved en que podreis vos ser mas aprovechado en nuestro servicio, si en poblar otra isla, tratad con Pasamonte, y venido vos acá, proveeré.—Tordesillas 25 de Julio de 1511.—Conchillos.

El Rey á Ceron y Diaz:

Sabeis que algunos caciques de San Juan, se rebelaron y mataron á traicion á D. Cristobal de Sotomayor, á D. Diego su sobrino y á algunos criados y amigos, y ademas á cuantos cristianos pillaron en sus estancias fuera de poblado; que luego se juntaron con otros de la comarca, y fueron al pueblo de Guaydia y peleando mataron algunos cristianos.

Para la pacificacion de la isla conviene que os vais presto con los mas vecinos que ser pueda y otros criados todos bien armados; amedrentar los indios, tomando todas sus canoas á los alzados, hablar á los caciques de nuestra parte, reducirlos por bien, y ver si podrán ejecutarse en los principales culpados las penas merecidas; si no quisiesen venir por bien les hareis guerra á sangre y fuego, curando matar los menos que ser pueda, y tomando los otros, dándoles seguridad de la vida, pero enviando luego á la Española cuarenta ó cincuenta para que nos sirvan como esclavos &c.—De todo me escribireis.—Tordesillas 25 de Julio de 1511.—Conchillos.

El Rey á los oficiales de Sevilla:
Amonédense los diez y ocho mil pesos que acaban de venir. Mucho me pesa el desbarate y mala fortuna de Nicuesa y Ojeda, y el levantamiento de los caciques de San Juan. Para remediarlo, va el despacho á Ceron y Diaz. Haced que vayan á San Juan algunos de los mejores vecinos y todos armados.

Es buen servidor Juan Ponce como decis, y quiero gratificarle y emplearle especialmente. Si quiere poblar otra tierra, lo cual le digo trate con Pasamonte, y en viniendo, con vosotros.

En lo de Nicuesa y Ojeda favorecerlos; no se acabe de caer lo poco que tienen fecho hasta saber si hay oro allí, y el provecho que podrá sacarse. Quéjanse que el almirante no cumple lo que está asentado con ellos. Escribo á Pasamonte que lo procure y les abastezca, salvo los 400 hombres que no podrian sacarse de la Española sin mucho daño della. Procurad haber de Bretaña, Flandes ó Inglaterra doscientas aljabas torquescas ó cien jaquetas estofadas de algodon y enviadselas para que se defiendan de las flechas. Tambien les enviareis veinte pares de cubiertas, cien espingardas, y cien ballestas con sus aparejos; y ved que vayan presto, si es posible, con navios que haciendo escala en San Juan, pasen derecho á tierra firme.

Procurad esparcir la voz de las grandes muestras de oro para inclinar la gente á que vaya: y no os cureis de informaciones, en especial si son trabajadores de que allá hay gran necesidad; ni aun si no lo son, pues serán útiles para la guerra.

Para que no se venga tanta gente por las cargas y novedades, he mandado que nada se pague de los indios de afuera; que por la sal paguen solo la mitad de lo que pagaban: que puedan sacar mineros libremente, y aunque digo por dos años, pienso que sea para siempre. Que en ninguna manera se pague la impusicion del castellano. Enviad lo que os piden de la Española y la moneda de plata y vellon. Ved si será bien enviar armas y muchos mantenimientos á San Juan.

Holgaré que Pedro de Arbolancha venga luego que esté bueno, á informarme de las cosas de allá.

Haced ensayar el brasil en varias partes, y cuidado que se cumpla la premática, particularmente en las ferias de Villalon y Medina.

En las cuentas de Pasamonte, se proveyó así por ser la persona que es: en adelante se hará como decis; y ahora irá un Contador hábil y diligente, y un Factor que podrán ayudarle. En adelante á nadie se darán cartas de Indias hasta haberme enviado las nuestras.

Los navios que vayan á la Española, toquen precisamente en San Juan, ahora especialmente para que se provean mejor con motivo del levantamiento, y dad favor á Ceron y Diaz, que tienen la gobernacion de dicha isla.

Enviad luego á la Española cien fanegas de trigo tresmesino para sembrar; otro no aprovecha, y llega comido de gorgojo.

Proveed como todos los navios que fueren á la Española carguen ganados, queso, azúcar y conserva y otras cosas en Canarias; y pregónese esto, para que todos lo sepan, y en Canarias cesen de impedirlo.—Tordesillas 25 de Julio de 1511.—Conchillos.

El Rey al Almirante, gobernador de la isla de San Juan.

Que conserve á Juan Ponce de Leon, los doscientos indios que tiene en San Juan de repartimiento de la Española; cincuenta para naborias, y ciento cincuenta para traer en las minas.—Hontiveros 16 de Julio de 1511.—Conchillos.

El Rey al Almirante:

Que conserve á Juan Bono los veinte indios naborias de casa y cincuenta para minas, que tiene en San Juan, de repartimiento de la Española.—Hontiveros 17 de Julio de 1511.—Conchillos.

Otra igual y de la misma fecha á favor de Juan Velazquez.

El Rey al Almirante, y Oficiales de San Juan que tuvieren cargo de repartimiento:

Que señalen cien indios á los Concejos, y lo que se grangéase con ellos sea para caminos, puentes y calzadas, de que hay necesidad en dicha isla.—Tordesillas 25 de Julio de 1511.

Por Real orden de 22 de Julio de 1511, se señalan á los hospitales de San Juan 100 indios á cargo de la persona que administre dichos hospitales.

Creencia á favor de Ceron y Diaz, para que los vecinos de San Juan les obedezcan en todo y ayuden &c. y sea pregonada.—Tordesillas 25 de Julio de 1511.—Conchillos.

El Rey.—Cédula para que los vecinos de San Juan no paguen por la sal sino la mitad de lo que pagaban.—Tordesillas 25 de Julio de 1511.—Conchillos.

El Rey á Pasamonte y Oficiales que residen en San Juan. Manda que hagan casa de fundicion.—Tordesillas 25 de Julio de 1511.—Conchillos.

El Rey.—Licencia á Miguel Diaz y su mujer Isabel de Cáceres, para que por respeto á su oficio, puedan usar seda sinembargo de la pragmática.—Medina del Campo 22 de Julio de 1511.—Conchillos.

El Rey al Almirante y Oficiales:
Que en la isla de San Juan tuviesen cargo del repartimiento de indios; que habiendo muchos pobres, y siendo necesario un hospital en cada pueblo; señalen cien indios á la persona que tuviere cargo de hacer ó administrar dichos hospitales; cuyos indios servirán en minas y otras grangerías, y lo que se ganare se aplique á dicho fin.—Medina del Campo 22 de Julio de 1511.—Conchillos.

El Rey á los oficiales de Sevilla.
Holgué de saber por vuestras cartas de Agosto que ha-

bian venido diez mil pesos de San Juan, y cierto no esperé que tan presto viniese tanto fruto: será porque sus minas son como dicen mejores que las de la Española.

Despachad, si ya no partieron, á Ceron y Diaz y enviad cuanto pide Ponce, y uno ó dos bergantines, con que dice se pacificará la isla, que yo quiero se ennoblezca por muchas causas.

Lo de tierra firme &c.

Enviad á San Juan las armas que parezcan mas útiles.—Burgos 9 de Setiembre de 1511.—Conchillos.—Obispo.

El Rey á los oficiales de Sevilla.

He sabido que dejan de pasar á Indias muchos, por la estrecha informacion que se les hace; porque deseo que pasen los mas que ser pueda, mando que no se haga informacion alguna y puedan pasar todos los vecinos destos reynos, sin otra diligencia que escribir sus nombres y patrias.—Burgos 9 de Setiembre de 1511.—Conchillos.

El Rey á Ponce y Oficiales de San Juan:

Que señalen á Ceron 150 indios y á Diaz 200.—Burgos 9 de Setiembre de 1511.—Conchillos.

El Rey al Almirante y Oficiales:

(Entre otras cosas agenas á San Juan, dice:) En lo de San Juan, dad á Ponce de Leon cuanto favor pudierdes. De aquí se provee enviando á Ceron y Diaz, con carta de creencia para ajustar con los caciques, procurando castigar de muerte, á los principales indios malhechores, ó enviándolos á esa para servir como esclavos á cuantos se pueda haber; favoreced en todo á Ceron y Diaz. (Y luego añade). En lo de San Juan, lo primero es destruir los caribes de la isla de Santa Cruz; luego lo mandado á Ceron y Diaz, que vereis, para dalles Consejo.

Estas dos cosas, de tierra firme y San Juan, curad mucho por nuestro servicio. (Debe ser su fecha en Julio ó Agosto de 1511).

Cédula de Doña Juana, estableciendo la Audiencia de la Española.—Burgos 5 de Octubre de 1511.

Don Fernando &c.

Por cuanto, por vos el Consejo, Justicias &c. de San Juan, nos ha suplicado vuestro Procurador Pedro Moreno, que habiéndose hecho en esa isla una poblacion de Cristianos, y esperando hacer otras, correspondia señalar devisa y armas para poner en los pendones, sellos &c., he venido en que tenga la isla por armas. "Un escudo verde y dentro dél un Cordero "plateado encima de un libro colorado, é atravesado una van- "dera con una cruz é su beleta como la trae la devisa de San "Juan, é por orla castillos é leones é vanderas; é tras.... é por "devisas un F é un Y con sus coronas é yugos é flechas, é un "letrero á la redonda de la manera siguiente: (Falta la mane- "ra).—Burgos 8 de Noviembre de 1511."—Señada del Obispo de Palencia.

Diose otra tal de la Reina.

El Rey á Ceron y Diaz, y á los que tuvieren cargo del repartimiento.

A solicitud de Pedro Moreno, Procurador de San Juan, mando que á nadie se quiten sus indios sino por delitos que merezcan perdimiento de bienes.—Burgos 9 de Noviembre de 1511.—Conchillos.—Obispo.

El Rey á Ceron y Diaz:

Pedro Moreno en nombre de Juan Ponce, dice, que en San Juan, en un pueblo que se dice Higüey, hizo á su costa una casa de piedras y tapieria para fortaleza del pueblo, y que en ella ha tenido siempre su casero é morador, é diz que agora un Gonzalo Ovalle, enviado allí por el Almirante como teniente suyo, echó afuera dicho casero y mora en ella contra la voluntad de Ponce. Informaos, y siendo verdad, salga de la casa Ovalle, y pague los alquileres del tiempo que ha vivido en dicha casa. Noviembre 9 de 1511.—Conchillos.—Obispo.

El Rey al licenciado Sancho Velazquez, nuestro Procurador fiscal de las Indias.

Pedro Moreno dice, por Juan Ponce, que en los castigos de los rebelados no pudo hacer autos ni proceder por la via ordinaria, sino meramente hacer los requerimientos correspondientes para que se sujetasen: por tanto que no se le tomase residencia de dichas cosas. Hablando que hizo tales requerimientos, sobreseed en la residencia de eso. Noviembre 9 de 1511.—Conchillos.—Obispo.

El Rey á Ceron y Diaz:

Juan Ponce dice, que fundó el pueblo de Caparra, en lo mas provechoso desa isla, y se teme que lo quereis mudar. No hareis tal, sin nuestro especial mandado, y si hubiere justa causa para lo mudar, informareis antes. Noviembre 9 de 1511.—Conchillos.—Obispo.

El Rey á los Oficiales de Sevilla:

Todos los navios que vayan á Indias, mandareis que toquen en San Juan, y hagan allí muestra, para que los caribes crean que allí hay mas gente y no osen hacer los daños que al presente, segun escriben Ceron y Diaz.—Noviembre 22 de 1511.—Conchillos.

Merced á Ponce de tres solares donde tiene hechas casas de piedra y tapieria en la villa de Caparra, y otras de madera y paja.—Burgos 22 de Noviembre de 1511.—Conchillos.—Obispo.

El Rey.—4 de Diciembre.—Guerra á los caribes y tomallos por esclavos.

1512.

El Rey.—Al poblador Amador de Lares que nos ha servido, dareis ciento cincuenta indios.—Valladolid 23 de Enero de 1512.—Conchillos.—El Obispo.

El Rey á los oficiales de Sevilla:
Todos los naviós que vayan á Indias, mandareis que toquen en San Juan y hagan allí muestra para que los caribes crean que hay mas gente.—23 de Febrero de 1512.

El Rey á Juan Ponce de Leon:
Respondo á la vuestra de 10 de Octubre de 1511.—Tengoos en servicio lo que habeis trabajado en la pacificacion, y lo de haber herrado con un F. en la frente á los indios tomados en guerra, haciéndolos esclavos, vendiéndolos al que mas dió y separando el quinto para nos: tambien el haber hecho casas de paja para fundicion, contratacion y lo de la sal. Maravillado estoy de la poca gente y poco oro de nuestras minas; el fiscal os tomará residencia y cuentas, para que esteis desocupado para la nueva empresa de Bimini, que ya otro me habia propuesto, pero prefiero á vos por vuestros servicios que deseo recompensar, y porque creo hareis lo que cumple á nuestro servicio mejor que en la grangería nuestra de San Juan, en que habeis servido con alguna negligencia.—Burgos 23 de Febrero de 1512.

El Rey á Sancho Velazquez, fiscal.
Tomareis cuentas á Juan Ponce, de la grangeria nuestra que tuvo en San Juan, conforme al asiento que con él hizo Ovando &c.—Burgos 23 de Febrero de 1512.

El Rey á Sancho Velazquez:
Os envio la antecedente cédula, que cumplireis, atendiendo á que Ponce no pudo apartar su grangeria de la nuestra, y la apartó, poniendo en la suya muchos indios y en la nuestra muy pocos. Ved si deberá pagarnos la mitad de lo grangeado en la suya, y en todo poned mucho cuidado.—Burgos 23 de Febrero de 1512.

El Rey á los oficiales de San Juan.

Bien me parece que hayais tomado á vuestros cargo nuestra grangeria. El Fiscal Velazquez tomará cuentas á Ponce de cuyo mal recaudo me maravillo.—Burgos 23 de Febrero de 1512.—Conchillos.—Obispo.

El Rey á Ceron y Diaz.

Vi vuestra letra de 28 de Noviembre en que me haceis saber vuestra llegada á San Juan. Holgué de lo que os dijeron los cinco indios que fueron á vuestro navio cuando surgisteis en la Trinidad, que hay oro en esta isla. Mando al almirante que envie persona á saberlo, y pase por ahí para tomar cuantas noticias pudiere. Pláceme la conformidad con Juan Ponce, y así continuareis como si fueredes hermanos. Siento que todavia esten alborotados los indios: mucho rigor al principio hasta sugetarlos castigándolos pero no con muerte; mas luego ya esclavos, tratadlos muy bien. Irán luego las dos Fustas de doce ó trece bancos bien armados con alguna artillería de fuslera y los doce espingarderos, y las otras dos caravelas razas que piden. Deseo muy concertada y poblada esa isla como cosa dispuesta de mi mano, y principalmente muy bueno el culto divino: para proveer á esto juntaos con los oficiales el valor de los diezmos. Estraño lo mal que Ponce ha administrado nuestra grangeria y es bien hecho haberla tomado á su cargo nuestros oficiales. Si cuando esta llegue no le habeis tomado cuenta, no se la tomeis, y cesad si hubieredes empezado; porque mando lo haga el que ha de residenciar. Venga relacion verdadera de los indios é personas de esa isla. He mandado hacer la guerra á los caribes, para destruillos y poner en paz esa isla: no serán naborias de casa sino esclavos. Ya habrán llegado los bergantines que pedisteis, y he mandado que de la casa de Sevilla os envien el cuento de moneda que pedis. En el repartimiento tengase mucha atencion á favorecer á los que se han distinguido en esta guerra y á hacer las menos mudanzas posibles, porque la hacienda y los indios padecen mucho en mudar de mano. Acerca de que ahi no puede cumplirse la provision de no cargar los indios por lo aspero de la tierra, pero que habeis aligerado la carga de cincuenta treinta libras; ved como escusarlo, porque siendo el principal caudal desas partes los indios, si por cargarlos se mueren, todo se perderá y despoblará. Entretanto se hacen los caminos sea la carga de veinte y cinco libras. Háganse muy presto los caminos. Pláceme que los vecinos desa puedan recibir por naborias á los indios que quisieren serlo con voluntad de sus caciques, porque los naborias son mejor tratados y sirven mejor. He mandado lo de ir los navios menos cargados y mas bojantes, y castigar á los que hicieren echazon. No se entienda en casa de fundicion y otras obras hasta decidir si conviene mudar ese pueblo, pues es gran inconveniente estar distante del puerto de mar. Véase si junto á éste hay sitio acomodado para nuevo pueblo, é informad juntamente con los oficiales. Irán el Boticario y Físico, y daréis al 1º sesenta indios, al otro cuarenta. Está bien que se torne á poblar el pueblo que destruyeron los indios, y llámese San German, como le puso nombre el Almirante; mas si no está en sitio acomodado para navegacion y minas, hágase donde mas convenga. A los oficiales desa se darán á cada uno cien indios.—Burgos 23 de Febrero de 1512.—Conchillos.—Obispo.

El Rey á oficiales de Sevilla:
He dado licencia á Antonio Sedeño para pasar dos esclavos, prestando juramento de que son para su servicio.—10 de Agosto de 1512.

Don Hernando &c.—Título de Contador de San Juan con 40,000 mrs. de salario y los indios que se dan á otros tales oficiales para Antonio Sedeño, el cual tomará los libros de Francisco Lizaur á quien por justas causas se quita dicho oficio.—Burgos.... de Agosto de 1512.—Conchillos.—El Obispo.

D. Fernando &c.—Las principales causas porque todavia andan alborotados muchos indios de San Juan, son: 1ª Temor del castigo. 2ª Horror al trabajo. Por eso mando que pregonen que á quien de su voluntad se viniere á servir, será perdonado de sus delitos pasados y el trabajo muy relevado; pero el que no, se le tomará por esclavo.—Logroño 10 de Diciembre de 1512.—Conchillos.—El Obispo.

Don Fernando &c.—A los oficiales de San Juan, salud: Los que tienen indios en esa, si cuando los hubieren menester, fuesen á buscar en sus asientos do están con sus caciques, podrian los indios atrevérseles y matarlos; asi mando que no puedan ir allanarlos sin algun indio de la confianza del visitador á cuyo cargo está el buen tratamiento dellos; y si no viniesen, entonces vaya el visitador con 12 ó 14 hombres dispuestos siempre para esto, y pagados por los vecinos que tuvieren indios de repartimiento. Haced pagar á cada vecino la parte que por esto le cupiere pues en beneficio de todos es en este tiempo turbulento; que en estando la isla en toda paz, se proveerá otra cosa.—Logroño 10 de Diciembre de 1512.—Conchillos.—El Obispo.

Don Fernando &c.—Cédula para que los indios de San Juan que siendo tomados en guerra, se habia mandado fuesen esclavos, no lo sean sino naborias de los que los tomasen.—Logroño 10 de Diciembre de 1512.—Conchillos.—El Obispo.

El Rey.—Se den doscientos cincuenta indios á Mosen Cabrero, criado muy antiguo del Rey.—12 de Diciembre de 1512.

1513.

Don Fernando &c.
Por cuanto vistos en nuestro Consejo, los capítulos asentados con Don Cristóbal Colon, se declaró pertenecernos y á nuestros sucesores privativamente el repartimiento de los indios en todas partes; usando de dicha declaracion, mando hacer de nuevo el de la isla de San Juan por justas causas, y os lo cometo á vos Pasamonte; para lo cual os doy poder cumplido &c. Valladolid 23 de Enero de 1513.—Conchillos.—El Obispo.

Por cédula de Medina del Campo de 21 de Marzo de 1513; se asignan 33,000 maravedis anuales al Bachiller Hernando

Suarez para que enseñe gramática en la Española á los hijos de caciques, en 27 de Junio se le entregan artes, evangelios y escribanias.

El Rey.—Madrid 6 de Setiembre de 1513.—Secretario, Conchillos.

A Agustin de Vibalde ó Nicolas de Grimaldo, mercaderes ginoveses, estantes en la corte; licencia para que no obstante ser estrangeros puedan comerciar en Indias por si ó por sus factores.

(Antes de esta, algunas muy pocas licencias se habian dado á estrangeros para navegar á Indias).

Don Fernando &c.
Comision á Juan Ponce para tomar cuentas de lo cobrado y gastado de penas de Cámara en San Juan, de que S. A. hizo merced por cuatro años, desde 1511, para caminos y puentes. Que lo sobrante destine á construir casas en solares concejiles cuya venta sea para propios de villas y lugares destinados á caminos.—Valladolid 27 de Setiembre de 1513.—Conchillos.—Muxica y Santiago.

(Otra tal de la Reina).

Doña Juana &c.
Poder á Ponce de Leon para partir ó señalar los términos, tierras y jurisdicciones de cada pueblo de los que agora estan fechos, y de los que se han de hacer, y poner mojones. 27 de Setiembre de 1513.—Conchillos.

(Otra tal del Rey).

El Rey á Repartidores de San Juan:
He sabido que con motivo de la licencia que dimos para tomar los indios y hacerlos naborias, los han adquirido en gran número, muchas personas bajas que no tienen vecindad ni repartimiento contra mi intencion, de que nace andar muchos indios dispersos sin saberse cuyos son. Mando que tomeis con vos dichos naborias y los repartais en sujetos dignos, haciendo

que estos recompensen segun os pareciere á los de quien se quiten. 27 de Setiembre de 1513.—Conchillos.

El Rey.—Señálense para las haciendas de S. A. en San Juan, 500 indios de los mejores, y los naborias necesarios.—27 de Setiembre de 1513.—Conchillos.

1514.

Abril 4 de 1514.—Al Repartidor que es ó fuere de la isla de San Juan. A Pasamonte enviándole provision en blanco para nombramiento de repartidor. Que Ayllon es contrario al Almirante, si no fuera bueno.

Se recomienda á Pasamonte gran diligencia en esperimentar todas las semillas, árboles de todas clases, en toda estacion; y favorecer á quien en esto se aventaje con darle indios.

Se dice no avecindarse españoles por no tener casas, haciendas y cosas que duren; para eso en el reparto pondreis condicion á quien se dieren 50 indios, que tenga 8000 montones y dentro de tres años haga casa de piedra.

Cédula de Valladolid 10 de Setiembre de 1514. A Hernando de Valladolid, por procurador de los negocios de Indias señala 4,000 maravedís.

Don Fernando &c.

Poder á Juan Ponce de Leon para que yendo cuanto antes á la isla de San Juan, haga de nuevo el repartimiento de sus indios juntamente con la persona diputada para ello por S. A. Valladolid 27 de Setiembre de 1514.—Conchillos.—El Obispo de Burgos D. Juan Rodriguez de Fonseca.

Don Fernando &c.

Título de capitan de San Juan, á Juan Ponce. La causal porque él, mejor que ninguno la pacificará y estorbará otro alzamiento.—Conchillos.—Licenciados Muxica y Santiago. 27 de Setiembre de 1514.

(Otra tal de la Reina).

Don Fernando &c.

Título y poder de capitan del armada contra los caribes, con jurisdiccion civil y criminal en mar y tierra, á Juan Ponce de Leon. 27 de Setiembre de 1514.—Conchillos.—Señada por los licenciados Muxica y Santiago, del Consejo.

(Otra tal de la Reina.)

El Rey á Antonio Sedeño, Contador de San Juan.

Respondo á las de 12 de Febrero y 1º de Mayo.—Está bien que hayais tomado cuentas á Francisco de Cardona, del oro que habia estado á su cargo: averiguad mas.

Al veedor, Factor, capellan y otros oficiales que sirvieron en la iglesia de Puerto-Rico, libradles lo que hubieron de haber por informaciones, pues se han quemado los libros. Id enhorabuena á la Española á consultar lo conveniente con nuestros jueces y oficiales, pero no descuidaré en esto, como pedis, sino que las provisiones irán ahi derechamente.

Decis que hasta siete meses antes del 12 de Mayo se ha librado al almirante parte de la renta del almoxarifazgo: decid cuanto montará lo que ha llevado, y en adelante nada le libraréis de ella, ni de penas de cámara, ni del oro de nuestras grangerías, ni debe haber nada de los diezmos hasta que fué el Obispo. Los oficiales, en cargos, libramientos y cuentas, tendreis la misma órden que los de la Española.—Valladolid 27 de Setiembre de 1514.—Conchillos.

El Rey á Oficiales de San Juan:

Respondo á la vuestra de 12 de Febrero de 1514. Está bien que hayais hecho guerra y sugetado los caciques en la parte donde convenia hacer un pueblo; para lo qual no consultareis con Pasamonte pues no ha de ir ahi, sino con Ponce. Si el Obispo insiste en que se le paguen décimas personales, no podrá escusarse, mas ved que se contente con uno de cada veinte ó veinte y cinco.

Se os enviarán derechamente las provisiones y no por la Española.

Esten depositados los esclavos que de esa se pasaron á la Española, mientras proveo.

La licencia para pasar esclavos de la Española á esa mandé revocar, y asi no traiga mas Diaz: ni de ahi se lleven á otra parte, pues hay falta y mueren muchos si mudan de suelo. He provisto de repartidor luego que he sabido que no iba Pasamonte. Todos mirareis por la hacienda aunque sea á cargo de Tesorero, y venga siempre relacion del oro.

Ni el almirante, ni Miguel Diaz sean exentos del derecho de Almoxarifazgo de lo que llevaren á esa: Hacedles pagar.

He recibido los 5000 pesos de oro.

El alcance que se ha hecho á Francisco de Cardona, averígüese bien y cóbrese.

Bien me parece lo que decis de hacer en San German otra grangeria como la de Puerto-Rico, y de los 500 indios y 120 naborias para ambas. Apliquense los indios segun mas provechoso fuere, pues las minas van por la cordillera de la Sierra que va desde Puerto-Rico á San German.—Valladolid 27 de Setiembre de 1514.

El Rey á Andres de Haro, Tesorero de San Juan:

Respondo á las vuestras de 14 de Febrero y Marzo y 10 de Abril deste año: Dais por causa de la desórden desa isla las muchas mudanzas de tenientes de almirante, y haber sido nuestros oficiales tenientes de otros; ya sois todos principales, poned remedio.

Decis que la ida del almirante hizo daño, pues no tomó asiento alguno y se metió á repartir indios, y lo continua su teniente: Ya envio repartidores.

A lo de que el mal trato de los indios ocasionó su rebelion, se acudirá con las ordenanzas.

A lo del desórden con que se ha hecho la guerra, dando licencias el teniente por pasion para hacer esclavos; va Ponce para ello.

Tambien he proveido sobre el daño de pasarse esclavos á la Española.

Sobre los préstamos de nuestro oro, flojedad en cobrar

deudas, y abuso de trocar oro sin fundir; vos lo remediad sin daño de los vecinos.

A lo de estar mal proveidas nuestras haciendas por falta de indios, ya he provisto.

Bien haceis en avisar de los 19,000 montones de mantenimientos que habeis mandado plantar demas de los 50,000 que habia; cuidad que se abonen los 30,000 que ha perdido el gusano; y está bien haber vendido 300 cargas de pan á peso y medio la carga.

Procurad cobrar algunos naborias nuestros tomados por otros.

Hágase como decis hacienda en San German, y repártanse los 500 indios segun lo dicho en la carta general; en la que pondreis todo lo mas, y solo direis aparte lo que no podais en ella.

Los inconvenientes de poder qualquiera adquirir naborias, ya están obviados.

Al cacique que mató dos cristianos, se alzó y pacificó, tratadlo bien y asi hareis en tales casos.

Sobre el buen tratamiento de los indios cumplid las ordenanzas, y si otra cosa puede hacerse en su beneficio, estoy pronto.

Ya luego irá la armada contra caribes, y no ha podido antes, porque debia aprestarse primero la de Castilla del oro.

Siento los inconvenientes y deudas por no haberse hecho fundicion en 11 meses á causa de los disturbios de la isla: haráse de seis en seis meses segun mando.

Bien fué arrendar las salinas en 1,500 pesos por tres años: recabdo en ellas.

No se haga el pueblo que dispuso el almirante y oficiales, antes de ir vos, donde andaban contino caribes, y á dó el almirante envió un criado suyo con 50 hombres, porque con la armada se remediará el daño de los caribes.—Valladolid 27 de Setiembre de 1514.—Conchillos &c.

El Rey á oficiales de San Juan:

Vi vuestra larga carta de 8 de Julio. Asi escribiréis siempre todos juntos, y en particular solo lo que no sea para dicho en la carta general. Vi la relacion de la fundicion de San German en Junio y asi hareis en todas. Fué buena vuestra intencion en salvar algun oro de los deudores para mantenimientos, pero debierais hacerlo con consentimiento y voluntad de los acrehedores. Para que no haya deudas sino por mantenimientos y herramientas, mando como en la Española que nada se fie sino lo dicho. Por los muchos fraudes y engaño de las fundiciones en ocultar el oro con consentimiento de vosotros y de los que hay dentro la casa, á fin de no pagar deudas salvo las nuestras &c. se guardará la órden siguiente:

Nuestro Contador y Tesorero en primer dia de fundicion publicarán las deudas que á nos se debieren y darán relacion á las justicias. Retendráse el oro que baste para pagarnos, y se les hará saber lo que á cada uno queda. Si fuera de lo dicho se retiene algo, lo pagaréis vos con el doble. Va provision, y no os nombro por ser la primera queja de vos, aunque bien lo merecíais para vuestra vergüenza.

No se dilaten las fundiciones: si tan adeudados están los vecinos de esa, por lo que á nos toca, usad de templanza cobrando con el menos daño dellos asegurando el daño aunque se tarde. Gracias por el acrecentamiento de 50,000 montones. Está bien que desde Agosto de 1513 á Junio de 1514 con quatro quadrillas de doce á quince se hayan sacado 2,300 pesos. Procurad que anden hasta ciento ó mas si pudieren mantenerlos las haciendas nuestras.

Para remedio de los caribes irá luego la armada con vuestro capitan Ponce: con el se tratará lo del pueblo.

Devuelvo la cuenta que tomasteis á Francisco de Cardona con notas: no se entiende en parte, volvedla á hacer juntamente con el fiscal Velazquez, venga muy clara, y permanezcan embargados sus bienes y deudas.

Recibiéronse los cuatro mil pesos, y venga siempre cuanto hubiere sin detencion. No se os podrá enviar lo que pedis por vuestro memorial, porque ni habeis pagado ni dado razon de lo que otra vez os mandaron: enmendad el descuido.

Tomad para nos la isla de la Mona. (*)

Hágase luego casa de fundicion en Puerto-Rico; cimientos de piedra y el resto de tierra; y hacedla tal que haya apartamiento para los libros del Tesorero y Contador.—Valbuena 19 de Octubre de 1514.—Conchillos &c.

El Rey á oficiales de Sevilla:

Para entretanto se hacen dos fortalezas en las ciudades de Puerto-Rico y San German donde esten seguros nuestros

---

(*) Será por muerte del adelantado?

caudales y defendidos los vecinos en casos de rebelion; daréis á Ponce tales armas y pertrechos (*que enumera*) para que teniéndolos en su casa de Puerto-Rico, con un artillero, todo de nuestra cuenta, sirva de fortaleza dicha casa. Valbuena 19 de Octubre de 1514.—Conchillos.—El Obispo de Burgos.

El Rey á Pasamonte:

Respondo á la de 3 de Agosto. Está bien que vaya el Fiscal Velazquez de repartidor á San Juan, y espero lo haga como proveido de vuestra mano, y él mismo tomará residencia á los oficiales del almirante en San Juan, como lo escribis. Favoreced en esa á Ibarra y Alburquerque. En lo de proveer las escribanías de pueblos que faltan, van cédulas en blanco que henchireis como vierdes que conviene.—19 de Octubre de 1514.—Conchillos &c.

El Rey al Almirante y Jueces:

He sabido que algunos meten pleitos sobre los indios encomendados y otras cosas dellos, llevándolos por la via ordinaria de letrados y procuradores, de que se escandalizan los indios.

Mando que semejantes pleytos se determinen sumariamente y con mucha brevedad sin tela de juicio.—Valbuena 19 de Octubre de 1514.—Conchillos.

(Otra tal para la isla de San Juan.)

D. Fernando &c.—Título de Regidor de Puerto-Rico para Ponce de Leon por toda su vida.—Monasterio de Valbuena 19 de Octubre de 1514.—Firmada del arzobispo de Rosano, Obispo de Burgos.—Conchillos.

(Otra tal de la Reina.)

El Rey á Repartidores de San Juan:

Por estar ausente Juan Godinez, no le quiteis sus 80 indios y 20 naborias, pues sirvió en la guerra contra indios alzados.—Valbuena 19 de Octubre de 1514.—Conchillos &c.

El Rey á Repartidores de San Juan:

A Miguel Diaz por causas de nuestro servicio se le quitó la factoria que se proveyó en Gombal Conchillos de Liori: favorézcasele en el repartimiento de indios.—Monasterio de Valbuena 19 de Octubre de 1514.—Conchillos &c.

1515.

Por cédula de Medina del Campo de 14 de Marzo de 1515, se dan á Juan Ponce de Leon en 10 de Mayo, seis espingardas para la fortaleza de Puerto-Rico.

Envíanse este año varias armas para la fortalezas de Santo Domingo y la isla de San Juan.

Dos cédulas, una del Rey y otra de la Reina nombrando regidores perpetuos á Andres de Haro, Tesorero; á Antonio Sedeño, contador; á Juan Godinez, á Rodrigo de Arce, Veedor de fundiciones; á Gombal Conchillos, factor; las cuales por su muerte no sirvieron y se dieron otras al nuevo factor, Baltazar de Castro. Valladolid 4 de Febrero de 1515.

Otras tales para regidores de San German, á Garcí Troche, á Martin de Isazaga, á Diego de Malpartida y á Sancho de Arango.

1518.

Por cédula Real de Zaragoza, de 10 de Agosto de 1518, una merced hecha á D. Jorge de Portugal por los gobernadores, que pudiese pasar á indias 400 esclavos, libres de todos derechos; se limita á 200 por haber parecido inconveniente llevar tantos. (Libro de licencias de esclavos desde 1518 á 1519).

1533.

Cédula á nombre de Don Cárlos y Doña Juana, dada por la Audiencia de Santo Domingo (Zuazo, Infante y Vadillo), en 28 de Marzo de 1533 para que entre tanto se determine por el Consejo de Indias la órden que se ha de tener en la fábrica de la fortaleza de la ciudad de Puerto-Rico, para la que son diputados, Garci Troche y Alonso de la Fuente, se saquen los 400 pesos que se señalaron del Arca de tres llaves, y los 100 de parte de la ciudad, y cuando se acaben, otros tantos &c. (Es copia auténtica).

1543.

Madrid 1º de Enero de 1543. El Rey á los oficiales de Sevilla.

Encarga de nuevo que retengan á los particulares el oro, plata y perlas, como traigan 80,000 pesos ó mas, con el mejor color para que no se entienda que hay órden, avisando al punto de la cantidad, y cuyo es para proveer.

Valladolid 28 de Diciembre de 1543. El Príncipe á los oficiales de Sevilla.

Repite lo mandado en la anterior.

ESTRACTO

DE VARIAS CARTAS DIRIGIDAS AL SOBERANO,

De 1515 á 1555.

ESTRACTO

DE VARIAS CARTAS DIRIGIDAS AL SOBERANO,

De 1515 á 1555.

1515.

A Su Alteza:

El licenciado Velazquez.—Puerto-Rico 27 de Abril de 1515.

Va el repartimiento que se ha hecho: sacados los indios de V. A. y oficiales, no hay cuatro mil. Muchos han quedado sin ellos y se quejarán.

Se han hecho *treinta y cinco* vecinos en cada pueblo.— Hallé la tierra en tiranía como se verá por la residencia que envio.

A Juan Ceron y Miguel Diaz están puestas demandas de 100,000 castellanos, sobre indios que quitaron á personas que los tenian por cédula de V. A.

Convendria sacar de aqui algunos malos y algunos criados del Almirante de quien dependen todos.

El Tesorero y Veedor son hombres de bien. El Contador no es persona que cumple al servicio de V. A. Factor está vaco.

Los de puerto, desean mudar el pueblo á una isleta junto á la mar y al surgidero; fui á verla con el cabildo y parece cosa útil.

A cuatro leguas de Puerto-Rico se han hallado en ciertos rios y arroyos riquísimas minas. Desde Reyes hasta 15 de Marzo, con muy poca gente se sacaron 25,000 pesos. En esta demora se espera sean 100,000.

A Su Alteza:
Andres de Haro.—Puerto-Rico 30 de Abril de 1515.

El Licenciado Velazquez tomó residencia á los oficiales del Almirante; hizo el repartimiento, y han quedado en cada pueblo veinte y cinco vecinos sin algunos naborias que se dieron á particulares. Para V. A. se señalaron en Puerto-Rico doscientos, y en San German trescientos.

A Su Alteza.
Iñigo de Zúñiga.—1.º de Mayo de 1515.

Dice de la suplicacion de la isla de San Juan sobre volver las varas al almirante, y que enviaria procurador que diese razon por do no convenia, sino que fuese gobernador un servidor de V. A. cual se creyó ser el licenciado Velazquez, con cuya ida cesaron los bandos y parcialidades. Pero este licenciado, así en el repartimiento, como en ctras cosas, ha hecho muchas injusticias y agravios segun dirá el procurador. Dió indios á muchos oficiales y mercaderes dejando sin ellos á conquistadores y pobladores. Jugaba mucho y ganaba, porque se dejaban perder á fin de tenerle contento para el repartimiento. Llevó dineros escesivos, especialmente de los naborias, que hizo registrar.

Para sí tomó el cacique mayor y mas cercano de las minas, y lo arrendó con condicion que le mantuviesen á la contina diez y seis indios en la mina, y si algo faltase, le diesen por cada uno, medio ducado al dia.

Ha recibido indios de vecinos que sacasen oro para él. Un alcalde amigo suyo tomó las cartas que iban á Corte y á los Jueces de la Española, sobre lo que estos proveyeron un pesquisidor que llevó presos Alcalde y Alguacil, y se dice lo hizo el Alcalde sugerido del licenciado al tiempo de partir. (*) A mí ha tres meses me tiene preso.

A Su Alteza:
El Obispo de la Concepcion.—16 de Julio de 1515.

Los indios van en mucha diminucion; convendrá tasar sus tributos, y obligar á los encomenderos á residir en sus vecindades, y á hacer casas de cierto tamaño, para quitalles el pen-

---

(*) Seria para tierra firme á hacer las informaciones en lo del Almirante.

samiento de irse, á ser casados, á plantar y sembrar todas semillas de Castilla; animar á que hagan ingenios de azúcar; dar socorro á los casados que viniesen con sus mujeres; mandar se enseñen á algunos indios artes mecánicas; abrir fundiciones; y no permitir cerca de puertos oro que fundir.

A Su Alteza:
Los Oidores.—Santo Domingo 5 de Agosto de 1515.
De la residencia que Sancho Velazquez tomó en San Juan á los oficiales del Almirante y del repartimiento que hizo, han venido muchas quejas. Sobre ellas hizo pesquiza secreta un Fernando de Carvajal teniente por el Almirante, la que está suspendida hasta que V. A. provea si podrá ir uno de nosotros. Hemos enviado á prender á un Alcalde y alguacil que tomaron ciertas escrituras y testimonios que enviaban ciertos presos, contra Sancho Velazquez.
Enviamos los Portugueses dirijidos á los oficiales de Sevilla.

A Su Alteza:
El licenciado Lebron.—5 de Agosto de 1515.
Llegó en fin de Junio y tomó las varas: no conviene las tengan el Almirante y sus justicias durante las residencias. Pide se cumplan con él *todos los indios y ayuda de costas*.

A Su Alteza:
Juan Ponce de Leon.—7 de Agosto de 1515.
Escribí de San Lucar y la Palma. En la Guadalupe tomando agua me hicieron ciertos heridos. Se les dará el castigo.

A Su Alteza:
Andres de Haro, Tesorero.—Puerto-Rico 8 de Agosto de 1515.
Juan Ponce llegó el 15 de Julio con el armada contra caribes. En la isla de Guadalupe saltaron en tierra con descuido, é hirieron á 15 cristianos de que murieron cuatro.
Dejó la gente en una isla despoblada mas acá, que es la de Santa Cruz, y ahora envia capitan; debiera ir en persona.

Se van cobrando del Obispo los 100,000 ducados del despacho de sus bulas. Van 5,000 pesos en una nao. Tengo once mil, que enviaré en dos navios que voy á despachar á San German.

A Su Alteza:
Los oficiales.—Puerto-Rico 8 de Agosto de 1515.
Sobreseyó el Obispo en los diezmos personales, vista la necesidad de los vecinos. Hablan de los esclavos indios de guerra que se vendian y sacaban á la Española, y se ha mandado no sacar sino al que fuere caribe. Que algunas ordenanzas es imposible cumplir.

Tomamos cuentas á Francisco de Cardona y Miguel Diaz del cargo de Factor que usaron y nombraron para él á Baltazar de Castro. En estas fundiciones pasadas se hubo poco oro, porque murieron hartos indios, así por la enfermedad que les causó la tormenta, como por la falta de mantenimientos.

En este repartimiento se han dado á V. A. *quinientos* indios mitad en San German do se ha comprado una hacienda por trescientas diez cargas de pan, que dieron en la Mona; de esta isla no conviene traer indios sino que sirvan allí en las sementeras de pan.

Se hizo con el obispo la cuenta de los diezmos de que V. A. le hizo merced. El va á Castilla y no sabemos por qué dejó solo dos clérigos; se presume va á pedir mas indios para él y sus clérigos; tiene ciento cincuenta. Enviamos cinco mil pesos é quedan en poder del Tesorero once mil.

A Su Alteza:
Antonio Sedeño.—8 de Agosto de 1515.
Desque se pobló la isla hasta el 7 de Agosto de 1513, han tocado al almirante de *décima* del almoxarifazgo *seiscientos treinta y nueve* pesos *un* tomin *tres* granos. Tambien ha llevado *décima* de los quintos, así de oro como de esclavos.

En la ordenanza que envió V. A. sobre los árboles y plantas que han de traer los vecinos, se manda á quien tuviere dos mil castellanos de hacienda ó dineros, hacer casa de piedra. Hállase difícil probar que lo tengan á mas de tres vecinos; los indios pocos y sirven mal: los aparejos de materiales y oficiales caros. Se ha suspendido con acuerdo del licenciado y oficiales hasta consultar. (*Provean segun pareciere y obliguen á quien tuviere posible.*)

A Su Alteza:

Oficiales 5 de Octubre de 1515.

El cacique Humacao y otros que estaban de paz se han tornado á revelar.

Despachada una nao con cinco mil pesos para V. A., iré á la fundicion.

A Su Alteza:

Andres de Haro.—6 de Octubre de 1515.

La hacienda de la ribera de Toa está muy buena y de ella podrán sostenerse los indios de V. A., de que han andado constantemente ciento en las minas, que en cinco meses han sacado trescientos pesos.

Pasaré á la Mona y procuraré que las mujeres hagan hamacas y camisas de algodon para los indios de V. A. en aquella isla.

Juan Ponce como aqui llegó formó parcialidades y envió en el armada por teniente á un Zúñiga por quedarse. A causa de enviar por diez indios para la armada, el cacique Humacao que poco antes habia venido de paz se alzó y quemó sus bujios é hizo alzar tambien al cacique llamado Daguao. No sucediera si lo comunicara con los oficiales que le dieran indios de paz.

1516.

A Su Alteza:

El licenciado Velazquez y Oficiales (menos Sedeño).—Puerto-Rico 5 de Enero de 1516.

Zúñiga tuvo en el armada muy mal recabdo, diga lo que quiera Sedeño, que ha sido criado de Juan Ponce. Enviarémos relacion de la isleta á dó convendrá mudar el pueblo de Puerto-Rico.

No se ha enviado procurador en corte, porque Ponce y Sedeño quisieran lo fuese, quien no pidiese cosa en perjuicio del Almirante y de ellos. Se hará, como vaya una buena persona.

A Su Alteza:

Los Oficiales.—Puerto-Rico 14 de Enero de 1516.

Se desaguisaron los indios tenidos por esclavos sin serlo, como V. A. manda, y para hacer las diligencias hemos puesto un procurador.

Es muy útil la isla de la Mona, y de allí se ha proveido de mantenimientos á los indios de V. A.

Los caciques Humacao é Daguao han venido de paces.

Reprendimos á Juan Ponce, el mal recabdo que puso en la armada contra caribes: agora dice quiere tornar á armar é ir en persona.

Van agora 7,000 pesos y quedan aqui 3.000

Nota: En otros estractos de varias cartas de Enero de este año, solo se contienen chismes de unos contra otros. El licenciado Velazquez y la Ciudad estaban unidos y así piden confirmacion del repartimiento, Ponce y Sedeño al contrario.

1518.

Al Rey.—Andres de Haro.—Puerto-Rico Enero 18 de 1518.

Partió la nao de Juan Vizcaino, á 16 de Diciembre. Vá con esta la duplicada de la que escribí entonces. Ahora en la nao Juan Bautista, capitan Gil Calderon, envio otros 8,000 pesos de oro y 34 marcos perlas que pesan tres pesos tres granos.

Al Rey.—Andres de Haro.—Puerto-Rico 21 de Enero de 1518.

En carta de Bruselas de 19 de Mayo, que recibí en esta dó ha cinco años soy Tesorero, me mandó V. A. confirmar ese cargo. Gracias y parabien de su venida á Castilla.

Cuando falleció el Rey Católico, quedaron en esta muchos descontentos por no haberles cabido indios en el repartimiento que se habia hecho. Eran pocos los indios, y muchas las cédulas ganadas en corte. A instancia de estos quejosos y otros de la Española, fueron enviados á gobernar estas partes los Gerónimos, los cuales quizá esperando la venida de V. A., en un año que están nada han hecho, y los vecinos están inciertos temiendo mudanzas. Estas han sido el principal daño de los indios, y conviene disponer en ello lo que haya de hacerse sin riesgo de mudarlos de á quien se encomiendan. Aunque ahora se tiene gran cuidado en su buen tratamiento, con todo, se disminuyen, porque como son incapaces en las cosas de la fé, lo son en lo que toca á su salud y de muy flaca complexion. En cada pueblo de los dos de esta isla, hay dos visitadores para hacer cumplir las ordenanzas, que sirven sin salario como los alcaldes; y no hay necesidad de un tercero asalariado que han puesto los Gerónimos.

Las rentas de V. A. aquí son los quintos del oro, y de las perlas, de los que arman para el rescate dellas, é de las salinas é del almoxarifazgo.

Del oro suelen fundirse en cada una de las tres fundiciones que se hacen en dos años en esta ciudad 250,000 pesos; en la villa de San German en los dos años 186,000 pesos. Pero esto suele crecer y menguar en cantidad. (*)

Las armadas de las perlas son inciertas, y despues de la venida de los Gerónimos, ha estado vedada esta Contratacion, hasta ahora que ha venido licencia de V. A., y han ido dos caravelas al rescate: aunque no irán tantos porque dicen los Gerónimos no poderse rescatar indios, en que estaba el principal provecho. Y bien puede V. A. permitir se traigan, pues se rescatan de los mismos indios de paz los que ellos cojen á sus enemigos los caribes: y esto no traerá peligro á los religiosos que están en la costa de las perlas á la conversion.

Las salinas de esta, rendian á quinientos pesos antes. Despues que el Rey Católico mandó no se diesen indios con el arrendamiento de ellas, no hay quien las arriende y valen poco. El almoxarifazgo ha rendido los años pasados á tres mil setecientos cincuenta ó sesenta pesos cada año en arrendamiento. Agora se arrendó en la corte de V. A. á un Alonso Hernandez de las Vacas, juntamente con el de la Española no sé en cuanto.

Como el Obispo de esta está en Castilla no se ponen clérigos en las estancias de indios como está mandado por las ordenanzas; con solo dos sacerdotes, uno en cada pueblo, se sirve la isla muy mal: venga y ponga copia de sacerdotes, ó venga orden para pagarlos de los diezmos.

(*) Segun esto es el quinto anual, 43,600 pesos.

A las grangerias de V. A. están encomendados 400 indios que sacan oro y hacen labranzas y casas de paja para V. A. cuando son muchos. Dan cada demora de provecho 1,500 ó 2,000 pesos. Los Gerónimos tienen orden de repartirlos por vecinos: siempre deberán quedar á lo menos ciento para hacer fortaleza y casas de Contratacion y fundicion de piedra que faltan. Demas desto, son necesarios para sacar la sal de las lagunas do se cuaja.

Envio en esta nao de Juan Vizcaino, ocho mil pesos y cuarenta marcos de perlas. Quedan en mí poder 17,000 pesos y 70 marcos de perlas, que irán en el primer navio por la órden que V. A. manda: 10,000 en cada uno. Con las perlas, vá en esta ese valor. Hasta ahora solo iban 5,000 pesos por nao como estaba mandado.

1520.

Al Emperador:

El licenciado de la Gama.—Puerto-Rico 12 de Junio de 1520.

He escrito muchas, y nada se ha proveido, pido se manden ver. No envié la residencia de Sancho Velazquez porque habia de ir junto con ella, y el Obispo de esta lo prendió por la Santa Inquisicion en cuya cárcel ha muerto.

El Obispo le ha embargado los bienes y algunas personas pedian de ellos en virtud de la residencia que ahora vá. Provea en esto V. M. Tengo á mí los indios de V. M., que son bien poca cosa. Provéase.

He casado aquí con hija del adelantado Juan Ponce de Leon: He visto como él se vá á descubrir ó poblar en la isla de la Florida.

Tomé el cargo de la justicia: la cual por nada del mundo dejará de hacerse mientras yo la ejerza.

Ruego á V. M. me mande cuando quiera, tomar residencia, y no dudo me hará merced.

Al Emperador:

Los oficiales Reales de San Juan: Antonio Sedeño, Hernando Mogollon, Pedro Moreno y Baltazar Castro. Puerto-Rico 14 de Junio de 1520.

Murió el Tesorero, Andres de Haro y pusimos su cargo interinamente en Mogollon y Moreno, vecinos de esta. De esto ya dijimos cuando enviamos 3,940 pesos de oro, y 136 marcos perlas, desde el puerto de San German.

El Rey Católico mandó que las justicias é Gobernadores se juntasen con los oficiales Reales en lo que se hubiese de proveer del servicio de V. A. y aquí se ha guardado siempre hasta el licenciado Gama que nunca se junta y todo lo provee como le parece. Provea V. M. y sepamos en que cosa hemos de entender. Soliamos en los pleitos de indios que se apelan de los visitadores, en proveer visitadores en cada pueblo, en tomarles residencia de dos en dos años: Gama todo lo hace solo. Cuando el vino, trajo por instruccion que pusiese un Visitador ó Secutor general, y estando mandado que los Visitadores sean de los mas antiguos vecinos, puso uno recien venido, quien sale algunas veces, y sin verse fruto en el tratamiento de los indios, se perjudica á los vecinos, porque con muy pequeño achaque les penan. (*Que no haya tal Visitador general, si solo los ordinarios*).

Gama ha casado quince dias habrá con hija del adelantado, sin licencia de V. M.

Todos los agravios que hizo Sancho Velazquez, nacieron de tener la vara de la justicia y el repartimiento de los indios; contra hombre tan árbitro de enriquecer y empobrecer, nadie puede apelar aunque injurie. No debe estar uno y otro cargo en una sola mano.

A Francisco Barrionuevo se entregaron los indios y hacienda de V. M. en la isla de la Mona, segun que trajo la provision de V. M.

Ahora 15 dias, llegaron en una nao, treinta y siete casas de labradores dirigidos de Antequera á la Española. Podria escusarse enviar de ahí á hacer esperiencia á tanta costa. Hay aqui quien lo haria dándoles las plantas.

Mandó venir V. M. á Pedro de Isazaga á tomar las cuentas. Está muy ocupado en la Española, segun nos dice, requerido para que venga. Lo deseamos especialmente despues de la muerte de Haro.

Al Emperador.
Oficiales Antonio Sedeño, Baltazar de Castro. Puerto-Rico 16 de Junio de 1520.

Por Enero enviamos tres mil novecientos cuarenta y tres pesos de oro, y 136 marcos de perlas. Dijimos entonces de la muerte del Tesorero Andres de Haro, y que se depositó el oficio en Hernando Mogollon, aunque Gama quiso depositarlo en un hijo suyo. El Rey Católico mandó á todas las justicias de estas partes, que fuera de los casos de justicia todo lo consultasen con sus oficiales. Y siempre se ha hecho sino ahora que el licenciado Gama nunca se ha querido juntar con nosotros á proveer, antes todo lo hace como le parece. En los pleitos de indios que se apelan de los Visitadores, en proveer estos y tomarles residencia cada dos años, entendiamos con los justicias mayores como mandó el Rey Católico en las ordenanzas. V. M. provea. El trajo mandado que nombrase para Visitadores, vecinos antiguos, y ha puesto á uno nuevamente venido por Visitador general y Secutor, que no entiende sino en eso, y sin provecho de los indios molesta con penas á los vecinos. Mejor fuera que como antes, fuesen Visitadores los alcaldes y vecinos antiguos. Habrá quince dias casó Gama con hija de Juan Ponce de Leon que parece cosa recia.

Por la residencia de Velazquez, verá V. M. cuantos agravios hizo, todo por tener la vara y juntamente ser repartidor. Deben separarse estos cargos, ó quien los tenga, tiranizará siempre la tierra.

Francisco de Barrionuevo mostró provision por do se le hizo merced de los indios y haciendas que V. M. tenia en la isla de la Mona, é se le cumplió.

Habrá 15 dias llegaron aqui treinta y siete casas de labradores, que de Antequera han venido á poblar en la Española: segun la pobreza que traen, harán mucha costa y poco fruto.

Van ahora 4,500 pesos de oro de unas minas nuevamente descubiertas y treinta y nueve marcos perlas.—En 29 de Julio dicen que envian otros 2,300 pesos.

Al Emperador y Rey:
Pasamonte, Ampies, Alonso Dávila.—Santo Domingo 20 de Agosto de 1520.

Recibimos la de V. M. de la Coruña al tiempo de su partida, y la provision para que los tres jueces suspendidos se tornen á sus oficios y á juntar en audiencia como antes: mil gracias.

Con estar asentado el tribunal que representa la real persona, y haberse descubierto la grangería del azúcar, edificios perpetuos á que se dan todos, y con haber ennoblecido dicha audiencia mandando haya un Presidente y otro Juez, revivirá la isla. Todos se alegran con esta merced.

Repiten el gran daño que causa la merced hecha al gobernador de Bresa, y la necesidad de licencia general de esclavos.

Insisten en que el oro sacado con esclavos sea al décimo (concédese por seis años).

Que los azúcares de esta, puedan llevarse á todas partes de sus señorios sin obligacion de ir á Sevilla, si no en fletes se irá todo, y se animarán poco á seguir esta grangería; por que en Sevilla hay poco despacho.

Que aquí se pueda fundir y labrar cobre para los ingenios, (concédese).

(Otras cosas referentes á la misma isla).

Al Rey.—Licenciado Villalobos, Matienzo, Ayllon. Santo Domingo 28 de Agosto de 1520.

Mil gracias por mandarnos volver á usar nuestros oficios como en tiempo del Rey Católico. Hemos comenzado á usarlos, y para que á todos constase la merced en volver la Audiencia, la hicimos pregonar: con lo que todos están muy animados: era la cosa que mas deseaban, y si no se proveyese presto, recibiera mucho daño la poblacion destas partes. Tambien la enviamos á pregonar en San Juan, Cuba y Jamayca.

Manda V. M. vengan las apelaciones de tierra firme. Cuando el Rey Católico envió á Pedrarias, le mandó que los negocios y causas que allá se ofreciesen se determinasen sin forma de juicio, salvo solamente sabida la verdad por escusar pleytos y gastos. Conoceremos si hay quejas de agravios hechos entónces? suplicamos especial provision para ello.

Un alcalde mayor puesto en la costa de las perlas por Figueroa, ha hecho ciertos agravios á los que van á rescatar. Hanlos hecho tambien los Visitadores de indios que el puso en esta. Demandan á aquel y estos, y no hemos osado conocer porque es Juez de esta Audiencia y ha de hacer residencia á los cargos que ha tenido.

Al Rey.—El licenciado Figueroa.—Santo Domingo 16 de Setiembre 1520.

Vá la residencia de Zuazo. Por los cargos y sentencia se colegirá la secreta: la pública por relacion que va al cabo.

De los labradores que vinieron han caido tantos malos que no ha quedado ninguno y algunos niños y mugeres han muerto, y otros recaen, no obstante haberseles socorrido. Venir familias así es mucha costa. Mancebos vendrian hartos dándoles el pasage y la comida de la mar, y aquí habria luego quien los tomase de su cuenta.

———

Al Emperador:
Baltazar de Castro.—Santo Domingo de la Española 16 de Noviembre de 1520.

Habrá dos meses fueron á la isla de San Juan cinco canoas con ciento cincuenta caribes de guerra: desembarcaron en el rio Humacao, y en unas estancias de españoles, allí cerca, mataron cuatro cristianos y trece indios.

De allí fueron á unas minas cercanas y luego á otras, y mataron en cada una dos cristianos, quemaron las casas, y tomaron un barco de pescadores matando otros cuatro. En todo gastaron quince ó veinte dias, sin que los cristianos pudieran dañarles por no tener un navio sotil. En todo mataron trece cristianos, otras tantas mugeres indias, y llevaron cincuenta indios naturales. Cobrarán avilantez por haberse ido impunemente. Convendrá envien los oficiales de Sevilla dos navios de remos sotiles con que tomar las bocas de los rios por do entraren. Vine á esta isla por si de aqui podian proveerse, y no se ha hecho por falta de maestros. (Envíénles un bergantin.)

Los oficiales de San Juan escribimos como la ciudad de Puerto-Rico se mudaba á una isleta que está en el puerto donde surgen los navios, muy buen asiento, creemos que por lo saludable y á propósito para la contratacion se poblará mucho mas que estaba. Aquella isla es la puerta de la navegacion de estotras y convendrá, que en la ciudad, que nuevamente se edifica, mande V. M. hacer fortaleza y una casa de Contratacion, y fundicion de piedra pues la que habia de paja se ha quemado algunas veces. (Hagan casa de Contratacion.)

Convendrá tambien que los indios que en aquella isla servian en las grangerías de V. A. los que se pusieron en la dicha grangería en libertad para ver si serian capaces para vivir politicamente y recibir alguna doctrina cristiana.... y ninguna cosa aprovechan, antes olvidan la doctrina que antes se les habia mostrado; que estos indios no se encomienden á los vecinos, ni salgan de la grangería de V. M. porque con lo que allí labraren se pueda mantener la gente que trabaje en los edificios susodichos (Fiat).

1521.

Al Emperador:
Juan Ponce de Leon. Puerto-Rico 10 de Febrero de 1521.

Descubrí á mi costa la isla de la Florida y otras pequeñas en su comarca: agora voy á poblarla con copia de gente en dos naos y á descubrir la costa á ver si confina con la tierra descubierta por Velazquez. Partiré de aquí á cinco ó seis dias. Suplico á V. M. me haga mercedes con que poder seguir tan grande empresa.

Casi lo mismo dice en carta del mismo dia, al Cardenal de Tortosa.

Al Emperador:
El licenciado La Gama.—Puerto-Rico 15 de Febrero de 1521.

Con fecha de 25 de Octubre, me mandó V. M. que venido el Almirante, le entregase las varas de la Justicia, y entendiese en lo de los indios (*) se ha hecho.

Pusieronse en libertad los que V. M. tenia, y tienen por pueblo la misma estancia de V. M.

Queria poner los demas vacos, segun está mandado por provision de V. M., que el Cardenal me envió; (**) de la que ha suplicado esta isla, y yo suspendí la egecucion hasta consultar con el licenciado Figueroa. A algunos vecinos he quitado los indios por mal tratamiento, y hasta ver la respuesta de Figueroa los he depositado en otros. V. M. provea. (*Que mire que el depositar sea en personas tales &c.*)

(*) Lo mismo se mandó á Figueroa en la Española de suerte que la provision del Almirante varió enteramente el gobierno. Despues de la muerte del Rey católico esta es ya 3ª mudanza: 1ª Los Gerónimos y Zuazo: 2ª Figueroa sub illo Gama, y en ambas suspensa el audiencia: 3ª Almirante Virey con la Audiencia; y en la 2ª Isazaga á tomar cuentas á G. G. Dávila, las toma en el Darien, y Velazquez en San Juan.

(**) Siguió en esta parte el cardenal de Tortosa las mismas disposiciones de Cisneros.

En 8 del presente, llegó á San German una armada que el almirante y Jueces envian á Paria á castigar los que mataron á los frailes y dizque á poblar, y que va justicia nombrado por el Almirante.

"Bartolomé de las Casas, Capellan de V. M. llegó en este medio tiempo, con el despacho para poblar dicha provincia y sus comarcas." Va á hacer su armada á la Española. Hállase muy confuso esperando que llegue á este puerto la dicha armada para les requerir que se vuelvan, é creo lo mismo entienden hacer el Almirante y Jueces.

El adelantado Ponce de Leon partirá el 20 á poblar la Florida é descubrir sus comarcas. (Son tres armadas.)

Al Emperador:
Pedro de Isazaga. Puerto-Rico 27 de Febrero de 1521.
Despaché las cuentas de los oficiales en la Española. Venido á esta, he hallado á Francisco Velazquez contino de V. M. con provisiones Reales y del Cardenal gobernador, quien me dió cédula en que V. M. me manda que por evitar tanta dilacion sobresea en las de aqui y vaya á tomarlas en las otras islas. Pártome luego á Cuba.

(Con la venida del Almirante, segun parece, se pusieron de nuevo Tenientes en San Juan y Cuba. En esta se lee: "Los de su muy alto Consejo que entienden en las cosas de estas islas.)

Emperador:
Francisco Velazquez.—Puerto-Rico 7 de Marzo de 1521.
Llegué á esta ciudad á 30 de Enero y presenté mis provisiones á los oficiales. Hallé presos al Contador Sedeño y al Veedor por deudas á V. M. Del Contador dicen que ha metido mucho la mano en la hacienda, y es quien alborota la isla y fomenta los bandos. Suplicó de mi provision y quiso enredarlo, mas venido Isazaga, yo di á este su cédula para ir al instante á Jamayca y Cuba y obedeció. Con esto cesaron las contiendas y he empezado las cuentas. Segun todos dicen seria útil no estuviese en la isla ese Contador.

Esta isla cada dia da mejores muestras: "cójese oro en cantidad." Van ahora 5,000 pesos y quedan otros cuatro ó cinco mil para otra nao. sean

El armada que V. M. envia á las Perlas para que

castigados los indios, vino á este puerto á 27 de Febrero, salió para hacer su viaje derecho, 1º de Marzo; Ponce de Leon salió para Bimini é Isla Florida á 26 de Febrero.

Vine á tomar aquí las cuentas con salario de 300 ducados; no puedo comer.

1527.

Al Emperador:
Licenciado Juan de Vadillo.—Puerto-Rico 20 de Marzo de 1527.

En 28 de Agosto dice lo por mi hecho en esta Isla. En Junio de 27 vuelto de San German á esta, hallé Cédula de V. M. concediendo suspension de cobranza de deudas. Algunas se habian cobrado, y tomé fianzas por la de Tomas de Castellon, mandando acudir á los oficiales con los frutos del ingenio suyo en San German.

En la noche del 4 de Octubre pasado empezó en esta Isla tanta tormenta de viento de agua, que llaman acá *huracan*, que durando 24 horas "derribó la mayor parte desta Ciudad, con la Iglesia é hizo tanto daño en las haciendas del campo por las grandes crecientes que hubo en los rios, que no se acuerdan en ésta Isla de tal cosa;" muchos ricos han empobrecido, entre ellos Pedro Moreno teniente de Gobernador desta. (Sigue hablando de su cobranza).

Salí de España para venir á Indias en 4 de Febrero 1526.

1528.

Al Emperador:
Blas de Villasante. Puerto-Rico 26 de Setiembre de 1528.

Dos de V. M. de Burgos 15 de Febrero de 1528, recibimos el teniente y oficiales en 28 de Junio. Por Julio enviamos 280 marcos perlas de todas clases, y 3,802 pesos á los oficiales de la Española.

Dia de Santiago Apóstol, surgió una nao francesa de armada, con una caravela y un patax, sobre el puerto de Cubagua, comenzaron á combatir el puerto, y por otra parte intentaron echar gente con el artillería que sacaron de una nao, y con socorro de indios que ocurrieron de la Margarita, cinco leguas de alli. Viniéronse é tomaron puerto en San German en 12 de Agosto.... quemaron y robaron el pueblo. Saltaron en tierra setenta en ordenanza, con bandera y atambor.... Robadas y quemadas dos caravelas que alli habia se fueron á la Mona 12 leguas de allí. En la Mona solo habia un español, mayordomo de aquellos indios &c.

Habla del temor en que están por no tener ningun tiro de artillería, ni municion, ni otras armas, salvo espadas, é algunas lanzas é rodelas que han hecho hacer.

Quando avisamos de la nao inglesa por el mes de Enero pasado, suplicamos por artillería é municion. Venga sin dilacion, que se pierde el comercio por estos temores.

El mismo Villasante, en una carta incompleta de Noviembre de 1528, dice que por Abril se enviaron 4,000 pesos y doscientos marcos perlas. Que ahora no envian nada por temor de corsarios.

Que despues de lo de la nao francesa han comprado cinco tiros de lombardas que ponen en el puerto para su defensa.

Copia autorizada por Domingo Caballero, Escribano del Audiencia de la Española, de carta escrita á ella desde San Juan. (A la espalda se lee "Vista en Madrid 11 de Marzo de 1528.)

"El martes pasado 19 de este presente mes de Noviem-
"bre allegó una nao de 250 toneladas de tres gavias, salieron
"con una pinaza que traian que bogaba 25 ó 30 remos fasta
"25 hombres con el maestre y capitan, juntamente de la dicha
"nao, todos armados de coseletes y arcos é frechas y algunas
"ballestas é dos lombardas en la proa. Dijeron que eran ingle-
"ses de dentro de la ciudad de Londres, y que la nao era del
"Rey de Inglaterra, que el Rey habia armado aquella nao y
"otra para ir á descubrir la tierra del gran Can, y que yendo
"les dió un temporal en el camino, que se perdió la una de la
"otra, por manera que nunca mas la han visto, é que ellos siguie-
"ron su viaje, é dieron en un mar helado é que hallaban islas
"grandes de yclo; é no pudiendo por allí pasar tomaron otra
"derrota, é dieron en otra mar caliente como una caldera cuan-

"do hierve con agua, é por miedo que aquel agua no les derre-
"tiese la pez de la nao, se volvieron é vinieron á reconocer á
"los bacallaos, donde hallaron bien 50 naos castellanas é fran-
"cesas é Portuguesas pescando, é que allí quisieron salir en
"tierra por tomar lengua de los indios, é saliendo en tierra les
"mataron los indios al piloto Piamontes de nacion. E de allí par-
"tieron é vinieron la costa de la tierra nueva donde fué á poblar
"Ayllon 400 leguas y mas. E de allí atravesaron é vinieron á
"reconocer esta Isla de San Juan.... que querian ver estas Is-
"las para dar relacion dellas al Rey de Inglaterra é vistas
"cargar de Brasil é volverse.... Preguntaron por la derrota de
"Santo Domingo, que querian ir allá á vella.... Gines Navarro
"vido (su nao) todo é que no traian en ella otra cosa sino vino
"é harina é cosas de provision, y algunas cosas de rescate de
"paños y lienzos y otras cosas, y mucha artillería é buena, é
"que traen carpinteros é herreros é fragua, á otros oficiales y
"aparejo de hacer otros navíos si tuviesen dello necesidad é
"un horno donde cuezan pan, é que toda la gente serian fasta
"60 personas. El mártes é fasta 25 ó 30 hombres salieron
"en tierra en la Mona, y estuvieron allí, fasta el miércoles en
"la tarde, é salieron todos armados que se embarcaron para
"Santo Domingo, y el juéves de mañana tiraron dos tiros de
"lombarda, é tocaron una trompeta bastarda que traian, é se
"hicieron á la vela é fueron la via de Santo Domingo fasta que
"los perdieron de vista. Y el dicho Gines Navarro estuvo en
"la Mona hasta el viérnes que se vino á esta Isla."

Blas y Juan de Villasante puto hermanos.

Relacion del cargo y data del Tesorero de la isla de San Juan de Puerto-Rico, Blas de Villasante y de las deudas cuya cobranza puso á su cargo el licenciado Juan de Vadillo. Hácele cargo el Contador Miguel de Castellanos por Octubre y Noviembre de 1528 ante Escribano público. (Era Escribano mayor de minas Juan de Villasante.) En una partida recibió un tanto por la décima tocante á D. Luis Colon. (En 2 de Marzo de 1527 ya era Tesorero Blas de Villasante, pues paga un libramiento del Contador Pedro de Espinosa su teniente.)

(Son 5 pliegos, cartas V.)

1529.

Al Emperador:

El Electo de la Española.—Santo Domingo 1º de Marzo de 1529.

"A 7 de Octubre, salí del puerto de San Lucas, y vine "á la isla de San Juan como V. M. me lo mandó, y estove en "en ella trece dias. Ví como en la Ciudad habia *ciento veinte* "casas, dellas de piedra, y las mas de tablas y paja. La Igle-"sia se acabó de cubrir estando yo allí, y es suficiente para "otros doscientos vecinos mas. Hácese un monasterio de San-"to Domingo y lo mas está edificado muy bien, y están en él "mas de veinte y cinco religiosos. Está el pueblo junto al "puerto y desviado del agua que beben, una legua pequeña, "aunque otra agua, que no es tal, se halla en pozos del pue-"blo. La yerba y todos los mantenimientos traen con barcos, "por que en la isla, dó la Ciudad está, no hay labranzas sino "algunas huertas que se comienzan á hacer y así viven con "mucho gasto y trabajo."

Hallé intimidada la gente con la venida de la nao francesa que quemó á San German: me hablaron de fortaleza &c. "El puerto tiene muchas requestas, y como es cerrado, no creo "yo que corsario de tres naos osaria entrar; ni de mas habien-"do municion para el artillería."

Hay diferencias entre los oficiales Reales cuya pasion apasiona á todos.

Cierta hacienda de conucos y ganado y en ella algunos indios, vendió V. M. á Domingo Muriel, á plazos, por quitar al Tesorero, la cacica con quien está amancebado.

Repetimos las súplicas que se hicieron con los procuradores frailes, cuyo despacho se ha diferido, repetimos lo suplicado y escrito en 5 de Noviembre pasado y somos importunos porque así lo exige la necesidad de la isla.

Con la venida del Presidente se han publicado ciertas ordenanzas para esta audiencia. En una se manda que en las apelaciones al Consejo de nuestras sentencias siendo causas de 600 pesos y dende abajo, se ejecuten las sentencias con fianza de restituir el que la ganó si despues fuere condenado &c. Discurren sobre varios perjuicios &c.

Esta ciudad ha suplicado de la provision de V. M. sobre la sal, porque por ella se cierra la libertad: no puede sufrirse aquí ser la sal señoreada por una persona. Aquí vienen anualmente tres ó cuatro caravelas con sal y no basta. En ésta, en San Juan y Cubagua si oviesen de comprar la sal para salar el pescado, dejarian las pesquerias. Fuera de que poner estanco en la sal es prohibido por leyes destos Reinos.

Con el estanco de negros por lo capitulado con alemanes, no podemos haver uno por el ojo de la cara: por no darlos al precio prometido, no traen uno, y luego con la necesidad los venderán carísimos.

Estos estancos, y tantas imposiciones de sisas ú averías en la carne y demas mantenimientos y mercaderías para armadas, la guerra del Baunuco &c. nos tenian ya perdidos. Ahora para acabarnos de consumir se ha repartido que demos á seudos.

Al Emperador:
Cristóbal de Santa-Clara, Alcalde.—Francisco de Tapia. Licenciado Serrano.—Juan Mosquera.—Gaspar de Aztudo.—Lando, Escribano.—Ciudad de Santo Domingo 9 de Marzo de 1529.

Al Emperador:
Licenciado de la Gama.—Puerto-Rico 15 de Junio de 1529.

Llegué á esta Isla en 25 de Noviembre pasado. Tomé la residencia al Tesorero Villasante en la cárcel de Inquisicion do le metió el Obispo á pocos dias que llegué, y su llave del arca de tres, se dió á su hermano Juan de Villasante veedor.

La hacienda de V. M. cuyos indios traia en minas el Tesorero, entregaré á Domingo Muriel segun la Real cédula. El factor nada ha tenido á su cargo y no sirve este oficio sino para llevar el salario.

En la deuda de Tomas Castellon ha habido muchas dilaciones por parte del Tesorero como marido de la heredera de dicho Castellon.

La Isla se va despoblando: sería mucho remedio hacer aquí fortaleza.

He fenecido lo de aquí: luego iré á tierra firme como V. M. manda.

En la quema de San German por franceses, fué quemada mi casa é libros é cuanto tenia, que no ovo lugar mas de se ir mi muger é hijos huyendo: lo que hallé quando acá llegué.

V. M. me dió ciertas provisiones dirigidas á mí y licenciado Salmeron sobre hacer informaciones de ciertas personas y que fuesen regidores. El es ido á España: él lo haya solo.

Quanto á los casados hice pregonar la cédula, y dí seis meses de término para que fuesen ó enviasen por sus mugeres; si no cumplen, ejecutaré las penas.

Al Emperador:
Licenciado la Gama, Ramirez de Vargas, Baltazar de Castro, García Troche. Puerto-Rico 15 de Junio de 1529.

Las respuestas que V. M. dice habernos escrito sobre fortaleza y artillería que pedimos con ocasion de la nave inglesa, no hemos recibido.

En Noviembre fué Procurador de esta ciudad Juan de Castellanos, y dijimos la quema de San German por el corsario francés. Despáchese bien y brevemente, que siendo esta Isla la llave de Indias, debe estar segura; y hágale V. M. mercedes, porque se animen á cojer oro, única grangería della y á muy gran costa. Merced á quantos vecinos aquí y en San German tengan casas de teja, que traigan libremente negros francos de derechos para sus labores, convendría hacer tres ó cuatro ingenios de azúcar: pero es mejor se preste dinero de la Real Hacienda.

Al Emperador:
Baltazar de Castro, Miguel de Castellanos. Puerto-Rico 15 de Junio de 1529.

Baltazar de Castro fué con Gama á la isla.

La prision del Tesorero por Inquisicion, fué en 11 de Diciembre.

Tomás Castellon tuvo arrendado el almoxarifazgo desde 1524 por tres años. Murió en 1527. Su muger es sobrina de Jacome de Castellon.

Al Emperador:

Baltazar de Castro, Blas de Villasante, Martin Hernandez, oficiales. Puerto-Rico 12 de Agosto de 1529.

Por Julio escribimos y enviamos con el Maestre Domingo García, dirijidos á la Española cinco mil pesos que V. M. nos mandó cobrásemos del Contador Antonio Sedeño.

Ahora con Maestre Juan de Leon van 245 marcos perlas, 125 marcos de topos y otras partidas de pedrería, aljofar, avemarias, cadenilla, asientos pinjantes y piezas de diversas facciones, algunas escojidas, y un berrueco.

Miguel de Castellanos que aquí servia de Contador y estuvo preso por deudas á particulares, teniendo la Ciudad por cárcel, se retrujo al Monasterio de Santo Domingo, y de allí diz que se fué á las Perlas á servir la Tesorería de que V. M. le hizo merced. Por su ausencia se depositó esta Contaduría en Martin Hernandez.

A Su Magestad:

El licenciado la Gama.—San German 19 de Noviembre de 1529. (A. 7.)

Con Maestre Juan de Leon envié por Agosto la residencia y cuentas, y dije estar de camino para tierra firme. Detúveme con la venida del presidente á consagrarse: empezé á tomar las cuentas de lo que Pedro Moreno debia de los bienes de Andres de Haro que fueron á su cargo, y murió luego Moreno &c.

En 18 de Octubre á mas de media noche entraron en la bahía del puerto de Puerto-Rico ocho piraguas grandes de caribes, y toparon un barco del pasage del Rio de Bayamon, é le tomaron con cinco negros é otra gente. Como fueron sentidos se estovieron sin saltar en tierra hasta otro dia que salió el sol; desfundaron el barco é se fueron con temor de ciertos tiros que les tiraron. Parecieron tres negros muertos é flechados. La ciudad é toda la costa se ha velado é vela, porque nunca tal cosa se ha visto desdel descubrimiento destas partes. Fortaleza, armas y artillería y dos bergantines cada uno de treinta remos, y no osarán venir caribes. Si no con el temor se despoblará.

Estoy esperando de Santo Domingo, navio para irme á tierra firme.

En esta villa de San German es mayor el peligro de caribes, pues no tiene casa ninguna de piedra, ni armas.

1530.

A Su Magestad.

Oficiales Baltazar de Castro, Martin Fernandez, Miguel de Lizarazo.—Puerto-Rico 6 de Marzo de 1530.

Enviamos con maestre Ramos á la Española 5,000 pesos para V. M.

El presidente cuando estuvo á consagrar se mandó suspender la ejecucion en el ingenio del difunto Castellon, y que se cobrase de los frutos. Lo mismo en las otras deudas.

Lizarazo provisto por V. M. Tesorero de esta durante la prision de Villasante, llegó á mediado de Noviembre. Villasante tiene casa por cárcel y pretende no estar por eso inhabilitado á usar su oficio.

Al Emperador:

Oficiales Baltazar de Castro, Juan de Castellanos, Alonso de la Fuente.—Puerto-Rico 27 de Agosto de 1530.

En 1529 se hizo merced á dos mercaderes para pasar cien negros, que enviaron este año sirviendo la contaduría Francisco Fernandez. Despues por otro treslado de la misma merced cedido por los mercaderes dado á Lando teniente desta, han pasado otros ciento. Como los oficios Reales han estado en varias manos, ha habido mal recibimiento.

A Su Magestad:

Baltazar de Castro, Martin Fernandez. 8 de Setiembre de 1530.

Murió Lizarazo en 16 de.... pasado cinco dias antes que este viniere, Villasante servia su oficio aun teniendo casa por cárcel; luego el Obispo le permitió, bajo fianzas, que pudiese visitar sus estancias, y estando en ellas vino Lizarazo, y con testimonio del Obispo como tenia preso á Villasante, le recibimos al oficio. Este se quejó y puso pleito en el Audiencia, la que muerto Lizarazo nos mandó volviesemos á recibir al oficio á Villasante. Pretende salario aun del tiempo que Lizarazo sirvió.

A Su Magestad:

Francisco Manuel de Lando, Baltazar de Castro, Blas de Villasante, Martin Fernandez.—Puerto-Rico 8 de Setiembre de 1530.

De mes y medio á esta parte ha habido en esta isla tres tormentas de agua y viento que han destruido todas las labranzas, ahogado muchos ganados, y puesto en gran necesidad y hambre de pan. En esta Ciudad derribó la mitad de las casas por el suelo, de las otras, la mejor librada quedó sin una teja. En campo y minas no dejó casa que no derribó. Sucedieron en 26 de Julio, 22 y 31 de Agosto. Todos han quedado pobres y con pensamientos de se ir. Añádese que no habiendo indios, se sustenta la tierra con negros, los que con estar estancados y no poderlos traer los vecinos, se venden á 60 ó 70 castellanos. Suplica esta Ciudad que por tres años se suspenda la cobranza de todas deudas.

Notificose al tesorero Blas de Villasante, mandándole ir á Castilla en el primer navio, y presentarse en el Consejo. El requirió al Obispo, que como Inquisidor le tenia dada la Ciudad por cárcel: respondió, que si S. M. quisiera á él se lo escribiera. Visto esto, le requirimos teniente y oficiales, respondió lo mismo, y le encarceló en la casa de V. M. do posa, y nos puso pena de excomunion si nos entrometiamos en le hacer ir: y asi se quedó. Va dello testimonio. Murió Lizarazo, habiendo servido la Tesorería cuatro meses.

A la Emperatriz:

Los oficiales de San Juan, Baltazar de Castro, Blas de Villasante, Martin Fernandez.—Puerto-Rico 20 de Setiembre de 1530.

Hacemos lo posible por cumplir la instruccion que V. M. nos ha enviado aunque con infinito trabajo: pero tres capítulos suplicamos se tornen á ver. Con tanto trabajo, tanta carestia de mantenimientos, no podemos con los 40,000 maravedís de salario. Antes podiamos por tener indios. Suplicamos se nos dé tanto como á los de la Española.

Al Emperador:

Domingo de Cuellar, Juan de Villasante, García Troche, Pedro de Espinosa.—Puerto-Rico 31 de Octubre de 1530.

Agora en punto ha un año vinieron á esta Ciudad, ocho canoas de caribes y alteraron á los vecinos; despues las tormentas, huracanes y avenidas de rios que han sobrevenido desde 28 de Julio, nos han destruido, y ni se puede sacar oro, única grangería, pues no hay mantenimientos. Estando en tal estado, el domingo pasado 23 del presente, vinieron á esta Isla once canoas de caribes en que podrian venir quinientos, dieron en cierta parte poblada de haciendas de labranzas de esta Ciudad donde mejor oro se halla en esta isla que se dice el Daguao é minas de Llagüello, é saquearon una hacienda de Cristóbal de Guzman, vecino principal de esta. Matáronle con ciertos cristianos, blancos, negros é indios é ciertos perros bravos é caballos que tenian aparejados para defensa. Quemáronlos á todos con las casas é hicieron muchas crueldades en cristianos, negros é indios. Llevaron presos veinte y cinco negros é indios para los comer segun su costumbre. Témese vengan sobre esta Ciudad indefensa, con mas pujanza: tal es el temor, que las mujeres y niños no osan dormir en sus casas y se ván á la Iglesia y monasterio por ser edificio de piedra. Los hombres velamos ciudad y caminos, sin poder entender en haciendas.

Insistimos en que se armen dos bergantines, como lo proveyó el Rey Católico, y así en doce años no osaran venir caribes; y hágase fortaleza en este puerto, ó se despoblará la Isla. El Gobernador y los oficiales conocen la necesidad, pero no pueden gastar sin espreso mandado.

———

A la Emperatriz:
La Audiencia.—Episcopus Sti Dei.—Licenciado Zuazo.—Dr. Infante.—Licenciado Vadillo.—Santo Domingo 28 Noviembre de 1530.

Recibimos la Cédula para que todos los Jueces y Gobernadores de las provincias sujetas á esta Audiencia, otorguen las apelaciones á ella en los casos criminales y otros que de derecho haya lugar. Otra para que se haga particular relacion desta Isla, sus vecinos, indios, negros, casas de piedra &c.

Dijimos la gran tormenta que hubo en San Juan el Agosto pasado, el mucho daño que recibieron los vecinos della. Por Setiembre padecieron otros dos huracanes que han acabado de perder las labranzas. Por Octubre fueron nueve piraguas en que irian 400 caribes, y dieron en la estancia de Cristóbal de Guzman, la quemaron y en ella á él, á su estanciero é mataron é llevaron ciertos negros é indios, por todos mas de treinta y seis personas. Piden socorro contra caribes, que temen vendrán cada año. Por no tener facultad de gastar de la Real Hacienda sin espreso mandado, hemos hecho pregonar licencia general para armar contra caribes con los mas favores posibles. (Continúa hablando de otras cosas estrañas á San Juan).

1532.

A la Emperatriz:
Francisco Manuel de Lando, Baltazar de Castro, Martin Equiluz, Juan de la Puente.—Puerto-Rico 2 de Junio de 1532.

La provision que no puedan hacerse esclavos de ninguna parte, se pregonó. No obstante, los de Cabagua han armado y traido muchos de la costa de tierra firme. Vinieron de Sevilla en piezas los dos bergantines contra caribes; se entenderá luego en ello, y convidamos los que quieran venir para andar en ellos á esta guerra ofreciendo se repartirá la mitad del producto, y la otra mitad para bastimentos y otros gastos. Creemos que estos caribes han de ser esclavos.

Mandó V. M. á quantos tuviesen negros, que con cada tres que tuviesen un cristiano, que así serian mas los cristianos y menos espuesta la Isla. Es gran carga esta, que no hay español que gane de soldada menos de 70 ú 80 pesos al año. Hemos acordado con el teniente, sea un cristiano con cinco negros.

La merced de licencia de dos negros á quien quiera venir á vivir en esta, es sin fruto sino se zela que los que la sacan vengan sin falta, pues muchos venden la licencia en Sevilla y no vienen.

El Rey Católico en 1514 mandó que no se contratase aquí nada al fiado, y si fiasen unos á otros, las justicias no pudiesen apremiar al deudor, salvo las herramientas y mantenimientos para minas. De ahi ha venido, robarse unos á otros publicamente, y conviene revocarlo.

Hasta ahora ordinariamente todos cogian oro en los rios: ya hallándose muy poco en ellos lo han buscado en los cerros y se han hallado dos ó tres nacimientos de que sale buen oro. Pero de esto se aprovechan tres ó cuatro vecinos que han sido descubridores de ello. Los demas por sus deudas y falta de negros, no pueden aventurarse á buscar, y andan perdidos. Si se diese licencia general que pudiesen traer negros sin haberlos de comprar á los que tienen *estanco* de ellos á subido precio, cogeriase mucho.

Ahora 20 dias tomó Sedeño posesion de esta Contaduría en virtud de ejecutoria que trujo, y luego presentó cédula para servirla por teniente, mientras estuviese ocupado en la poblacion de la Trinidad. Presentó á Juan de la Puente y luego se partió á la Trinidad.

En esta nao de maestre Juan de Leon que trujo los bergantines, ván 5,000 pesos.

Hablan de varios fraudes hechos por los mercaderes que tienen licencia para llevar negros, que con licencia de ciento, llevan trescientos. Sobre lo que hay algunos negros en depósito que dudan si tomarán por decomiso.

A la Emperatriz:
Ciudad de Puerto-Rico, Francisco Manuel de Lando, Domingo de Cuellar, Martin de Equiluz, Baltazar de Castro, Garcia Troche, Pedro de Espinosa.—Junio 2 de 1532.

Repiten que se les envie artillería y municiones para los bergantines.

Ahora tres años vino á esta isla un médico llamado el Doctor Coronado. Va por su mujer y familia á Castilla. Hágale V. M. mercedes, que es muy útil.

Recomiendan á los Dominicos, para cuyo convento dió el Emperador limosna de 4,000 pesos pagados en ocho años que se les va á acabar, y les falta por hacer la Iglesia de que solo hay los cimientos. Han gastado ya sus 12,000 pesos. Suplican siga la limosna.

Que la merced de las penas de cámara por diez años para caminos y otras necesidades, se acaba luego. Suplican continué.

Que para estas y otras cosas envian Procurador. Suplican sea oido y bien despachado.

1533.

Al Emperador:
El Obispo de Venezuela.—Santo Domingo 20 de Enero de 1533.

Venido de la corte por cumplir lo que traia por instruccion llegué á la isla de San Juan, en 2 de Noviembre de 1532 y estuve un mes. La isla cada dia se puebla mas y se descubren nuevas minas y nuevos nacimientos: la gobernacion andaba bien: la hacienda Real á buen recaudo. Luego entendí en la visitacion de las Iglesias. El Obispo es muy bueno pero su vejez ya le hace caducar, es mandado de deudos y criados, los que se aprovechan de las rentas, y las Iglesias están muy mal servidas.

Para el bien de la Isla V. M. deberia proveer que en ella no oviese Inquisicion. Los vecinos son pocos, el Obispo muy viejo: sus oficiales no tienen habilidad para ejercer el oficio: es una judicatura como entre compadres: ningun secreto se guarda: todos tienen grande subjecion al Obispo, por respeto de dicho oficio y á sus criados.

Esta ciudad de Santo Domingo, va aumentando cada dia en poblacion y edificios. La isla está algo necesitada. Ingenios y ganado vacuno son los dos grandes fundamentos que la sostienen.

A la Emperatriz:

Ciudad de San Juan de Puerto-Rico 3 de Febrero de 1533.

Se hará la fortaleza de esta como V. M. lo manda con fecha 5 de Agosto pasado.

Recibimos los bergantines en piezas, que se hubo de gastar harto para los hacer: mas no enviaron de Sevilla sus armas, municiones y equipacion que V. M. les mandó. Para que sirvan al fin propuesto suplicamos sea servido V. M. que se armen de la sisa echada para la fortaleza, y que los caribes habidos en guerra sean esclavos: si no, no se hallará un hombre que quiera ir contra ellos. V. M. hizo merced á esta ciudad de quinientos pesos en la venta de la isla de la Mona, en 10 años, cincuenta cada uno.

La merced de las penas de cámara se cumplen en fin del año de 1534. Pedimósla por otros diez años por no tener propios la ciudad y ser necesario reparar caminos y otras cosas.

En esta isla hay pocos vecinos, y esos de poco asiento, porque no hay indios con que puedan sustentar sus haciendas, y los negros traidos por mercaderes, salen á 60 y 70 pesos. Para que se conserven los que hay, y vengan otros, pedimos que á cada uno se dé licencia para traer diez ó doce esclavos negros, pagando ahí los dos ducados por cabeza, y aquí el almoxarifazgo.

Hay aquí mucha falta de moneda de plata y vellon. Suplicamos mande V. M. la traigan las personas á quienes se dió licencia para que la puedan traer, y vengan cuartos, medios cuartos, y maravedis.

A la Emperatriz:
El Obispo de San Juan.—Puerto-Rico 20 de Febrero de 1533.—Dice que el Juez enviado por S. M. (sin duda el Obispo de Venezuela) le hizo ciertas injusticias de que envia informacion suplicando se le desagravie. Representa sus méritos, que es el primer Obispo que fué á Indias, el primer Inquisidor por concesion del Papa Adriano.

Del mismo á 12 de Marzo.—Hay grandes regocijos en esta por la victoria contra el turco y la esperanza de que el Emperador venga luego á España. Pupliqué el jubileo que su Santidad concedió á la cristiandad, y han concurrido á lo ganar.

A la Emperatriz:
Lando, Castro, Eguiluz, Juan Puente.—Puerto-Rico 9 de Abril de 1533.
V. M. tiene hecha merced á estas islas que de cuanto los vecinos contratasen de unas á otras, siendo de labranzas y crianzas suyas, no paguen almoxarifazgo, pero lo paguen de lo que compran á otros.
En la nao de Martin Sanchez enviamos 400 pesos de oro bueno. De esta isla pocas veces parten naos para Castilla porque todas van á acabar de descargar á Santo Domingo, luego saliendo de allí, aunque de vuelta pasan por junto á esta isla, no quieren tocar en ella por la dilacion ó costo que se les sigue.
Aquí se han traido negros ya sin licencia, ya por la merced hecha al gobernador de Bresa, ya por merced hecha á los que habian de venir á residir y no han venido.
El Obispo de Venezuela por mandado de V. M. visitó esta Iglesia, y en las cuentas de sus réditos hizo alcance al Obispo de 4,000 pesos, que dejó depositados en el arca de tres llaves, y dejó por memoria la órden para reedificar la Iglesia. A este Obispo, aunque se esfuerza, ya no le permite continuar

en el púlpito su vejez é flaqueza. El bachiller Francisco de Guadiana Provisor, es idóneo, y podría proveersele de alguna canongía ó dignidad con que tenga cargo del púlpito. Suplicamos algun aumento de sueldo para sostener á los oficiales tenientes que tenemos, uno aquí y otro en San German.

A la Emperatriz:
La Ciudad de Puerto-Rico 18 de Abril de 1533.
Todos los vecinos y moradores de esta isla, están tan adebdados á causa de no detenerse en tomar negros fiados con la esperanza de sacar mucho oro, y como no lo han hallado, mucha parte están en las cárceles, otros por los montes, á otros han destruido vendiéndoles lo que tienen. Mucha causa han sido las tormentas de los años pasados que como destruyeron las haciendas, y ovieron de comprar los mantenimientos muy caros crecieron las deudas. Suplicamos se les quite la ocasion de adebdarse con mercaderes prohibiendo á estos traer negros en año y medio y permitiendo á los vecinos que los puedan traer libremente por diez años. Tambien debe concederse suspension de paga de deudas por cinco años dando fianzas suficientes.

La provision del Rey católico para que mientras estuviesen puestos los fuelles en fundicion ó refundicion nadie pudiera ser preso ni egecutado, fué útil entónces cuando habia indios, y menos lugar á deudas. Entónces solo se adeudaban por mantenimientos, ahora por los negros primeramente. Deberiase mandar que los de fuera de la ciudad, durante la fundicion, diesen fianzas de estar á derecho en levantándose los fuelles: de otra suerte se huyen, y los de aquí no cobran de ellos.

Por las muchas deudas y mala paga, nadie osa fiar los mantenimientos de carne y cazabi: de ahí nace que muchos por carecer de ellos y no tener para pagar de contado, dejan de emplear sus negros en sacar oro. Convendrá mandar que las deudas de mantenimientos fiados sean preferidas y por ellas se pueda egecutar aun estando puestos los fuelles.

Sobre el órden en gastar lo consignado para la fortaleza, ha habido diferencia entre la ciudad y oficiales &c.

El Provisor y Fray Vicente de Guzman Domínico, han hecho de órden del Obispo cierta informacion sobre la manera de contratar en esta isla pareciéndoles ilícita. No se ha tenido por tal, y de ella resulta provecho á V. M. Por eso hemos hemos hecho otra. Suplicamos á V. M. que no provea, sino vistas ambas.

A Su Magestad:
Juan de la Puente, Contador.—San Juan 29 de Abril de 1533.

El alcance que Bastidas hizo al Obispo se gastará en la fábrica de la Iglesia, luego que V. M. declare la órden como se ha de hacer. Enviamos 4,000 pesos é no mas de cobro de la fábrica de la fortaleza é compra de negros de ella y de la Contratacion y bergantines.

Queda aquí la nao de Juan de Leon en que irán otros 4 ó 5,000.

1534.

Al Emperador:
La Ciudad de Puerto-Rico.—Manuel de Lando, Francisco Mexia, Bachiller de Castro, García Troche, Pedro de Espinosa, Alonso de la Fuente.—23 de Febrero de 1534.

Enviamos por Procurador á Asencio de Villanueva (*) y esperamos que V. M. proveerá cumplidamente á cuanto pida en nuestro nombre para que esta isla pueda tener vida.

Las nuevas que del Perú é de otras tierras nuevas vienen, son tan estremadas, que á los viejos hacen mover, cuanto mas á los mancebos. Todos aquí están oprimidos de deudas y piensan marcharse. Es necesario venga muy presto el remedio.

Al Emperador:
Los oficiales de San Juan, Baltazar de Castro, Eguiluz, Puente.—Puerto-Rico 26 de Febrero de 1534.

Por Mayo y Agosto del pasado, enviamos en dos naos, 8,500 pesos de oro, y 952 @ de azúcar de tres ingenios. De

---

(*) El poder en que le hizo Procurador en Corte es de 16 de Febrero de 1534, el qual contiene las instrucciones é informaciones. Dellas resulta lo que en varias cartas se dice: necesidad de ingenios y para hacerlos que S. M. preste; diminucion del oro: necesidad de 500 negros y de 40 ó 50 pobladores casados; remision de deudas por 18 meses; y la isla de la Mona para propios de la ciudad de Puerto-Rico.

cuatro años acá los oficiales de Sevilla no nos responden si han rescibido cosa, y fuera justo. (*R. Que respondan.*)

De cuatro años acá siempre escribimos que la isla va despoblándose: el oro afloja, los indios se han acabado. En 1532 se descubrieron nacimientos de que se cojieron hasta 20,000 pesos de oro. Pensamos sería esto parte para que resucitase, y ha sucedido al contrario. Los vecinos fatigados de las tormentas del año de 1530, pensando cada uno hallar otro nacimiento se adeudaron comprando negros muy caros para los buscar. Lejos de hallar ninguno, ha venido á menos el oro. No han podido pagar aun habiéndoles desetruido los acrehedores. Unos han huido, otros están presos, quienes en los montes, quienes hurtando barcos del servicio de la isla han marchado con sus negros sin saber á do van. Con esto y las nuevas del Perú no quedaría un vecino, sino se les atajara. Aunque se cojen aqui al año 60,000 pesos de oro, no es mucho el que cabe á cada uno: ademas los negros traidos acá por mercaderes cuestan 30 ó 40,000 maravedis: y con que á cualquiera se le muera uno ó dos, pierde lo que grangea todo el año. Si los vecinos los tragasen de Castilla les costarian solo 12 ó 15,000. Convendrá que como se hacen estas mercedes de contratar negros á mercaderes por ciertos servicios, se hagan á vecinos. Debe proveerse como se hagan grangerías en la tierra premiando á quien las hiciere: y ayudar con préstamos á los que hicieren ingenios de azúcar, como se hizo en la Española pues cada ingenio mantiene 12 ó 15 vecinos, y como han de ser en varios términos poblariase mas la isla, con que estaría mas segura de caribes. De otra suerte se perderá, pues no se cria tanto oro como se coje.

De los bergantines que V. M. mandó enviar para defensa de la isla vino solo la madera, y desta la mitad no aprovechó. Se han hecho del dinero destinado á la fortaleza. Si V. M. no lo ha por bien, dé licencia para echar repartimiento ó sisa. Varias veces lo hemos escrito y no se nos responde. De esta isla van pocos navios derechamente á Castilla y V. M. manda que solo en esos enviemos el oro. Van á descargar á la Española y no quieren volver á tomarlo al puerto de San German.

Los oficiales de V. M. aqui tenian 40,000 maravedis de salario y 200 indios. Ha siete ú ocho años que no hay indios y no podemos sustentarnos con tan corto salario. Tenemos que mantener un teniente en San German, otro que nos ayude aquí, y el gasto de cada casa son 400 pesos de oro. En la Española se da á los oficiales á 150 y á 200,000 maravedis. No somos menos. Es ida la armada á hacer guerra á sangre y fuego contra los caribes con ciento setenta hombres y buen aparejo dos meses ha. Costó 4,000 pesos. Aun no tenemos nuevas della. (*)

———

Al Emperador:
Francisco Manuel de Lando.—Puerto-Rico 27 de Febrero de 1534.

Algunas veces he escrito de lo conveniente á esta isla que gobierno, y ahora lo repito.

En los bienes de difuntos intestatos hay mucho trabajo por no tener en ello mano el gobernador. (*R. Que está bien proveido.*)

Aquí hay una cédula del Rey católico para que á nadie pueda egecutarse mientras estén puestos los fuelles de la fundicion. De ahi es que muchos adeudados solo vienen entónces, luego desaparecen, y como la tierra es tan fragosa y despoblada no se les puede haber. (*R. Que solo gozen de esa cédula los casados que viven en la ciudad, á los demas se egecute en todo tiempo ó se obligue á dar fianzas abonadas.*)

Convendria fijar el tiempo de las fundiciones, para que el tratante y el vecino supiesen de cierto el de pagar y cobrar. Ahora de año á año se hace fundicion general, en medio refundicion general, y en medio de una y otra, un oro que viene á tres maravedis, pero los oficiales alteran esta órden muchas veces. Podia establecerse de cuatro en cuatro meses, y señalar quince ó veinte dias, que estuviesen sentados los fuelles. La isla está perdida de deudas. Este año ha habido mas egecuciones en un mes, que en diez años antes. La causa principal eran las hipotecas de estos negros. Vendiánlo uno á otro fiado y el negro era la hipoteca. Luego el comprador lo vendía sin haber pagado, y lo hipotecaba de nuevo, así pasaba cuatro y seis manos. Estas traspasas he atajado prohibiendo so graves penas, que nadie venda cosa hipotecada á otro sin licencia. (*R. Que hizo bien.*)

Ahora dos meses vino una nao del Perú á comprar caballos. Su capitan contó tan altas nuevas que se alborotaron aquí y en San German, y aun los mas arraigados querian marcharse. Quedaría desierta la isla si yo no le hubiera mandado par-

———

(*) Por informacion fecha en dicha isla, á pedimento de Sedeño, consta que se gastaron en esta armada mas de 6,000 pesos, y que se tuvieron de provecho 2,000.

tir al punto, é impuesto pena de muerte á quien saliera de la isla. (*R. Que hizo bien.*)

Esta ciudad es pauperísima y nada tiene para las obras públicas; la merced de las penas de cámara espiró en 5 de Julio del año próximo. Suplico se le haga de nuevo. (*Que informe de lo que valen y de las necesidades.*)

La fortaleza, si toda se hiciera de cantería, fuera inmortal la obra: Para escusar gastos y dilacion, yo y los oficiales hemos dispuesto se haga la pared que mira á la mar, de canteria, las otras de tapieria. (*R. Está bien.*)

Se pregonó la revocacion de Escribanía mayor de Rentas de que tenia merced Ventura Beltran: Y la de que no entren aquí negros Gilofes.

Irán luego los 2,000 ducados, todo segun manda V. M.

En la isla hay dos solas poblaciones en la costa, distantes entre si cuasi 400 leguas; muy pocos españoles y para cada uno seis negros. Convendría viniesen cincuenta casados para poblar en lo interior.

De los caribes de Guadalupe y la Domínica recibimos mil daños. Cada año vienen á hacer sus saltos. Aunque tan necesitada la ciudad, ha gastado 4,000 pesos en hacer armada contra ellos, en que enviamos ciento treinta hombres. Por mas que se les dañe no se atajará el mal hasta que V. M. mande poblar dichas islas. De lo qual vendría mucho bien á V. M. y á la isla y su comercio. Asi tal vez no pensarian en irse los vecinos, que venderian bien sus ganados y mantenimientos.

Al Emperador:
El Bachiller Francisco García Guadiana.—San German 5 de Marzo de 1534.

Acabo de recibir carta de V. M. de Monzon 13 de Setiembre de 1533 mandándome residiese en Puerto-Rico en el oficio de la predicacion en el púlpito de la Catedral con canongía de ella. No se me ha dado la cédula: sin duda porque soy indigno de ella. Como yo predico frecuentemente contra el vicio tan general en esta isla, no gustó á los malos, y han tenido manera para ponerme en mal con el Obispo que me ha quitado el Provisorato. Está ya decrépito y aunque lleno de buena voluntad, no está para nada. Convendría enviarle coadjutor que predique y sea recto. Yo he recibido mil agravios de que dejo á Dios la venganza.

La tierra con ser el mejor pedazo de lo conquistado, está

muy perdida, y ya no espero hacer fruto. Pártome al Perú en un navio que ha venido por caballos y negros. Allí espero sacrificarme en servicio de Dios y de V. M. y confio irán de mí buenas nuevas de los buenos católicos, como han ido de la Española y San Juan.

A la Emperatriz:
Los oficiales de San Juan.—San German 7 de Marzo de 1534.—Son Martin de Equiluz y Johan de la Puente.
Enviamos 3,500 pesos de oro, habiendo rescibido cédula para enviar á V. M. 2,000 ducados de las rentas Reales del año de 1532 en cuenta de los 20,000 ducados que á V. M. en esta isla se mandaron librar.

Al Emperador:
Francisco Manuel de Lando.—Puerto-Rico 2 de Julio de 1534.
Con mi ida á San German sosegose la gente alborotada por irse al Perú. Están muy fatigados de deudas, especialmente de negros que han tomado fiados. Han sacado poco oro, han caido los plazos; de ahi ejecuciones y mal venderlos por tres el que costó diez; muchos huidos por montes.

Muchos locos con las nuevas del Perú han marchado secretamente por muchos portezuelos distantes de las poblaciones. Los que quedan, el mas arraigado no habla sino *Dios me lleve al Perú*. Noche y dia ando velando porque ninguno se marche y no aseguro que contendré la gente.

Ahora dos mes supe que á dos leguas desta ciudad se habian alzado unos con un barco para marcharse. Mandé tres barcos y veinte de caballo por tierra y costó infinito prenderles segun su defensa. Fué menester verse tres de ellos asaeteados, otros heridos y mi presencia. A unos se azotó, á otros se cortaron los pies; y tuve que disimular alguna voz de sedicion de algunos coligados con ellos para esperarse en la isla de la Mona que está 12 leguas de esta. Si V. M. no provee de pronto remedio temo que cuando no se despueble la isla quedará como una venta. Esta es la entrada y clave de todas las Indias: somos los primeros con quien topan los franceses é ingleses corsarios, como lo han hecho. Los caribes nos llevan vecinos y amigos á su salvo. Si un barco viniese de noche, con solos cincuenta hombres, quemaria é mataria cuantos aquí vivimos. Pido mercedes y franquicias para tan noble isla, ahora tan despoblada, que apenas se vé gente española, sino negros. Va Procurador en nombre de todos que dirá como testigo de vista. Sé que algunos de aquí han suplicado licencia para sacar de aquí los esclavos negros para el Perú. No consienta tal V. M. ni á ellos, ni á los negros. En la fundicion pasada temiendo alboroto por las cobranzas junté el pueblo, procuré intimidar á los mercaderes para que se templasen, hasta amenazar que si no se acomodavan se les haria acomodar &c. A los deudores á qual que dé tanto al mes, á qual de otro modo. Sufocado estoy al ver tanta trampa. V. M. tenga á bien, que segun la necesidad dé yo las providencias, pues no hay lugar á esperar cédula.

(Continúa manifestando haber avisado acerca de las competencias entre la jurisdiccion real y la eclesiástica.)

———

Al Emperador:
Gobernador y oficiales de San Juan, Lando, Castro, Eguiluz, Puente.—Puerto-Rico 13 de Julio de 1534.

Las provisiones cerca de la órden que se ha de tener en la visitacion y cobranza de los réditos de las Iglesias de esta isla aun no han venido.

El estado de esta isla, ya por otras lo sabe V. M. La Ciudad acordó enviar por Procurador á Joan de Castellanos. Converná proveer muy presto en lo que suplican. No sabemos aun si llegó la nao. (Repite mucho de lo que hay en las anteriores.)

Estando para cerrar esta carta, llegaron á este puerto un bergantin é una carávela de seis navíos que fueron en la dicha armada.... habemos sabido como llegaron á la Domínica.... el capitan Joan de Ayncar llegó en fin de Mayo.... y dentro nueve dias que llegó, quemó bien 14 ó 18 pueblos en los quales quemó, segun dicen, 100 bohíos.... destruyó las labranzas.... mató y prendió ciento y tantas ánimas.... tomó vivos sesenta que en estos navíos envió.... los demas fueron muertos peleando.... hubo otros muchos heridos, y todos los demas que en la isla quedaron se retruxieron á una sierra muy áspera donde no fué posible subirles sin que rescibiesen mucho daño los cristianos, de los quales no murieron mas de cuatro peleando, quebráronles nueve piraguas grandes y diez canoas que tenian aparejadas.... para venir á esta isla por Octubre que es el tiempo en que ellos navegan. Los indios desta ha tiempo que murieron y se acabaron.

Al Emperador:
La Ciudad de Puerto-Rico.—Firman en 15 de Julio de 1534, Lando, Domingo de Cuellar, Castro, Troche, Espinosa, Fuente.

Estando para partir el navío en que va el Procurador de esta isla, llegó un bergantin del armada contra caribes. Habrá dos meses que el Capitan que enviamos llegó á la Domínica donde saltó en tierra con 120 hombres, quemó y destruyó todos los pueblos que halló como 15 ó 16 unos con otros de hasta 20 casas; prendió y mató ciento tres; se han traido setenta algunos de los que han venido á hacernos guerra, los mas mugeres y muchachos. Se internó 10 leguas hallando poca resistencia, porque los indios de ella con otros de las comarcanas andaban en otras partes entendiendo en armar para venirnos á destruir por Octubre que es cuando suelen venir. Quemáronseles ocho ó diez piraguas y mas de veinte canoas; con esto se han sosegado algo las gentes de esta isla y libertado de sus continuos temores. En lo cual se ha hecho gran servicio á V. M. No es justo que nosotros paguemos el gasto de 5,000 pesos empleados en la armada: antes somos dignos de mercedes, segun nuestro celo y la necesidad de la isla.

Responde el Emperador; que el gobernador y oficiales tomen cuenta de lo que se ha gastado en los bergantines, así en Sevilla como en los aderezar en la isla, y que si se ha gastado esto de lo cobrado de la sisa mandada echar para la fortaleza; S. M. lo tiene por bien: con tanto que la sisa corra hasta que se haya cobrado lo que así se ha gastado de lo de la fortaleza.

1536.

A la Emperatriz:
Martin de Eguiluz, Martin Hernandez, Antonio Sedeño. —Isla de San Juan 15 de Marzo de 1536.
Gracias por las mercedes que recibimos segun las peticiones que enviamos por Juan de Castellanos; todavia necesitamos otras sobre que enviamos Procurador.

A la Emperatriz:

Baltazar de Castro, factor.—San Juan 15 de Marzo de 1536.

Segun la provision que dió V. M. en 7 de Octubre pasado se apercibe Antonio Sedeño, para hacer guerra á los caribes de la Trinidad. Con tres naos pequeñas que tiene han enviado á la tierra firme doscientos hombres los que tienen su asiento hecho en el rio Inibiri. Han vuelto los dos y partirá luego dentro de veinte dias con toda la gente y caballos que restan, que creo serán cuatrocientos hombres y ciento veinte caballos.

A la Emperatriz:

Francisco Manuel de Lando, Baltazar de Castro, Juan de Castellanos. San Juan 16 de Marzo de 1536.

Sedeño presentó cédula ante mí el teniente, en que se le daba licencia para traer doscientos hombres de Canarias y con ellos y caballos, hacer guerra á sangre y fuego á los caribes de la Trinidad; y que desde luego él ú otro, pudiesen aquí armar y hacer la misma guerra. A consecuencia juntó Sedeño gente, con dicho color para descubrir la provincia de Meta. Viendo su cautela, lo escribimos á la Audiencia de Santo Domingo de do vino provision que no fuese fuera los límites de su gobernacion, so pena de perder la mitad de sus bienes. Notifiquésela y con todo prosigue su intento, "porque "ya tiene en la tierra firme cincuenta caballos y ciento vein-"te hombres, é agora va él con el remanente que serán otros "doscientos hombres é cien caballos, y está de camino que no "tardará 20 dias." No hace caso de la provision de V. M., para que sirva personalmente su oficio de Contador; junta cuanta gente de todas partes y aun de los establecidos en esta, llévalos sin licencia, causando grave perjuicio porque hay mucha falta desde la furia del Perú, y agora habrá mas con estas empresas de que no tiene sino perjuicio la poblacion; tantos portezuelos en lugares fragosos, asi es que no podemos remediar nada. Deja por su teniente de Contador á A. de la Fuente, vecino de esta Ciudad.

A la Emperatriz:

Oficiales Antonio Sedeño, Castro, Castellanos.—16 de Marzo de 1536.

Ha dos años que no enviamos oro por falta de navios para esos reinos. Van ahora 5,000 pesos con ciertas perlas venidas de Cubagua, y quedan para enviar 10,000 pesos. De las Contrataciones pasadas, han quedado escarmentados los vecinos de tomar fiado, y los mercaderes de fiar: nadie quiere contratar sino con dineros en la mano, y convendrá tener abierta todo el año la fundicion.

Mandó V. M. prestar á esta Ciudad 4,000 pesos por dos años para hacer dos ingenios de azúcar; y nadie entra en ello si no se le prestan por diez años, pues para hacer los ingenios, son menester siete. Suplicamos se presten por cuatro años para traer negros que se repartan, que será mas útil que los ingenios.

A la Emperatriz:
Juan de Castellanos, San Juan 16 de Marzo de 1536.

De esa corte vine á servir en esta isla el oficio de Tesorero vaco por muerte de Blas de Villasante. Detúveme algo en Sevilla para recojer la gente que V. M. me mandó traer para la poblacion desta isla bien necesitada de ella. Traje cincuenta hombres sin mi mujer é hijos y algunas deudos y dejé veinte y cinco para otra nao. Llegué aquí en 20 de Diciembre. (Refiere lo que recibió en el arca de tres llaves.)

De la fundicion general de este Enero se hubo del décimo de V. M. 4,197 pesos.

De 6 ó 7 años acá no se han servido los oficios de Contador y Tesorero sino por tenientes y ha habido muchos descuidos.

A Su Magestad:
El Obispo de San Juan.—Puerto-Rico 18 de Marzo de 1536.

Ha muchos años que entiendo en las cosas del Santo Oficio de estas tierras, do hay necesidad que siempre ande sobre las gentes la Inquisicion, porque teman de poner en obra sus malos pensamientos. Ya mis fuerzas no sufren tanto trabajo. Pido persona de letras y conciencia que me ayude.

Va adjunto un mandamiento del mismo Obispo á Gerónimo Quintanilla, Presbítero fiscal de la Inquisicion para que lleve preso á Santo Domingo de la Española y de allí envie ó lleve á Castilla para presentar al Cardenal Arzobispo de Sevilla, inquisidor general, al Dr. Juan Carrera, clérigo que dice ser médico y cirujano. Va despues del mandamiento una órden para que si el tal Doctor viere que hace lo que se le manda, le deje ir libremente á embarcarse para tierra firme.

A la Emperatriz:
Baltazar de Castro.—Puerto-Rico 19 de Agosto de 1536.
Tendré la Tesorería de las bulas, que aun no se han predicado en esta, porque el Obispo de Palencia, Comisario general de Cruzada, proveyó de comisario in solidum al Bachiller Francisco García de Guadiana, Canónigo de esta Iglesia que solia vivir aquí, y ha tres años que marchó al Perú. Mande V. M. se paguen en la fundicion.

A Su Magestad:
Baltazar de Castro.—Puerto-Rico 29 de Agosto de 1536.
Para ir en busca de la provincia de Meta en fin de 1535 envió Sedeño tres caravelas con ciento cincuenta hombres y siete caballos y por capitan un Juan Batista para que le esperase en tierra firme. Por Febrero del presente al mando de Vega, envió otra caravela con cincuenta hombres y treinta caballos que se salvaron en el puerto de la tierra firme aunque se perdió la caravela. A la sazon Gerónimo de Ortal á quien V. M. tiene encargada la gobernacion del rio de Inyapari, se halló dos leguas de allí con setenta hombres y diez caballos y pillándolos de noche dormidos, los tomó con sus armas y veinte y cinco caballos que se habian salvado. Fué avisado de ello el capitan Juan Batista que con gente y caballos se habian metido la tierra dentro treinta leguas, á un pueblo que los cristianos llaman *pueblo cercado*, porque lo está de dos maneras de árboles espinosos que llaman *cardones* "ó *tunas* y tie-"nen unas tunas largas y agudas, lo que hacen los indios por-"que los tigres no les entren de noche en el pueblo. La provin-"cia dicen que se dice *Almental*." Y luego movió para ir contra Ortal. Pensando no hallarle hasta la costa, caminaba descuidado, y lo vió sobre sí á 12 leguas del pueblo. Desbaratólo Ortal, le tomó otros veinte y cinco caballos y prendió á él y á mucha de su gente. Hubo heridos, mas ninguno murió. Soltó á dicho Batista y con sesenta caballos y setenta personas dicen que es ido á la tierra dentro 150 leguas, habiendo pasado unas lagunas en balsas de manera que tardó cinco dias en las pasar:

y estaba aposentado para pasar el invierno, que acá se cuenta Junio, Julio y Agosto, por razon de las muchas aguas; en una provincia muy poblada de indios que se dicen los *Pirites*. Sábese esto por lengua de indios que ningun español ha vuelto. De 300 hombres y ciento veinte caballos de Sedeño, se volvieron á juntar en la costa doscientos veinte hombres, y cuarenta caballos á los que se juntará Sedeño que partió de aquí el nueve de Julio, con otros tres navíos con ciento cincuenta hombres y setenta caballos. Témese quiera vengarse de Ortal.

A Su Magestad:
Baltazar de Castro, Juan de Castellanos.—Isla de San Juan 29 de Agosto de 1536.

La Ciudad pide que los oficiales de V. M. no sean regidores. Han solido serlo aquí y en otras con provecho: Que no sea vecino sino de fuera el teniente del Gobernador; en esto no consienten todos, y sin duda conviene á la tierra sea vecino.

A la Emperatriz:
Alonso de la Fuente.—Puerto-Rico 29 de Agosto de 1536.

Dice de sí que en la Española estuvo de Relator del Audiencia y despues reside en la Ciudad de San Juan sirviendo de Regidor. Refiere el caso del Doctor Juan Blazquez natural de Alcaraz, conviniendo enteramente en la causa de su prision por el Santo Oficio con lo que han dicho los Oidores de la Española. Pero dice mas claro ser la raiz, querer remediar escesos del teniente y dependientes del Almirante con quienes estaban coligados algunos. Estuvo preso el Dr. cuarenta dias y fué suelto con pena de 50 pesos, con que estoviese en pie á una misa, ó le hicieron hacer cierto juramento. Partió á Santo Domingo habrá cuatro dias.

Fué Sedeño á su jornada con casi cuatrocientos hombres los doscientos de á caballo. Cuatro meses estuvo esperando letras de V. M. y al fin partió sin verlas porque no se perdiese lo que se habia juntado en servicio de V. M. con tanta costa suya y de algunos vecinos de esta, y con tanta contradiccion de los que tienen poco celo al servicio.

Se han metido en esta isla doscientos negros no habiendo cédula sino para ciento. Lo mismo sucede en otras partes. Se enviarán á V. M. los depósitos.

A la Emperatriz:

Vasco de Tiedra, Castro, Castellanos.—30 de Agosto de 1536.

Ya ido Sedeño, recibimos la cédula para poner persona de confianza en su oficio de Contador si él no lo servía personalmente. No lo hallamos mas á propósito que el que estaba puesto Alonso de la Fuente.

A los nuevos descubiertos se marchan muchos vecinos con su casa y negros, y así va despoblándose la isla. La merced del oro al décimo concedida por dos años, alárguese, y tendrán gusto de quedarse.

A la Emperatriz:

Vasco de Tiedra.—30 de Agosto de 1536.

No se han predicado las bulas por la causa dicha anteriormente.

Mándame V. M. se trate bien é industrie á los indios naturales. Son poquísimos, el que tiene alguno procura conservarlo, y le enseña aunque con poco fruto.

Cuidaré de que los vecinos gasten el décimo de sus grangerías en beneficio de la isla y ornato de la Ciudad. (Sin duda Vasco de Tiedra sucedió en la Tenencia de gobierno á Lando.)

A la Emperatriz:

Alonso de la Fuente.—25 de Octubre de 1536.

Sedeño llegó á tierra firme con toda su armada ocho dias despues que Ortal era salido de la tierra, desechado de su gente que diz estaba 100 leguas la tierra adentro, *por no ser hombre bien partido con su gente.* Fuese á Cubagua do fué preso y remitido al Audiencia de Santo Domingo. Creese que los de Ortal que son ciento se pondrán gustosos bajo la mano de Sedeño haciendo todos un cuerpo para descubrir la tierra de que hay grande esperanza. Hállase oro de 17 á 20 quilates y ropa de lana de la propia del Pirú. Hay nuevas de riquezas adelante, y una Ciudad de mugeres solas que se gobiernan por sí. Dicen partirá Sedeño de la costa hacia la tierra adentro de hoy en 20 dias á mas tardar porque ya comienza el verano.

Tenemos nuevas que el nombramiento del justicia de esta isla, no ha de ser por tercera persona, sino por V. M. Gran merced, aunque algunos lo sienten por sus intereses.

Al Emperador:

Alonso de la Fuente, Teniente de Contador por ausencia de Sedeño. Puerto-Rico 18 de Noviembre de 1536.

Gran merced ha sido la de sacar esta gobernacion de la mano del Almirante, pues era ordinariamente Justicia mayor un vecino que no la ejercia sino con pasion, ni miraba por la isla. Todos los mas eran criados, dependientes ó afectos al almirante; lo que me hacía mal estómago viendo los daños. Venga gobernador, no vecino sino de fuera.

Yo he servido á V. M. aquí de 20 años á esta parte y espero mercedes.

1537.

A la Emperatriz:

Alonso de la Fuente.—Puerto-Rico 25 de Enero de 1537.

El Juez de residencia que envió la Española, acabado su término, fué preso por la Inquisicion, creese haber sido causa malignidades de algunos que sentian se tomase cuenta á las Justicias de esta. Aquí no ha habido justicia, sino burla, por administrar los vecinos emparentados en la tierra. Venga de fuera, no sea pobre y haga residencia cada dos años.

Mandó V. M. que como habia en esta ocho regidores, haya seis.

Aquí con licencia para cien negros, han metido doscientos, y lo mismo hacen en otras tierras &c.

Hay 9 ó 10,000 pesos en el arca que no se han enviado por no venir por aquí navíos. Sabemos de ciertos navíos tomados por corsarios.

Sedeño llegó á la tierra firme en 2 de Agosto de 1536. Nada mas se ha sabido del ni de su gente.

A Su Magestad:

Baltazar de Castro.—Isla de San Juan 30 de Enero de 1537.

Sedeño salió de aquí con la gente á 11 de Julio de 1536. Aportó á Maracapana, do aun estaba con su gente á postrero de Agosto. Ortal á la gente que fué adelante tornó 40 ó 50 caballos con los cuales y ciento veinte hombres entró 150 leguas do se le amotinó la gente, le echaron de sí y nombraron ciertas personas que llamaron los electos para que los gobernasen. Fué con cinco compañeros que quisieron seguirle á Cubagua y de allí á la Española. Esta Audiencia le dió un Juez para entre ellos y castigar culpados y para lo entre él y Sedeño: llámase el licenciado Juan de Trias. El y Ortal han llegado aquí de paso para la tierra firme.

A Su Magestad:
Juan de Castellanos.—San German 8 de Febrero de 1537.
Vine á la fundicion del oro cogido en el término de esta villa; del décimo ha tenido V. M. 1,800 pesos. Cójese poco y á gran costa.

Cada dia se despuebla mas la isla, yéndose los habitantes con sus haciendas y esclavos á nuevas poblaciones. Prorogue V. M. la merced del oro al décimo.

Sedeño fué en demanda de Meta sin dejar nadie en esta, señal que no piensa volver. Ha mas de ocho años que anda esta Contaduría en sostitutos; proveala V. M. Troche, Lando ó Vasco de Tiedra, que al presente es teniente de gobernador, son muy á propósito.

Al Emperador:
Alonso de la Fuente.—Puerto-Rico 25 de Agosto de 1537.
En 5 de Agosto llegó á la vista desta Blasco Nuñez con mas de 30 velas. Se le entregaron 12,000 pesos. Era yo teniente de Contador á la sazon.

Viene cédula que no haya mas teniente de gobernador por el Almirante. Si de todo han de conocer los alcaldes ordinarios, será esto una behetría entre compadres. Unos pocos lo mandan todo, y siempre serán los alcaldes hechuras suyas. Con lágrimas por mí y por esta provincia pido venga un Justicia, si no somos raidos del libro de la vida los que fielmente hemos servido á V. M., y no podemos escapar de presos, perdidos, echados de la tierra los hombres de bien. Nos aborrecen porque siendo tenientes Lando y Tiedra pedimos Justicia libre y lo que si ahora no se provee se despoblará la isla.

Proveyó V. M. el oficio de Contador que tenia Sedeño y por él yo.

A Su Magestad:

La Ciudad de Puerto-Rico.—Fernando de la Puente, Baltazar de Castro, García Troche, Juan de Castellanos.—4 de Setiembre de 1537.

Llegó á esta el armada que se hizo para estas partes al mando de Vasco Nuñez Vela, Capitan general de ella. Pregonóse luego la provision para que no haya teniente por el Almirante. Queda la jurisdiccion en los alcaldes ordinarios, y el oficio de alguacil en un vecino como V. M. manda hasta proveer otra cosa.

Gran turbacion dió la visita del armada con 33 velas, pensando si serian franceses, por no haber aquí defensa. La fortaleza sin artillería ni municion. No osan parar aquí mercaderes, y los vecinos están siempre con susto. Así vale todo carísimo. (Los oficiales de Sevilla envien los falconetes que se mandó.)

De dos meses acá hemos padecido tres tormentas de viento y agua, las mayores que en ella se han visto. Y como las labranzas están en las riberas, las corrientes las han llevado y destruido. Se ahogaron muchos esclavos y ganados, y han puesto en gran necesidad á los vecinos que ya antes estaban medio levantados por irse y ahora mas. Dese el oro al $\frac{1}{8}$ ó $\frac{1}{12}$ por largo tiempo.

Las nuevas poblaciones han sacado de esta muchos blancos y negros. De cierta cantidad de estos hizo V. M. merced á esta isla ha diez años. Despues la hizo Enrique Eyuguer y Gerónimo Sayler (que es á los Belzeres y compañía) que los trugesen á 55 ducados, y todos los han llevado á Española, Cuba y tierra firme. A esta isla ninguno. Por lo que Juan de Castellanos Procurador della agora dos años, suplicó á V. M. concediese á los vecinos y á los que nuevamente viniesen casados, que pudiesen traer negros para sus haciendas y grangerías cada diez, y los Justicias y regidores cada uno veinte, pagando acá derechos de licencia y almoxarifazgo. Y porque V. M. mandó que los derechos de licencia se pagasen allá, no sacó la provision; suplicamos el goce de la merced como se pidió.

Hizo V. M. merced que dicho Castellanos pudiese traer consigo treinta casados y cincuenta solteros, y cada uno dos negros, y á los casados se ayudase á cada uno con diez ducados para flete y matalotage. Trujo 50 solteros; despues vienen algunos casados, y dudamos si no los habiendo traido él, gozarán de la merced.

1538.

A Su Magestad:

Oficiales, Baltazar de Castro, Juan de Castellanos, García Troche.—Puerto-Rico 20 de Junio de 1538.

A lo del corsario frances añaden que á media legua de San German echó en tierra ochenta hombres, de los quales los cincuenta eran arcabuceros, de súbito llegaron, quemaron el pueblo y robaron Iglesia y monasterio. Luego juntos treinta de á caballo dieron sobre los franceses, á quienes un grande aguacero no dejó aprovechar de pólvora y arcabuces, y ansí fueron desbaratados, muertos quince, y presos dos ó tres. De Españoles solo murió uno.

En rescate de los prisioneros restituyeron campanas y otras cosas tomadas de la Iglesia y monasterio. Fueronse y no han parecido mas.

Repiten lo de un venero de plomo de que salió alguna plata, hallado á ocho leguas de la Ciudad. Se espera hallarse minas de plata, si V. M. hace mercedes.

Repiten lo de licencia para llevar negros.

Castañeda, Juez de comision por el Audiencia sobre el desasosiego de Sedeño, partió de aquí la Navidad próxima para Cubagua, de dó envió cincuenta hombres á Sedeño por cuyos malos tratamientos estaba alzada la costa: hallaron su gente á 80 leguas la tierra adentro, en fin de cuaresma, y que Sedeño era muerto de enfermedad tres dias antes. Obedecieron las provisiones y enviaron á suplicar á Castañeda, que por las buenas nuevas de la tierra les diese capitan y Justicia en nombre de S. M. para seguir el descubrimiento. No sabemos mas.

Manda V. M. que haya en esta ocho regidores; vacan tres.

A Su Magestad:

La Ciudad de Puerto-Rico, Alonso de Molina, Juan Cáceres, Baltazar de Castro, García Troche, Juan de Castellanos.—19 de Julio de 1538.

El oro va en gran diminucion. Se han hallado veneros de plomo, de que sale alguna plata. Continuariase el buscar si se diesen al $\frac{1}{10}$ ó $\frac{1}{4}$ todos los metales escepto el oro. (Al $\frac{1}{10}$ por diez años.)

Lo mas conveniente fueran ingenios de azúcar, y ninguno se ha hecho por la pobreza de los vecinos, no obstante la merced de prestar por V. M. 4,000 pesos á dos vecinos, por ser cortos plazo y cantidad, sean otros 2,000 por cuatro años. (*Que se haga.*)

Licencia para traer negros. (No ha lugar.)

En 15 de Mayo se avistó un corsario, el que persiguió una caravela que iba con familias desta á San German. Esta abordó en tierra en la boca de un rio á dos leguas de aquí. Salvóse la gente en un barco, y luego huyendo por montes.

Los franceses robaron la caravela y siguieron la costa robando y quemando estancias hasta San German que la robaron y quemaron. Esta fortaleza está cuasi acabada. Venga artillería y municion. (*Envien lo que está mandado.*)

Desque la jurisdiccion está en alcaldes ordinarios, de todos los pleitos se apela al Audiencia, de ahí gastos y dilaciones: quien quiere se va de la isla por no haber un superior. (*S. M. proveerá lo que conviene.*)

A Su Magestad:
Los oficiales de San Juan.—29 Noviembre de 1538.

Va con esta, relacion del oro enviado en 1º de Enero de 1533.

Ahora tres meses llegaron aquí tres caravelones portugueses con cuarenta y cinco hombres, muchos casados, con sus mugeres. Vivian en el Brasil do era gobernador por Portugal, Juan Alonso de Sosa, en un pueblo hecho ha mas de 15 años. Alzáronseles los indios, les tomaron el agua, quemaron las labranzas y mataron á algunos. Vinieron siguiendo la costa por falta de navíos en que navegar á Portugal.

El un caravelon se fué á Santo Domingo, quedaron aquí dos, en que trajeron ciento cuarenta indios esclavos de que se servian y algunos libres que quisieron seguirles. Indios y bienes se les han secuestrado, hasta que V. M. provea. Es gente útil para poblar.

Insistimos en que se envie gobernador á esta isla.

1539.

A Su Magestad:
Alonso de la Fuente.—Puerto-Rico 25 de Marzo de 1539.

Repite sus quejas de la gran falta de Justicia, que estando la jurisdiccion en los alcaldes ordinarios, todo va como entre compadres. Insiste sobre la gran necesidad de que vaya gobernador ó alcalde mayor.

A Su Magestad:
Los Oficiales, Baltazar de Castro, Juan de Castellanos.—Puerto-Rico 29 de Marzo de 1539.

Acerca de las minas de plata que aquí se han descubierto, hicimos fundir alguna cantidad, mas no hay persona que sepa hacerlo. En muchas partes desta, se han descubierto veneros dese metal, mas nadie labra, esperando venga quien sepa fundir y acendrar.

El oro ha flaqueado mucho: en la fundicion hecha el próximo Enero se hubo de demora de diez meses, 30,000 pesos, y en tiempos pasados solian fundirse mas de 50,000. Dése licencia á los vecinos para traer negros pagando aquí los derechos de almoxarifazgo y los dos ducados á Domingo de la Haya.

Nada conviene tanto como ingenios; alárguese el empréstito de los 4,000 pesos por dos años, á mas cantidad y tiempo.

Es necesario Justicia mayor en esta isla que ahora, por nada se apela á la Española. Algunos opinan que es conveniente venga de fuera. Siendo cual conviene, no le bastarian 300,000 maravedis de salario, y ojalá se contentare y no hicieren mas estorsiones el y sus oficiales. No está la isla para sostenello. Séalo vecino como en tiempos del Almirante que tendrá mas miramiento á la isla y se contentará con poco, como se contentaban los tenientes.

No va oro, porque el habido despues de los 12,000 pesos que fueron con Basco Nuñez Vela, se ha gastado en las libranzas de la Virreyna Doña María de Toledo y sus hijas, y en pago á mercaderes á quienes se tomó oro en Sevilla, y en la de la fortaleza y salarios; y todo viene en diminucion.

A Su Magestad:
Los oficiales, Baltazar de Castro, Juan de Castellanos. Puerto-Rico 29 de Mayo de 1539.

Dicen acerca de las minas de plata, que sacaron cierta cantidad de plomo y plata juntamente, y no hay quien sepa separar. Suplican se separe pues lo envian, y se vea lo que es;

y se les encamine un maestro, y se dé órden sobre los derechos &c. (Proveese en todo.)

Bartolomé Carreño armó contra caribes y trajo ciertos esclavos que se vendieron; suplicamos se nos permita herrarlos como en la Española y Cubagua.

(En habiendo Perlado se proveerá.)

A Su Magestad:
El Cabildo Eclesiástico.—Puerto-Rico 12 de Octubre de 1539.

"En 27 de Setiembre, murió nuestro buen perlado Don Alonso Manso. Todos rescebimos mucha pena porque con su buena vida é dotrina teniamos mucha consolacion. Para restaurar esta gran pérdida suplicamos venga brevemente otro buen perlado."

1540.

Al Emperador:
Los beneficiados de San Juan de Puerto-Rico.—Joan de Cea, chantre.—Scolasticus Santo Domingo García, arcediano, Juan de Segura, canónigo.—15 de Enero de 1540.

Ya otra vez suplicamos se nos enviase Obispo. Suplicamos sea Bastidas el de Venezuela, utilísimo aquí por su persona, y los bienes de su patrimonio.

Al Emperador:
Ciudad de Puerto-Rico.—Gregorio de Santaella, Baltazar de Castro, Pedro de Espinosa, Alonso de la Fuente, Juan de Castellanos.—17 de Enero de 1540.

Sabemos que el Obispo de Venezuela que está en la Española, suplica á V. M. se le traslade á este obispado. Añadimos nuestras súplicas.

Hablan despues de cosas menudas, y al fin suplican haya efecto la merced de que los esclavos, carretas y bueyes que sirven á la fábrica de la fortaleza, concluida esta, se apliquen á edificios, fuentes, puentes, caminos y demas cosas necesarias á la república en atencion á carecer de propios la ciudad, no obstante que los eclesiásticos lo piden para la Iglesia. (*)

Al Emperador:
Ciudad de Puerto-Rico.—Alonso de Cáceres, Santolaya, Castro, Espinosa, Castellanos.—5 de Junio de 1540.

Nadie se ha atrevido á obligarse á hacer ingenio por solo el préstamo de 4,000 pesos por dos años. Si fueran 6,000 por cuatro años se animarian. (R. Fiat.)

De esta se han ido muchos vecinos con sus esclavos al Perú y Nueva España, por eso hay gran falta de negros. Suplicamos para que pueda sacarse oro y plata de minas, se dé licencia general á los vecinos, que los puedan traer con solo pagar al tesoro por cada pieza al descargarla seis ducados. (R. Fiat.)

En 15 de Mayo se avistó del puerto una nao de corsarios franceses con designio de entrar y robar esta ciudad; á cuya sazon salió una caravela con varias familias que se iban á vivir unas á San German, otras á la Española. Siguióla el corsario, y ella dió en tierra á la boca de un rio dos leguas desta. Huyó la gente por los montes: los franceses robaron la caravela y luego se fueron la costa abajo robando y quemando estancias hasta la villa de San German que tambien robaron y quemaron. Suplicamos se provea bien esta fortaleza para ofender á los enemigos. (*R. Se hable á Juan de Enciso.*)

La Ciudad no tiene propios. La isla cada dia va en diminucion.

Por ser los alcaldes cadañeros no se cumple ninguna ordenanza útil. (*Fiat por tres años, que envien razon de lo que hacen.*)

Está oscura la peticion y no se entiende la respuesta.

A la Sacra Católica Magestad.
Los oficiales Baltazar de Castro, Juan de Castellanos, Martin Eguiluz.—Puerto-Rico 8 de Junio de 1540.

Mándanos V. M. con fecha del Octubre pasado que co-

(*) Va al margen, de letra del Secretario de S. M.—"Al hijo de García Troche, la Tenencia; á Baltazar de Castro, la contaduría; á Joan de Villa, la factoría."

bremos del Obispo los dos novenos de los diezmos. El Obispo ha ocho meses que murió; notificamos al Chantre, que quedó por Vicario y Provisor é demas beneficiados; se cumplirá.

Esta isla para su poblacion y conservacion está muy necesitada del favor de V. M.

Cuando el licenciado Gama, habrá nueve años, fué aqui Juez por V. M. tomó cuentas al Tesorero Andres de Haro. Le hizo alcance de 3,800 pesos. Sus hermanos lograron cédula para que se reviesen las cuentas, y entretanto estuviese en depósito el oro y guanines del alcance en el arca de tres llaves. Hízose, y ni se ha solicitado rever la cuenta, ni en ella hay error. (*R. Usese de eso como de la demas hacienda Real.*)

Al Rey:
Consulta del Consejo de Indias.—Madrid 20 de Setiembre de 1540.

La Ciudad de Puerto-Rico pide licencia para pasar muchos negros, de que hay gran necesidad en la isla, pagando allá por cada uno seis ducados por todos derechos; se le podrá dar licencia hasta trescientos.

1541.

Al Emperador:
Oficiales Baltazar de Castro, Juan de Castellanos, Martin Eguiluz.—Puerto-Rico 12 de Marzo de 1541.

Recibimos la cédula de 12 de Junio con la merced de pagar la plata al décimo, y la órden que se ha de tener en el fundir della. Las minas de plata hasta hoy descubiertas son de poco provecho.

Vinieron aquí dos navíos de Portugueses cargados de negros, sin licencia de V. M., ni registro de Sevilla. Los tomamos por perdidos y aplicamos á la cámara y fisco: el un navío con todos los negros vendimos en pública almoneda. Y la Audiencia de la Española, nos mandó provision para dar dicho navío y negros á un Melchor de Torres cuyos diz eran. Pusiéronnos pena á cada uno de 1,000 pesos. Cumplimos, pero suplicamos y se sigue la causa en la Audiencia dicha. Pasado esto vino otro navío con iguales circunstancias y tambien se nos mandó restituir por la Audiencia constando ser maestre, piloto, dueños de navío y negros, todos portugueses; V. M. mande lo que en esto hagamos, que el Audiencia nos pone en culpa que estamos aquí como salteadores. Sucede que mercaderes obtienen licencias para negros, se las tienen en la Española, y luego los buscan y comercian sin cuenta. &c.

Cuando aquí habia teniente de Almirante, él con los oficiales proveia lo necesario al todo de la isla: ahora con no haber sino alcaldes ordinarios en cada pueblo, falta cabeza. Convendrá mandar que lo que esta Ciudad con los oficiales ordene, se cumpla en toda la isla. La fortaleza desta Ciudad se está acabando, venga luego artillería. La órden para hacer otra en San German fué utilísima.

A Su Magestad:
El Tesorero Castellanos.—Puerto-Rico 12 de Marzo de 1541.

La fortaleza que con fecha de 7 de Octubre pasado se me manda hacer en la villa de San German, de que yo he de ser alcaide; aunque hay mucha falta de dinero por las libranzas á Virreina y sus hijas &c., falta tambien de carretas, negros &c. se hará como mejor pudiere. Convendrá vengan de Sevilla albañiles que aquí no hay sino uno; herramientas y veinte negros. Entre tanto se podrá hacer una albarrada y mamparo do poner artillería, que debe venir al punto.

Buenas son las fortalezas en esta isla, pero la mejor será favorecer la poblacion, prestando dineros ó cediendo las rentas de algunos años para hacer ingenios de azúcar. Esta isla es la llave de los que van y vienen á todas estas partes. Si aquí hubiera cuatro ó cinco naos armadas, no pasarian enemigos sin ser tomados. Aun no ha venido la artillería para esta fortaleza, como se ha de defender? El puerto de la villa de San German, es bahía y playa, y las naos surgen á media legua del pueblo do se ha de hacer la fortaleza, y es mejor artillería que alcance; culebrinas de 60 quintales, medias culebrinas, sacres de 12 quintales, versos de metal con dos servidores cada uno &c.

Al Emperador:
Oficiales Castro, Castellanos, Eguiluz.—Puerto-Rico 12 de Junio de 1541.

Está toda la gente apercibida por si vienen corsarios como V. M. mandó.

Ahora un mes llegó uno á la ribera y puerto de Guayama, acometió una caravela que iba á cargar de sal: echáronse á nado los marineros y se salvaron en tierra, y la nao defendieron á pedradas blancos y negros desde un peñon, pero con todo fué robada. Venga artillería. No dé V. M. mas libranzas sobre esta isla, que no puede mas. Aquí se da un cuento á las hijas de la Virreyna &c.

Conviene haya aquí cabeza. Cuando habia teniente nos juntabamos con él; ahora no nos admiten los alcaldes ordinarios, á quienes V. M. mandó las facultades de gobernador.—La Ciudad lo pide &c.

Al Emperador:
El Tesorero Castellanos.—Puerto-Rico 12 de Junio de 1541.

He empezado la fortaleza de San German, para que he comprado algunos negros y alquilado otros, y doy por cada uno de jornal 2 pesos y medio cada mes.

Al Emperador:
Oficiales Castro, Castellanos, Eguiluz.—Puerto-Rico 1º de Julio de 1541.

V. M. ha hecho merced á muchos para que puedan pasar negros y en navíos portugueses; y por otra provision del año pasado, nos mandó que si algun navío portugués, por acá pasase, lo tomasemos por perdido, y todas las mercaderías que trajese aunque fuesen de súbditos de V. M. Por esto tomamos ciertas naos con negros, y la Audiencia de la Española lo llevó á mal. V. M. lo verá y proveerá. Los portugueses se atreven á mil fechorías y no conviene permitir vengan por acá. Uno, maestre de navío, forzó una doncella, y llegado aquí, á pedimento de los padres, le prendió la justicia, pero quebrantó la cárcel, se hizo fuerte en el navío, y se marchó. Si la fortaleza tuviera artillería, no sucediera.

Al Emperador:
Alonso de la Fuente, Alonso Perez Martel.—Puerto-Rico 1º de Diciembre de 1541.

Fuente como Regidor mas antiguo, y Martel como compañero, piden se envie Justicia mayor, de que hay gran falta en la isla. Dicen que en menos de ocho años se han visto en dicha Ciudad, mas de quince muertes violentas, y de solo uno de los delincuentes se ha visto justicia. Que los oficiales no quisieran porque no habiendo gobernador, ellos con la autoridad de oficiales y el cargo de regidores todo lo pueden.

A Su Magestad:
Martin de Eguiluz.—Puerto-Rico 6 de Diciembre de 1541.
Los oficiales que aquí residimos de dos años á esta parte siempre hemos pedido artillería. V. M. ha mandado que los justicias acaudillen las gente, y les nombres capitanes á quienes obedezcan: la gente es mala de sugetar.

El Factor Castro murió en 5 de Setiembre, por su fin vaca el oficio de Contador de que V. M. le hizo merced. Lo pido, pues ha dos años le sirvo por mandado del Audiencia de la Española, soy casado aquí &c.

1542.

Al Emperador:
Ciudad de San Joan de Puerto-Rico Enero 5 de 1542.
Supone haber escrito otra en que no osaban decir lo que convenía por temor; que aventurandose en vida va en su nombre Hernando de Lepe, Alcalde. Juntámonos para pedir Justicia mayor; é los vecinos se juntaron y dijeron que no querian que viniese sino que lo fuese este cabildo: todo esto "por sacudir el yugo, ó por tener mano á hacer semejantes solturas que las pasadas." Firman Alonso de la Fuente, Alonso Perez Mantel y otro.

Al Emperador:
Alonso de la Fuente San Joan de Puerto-Rico 25 de Enero de 1542.
Esta isla está sin Justicia, y los vecinos con indecible sol-

tura cometen cuanto quieren impunemente. Los alcaldes pasan por todo como unos de tantos. Es de toda necesidad que venga Justicia mayor, y si puede ser uno de la Real casa, para que los pobres alcancen justicia &c. Si el Tesorero y demas regidores informan de otro modo con falsos colores, es por pasion.

Al Emperador:
Chantre Maestresala Arcediano y dos canónigos de la Catedral de San Juan de Puerto-Rico 10 de Febrero de 1542.

Habrá año y medio principiamos á hacer la Iglesia Catedral desta, tal que sea perpetua.

Gracias por habernos proveido de Obispo á D. Rodrigo de Bastidas cuya breve venida deseamos por lo espiritual y temporal igualmente.

La provision de V. M. para que pastos, montes y aguas sean comunes ha causado gran desasosiego. Aguas y montes eran comunes, pero desde el principio de la poblacion habia ordenanzas de la forma que cada uno ha de tener sus ganados ó haciendas para que unos á otros, no hagan daño. Los asientos señalaba á cada uno la justicia y regimiento desta Ciudad.

Ahora con la libertad de ponerlos cada uno do quisiere, no puede menos de hacerse daño á otros. La tierra es áspera, muchas montañas, pocos llanos; los ganados recios y trabajosos de sacar de los montes é sierras, que con abundancia de perros muchos vecinos no pueden sacarlos para aprovecharse. Si cada uno asienta do quiere, todas las haciendas de pan, cazabi, maiz y otros mantenimientos se perderán. Los vecinos representan los inconvenientes de cumplirse, y nosotros temiendo la confusion y desórden que traerian el cumplimiento hablamos dello. Las $\frac{2}{3}$ de la isla están despobladas.

Al Emperador:
Francisco Aguilar.—Puerto-Rico 12 de Febrero de 1542.

La provision sobre asientos, pastos y abrevaderos de ganados que un vecino desta, sin poder para ello, ha solicitado; si se cumple, se destruirá la isla &c.

Al Emperador:

Oficiales Francisco Aguilar, Juan de Castellanos, Martin de Eguiluz.—Puerto-Rico 12 Febrero de 1542.

Sobreseyóse en la obra de la fortaleza de San German, como V. M. mandó: de que ha nacido quererse ir los vecinos de aquella villa, pues como ya han sido robados de corsarios, temen, no haciéndose la fortaleza, otra desgracia. Habianse comprado negros y mantenimientos en cantidad de 1,000 pesos.

De la provision de pastos &c. han suplicado Procurador y los mas vecinos desta. Aquí habia ordenanzas conformes á lo que pide la tierra, é como no hay diferencia de invierno á verano tienen de continuo los ganados en un asiento. Hay ordenanza que los asientos se pongan una legua unos de otros. El Procurador envia informacion. Nos parece que se debe estar á la antigua costumbre.

Al Emperador:

Alonso de Molina. Procurador de la Ciudad de Puerto-Rico 12 de Febrero de 1542.

Habla contra la provision de pastos mas largamente que los anteriores.

Habrá poco mas de seis años que V. M. mandó que los oficiales del Almirante dejasen las varas, y hasta nueva orden los alcaldes ordinarios electos anualmente por los Regimientos hiciesen todo lo que el Teniente de Gobernador solia, y que los alcaldes de un año no pudiesen serlo hasta pasados otros dos. Asi se ha hecho hasta agora: y como en esta isla no haya letrados é á las veces se han dado las varas á personas de poca esperiencia hemos padecido y padecemos mucho trabajo. Converná proveer Gobernador ó Corregidor, hombre de ciencia y conciencia; debe ser letrado y no natural de la tierra, porque como están en estilo de tener los jueces compadres, converná haya persona á quien teman y si no se envia brevemente quizá hallará pocos á quien gobernar, que los mas piensan marchar á otras partes y sería gran daño, porque esta isla en estas partes del Oceano es otra Rodas de la cristiandad. Ningun navío puede venir á todo lo descubierto que desta isla no pueden ser señores dél habiendo aparejo para correr la mar.

Una de las principales causas de estar la isla tan perdida es ser los regidores perpetuos. Sean cadañeros y por dejar fama de sí, mirarian por el bien comun.

V. M. mandó á sus oficiales ha mas de cinco años que

diesen por cierto tiempo 4,000 pesos á dos vecinos que hiciesen ingenios de azúcar. Muchos los han pedido y á nadie se han dado, hasta agora que han empezado á dar á uno 2,000 pesos. Mándelo cumplir V. M. y que se den otros 4,000 á otros dos vecinos, porque habiendo cuatro ingenios en la comarca desta Ciudad con uno que hay en San German, la isla se perpetuaria, vendria mas gente &c. Se hizo la fortaleza del puerto desta siendo yo alcalde, y el Audiencia de la Española me encargó la tenencia della; suplico se me confirme pues soy de los mas antiguos pobladores de la Española, y ha treinta años que resido en esta. Y suplico venga artillería y municiones sin lo cual, inútil será todo esfuerzo.

Al Emperador:

Alonso Perez Martel y otros dos Regidores. Puerto-Rico 13 de Febrero de 1542.

Hacen presente cuando se presentó en cabildo la provision de pastos &c. todos los que tenian hatos suplicaron della y á cuatro regidores que votamos el cumplimiento nos quisieron apedrear y sacar los ojos. Pedimos testimonio y nos lo negaron. Quisimos escribir á V. M. y no consintieron ir en el navío que estaba pronto ninguna de nuestra parte, comprando toda la carga dél los que tenian hatos; lo mismo hicieron despues con otro navío. Asi ha pasado tiempo hasta que ya hemos podido dirigir esta por el que la entregará. Factor para sostener las órdenes Reales y castigo á los contraventores. (Los otros dos son Alonso de la Fuente y Juan de Villa.)

Al Emperador:

Los mismos.—Puerto-Rico 20 de Junio de 1542.

Con Hernando de Lepe avisamos de lo sucedido cuando se presentó en cabildo la provision sobre pastos comunes. Un Alcalde y dos Regidores juntos con diez ó doce vecinos ricos la contradijeron, y nos quisieron matar. Movieron tales escandalos é bollicios que estovimos encerrados en nuestras casas temiendo cada hora viniesen á matarnos. Por esto fué Lepe á V. M. y de camino á pedir pronto remedio á la Audiencia de la Española. Despues acá está la gente tan suelta, que si V. M. no envia luego persona que los castigue y saque de la opresion á los que celamos el Real servicio, ya no habrá isla de San

Juan. De todos los desacatos y escándalos ha sido causa Alonso de Molina, á quien se dice que V. M. hace merced de la Contaduría desta. Suplicamos.

Al Emperador:
Oficiales Castellanos, Eguiluz, Villa.—San Juan 25 de Setiembre de 1542.

Con el capitan Martin Alonso de los Rios recibimos letra de V. M. y acerca de la artillería que pediamos se manda á Presidente y Oidores de la Española nos den un cañon y una culebrina con cada, 150, pelotas. A la persona que hemos enviado á lo pedir, y tambien á nuestro Obispo Bastidas, que agora vino de la Española, no lo quisieron dar; nos han hecho pleito: creemos no lo darán.

Por tantos situados y labranzas no hemos tenido oro que dar al capitan Rios.

1543.

Al Emperador en el Consejo de Indias:
El Obispo de San Juan. Ciudad de San Juan de Puerto-Rico 3 de Febrero de 1543.

Vine á esta isla mediado el año pasado. "Esta isla como "no tenga perpetuidad de haciendas raices, padece mucho "trabajo en su poblacion y con los descubrimientos de tierras "nuevas y especialmente con esas minas de Honduras, la ma-"yor parte de los pobladores están movidos para se ir allá." Añádese no haber gobierno y estar los Regidores divisos, de que hay grandes pasiones sobre nombramientos de Alcaldes; venga gobernador.

Sabida la guerra, escribí al Audiencia de Santo Domingo cuan desapercibidos estabamos si venian franceses. Vino provision para que yo eligiese capitan y todos se apercibiesen de caballos y armas. Hízose conforme á la posibilidad de los vecinos que son pocos y los mas desarmados.

Esta fortaleza y el morro son buenas piezas, si tuviesen artillería. La arcabucería y ballestería que tiene, poco aprovecha por no haber gente que la sepa tirar. Si agora viniesen enemigos, gran trabajo habria. Los de San German, por el temor han llevado sus mujeres, hijos y haciendas, á los montes. Si tuviesen fortaleza no estarian tan tímidos, ni despoblarian la villa. Mándese hacer la fortaleza.

Esta catedral, edificó el Obispo pasado, de tapias, madera y tejas. Como aquí la madera se corrompe luego, ó constantemente se ha de estar en reparos ó se ha de hacer de cantería, como el Cabildo de la Iglesia y los oficiales Reales acordaron en sede vacante. Empezaron y para continuar es necesario limosna de V. M.

La cuarta de este Obispado vale 400 pesos, con que no puede sustentarse. Suplico se anexen el Deanago y calongía que tenia mi antecesor, que valdrán 150 pesos; y suplico no se me remueva lo de las islas de Cubagua y Margarita, con lo de tierra firme que han estado encargados á este Obispado, que valen 150 pesos. Valdria todo 700 pesos; harta pobreza.

Al Rey:
Consulta del Consejo de Indias. Madrid 20 de Abril de 1543.

Entre otras cosas se manda que *cuantos indios existan vivos* en la Española, San Juan y Cuba, queden tan libres como cualquier español, y se les den sacerdotes para su instruccion dejándoles holgar para que multipliquen.

En San Juan y la Española puede observarse ya porque hay muchos cristianos que no tienen indios y porque hay pueblos formados de estos á do se recojan.

Al Rey:
Los oficiales de Sevilla.—Sevilla 15 de Junio de 1543.

Los mercaderes nos fatigan pidiendo; y temiendo llegue la cosa á escándalo, comunicamos con el licenciado Gregorio Lopez, visitador desta casa de Contratacion. A él y á nos ha parecido, que teniendo los mercaderes cédula para que no se les detenga, no podrian detenerse sin que olieran ser por órden de V. M. y que debió empezárseles á dar. Provéase breve que no es posible ya disimular y ni nos dejan vivir los mercaderes.

1544.

Al Príncipe en el Consejo:

El Obispo de San Juan. (*)—Puerto-Rico 20 de Marzo de 1544.

Mándame V. M. por dos cartas; 1ª Que haga se cumplan aquí las leyes nuevas. 2ª Que haga relacion del estado de la isla, así en la Administracion de justicia como en lo espiritual; del tratamiento de los indios, de la conducta de frailes y clérigos, del recabdo en la Real Hacienda y que dé aviso de los daños que en todo hubiere y los remedios. (**)

En cuanto á lo primero requerí á la justicia, se pregonaron las nuevas leyes, se puso en libertad á los indios naturales de la isla, que conocieron tan señalada merced. Serán chicos con grandes, sesenta. El Justicia y yo pensamos se junten y vivan en pueblo por sí cerca desta Ciudad para que estuviesen recogidos, visitados y dotrinados: pero ellos gustan de vivir do nacieron, y por no desabrirles, les dejamos á toda su libertad, con tal que vivan cerca de poblado porque puedan ser visitados.

En cuanto á la Justicia, V. A. lo ha remediado con proveer esta isla de gobernador. Con ser elegidos los alcaldes anualmente por los siete regidores perpetuos estos eran árbitros, habia parcialidades y no habia justicia sino apasionada.

En lo especial hago cuanto está en mí con el Dean nuevamente proveido, otras dos dignidades y dos canongías, algunos clérigos, curas y capellanes, todos buenos y un provisor hábil. Con lo poco que los diezmos valen, y lo mal que se pagan, alabo á Dios como se sustenta lo que al presente hay en la Iglesia.

Religiosos no hay sino Domínicos. El Prior solo es persona calificada; presentado en Teología: los demas, mozos aunque honestos y recogidos.

Los oficiales de Hacienda, creo lo hacen bien, pero para lo poco que aquí hacen, sobran los cuatro y bastarian dos: Tesorero y Contador.

La fortaleza y el morro desta Ciudad son buenas fuerzas, pero falta artillería.

(*) Bastidas.
(*) Fué general esta órden, y conforme á ella se tomaron tambien informes en España de los venidos de Indias. Es una de las provisiones que siguieron á las nuevas ordenanzas.

La nueva imposicion que S. M. manda pagar en estas partes de los azúcares y corambre, hará decaer mas los ingenios que ya han venido en diminucion. Suspéndase el impuesto, y se acabarán algunos ingenios comenzados, y se animarán otros á hacer de nuevo.

La obra de la Catedral nueva se ha suspendido por la poca renta de la fábrica. Suplico se provea por V. M. como se aumente la renta de la fábrica, y dé alguna limosna.

En esta Ciudad hay dos hospitales. Uno edificaron y dotaron los conquistadores y pobladores; otro el Obispo, de lo destinado en la ereccion para esto. Este está yermo y el primero basta. Aplíquese todo á aquel &c.

Convendría cátedra de grámatica para los deste Obispado.

Al Rey:
Consulta del Consejo de Indias.—Valladolid 8 de Octubre de 1544.

(Entre otras cosas.)

El Obispo de San Juan cuando llegó allá diz que halló sacados los cimientos de la capilla mayor de la Catedral: ha proseguido y la Iglesia es pobre.

Pide limosna, especialmente los indios de V. M. que sirvieron para hacer la fortaleza de la Ciudad de San Juan y despues se adjudicaron para caminos.

1545.

Al Emperador:
Ciudad de Puerto-Rico.—Pedro de Espinosa, Alonso de la Fuente, Alonso Perez Martel.... De Luque, Luis Perez de Lugo.—5 de Julio de 1545.

Gerónimo Lebron vecino de Santo Domingo (hijo del licenciado Cristobal Lebron) á quien V. M. nos envió por gobernador, murió á 15 dias de su llegada, y en su lugar, á nuestro pedimento, nos fué enviado por la Audiencia de la Española su Oidor licenciado Yñigo Lopez Cervantes de Loaysa. Ha tomado residencia que no se habia hecho aquí ocho años ha, y las cuentas que no se habian tomado en 15. En estas hay que hacer para dos años y solo viene proveido por un año. Nos gobierna muy bien y suplicamos se le prorogue.

Al Emperador:
Licenciado Cervantes de Loaysa.—Puerto-Rico 6 de Julio de 1545.

Por servir á V. M. vine á esta isla con muger é hijos y halléla en increibles pasiones. Residencia de los que han sido alcaldes y sus oficiales, y toma de cuentas, se hará bien. Como llegué fuí requerido con gran calor por varios del Cabildo y otros vecinos contra la Real Provision do se mandaba sean comunes aguas y pastos, la que contradicen con palabras desacatadas que merecen gran castigo. Tengo algunos presos, y suplico tenga á bien V. M. se temple en castigar &c.

1546.

Al Emperador:
Tesorero, Juan de Castellanos.—Puerto-Rico 12 de Abril de 1546.

Por muerte de Lebron proveido por un año, vino el licenciado Loaysa del Audiencia de Santo Domingo á gobernar y tomar cuentas en su lugar por dicho año. Habrá poco mas de un año que vino y en la que ha tomado á todos las justicias ha hecho muchos agravios. Tambien me los ha hecho á mí en las cuentas. Espero ir ahí y aclararlo todo, y dar relacion de las pasiones y envidias que hay en la isla.

Estos dias pasados presté por cuatro años en nombre de V. M. 6,000 pesos para dos ingenios. Mas que estos préstamos convendría enviase V. M. quinientos ó seiscientos negros para repartir en los vecinos de la isla que serán ochenta en los dos pueblos con que saquen oro.

Algunos se que informan contra mí, que soy viejo y enfermo, y es así, y huélgome de haber envejecido en servicio de V. M. Ha 45 años que resido en estas partes. Tengo 60, mas ojalá sirviesen los mancebos como yo ahora y siempre.

La causa de haberme tratado mal el licenciado Loaysa es porque me pidió una hija para casar con un hijo suyo, y no quise dársela. Una hija que trajo, casó con Juan Ponce, (*) hijo de García Troche difunto que fué mucho tiempo Tesorero y Contador aquí, y tuvo el cargo de la fortaleza en que se gastaron mas de 8,000 pesos por su misma mano. Ha tomado aquí el licenciado mucha parcialidad y ahora por sus negocios y los de sus amigos va su yerno á la corte.

Al Emperador:
El Obispo de San Juan.—Santo Domingo de la Española 25 de Julio de 1546.

Vine á esta por visitar á mi madre, y ajustar cuentas viejas de mi padre con el licenciado Alonso Perez Cerrato, que dan pesadumbre por no estar instruto yo.

Aquella isla de San Juan parece estar en constelacion de ser inquietos los moradores della. Se disminuye con los nuevos descubrimientos especialmente la villa de San German do no quieren estar sus vecinos habiendo cesado la Fortaleza.

Mi obispado valdrá 400 ó 450 pesos que reducidos á buena moneda serán 300. Yo me sustento de mi patrimonio y grangería que tengo aquí. Ha mas de 15 años que fuí consagrado Obispo en la Real córte y he sido Obispo de Venezuela y San Juan siempre con trabajo y necesidad. De las cuentas de mi padre nada creia deber y como son de almoxarifazgos de 1508 1509 no tengo defensas que á mas de tres mil castellanos que sacan de deuda. Suplico se descuenten mil castellanos que se me deben de cuando residí de Obispo y Gobernador en Venezuela, y para lo demas se me espere. El Deanazgo desta que tenia desde mi tierna edad se me quitó al darme el obispado de San Juan y hoy vale tanto como este obispado. Suplico se me cumplan en este hasta 500,000 maravedises. (*R. para todos*) Sin duda se pusieron los obispados á 500,000 maravedises.

Los diezmos de la isla de la Margarita cobran los oficiales y me acuden con la cuarta, y lo demas parten entre fábrica y clérigos. Póngase buen recabdo, y mándeseme acudir con lo de sede vacante della, como se hizo en esta por merced de V. M. (Que le acudan con lo de la Margarita.)

(*) Troche!

Al Emperador:
Francisco Alegre, Pedro Espinosa, Alonso de la Fuente, Juan de Castellanos, Juan de Villa. Quéjanse del licenciado Loaysa y quisieran residencia contra él.

Al Emperador:
Ciudad, que son los dichos y Manuel de Illanes y García del Juro.
Va por nuestro Procurador Diego Ramos, poblador antiguo desta. Sabemos que el licenciado Loaysa solicita la gobernacion perpetua desta isla, que sería perderla.

1548.

Al Emperador en el Consejo:
Rodricus, Episcopus sancti Joannis.—Puerto-Rico 25 de Abril de 1548.
Gregorio de Santolaya ha hecho á gran costa en término desta Ciudad un ingenio poderoso de agua con sus dos edificios de piedra, y otros dos de caballos: en la Ciudad ha edificado una casa aventajada de las otras, y tiene mujer, hijos y deudos de mucha bondad. Ha sido el primero en hacer ingenios de agua y caballos en gran bien de la isla. Yo he hecho dos Iglesias parroquiales en sus ingenios, una en el de agua y se dice nuestra señora de Valhermoso, otra en los de caballos debajo de título de Santa Ana, y puesto dos curas á costa de los diezmos. Suplico á V. M. lo confirme.

Al Emperador:
Puerto-Rico 1º de Setiembre de 1548. El mismo Obispo.
Vine de Santo Domingo á visitar mi obispado á principio de año. Desembarqué en San German y con provision del Audiencia hice congregar sus vecinos que serán poco mas de treinta y poblaron á media legua del puerto por evitar los daños pasados de corsarios. Mas no desamparan el importante puerto do siempre debe hacerse fortaleza.

En esta Ciudad habrá mas de cien vecinos; se dan á ingenios por que falta el oro á mas andar. La Iglesia aunque muy pobre, bien servida. El obispado valdrá 400 pesos de mala moneda y peor cobranza. Hay fundadas ocho capellanías por vecinos difuntos, en que siempre hay seis ó siete beneficiados á que se añade un cura y otros dos clérigos.

Mi antecesor hizo una pobrecita Iglesia. Yo he empezado una de edificio perpetuo en que ya van gastados mas de seis mil castellanos. Traese la piedra por mar, de cinco á seis leguas. V. M. hizo merced á la Iglesia de 600 pesos en tres años. Suplico. (*Se conceden otros seiscientos pesos en tres años.*)

Hay en esta Ciudad un monasterio de Dominicos de grandor bastante para un pueblo de dos mil vecinos, con muchos frailes y para lo sustentar toman mancebos é isleños que antes nos inquietan que ayudan. Edificaron en la prosperidad de la isla. Tienen estancias, vacas, ganados, negros é indios y ahora quieren hacer ingenios de caballos. Entre tanto sé que piden limosna á V. M. para acabar su Iglesia. Mejor fuera que vendieran las grangerías y se les obligase á vivir en la pobreza y observancia. (*No se responda.*)

Este año estando el Prior en el capítulo provincial en la Española, el sub-prior y un predicador se fueron fugitivos.

Los oficiales de la Margarita que son tenientes de los del cabo de la vela, no cuidan de beneficiar mis diezmos allí. Ellos los gastan como quieren. Antes valian 1,500 pesos y este año se han arrendado en quinientos.

Visité la isla de la Mona. Aunque han quedado en ella pocos indios son los mas casados y buenos cristianos. Tienen su pobre Iglesia bien ataviada.

Celebré Sínodo y fué obedecido por eclesiásticos y seglares.

Hasta aquí tenia escrito en 3 de Mayo, y una caravela que llevaba la carta, se perdió á medio golfo de un golpe que le dió una ballena y la abrió. Ahogáronse diez y ocho y escaparon veinte y nueve en tablas, cajas y pipas que recogió otra carabela. Dicen se perdieron quince mil castellanos.

Tenemos gran falta de clérigos en estas islas, porque dellas salen pocos, y los que de España vienen procuran pasar adelante.

1549.

Al Emperador:
Ciudad de Puerto-Rico.—Pedro de Salvatierra, Francis-

co Aguilar, Juan de Castellanos, García de.... (*) Luis Perez de Lugo, Domingo Ramirez, Secretario Hernan Perez.—4 de Marzo de 1549.

Recomiendan á Alonso Perez Martel, que con el empréstito hecho por S. M. de 1,500 pesos y su hacienda, ha puesto en muy buen estado un ingenio de agua á tres leguas desta Ciudad y necesita mas socorro. Suplican á S. M. le ayude por ser cosa utilísima y con favorecer estos ingenios se aumenta la poblacion.

Al Emperador en el Consejo:

Cabildo eclesiástico, Dean, Chantre, Arcediano y Provisor. Secretario, Hernan Gomez.—Puerto-Rico 10 de Marzo de 1549.

Ha nueve años que va la obra desta Iglesia. La fábrica es pobre, los vecinos con poca posibilidad. V. M. hizo limosna de 600 pesos en tres años. Suplicamos se continue. "Ello está subido de presente en altura de entablamentos, todo de cantería, y de muy real edificio." (*Que lo acuerden á su tiempo.*)

Tratamos pleitos con el monasterio de Domínicos sobre que paguen diezmos de sus ganados y labranzas que son en cantidad y tratan y venden. Van adquiriendo tanto, que se teme venga á ser todo suyo, y sino diezman padecerá mucho esta Iglesia. Véase en justicia en la Audiencia de Santo Domingo, y no se permita que conservadores por ellos nombrados nos molesten y pertuben nuestra justicia, y se les mande que vivan como poblacion y segun su instituto. (*Que pidan justicia conforme.*)

Al Emperador en el Consejo:

El Obispo de San Juan.—Puerto-Rico 11 de Marzo de 1549.

Quéjase de la poca renta de su Obispado en que no hay en todo doscientos vecinos.

Los diezmos se arrendaron por cuatro años en 6,000 pesos pagados á largos plazos. Suplica que pues es el obispo mas antiguo de Indias, se haga con él lo que con otros.

Da gracias por haber cesado en proveer gobernador para esta isla pues bastan los alcaldes ordinarios, segun es poca la

---

(*) No se lee.

poblacion. Basta la visita cada tres años de un oidor de la Española que tome residencia á los que deben darla.

Se cuida, como V. M. manda, de los pocos naturales que quedan: serán cincuenta ánimas en toda la isla. Hay algunos advenedizos que cada dia se disminuyen.

Esta Iglesia, aunque pobre, se sirve bien por Dean y Cabildo y cada dia se aumentan capellanías de que medianamente se sustentan. Mas tengo mucho trabajo en detener los clérigos que no pasen adelante.

Sigue la fábrica de la Iglesia. Esta Ciudad está algo reformada con los ingenios que se hacen con la merced de V. M. La villa de San German con los robos de corsarios y la facilidad de irse á Nueva España y nombre de Dios, se va despoblando y se acabará en gran daño de la isla y de la navegacion, dejando esta poblacion única, si V. M. no hace mercedes.

Cuido de proveer y de enviar á visitar la Margarita. En ella hay buena cantidad de indios naturales; pero se va despoblando la isla y disminuyendo los diezmos por la pobreza; cóbranlos los tenientes de los oficiales del cabo de la vela y se los comen ordinariamente.

Han retenido en sí la parte que habia de haber la Iglesia de Cubagua por estar despoblada que diz serán 400 ó 500 pesos. Será razon se dividan los diezmos por mano de Obispo y no de los oficiales que ahora solo le dan su cuarta parte, y lo demas dividen como quieren.

1550.

Al Emperador en el Consejo:
El Doctor Vallejo.—Villa de San German 27 de Agosto de 1550.

En tres navíos que desta isla partieron por Junio escribí lo que recien venido supe. Es lástima ver la destruccion desta isla por causa de las quemas y vejaciones de franceses y caribes. Los pocos vecinos que han quedado, se han retirado á vivir al peor sitio del mundo, en unas cienegas cercadas de montañas ásperas distante del puerto mas de una legua. Es muy necesario el favor de V. M. para que no se despueble. Yo vine con motivo de que á otro dia de San Juan se perdió una legua de este puerto una nao de 500 toneladas la mas poderosa y rica que habia pasado á Indias. Iba á Nueva España; era Maestre Domingo Bernal, quien venido á esta villa, hizo dejacion de la nao ante mi teniente. Sabido en Puerto-Rico, envié al alguacil mayor barcos y buzos, y á esta sazon llegó al puerto un galeon muy grande en que venia por maestre un mulato natural de Cádiz, quien empezó á sacar y meter en su galeon sin dar razon como se le pedia. Quísole prender el alguacil mayor; sacaron las espadas, y á pesar de la justicia, sus marineros y pasageros le metieron en la Iglesia. Allí acudieron el piloto y cien hombres á quienes no pudiendo resistir la justicia le llevaron al galeon, y partió, robada la mejor parte de la nao perdida. Como lo supe, vine y escribo á los oficiales de Nueva España y Sevilla para que sea preso y castigado.

Cuando vine, habia en la Catedral de Puerto-Rico, tres dignidades. Despues ha muerto el Chantre, y el Maestresala se fué á España. Es mejor proveer. Aquí hay un clérigo llamado Bartolomé Robles natural de Olmedo y otro llamado Juan Bautista Perez, licenciado, letrado y buen predicador: es persona docta y de tales necesita esta Iglesia.

Al Emperador en el Consejo:
El Doctor Vallejo.—Puerto-Rico 14 de Diciembre de 1550.
La nao en que iba mi carta de Junio fué tomada por corsarios. Repetiré lo dicho. Como vine pregoné residencia contra el licenciado Cervantes, el mostró habérsela tomado por provision del Audiencia un licenciado Antonio de la Vega y sobreseí cuanto á él; seguí contra las demas justicias que despues del fueron: todos hicieron buena residencia.

Hallé desórden en el tratamiento destos pocos indios, que secretamente los vendian por esclavos. Castigué lo que pude saber, y puse remedio obligando á los amos al buen tratamiento de vestido y comida, soldada que han de pagarles como á cristianos libres. Total libertad no conviene, no se junten con negros que cada dia se alzan.

Tambien habia desórden en bienes de menores y difuntos.

La isla estaba decaida porque andaban flacas las minas: agora con el trato de azúcar está próspera. Favorezca esto mucho V. M. como los vecinos envian á pedir.

Aquí no para clérigo por las molestias de un provisor muy apasionado y poco letrado; como el Obispo se está fuera de la isla, es absoluto. (Se escriba al Obispo que vaya.)

Saqué yo ciertos delincuentes de la Iglesia justamente y me descomulgó el provisor y puso entredicho en la tierra.

Juan de Villa, Factor y alguacil mayor es ido á Castilla. (Hasta aquí la de Junio.)

En 7 de Octubre murió Juan de Castellanos, Tesorero, que sirvió muy bien y fielmente. Deposité el oficio en Alonso Perez Martel regidor, el que ha ido á su costa á la corte, por el bien de la isla, y se puso la Tesorería en Juan Ponce de Leon. Estos dos, y García Troche y Santiago de Arcas son personas en que cabe cualquier oficio.

1551.

Al Emperador:
El Consejo.—Valladolid 23 de Junio de 1551.
(Entre otras cosas.)
Alonso Perez Martel ha pedido en nombre de la isla de San Juan, vayan á costa de V. M. cincuenta casados y lleve cada uno dos esclavos libres de derechos; porque está muy necesitada de pobladores. Parece se conceda, y á Martel licencia para llevar ciento cincuenta esclavos francos, y con lo que valdria la licencia conduzca los casados. (Que se haga.)

Al Emperador:
Domingo Caballero.—Santo Domingo 12 de Diciembre de 1551.

La isla de la Mona es do los corsarios hacen escala, se proveen de agua, leña, verduras y algunos bastimentos, y de do observan todo y salen para todas partes. Debierase hacer torre con buena artillería sobre el surgidero, y allí diez ó doce hombres que se podian sustentar de "cazabi, batatas, carne y "pescado, que tienen en abundancia obra de veinte y cinco in-"dios que allí han quedado," y los sueldos &c., páguense del averia que corriere para sustentar la armada destas partes.

Pide prebenda para un hijo gramático y lógico que estudia cánones.

1552.

Al Emperador en el Consejo:
Cristóbal de Salinas.—Puerto-Rico 3 de Febrero de 1552.

Dice en 1º de Enero que se tomaron las cuentas á Juan Ponce de Leon su antecesor.

Habla de una limosna de 500 ducados para cierto edificio del Convento de Domínicos, y dice estar muy necesitados.

De su reyerta con el gobernador quien por sus réplicas lo metió preso en dicha casa en parte dañosa á su salud, suplica justicia.

Que no puede vivir con el salario estando con mujer é hijos.

Siguen los autos de la reyerta sobre la casa. (Llamábase el Gobernador, el Doctor Luis de Vallejo.)

Al Emperador en el Consejo:
Luis Perez de Lugo, Contador. Puerto-Rico 5 de Febrero de 1552.

Por razon de los ingenios se coje aquí tan poco oro, que no alcanza á pagar las libranzas á las hijas de la Virreina. Prestáronseme 2,000 pesos para un ingenio, que estoy acabando.

Al Emperador en el Consejo:
Santo Domingo de la Española 29 de Marzo de 1552.

Yo y mi Iglesia hemos tratado pleito con los Frailes Domínicos de Puerto-Rico, sobre que paguen diezmos de las haciendas dezmaderas que en aquella isla adquieren, que son en cantidad. Pedí se mandase nos comprometiesemos en ese Consejo, y fueme respondido que siguiese mi justicia.

(Que se vaya á su obispado.)

Al Emperador en el Consejo:
Luis Perez de Lugo.—Puerto-Rico 20 de Setiembre de 1552.

Dije los alcances hechos á Alonso Perez Martel y Juan Ponce de Leon que fueron Tesoreros por muerte de Juan de Castellanos. Habrá dos meses murió el Tesorero Salinas: en once meses que sirvió el oficio, cobrado el salario, gastó 1,000 y tantos pesos, segun el alcance que se le hizo. No se den estos oficios á personas necesitadas.

1553.

Al Emperador en el Consejo:
Ciudad de Puerto-Rico.—Doctor Vallejo, Alonso Perez Martel, Luis Perez de Lugo, Juan Ponce de Leon, Pedro de Salvatierra.—15 de Julio de 1553.

Va por nuestro procurador Alonso de Vargas vecino desta y poblador y conquistador antiguo á dar razon de nuestras necesidades, especial, en tiempo en que andan tantos corsarios. Gracias por las mercedes que nos hizo á pedimento de Alonso Perez Martel.

Al Emperador en el Consejo:
Rodricus Episcopus Joannis.—Puerto-Rico 25 de Julio de 1553.

Recomienda las pretensiones acerca de enviar artillería y municiones para la fortaleza de Puerto-Rico, que amenazan de tomarla los Franceses, y como está al presente podrán hacerlo muy á su salvo: que para ello va Vargas, Procurador enviado por Gobernador, ambos cabildos, religiosos y oficiales congregados en uno.

En esta Iglesia entre beneficios y capellanías, residen hasta veinte que tienen mediana pasadía con capellanías y memorias fundadas por vecinos difuntos. Suplico se continúe la limosna de V. M. para el edificio desta Iglesia.

El patrimonio que el adelantado mi padre nos dejó á mi madre y á mi en la Española, hemos dado á un nieto y dos nietas de dicho adelantado y sobrinos mios. Mi sobrino ha casado con hija del alcaide Gonzalo Fernandez de Oviedo, antigüo criado de V. M., el que renuncia su alcaidía, suplicando se dé á dicho mi sobrino. Suplico lo mismo por los méritos de su abuelo, mi padre, segundo descubridor destas partes despues de Colon.

Al Emperador:
El Obispo de San Juan, Alonso de la Fuente, Luis Perez de Lugo, Pedro de Salvatierra, Francisco Alegre.—Puerto-Rico 8 de Octubre de 1553.

El gobernador desta isla casó tiempo ha aquí con hija de Alonso Perez Martel, regidor desta Ciudad y muy emparentado con ella. Débese proveer de remedio. Ha cuatro años que esperamos residencia, el tiempo se le cumple dende ha tres meses, pero tiene provision para continuar el tiempo de la voluntad de V. A.

La tierra está muy necesitada pues cesa el trato por temor de corsarios.

1554.

Al Emperador en el Consejo:
Los oficiales Luis Perez de Lugo, Miguel de Illanes.—Puerto-Rico 20 de Junio de 1554.

En un navío que de aquí partió habrá un año y se perdió, deciamos de las vejaciones deste gobernador, dábamos gracias por la merced á esta isla de cuatrocientas licencias de esclavos.

Como vino el Tesorero Salinas, tomó cuentas al que lo era Juan Ponce de Leon, y le hizo cargo de 27,660 pesos, se le alcanzó en 7,063.

Aquí se coge muy poco oro porque se han dado á ingenios de azúcar. Convendrá mandar á los que se haga empréstito para ingenios, traigan quince negros en las minas. (Lo mismo pidió otro en Santo Domingo.)

Al Emperador en el Consejo:
Cristóbal de Salinas, Tesorero, hijo del del mismo nombre que era antes. Isla de San Juan 20 de Junio de 1554.

Partí de San Lucar con la flota que salió 31 de Enero.

No quiso el capitan Farfan tocar en Canarias y con calmas y borrascas tardamos y padecimos gran necesidad, en especial de agua. La 1ª tierra que vimos fué la Domínica en 5 de Abril, do todos los bateles se echaron por agua, si bien con temor de los indios que allí y en las circunstantes islas residen, grandes flecheros y traen una yerba que el herido della no llega á veinte y cuatro horas que no muere rabiando. La tierra es alta y montuosa, por eso hay muchas quebradas que bajan á la mar y en ellas agua en abundancia. Dos dias y medio se tardó en hacer agua y leña, y luego se dividió la flota, Farfan con los que iban á nombre de Dios, y el que iba por Almirante con los que iban á Santo Domingo, Honduras y Nueva España.

Dice llegó á San Juan, 12 de Abril, fué recibido al oficio, tomó cuentas, é entendió en cosas por donde vió haber venido ya el nuevo gobernador.

Que algunos vecinos se han ido por ser maltratados y perseguidos injustamente y quedan muchos remontados por no poder alcanzar justicia.

Habla contra el gobernador y Garci Troche y otros confederados que dieron cabo á su padre porque celaba el Real servicio.

Que ahora tres años vinieron en tres naos doscientos treinta negros furtivamente.

Antes de venir la flota hubo franceses con tres navíos á la boca de este puerto. Luego fueron á San German el domingo de Ramos entraron en tierra mas de una legua, y robaron un ingenio; despues de la flota han venido otros franceses. Han tomado varias naos.

"Gran bien hubiera sido para esta isla y Santo Domingo "que hubiera venido el capitan Mindirichaga con los cuatro "navíos que V. M. le mandó truxese de armada para defensa "destas islas y costa." Y aun, vendría bien, porque hallaría franceses en la Mona do aderezan, y Saona do se apóstan. Han echado fama que quieren tomar esta isla, y mal se la podremos defender sin artillería, ni arcabuces, ni armas. Si hay algo en la fortaleza es inútil, ni la fortaleza vale cosa, y la señorea el pueblo. No es mas de una casa de aposento. El morro que es un cubo y bestion, que está á la boca del puerto, si estuviera bien edificado podría defender la entrada con seis piezas. Gente de á caballo con lanza y adarga, habrá aquí contados sesenta ó mas, pero no hay arcabuceros ni piqueros. Venga artillería y municiones.

1555.

Al Emperador en el Consejo:
Francisco de Aguilar, Alonso de la Fuente, Luis Perez de Lugo, Cristóbal de Salinas, Pedro de Salvatierra, Francisco Alegre.—22 de Enero de 1555.

Suplican, que habiéndose enviado por el Audiencia de la Española su Fiscal el licenciado Estéves á tomar residencia al Dr. Vallejo, Gobernador, y quedarse interino pasada la residencia; S. M. le nombre en propiedad que es buen Juez &c. (*)

Al Emperador:
Francisco de Aguilar, Alonso de la Fuente, Luis Perez de Lugo, Cristóbal de Salinas, Pedro de Salvatierra, Francisco Alegre, licenciado Estéves, Juan Ponce de Leon.—De Puerto-Rico en la Isla de San Juan 29 de Enero de 1555.

Ya V. M. sabrá que llegaron aquí tres naos de la flota de Farfan y descargaron su oro y plata que está aquí en gran riesgo, pues si vinieran franceses entrarian con igual facilidad que han hecho en Santiago de Cuba. Aunque al presente se han puesto en la fortaleza y morro nueve ó diez piezas de artillería de bronce que eran de dichas naos y con ellas hay bastante defensa contra corsarios. V. M. mande se queden aquí y se paguen de la Real Hacienda por los oficiales desta Isla. Sabemos haber muerto ahí Alfonso de Vargas nuestro procurador. Suplicamos se despachen las cosas que pidió, entre ellas municiones &c. (Cartas 16.)

En 2 de Junio envian en reemplazo del difunto Procurador Alonso de Vargas, al Regidor Luis Perez de Lugo.

Al Emperador en el Consejo:
Episcopus Sancti Joannis.—Santo Domingo de la Española 15 de Setiembre de 1555. (Cartas 34.)

(*) No tuvo efecto pues en Agosto es gobernador Vallejo, no sería sino como teniente de Caraza.

Recibí dos cédulas dirijidas por el nuevo Gobernador de San Juan, una del príncipe haciendo saber su casamiento y partida á Inglaterra, y otra de la princesa, mandándome resida en mi obispado. El temor de Franceses que otra vez procuraron haberme y me pillaron la ropa, me ha detenido aquí hasta haber pasage seguro. Ademas quisiera comunicar antes de partir, con el nuevo arzobispo desta que esperamos, 23 años ha que soy obispo, el mas antiguo de Indias. &c.

Mandóseme cumplir la ¼ hasta 500,000 mrs. pero se me paga en cuartos como generalmente en estas Islas, que es media moneda. Suplico por la carestía presente, sea en moneda que lo valga en Castilla. Dice que gobierna su obispado, aunque á veces ausente, tan bien como el mejor. En él no hay indios, sino un pueblo de ciento treinta vecinos y otro de veinte. (*)

Al Emperador en el Consejo:
Justicia y Ciudad.—Licenciado Caraza, Alonso Perez Martel, Domingo Ramos ó Ramirez, Juan Ponce de Leon, Pedro de Salvatierra, Francisco Alegre, Cristóbal de Salinas.—Puerto-Rico 15 de Octubre de 1555.

Gracias por la noticia del casamiento del principe, y que quedaba gobernadora de esos Reinos la infanta Doña Juana, princesa de Portugal.

El licenciado Caraza, gobernador vino en el armada de Carbajal y ejerce su oficio desde 12 de Agosto. Es muy bueno. Dicho Carbajal traia comision para que pareciéndole conveniente dejase las piezas de artillería que quedaron de las naos; y le ha parecido serlo. Mil gracias.

Venga pólvora de ahí que aquí cuesta muy cara, y dos piezas grandes de alcance.

Al Emperador en el Consejo:
Licenciado Caraza.—Puerto-Rico 15 de Octubre de 1555.

Llegué en 9 de Agosto, pregoné residencia contra el licenciado Estéves. Luego caí malo, y tambien cayó gravemente el general Carbajal que aun no ha tornado en fuerzas, por lo que se ha detenido el armada.

Responde á la cédula de quedarse el artillería y dice ser ocho piezas de bronce para fortaleza y morro y dos pasamanos.

(*) Son estos de indios! Parece que no, sino Puerto-Rico y San German; pero el no lo esplica.

Copia íntegra de algunos documentos que se hallan en la propia coleccion de Muñoz, á saber:

1515   Cédula del licenciado Velazquez encomendando á Conchillos doscientos indios.

1518   Carta de los Gerónimos al Rey.

1519   Id. de los id. á id.

1520   Declaracion del licenciado Figueroa, sobre los indios caribes y guatiaos.

1526   Parecer del bachiller Enciso sobre los indios.

1536   Carta de Antonio Sedeño al Rey.

1515.

"Cédula del licenciado Velazquez, como encomendó al Sr. Secretario Lope Conchillos doscientos indios por el oficio de fundidor y marcador." Este título se lee en la cubierta.

Yo el licenciado Sancho Velazquez, repartidor de los indios de esta isla de San Juan por el Rey é la Reina, nuestros señores, hago saber á vos el Sr. Lope Conchillos, secretario del Consejo de SS. AA., ó á la persona que por vos toviere cargo, como SS. AA. por descargo de sus conciencias mandaron juntar con su confesor, letrados teólogos é canonistas é legistas en que ovo algunas personas religiosas, y les mandaron despues de muy bien informados de personas que tenian mucho conoscimiento é conversacion con los indios desta isla, viesen é determinasen la órden que se debia tener en la conversacion é doctrina de los indios desta isla para que fuesen cristianos: y fué determinado por ellos que sin la comunicacion con los cristianos no se podian convertir á nuestra santa fé católica, ni despues de convertidos ser conservados ni dotrinados en ella por estar como están apartados en sus bohíos todos juntamente en sus estancias, usando de sus malas costumbres é viviendo de la misma manera que antes que fuesen bautizados, no teniendo por pecado los vicios é pecados en que antes solian estar algunos dellos, tan graves que nuestro Señor es ofendido é deservido, é se ha visto por esperiencia que aquello que aprenden é saben de las cosas de nuestra santa fé católica é de otras muy buenas costumbres en el tiempo que están en la compañía é conversacion de los vecinos, á quien se habian encomendado, despues que se tornan á sus estancias, lo olvidan é no curan mas de la buena dotrina, antes se vuelven é tornan á sus costumbres é vicios que solian: por lo cual fué acordado que se encomendasen á los vecinos que han ido ó fuesen á poblar, paraque con la dotrina é comunicacion dellos se convirtiesen, é despues de convertidos los dotrinasen en las cosas de nuestra santa fé católica y les dejasen tener sus haciendas é otras cosas, como mas largamente en las ordenanzas que para ello, con el parecer de los susodichos letrados é religiosos, y con acuerdo de los de su muy alto Consejo SS. AA. mandaron hacer: por ende yo en nombre de SS. AA. encomiendo á vos el dicho Sr. secretario Lope Conchillos el cacique *Francisco Jamayca Aracibo* con doscientas personas de sus indios é naborias para que los hagais dotrinar é enseñar en las cosas de nuestra santa fé católica é mantener de las cosas necesarias á su sustentacion, é vos os ayudeis y aprovecheis dellos en vuestras haciendas, minas é grangerías, conforme á las ordenanzas, é no de otra manera, so las penas en ellas contenidas, é sea á cargo de la concencia de vos el dicho Sr. secretario, si lo contrario hiciéredes ó no de la de SS. AA. é porque su voluntad es de los encomendar con las condiciones susodichas é no de otra manera por descargo de sus Reales concencias se espresan en la manera susodicha para que SS. AA. queden libres de todo cargo de concencia. Dada en la Ciudad de Puerto-Rico á trece dias del mes de Marzo de quinientos é quince años.—El licenciado Velazquez.—Por mandado del Sr. Repartidor, Juan de Talavera, Escribano del Repartimiento.

1518.

Gerónimos.

Muy alto é muy poderoso señor:

Ciertas cartas habemos escrito á V. A. despues que Dios tubo por bien de nos consolar á todos con su bien abenturada benida en esos sus Reinos Despaña. Y en todas, segun la habrá mandado ver, le habemos suplicado quiera hacer mercedes á estas Islas, mandándolas favorescer con algunas cosas que convienen para el remedio dellas. En especial que á ellas se puedan traer negros bozales, y para los traer de la calidad que sabemos que para aca combiene, que V. A. nos mande enviar facultad para que desde esta isla se arme para ir por ellos á las Islas de Cabo Verde y tierra de Guinea, ó que esto se pueda hacer por otra qualquiera persona desde esos Reinos para los traer acá. Y crea V. A. que si esto se concede, demas de ser mucho provecho para los pobladores destas islas y rentas de V. A. serlo ha para questos indios sus vasallos, sean cuidados y relebados en el trabajo, y puedan mas aprovechar á sus ánimas y á su multiplicacion. Mayormente agora que los ponemos en pueblos juntándolos de muchas partes por do andan derramados.

Así mesmo le abemos suplicado que si es servido que estos sus indios probresillos viban y no se acaben, que conviene que en ninguna manera se tornen los que quitamos á los caballeros que están en esos Reinos. Los quales les quitamos porque estos eran los peor tratados por causa de andar en manos de mayordomos: é así se lo tornamos otra vez á suplicar, y que mande revocar ciertas cédulas que mandó dar al Comendador mayor de Santiago D. Hernando de Vega y Almazan porque ansi conviene á la seguridad de la conciencia de V. A. Conviene asi mesmo que V. A. desde allí no mande proveer ninguno destos dichos indios á persona que sea. Antes debe mandar á la persona que acá tuviere cargo de los proveer en general, que él los provea, segun que Dios le aministrare. Porque como esta tal persona conocerá las personas á quien se deban dar, y si en ellas concurren las cualidades que se miran al tiempo que se encomiendan que son que tengan hacienda de que los mantener, que sea de buena conciencia y conversacion, que se presuma del que perseverará en estas partes, porque es caso, ó en breve lo ha de ser, que haga alguna heredad raiz para poblacion de la misma tierra; muy mejor lo podrá el desde acá proveer que otra cualquier persona desde allá.

1519.

Gerónimos.
Muy alto y muy poderoso católico Rey:
Fray Luis de Figueroa y Fray Alonso de Santo Domingo, de la órden de Sant Hierónimo, que por mandado de V. A. residimos en las islas del mar oceano, besamos sus Reales manos, y le hacemos saber: que despues que vino en España, le hemos escripto muchas veces sobre el remedio destas partes, y enviamos á V. A. á nuestro compañero Fray Bernardino, y fasta oy no hemos recebido respuesta de ninguna carta ni capítulo que hayamos escripto, entre los cuales escrivimos á V. A. que haviamos fecho en esta isla Española, treinta pueblos do se recogiesen los pocos indios que havian quedado, en los cuales dichos pueblos se havia puesto mucha *yuca*, pan de los indios, mas de 800,000 montones, provision para mas de siete mil personas en un año, y haviamos hecho traer ornamentos para las Iglesias de los lugares de los dichos indios: é lo que agora ha acontecido es, ya que estaban para salir de las minas en el mes de Diciembre del año pasado é ir á sus pueblos, ha placido á nuestro Señor, de dar una pestilencia de viruelas en los dichos indios, y no cesa, en que se han muer-

to y mueren hasta el presente quasi la tercera parte de los dichos indios, y V. A. crea que se les ha fecho y face todo el remedio posible.

No le es menester á su generoso y real corazon amonestarle á paciencia, sino que V. A. mande remediar como á estas partes pasen esclavos negros y negras sin imposiciones y hacer otras muchas mercedes á los vecinos de las islas que quedan muy perdidos é destruidos desta pestilencia, que le certificamos á V. A. que si dos meses dura la dicha pestilencia, que el año presente no se saque oro en dicha isla Española, y si algunos indios pocos quedaren, han de ser para guardar los ganados, y sostener otras haciendas, y V. A. pierda en esta isla mas de treinta y cinco mill castellanos, y que se acabe de despoblar; y desto no dubde pues nos se lo certificamos que somos testigos de vista. Y aun dicho nos han que en la isla de Sant Juan han encomenzado á morir de las dichas viruelas.

De la dicha pestilencia de viruelas han sido heridos algunos poquillos de los nuestros españoles, y no han fallecido; empero todos estamos temerosos ó de las dichas viruelas, ó de otra pestilencia.

Nuestro Señor el muy alto y muy poderoso católico estado y real persona guarde y prospere, amen; de la isla Española 10 de Enero año del Señor 1519.—De V. M. capellanes y servidores.—(No hay firmas.)

1520.

Declaracion del licenciado Figueroa, sobre los indios caribes y guatiaos. (*)

(*) Copia autorizada por Domingo Caballero, Escribano de S. M. Aunque no trae fecha esta sentencia, consta ser del año 1520, por carta que en ese año escriben á S. M. Almirante, oficiales y Jueces de la Española, en 14 de Noviembre donde se refieren á ella. Rigió esta declaracion en los años siguientes, habiéndose concedido á la isla Española en general, licencia para armar y traer caribes é indios de rescate para remediar la necesidad de los vecinos. Y en las instrucciones que se daban por la Audiencia á los capitanes de las armadas, entre otros capítulos en que prescribian moderacion y no hacer muertes ni violencias, se mandaba guardar la declaracion de Figueroa. Asi es de ver en la que se dió por los licenciados Villalobos, Juan Ortiz, Ayllon, Cristobal Lebron, en 10 de Marzo de 1526 á D.... de Illescas vecino de dicha isla y ciudad de Santo Domingo, capitan de dos carabelas armadas para traer esclavos. (Descubrimientos y poblaciones 7.)

En la residencia que el licenciado Lebron tomó á Figueroa se inserta esta declaracion y del cotejo con esta algunas variaciones. En la de la residencia sigue á la firma." Dada é pronunciada fué la dicha sentencia en la Audiencia Real.... en 5 de Noviembre 1519.—Secretario, Pedro de Ledesma.

Por mí el licenciado Rodrigo de Figueroa, Juez de recidencia é Justicia mayor desta isla Española é Juez de la Audiencia Real de las apelaciones en estas partes, é repartidor de los caciques é indios desta dicha isla por la Reina y el Emperador nuestros señores: Vista la instruccion á mí dada por la magestad de la Reina é Emperador, nuestros señores, en que me mandan hacer larga informacion de las islas é parte de tierra firme en que los indios é pobladores dellas son caribes é pueden é deben ser de los cristianos traidos é tenidos por esclavos, é que dello haga declaracion por sentencia: vista la informacion sobre lo susodicho, por mi havida y las otras contenidas en la dicha instruccion á lo susodicho anexas é concernientes, la qual fué cuanta en esta isla se pudo haber de los pilotos, maestres é marineros, capitanes é otras personas que han usado ir á la costa de tierra firme, é islas é partes andadas é descubiertas en estas partes del mar oceano, y la que asi mismo pude haver de religiosas personas: y vista así mismo otra informacion que cerca de lo susodicho ovo el licenciado Alonso Zuazo, por la qual ovo dado ciertas licencias, la qual asimismo en el cabo de la por mi havida mando poner para inviar á S. M.

Fallo que devo declarar é declaro que todas las islas que no están pobladas de cristianos, ecepto las islas de la Trinidad, é de los Lucayos, é Barbudos, é Gigantes, y de la Margarita, las devo declarar é declaro ser de caribes é gentes bárbaras enemigas de los cristianos, repugnantes la conversacion dellos, y tales que comen carne humana, y no han querido, ni quieren rescebir á su conversacion los cristianos ni á los predicadores de nuestra santa fé católica: y quanto á lo de la tierra firme en lo que hasta agora por la informacion havida de las cosas della se puede averiguar, devo declarar é declaro que en lo demas arriba de la dicha costa, que han alcanzado los que destas partes van á la costa de las Perlas, hay una provincia que se dice Paracuya (*) qual es de Guatiaos, y de ahí abajo viniendo por la costa hasta el golfo de Paria hay otra provincia que llega hasta la de Aruaca que se dice, la qual se tiene por de caribes, é pasaba la dicha provincia por el dicho viaje abajo está la dicha provincia de Aruaca, la qual devo declarar é declaro por de Guatiaos y amigos de los cristianos y dignos de ser havidos por amigos de los cristianos é muy buen tratados: é pasada la dicha provincia el dicho viaje abajo está la provincia de Vriapana la qual declaro ser caribes enemigos de los

---

(*) Paraavia? Herrera lee Paracuria.

cristianos, que comen carne humana, y mas abajo por la misma costa del golfo de Paria está otra provincia que se dice Uniroco, los quales declaro ser guatiaos é amigos de los cristianos, y que tratan é conversan con los cristianos pacíficamente é con los otros guatiaos amigos de los cristianos: y mas abajo en la dicha costa del dicho golfo está otra provincia por do pasa un rio que se dice Taurapes, los indios de la qual provincia declaro así mismo ser caribes y de la condicion de los caribes susodichos, y mas abajo en la ensenada del dicho golfo está otra provincia que dicen Oleros, los quales así mismo declaro ser caribes con la provincia de Maracapana hasta la provincia de Cariaco yendo por la misma costa, ecepta la provincia de Pariana que queda en otra provincia del dicho golfo de Paria hasta la punta de la boca del Drago, los quales indios de la dicha Pariana de mar á mar, declaro ser guatiaos y muy pacíficos y amigos de los cristianos, y dende Cariaco entrando la misma provincia de Cariaco con Comaná ó Chiriviche y Maracapana hasta el rio de Unari por toda la dicha costa, declaro ser guatiaos pacíficos y muy amigos de los cristianos, y dende la dicha provincia de Unari por la costa abajo con el cabo de la Codera y Cochibacoa, al presente declaro no estar suficientemente averiguado si son caribes ó guatiaos y reservo en mi de lo declarar de que mas suficiente informacion de lo susodicho se pueda haver, y desde la dicha provincia de Cochibacoa la costa abajo declaro ser á presente havidos é tenidos por guatiaos y por amigos de los cristianos y que los reciben al presente á su contratacion; y por de la dicha maña é condicion de guatiaos: declaro lo que resta de la dicha costa hasta Coquibacoa, ecepto los Unotos, los quales al presente no se declaran por de la condicion que son hasta que sobre lo susodicho se pueda haber mayor informacion, y dende la dicha Coquibacoa hasta el rio de Cemí que cae veinte é cinco leguas del Darien porque al presente no se ha averiguado ser caribes antes guatiaos puesto que son infamados del pecado abominable, reservo en mí declarar, desque mas informacion tenga, por de la condicion que son y maña que con ellos se ha de tener, para que entretanto que otra no se manda, con ellos no se inove guerra ni alteracion alguna; y en cuanto á los indios que caen la tierra adentro en las provincias de suso declaradas desde Vriapana hasta el cabo del Isleo Blanco, que es cabe el puerto de la Codera dejados los Guatiaos de suso nombrados con lo que duran por la tierra adentro sus provincias de suso señaladas, los demas por la dicha tierra adentro declaro ser de la condicion de los dichos caribes de suso nombrados é declarados y porque la isla de Trinidad señaladamente está mandada declarar por S. M. por de la condicion que se ha de tener demas de la generalidad susodicha especialmente la declaro que al presente deve ser havida ó tenida por de Guatiaos y amigos de los cristianos, la devo declarar ó declaro.

A las quales dichas provincias é tierras de suso declaradas por de caribes, devo declarar ó declaro que los cristianos que fueren en aquellas partes con las licencias é condiciones é instrucciones que les serán dadas, puedan ir ó entrar ó los tomar ó prender ó cabtivar ó hacer guerra ó tener ó traer ó poseer ó vender por esclavos los indios que de las dichas tierras é provincias é islas asi por caribes declaradas pudieren hacer en cualquier manera, con tanto que los cristianos que fueren á lo sosudicho no vayan á lo hacer sin el veedor ó veedores que les fueren dados por las justicias ó oficiales de S. M. que para las dichas armadas dieren la licencia, y que lleven consigo de los Guatiaos de las islas y partes comarcanas á los dichos caribes para que vean é se satisfagan de ver como los cristianos no hacen mal á los Guatiaos sino á los caribes, pues los dichos Guatiaos se van é quieren ir con ellos de buena gana; y en quanto á las islas é tierras demas que en la dicha costa ó islas por mi declaradas por Guatiaos, y en las que en la dicha costa de suso nombradas de que en esta sentencia se empieza á hacer mincion desde lo demas arriba hasta lo demas abajo que no son declaradas por de caribes, declaro, mando, é defiendo que ninguna persona, ni personas de cualquier estado ó condicion que sean que á las dichas partes fuesen en armadas ó en otra cualquier manera, sean osados de les hacer á los indios vecinos pobladores ó estantes en las dichas tierras é provincias guerras ni fuerzas ni violencias, ni estorsiones, ni tomar por fuerza é contra su voluntad de las dichas partes é provincias ó islas, personas algunas, ni ganados ni mantenimientos, ni guanines, ni perlas, ni otra cosa alguna, porque las dichas guerras fuerzas y estorsiones y tomas están prohibidas, defendidas, y no concedidas por la Magestad de la Reina é Emperador, nuestros señores: pero declaro ó digo que llevando la dicha licencia é instruccion que será dada á las personas que á las dichas armadas quisieren ir, puedan dellos con su voluntad, rescebir ó resgatar todas las dichas cosas, con tanto que las personas que resgataren de poder de los tales indios sean caribes, que de otra manera, no lo seyendo, no los puedan traer, ni traidos, sean habidos por esclavos, contra la qual dicha proivicion y defendimiento, mando, por virtud de los poderes que de S. M. tengo sobre el dicho caso, que ninguna persona sea osada de ir ni pasar so pena de muerte y perdimiento de bienes, los quales aplico los dos tercios para la cámara é Fisco de S. M. y el otro tercio para la persona ó personas que lo denusciaren ó acusaren, en las quales dichas penas mando que cayan é incurran qualesquier personas que contra la dicha proivicion é defendimiento fueren, así de esta isla Española como de las otras islas é tierra firme destas partes del mar oceano é de los Reinos de Castilla ó de otras qualesquier partes. Las quales dichas penas no se entiendan con los que de poder de Guatiaos resgataron é trujeren con su voluntad de los indios que no sean caribes, mas de no serles dados por esclavos segun dicho es. La qual dicha declaracion é sentencia mando que sea apregonada en esta dicha isla, en esta cibdad de Santo Domingo en tres lugares públicos della, y llevada asi mismo á las islas de Cuba é de Sant Juan, para que allá así mismo sea apregonada y ninguno della pueda pretender inorancia, con cartas requisitorias de los Jueces de las dichas islas que lo hagan apregonar. Y por esta mi sentencia juzgando asi lo declaro é pronuncio é mando en estos escritos é por ellos. Las quales dichas penas no se estienden á los que de poder de Guatiaos resgataren ó traxeren con su voluntad dellos, indios que no sean caribes mas de no serles dados por esclavos segund dicho es.—El licenciado Figueroa.

1526.

Parecer del bachiller Enciso sobre indios.

Muy poderoso señor:

El bachiller Enciso. Beso las manos de V. M. á la cual plega saber como en el año de 512 en vida del Rey católico, los frailes del monasterio é órden de los Dominicos sermonaron en Santo Domingo de las Indias que los cristianos no podian tener ni poseer los indios que tenian encomendados é que herán obligados ha restituir todo el oro que avia ganado é avido con ellos sobre lo qual por mandado del Rey católico se juntaron en Burgos muchos maestros teólogos de la órden de los Dominicos é Franciscos é muchos Obispos é letrados con ellos, é despues de mucho visto se dió cierta forma para ello é ansi cesó por entónces con ciertos capítulos que por mandado de

S. A. hicimos fray Alonso del Espinar é yo é despues, en el año de 13 estando Pedrarias Dávila é yo para ir á la provincia del Darien con una armada; los frayles Domínicos se pusieron otra vez en estorbarlo diciendo quel Rey no podia imbiar á los conquistar, é visto el impedimento S. A. á mí pedimento iva ya á mandar á los frayles de San Pablo de Valladolid con el secretario Conchillos, que para cierto dia estudiasen la question é sobre estudio respondiesen á ciertos capítulos que yo los dí sobre ello, é venido el dia los frayles se juntaron en San Pablo en que hubo muchos maestros en santa Teología ante los quales yo alegué en fabor de S. A. ciertos derechos de los quales fué uno el testo istorial de la brivia que dice lo siguiente en suma.

Sabrá V. M. que los gentiles é idólatras tenian é poseian la tierra de promision á donde tenian muchos templos con idolos donde honraban con sacrificios al Diablo é blasfemaban de Dios y estando ansi en posesion della, Dios dió á Abraham esta tierra para á él é á sus descendientes é lo sacó de Mesopotania con su muger, é lo trujo al monte Livano, é desde encima del le mostró la tierra, é le dixo que gela dava para á él é á sus sucesores, en la qual tierra vivió Abraham é Isa su hijo, é Jacob su nieto; fasta que por nescesidad de ambre Jacob se fué á Egito con onze hijos, é con sus mugeres é nietos en número setenta é dos donde estaba su hijo Joseb con Faraon, que hera el dozeno hijo é allí murió Jacob, é dejó sus doze hijos, é sus descendientes do estubieron fasta que pasados setenta años imbió Dios á Moisen que los sacase de aquella tierra é los llevase á la tierra quel les havia prometido, el qual fué é los sacó de Egito, é salieron con él seiscientos mill hombres de pelea, sin las mugeres é niños: y llegó al mar Bermejo, él se abrió para que pasasen, é pasados fueron al monte Signai donde Dios los dió la ley, é desde alli los trujo cuarenta años por el desierto, fasta á que llegaron al rio Jordan donde comenzaba la tierra de promision é allí murió Moisen, é dejó el cargo á Josue el qual pasó con toda la gente el rio Jordan, el cual dejó de correr fasta á que todos fueron pasados, é despues imbió Josue á requerir á los de la primera ciudad que era Gerico, que le dejase é diesen aquella tierra pues era suya porque gela avia dado Dios, é por que no gela dieron los cercó é los mató todos que no dejó sino á una mujer por que habia librado á sus espias que no los matasen los de la ciudad, é despues los tomó toda la tierra de promision por fuerza de armas, en que mató infinitos dellos, é prendió mucho é á los que prendió los tomó por esclavos, é se sirvió dellos como de esclavos, é todo esto se hizo por boluntad de Dios por que heran idólatras é alegado esto, dixe que pues el Papa teníamos en logar de Dios, y él como Señor universal avia dado las tierras de las Indias que poseian los idólatras al Rey católico, para que en ellas pusiese el nombre de Dios é nuestra fé, quel Rey podia muy justamente imbiar á requerir á estos indios idólatras que le entregasen la tierra, pues gela avia dado el Papa, é que sino gela quisiesen dar que les podia hacer la guerra, é tomar gela por fuerza, é matarlos é prenderlos sobre ello, é dar por esclavos á los que sobre ello fuesen presos, é como avia fecho Josue á los de la tierra de promision; é despues de mucho altercado sobre ello todos los maestros Teólogos que allí se hallaron; y el confesor del Rey católico con ellos declararon quel Papa avia podido dar aquella tierra al Rey católico, é que el Rey les podia imbiar á requerir que gela diesen, é que sino gela quisiesen dar les podia hacer la guerra, é tomar gela por fuerza é matarlos é prenderlos sobre ello, é que á los que fuesen presos los podia dar por esclavos, é determinaron que si algunos le quisiesen entregar la tierra é vivirse en ella, que eran obligados á le servir como sus vasallos, é quel Rey podia hacer merced deste servicio á los que allá fuesen á ganar á quella tierra é á la poblar, lo qual imbiaron á S. A. firmado de sus nombres con siete firmas sin la de su confesor, y ordenaron por escrito el requerimiento que á los indios se havia de hacer, é gelo dieron á Pedrarias el cual está asentado en los libros de la Contratacion de las indias questa en Sevilla, y el primer requerimiento que con el se hizo, lo hize yo en el puerto del Cemí á los caciques del logar de Catarapa.

E agora sabrá V. M. que muchas personas han pedido islas é provincias de las questan por ganar en las Indias, para á las ir á conquistar é ganar; y el obispo de Osma confesor de V. A., é su presidente en el Consejo de Indias sea puesto en decir é defender que no se pueden ir á conquistar ni ganar aquellas tierras contra lo que ya á seido declarado por maestros Teólogos de su órden, á lo qual si V. M. da logar se siguirá que las Indias se pierdan de necesidad ansi lo ganado como lo de por ganar, é lo peor de todo ello que será que la idolatría se faboreszerá dello é se estorvará que la fé de Jesuchristo no se acresciente é perderse han todas las ánimas de los indios que agora son é de los que dellos vernan para á siempre lo que no se hará si se van á conquistar é tomar, por que en caso que no se tomen por fuerza é muchos dellos mueran é se pierdan como idólatras, algunos abrá que se volverán cristianos é se salvarán, é quando no se volvieren á lo menos aora muchos niños inoscentes que con el agua del Santo Bautismo se salvarán, pues tan grande vien no se ha de perder, pues en defender que no se conquisten ni tomen por fuerza; ningun vien ai sino mal en defender que se esten idólatras como estan é que se pierdan; é pues en esto va el servicio de Dios y el acrescentamiento de la fé católica ques lo principal, é va el acrescentamiento del Real Estado de V. A. é sostener que no se desminuya; suplicando á V. M. que lo mande remediar presto antes que mas se dañe.

E si el obispo de Osma confesor de V. M. se escusare diciendo quen las islas ha avido muchos males en los indios que se han encomendado, y en los que se han ganado é dado por esclavos, suplico que le mande que le muestre una peticion que yo le di sobre ello á donde le declaro quien tiene la culpa de aquello.

E por quel obispo de Osma dice é alega por sí un dicho de un Doctor que escribió, que las tierras que poseian los infieles, en especial aquellos á quienes nunca avia ido á su noticia el nombre de Jesucristo, que no gelas podian tomar sin causa por quel dominio é posesion de las tierras era de jure geneium, por el qual ellos havian adquirido el dominio é posesion de las tierras que poseyan á lo qual yo ube respondido en Valladolid; que quando Dios havia fecho el Cielo é la tierra, é criado todas las cosas, lo postrero avia criado el hombre á su semejanza é le avia dado ánima racional é lo avia puesto en el Paraiso terrenal é le avia dado mandamiento, é que por que avia trespasado su mandamiento, lo avia echado del Paraiso para que á que viviese de su trabajo en la tierra, de los frutos de ella é le avia dado el conoscimiento del bien y del mal y quel hombre olvidando el cargo en quera á Dios por que lo crió, y la merced que le avia fecho en mandar que todo lo criado le obedesciese, é fuese para á su servicio, que le avia negado como lo avian fecho los idólatras, que tenian é poseian la tierra de promision dejando de conoscer é honrrar á un solo Dios, é tomando é honrrando muchos Dioses é idolatrando, é que por aver desconocido á Dios é aver idolatrado avian cometido é sido ingratos á Dios, é que por la ingratitud avian perdido la tierra que Dios les avia dado é que como ingratos, é idólatras gela avian quitado é la avia dado á Abram é á sus descendientes como á justos, que conosciendo el beneficio que avian rescebido de Dios que los avia criado é dado la tierra para en que viviesen le servian é adoraban, é que por esta causa avia dado Dios la tierra de promision á Abram é á sus descendientes, é avia permitido que Josue la tomase por fuerza de armas, é á los que se la defendiesen los matase, é prendiesen é á los que prendiese los hiciese esclavos, é questa misma razon tenia el Rey católico contra los indios, pues el Papa questaba en logar de Dios le avia fecho merced de las tierras de las Indias que poseian estos indios idólatras para á que pusiese en ella el nombre de Dios, por que en caso que en ellas no ubiese noticia del nombre de Jesuchristo, los indios heran obligados á honrrar é conoscer á un solo Dios que los crió é les dió la tierra en que viviesen, é que pues ellos no conoscian á Dios ni le honrravan, é tenian muchos Dioses, á quien honrravan é sacrificaban como lo avian fecho los de la tierra de promision, quel Papa avia dado justamente las tierras que poseian ellos; al Rey católico para á que pusiese en ellas personas que conosciesen á Dios, que avia criado aquella tierra é le honrrasen, é pusiese en ellas la Ley é fé de Dios é de Jesuchristo, é que por esto el Rey católico podia imbiar á requerirlos que le diesen la tierra, pues gela avia dado Dios y el Papa en su nombre, é gela habia quitado á ellos por que eran idólatras, é que sino gela diesen gela podia tomar por fuerza, é á los que gela defendiesen matarlos é prenderlos, é é á los presos darlos por esclavos como lo avia fecho Josue, é quel jusgentium que despues avia venido, no avia quitado el poder de Dios, ni avia librado al hombre á que no fuese obligado á conoscer á un solo Dios que lo habia criado é le avia dado la tierra para que en que viviese; é que la razon que daban para que no les pudiese ser tomada la tierra pues la poseian por el derecho de las gentes hera libiana é sin fundamento por que para ayudarse della requeriase questos indios conosciesen é honrrasen á un solo Dios que los avia criado aunque no tubiesen noticia de Jesuchristo, é que no idolatrasen, ni honrrasen, ni sacrificasen muchos Dioses, por que no fuesen ingratos á su Criador, é aun se requeria que los que gela fuesen á tomar, que fuesen por su propia abtoridad, é no con abtoridad del Papa; é que pues el Rey católico imbiaba con la merced quel Papa le avia fecho de aquella tierra que no era menester otra causa ninguna para á los tomar la tierra de que heran idólatras que adoraban muchos Dioses é no conoscian á un solo Dios que los havia criado. Lo qual fué avido por tan bueno que sin contradiccion determinaron lo que arriba digo, é se dió forma como los indios fuesen requeridos, é se ordenó el requerimiento por escrito, é se le dió á Pedrarias con el qual se partió é lo dejó en los libros de la Contratacion de Sevilla, donde se hallará el treslado del que tomaron los oficiales de aquella casa, lo qual se dió porque á todos los Teólogos les paresció que para tomar la tierra á los indios con abtoridad del Papa, no hera nescesario buscar otra causa mas de saber que heran idólatras é sacrificaban, é honrraban á muchos Dioses, como lo avian seido los de la tierra de provision, é ansi sea fecho fasta agora ó si en la forma del requerir alguna falta, ha avido la culpa está en los del Consejo en no averlo castigado, é no sea de tomar por causa para que aquellas tierras no se vayan á ganar é pues en esto va la honrra é servicio de Dios y el acrescentamiento de nuestra santa fé católica, é del Estado real de V. M. y el destruimiento de la idolatría; suplico á V. M. que mande poner remedio en ello ó lo mande luego ver é determinar antes que mas se dañe por queste daño procede del sermon que los Dominicos hicieron en Santo Domingo, que todos los de su orden procuran de defenderlo contra toda razon, por que lo hicieron, á que no sea de dar logar.

É quando esto se determinare, suplico á V. M. que mande que vean cuatro causas que yo ube dado para ello que son las siguientes; la 1ª es que de jure divino, estas gentes son obligados á guardar el presceto decalogo que dice *umun cole Deum*, lo qual no guardan por que honrran á muchos Dioses é no á uno. Lo segundo questas gentes contra el derecho natural, comen carne humana, como se comieron á los frayles que les fueron á predicar la Ley de Dios é de Christo, é tienen por costumbre de comerse unos á otros cuando se prenden en la guerra, é aun castran á los presos para á los engordar para acomer, é usan comprar mochachos para acomerselos como nosotros cabritos. La otra es que usan el pecado contra natura, en especial los caciques, que tienen personas con quien lo usan, é los traen vestidos como á las mugeres é los traen en compañia de las mugeres: é cuando yo tomé al Darien los tomamos é los quemamos, é cuando las mugeres vieron que los quemavamos hacian alegrias por ello. La otra es questas gentes se matan ansi mismos, diciendo que se van á untria ques que se van á olgar con el Ceny ques el diablo, que gelo aconseja é acontesce que se van cientos juntos en una vez á Noruco, las cuales cosas son notorias contra el derecho natural é Divino é por cada una dellas puede el Papa hacer merced dellos é de sus tierras al Rey católico, y él pudo é V. A. imbiarlos á tomar la tierra, pues de derecho por cualquiera destas quatro causas tienen perdidas las vidas, é los vienes, é aun por el divino como los de Sodoma.

É por quel confesor de V. M. está algo recio en esto, suplico á V. M. que haga leer esta peticion, é despues que la ubiere leido la mande imbiar al arzovispo de Santiago presidente del Consejo de Castilla, é mande que se junten los del Consejo de Castilla, é los del Consejo de las Indias, é los que mas mandare V. M. é que todos juntos lo vean é lo determinen porque no se dañe mas de lo questá por quel diablo con sus astucias procura de conservar para si las ánimas destos indios é gentes que las tiene por suyas, en lo qual hará servicio á Dios, é conserbará su estado é lo acrescentará, é destruirá la idolatría, é ansi me hará merced, cuya vida nuestro Señor acresciente á su santo servicio.—Bachiller D'Enciso.

Compulselo con su original de letra del anterior con su firma. Simancas 13 Agosto 1781.—Muñoz, tómo 77—1526.—Real patron. ant. Indias, legajo 7.

1536.

S. C. C. M.

A la villa de San German llegó ahora ocho dias, una caravela que partió del puerto de Mara-capana que es en la parte de la tierra firme, donde he enviado á recojer la gente del armada que en servicio de V. M. he fecho de que por otras mias he dado relacion. En ella vino un soldado que fué en una caravela, que los dias pasados envié con treinta caballos é sesenta hombres, el qual é los que vienen en la dicha caravela dicen que el dicho navio del armada, se perdió en el puerto de Mara-capana donde iva á descargar, é que se salvó la gente é veinte quatro caballos, é que dos dias despues de este trabajo dió sobre ellos Gerónimo Dortal con ciertos hombres é les tomó veinte tres caballos é las armas é algunos hombres é se entró la tierra adentro, é los otros quedaron en la costa aguardándome. Algunos quieren decir que iva á verse con un capitan, é la otra gente que yo allí envié que estaban la tierra adentro; otros quieren sinificar otra cosa, de estas solturas V. M. no se sirve: yo me parto á la fecha de esta á poner en lo que queda el mejor reca que pueda, y guardar lo que V. M. fuese servida embiar á mandar, nuestro Señor la vida é muy poderoso é muy Real Estado de V. M. guarde igualmente con acrescentamiento de otros muchos mas Reinos é señorios como por V. M. es deseado, de esta isla de San Joan diez de Abril quinientos treinta y seis. De V. M. muy humilde siervo que los muy reales pies y manos de V. M. besa.—Antonio Sedeño.

1512.

Ereccion de la Santa Iglesia Catedral, de la ciudad de San Juan Bautista de Puerto-Rico.

Alonso Manso, por la gracia de Dios y de la santa Sede apostólica, obispo de San Juan, isla del mar Oceano de las Españas: á todos y á cada uno de los presentes y venideros, salud. Estando abrasados con el fuego y zelo del amor divino, y atendiendo á él los serenísimos y potentísimos señores nuestros, D. Fernando entónces Rey y D.ª Isabel Reina de las Españas, de Sicilia y de Granada &c. y abrasados con el deseo de la exaltacion de la casa de Dios, y procurando siempre la propagacion de la santa fé católica, dispusieron luego buscar algunas islas y tierras firmes incógnitas, y no descubiertas hasta entónces y habiéndolas hallado, para reducir á sus inquilinos y habitadores, para reverenciar á nuestro Señor, digo, Redentor Jesuchristo, y profesar la fé católica, y hallándose muy ocupados en la expugnacion y recuperacion del reyno de Granada, atendiendo con madurez en tan santo y loable propósito (permitiéndolo el Señor) recobrado el dicho reyno, deseando cumplir su deseo, nombraron y señalaron á Cristóbal Colon, varon noble, y muy digno de ser recomendado, dispuesto é instruido, con gente y embarcaciones para esta empresa no sin grandes trabajos, peligros y gastos, á los quales ayudándoles el Señor, y haciendo viaje para el mar océano; descubrieron ciertas islas muy remotas y tambien tierras firmes, las quales hasta entónces, por otros ningunos habian sido descubiertas; en quienes vivian y habitaban pacificamente innumerables gentes, quienes al parecer no estaban aptas y dispuestas para recibir la fé católica; empero, se esperaba que si se doctrinasen y enseñasen, se introduciria en dichas islas y tierras firmes, el nombre de nuestro Señor y Salvador Jesuchristo, por lo qual dichos príncipes segun costumbre de sus progenitores, propusieron y determinaron reducir á la fé católica, dichos habitadores é inquilinos de dichas islas, y habiendo muerto en este tiempo la referida Reyna D.ª Isabel de inmortal memoria, entónces el invictísimo (Q. D. G.) D. Fernando Rey católico de Aragon, de ambas Sicilias, y de Jerusalen; y habiendo alcanzado asi mismo, por la serenísima señora D.ª Juana, Reyna de Castilla y de Leon, el gobierno y administracion de aquellos reynos, deseando llevar adelante los afectos religiosos, asi los suyos como los de la Reyna Doña Isabel su esposa, pidió y suplicó se le concediese licencia y juntamente facultad, por nuestro Santísimo padre Julio, Papa 2º por la divina Providencia, para que en las ciudades, villas y lugares de las mismas islas, se erigiesen é instruyesen Iglesias, Dignidades y Beneficios, y abrazando Su Santidad con afecto gratuito tan piadoso y loable deseo, recibimos con la reverencia que se debe, sus letras apostólicas embiadas y comedidas á Nos sobre este negocio, cuyo trasunto escrito á Nos por parte de dicha Magestad, por notario apostólico y testigos infrascriptos, en pergamino con el sello del Ilustrísimo Sr. Obispo de Burgos, impreso en cera amarilla, en una arca redonda y pendiente del sello una cinta amarilla, y subscrito y firmado por un Notario apostólico, sano y entero, no viciado, ni roto, ni sospechoso por parte alguna, si careciendo de todo vicio y sospecha, como constaba por el mismo instrumento, cuyo tenor de *verbo ad verbum*, es como sigue: "En el nombre de Dios. amen.—Sepan todos los que han de ver este presente trasunto, y público instrumento, como Nos D. Fernando Gonzalo de Zazamon, bachiller y Canónigo in Decretis, Archipreste de Burgos, Provisor oficial é Vicario general del Reverendo padre in Christo el Sr. D. fray Pascual, Obispo de Burgos, por la gracia de Dios y de la santa Sede apostólica, recibimos, vimos y escudriñamos las letras apostólicas de la ereccion de nuestro Santísimo padre en Christo y de nuestro Santo padre Julio, Papa 2º, por la divina Providencia, y en dichas letras pendientes el sello de plomo, con unos hilos de seda de color amarillo y rojo, segun costumbre de la Curia Romana, y dichas letras sanas y enteras, no viciadas ni rotas, ni por parte alguna sospechosas, antes si carecian de todo vicio y sospecha, cuyo tenor de *verbo ad verbum*, es como se sigue:

Julio, Obispo, siervo de los siervos de Dios, para perpetua memoria, Pontifice Romano.—Teniendo en la tierra todas las veces de aquel de quien reciben el orden estendiendo la potestad de su jurisdiccion á todos los climas del mundo, ordenamos y disponemos con maduro Consejo para mayor firmeza y fundamento de la fé católica, del estado y progreso de las Iglesias, en particular de las Metropolitanas, y otras Catedrales que se han erigido por via de traslacion ó de supresion, ó nueva ereccion en lugares casi no conocidos; y reconocidas todas las circunstancias y qualidades de dichos pueblos, autorizados con la presencia de sus Venerables prelados, aprovechen y estén firmes en la fé se ilustren las Iglesias, y la humilde Religion christiana, se propague y dilate, y de la misma suerte que en lo temporal, se aumente en lo espiritual. Despues que la isla Española sita en el mar de las indias, reducida á la Religion christiana, oprimida por muchos siglos con el yugo de los infieles, por la solicitud y potente armada de nuestro carísimo hijo en Christo D. Fernando, Rey de Aragon, de Sicilia, de Castilla y de Leon, de inmortal memoria, y de la Reyna D.ª Isabel, entónces esposa de dicho Rey, Nos erigimos é instituimos las Iglesias Catedrales en dicha Isla, es á saber: las Higuatense, Metropolitana, la Bayustense y Magutense, pidiéndonos dichos Rey y Reyna sobre esta materia, y concediéndoselo con el consejo de nuestros hermanos y con la plenitud de nuestra Apostólica potestad, como todo mas plenamente se contiene en nuestras letras despachadas: empero, constándonos que dicha isla y lugares, para la permanencia de dichas Iglesias sean incómodos así por su situacion, como por la dificultad de conseguir las cosas necesarias, y que fuera de esta se hallaba otra isla llamada San Juan, en el mismo mar océano, sugeta á la misma jurisdiccion, y que asi mismo las tierras, villas y lugares de la isla Española de Santo Domingo, de la Concepcion y de San Juan, en dichas islas eran al propósito y acomodadas para Iglesias Catedrales y para prelados que las presidiesen: Nos, deseando mirar y proveer del conveniente y oportuno remedio, asi de prelados como de la comodidad de dichos pueblos, y habiendo juntado Consejo, para mas madura deliberacion con nuestros Venerables hermanos, y deseándolo justamente en grand manera, el sobre dicho Rey D. Fernando el qual como Rey de Castilla y de Leon, y general Gobernador y administrador de dichos reynos, por la serenísima y carísima hija nuestra D.ª Juana, á los quales reynos, dichas islas estan sugetas y anexas, y suplicandonos tambien, lo mismo nuestros amados hijos, Pedro Hiagutense y Garcia Bayunense y Alfonso Magutense, electos en la administracion y gobierno de dichas Iglesias Hiagutense, Bayutense y Magutense, llamadas asi por los dichos respectivos; Nos usando de la autoridad y plenitud de potestad, suprimimos y estinguimos á las dichas Iglesias perpetuamente, y para exaltacion y alabanza de Dios Omnipotente, y de la militante Iglesia; señalamos y damos título de ciudades, de las tierras ó lugares de Santo Domingo, de la Concepcion y de San Juan, y erigidas en ciudades, se llamen Iglesias Catedrales, una en Santo Domingo, otra en la Concepcion y otra en San Juan, y sus obispos se nombren uno de Santo Domingo, otro de la Concepcion y otro de San Juan, los quales en sus dichas Iglesias, veneren y reverencien á nuestro Dios y Señor, y á sus Santos, prediquen el santo Evangelio, y enseñen á los infieles, con buenas, los conviertan; y veneracion de la fé católica, y ya convertidos los instruyan en la Religion christiana, les den y administren el Santo Sacramento del Bautismo, y asi á estos convertidos, como á los demas fieles de Christo, que viven y moran en dichas islas, y á los que á ellas aportaren, les adminstren y hagan que se les administren los Santos Sacramentos de la Confesion, de la Eucaristia y los demas, y asi mismo procuren que dichas nuevas Iglesias, se hagan y fabriquen con buena forma, y con convenientes edificios, y en dichas Iglesias, Ciudades y Obispados se erijan parroquiales con sus propios párrocos, dignidades, administraciones y oficios, y que los tales sean personas idoneas. Y asi mismo se provean de Cura de almas, canongías, prevendas y demas beneficios eclesiásticos, y puedan erigir é instruir Iglesias regulares de qualesquiera órdenes, segun juzgaren que conviene para el mayor aumento del Culto divino y de los fieles, y dichos Obispos, gozen y usen de las insignias episcopales, jurisdicciones, privilegios é inmunidades, gracias é indultos; de los quales los demas Obispos gozan por derecho ó por costumbre, y dichas Iglesias erigimos, creamos y constituimos para siempre, es á saber: La de Santo Domingo, la de la Concepcion y la de San Juan, y tambien las erigimos y nombramos por ciudades segundas vez; Santo Domingo, la Buenaventura, Azua, Salvaleon, San Juan de la Alaguana, Vera-paz, Villanueva de Yaquimos, Concepcion de Santiago, Puerto de Plata, Puerto Real, la Resdeña, Hava, Salvatierra de la Cabaña y Santa Cruz, y concedemos y asignamos á todos los fieles inquilinos y habitadores en las tierras, villas y lugares de San Juan y á sus Iglesias, toda la dicha Isla de San Juan con sus distritos y diócesis, de suerte que qualquiera de los Obispos que por tiempo fueren de dichas islas, de Santo Domingo, Concepcion y San Juan, puedan exercer y usar en sus ciudades y obispados toda la jurisdiccion, autoridad y potestad episcopal, y puedan pedir y percibir los diezmos, primicias y otros derechos episcopales de la manera que los demas Obispos de la provincia de Sevilla, en la ulterior España por derecho ó ley los piden y perciben excepto del oro, de la plata y de otros metales y piedras preciosas, los quales declaramos estan exentos y libres tocante á esto. Tambien queremos que las referidas Iglesias de Santo Domingo, de la Concepcion y de San Juan, sean sufraganeas de dicha provincia é Iglesia de Sevilla, y á su arzobispado que por tiempo fuere por derecho metropolitano, y concedemos y reservamos al dicho Rey de Castilla y de Leon, para siempre el derecho del patronato y de presentar personas idoneas para dichas Iglesias vacantes de Santo Domingo, Concepcion y San Juan, al Pontífice Romano, para que por él, sean puestos en el caso de dicha presentacion, es á saber: Obispos y pastores. Todo lo contenido en la página de nuestra supresion y estincion, ereccion y creacion, institucion, concesion, asignacion, sujecion de decreto y reservacion; ninguno se atreva, ni sea osado á falsificarlo ni pervertirlo, mas si alguno presumiere intentarlo, se declarará por incurso en la indignacion de Dios Omnipotente y de sus Apóstoles San Pedro y San Pablo. Dada en San Pedro de Roma, en el año de la Encarnacion del Señor, de mil quinientos y once á ocho de Agosto en el año octavo de nuestro Pontificado. Las quales letras apostólicas vistas con cuidado á diligencia del Reverendo padre in Christo y Señor D. fray Garcia de Padilla, Obispo de Santo Domingo en la Isla española, por la gracia de Dios y de la santa Sede apostólica, mandamos que para copia ó dechado, sean autorizadas en pública forma por el Notario público infrascripto, determinando y queriendo que de aquí en adelante se le dé á este presente trasunto público toda fé, en qualquiera parte y en todos los lugares y en cada uno en particular en los quales fuere este dicho trasunto de provecho, haga fé y se esté á él, como si las referidas letras fuesen originales, en el qual interpusimos nuestra autoridad ordinaria y decreto, y para mas evidencia de lo dicho, mandamos poner á esto trasunto el sello del dicho Reverendo Sr. Obispo de Burgos, estando presentes dentro la Iglesia Catedral de Burgos, en el año de la Natividad del Señor de mil quinientos y doce, registrada al fólio quince el dia doce de Mayo de dicho Pontificado, de nuestro Santísimo en Christo, y Señor Don Julio, por la Divina Providencia Papa 2º, en el año nono, estando presentes y en el mismo lugar los discretos varones, D. Juan Delgado y Cristóbal de Cardemosa, familiares de dicho Señor Obispo y Pedro de Busuela, estudiante, clérigo, testigos vecinos de Burgos, llamados y rogados para lo arriba referido. E yo Juan Alonso de la Torca, *alias de término*, clérigo del Obispado de Burgos, Bachiller en ambos derechos, Notario público y apostólico, me hallé presente con dichos testigos para que las cosas arriba dichas se hiciesen y obrasen como queda dicho, las quales ví hoy, y firmé por lo qual trasladé este público instrumento escrito fielmente por mano de otro, el qual luego lo escribí y publiqué y lo reduxe á esta pública forma y manera, y lo signé con mi firma y nombre como acostumbro rogado y requerido para mayor firmeza de todo lo arriba dicho.—Juan Alonso, Notario público apóstolica. Despues de la presentacion y recepcion de dichas letras fuimos requeridos con instancias por parte del mismo Rey y Señor D. Fernando en su nombre y por el de la referida Reina Dª Juana, procediendo al cumplimiento de dichas letras apostólicas y de lo en ellas contenido, erigimos é instituimos en nuestra dicha Iglesia Catedral, fabricada en dicha isla de San Juan á honra del dicho Sr. San Juan, dignidades, canongías, prevendas y raciones y otros beneficios y oficios eclesiásticos segun vieremos que conviene, asi en dicha ciudad como en todo el Obispado. Por lo qual, Nos, Alonso Manso Obispo y Comisario apostólico atendiendo que esta peticion y requerimiento, son justas y conformes á razon, queriendo como verdadero hijo de obediencia que los mandatos apostólicos dirigidos á Nos, se executen con toda reverencia como es de nuestra obligacion, aceptamos dicha comision, y usando en esta parte de la misma autoridad apostólica que se nos ha comunicado, pidiéndolo é instándolo S. M. arriba dicha, erigimos, instituimos y creamos el Deanato, por el tenor de las presentes en la dicha Iglesia Catedral de San Juan á honra y gloria de Dios, y de nuestro Señor Jesuchristo, y de la Bienaventurada Vírgen María su Santísima madre, y el glorioso San Juan, en cuyo nombre y debajo de cuyo título, dicha Iglesia Catedral es erigida por nuestro muy Santo padre arriba dicho: la qual dignidad sea la primera en dicha Iglesia Catedral despues de la Pontifical, el qual procure proveer, provea y atienda por el Oficio divino, y todas las demas cosas que pertenecen al Culto de Dios, y asi en el coro como en el altar, se hagan con toda decencia. Y asi mismo en las procesiones, cabildos y qualquiera parte de la Iglesia, que hubiere junta ó cabildo, para su mejor fin se hagan y perfeccionen con todo silencio, honestidad, modestia *rite et reste* al qual tambien le pertenece conceder licencia y dispensar de la seqüela del coro á aquellos que con causa espresa la pidieren, y no de otra suerte.

Al Arcediano de la dicha ciudad, pertenece exercer por derecho comun el exámen de los clérigos que se han de ordenar, administrar al prelado quando celebra solemnemente la visita de la ciudad y obispado si le cometiese ó mandase por el prelado.

Al Chantre pertenece cantar en el facistol, y enseñar á cantar á los serviciales de la Iglesia, y en el coro, ordenar, corregir, y enmendar las cosas que pertenecen al canto, y en qualquiera parte hará su oficio por si y no por otro, á la qual dignidad ninguno pueda presentarse sino es que sepa música, ó á lo menos que en el cantar llano, sea docto y perito.

Al Maestre de escuela, pertenece enseñar la gramática por sí, y no por otro á los serviciales y clérigos de la Iglesia, y á todos los del Obispado que la quisieren oir á la qual ninguno se presente, sino es que sea graduado en alguno de los derechos en los artes.

Al Tesorero, pertenece prevenir y mirar por voto de cabildo, se expongan y declaren las rentas de la fábrica de la Iglesia, cerrarla y abrirla, tocar las campanas, y hacer todas las demas cosas que están en uso y costumbre, guardar y procurar las lámparas y luces de la Iglesia, y juntamente proveer de incienso, cera pan y vino; y de las demas cosas necesarias para la celebracion de la Misa.

Tambien creamos la dignidad ú oficio de Archipreste ó Rector, el qual exerza el cuidado de las almas en dicha Iglesia Catedral y presida á los demas Rectores de la ciudad y obispado.

Y tambien creamos diez canongías y prevendas, las quales declaramos estar separadas de dichas dignidades, y ordenamos que ninguna de estas canongías se puedan obtener juntamente con otra dignidad á las quales canongías pertenece celebrar todos los dias, fuera de las festividades de primera ó segunda clase, en las quales le toca al prelado ó estando impedido celebrará el Santo Sacrificio de la Misa, alguno de las dignidades.

Tambien instituimos y creamos, seis raciones enteros y tres medios racioneros y seis acólitos, los quales racioneros enteros exerzan el oficio de diáconos, los medios racioneros el de sub-diáconos, y los seis inferiores exerzan el oficio de acólitos.

Y tambien ha de haber en dicha Iglesia Catedral, seis capellanes, los quales deben asistir al facistol personalmente en el coro, asi en las oras nocturnas, como diurnas, y asi mismo en la celebracion del sacrificio de la Misa, y se obliguen á decir en cada mes veinte Misas, sino tuvieren justo impedimento de enfermedad.

Al oficio de Sacristan, pertenece exercer con voto del cabildo, el mismo oficio del Tesorero dándole para ello comision ó por ausencia del dicho Tesorero.

Al oficio de Organista, pertenece tañer el órgano los dias festivos.

El oficio de Pertiguero, es disponer y poner en orden en las procesiones al prelado, al presbítero, al diácono y sub-diácono, y acompañar yendo delante á los demas ministros que vinieren del Altar al coro, y del coro al Altar.

Al oficio de Mayordomo ó procurador de la fábrica, le toca y pertenece gobernar y disponer á los que trabajan en los oficios de arquitectos, albañiles, carpinteros y demas oficiales, y de percibir y espender por sí, ó por otros las rentas anuales, y qualquiera emolumentos y ovenciones que le pertenezcan por algun modo á dicha fábrica, dando cuenta cada año, asi de lo recibido, como de lo gastado, al Obispo y Cabildo ú á otros oficiales nombrados para este efecto; el qual pueda ser electo ó removido por los dichos, segun su voluntad.

Al oficio de Notario ó Secretario de la Iglesia y Cabildo le incumbe escribir y recibir qualquiera contrato, escrituras y cabildos que se hicieren entre el Obispo y la Iglesia y Cabildo, todos los quales firmados debe protocolarlos y guardarlos; y asi mismo anote y escriba qualesquiera donaciones, posesiones, censos y tributos que se hicieren por los mismos Obispos, Cabildo y Iglesia, distribuyendo asi mismo las partes de los réditos á los beneficiados y dé y reciba de todo cuenta.

El oficio de Caniculario, vulgo perrero, es espedir de la Iglesia los perros, barrer y limpiar la Iglesia todos los sábados y todas las veces que se le fuere mandado por el Tesorero, principalmente en las vigilias y vísperas de los dias festivos; y es de advertir que de las seis dignidades, diez canongías, seis raciones enteras, y tres medias, seis capellanes, acólitos y oficios arriba dichos, por la cortedad que al presente hay de frutos y de aprovechamientos y de diezmos, suspendemos por la presente en dicha ereccion de las dignidades, al Arcediano y al Tesorero, cinco de las canongías, tres de las seis raciones enteras, y las tres medias, y tambien suspendemos los seis acólitos y los seis Capellanes, al Organista, Pertiguero, Mayordomo, Notario y Caniculares, con tal que si Dios permitiere que los frutos y los réditos de dicha nuestra Iglesia crecieren y se aumentaren, se apliquen á la dignidad de Arcediano; y si despues fueren en mas aumento y llegaren á la dotacion de otra dignidad se apliquen á la del Tesorero; las demas determinamos y declaramos erigidas y criadas desde ahora sin otra nueva creacion ó ereccion, reservando el nombrar personas que las obtengan á la Magestad Católica arriba dichas, y consiguientemente luego que los frutos, réditos y aprovechamientos en adelante crecieren, se aumente subcesivamente el número de los dichos Canónigos, hasta llegar al de diez: cumplido lo qual, si los réditos, frutos y rentas fueren mas crecidas, del mismo modo se aumente el número de las seis dichas raciones enteras y las tres medias; finalmente, de las rentas que sobraren se aumente subcesivamente sin ningun intérvalo, dicho número de seis acólitos por seis ordenantes, los quales esten constituidos en los quatros ordenes menores y exerzan en el ministerio del Altar el oficio de acólitos, y seis capellanías para los seis capellanes dichos, y tambien los oficios de los dichos Organista, Pertiguero, Mayordomo, Notario y Canicularío, segun el orden literal referido: Y por que segun el Apóstol: *Qui altari servit, de altari vivere debet*, señalándoles á todas y á cada una en particular de las dignidades, personas y canongías, prevendas, raciones enteras y medias, capellanes, ordenantes, acólitos y á los demas oficios y oficiales referidos, segun el número arriba dicho á todos y á cada uno en particular los frutos, rentas y emolumentos que les pertenecieren de presente ó de futuro, asi por donacion Real, como por derecho de diezmo ó por otro cualquier modo; es á saber: al Dean, al Chantre, al Maestre escuela, al Archipreste, á los cinco Canónigos y al Sacristan; en la forma y manera siguiente:

	PESOS.
Al Dean señalamos 150 libras, llamadas vulgarmente pesos en aquellas partes, con tal que cada una de dichas libras equivalga á un castellano de oro que hacen 485 morapetinos moneda usual en España y todas 150 libras, hacen 73,875 morapetinos...............	375
Al Chantre, 130 libras...................................	325
Al Maestre escuela, lo mismo.........................	325
A cada uno de los cinco Canónigos 100 libras....	250
A cada uno de los Racioneros enteros, 70 idem...	175
Al Sacristan, 30 idem..................................	75

La qual cantidad la señalamos por prevenda y salario, y á las dignidades suspensas, es á saber: Arcediano, Tesorero, y á los otros cinco Canónigos, y á los tres Racioneros enteros, y á los tres medios, á los seis Acólitos, á los seis Capellanes y á los demas oficiales, esto es, al Organista, Pertiguero, Mayordomo, Notario y Canicularío, nombrados arriba y al presente suspensos con el modo y orden dichos; demas destos creciendo los frutos, las dignidades creadas y suspensas desde ahora

—370— Pesós.

señaladas y añadidas por la arriba dicha Magestad Católica segun crecieren los referidos frutos, réditos y aprovechamientos respectivos señalamos y aplicamos á las dignidades inferiores, al deanato y á las canongías y raciones arriba dichas y tambien á las tres medias raciones y aplicamos y asignamos á cada uno de los Capellanes, 35 libras... 85

 A los Acólitos, 20 idem. 50
 Al Organista, 12 idem................................... 30
 Al Pertiguero, idem idem.............................. 30
 Al Mayordomo, 50 idem................................ 125
 Al Notario, 16 idem...................................... 40
 Al Canicularo, 12 idem................................. 30

Libras como las arriba dichas que correspondan á los mismos castellanos de oro y morapetinos, desde ahora para entónces lo asignamos, guardando la misma orden á la letra como se declara, cuando se diere el caso que los frutos, réditos y aprovechamientos se aumentaren; empero, por que en las Iglesias que se han de edificar y consignar los Altares ú oficios pontifical se grava no tan solamente con trabajo sino es tambien de espensas para las insignias pontificales que se han de hacer de nuevo como lo dice la Sagrada Escritura *non debet alligari os bobi triturante,* para que se pueda exercer decentemente el cargo pontifical, quedando indegne la Iglesia, se ha consultado y le ha parecido á la Magestad Católica, precediendo madura deliberacion y consejo, se determinó, que pudiesemos recibir y percibir para nuestro uso y convertir en nuestro útil los frutos, réditos y aprovechamiento que les tocan y pertenecen al Dean y á uno de los cinco Canónigos arriba dichos, y que los referidos frutos y débitos, han de ser percibidos para nuestra sustentacion y no de otra manera aunque los dichos Dean y Canónigo los tengan aplicados desde ahora, determinando y declarando que dicha aplicacion hecha asi de presente para nuestra sustentacion en adelante, en la percepcion de dichos frutos, de ninguna manera nuestros subcesores se intrometan sino consientan que dichos frutos, réditos y aprovechamientos los perciban libremente dichos Dean y Canónigo y por que como queda dicho *propter offitium datur benefitium;* queremos y mandamos con todo rigor, y en virtud de Santa obediencia que dichos estipendios distribuidos y asignados todos los dias a los que asistieren á todas las horas asi nocturnas como diurnas y á los exercicios de dichos oficios asi desde el Dean hasta el último acólito inclusive, y aquel que no asistiere á alguna hora en el coro, no teniendo impedimento legítimo, se prive y no goze del estipendio ó distribucion de aquella hora, y oficial que faltare á las horas y tiempos oportunos de su exercicio y execucion sea multado todas las veces que no diere cumplimiento segun la porcion de su salario.

Tambien queremos y con la misma autoridad ordenamos, que todas y cada unas de las dignidades, Canónigos y Racioneros de dicha Santa Iglesia Catedral, esten obligados á residir y vivir en dicha Iglesia Catedral, por diez meses continuos ó interpolados y si se hiciere de otra suerte, Nos, ó nuestros sucesores que por tiempo fueren, ó el Cabildo, Sede vacante; esten obligados, (llamado primero y oido el que á su obligacion faltare y sino tuviere y alegare justa y razonable causa de su ausencia) á pronunciar y declarar vacante la dignidad, canongía ó racion y proveer ó informar de él y de ella en personas idóneas, para la presentacion á la Católica arriba dicha Magestad, y para mejor inteligencia definimos y señalamos aquí qual sea la justa causa de ausencia, es á saber: enfermedad, con tal que el dicho beneficiado enfermo esté en la ciudad ó en sus barrios; y si emfermó estando fuera de la ciudad, estando ya dispuesto para venir, con tal que esto conste de legítimas pruebas, ó quando estuviere ausente por mandado del Obispo, ó del Cabildo por causa y utilidad de la Iglesia, con tal que estas tres causas concurran en la licencia ó ausencia.—Demas de esto queremos, estatuimos y determinamos y mandamos con consentimiento y beneplácito de la dicha Serenísima Magestad, y con la misma autoridad apostólica, que todos los frutos, réditos y aprovechamientos de todos los diezmos, asi de heredades, como de personales, asi de las Iglesia Catedral, como de las demas de la dicha ciudad y Obispado se dividan en quatro iguales partes: Una de ellas gozemos y percibamos Nos, y nuestros sucesores Obispos, para ayuda del cargo pontifical, y para que podamos mas decentemente mantener nuestro estado, segun la exigencia del oficio pontifical, sin ninguna disminucion ó fraude por razon de mesa episcopal, y el Dean, y Cabildo tengan y gozen otra parte, la qual se divida entre ellos con el mismo modo y orden arriba dicho: y aunque por concesion apostólica y por uso y costumbre aprobados por largo tiempo por la misma Católica Magestad, acostumbro percibir la tercia parte llamada vulgarmente en España, tercias, queriendo estender el brazo de su liberalidad, quiso y determinó que Nos, y nuestros sucesores Obispo y el Cabildo, para que quedasemos mas obligados y precisados á hacer oraciones y súplicas por S. M. C. y por los Reales sucesores de S. M., fué de parecer que fuesemos libres y exentos para siempre en su tercia parte de diezmos. Y las dos restantes partes, queremos que se dividan en nueve, y declaramos y aplicamos dos de las dichas, á la dicha S. M., en señal de superioridad y de derechos de patronato, y por razon y adquisicion y dominio de dichas islas, las quales se han de percibir para siempre, y las restantes siete partes se dividan en dos; es á saber: quatro partes se han de aplicar á los Rectores y beneficiados de las Iglesias parroquiales del modo siguiente: erigiendo en cada aldea ó lugar, una Iglesia parroquial á la cual le asignamos el título de Iglesia parroquial, y en ella haya dos beneficios, uno con Cura de almas y otro sin Cura en lugar de dos ordenantes seculares; y al Rector que tiene el beneficio con Cura de almas, se le dará una parte entera de estas quatro, por razon de dicha rectoría y curato, y por el cargo de la administracion de los Sacramentos á quien le incumbe, y las tres partes restantes se dividiran igualmente entre el ministro Rector y el otro beneficiado que goza del beneficio simple; demas de esto percibirá el Rector las primicias de los diezmos, de todas las Parroquias, de las quales el sacristan tendrá la octava parte, la qual desde ahora se la aplicamos. Y asi mismo las tres partes restantes de las siete arribas dichas, se dividan igualmente otra vez en dos, una de ellas, es á saber: la mitad de dichas tres partes, la aplicamos á la fábrica de la Iglesia de dichas aldeas ó lugares, y señalamos tambien la otra parte restante, esto es, la otra mitad de dichas tres partes á los hospitales de qualquiera aldea ó lugar de la qual mitad ó parte aplicada á estos mismos hospitales, esten obligados á pagar la décima parte al hospital principal que existe en la Ciudad donde estuviere la Iglesia Catedral, y aplicamos tambien con la misma autoridad para siempre, á dicha fábrica de nuestra Iglesia de San Juan, todos los diezmos de un parroquiano de la misma Iglesia y de las demas de dicha ciudad, y de todo el Obispado, el qual ha de ser electo todos los años por el prefecto de la fábrica, con tal que el tal electo parroquiano, no sea el primero ó mayor ó mas rico de dicha nuestra Diócesis ó Iglesia Catedral ó de las demas de todo el Obispado, sino que se elixa el segundo, despues de este por el dicho prefecto de la fábrica, y asignamos tambien para siempre á la misma fábrica de nuestra Iglesia Catedral y á las fábricas de las demas Iglesias de nuestro Obispado, todos los diezmos de cal, ladrillos y texa, asi de las que se hicieren en la ciudad como en todos los lugares de nuestro Obispado; para que las Iglesias cuanto antes y mas comodamente se puedan edificar, y edificadas repararse: y con la misma autoridad y consentimiento Real prohibimos y mandamos estrictamente debaxo de excomunion, á nuestros sucesores y venerables, nuestros hermanos Dean y Cabildo de dicha Iglesia, y á los Rectores, y otros beneficiados de todo nuestro Obispado, que no se intromentan ó procuren intrometer ni de presente ni de futuro, en ningun tiempo, con qualquier color, impedir, tocar ó sublevar dichos diezmos por sí ó por otros: Tambien ordenamos, que el Oficio divino, nocturno y diurno, asi en las Misas como en las oras del dia, se reze y cante segun la costumbre de la Iglesia de Sevilla; y tambien queremos y mandamos á instancia y peticion de la misma Magestad Católica, que los Racioneros tengan voz en Cabildo *in espiritualibus et temporalibus* escepto en las elecciones, y otros casos prohibidos por derecho. Queremos tambien y ordenamos por la misma instancia y peticion de S. M., que en dicha nuestra Iglesia Catedral se celebren á hora de tercia todos los dias, dos Misas (fuera de los dias festivos) en los quales se celebrará una solemnemente, una de ellas á la hora de prima, se celebrará de Aniversario los primeros viérnes del mes aplicados por el Rey y Reyna Católicos arriba dichos, y tambien por todos los Reyes difuntos de Castilla, y en todos los sábados se celebre Misa, á honra y gloria de la gloriosisima Vírgen Maria, por la defensa y salud de dichos Rey y Reyna, y todos los lúnes primeros del mes se diga Misa solemne por las benditas almas del Purgatorio, los demas dias la dicha Misa primera podrá decirse y aplicarse á la voluntad y disposicion de qualquiera persona que quisiere dotarla. Y el dicho Obispo y Cabildo, podrán recibir qualquier dote de qualquier persona, por qualquier Misa que mandaren celebrar. Y la segunda Misa de Santo ó de féria ocurrente segun el estilo de la Iglesia de Sevilla, se celebre á hora de tercia, y el que cantare la Misa mayor, perciba fuera de la comun distribucion señalada á todos los que se hallaren presentes á dicha Misa, estipendio triplicado que corresponde á cada una hora del dia; el diácono duplicado, el subdiácono sencillo, y el que no asistiere á la Misa mayor pierda el estipendio de la hora de tercia y sexta de aquel dia, sino es que obtuviere licencia con justa y razonable causa del Dean ó del que presidiese en el coro, sobre lo qual encargamos la conciencia, asi del que la pidiere, como del que la concediere. Y tambien los que asistieren á maytines y laudes, perciban y ganen triplicado de lo que ganan á qualquiera hora de aquel dia, y demas de esto gozen tambien del estipendio de prima aunque no asistan á ella. Y ademas de esto queremos y ordenamos á instancia y peticion de la dicha Real Magestad, que se haga Cabildo dos veces en la semana, es á saber, el mártes y el viérnes, y en el del mártes se trate y confiera de los negocios ocurrente, y en el del viérnes, de la correccion y enmienda de costumbre y no de otra cosa, y se miren y dispongan las cosas que pertenecen al Culto divino para que se celebre debidamente, y lo que toca de la honestidad clerical, y en otro qualquier dia es prohibido tener Cabildo. Item ordenamos y declaramos con la misma autoridad, y beneplácito de S. M. C. que qualquier clérigo de prima tonsura, de nuestra Iglesia y Obispado, para que pueda gozar del privilegio clerical, se abra corona del tamaño de un real de plata moneda usual de España, y se corte el cabello dos dedos mas abaxo de las orejas cortándoselo todo por detras, y vista, vestiduras honestas, es á saber: túnica ó sotana, cerrada ó abierta, manteo ó palio, que vulgarmente se llama loba ó manto, un palmo mas abajo, sobre el suelo, y que sea no de color, sino negro y honesto de las quales colores usará asi en las vestiduras exteriores como interiores. Item, con la misma autoridad apostólica, y con deliberacion y consentimiento de la misma Magestad Católica, hemos tenido noticia que en la misma Isla de San Juan y en la Iglesia Catedral, erigida en dicha ciudad se hallan casas, habitadores, inquilinos y vecinos que viven al presente asi dentro de la ciudad, como en sus barrios á los quales nombramos, y asignamos por parroquianos de dicha Iglesia de San Juan, y esten obligados á pagar los derechos de la Iglesia parroquial, diezmos y primicias y obligaciones y concedemos licencia y facultad al Archipreste ó Rector, para administrar el Santo Sacramento de la Eucaristia y los demas á dichos parroquianos con la misma autoridad que todos y qualesquiera de los beneficios que existen por toda la ciudad y Obispado con Cura y sin Cura que se hubieren de proveer despues de esta primera denominacion en los que hubiere vacantes, se provean y dén á los hijos legítimos de los habitadores que vinieron en los años pasados de España á dicha Isla, ó aquellos que vinieron en adelante á habitar en dicha Isla, ó á los que desendieren de estos, y no á los hijos, de los que oriundos de dichas islas, antes que los cristianos las habitasen hasta tanto que los dichos Reyes Católicos determinen sobre estos precediendo para dicho efecto exámen y oposicion segun la forma que se guarda en el Obispado é Iglesia Pelastinensi, con tal que los dichos hijos legítimos asi proveidos dentro del año y medio, hayan alcanzado aprobacion de dichas colaciones ó beneficios de las Magestades Católicas ó de sus subcesores, con obligacion de presentarse ante el Corregidor ó Gobernador de dichas islas, ó ante los Jueces de apelacion, y haciéndose de otra suerte dichos beneficios se dén por vacos y dichos Reyes Católicos y sus subcesores puedan presentar para dichos beneficios asi vacantes, á otras qualesquiera personas calificadas segun la forma arriba dicha. Todas y cada una de estas cosas las erigimos, criamos é instituimos, hacemos, disponemos y ordenamos á instancia, peticion y consentimiento de la dicha Magestad Católica y de la apostólica autoridad que gozamos en esta parte y con los mejores modos, via y forma que podemos, y por derecho debemos y con todas las cosas necesarias y oportunas para esto, no obstante qualquiera cosa en contrario, y en particular aquellas que nuestro Santísimo Padre arriba dicho, quiso y determinó, que no obstasen en sus letras apostólicas arriba insertas y todo lo que aquí espreso, lo intimamos, insinuamos y lo hacemos saber á todos y á qualesquiera, y á cada uno en particular de los presentes y venideros de qualquier estado, grado condicion y preheminencia que fueren: y mandamos con la misma autoridad arriba dicha y en virtud de Santa obediencia, á todos y á cada uno de los arriba dichos, que guarden y hagan guardar todas estas cosas y cada una en particular de la manera que por Nos son instituidas y mandadas, en cuya fé y testimonio de lo arriba dicho mandamos que las presentes letras, ó este presente instrumento público, se escribiese *manu propia* y se firmase y publicase por el Notario público infrascripto, y se selle y refrende con las armas de nuestro sello; Dadas y despachadas en Sevilla, en el palacio Arzobispal, en el año de la Natividad del Señor, de mil quinientos y doce, en el fólio 15 en el dia domingo veinte y seis de Setiembre, en el año nono del Pontificado del Santísimo in Christo padre y Señor nuestro D. Julio, por la Divina Providencia Papa 2º arriba dicho; estando presentes, los Reverendos in Christo, Señores D. Diego de Desa, Arzobispo de Sevilla, y Pedro Suarez de Desa, Obispo de la Concepcion, y Beltran de las Cuevas y Francisco Tavera, familiares de dicho Reverendísimo Sr. Arzobispo, testigos llamados y rogados, que se hallaron presentes á todo lo arriba dicho, y los Venerables Señores D. Juan de Medina, Canónigo de Sevilla, y Ochoa Irazaga, soldado del órden de Santiago de Sapata, y Juan Lopez de Ricalde, oficiales de la Casa de Contratacion de las Indias de Sevilla, asistiendo por parte de la dicha Real Magestad.—Alonso, Obispo de San Juan.

Y por que yo Garcia Fernando, clérigo de Sevilla, Notario público, por la autoridad apostólica, me hallé presente á todo lo arriba dicho, por lo qual hice que este presente instrumento se escribiese, y lo signé y firmé de mi nombre y firma acostumbrada juntamente con el nombre y firma del Reverendo Sr. D. Alonso Manso Obispo de San Juan; requerido y rogado lo firmé con el sello.—En testimonio de verdad. (En lugar de signo una Cruz.)

Concuerda con su original, con el qual fué corregido por mí D. Francisco Gracian Veruguete, secretario de la Interpretacion de lenguas que por mandado de S. M, traduzco sus escritos y de sus Consejos y Tribunales. Madrid á 26 de Noviembre de 1647 años.—D. Francisco Gracian de Veruguete. Yo Juan Bautista Saenz, Navarrete, caballero del órden de Alcántara, del Consejo de S. M. y su secretario, en el Real de las Indias, de la parte de nueva España; Cerfico: Que Don Francisco Gracian Veruguete, de quien vá concordada la Bula de arriba, es secretario de la Interpretacion de lenguas por S. M. y que como tal traduce sus escrituras y de sus Consejos y Tribunales y se les dá entera fé y crédito. Y para que de ello conste, doy la presente en Madrid á 30 de Noviembre de mil setecientos quarenta y siete años. Juan Bautista Saenz Navarrete.

Corresponde con un testimonio que se halla en uno de los libros capitulares del Venerable Cabildo de esta Santa Iglesia, autorizado en pública forma, por D. Francisco Martinez, secretario del Ilustrísimo y Reverendísimo Sr. Doctor y Maestro D. fray Fernando de Baldivia, Obispo que fué de esta Diócesis, que para sacar este me exibió el Doctor Don Nicolas de Quiñones, Canónigo de dicha Santa Iglesia, con el quál lo corregí, vá cierto y verdadero á que me remito, y de mandato verbal de dicho Doctor, como Juez Provisor y Vicario general actual de este Obispado por Su Señoría Ilustrísima el Obispo mí Señor, doy el presente y signado y firmado como acostumbro en Puerto-Rico á treinta de Abril de mil setecientos sesenta y ocho años.—Signado.—En testimonio de verdad.—Pedro Martinez, Notario.

VARIAS REALES CEDULAS.

De 1538 á 1561.

1538.

Para que se hagan casas de piedra por los encomenderos de Indias.

Don Cárlos, por la Divina clemencia, Emperador de los Romanos, semper augusto Rey de Alemania, Dª. Juana su madre y el mismo D. Cárlos, por la gracia de Dios Rey de Castilla, de Leon, de Aragon, de las dos Sicilias, de Jerusalen, de Navarra, de Granada, de Toledo, de Valencia, de Galicia, de Mallorca, de Sevilla, de Cerdeña, de Murcia, de Jaen, de los Argarbes, de Algecira, de Gibraltar de las Islas de Canarias, de las Indias, islas é tierras firme del mar Occéano, conde de Barcelona, Flandes y Tirol: Por cuanto somos informados que á causa de no haber tenido los conquistadores é pobladores que han ido y al presente van á las nuestras Indias, islas é tierra firme del mar occéano, intencion á se perpetuar en ellos, no han hecho casas de piedra ni han tenido cuidado de hacer otros edificios ni casas perpetuas, y se han estado y estan en casas pajisas, y demas del peligro en que continuamente están del fuego, como es notorio que se han quemado muchos pueblos en ella ha sido y es causa que se han despoblado y despueblan algunos, y es gran causa para que en aquellas partes y repúblicas de ellas, no haya perpetuidad y que los pobladores de estos nuestros reynos han ido y ban á los poblar, no asienten como lo harian si hubiesen buenas casas y edificios perpetuos y queriendo proveer en ello como conviene, platicado en el nuestro Consejo de Indias, y conmigo el Rey consultado, por que nuestra intencion y voluntad és, que las dichas nuestras Indias se pueblen y noblezcan é hagan en ellas edificios perpetuos como lo hacen en estos nuestros reynos y como es justo que se haga, pues de ellas se saca el fruto que en ellas se gaste, apercibido que el principal remedio para que esto haya efecto es mandar; que todos los que tienen y tubieren Indios encomendados, hagan casas de piedra ó ladrillo, y en defecto de ello, de tierra segun la calidad de cada provincia, y sobre ello, fué acordado que debiamos mandar dar ésta nuestra carta, por la cual mandamos que todas las personas que al presente residen é adelante fueren á las nuestras Indias, islas é tierra firme del mar Occéano, que tengan indios encomendados, sean obligados de hacer é hagan una casa de piedra ó ladrillo, en la parte donde quisieren morar de asiento, si en la provincia donde residieren ó tubiesen sus indios encomendados lo hubiere (ó manera para se poder hacer, y que en caso, que no haya comodidad de piedra ó ladrillo, declarándose ansi por el dicho nuestro Gobernador, que cumpla con hacerla de tapias) que sean vastantes para el dicho edificio, las cuales dichas casas sean obligados á comenzar dentro de seis meses, que corran é se cuenten desde el dia que ésta nuestra carta fuese pregonada por las plazas y mercados de los lugares que al presente están poblados de españoles en las dichas provincias y tenerlas acabadas dentro de otro año y medio luego siguiente, por manera que dentro de dos años esten acabadas, para se poder morar, so pena que cualquier persona que tuviese indios encomendados y dentro del dicho término no hiciere las dichas casas de la forma susodicha hayan perdido todas las encomiendas de indios que tubieren y queden bacos para nos hacer de ellos lo que nuestra voluntad fuere, y mandamos á todos los nuestros Gobernadores é Justicias cualesquier, de todas las provincias é islas de las nuestras Indias, islas é tierra firme del mar occéano, cada uno en su lugar é jurisdiccion que ansi lo guarden é cumplan, é por que sea púbico y notorio y ninguno de ello pueda pretender ignorancia, hagan pregonar esta nuestra carta, en las dichas provincias é islas por pregonero, y ante escribano público; dada en la ciudad de Toledo á veinte dias del mes de Diciembre de mil quinientos é treinta y ocho años. Yo el Rey, yo Juan de Samano, secretario de Su Cesarea y Católica Magestad, la hice escribir por su mandado, fr. gra....(*) el doctor Beltran, el licenciado Juan Rodriguez de Carbajal, el doctor Bernal, el licenciado Gutierrez Velazquez, registrada Juan de Paredes, por chanciller, Blas de Saavedra.

1540.

Sobre que no se pueda hacer ejecucion, ni se vendan los negros, herramientas y materiales que andubieren en las minas.

Don Felipe &c. &c. Por cuanto somos informados, que á causa que algunas personas que tienen minas de oro y plata

(*) No se lee.

en las nuestras Indias, deben dineros á otras personas y Consejos y por no pagar á los plazos que son obligados, les hacen ejecucion en las cuadrillas de los esclavos y negros y herramientas y provisiones que tienen para mantenimiento de las personas que trabajan é andan en las dichas minas, é así mismo executan en otras cosas necesarias para la labor y beneficio de ellas, de que se han seguido muchos daños á los dueños de ellas, por que faltándoles cualquier cosa de las susodichas cesaba la busca y descubrimiento de las dichas minas é demas de la pérdida que le sigue, el venderse los esclavos negros, herramientas é otras cosas á menos precio de lo que valen y le costaron, y demas de quedar muchos de ellos por ésta causa perdidos, se pierde en alguna parte de las dichas Indias, el trato y labor de las dichas minas, siendo cosa tan principal é importante y aun con todo esto, los acreedores no son pagados en nuestras ventas reales, bienen en mucha diminucion y queriendo proveer al remedio de ello, de manera que dejen los dichos daños é inconbenientes, y el trato y descubrimiento de dichas minas no bayan en diminucion, antes se continúe. Visto é platicado por los del nuestro Consejo de las Indias, fué acordado que debiamos mandar, dar ésta nuestra carta en la dicha razon, y nos tubimoslo por bien, por la cual mandamos que agora ni de aqui adelante, cuanto nuestra voluntad fuere, por ningunas deudas de ninguna cantidad y caudal que sean que se causaren, contraxeren y debieren, desde el dia que ésta nuestra carta fuere publicada y pregonada en la ciudad, villa ó lugar donde las tales deudas se devieren, no se pueda hacer ni haga execucion en los esclavos y negros, herramientas mantenimientos y otras cosas necesarias para el provehimiento y labor de las minas y de las personas que trabajaren en ellas, no siendo las tales deudas debidas á nos, é que las execuciones que conforme á derecho se pudieren hacer, se hagan en el oro y plata que de las dichas minas se sacare é debiere, de lo cual se paguen los acreedores, cada uno como tubiere el derecho, por que de esta manera el trato y labor y descubrimiento de las dichas minas, no cesaria y los dichos acreedores podrán de sus deudas, y mandamos á los Presidente é Oidores de las nuestras Audiencias é chancillerias reales de la isla Española é nueba España, y provincias de tierra firme é á todos los Gobernadores é Alcaldes y otros Jueces é Justicias de las dichas nuestras Indias, que guarden é cumplan y hagan guardar y cumplir, lo contenido en ésta nuestra carta y contra, el tenor y forma de ella, no vayan, ni pasen, ni consientan ir ni pasar, y por que sea público y notorio y ninguno de ello pueda pretender ignorancia, mandamos, que ésta nuestra carta sea apregonada en las gradas de la ciudad de Sevilla, en las plazas y mercados y otros lugares acostumbrados de las dichas ciudades villas é lugares de las dichas nuestras Indias, por pregonero, ante escribano público, dada en la villa de Madrid á 19 dias del mes de Junio de 1540 años. F. G. cardinalis hispaliense.—Yo Juan de Samano, secretario de Su Cesarea Magestad, la fice escribir por su mandado.—El Gobernador, en su nombre el doctor Beltran Episcopus Lucy, el licenciado Gutierrez Velazquez, registrada Ochoa de Luyando, por chanciller Blas de Saavedra.

1554.

Ordenanzas para la administracion de la Real Hacienda.

Don Cárlos &c. &c. A vos los nuestros Vissoreyes, Presidentes y Oidores, de las nuestras Indias, islas é tierra firme del mar océano, é á los nuestros Gobernadores, Alcaldes mayores y otras nuestras Justicias de ellas, é á los nuestros oficiales de nuestra Hacienda y de todas las dichas nuestras Indias, é á cada uno é cualquier de vos á quien ésta nuestra carta fuere mostrada á su treslado de escribano público, salud é gracia. Sepades que siendo nos informados que para que en nuestra Hacienda hubiese en esas partes mas buen recaudo, del cual presente diz que se tiene convenio darse órden de lo que en ello se debia hacer para que aquella se guardase, é vos los dichos nuestros oficiales é personas que tubiesen cargo de nuestra Hacienda, conforme á ella tubiesen cuidado de hacer lo que conbiniese en la cobranza, guarda é cuenta de ella. Mandamos á los del nuestro Consejo de las Indias que practicasen la órden que convenia dar en ello, los cuales habiendo platicado é deliberado sobre ello é consultado con el Serenísimo Príncipe D. Felipe nuestro muy caro y muy amado nieto é hijo, fué acordado que se debia dar la órden que de yusso será contenida é que sobre ello debiamos mandar dar esta nuestra carta en la dicha razon, é nos tuvimoslo por bien (é la órden es la siguiente.

Primeramente ordenamos y mandamos, que las cuentas de cada un año de los nuestros oficiales de cada una de las Islas y provincias de dichas nuestras Indias, se tomen en principio del año siguiente y se fenezcan dentro de dos meses en el mes de Enero y Febrero, las cuales acabadas se envie un traslado de ellas al nuestro Consejo de las Indias, ó que las dichascuentas las tomen el Presidente que fuere de la Audiencia Real, de la provincia donde residiere, juntamente con dos Oidores de ella, por su ruedo, tomando persona que sea suficiente para ello ó avil y esperimentado en cuentas y escribano ante quien passe, ó que en las partes donde no hubiere Audiencia real, tome las dichas cuentas el Gobernador con dos Regidores del pueblo ó con el escribano del Consejo, lo lo cual se entienda en las partes donde los Gobernadores fueren proveidos por tiempo limitado, por que donde fueren perpetuos, nos, mandaremos dar la orden que convenga en el tomar de las dichas cuentas.

Item, para que con mas certeza, las dichas cuentas se tomen é acaven, mandamos que pasados los dichos dos meses en que mandamos que se fenezcan, los dichos nuestros oficiales no ganen salario hasta que se acaben. Lo cual se haga é cumpla anssí, si por su causa ó negligencia se detubiesen las dichas cuentas, para que no se fenezcan en los dichos dos meses, ó por que por nos está mandado, que ninguna cosa á nos perteneciente se fie asi de almonedas ó quintos, como de derecho de almoxarifazgo segun mas largamente se contiene en la Cédula que sobre ello está dada, el tenor de la cual es éste que sigue.—El Rey.—Por cuanto nos somos informados, que de entregarse en la nueva España, las mercaderías á los mercaderes á quien van, ó á sus factores en la ciudad de la Vera Cruz, en pagar los derechos de almoxarifazgo que nos pertenecen, diz que ha habido mucho daño en nuestra Real Hacienda, por que los derecho, de almoxarifazgo á nos pertenecientes, andan en deudas ó no se pueden cobrar ni se puede saber si están cobrados, ó queriendo proveer en el remedio de ello. Visto é platicado en los del nuestro Consejo de las Indias fué acordado, que debia mandar dar ésta mí Cédula en la dicha razon, ó yo túbelo por bien, por la cual declaramos y mandamos que agora, ni de aqui adelante en ninguna manera ni por ninguna via; las mercaderías que fueren á la dicha nueva España, no se den á las personas á quien fueren consignadas, sin que antes ó primero paguen los derechos de almoxarifazgo á nos pertenecientes. (Los cuales paguen las personas cuyas fueren las dichas mercaderias, ó aquellos á quien fueren consignados en presencia de todos tres Tenientes de oficiales que residen en la ciudad de la Veracruz é de la nuestras Justicias de la dicha ciudad, é anssí como sean pagados los dichos derechos, se echen luego en el arca de las tres llaves é se haga cargo de ello, el nuestro Tesorero de la dicha nueva España, ó á su Teniente. Por manera que los dichos nuestros oficiales no puedan dar en cuenta ninguna partida ni parte de ella que tengan fiado, por cuanto nuestra voluntad es que, ninguna cosa se fie é ménos á los dichos Tenientes de nuestros oficiales que residen é residiesen en la dicha ciudad de la Vera Cruz é á la nuestra Justicia de ella que de dos en dos meses enbien á la ciudad de México, á los nuestros oficiales que en ella residen todo el oro, plata é dinero que hubiese en la dicha arca de las tres llaves, en la dicha ciudad de la Vera Cruz, anssi de lo procedido de los almoxarifazgos como de las almonedas é tributos, é se entregue á los nuestros oficiales los cuales lo echen luego en el arca de las tres llaves, que ellos tienen é que se haga cargo de ello el nuestro Tesorero, lo cual mandamos que así se haga é cumpla, so pena que si algo se fiare anssi de las almonedas como de almoxarifazgos, en las dichas ciudades de México ó la Vera Cruz ó en otra cualquier parte de los dichos nuestros oficiales é sus Tenientes, lo buelvan con el cuatro tanto, la cuarta parte para el denunciador, é lo demas para nuestra cámara é fisco, y mandamos al nuestro Presidente é Oidores de la Audiencia Real de la dicha nueva España é otras cualesquier Justicias de ella é á los dichos nuestros oficiales, que guarden, cumplan é hagan guardar é cumplir ésta nuestra Cédula é lo en ella contenido sin embargo de cualquiera apelacion ó suplicacion que de ella se interponga, é si alguna fuere ó pasare contra lo que por ella se manda, executen en sus personas y bienes, las penas en ella contenidas é para que lo susodicho sea público é notorio á todos, é ninguno de ello pueda pretender ignorancia, mandamos que esta dicha nuestra Cédula, sea pregonada en las dichas ciudades de México é la Vera Cruz, por pregonero é ante escribano público, fecha en la villa de Valladolid, á diez y seis dias del mes de Abril de mil y quinientos cincuenta años, y declaramos y mandamos, que por que no recivan agravio los mercaderes, lo que anssi se hubiere de tener por los derechos de las tales mercaderías sea solamente lo que montare en la cantidad de los derechos, Maximiliano.—La Reyna.—Por mandado de S. M., SS. AA. en su nombre, Juan de Samano.

Mandamos que se guarde é cumpla en todo é por todo como en ella se contiene en todas las partes de las dichas nuestras Indias é que si algun alcance se hiciere á los dichos oficiales ó á cualquiera de ellos, que luego sin dilacion alguna, se lo hagan pagar é se cobre de ellos, é dentro de tres dias, de como el dicho alcance lo fuere hecho se meta en la Caja de las tres llabes, é se haga cargo de ello al nuestro Tesorero, so pena que el que no lo pagare dentro del dicho término, por el mismo caso pierda el oficio que tubiere ó incurra en las otras penas en que hubiere caido por lo haber fiado contra lo proveido é mandado por nuestras reales Cédulas é provisiones.

Item, ordenamos y mandamos que se haga cargo á todos tres nuestros oficiales que son Tesorero, Contador y Factor, de todos los tributos de los pueblos que estubieren en nuestra Real Corona, por lo que todos los dichos tributos se montaren de los dichos pueblos, é que lo que de ello se fuere cobrando se heche luego en el arca de tres llabes, é se haga cargo de ello al nuestro Tesorero.

Otro sí, ordenamos y mandamos, que para que lo susodicho se efectué, se saque de los libros de las tasaciones, el valor cierto de ellas para hacer el dicho cargo de lo que las dichas tasaciones montaren, y en la parte donde no las hubiere, se hagan luego de nuevo, é se tenga libro de ellas del cual anssi mesmo se saque el valor cierto de las dichas tasaciones para el dicho efecto, é uno de los dichos libros se ponga en el arca de las tres llabes, é otro tenga el Presidente é Oidores de la Audiencia en cuyo distrito estubiere, en su archivo, é que si se hicieren nuebas tasaciones de tributos, anssi mesmo se ponga é asiente en los dichos libros.

Otro sí, ordenamos y mandamos, que los del nuestro Consejo de las Indias, vean é determinen las cuentas que anssi se tomaren en cada un año en las dichas nuestras Indias, como finiquito de ellas, porque los que la tomaren en las dichas nuestras Indias no han de dar finiquito sino remitirlo al dicho nuestro Consejo.

Item, ordenamos y mandamos que los nuestros Oidores que tomaren las dichas cuentas á los oficiales de la provincia ó Isla donde residieren, tengan de ayuda de costa veinte y cinco mil maravedis cada uno de ellos, los cuales sean dados é pagados por los dichos Oficiales.

Item, ordenamos y mandamos que el Presidente é Oidores, é nuestros oficiales de la provincia ó islas donde residieren, hagan para cada flota que llegare al puerto, avaliaciones generales, para todas las mercaderías que fueren en aquella flota, é las dichas avaliaciones se hagan á respeto de como comunmente valen las cosas en la tierra, de manera que los liensos que fueren de una suerte se avalien por sí, y los que fueren de otra suerte por sí, y el terciopelo que fuere de una suerte se avalie ansi mismo por sí, y lo que fuere de otra suerte tambien por si, é por la dicha órden se guarde en las piezas de paño y en los vinos y en todo lo demas que fuere en los dichos navios generalmente para todos é non ya para los mercaderes que fueren en un navio mas que para los que fueren en otro sino que sea generalmente para todos, cada cosa en su suerte con que si alguna cosa fuere dañado é falto se avalie por sí, porque con esta orden cesarán nuestros fraudes, é los derechos á nos pertenecientes se cobrarán con mas presteza, é los navios serán despachados con mas brevedad.

Item, ordenamos y mandamos por las dichas avaliaciones anssi hechas los dichos Presidente y Oidores é oficiales de nuestra Hacienda, hagan las de cada navio que viniere en aquella flota, por los registros que cada uno de los dichos navios trujere, é que en fin de cada registro el escribano ante quien pasare, dé fé como se hizo la abaluacion de aquel registro por las abaluaciones que el dicho Presidente é Oidores hicieren.

Otro sí, ordenamos y mandamos que en llegando navios á cualquiera puerto de las nuestras Indias, uno de los nuestros oficiales de nuestra Hacienda con su escribano baya á estar presente á la descarga de los navios é cobranza de los derechos en la avaliacion particular de cada navio el cual esté y hasta que los navios estén descargados é cobrados los derechos á nos pertenecientes é metidos en la Caja real, lo cual se entienda cuando los nuestros oficiales principales no residieren en el puerto aunque residan é tengan tenientes, é el oficial á quien cupiere de ir á hallarse presente á la descarga de dichos navios, se le dé de ayuda de costas, cincuenta mil maravedis.

Item, ordenamos y mandamos que todas las mercaderías que fueren en los dichos navios, vayan derechamente á la casa de Contratacion é que allí se entreguen á sus dueños, pagando primero los derechos á nos pertenecientes. Por que so color que hay deudas, diz que suele andar mucho dinero fuera del arca de las tres llabes, de qué nos recibimos mucho daño.

Item, ordenamos y mandamos que la paga de los dichos derechos se haga en presencia de dicho oficial principal é de los tenientes de oficiales ó de los tres oficiales nuestros si en el puerto residieren é del Alcalde mayor é Gobernador que en el estubiere so pena de volver con el cuatro tanto, lo que de otra manera cobraren, é que en presencia de todos se heche luego en el arca de las tres llabes, é se asiente la partida en el libro general que está en la dicha arca y dén fé todos los susodichos de como se hechó realmente en la dicha arca é quien lo pagó é por qué causa, é como se contó é pesó en sus manos, y lo firmen todos de su nombre.

Otro sí, ordenamos y mandamos que la Caja de las tres llaves que estubiere en los dichos puertos, sea muy grande, é la madera buena é gruesa ó muy bien barreteada á barra de yerro é con buenas cerraduras y llabes diferentes, é que esté en parte segura donde no le pueda suceder incombeniente alguno, é que anssi les sea notificado á los dichos nuestros oficiales especialmente al nuestro Tesorero á cuyo cargo ha de estar la dicha Caja.

Otro sí, ordenamos y mandamos que ninguna cosa se heche en la Caja de las tres llabes que tienen los dichos nuestros oficiales en todas las dichas nuestras Indias, en donde quiera que hubiese oficiales de nuestra Real Hacienda, sin que por todos tres oficiales se cuente ó pese lo que anssi se hechare é no baste que se escriba en el libro general que se hizo cargo de ello al Tesorero, sino que en presencia de todos tres se heche luego en la dicha arca de las tres llabes y dén fé todos los dichos oficiales de como se hechó realmente en ella y se contó é pessó en su presencia é lo firmen de sus nombres todos tres, so pena que si lo contrario hicieren, sean por ello pribados de los Oficios.

Item, mandamos que el oro y plata por quintar é marcar que se tomare en los puertos de mar, en los lugares mas cercanos á ellos, no habiendo en los dichos puertos ó casas de fundicion nuestra, sea perdida ó se pierda é se aplique por el mesmo hecho, á nuestra cámara y fisco.

Item, ordenamos y mandamos que en las almonedas que se hacen de cosas ó Hacienda nuestra, en las dichas nuestras Indias, el remate de ellas se haga cuando la mayor parte lo mandare rematar de las personas que está mandado que estén presentes al hacer de las dichas almonedas, é que el Oidor que suele estar presente no pueda mandar rematar sin consentimiento de la mayor parte.

Item, ordenamos y mandamos que el nuestro Tesorero de cada provincia ó Isla de las dichas nuestras Indias, firme de su nombre en el libro del Contador, la partida del cargo que se le hiciere el dicho cargo so pena de pagar lo que montare lo que estubiere por firmar. La cual dicha órden é cosas en ésta nuestra carta contenidas, é cada una cosa é parte de ella, vos mandamos á todos é cada uno de vos en nuestros lugares é jurisdiciones, que con grande diligencia y especial cuidado las guardeis é cumplais y executeis é hagais guardar cumplir y executar en todo é por todo como en esta nuestra carta se contiene ó contra el tenor ó forma de ello, no vais ni paseis, ni consintais ir ni pasar en tiempo alguno ni por alguna manera, ó los unos ni los otros no fagades ni fagan ende al por alguna manera so pena de la nuestra merced y de doscientos mil maravedis por la nuestra cámara á cada uno que lo contrario hiziere, dada en Valladolid á diez dias del mes de Mayo de mil quinientos cincuenta y cuatro años.—Yo el Príncipe.—yo, Juan de Samano, secretario de su Cesarea y Católica Magestad, la fize escribir por mandado de S. A., registrada, Ochoa de Luyando, chanciller Martin de Ramoyn.

1558.

Para que se dé noticia al Virey, Presidente é Oidores las personas en cuyo distrito estubieren, de lo que avisamos á S. M.

Don Felipe &c. &c. Por cuanto algunas personas de los que á estos reynos vienen de las nuestras Indias, islas y tierra firme del mar Océano, asi religiosos como de otros estados, ocurren ante nos hacer relacion de cosas que á ellos les parece que conviene proveerse para aquellas partes anssi tocantes á Justicia, como al Gobierno de ellas y buen tratamiento de los indios naturales de aquellas tierras, y dan peticiones y memoriales de ellos y otros avisan de estas cosas por sus cartas, sin haber dado noticia de ello á nuestros Visorreyes y Audiencias, y si los tales que anssi acuden á nos, ó escriben cuando están en las dichas nuestras Indias, diesen cuenta á los dichos nuestros Visorreyes y Audiencia de lo que les ocurriese y pareciese que conbenia proveerse para el buen Gobierno de aquellas tierras y de los agravios que tubiesen noticia que se facian á los indios, ó de cosas que conforme á Justicia se deviese proveer, ó de sin Justicia que tubiesen noticia que se hacian, los dichos nuestros Visorreyes y Audiencias, como personas que tienen la cosa presente y de quien tanta confianza hacemos, y como á quien incumbe, lo proveerian y remediarian como conbiniese al servicio de Dios nuestro Señor y nuestro y bien de aquellas republicas, vecinos y moradores de ellas anssi españoles como indios, y los casos que ellos no pudiesen proveer, ó no les pareciese, nos los consultarian y darian noticia y su parecer para que lo mandasemos proveer, y de esta manera los negocios tendrian mas brebe remedio y se escusarian algunas siniestras relaciones que se nos hacen por personas apasionadas por las cuales acaese teniéndolas por verdaderas, proveerse cosas no conbenientes y perjudiciales, y queriendo proveer en ello, Visto y platicado por los del nuestro Consejo de las Indias, fué acordado que debia mandar dar esta nuestra carta en la dicha razon, é yo túbelo por bien, por lo cual queremos y mandamos que agora y de aquí adelante cada y cuando alguna ó algunas personas de las que residen ó residiesen en las dichas nuestras Indias, asi religiosos como de otro cualquier estado y condicion que sean, nos quisieren avisar de cosas que á ellos les paresca que conviene proveerse para el buen gobierno de aquellas tierras ó de agrabios que tengan noticia que se hagan á los indios ó desinjusticias que sepan que algunos hacen ó de cosas que conforme á Justicia se deben proveer, ó los que hubieren de venir, ó vinieren á estos reynos traxeren intento de nos informar de ello, que antes que vayan y de los que de ella quisieran avisar antes que avisen, dén noticia y memorial de todo ello, al Visorrey, Presidente é Oidores de las Audiencias, en cuyo distrito estubieren, para que ellos como personas que tienen la cosa presente y estan en nuestro lugar provean lo que vieren que conviene y de Justicia se pudiere y debiere facer, y si los tales Visorreyes y Audiencias habiéndoles dado razon y peticiones de lo que les pareciere no proveyeren lo que se les pidiere, traigan por escrito ante nos lo que les correspondieren á las peticiones y memoriales que les hubieren dado para que por nos visto se entienda como se ha dado noticia de ello en las nuestras Audiencias y no se ha proveido, porque con esto con mas acuerdo é deliberacion se podrá proveer por nos lo que combiniere segun los casos y cosas fueren, y si á ellos les pareciere informaros de las razones que les movieron para no lo hazer y proveer lo fagan por sus cartas, lo cual mandamos que anssi se faga y cumplan con apercivimiento que no habiendo las tales personas fecho la dicha diligencia no se proveerá por nos, cosa alguna de lo que nos hizieren relacion hasta embiar por parecer á los nuestros dichos Visorreyes y Audiencias, y saber de ellos lo que convendrá proveer en las cosas que pidieren y mandamos á los nuestros Visorreyes, Presidente y Oidores de las dichas nuestras Audiencias, que dén é fagan dar á las personas que les dieren avisos y memoriales de alguna de las cosas susodichas, respuesta de lo que en ello hiziesen y proveyeren con su parecer, y nos avisen ellos por sus cartas de lo que les pareciere, como dicho es, para que por nos visto, siendo mejor informados, podamos proveer lo que combenga. Y por que lo susodicho sea público y notorio á todos, y ninguno de ello pueda pretender ignorancia, Mandamos que esta nuestra carta, ó su traslado signado de escribano público sea apregonado en las ciudades de México y los Reyes y en las otras ciudades, villas y lugares de las dichas nuestras Indias. Dada en la villa de Valladolid á veinte y ocho dias del mes de Nobiembre de mil quinientos cincuenta y ocho años. —La Princesa.—Yo, Francisco de Ledesma, secretario de su Católica Magestad la fizo escribir por su mandado. S. A. en su nombre, registrada, Francisco de Urbina; por chanciller Juan de Anguciano, El licenciado Bribiesca, El licenciado Eugenio Sarmiento, el doctor Bazquez.

1559.

A los Arzobispos y Obispos de las Indias, sobre ciertas herejías.

El Rey.—Muy Reberendos in Cristo, padres Arzobispos de las ciudades de Santo Domingo de la Isla española y México, de la nueva España é ciudad de los Reyes, de las provincias del Perú y Reberendos in Cristo padres Obispos de las provincias, de las nuestras Indias, islas y tierra firme del mar Occéano, y á cada uno y cualquier de vos á quien esta mí Cédula fuere mostrada ó su treslado signado de escribano público, como habreis sabido, ha permitido nuestro Señor, por nuestros pecados que en estos reynos ha habido algunos que han tenido la opinion y herejía de Lutero de muchos de los cuales se ha fecho castigo y se hará de todos los demas que en estos se hallaren culpados, y por que podria ser que como la maldad es tan grande y el demonio tan solícito para sembrar en la cristiandad herejías, y han pasado ó pasen á esas partes algunos luteranos é otros de casta de moros y Judios, que quieran vivir en su ley y ceremonias y conbiene que en donde se planta agora nuevamente nuestra fé católica, haya gran vigilancia para que ninguna herejía se siembre ni haya en ello, y que si alguna se allare se estirpe y desaga y se castigue con rigor, y anssi os ruego y encargo á todos é á cada uno de vos, en vuestras Diócesis, Arzobispados y Obispados tengais muy gran cuidado y advertencia de os informar y saber si allá han pasado ó hay algunos que sean luteranos, moros, judios ó que tengan algunas herejías, é hallando alguno de estos, los castigueis exemplarmente que para ello mandamos á los nuestros Visorreyes, Presidentes é Oidores de las nuestras Audiencias reales de esas partes y cualesquier, nuestros gobernadores de ellas que os den todo el fabor y ayuda que les pidiéredes é menester hubieredes é ansimismo os informais si han pasado ó pasan ó hay en esas Diócesis algunos libros luteranos ó de ellos prohividos, é si allaredes algunos los tomeis é recojais todos, los embieis á estos nuestros reynos, a lnuestro Consejo de la Santa é general Inquisicion, é procedereis contra aquellos en cuyo poder los allaredes conforme á derecho, y para mejor poder averiguar si pasan á esas partes los dichos herejes, ó libros prohividos, todas las veces que fueren navios de estos reynos, hareis que se haga diligencia para saber si en ellos va algo de ello, en lo cual entended con toda la diligencia y buen cuidado que ser pueda, y de vosotros confiamos, pues veis lo que importa que anssi se haga, fecha en Valladolid á trece de Julio de mil quinientos cincuenta y nueve años.—La Princesa.—Por mandado de S. M., S. A. en su nombre.—Ochoa de Luyando.

1560.

Sobre que se recojan los libros que hubiere impresos sin licencia de S. M., que toquen en cosas de Indias.

El Rey.—Presidente é Oidores de las nuestras Indias, islas é tierra firme del mar Occéano, é nuestros gobernadores Alcaldes mayores y otras nuestras Justicias, de ellas é cada una y cualquier de vos, en vuestros lugares y jurisdicciones á quien esta Cédula fuere mostrada ó su traslado signado de escribano público; sabed: que á nos se ha fecho relacion que algunas personas han fecho. y cada dia hacen libros que tratan de cosas de Indias, é los han fecho y hacen imprimir sin nuestra licencia (y porque á nuestro servicio conviene que los tales libros no se impriman ni vendan sin que primero sean vistos y examinados en el nuestro Consejo de ellas), Vos mando á todos é á cada uno de vos, segun dicho es, que luego que esta veais, os informeis y sepais, que libros hay impresos en esas ciudades, villas y lugares, sin espresa licencia nuestra, que traten de cosas de esas partes, y todos aquellos que allaredes, los recojais y embieis con brevedad al dicho nuestro Consejo de las Indias y no consintais ni deis lugar de aquí adelante, ningun libro que trate de cosas de las dichas nuestras Indias, se imprima ni venda, no teniendo espresa licencia nuestra para ello, é nos por la presente mandamos á cualesquier impresores de esas partes, que no impriman los dichos libros sin espresa licencia nuestra, ni que ningun librero los tenga, ni venda, sino que luego que vengan á su poder los embie al de dicho nuestro Consejo de las Indias, para que en él sean vistos y examinados, so pena que el que lo imprimiere y librero que los tuviere ó vendiere, por el mismo caso incurra en pena de ducientos mil maravedis, para nuestra cámara y fisco, y que pierdan todas las obras que asi imprimieren con todos los aparejos que para ello tuvieren en su imprenta; y hareis apregonar lo susodicho por esas dichas ciudades, villas y lugares, y notificar esta nuestra Cédula á todas las personas que tuvieren imprenta en esas dichas ciudades, villas y lugares, y fecho el dicho pregon y notificacion, si algunas personas fueren ó pasaren, contra lo en esta mi Cédula contenido, executareis en ellos y en sus bienes las dichas penas, de lo cual tendreis mucho cuidado, como cosa que importa á nuestro servicio, é los uno ni los otros no fagades ni fagan ende al por alguna manera, so pena de la nuestra merced y de diez mil maravedis por la nuestra cámara; fecho en Toledo á catorce de Agosto de mil quinientos sesenta años.—Yo el Rey.—Por mandado de S. M., Juan Vazquez.

1561.

Rebocacion de las provisiones que están dadas sobre la tasa de negros.

El Rey.—Por cuanto el año pasado de mil y quinientos y cincuenta y seis, siendo informado que en las nuestras Indias, islas y tierra firme del mar Occéano, se vendian á excesivo precio los esclavos negros que á ellos se llevan, ordenamos y mandamos dar nuestras cartas y provisiones reales firmadas de la Serenísima Princesa de Portugal, nuestra muy cara y muy amada hermana gobernadora, que á la sazon era de estos reynos, por mi ausencia de ellos, y por que agora somos informados que á causa de la dicha tasa no se llevan á las dichas nuestras Indias tantos esclavos como son necesarios para echar en las minas y entender en la cobranza de la tierra y otras grangerías que hay en aquellas partes, por lo cual cesan los aprovechamientos que tienen los vecinos de ellas y viene á redundar en mas trabajo de los indios naturales de ellas por que son mas trabajados en las dichas grangerías, y que tambien en los esclavos que se llevan no se guarda la dicha tasa por que en fraude de ella se venden debajo de colores, á excesivos precios (y por evitar lo susodicho y proveer lo que combiene al bien é utilidad de las nuestras dichas Indias, y por que aya mas personas que quieran llebar esclavos á aquellas partes y el trato de ellos se aumente). Visto y platicado por los del nuestro Consejo de las Indias, é conmigo el Rey consultado habemos acordado que por agora entre tanto que por nos otra cosa se provea no se guarde la dicha tasa sino que cada uno pueda vender los dichos negros á los mas justos precios que pudiere. Por ende; Por la presente revocamos é damos por ningunos de ningun valor y efecto las provisiones que por nos están dadas cerca de la tasa de los dichos negros, é damos licencia y facultad á las personas que á las dichas nuestras Indias los llevaren ó embiaren con nuestra licencia y á los que en ellas los compraren para que los puedan vender é vendan en cualesquier islas é provincias dellas, al precio ó precios justos que quisieren, y por bien tubieren, sin que por ello caigan ni incurran en pena alguna ni les sea puesto embargo ni impedimento alguno, por cuanto nos, como dicho es, rebocamos la tasa de la venta de los dichos negros, é mandamos á los nuestros Visorreyes, Presidente y Oidores de las nuestras Audiencias Reales de las nuestras Indias, y á cualesquier nuestros Gobernadores, Justicias y Oficiales de ellas, que guarden é cumplan é hagan guardar é cumplir esta mi Cédula y lo en ella contenido y contra el tenor y forma de ella no vayan ni pasen ni consientan ir ni pasar en manera alguna é por que lo susodicho sea público é notorio á todos y ninguno de ello pueda pretender ignorancia, mandamos que esta mi Cédula sea apregonada en las gradas de la ciudad de Sevilla y en las otras partes y lugares de las nuestras Indias donde conviniere y fuere necesario, por pregonero y ante escribano público, fecha en Madrid á 15 de Setiembre de 1561 años. —Yo el Rey.—Por mandado de S. M., Francisco de Herasso.

CORSARIO DRAKE.

                                                            Años.

Discurso sobre la venida de la armada inglesa............ 1585.
Cerco de la ciudad de Puerto-Rico, por dicho corsario. 1595.
Carta de D. Bernardino Delgadillo y Avellanada, so-
  bre idem.. 1596.

1585.

Discurso del marques de Santa Cruz sobre la venida de la armada inglesa.

Lo que parece podrá hazer, el armada inglesa en caso que quiera pasar á las Indias y entrar en el mar del Sur, como lo ha echo otra vez Francisco Draquez, con las treinta y dos naos y galeones y muchas lanchas y vergantines de remo que trae, y cinco mil hombres de guerra ques el número que á los de Vayona ha parescido que vienen en el armada aunque los della dan á entender que de mar y guerra traen trece mil, es lo siguiente:

Llevará su derrota al rio de Genero. Que en la costa del Brasil en veinte y tres grados de la parte del Sur de la línea es puerto capaz de muchos navios y muy seguro, adonde tiene agua, leña y carne y arina de maiz en un lugar de dicho puerto dos ó tres leguas, é se dice San Vicente, y por ser camino para la Isla de la Madera, Canarias y Cavo verde podrá saquear estas islas dándole el tiempo lugar á ello.

Desde Vayona á la Madera, con vientos Nortes que ahora correrán, pasando los vendavales que reynan por estar la costa de España llovida, irá el armada en seis dias, de ally á las Canarias, en cuatro, y de las Canarias á Cavo verde, en ocho, é son por todos diez y ocho dias y tardará mas la que se detubiese si saquea las islas.

De Cavo verde al rio de Genero tardará cincuenta dias que vernan á ser todos, dos meses, por manera que estando el armada todo este mes en Galicia podrá ser enel rio de Genero en fin de Diciembre.

A la entrada de la boca de rio de Genero hay una Laxa donde con facilidad se hará un fuerte que puedan estar, mas de quinientos hombres y poniéndole su artillería, guardará el puerto y el fuerte quedará aislado, por que por la una parte tiene la mar y por la otra el puerto y á la parte del sudueste y nordeste tiene las dos canales por donde entran los navios en el puerto, en el cual podrá Francisco Draquez concertar su armada y dejar allí alguna gente y navios para la correspondiencia de Ingalaterra, y partir con lo que se pareciere en la mar del Sur, y yr en seguimiento de su viaje al estrecho de Magallanes que quisiera, y cincuenta leguas de aquel puerto y está cincuenta y dos grados y medio de la parte del Sur y entran por el estrecho á la mar del Sur en todo género, ó vr á la ciudad de los Reyes ques en la costa y de dos mil vecinos y por no ser gente de guera ni puesta en milicia, y lugar abierto sin fortaleza ni artillería, la podrá tomar y saquear ó irse apoderando en la tierra pues tomando los navios que hay en aquella mar no le podrá entrar socorro de España, y es de creer que se perverná de tomar tambien á Panamá.

No queriendo hazer este viage, podrá repartir su armada en dos vandas y saquear la isla de Santo Domingo y Puerto-Rico y la costa de tierra firme hasta Cartagena y Nombre de Dios y desde el rio de Chagre ques á quince leguas de Nombre de Dios, podrá meter la infantería en lanchas de remo y en los barcos de carga y descarga de aquel rio é son mas de cincuenta y llegar hasta la venta de Cruces, ques cinco leguas de Panamá que por ser lugar avierto será fácil de saquear, y tambien corre peligro la Habana que aunque tiene fortaleza es chica y flaca, y sacando artilleria en tierra la tomarán con facilidad y demas de los daños que podrán hacer conforme á este discurso no será el menor cortar el ylo á la navegacion de las Indias ó tomar las flotas si allá fueren.

Lo que conberná hazer para reparar estos daños es.

Despachar carabelas con grandisima diligencia á los Vis-Reyes y Gobernadores de las Indias, advirtiéndoles de la nueva de la armada inglesa para questen prevenidos y se pongan en orden, aunque segun el número de los navios que han salido de Ingalaterra tengo por sin duda habrán pasado aquellas partes alguna vanda dellos. La Reina, hasta Terranova ha tenido cuidado de embiar las naos de la pesqueria del vacallao y asi no es de creer que haya cuidado lo de las Indias y teniendo consideracion á que por lo que se entiende de Ingalaterra, han salido mas de ochenta navios con los del armada converná que S. M. mandase juntar otra para buscar la inglesa, y combatir con ella, ordenando que los galeones que tiene la corte deste reyno y los que tiene S. M. en el rio de Sevilla se aprestasen aderezándolos de propósito, dándoles carena para que estubiesen actos á cualquier viaje por largo que fuese y que asi mismo se embargase un galeon del duque de Florencia, que está muy bien armado y artillado y ha partido de Alicante para Cádiz y cumplimiento á cuarenta y cinco naos gruesas que se hallarán en Vizcaya y Guipuzcua, y que aderezadas y artilladas y puestas en órden hasta mil marineros en Cataluña y Génova, para repartir en las naos y se traigan como se hizo para el armada de la tercera, y que asi mismo se levanten seis mil soldados dando condutas para mas gente questa por que aya este número de servicio.

También converná que de Vizcaya vengan para esta armada veinte patajes y veinte zabral de cautro, que los patajes sean de cincuenta hasta ochenta toneladas y la zabral como las que vinieron á la jornada de la tercera.

Ese provea el artillería, pólvora, cuerda y plomo necesario á arcabuces, mosquetes, y picas de respeto; para la guardia de la costa, conberná hazer otra armada de dos naos de cada, cuatrocientas toneladas, (*) y otras cuatro de á ducientas, y cuatro patajes y mill soldados de mas de la gente de mar.

Habiendo visto y considerado que en dos meses, han echo tantos daños los ingleses en los navios de los mercantes que navegan en estos mares y que es de creer que hagan lo mismo en las flotas que fueren é vinieren á las Indias, convernia que como por lo ordinario, en tiempo de paz llevan de armada las naos capitana y almiranta, que llevasen á ora otras dos mas por lo menos en cada flota pues no por esto se dé dejar de asegurarlas con armada; todas estas prevenciones me parece se deben hacer para solo lo que toca á la armada inglesa y otros navios que han salido de aquel reyno, pero en caso que Don Antonio viniese en la armada, y que quisiese intentar lo deste reyno, serian menester las prevenciones siguientes.

Que la armada é infantería, que propongo que se ha de hacer, atendiese ha desacer la enemiga, que estará en la costa, y que se ordenase, luego viniesen de las guardas de Castilla, seiscientos cavallos ligeros, y que los que faltasen se supliesen de los hombres de armas viniendo á la ligera y con los trescientos fuesen á entre Duero y Miño, puniéndose en la raya de Portugal, para entrar á socorrer aquella parte cuando, conviniese y los otros trescientos, para la guardia desta ciudad y su comarca, se pusiesen á la raya, á la parte de Badajoz.

Que se llevanten otros cuatro mil infantes.

Que se aperciviesen el conde de Venavente, marqués de Sarios, conde de Altamira, conde de Monterrey, marqués de Zerralvo y los demas señores y cavalleros á quien se dió orden estubiesen á punto, cuando se vino á este reyno.

Que se apercibiesen tambien las gentes de las ciudades, Toro, Zamora y Ciudad Rodrigo, para socorrer á la parte de entre Duero y Miño, y las de Estremadura y Sevilla, para socorrer esta ciudad y su comarca.

(*) De cuatrocientas toneladas cada una.

Que se avituallen los castillos de la ciudad, su rivera y comarca, y provean de pólvora, cuerda y plomo y lo demas tocante á la artillería como lo he pedido en las relaciones que he enviado á S. M., en 7 de Marzo de este año cuyas copias ban con esta.

Que se provean las galeras por cuatro meses, y vengan otras seis de las de España á este rio, con ciento y veinte soldados por galera para que los puedan repartir en las ocho, que estan acá: y que en caso que esto sea y que la armada de Ingalaterra no pasase á las Indias y se ocupe en lo deste reyno, porque habrá navios de ingleses que anden á lo uno y á lo otro, será forzoso hacer otra armada para lo de las Indias, de doce naos en cuatro patajes y mil y quinientos soldados.

Todo esto me parece conviene para el servicio de S. M., y se prevenga y execute con mucha diligencia y cuidado, proveyendo del dinero necesario para ello sin que se aguarde lo uno al otro, si no que todo se haga por diferirlo remitiendome en tódo á mejor parecer, fecha en Lisboa á 26 de J.... de 1585 años. (*)

1595.

Relacion de lo sucedido en S. Juan de Puerto-Rico de las Indias, con la armada inglesa, del cargo de Francisco Draque y Juan Aquines, á los 23 de Noviembre de 1595 años. (**)

Aviendo salido de la Havana para España, el general Sancho Pardo y Osorio, á los 10..... de Marzo deste año, con la Capitana de la flota de tierra firme de su cargo, en conserva de la armada de Don Francisco Coloma, y abiéndose hallado en la tormenta que corrió, desembocada la canal á los 15 del dicho mes, en altura de 28 grados y medio, sin arbol mayor, rompido el timon y la nao haziendo mucha agua, apartada de las demas, imposivilitada de seguir su biaje, para salvar las vidas de trecientas personas que en ella venian, y dos millones de oro y plata de S. M., y particulares, con acuerdo y pa-

---

(*) Junio ó Julio!
(**) Real Academia de la Historia de Madrid.—Un Códice de "Varios" número 2.—fólios 203 al 209 inclusives.

rezer del veedor, Martin Romero de Caamaño, y de los pilotos y demas personas pláticas que alli se allaron, arribó á Puerto-Rico, adonde bien milagrosamente, llegó á los 9 de Abril, y alli desembarcó y puso la plata en la fortaleza de la ciudad.

Luego, el dicho general despachó á S. M., primero y segundo aviso, haziéndole saver su arribada, para que mandase lo que se ubiese de hazer y pareze que la Divina prometió, por secretos suyos, que la órden pudiendo ser antes, llegase á tiempo que no solo aseguró la plata, sino esta tierra, y seria pusible todas las Indias, por lo que adelante se berá á quien se pueden dar muchas gracias. Pocos dias despues de aber despachado los dichos abisos, los tubo de S. M., el gobernador desta Isla, Pedro Xuarez, coronel, en que le avisó que en Ingalaterra se aprestava una gruesa armada, para venir á ganar esta ysla, en tiempo de ynbierno, por parezer que entonzes estaria menos aperzebida, entendidos por el jeneral y el dicho veedor, los dichos avisos, se juntaron con el Gobernador y con Francisco Zid, capitan de la ynfanteria deste presidio y tratado y conferido las prebenziones que se devian azer para seguridad de la tierra y plata de S. M., para que en caso que el enemigo biniese, no se apoderase de todo ello, fueron todos juntos á reconocer los sitios y varaderos por donde el enemigo podia acometer y echar jente en tierra, y que en las partes que al jeneral le parezió, mandó plantar parte del artilleria de su capitana, y atrabesar la nao en la canal del puerto, para que cuando viniese el enemigo se echase á fondo y se le cegase la entrada pareziendo que por allí abia de acometer y lo demas riesgo, y con esto y con tener la jente en buena guarida, se estubo en espera de la órden de S. M. para hazer su viaje.

A los 13 de Noviembre deste año, llegó á este puerto, Don Pedro Tello de Guzman, con las cinco fragatas de S. M., para que el jeneral Sancho Pardo embarcase en ellas la plata de S. M. y se fuese la buelta de España, haziendo ofizio de su almirante el dicho Don Pedro Tello, el qual despues de aber entregado sus despachos, le dijo al dicho jeneral como viniendo en seguimiento de su biaje, avian encontrado dos navios yngleses en la ysla de Guadalupe, que se abian apartado de la armada ynglesa, y que su almirante Gonzalo Mendez de Cauzo, abia rendido y echado á fondo el uno despues de aberle sacado veinte y cinco yngleses prisioneros, y que yendo el dicho Don Pedro en siguimiento del otro navio, descubrió nueve belas de la armada del enemigo y desque las vió, biró la otra buelta siguiendo su viaje, y que los dichos yngleses prisioneros abian declarado que cerca de allí en la misma ysla de Guadalupe, á la banda del Sur, estaba surta la armada de la Reyna de Ingalaterra, y aprestando lanchas, con veinticinco nabios, los seis dellos galeones de la Reyna, de 600 toneladas y otros dos del mesmo porte de particulares y todos en dos esquadras y por jeneral Francisco Draque y Juan Aquines, governando la derrota y cosas de tierra Francisco Draque, y su lugar tiniente en tierra, Don Tomás Bazquez Arfit, y que traia el armada tres mill ynfantes y mill quinientos marineros bien artillados y que benian derecho á Puerto-Rico, como parezia por la ynstruccion que se le tomó al capitan del dicho navios ynglés, en la qual se le ordenó en caso que por alguno forzoso se apartase, biniese á Puerto-Rico, donde le aguardarian diez dias y que allí le dejarian órden adonde avian de yr despues, sin declarar otro disinio, y que conforme á esto, el dicho Don Pedro venia temeroso que no ubiese venido delante y estubiese ganada la tierra, y que puesto no avia sido, tenia por cierto que á esotro dia estaria sobre el puerto, y que comforme á esto el jeneral ordenase su partida como mas pareciese conbenir.

Visto el jeneral Sancho Pardo la relacion del dicho Don Pedro Tello y su almirante Gonzalo Mendez, y que esta nueva le allava en la cama yndispuesto de emfermedad, de algunos dias abia estava con ella, hizo abisar al Obispo y al Governador, pidiéndoles se biesen con él y los capitanes de fragatas, Marco Antonio Bezerra, cabo de las compañías de arcabuceros, y Pedro de Guia del ábito de San Juan y Domingo de Ynsarraga, Francisco Gomez, capitan deste presidio, y el veedor Martin Romero de Caamaño, Juan de la Vera, contador de las fragatas; y todos juntos en su posada, y abiendo tratado y propuesto el dicho jeneral la relacion que tenia del enemigo, y los medios mas conbinientes que abia para la seguridad de la tierra y plata, supuesto que la armada enemiga era tanta, y esperarse tan breve, y que las fragatas precisamente tenian nezesidad de aderezarse y meter agua y leña y embarcarse la plata, en que se abian de tener ocho dias por lo menos, y considerando que el enemigo quando estubiesen con esta ocupazion y quando no, por el abiso que le pudo dar el otro navio que se vió, que estas fragatas venian por la plata, que ya sabia que estaba aqui la podia esperar, al paso ó que de la tierra se podia apoderar y fortificarse en ella para conquistar á todas las Indias, en que á S. M. le seguiria gran perjuizio y daño de su reputazion; todos de unánime conformes acordaron que la tierra se fortificase con la artillería y jente y que la nao capitana de tierra firme y otra de Pedro Milanes, se echasen á fondo en el canal del puerto para segar la entrada, y que la plata no se mudase de la fortaleza hasta ver como las cosas se ponian, estaria allí mas segura y en parte donde quando por nuestros pecados lo ordenara, se pudiera echar á la mar para que no la robase el enemigo, y con esta resolucion se han ido poniendo en ejecucion con mucha priesa y diligencia de noche y de dia todas las prebenciones pusibles.

El jeneral Sancho Pardo, como persona de tanta inspirenzia y que tenia visto y recorrido los sitios y puestos de la tierra, aseguró al dicho Don Pedro Tello, y á los que con él venian que era casso impusible perderse la tierra, queriendo los nuestros pelear y azer el dever y que solo avia tener cuydado del puerto, que la armada no se metiese de golpe, y que para eso era bien se echasen á fondo las dos naos, que estava acordado, y en sus espaldas las fragatas con las proas á la mar, para resistir la entrada y que con eso estaria segura la tierra y plata de S. M., de que seria muy servido, en cuyo nombre les pidió acudiesen á sus obligaciones, y para esto Don Pedro Tello tomó á su cargo la defensa del puerto.

El Obispo ofreció de decir el otro dia, una Misa y una plática á la gente, como lo hizo cristianamente, encargándoles el servicio de Dios y de su Rey, y siempre continó este oficio de noche y de dia, visitando los puestos donde la jente estava, puniendo en cada uno un Sacerdote y animándoles con mucho esfuerzo.

Este dia el Gobernador y jeneral, despacharon un barco con aviso á Santo Domingo, para que se pusiesen y estubiesen á la mira, por si el enemigo yba allá como se entiende, y se le escribió al Presidente, que luego avisase lo mismo á Cartajena y á Santa Marta.

Luego se hizo muestra de toda la jente de la tierra, y parte de la que avia en las fragatas se desembarcó, por ser nezesario para la tierra; hallóse en toda mill trecientas personas, y en estos, setecientos de pelea y los ochocientos de fragatas y capitana de tierra firme, y los demas de presidio y forasteros. En los cuales abia cincuenta de á caballo con lanza y adarga, que todas se repartieron en la forma siguiente:

En la caleta del Morrillo, el capitan Pedro de Guia, del ábito de San Juan, con soldados.................	150
En la caleta del Cabron, Alonzo de Vargas, con idem.	100
En la Puente y Boqueron, Pedro Vazquez, alferez Real, con idem.................................	150
En la boca de Baiamon, el capitan Ortega, con idem..	50

En las fragatas, á órden de Don Pedro Tello, con personas.. 300
                                                                                                    ―――
                                                                                                    750

Toda la demas jente estava en el Morro y en la plaza de armas, á cargo del capitan Marco Antonio Bezerra. y la de á caballo al del Gobernador, para acudir los dos, cada uno con lo de su cargo, á la parte mas conbeniente y que mas nezesidad hubiese de socorro.

ARTILLERIA PLANTADA.

En el Morro, piezas de bronze muy buenas..............	27
En la plata forma del dicho Morro, piezas..............	5
En Santa Elena, piezas..	4
En la caleta de los frayles, junto á la fortaleza, piezas.	3
En la caleta de Santa Catalina, piezas...................	5
En el Tejar, piezas...	9
En la boca de Bayamon, piezas.............................	2
En la Puente y en un navio que allí se puso, piezas....	6
En el Boqueron, piezas..	4
En la caleta de Cabron, piezas..............................	2
En la caleta del Morillo, piezas.............................	3
	70

Y las fragatas bien artilladas sin las quales abia las dichas setenta piezas de artilleria plantadas, y buenos artilleros en cada puesto, y por sobre estante de los fuertes del Morro y Morrillo de Santa Elena, el almirante Gonzalo Mendez de Cauzo.

A los 15 del dicho, llegó abiso del Gobernador de Canaria, despachado al de aqui para que supiese, como la armada enemiga abia pasado por alli, y abiendo echado alguna jente en tierra para hazer agua, le abian hecho retirar con daño de veinte y cinco personas, y que benia la buelta de las Indias; y el dicho abiso, dijo como al pasar por la Isla de San Martin avia visto surta la armada con veinticinco velas.

Luego, el dicho dia, el jeneral Sancho Pardo, despachó el mismo al Gobernador de la Havana, y le escrivió abisase á nueba España á el jeneral, Pero Melendez que estava allá con su flota.

Estando hechas todas estas prebenziones, toda la jente deseosa de berse con el enemigo, entraron en Consejo el dicho jeneral y Don Pedro Tello y el almirante Gonzalo Mendez y los capitanes Marco Antonio Bezerra, Pedro de Guia, Domingo de Insaurraga, el veedor Martin Romero de Caamaño, y abiendo tratado si seria bien embarcar la plata en dos fragatas para que en caso que el enemigo se pusiese sobre el puesto, como mas lijeras, se pudiesen escapar de noche siguiéndoles las otras tres en retaguardia para que si se ofreziese quedasen peleando, y las dos siguiesen su viaje, los mas botos conformáronse, en que no se mudase la plata de donde estava porque seria desanimar la gente de la tierra que estava con ánimo de defenderla, peleando, y viendo que los desamparaban se desanimarian, y S. M. perderia la tierra y su reputacion en que le iba á dezir mucho mas de lo que le importava la plata, que lo que convenia era hazer rostro al enemigo, confiando en Dios que nos daria vitoria; y visto por el jeneral la mayor parte de los parezeres ordenó á Don Pedro Tello, que condilijencia aprestase las fragatas para cuando lo estubiese y conbiniese embarcar la plata, se hiziese en el entretanto que el enemigo daria muestras de sí, por si estubiese esperando al paso, mandó fuese una carabela la buelta de la mar, diez leguas, á descubrir y ansi se hizo y la plata se estubo queda, que fué bien azertado.

Miércoles 22 del dicho mes de Noviembre, al amanecer, se descubrió la armada enemiga, la vista de tierra con 28 velas, y una carabela latina, los seis galeones de la Reina de ochocientas toneladas y dos naos del mismo porte, y los demas navios de trecientas y de ciento cincuenta, y de ahi abajo, y cuarenta lanchas, navegando bien recogidas, luego se tocó á arma y cada cual acudió á su puesto con mucha a'egria y buen ánimo de pelear, el viento era poco y ansi venia con espazio hasta que entró la brisa. Venia delante la caravela latina, y algunas lanchas sondando la costa con vanderas blancas en señal, y llegándose una en frente del Boqueron, le tiraron de allí con una pieza, que la hizieron retirar á la mar y luego pusieron otras vanderas coloradas, y pasando delante, despues de medio dia, dió fondo toda la armada en frente de la caleta del Cabron, donde jamas se bió surxir ningun navio por ser costa y donde no se savia que se podia dar fondo, hasta despues de ser ido el enemigo, que embió el jeneral á sondar la parte donde estuvo, y se alló de veinte á treinta brazas en limpio, y segun lo que se entendió era su fin echar allí jente debajo de su artillería, pareziéndole allarnos desapercibidos y que no ubiese ninguna nuestra que se le resistiese, y el pasó y allóse engañado.

Estando junta la dicha armada en la parte que digo, los nuestros le tiraron muchas piezas de artillería, del Morrillo y de la caleta del Cabron, tanto que algunas balas le hizieron daño, por lo que despues se supo que le mataron á Juan Aquines, jeneral de la una escuadra y á dos caballeros de los principales que con el venian y otra jente, y que á Francisco Draque, le llevaron la mesa donde estava comiendo, y la vala dió á un personaje que con él venia, que se supo no escapará.

Viendo el enemigo el daño que de tierra se le azia, embió la caravela latina, con un piloto ysleño de nazion, mulato, que dizen es muy plático en estas partes, llevando consigo cinco lanchas, la buelta del puerto á reconocerle y á sondear junto la boca del yslote que llaman ysla de Cabras, que está á la vanda del Oeste, y despues de aver fondado bolvió la una lancha á dar aviso al armada, la qual se desaloxó luego de allí á las cinco de la tarde sin aber tirado pieza, ni un solo mosquete en todo el tiempo que allí estubo, y se fué buelta de la mar y de una y otra se anduvo aquella noche, asta otro dia.

Juéves siguiente, á las 8 de la mañana, fué á surjir toda la armada, al socaire del yslote, que el dia antes avian sondado junto al puerto, que fué otro nuebo surjidero, no conozido asta entónzes, por ser fondo de sesenta brazas, sobre bajos, sujeto á que con qualquiera tiempo de brabeza, se pudiera perder en la costa, allí estubo, siéndole el tiempo faborable, sin poderla alcanzar nuestra artillería, y aquella tarde embió dos lanchas á sondar la playa de Bayamon, asta la estacada del Cañuelo, y a reconocer aquellos bajos, para ver si por allí podria echar jente en tierra, y en la una lancha bien entoldada fué Francisco Draque, por lo que despues se supo.

Visto por Don Pedro Tello, á cuyo cargo estava el puerto, las diligenzias que el enemigo hazia, y pareziéndole que abia de acometer por la estacada del Cañuelo, rompiéndola aquella noche con lanchas para echar jente en tierra, acudió al jeneral á dalle cuenta dello, y á pedille jente para que fuesen á defender aquel paso, y el jeneral ordenó que aquella tarde estubiese allí el capitan Agustin de Landecho, con treinta soldados, y que á la noche fuesen cincuenta soldados á cargo del veedor Martin Romero de Caamaño, con orden de que si la fuerza del enemigo fuese superior, se retirase con la jente en los barcos á las fragatas, para hacerse fuertes en ellas.

El dicho juéves 23 dia de San Clemente, á las diez de la noche, con la oscuridad, acometió el enemigo al puerto, con veinte y cinco lanchas, y en cada una, de cincuenta á sesenta personas bien armadas, con fin de quemar las fragatas, segun lo que se vió, y todas entraron animadas á la plataforma del Morro, metiéndose debajo de la artillería y segun lo que despues se supo, Francisco Draque vino en la una hasta la boca del puerto, á meter las demas, y aunque hazia oscuro, se bieron las lanchas, y luego comenzó á jugar la artillería del Morro y del fuerte de Santa Elena, y las fragatas muy apriesa, y las mas de las lanchas embistieron con la fragata Tejeda, capitana, poniéndole fuego por la proa, echándole dentro muchas alcancias y bombas de fuego, y los nuestros con mucha diligencia lo apagaron sin daño ninguno, peleando con artillería, mosquetería, piedras y al mismo tiempo pusieron fuego á la fragata Santa Isabel, y á la fragata Madalena y á Santa Clara; el qual se apagó, y la tercera vez que se enzendió, en la fragata Madalena de que era capitan, Domingo de Ynsaurraga, no se pudo apagar por aberse encendido por popa con mucha furia, y todo lo que dió lugar á poder estar en ella y pelear, lo hizo el dicho capitan y la jente que con él se alló, asta que estava ya casi quemada y muertas doce personas de la mosquetería del enemigo, y otras tantas que se quemaron, y el dicho capitan se escapó á nado por medio de las lanchas, y se fué á la fragata Santa Isabel que estaba á cargo del capitan Juan Flores de Rabanal, en lugar del capitan Pedro de Guia que tenia un sitio de tierra á su cargo, y allí ayudó á todo lo que se ofrezió. Duró el pelear una hora, la mas reñida que se ha visto, y con el fuego de la fragata que se quemó, aclaró todo el puerto, de manera que fué bien para las demas que se vian, para sentar nuestra artillería y la de los fuertes, con la qual y con la mosquetería y piedras que de la fragata se tiraron, les hizieron tanto daño, que se retiraron á cabo de una hora, que como digo se peleaba con pérdida de nueve ó diez lanchas, y mas de cuatrocientas personas, sin otros muchos que fueron heridos, no habiendo de nuestra parte mas de la pérdida de la fragata y cuarenta personas muertas y quemadas y algunas heridas de la mosquetería; fué muy de ver lo bien que las fragatas pelearon y cuan bien les acudió el artillería de los fuertes, particularmente el de Santa Elena que estaba mas á mano para ofender las lanchas.

Viérnes 24 considerando que el enemigo habia de secundar aquella noche, y que habia de echar jente en tierra, dende que amaneció no cesaron prebenziones por nuestra parte, plantando artillería en algunos puestos de tierra, como fué en todo el Tejar, que estaba á cargo del Gobernador y del capitan Marco Antonio, con la jente del cuerpo de guardia, en la caleta de Santa Catalina, se pasó el capitan Guia que antes estaba en el Morrillo con cincuenta arcabuceros, y en la caleta de los frayles junto á la fortaleza, otras dos piezas y treinta soldados, á cargo del veedor Martin Romero, y en todas partes se hizieron muchas trincheras y fortificaciones, trabajando cada qual con el azadon en la mano sin que obiese negro que á ello ayudase, por que todos los vecinos los embiaron al monte con sus haziendas y mujeres, luego que asomó el enemigo.

Todavia, como á las ocho de la mañana, con el terral, se levó la armada enemiga vuelta á la mar, procurando ponerse á barlovento del puerto, y ansi andubo hasta la tarde, y pareziéndole á Don Pedro Tello, que esto era para entrarse de golpe en el puerto, fué á tierra á decille al jeneral que le parecia que el enemigo se venia derecho al puerto, y que con las dos naos que se habian echado á fondo no estaba del todo cerrada la canal, y que convenia echar dos fragatas en la parte que estaria libre, para que del todo se impidiese la entrada, pues era de mas importancia asegurar el puerto, que las dos fragatas, por muchas consideraciones y bien del servicio de S. M.

El jeneral Sancho Pardo, hizo luego junta del Gobernador y demas ministros, y luego acordaron que se echase una fragata á fondo en el canal, en caso que no bastare, un navio de Pedro Sedeño que estaba cargado de mercadurías, y otro de menos porte, los cuales se echaron luego como estaban, pues la brevedad del tiempo no daba lugar á la descarga, y que la fragata se echase cuando al dicho Don Pedro le pareziese convenir.

A las cuatro de la tarde, venia el enemigo con la brisa caminando hacia el puerto, y creyendo Don Pedro Tello que venia derecho á él, echó á fondo los dos navios de Sedeño y Juan Diaz de Santana, y la fragata Tejeda, sin que la brevedad del tiempo diese lugar á sacarle todos los bastimentos y artillería, aunque alguna parte se sacó, y con esto se cerró toda la entrada de la canal, y el enemigo á la oracion surgió entre el Morro y la ysla de Cabras, donde estuvo surto la noche antes.

Visto que la armada estaba surta y mas cerca de la entrada del puerto, se volvió á conformar la sospecha que se tenia, de que aquella noche habia de procurar acabar de quemar las fragatas y echar jente en tierra. Don Pedro Tello, con acuerdo del jeneral, hizo retirar las tres fragatas el puerto adentro y las metieron en el Tejar con jente de guardia por asegurarlas, y no temiendo que echasen jente en tierra, viendo cuan bien dispuesto estaban los ánimos de los nuestros y todos los sitios y desembarcaderos atrincherados y fuertes, y el retirar las fragatas fué ya de noche, cuando el enemigo no lo pudo ver, y ansi el otro dia por la mañana entendió que todas las habia echado á fondo. Aquella noche se estubo sosegado sin hacer ninguna demostracion; por nuestra parte bien á la mira.

Sábado 25 luego de mañana, envió el enemigo siete ó ocho lanchas á reconocer el puerto y toda la costa hasta el Boqueron, desviándose de tierra porque nuestra artillería no los ofendiese, y á las diez de la mañana volvieron á recojerse al armada que estaba junta en la parte dicha.

Este dia á las dos de la tarde asomó nuestra caravela que habia ido ocho dias antes á descubir á el enemigo, y como por los nuestros fué vista, le tiraron una pieza del Boqueron para que se recojiese sin ir al puerto, y de la armada le siguieron algunas lanchas hasta la playa de Cangrejos donde varó, y parte de la caballería acudió á socorrer la jente, y Francisco Gonzalez que venia por piloto y capitan de la dicha carabela, la sacó un rumbo porque el enemigo no la llevase, y ansi las lanchas se alargaron y se volvieron sin hacer presa.

El dicho sábado en la noche, se hizo á la vela toda la armada sin ser vista, y se fué, y viendo los nuestros á la mañana que no parezia, se embió luego personas por tierra prolongando la costa del Oeste, para que viesen si parezia ó habia pasado por allí como se entendia iba á Santo Domingo.

Lúnes volvió un aviso del Aracibo, 14 leguas deste puerto, diciendo que la armada abia pasado por allí su camino adelante.

Este dia despachó el Gobernador otro aviso á San German, el cual volvió dentro de seis dias, con nueva de que la armada estaba en el *buhio de la azúcar*, la otra banda de San German, y que habia echado en tierra cinco compañías de piqueros y mosqueteros, que estaban haciendo carne agua y leña y cuatro lanchas, las cuales hizo en cuatro dias por traer lo mas hecho.

Habiendo el jeneral visto estos avisos, y pareciéndole que podria ser ardid del enemigo y que de allí podria ponerse al monte en espera de las dichas fragatas ó querer que fuesen idas para volver sobre Puerto-Rico, por hallarle sin fuerza, para apoderarse del y ejecutar el disinio que traia de fortificarse en él, tomó acuerdo de lo que se haria, y se resolvió que no se saliesen del puerto hasta saber de cierto que el enemigo obiese pasado adelante de la punta de la Aguada, y que fuese el capitan Juan Flores de Rabanal con un pataje setenta ó ochenta leguas la buelta del Norte á descubrir, y que se embarcase la plata en el entretanto el qual volvió á cabo de ocho dias sin haber visto nada.

A nueve de Diziembre vino aviso de San German que la armada enemiga era ida la vuelta del Sur.

A once del dicho, llegó á esta ciudad Lope Sanchez contramaestre de la fragata Madalena y cuatro marineros della, que la noche del incendio de las fragatas los prendieron en el agua las lanchas del enemigo, á los cuales echó en tierra en el *buhio de la azúcar* con una carta de Francisco Draque para el Gobernador de aquí, cuya copia es la que se sigue.

Carta de Francisco Draque á Pedro Xuarez.
Coronel Gobernador de Puerto-Rico.

Entendiendo ser V. SS? caballero principal y soldado, escribo esta breve dando á entender como siempre en todas las ocasiones que se me han ofrecido con la nacion Española lo he tratado con mucha honra y clemencia, dando libertad á sus personas no á pocos, mas á muchos, ansi que al tiempo que nuestra jente puso fuego á las fragatas, se salvaron ciertos españoles en la furia del fuego, no haciéndoles agravio despues de vencidos sino muy buena guerra.

Por ellos he sabido como la capitana de Don Pedro Tello prendió un navichuelo de nuestra armada adonde habia veinte y cinco ingleses ó mas, haciendo con ellos buen tratamiento y guerra limpia, quedo en el propio ser que solia, mas habiendo otra cosa, forzosamente haré lo que jamas en mi cupo; mas como hay en esa ciudad soldados y caballeros no dudo del buen succeso de nuestra jente dándoles libertad por virtud de buena guerra lo cual espero y ansiaré lo propio, en todo quedo al servicio de V. SS? salvo la causa que hay de por medio.—De la capitana de la Sacra Magestad de la Reina de Ingalaterra, mi Señora, á 23 de Noviembre de 1595, estilo de Ingalaterra.—Francisco Draque.

Y por relacion que el dicho contramaestre y demas marineros que ocho dias andubieron con el enemigo se supo que salieron de allí la vuelta del sur ó del sues sueste y que iban á Santo Domingo y de allí á Panamá, porque decian que iban á donde habia mucho oro y plata y ansi se deja entender por las muchas lanchas que llevaron pertrechos de tierra. Estos certificaron la muerte de Juan Aquines y el sentimiento que por el se hizo y el mucho daño que los enemigos recibieron; tanto que pasandolos un dia de la capitana á otro galeon, hallaron la gente del todo herida y maltratada y que se quejaban del daño que las piedras que les tiraron de las fragatas les hizo; y que fué tanto el mal, que el otro dia de la pelea Francisco Draque hizo Consejo sobre si segundaria. No halló ninguno que fuese de su parecer y mas por haberles dicho estos hombres que era mucha la fuerza que teniamos, mas de la que ha sido, y que el Draque se quedó espantado cuando supo la poca jente que se halló en las fragatas la noche del fuego, y se tiraba de las barbas por no haber tomado la plata y la tierra, no se dejando ver aquellos dos dias, quejandose de Juan Aquines que no quiso que vinieran tras las fragatas de la isla de Guadalupe, luego que supo que le habian cojido el navio y venia á Puerto-Rico, dando á entender que no tuvieramos lugar de fortificarnos como se hizo en los ocho dias que se tardáron en aprestar sus lanchas y en hazer agua: todo lo ha ordenado Dios á quien se deben dar muchas grazias pues, mediante su favor, de mas de aber alcanzado un vitoria tal con tan poca jente como de nuestra parte ubo resistiendo la fuerza de una armada tan poderosa defendiendo la tierra y dos millones de plata. A S. M. se le an seguido notables servizios y á los particulares bien jeneral.

Lo primero que por lo que se ha entendido el enemigo traia fin de sustentar esta fuerza y fuérale fazil con poca costa, por que los corsarios que andan en esta de todas naziones, se acojieran á ella y el los ayudara á defenderla y fuera menester armar muy de propósito para volversela á ganar por ser el puerto fuerte y de donde mas daño pueden hazer á las flotas y costas, que todo lo tiene á sotavento.

Lo segundo que á este enemigo que asta oy nadie le á echo resistencia en la mar, aqui se le rompió la cabeza, pues como está dicho una de las dos que gobernaban y cuatrocientas personas y muchos heridos.

Lo tercero que se escaparon dos millones de plata y oro y granas con que la Reyna podia armar y entretenerse para mas inquietarnos.

Lo cuarto que con aberse entretenido en estas islas asta los tres de Diziembre, dió tiempo á que so puedan aber prevenido los lugares sospechosos con los abisos que está dicho se despacharon á Santo Domingo y á la Havana y destos los avian tenido en Cartajena y Nueva España, con que podemos esperar seguridad.

Lo último y no de menos consideracion es el ánimo y reputacion que los nuestros han cobrado, reconociendo el poco valor de los enemigos, y por el contrario, la opinion que ellos han perdido en que consiste mucha parte de los buenos ó malos sucesos, y pues deste se siguen tantos bienes, S. M. debe hacer merced á los que en él se allaron para los que estan á la mira se animen á servirle en semejantes ocasiones.

Pasada esta como está dicho, y abiendo el jeneral tenido abiso que el enemigo iba adelante y que los bastimentos eran pocos, por aberse gastado muchos en esta ocasion y ser la miseria desta ysla tal que no se podian proveer otros y que convenia abreviar la partida, trató de su despacho y ordenó que con suma presteza se recojiese el artillería de los puestos de tierra y se embarcase la plata en las fragatas, y con ellas y con un navio y un pataje en que se embarcó parte de la jente y artillería de las dos fragatas perdidas de la capital de tierra firme, partió de Puerto-Rico con buen tiempo á los 20 de Diziembre de 1595.

Instruccion que dió Francisco Draque al capitan del navio francés, uno de los de su armada que se le tomó en la isla de Guadalupe.

La ynstruccion y órden que ha á de tener toda la armada que sale del puerto de Plemua (*) desde 29 de Agosto de 1595 años.

Primeramente es para servir á Dios y tener esta órden dos vezes al dia y sino fuere ocasion ó no poder mas.

Lo segundo aveis de tener gran cuidado de tener compañía y venir á ablar á vuestro almirante dos bezes al dia y cuando no pudieredes mas de una bez, lo hazed cada dia y tened gran cuidado de la órden que vos será dada de guardalla y tener siempre estar en compañía como el tiempo ordenare.

Item. si fuere algun navio ó pataje por tempestad de tiempo ó por otra ocasion que ubiese y se apartase de la compañía anos de allar primeramente en la ysla de Bayona de Galizia y alli estará la armada aguardando asta que el tiempo provea otra cosa y nos allareis, y de alli sino nos allardes yreis á Puerto Santo y nos aguardareis alli tres dias, y si no fueremos alli tomareis el camino para la isla de Guadalupe, una isla pequeña de la banda del Nordeste, cerca de la Dominica en la cual estaremos tres dias y dejaremos alguna señal para que se

---

(*) Plymouth.

pais donde nosotros fuéremos, el cual será para Puerto-Rico, allí estaremos diez dias.

Si en este camino hubieremos algun viento contrario é tempestad de noche, abeis de amaynar todas las belas asta la mañana sino viéredes que vuestra almiranta haga vela y ansi areis vosotros lo mismo. Y si el tiempo volviese de noche alguna contrariedad de viento contrario, vuestra almiranta pondrá dos lanternas una debajo de otra de estatura de un ombre para que os vais rejiendo por ellas.

Y si todos nosotros amainasemos de noche por alguna ocasion de tempestad y fuere necesario azer vela, esa noche aveis de enzender antes que nosotros echemos velas una sola lanterna con lumbre en popa y otra en la gabia del trinquete.

No tendreis ninguna lumbre en ningun navio sino solamente la lumbre que estuviere en la aguja y esta esté con gran cuidado que no parezca fuera de la almiranta, y por las ocasiones que pueden venir del fuego y no abeis de traer ninguna candela ni lumbre en bordo del navio sino fuere con lanterna, y ni mas ni menos aveis de tener gran cuidado con el fuego de la cozina.

Ningun navio varal ni pataje no vaya delante de la almiranta de noche y particularmente en tiempo de fortuna de tempestad, ni se ponga debajo de los navios grandes pasando de una parte á otra.

Y si algun navio de la flota por desgrazia perdiese algun arbol mayor ó berga ó alguna bomba ó otro aparejo de importancia, tirarán una ó dos piezas, conforme á la necesidad que tuviese, para que los otros navios le socorrán con brevebad, y que ningun navio se aparte della asta que se socorra conforme á la necesidad que tuviere.

Y si algun navio de la flota perdiere su curso y topase con otro algun navio, la señal será que izarán y amaynarán la vela de gabia tres vezes y ansi ará la otra para que se conozca; no abeis de consentir jugar en el navio naypes ni dados por muchas ocasiones que suelen suceder de pendencias.

Abeis de tener grandísimo cuidado de conservar los bastimentos conforme vuestra discrezion, asta que rezibais otra órden de lo que aveis de hazer.

Lo último para que hagais mejor compañía vereis una lumbre en la popa almiranta una ó dos vezes.—Francisco Draque.

1596.

CORSARIO FRANCISCO DRAKE.

Desde Lisboa escrivia á V. Merced dándole quenta como tenia aprestada esta harmada para venir á las Indias en siguimiento del enemigo, y agora la doy de que á los dos de Henero salí de aquel puerto y corri la costa de España hasta el cavo de Sanct Vicente, y de allí comé la derota para pasar por sobre viento de las islas de Canaria y aviendo pasado buenos y malos ratos, á los 17 de Febrero llegué á Puerto-Rico adonde supe que el henemigo havia llegado aquella isla á los 21 de Noviembre y estado asta los 25 sin hacer daño para él deprovecho, hantes tenido un descalabro, y en su busca con la diligencia y furia que pude, parti de aquel puerto y llegué al de Cartagena á los 27. adonde no habia nueva cierta de donde estubiese, y el dia siguiente á la tarde estando con mucha priesa reparando mi armada y poniéndola de agua de que toda hella llegara bien necesitada, de la Ciudad y de los topes de los navios que estaban en el puerto, se vieron mas de diez y siete belas que venian á girar la vuelta de la mar de hacia el Nombre de Dios y en hanocheciendo se vieron á sota viento del puerto dos fanales, y á media noche se hoyó que tiraron una pieza de artillería, y echando de ver que hera el enemigo y que aquella hera señal para rendir la buelta, aunque no tenia agua para dos dias por que la que hay en Cartagena es en pozos que con poca priesa se agotan, aquella ora quise salir en su siguimiento por que aquella noche no me fué posible por que fuera de la oscuridad de hella el viento que havia hera contrario al que duró los dos dias siguientes, de manera que aunque hice que las galeras remolcándome sacasen á la boca del puerto no me fué posible salir del asta que á los 2 de Marzo. Por la mañana refrescó el teral con que salí y tomé la derota de la Havana, y habiendo hecho la diligencia posible en la navegacion á los honce de dicho descubrí la isla de Pinos y sobre hella la encenada de Juaniganico, á Francisco Draque que con 14 navios los seis galeones de la Reyna y los demas muy buenos y muy ligeros como quien de....(*) que sacó de Inglaterra lo avia reducido á solos aquellos y gastando en Porto

---

(*) No se lee.

velo 11 dias havia mas de 40.; en repararlos fuímele harrimando aunque no fué posible ganarle un punto del viento y emparejando con él, le llamé á vatalla con una pieza de artillería á la qual no quiso responder el almirante que con otros dos navios estaba mas al viento pude harrimársele mas, y el como tenia en su mano el llegarse y el retirarse se dejó venir sobre hellos y con toda su harmada le dió una carga de artillería y ellos le respondieron de la misma manera y dando bordos yo y los que estavamos á sota viento nos llegamos asta jugar la artillería, mosquetería y alcabucería con la cual el recivió muy conocido daño, luego en viendo la voluntad con que nos llegabamos, con mayor diligencia de la que se pudo hazer se desembarazó de todos y volvió las espaldas dando á todas velas y alargando las barcas y lanchas que traia por popa. Yo le fui siguiendo toda aquella noche con nueve navios y con otros cuatro mas que me acudieron todo el dia siguiente hasta que á las tres de la tarde ya que con ninguna diligencia no le puede inclinar apelechar, le hice doblar el cavo de Sanct Tanton y tomar la derota de él á canal de Caama conforme al órden de S. M. sin que en todo este tiempo el bolviese la cara ni tirar un arcabuz ni una pieza ni á mí me fué posible darle un alcance por ser todos sus navios con conocida ventaja mejores de vela que los mios, por que á causa del mal tiempo que en Lisboa me hizo les saqué malisimamente reparados y tras esto con haver navegado mas de dos meses y medio bien llenos de yerva y de....(*) y casi todos haciendo mucha hagua particularmente capitan y almirante que desde que salieron de Cartagena no se soltaron dos bombas de las manos en cada una, y por esta misma necesidad me harimó un navio el dia que salí de allí y ninguno sin lision en ninguna parte hes de entender pues que el enemigo le va destavez tanta berguenza y gasto y tan poco provecho de las hindias se le quitará el cariño de volver ha ellas pues fuera de la jente que se le mató y de los navios que ha perdido aunque por nuestra parte no quedamos con el contento que quisieramos, fué harto daño el que recivió el no dejarle hacer agua y leña, carne ni otra cosa por lo qual solo me trayan dos dias de ventaja desde Cartagena y haviendo yo manejado con tanta diligencia no hes posible que el ubiese tenido tiempo de proveerse de la menor de las muchas cosas que havia menester sin las quales se puede mal navegar y llevar camino tan largo y un mar tan travajoso, que se puede esperar no llegará navio ni persona á Inglaterra. Sin embargo de aquellos le he tomado uno muy bueno lleno de jente, doce ó catorce de los mas nobles de allí y aun de los

(*) No se lee.

mas ricos segun....(*) yo he cumplido con la órden que S. M. me dió y pienso no he discrepado de hella un punto asta el de haora, y quedo mas ganoso de acertar y pasar sin trabajo le baranco de armenteros que me he visto en mi vida, á la Señora Doña María veso la mano y nuestro Señor guarde á V. Merced como puede &c. de la Havana ha vente y siete de Marzo 1596. —D. Bernardino Delgadillo y Avellaneda.—Despues de averme informado de los sobre dichos, he sabido murió el Draque de enfermedad.

SIGLO 17.

1625.

Relacion de la entrada y cerco del enemigo Boudoyno Henrico, general de la Armada del principe de Orange en la ciudad de Puerto-Rico de las Indias; por el Licenciado Diego de Larrasa, teniente Auditor general que fué de ella (**).

Miércoles 24 de Setiembre del año de 1625 por la mañana se avisó de la fuerza de Sant Pheliphe del Morro parecian á barlovento del puerto ocho velas, certificose de ello el Gobernador y capitan general Juan de Haro, viéndolas desde

---

(*) No se lee.
(**) Real Academia de la Historia de Madrid.—Misceláneas.

una hermita que se dice Santa Bárbara. Dió algun cuidado porque tres de ellas andaban de una vuelta y otra. Hubo nuevas en este instante que se habian visto veinte y cinco, con que el Gobernador despachó diez hombres de la compañía de á caballo por la costa y playas, para que reconociesen si era verdad, y si se iban llegando á tierra. No hubo nuevas hasta las ocho de la noche que uno de los de á caballo avisó se habian contado diez y siete, con lo cual se tocó arrebato y se hizo disparar algunas piezas del Castillo que era la seña que estaba dada para que la gente del campo acudiese y con la que estaba en la Ciudad se agregasen á sus compañías y se les diese pólvora, balas y cuerda, y de allí se ordenase lo que mas conviniese al servicio de S. M.

Juéves 25 del dicho por la mañana. Todas las diez y siete naos amanecieron á barlovento del puerto como dos ó tres leguas, y luego al punto ordenó el Gobernador que la gente se pusiese en escuadron en la plaza, y que del Morro se sacasen dos piezas de artillería. Estas se llevaron á un puesto que se dice el Boqueron media legua de la Ciudad, sitio por donde el enemigo habia ganado otra vez la tierra. Fué á verle el Gobernador y en su compañía Don Juan de Vargas, su antecesor. Hízose allí trincheras y quedó en ella con la gente que pareció necesaria el dicho Don Juan de Vargas, por ser la parte mas importante y parecer que el enemigo habia de acometer por allí. Quedando esto en esta disposicion, se volvió el Gobernador por la playa nombrando gente que quedase en un puesto que llaman del Cambron, que era otro por donde se podia acometer. En estas prevenciones, las velas del enemigo se fueron llegando á la capitana que estaba atravesada con los palanquines izados y segun se entendió fué para tomar resolucion de lo que se habia de hacer, porque á la una del dia estando el viento brisa entablada, muy claro y sereno, cazaron á popa navegando con todas velas á la entrada del puerto. Ordenó el gobernador que el escuadron de la plaza, cada compañía marchase hacia el Castillo, y de allí todos en órden á vista del enemigo y de reencuentro fuesen caminando toda la gente por la playa arriba tan cerca de las naos, que con su artillería podia el enemigo ofender la faccion, que pareció muy bien, porque se hizo mas ostentacion de lo que podia con la poca gente que tenia el gobernador y que tambien se amedrentase al enemigo para que no entrara en el puerto. El sin embargo, con la resolucion que traia, se entró por él tan á salvo y siguro como si fuera por uno de los de Olanda ó Zelanda, por la poca ó ninguna destreza de los artilleros y ser tan poços y la artillería tan mal parada, que muchas piezas al primer tiro se apeaban por estar las cureñas y encabalgamentos viejos y que algunos de ellos habia cuatro años que estaban cargados. La culpa de esto no se quien sea el autor, solo que el Gobernador Juan de Haro cuando entró el enemigo habia 27. dias que gobernaba en ellos. No estuvo tan descuidado que luego no hizo llevar al Castillo seis piezas de artillería de bronce gruesa de á 13 libras la menor, que estaban en la Ciudad desencabalgadas, que habian quedado del galeon que se perdió, del cargo del general Thomas de la Paspuru á la entrada del puerto por el año de 23, cosa tan importante, que si el enemigo hallara estas piezas en la parte donde estaban, con ellas solo podia batir el Morro. Los demas dias estuvo ocupado en pregonar y tomar la residencia de su antecesor y oficiales, examinando en cada uno tres ó cuatro (*) de la secreta. El enemigo dentro, ordenó el Gobernador al capitan Joan de Amezquita, que su compañía marchase haciendo cara al enemigo hasta la Puntilla, parte donde iba á dar fondo, y comisionó al capitan Don Angel Moxica Leicau y D. Pedro Pantoja que lo eran de la gente de la tierra y al capitan Matheo Delgado de la forastera, cumplieron todos con la órden de su general, como muy valientes y esforzados, porque el riesgo era grande y evidente por las muchas balas de artillería que el enemigo tiraba, tanto, que con pretender el gobernador hacerse fuerte en aquel sitio para impedirle no echase gente en tierra, le faltó la mayor parte de la que habia de ella, y algunos de la infantería, que le obligó al Gobernador, que se hallaba en todos y en los mayores peligros, á retirarse al Castillo con los capitanes y la poca gente que habia quedado, ordenando al capitan que el con su gente y la que se le dió de la infantería, metiese bastimentos en el Morro, porque como la entrada del enemigo fué tan repentina y por parte y sitio no imaginado é increible, no se habia puesto mucha eficacia en esto, ni en que las mujeres y vecinos desamparasen sus casas y pusiesen sus haciendas en cobro, porque si entraba por donde se entendió y se hizo otra vez, habia tiempo bastante para todo; porque lo demas parecia divertir á los soldados, y que los vecinos no acudiesen con tantas veras á defender el paso al enemigo por cuidar de sus casas y familias.

Aquella misma noche se metieron en la fuerza 120. cargas de casabe, 46. fanegas de maiz, 130. botijuelas de aceyte, 10. barriles de biscocho, 300. quesos de islas, una pipa de harina, 30. peruleras de vino, 200. aves, 150. cajetas de carne de

---
(*) Testigos.?

membrillo, 50. reses que aquella tarde trajo al Morro el regidor Francisco Daza, por habersele cometido, y 20. caballos. Con este bastimento y socorro, la propia noche antes que el enemigo saltase en tierra é impidiese el campo para los pasos, nombró el Gobernador por comisarios al capitan Alonso de Figueroa, alcalde ordinario, Francisco Daza y Diego Montañes, regidores, capitan Pedro de Villate, Joan de Lugo Sotomayor, y Don Joan Ponce de Leon, dándoles á cada uno comisiones para recojer canoas, barcos y otro cualquier género de embarcacion, y que en ellos socorriesen la fuerza, con el abasto de carne y casabe y maiz que se hallase.

Otro dia el Gobernador tomó lista de la gente que habia en el Castillo para dar racion y nombrar oficiales que acudiesen á hacer ranchos que no era lo menos inportante, como lo fué la eleccion del capitan Joan Millan de Zayas, persona venerable é inteligente y de quien el Gobernador ha fiado cosas de muy grande importancia del servicio de S. M., y haberlo servido en su compañía mas de 26. años; y de proveedor de bastimentos y distribucion de ellos, hizolo tambien y con tanta cuenta y razon, que con ser 330 personas de racion, con el poco bastimento referido, animaba á los soldados de manera que prometia sustentarlos muchos meses con ellos.

Viérnes y sábado 26 y 27, del dicho, echó el enemigo toda su gente en tierra con escuadrones formados. Empezó á reconocer el Castillo y el modo y disposicion que habia para atrincherarse. Domingo 28, comenzó á ponerlo en ejecucion; y lúnes 29. plantó seis piezas de artillería de bronce de á 7, 12, y 18 libras bala, en el Calvario, lugar de los mas preminentes para ofendernos y batir la fuerza. Este mismo dia se disparó mucha mosquetería, de una y otra parte, y al Sargento mayor Garcia de Torres yendo a retirar de un caballero una posta, le pasaron de un mosquetazo y murió al cabo de siete dias, y hirieron de otro al alferez de infantería Gabriel de Orellana. Disparóse la artillería del Castillo y les mató mucha gente, y de las suyas, con ser muchas las que dispararon, no hizo daño.

Mártes 30., saliendo un sargento del enemigo fuera de las trincheras, con una espada desnuda haciendo bizarrias, un soldado de los que estaban de posta en un caballero, le derribó de un mosquetazo retirado. Como á las 9 de la mañana vino el tambor del enemigo con bandera blanca y la carta que asi ella como su respuesta á la letra es la que sigue:

1. *Carta.*—Señor Gobernador Don Joan Fare.—Bien puede ver V. Merced la razon porque le somos tan acercados y

considerar nuestra intencion, asi queremos: yo Boudoyno Henrico, general de esta armada, en el nombre de los Señorios los Estados generales y de el Ilustrísimo Señor Príncipe de Orange, que V. Merced sin hacer alguna escepcion, nos entreguen el Castillo con sus personas en nuestras manos, lo cual haciendo no dejaremos de venir á buen apuntamiento, y al contrario, no queriendo; sois avisado que de aqui adelante nos hemos resolto de escusar persona, viejo ni mozo, mujer ni niños, y sobre esto aguardamos su respuesta, y esto en pocas palabras. Estando en la Ciudad de Puerto-Rico, año mil y seiscientos y veinte y cinco.—Boudoyno Henrico.

Respuesta.—Visto el papel que V. Merced me ha escrito, y me espanto, que sabiendo que estoy yo aquí y con 13. años de Flandes, donde he visto las bravatas de aquella tierra, y saber lo que son sitios, se me pidan semejantes partidos; y si V. Merced quisiere ó pretendiere alguno, ha de ser entregándome los bajeles que estan surtos en ese puerto, que yo les daré uno á los que hubieren menester para que se retiren; que esta es la órden que tengo de mi Rey y Señor, y no otra: Con que he respondido á su papel. En este Castillo de San Pheliphe del Morro á 30. de Setiembre de mil y seiscientos y veinte y cinco.—Don Juan de Haro.

Y vista por el enemigo la respuesta de su carta hizo disparar con mucha cólera y corage mas de 150. tiros de artilleria. Fué Dios servido que no ofendió á ninguno de los nuestros; solo que con el ánimo y brio de los artilleros, por cargar y disparar apriesa y no haber limpiado bien las piezas, cargando una, se dió fuego y hizo pedazos á dos de ellos, de los mejores y mas adelantados que teniamos. La noche consecutiva habiendo dado una pieza sobre la puerta principal del Castillo, cayó en la plata forma alta la bala y hirió á dos, quebrándole á uno la pierna y á otro maltratado.

Miércoles 1º de Octubre. Llegando cerca del Morro un navio de Islas, con vinos y otras cosas de comer, para asegurarle, se despachó á Pedro Sarzuela, soldado, con órden del Gobernador para que surgiese y diese fondo debajo de la artillería, pena de traidor: no lo hizo, ó porque no quiso ó porque el tiempo no le dió lugar, sin embargo de que despues se vió hizo diligencias para volver, quedándose de una vuelta y otra, y subir á barlovento. El enemigo que todas sus fuerzas ponia en quitarnos el sustento y socorro, con poco viento y remolcando echó un patache fuera, y aunque se disparó toda la artillería no se le ofendió, porque otro dia se vió ir en seguimiento del que nos habia de socorrer, y asi le obligó á cazar á popa y irse á Santo Domingo. Causas fueron estas que desanimaran no poco á los soldados y demas gente del Castillo, si nuestro buen gobernador Joan de Haro, sacando fuerzas de flaqueza no los animara; poniendo la causa en manos de Dios y no pretendiendo mas que su honra y la de su Rey y Señor, y no particular suyo, como muchas veces se lo oí decir, y asi aquella misma noche y otras muchas, por partes y sitios incógnitos, los comisarios nombrados cada uno de su distrito y parte señalada socorrian con casabe y carne que podian. Este patache del enemigo mas de veinte y cuatro dias estuvo de frente del puerto, echando lanchas de noche para cojer las canoas con que nos venia el socorro, y de dia siguiendo las velas que parecian, pero no cojió ninguna.

Otro dia juéves 2 de Octubre estuvo el enemigo en silencio sin disparar pieza ni mosqueteria: dió cuidado porque aquella noche se vijió con mas veras que otras. Esta noche cuatro hombres del campo entraron en la Ciudad y cojieron una espia que dió noticia de la armada general, nacion, capitanes, gente y pertrechos que traia, y de como habian salido de Olanda 33 velas para socorro de la gran bahia del Brasil, y las 13 se habian apartado á la mar del Sur, y las demas restantes venian con demanda de este puerto, porque el Brasil lo hallaron por los nuestros; y que soldados y gente de mar no traia de 1,000. hombres arriba: esto nunca se tuvo por cierto, porque sin duda eran mas de 2,500, y porque las partes y sitios que el enemigo ocupaba eran muchos y en cada uno abundancia de gente, y las naos 17. y todas de 500. toneladas arriba.

Viérnes 3. Se disparó mucha artillería y de la armada se hizo lo mismo desencabalgándoseles otra pieza, y se mató al parecer mucha gente.

Sábado 4. Al amanecer, el Gobernador echó fuera del Morro por el postigo, hasta 80. hombres en dos trozos, por cabos al capitan Don Sebastian de Avila, vecino de esta Ciudad, soldado viejo, y al capitan Don Andres Botello, natural de Canaria, y á Don Antonio de Mercado hijo del capitan D. Alonso de Mercado, gobernador que fué de esta Isla, con diez hombres, para que los demas cada uno por su parte acometiesen á las trincheras á un tiempo. El Don Antonio se adelantó tanto, que los demas no tuvieron tiempo para hacer su faccion como se les habia ordenado, que fué causa de no haber degollado mucha gente al enemigo, aunque el Don Antonio con sus diez hombres le mató algunos. Este dia, viniendo al puerto una fragata que habia ido á pescar careyes, la corrió el patache que andaba fuera y milagrosamente se escapó y dió fondo, y se le sacaron mas de 70. careyes que traia, socorro importantísimo para el sustento. Con estos dos buenos sucesos y una espia que cojieron aquella mañana, que dió noticia que nuestra artillería le habia muerto mucha gente, se animaron los nuestros y pidieron al Gobernador les dejase salir á campaña otra vez.

Domingo 5. de Octubre, fiesta. De la Naval, como á las nueve de la mañana, del caballero de Austria dieron aviso á nuestro Gobernador como el enemigo bajaba una pieza por las trincheras, acercándola á nuestro foso, subió luego en persona y vió como era cierto, mandó luego acestarle una pieza y el artillero lo hizo tan bien, que le deshizo y le mató segun despues se supo ocho hombres, y al punto dió órden al capitan Juan de Amezquita saliese con cincuenta hombres y que embistiese á las trincheras. Hízolo á las 12 del dia con tan grande ánimo y esfuerzo, que desbarataron los que habia en ellas degollándoles mas de sesenta, entre ellos un capitan y sargento mayor de los mas animosos que el enemigo traia, sin que de los nuestros muriese ninguno, solo salieron heridos, y el mas peligroso que quedó dejaretado de un brazo fué Luis de Larrasa, natural de las montañas, de un mosquetazo. Quitáronles los despojos que son armas de fuego, benablos, y alabardas en cantidad. Despues de la retirada, corrido y afrentado el enemigo, nos hizo mucha bateria disparando balas sin número, de nuestra parte se hizo todo lo que pudo, porque como la pólvora que el Gobernador halló en la fuerza era tan poca que no llegó 150. quintales, y la ocasion presente apretada, íbase moderando y tasando para que no faltase en la mayor necesidad. Este dia, á prima noche, la gente del campo en una canoa cojieron la lancha de la almiranta con mas de 20. hombres degollaronlos á todos escepto dos que se trajeron al Gobernador. Con esta lancha dió órden el Gobernador al capitan Don Andres Botello que viniese al rio de Bayamon apercibido con gente y vigilancia de buscar alguna otra lancha y la embistiese hasta rendilla. Hízolo tan bien, que reconociendo la boca, vió como estaba de guardia hacia afuera una, de donde empezaron á dar voces preguntando á la de los nuestros qué gente era, respondióseles en su lengua que de los suyos, y de tal nao conocieron el engaño y se pusieron en arma, y á este punto se les dió Santiago, y se apoderaron de la lancha degollándolos á todos sin que se escapase hombre. Vino á su socorro otra que estaba el rio arriba, y peleando con ella le mataron la gente. Solos 5. hombres que huyeron en ella, que por estar tan ocupados y divertidos con las dos, no los siguieron. Estas dos lanchas se llevaron por el rio arriba y se aseguraron en parte donde el enemigo no las pudiese cojer, porque con ellas nos prometíamos muy buenos sucesos y que se nos habia de meter en el Castillo todo género de socorro, como se hizo.

Miércoles 15. de Octubre. Enojado el enemigo y que se le iba deshaciendo el intento que tenia de rendir la fuerza por hambre, armó 7. lanchas con 140. hombres, muchos pedreros, mosquetería y chuzos, y hizo acometiendo al rio por dos partes en busca de sus dos lanchas. Las cuatro entraron por la boca principal del, y las tres por un desaguadero, que se dice Boca vieja, á un mismo tiempo. Los nuestros que estaban con vigía, les dejaron entrar y en la primera emboscada, les dieron una *ruciada* de mosquetería que serian hasta quince, y luego se pusieron en huida para que el enemigo se acercara y echara gente en tierra, como lo hizo, y luego como valientes españoles volvieron á ellos haciéndoles cara, degollando muchos, hasta que se retiraron á sus lanchas, cojieron algunos despojos, y las lanchas se volvieron, lo cual no hicieran si las dos nuestras estuvieran alli.

Juéves 16 á las 10 de la noche. Este capitan Don Andres, con órden del Gobernador, fué con 30 hombres de la tierra en las dos lanchas, dieron asalto al Cañuelo, que es un fuerte que defiende el paso á las lanchas y canoas asi de las que salen como de las que entran en el puerto y rio, en que estaba ya el enemigo apoderado con artillería y gente de guarnicion. Luego que llegaron los nuestros, le dispararon la mosquetería á las ventanas del fuerte, porque la puerta estaba cerrada para que ellos no tuvieran lugar de disparar su artillería, sin embargo lo hicieron pidiendo socorro á el armada, á que acudieron dos lanchas y antes que la delantera abordase (*) le embistieron y mataron la gente de ella sin que quedase ninguno. Con esto reconociendo la otra lancha la fuerza de nuestra gente se retiró. Los del fuerte con piedras y artificios de fuego se defendian tan valerosamente, que de ninguna suerte dejaban llegar á los nuestros. Viendo esto, para rendirlos se tomó por medio el quemarles la puerta y darles fuego por dentro, con lo cual diez y seis que habia sin dos muertos se rindieron. Duró esta batalla á vista del enemigo y de nuestro Castillo dos horas muy largas, trájose á él el despojo y flamencos, dió el Gobernador muchas gracias á Dios, y á Don Andres y soldados agradecimientos. Dia de San Lucas 18 de Octubre, puso el enemigo dos naos junto al Castillo, casi debajo de la artillería. El intento no se supo, pero por lo que despues se vió, fué por dar

---

(*) No se les.

ocasion á que nuestras lanchas le acometiesen que eran ya 4. y rendirlas, ocultando la gente debajo de cubierta, porque arriba se veia solo algun marinero. Otro pensamiento tambien se hizo que fué el darnos ocasion de que gastásemos nuestra pólvora, porque como habian tenido nuevas de que teniamos poca, era aquella buena para consumirla. Nuestro Gobernador que todo lo previno, no faltándole brios ni ánimo, ni desconfianza en que le habia de faltar, en el tiempo que allí estuvieron les dió tan buena batería que otro dia con toda priesa se retiraron, y la una tan maltratada, que hubo necesidad de encallar en tierra y alijar la artillería para repararse.

Mártes 21. de Octubre escribió el enemigo la carta de abajo. Va á la letra con su respuesta.

Carta 2ª del General.—Señor Gobernador: Ya sabe el poder que tenemos sobre esta Ciudad de Puerto-Rico, la cual estamos no solamente resueltos quemar, pero tambien todo lo que está á el entorno de ella, lo que os queremos avisar. Si por ventura queriendo guardar los vecinos de aquel daño se queria acomodar con nosotros, si asi es, mandanos luego con quien habemos de tratar. Otramente no dejarémos de poner luego á ejecucion nuestro intento. A 21 de Octubre en Puerto-Rico.—Boudoyno Henrico.

Respuesta.—He visto el papel que se me ha escrito; y si todo el poder que queda en Olanda estuviera hoy en Puerto-Rico, lo estimara en mucho, porque vieran el valor de los españoles. Y si quemaren el lugar, valor tienen los vecinos para hacer otras casas, porque les queda la madera en el monte y los materiales en la tierra. Y hoy estoy en esta fuerza con la gente que me basta para quemar á toda la suya; y no se me escriban semejantes papeles porque no respondo á ellos; y esta es la respuesta que doy. Y en lo demas, hagan lo que les pareciere. Deste Castillo de San Phelipe del Morro 21. de Octubre 1625.—Joan de Haro.

Despues de cojido el Cañuelo, y estos buenos sucesos, luego al punto el Gobernador para continuarlos y acabar de consumir á el enemigo, consiguiendo una muy gran victoria, ordenó al capitan Don Andres que juntase toda la gente del campo que estaba repartida en los puestos, y con sus armas acometieran por el puente, haciendo seña para que al mismo tiempo saliese gente del Castillo, y por una y otra parte se acometiese á el enemigo, con que era fuerza degollarle, cojiendo al general y toda su armada. Hubo tanta remision en esto de parte de todos que cuando se acudió al remedio, ya el enemigo con la respuesta del Gobernador habia quemado 46.

casas de piedra y 52. de tablas, que si el Gobernador no estuviera tan fiado en la puntualidad del capitan Don Andres y en el valor y esfuerzo de la gente del campo, que siempre lo tuvieron, entretuviera al enemigo y no tomara tan breve resolucion que fuera buena ó importante si el enemigo no pusiera tan presto en ejecucion su intento y no se hubiera faltado en cumplir la órden y disposicion que el Gobernador habia dado. Finalmente por acudir al reparo, y que el enemigo del todo no quemara y arruinara la tierra como lo iba haciendo, con el mayor esfuerzo y ánimo del mundo, ordenó al capitan Joan de Amezquita que con 150 soldados saliese al campo y embistiese á el enemigo hasta hacerle retirar. A este mismo tiempo se hizo lo mismo por el puente, y por una y otra parte se dieron tan buena maña, que por certificacion del Sargento mayor y lo que se vió desde los caballeros del Castillo, se retiró tan á tropel el enemigo y con tanta cantidad de gente, que unos sobre otros se arrojaban á el mar á ganar sus lanchas y naos. Y á no estar tan juntas todas y casi con planchada en tierra, los nuestros pudieran llegar á tiempo que degollaran muchos de ellos, que fué acordado no lo hacer por el empeño y peligro evidente. Esto fué de suerte que parece increible, porque el enemigo en solos dos escuadrones, se retiró con mas de 700. infantes, y los nuestros se puede decir que fué mas el ruido que las nueces, porque cristianamente y como pareció por las listas, en el campo y Castillo no hubo 200. soldados que tomasen armas para pelear, porque los demas eran viejos y impedidos y enfermos. Por estar continuamente con las armas en la mano y el sustento tan limitado, las dos partes de la gente no fué de provecho de ninguna manera; todo esto suplió el ánimo y valor de nuestro buen Gobernador y el que tenian los españoles y naturales de la isla, cuya memoria merece estar escrita entre los casos memorables. Porque, cuando se ha visto, ú en que guerra, que cinco españoles en una canoa, que es un palo hueco, embistan á una lancha de 25 hombres con mosquetes, pedreros y chuzos y los rindan? y asi mismo, otros 30. á un fuerte, guarnecido con su artillería y gente, que parecia inexpugnable, y no solo le rindan, pero á la gente que les acudió de socorro degollaron, y 200 á 700. haciéndolos retirar y dejar la tierra? Esta retirada fué á 22 de Octubre como á las 10 del dia; ordenó el Gobernador que se hiciesen algunas trincheras en las bocas de las calles por si el enemigo volviese á saltar en tierra y que se apagasen los fuegos acudiendo 100. hombres á esto, como se hizo. Embarcado el enemigo en sus naos sin hacer mudanza con ellas. A 23 del dicho mandó sacar nuestro Gobernador tres piezas una de á 13. libras y otra de á 10. y otra de á 7. Plantáronse en lugar muy cerca á las naos, de noche y sin que lo entendiese el enemigo, para asegurarle que no se retirase. Fué tanta la bateria que se hizo á la capitana, que le deshicieron la popa y la pasaron por muchas partes matándole mucha gente y lo mismo á la almiranta y otras naos que estaban cercanas, tanto que les obligó con toda diligencia el *atoarse* y desviarse lo mas lejos que pudieron. Mucha fué la bateria del enemigo, pero á Dios las gracias solo cuatro de los nuestros salieron heridos, el uno con una pierna menos y otro un brazo. Los otros dos murieron, entiendese: fué mas de espasmo que de las heridas. Desde este dia se estuvieron reparando y aderezando de los balazos hasta fin del mes. Nuestro Gobernador, que por ninguna manera se descuidaba, viendo que le faltó puesto para acercar la artillería y hacerle mas batería, ordenó de juntar todos los oficiales carpinteros y herreros, y que con toda brevedad trabajando de dia y de noche y asistiendo él mismo en persona, se hiciese una cadena de palos muy gruesos; estos fueron 6, y cada uno de 27. codos de largo y del grueso de un arbol mayor para navio de 200. toneladas. La perneria y chapazon y anclaje, el que tenia la misma platina de hierro asi tosca y por labrar, y se pusiese en el canal del puerto por la parte mas estrecha con sus pedazos de cadena, anclaje y cables lo mas gruesos que habia. Acabado esto, el enemigo hizo seña de leva con lo que el Gobernador apresuró el llevar la cadena por no perder tiempo y ocasion. El enemigo que lo vió con viento favorable, que siempre le tuvo, al instante se hizo á la vela y acometió á salir, siendo la 1ª, la almiranta que en un bajo que está junto á la canal encalló este dia que fué de todos los Santos. Salieron todas tres sin tener efecto lo de la cadena porque no hubo lugar para ponerla; disparáronsele á cada una 30. piezas y entre ellas muchas de á 24 y 28. libras bala, y certifico, como quien lo vió, que pocas fueron las que no se emplearon haciéndoles muy gran destrozo. Las tres piezas que estaban fuera luego dieron tras de la almiranta encallada y le hicieron mucho daño, segun se vió, esta se retiró á las 10. de la noche, que fué pleamar, con las demas. Domingo 2. del dicho como á la una del dia, salieron todos escepto una que quedó encallada. El Gobernador que se hallaba imposibilitado de poderles impedir el paso y que no tenia otro medio ni modo para ofenderles, dispuso lo del artillería, nombrando persona de consideracion que acudiese á los artilleros y soldados que estaban para disparar en cuatro plataformas, que dividió para el efecto. Hízose tambien y con tanta órden y presteza, que por ningun caso se perdió bala, acudiendo á todo con su misma persona, sin reparar ni ponersele por delante ninguno de los peligros, que fueron muchos por la batería del enemigo, que no se hizo esto tan á salvo que cargando una pieza de las nuestras asistiendo él en persona para dar mas priesa, se dió fuego en el cartucho y hizo pedazos á un soldado adelantado que la estaba atacando y á otros 5. ó 6, echó por el suelo y á nuestro Gobernador con los astillazos del atacador y la pólvora derribándole en tierra le hizo 24. heridas por todas las partes de su cuerpo y asi herido y de fuego que le dió en la cara se animó diciendo: Ea hijos que no es nada, nadie deje de acudir á su cargo. Retiróse por sus pies á curar, sacósele de una pierna y de los brazos algunas astillas, estuvo en la cama nueve dias que labró el fuego ordenando de ella de dia y de noche lo necesario é importante para que la nao encallada y un patache y lancha que quedó con ella no saliesen del puerto, con las lanchas y gente necesaria acometiesen al patache que estaba desviado de la nao y encallado y le sacase y pusiese en cobro. Esto no se consiguió porque el capitan Joan Amezquita, no sabiendo la órden que tenia Don Andres, se adelantó y fué él en persona con dos lanchas á tomar el dicho patache, fué Señor del con toda su gente y estuvo desde prima noche hasta las 12. de ella por nuestra la nao que se habia desencallado y que se via en su paraje disparando toda su artillería, obligó al capitan con su gente le largase. El Gobernador sintió tanto esto que castigara sin duda al culpante que yo creo seria el piloto, por tener por hombre animoso y valiente á el capitan, sin embargo de que lo dejó á mejor juicio y parecer que será el de nuestro Gobernador en la causa que va escribiendo sobre el caso. Vuelta la nao á la parte en que se habia levado, sin dilacion órdenó el Gobernador hacer trinchera y bajar la artillería á un sitio que se dice la Puntilla, aunque lugar peligroso por estar tan bajo y cerca donde estaba la nao, muy de importancia para batirla. Hízose tan apriesa que la nao maltratada buscó canal y sitio incógnito é increible por los pilotos de la tierra por no se haber visto jamas otra nao, aunque fuese de muy menor porte en este estado, y que la artillería no podia surtir efecto por estar desviada. Ordenó el Gobernador con una nao de 200. toneladas que milagrosamente escapó del enemigo que estaba fuera, avisarle el Gobernador con una canoa que el capitan Santiago de Villate y Escobedo, vecino de esta ciudad, con 80. infantes y á Don Andres con sus cuatro lanchas haciendo escolta y guardando las órdenes del dicho capitan, embistiesen á la nao hasta rendirla, atropellando todo género de dificultad, porque ninguna se les admitiria por ningun caso. Puesto por obra, el viento terció tan mal que no fué posible el abordarla, y esto creo que convino á los nuestros y que asi lo dispuso nuestro Señor por lo que despues se vido, porque sin duda alguna perecieran los nuestros sin que quedara soldado vivo ni imaginacion de navio. Como esto no se consiguió, hizo el Gobernador que se pusiese la cadena y se ajitase y añadiesen otros palos. Salidas las naos, la mayor parte de ellas por ser el tiempo bonancible cazaron de popa y se sotaventaron. La capitana con las demas restantes, de una y otra vuelta, estuvieron sobre el puerto dos dias, aguardando que saliese la nao. Hizo lo mismo viendo que no salia, quedando tres y el patache. Estas aguardaron mas de ocho dias viniendo todas las tardes sobre la boca del puerto á dar vista á la suya, la cual hizo una seña de disparar tres piezas sin bala y poner encima de la bandera un gallardete. Lo que de esto se colijió fué pedir socorro porque la gente estaba amedrentada y tan desatinada que de ninguna manera sabian por donde habian de salir, y esto fué porque el Gobernador mandó á las lanchas que quitasen las boyas que estaban puestas y con centinela para que la del enemigo no pusiese otras. Finalmente ya como desesperados se levaron y dieron sus velas para salir, como á las dos de la tarde, y por huir de nuestra artillería que estaba en la Puntilla, se metieron tanto por los bajos, que quedó mas encallada que la vez primera. Luego al instante el Gobernador mandó poner otra pieza y que los mejores artilleros cada uno á la suya le disparasen, y asi se hizo sin perder tiempo. Fué tan grande la batería y destrozo que le iba haciendo, que nuestro Gobernador previno en que aquella noche la gente de ella en una lancha y otra pequeña la habian de desamparar y así luego al punto envió á llamar al capitan Don Andres y le ordenó que con dos lanchas estuviese en medio del puerto sobre la cadena y otras dos desviadas en el paso del Cañuelo, y que al momento que se reconociese que las lanchas salian se disparase un mosquete y que las tres acometiesen al enemigo y la otra fuese á la nao para apagar el fuego que se hallase encendido, y al capitan Don Sebastian de Avila ordenó tambien que en el Catel del navio de la Havana con 11. hombres estuviese á vista de la nao, porque si echase espia diese asalto á su lancha y los cojiese. Y sin embargo de esta disposicion tan buena y prevencion tan cierta, el enemigo salió con sus dos lanchas y el Gobernador castigara á los que no guardaron sus ordenes. Quedóse la nao, y en la 2.ª cubierta dejaron algunas linternas encendidas y en dos barriles de pólvora, en el pañol donde estaban cuerdas encendidas y lo mismo en algunas piezas el no cerrar fuego fué evidente milagro conociese la salida de las lanchas desde una de las plataformas, porque le dispararon 2. piezas y fué tanto el sentimiento del Gobernador con estar en la cama y no sano de las heridas. Asi cojo y maltratado se levantó, ordenando que las 8. lanchas saliesen á la mar con 11. hombres en seguimiento de las lanchas, y que nadie entrase en la nao hasta que él y los oficiales Reales fuesen. Hízose así, y luego despues de reconocido y visto que el fuego no habia surtido efecto, ordenó que sacase la pólvora, cuerda, armas y balas y otras municiones inventariándose todo con mucha cuenta y razon. La nao es de mas de 500. toneladas, nueva de primer viaje con 3. cubiertas, 30. piezas de artillería, 34. de hierro colado y 6. de bronce, las dos de ellas medio culebrinas de á 13. libras bala, y ella en si tan fuerte que pareciéndonos que estaba deshecha á balazos, por ser tantos los que le tiraron, que ninguno le pasó por parte donde se pudiese ir á pique dándole los mas de ellos en la lumbre del agua. Las lanchas se volvieron porque el enemigo estaba lejos y el viento les refrescó luego. Veinte y ocho dias fué el cerco. En ellos tiró el enemigo mas de 4,000. balazos de artillería. Las trincheras las allegaron hasta nuestro foso y nos quitaron un albercon de agua que estaba pegado á él, porque á ellos les pareció que de allí era nuestra bebida, y engañáronse porque en el Castillo habia agua para dos años. Trabajó tanto el Gobernador en estos veinte y ocho dias que de remiendos con todos los carpinteros hizo encabalgamientos para mas de 20. piezas que se habian apeado disparando. Terraplenó la puerta principal derribando la puente que estaba sobre 3. estribos de ladrillo y piedra, estos los hizo arrasar porque si el enemigo entrase en el foso, no daban lugar á que 3. pedreros que hizo poner en las casas *matas* le ofendiesen, hizo meter esta madera para leña y eje de la artillería. Tambien hizo terraplenar otras dos puertas. La una del foso del Castillo y la otra de las murallas que es el servicio de las carretas para la fábrica, entre estas dos puertas pegado á la del foso hizo hacer una trinchera para resistir á el enemigo porque por aquella parte de la mar podia meter gente como salia la nuestra para ofenderle. De noche estaban en ella 8. soldados piqueros y cuatro mosqueteros con un cabo de satisfaccion. Y estado y medio de alto la centinela á fuerte, que puesto en pie, pudiese ver cuando el enemigo venia. Este cabo tenia por orden de pelear y no retirarse de ninguna manera, por que aunque viniese mucha gente la salida era tan estrecha y agria que habian de entrar muy poco á poco. Hizo un desembarcadero en la ultima plataforma para que las canoas, en que nos entraba el bastimento, se abrigasen y estuviesen ocultas. Asistió en él personalmente tres dias descalzo y metido del agua con la demas gente. Fué muy importante porque de antes se perdian las canoas y el bastimento se mojaba de suerte que no ser via. Terraplenó en una noche una garita del caballero de Austria que el enemigo por batirla ofendia mucho á los nuestros y en particular á los artilleros y artillería por cojerla atravesada: Fué de mucha consideracion porque las balas no la pasaban. Aderezó las picas clavando los hierros, haciéndolas afilar, hizo muchos chuzos y *desjaretaderas*. Despachó la misma noche que se encerró en el Morro á Santo Domingo escribiendo al Presidente A. Carta X.ª y la Havana pidiendo socorro de pólvora, municiones y bastimentos. Hizolo tambien el Presidente Don Dionisio de Acuña y se mostró tan celoso en esta ocasion del servicio de Dios y de S. M., que antes de llegar las cartas á sus manos, por nuevas que tuvo de unos marineros que salieron del puerto huyendo en un barco y del soldado Pedro Sarzuela que habia ido en el navio de islas, que al instante despachó una fragata con socorro escribiendo á nuestro Gobernador Joan de Haro y animándole y que le ofrecia no faltarle en lo que tocaba á bastimentos y que le avisase el estado en que estaba. Llegadas las cartas despachó otra con cantidad de casabe, carne, maiz, biscocho, harinas, quesos, gallinas, huevos y medicinas, hasta carbon para la fragua, y pareciéndole que aun esto no era bastante, despachó otra con 80. infantes por capitan y cabo á Francisco de Acuña natural de Lisboa en los reinos de España con órden de que metidos los bastimentos en esta fuerza, pasase á raya y trujese pólvora socorriendo primero nuestra necesidad, y la demas restante la llevase á Santo Domingo de que habia falta. Viniendo este capitan en cumplimiento de su viaje en el paraje del Arribo, 12 leguas á sotavento de este puerto, amaneció entre 12. naos del enemigo Olandés que ya habia salido. Huyendo dél y entrando en otro le siguieron otras 3. que quedaron atrás, tanto que le obligaron á meterse en un puerto que se dice *Cerro-gordo*. Embistiéronle 3. lanchas y peleó tan alentadamente, que matándole mucha gente las hizo retirar y á una la echó á pique. El enemigo agraviado desto y con otro nuevo socorro que le habia ido en la fragata y lancha que desamparó la nao. Lúnes 10. de Noviembre con ella y otras cinco lanchas que llevarian mas de 250. hombres y con artillería y roqueros le acometieron. Como los nuestros eran pocos y le habian muerto y herido algunos, dejaron sola al capitan y se echaron al monte. Aseguró su persona con el socorro que habia puesto en tierra, sin mostrar en nada género de cobardía, porque en todo anduvo muy valiente. Lleváronse la fragata y 2. piezas de bronce pequeñas que traia. Tambien despachó el Gobernador despues de algunos dias de cerco, en una canoa de perlas á la ciudad de la Havana al Gobernador Francisco Tajagrano escribiendo al Marques de Cadereita general de Galeones, para que con ellos si estaba allí le socorriera ofreciéndole una grandiosa victoria por estar por nosotros el Castillo y conocer el poco valor y ánimo del enemigo, y que si no estuviese allí pidiese al Gobernador y Oficiales Reales, pólvora, municiones y bastimentos y que los despachase y pasase á la corte con el pliego que llevaba para S. M., que tambien lo hizo por via de Santo Domingo. No le quedando tiempo ni ocasion, medios ni modos de que no se valiese nuestro Gobernador para salir del empeño tan grande en que estaba, y defenderse con una fuerza tan importante al servicio de las dos Magestades trato y comercio de todas las indias, porque esta fuerza en poder del enemigo la consideró inexpugnable por tener sitios y partes que si los fortificara como dió á entender, lo habia de hacer costara á S. M. el desapoderarle de ella mucho cuidado y hacienda, y por lo que he visto en este caso presente, tengo lástima á los que viven en semejantes lugares porque no solo esta vez sino las que quisiere se entrará con la facilidad que lo hizo para cuyo remedio, segun la esperiencia ha mostrado, el Castillo está muy desmantelado y muy en jerga, y los que han informado á S. M. que está acabado se han engañado. Tiene muy poca artillería y menos artilleros con ninguna destreza. La boca del puerto tiene de ancho 323. brazas casi todas de canal, si de la otra frente del Castillo se pudiera hacer una plataforma, importara mucho, pero cuando esto no sea, no se podrá escusar en el puesto y sitio que llaman de la Puntilla que es en medio del surgidero de las naos y de no hacerse esto y criar otras 100. plazas como de antes, demas del riesgo tan eminente que tiene la tierra, los vecinos estan resueltos desampararla y será fuerza el hacerlo porque ha sido mucha su ruina y pérdida y S. M. no ha tenido ninguna, antes ha quedado muy gananciosa pues la nao y lo que tenia vale mas de lo que S. M. ha gastado. Matáronle á el enemigo 400 hombres, antes mas que menos, y algunos de consideracion de los nuestros. Murió el Sargento mayor Garcia de Torres, cuatro artilleros que mataron nuestras mismas piezas y seis soldados y dos estropeados de brazos y piernas. Solo entró en el Morro el Prior fray Antonio de Rojas de la órden de predicadores para confesar, que como animoso nos quedó de tantos Eclesiasticos como habia, y fué de muy gran consuelo para las necesidades y riesgos de la vida, en que estabamos saliendo. En la manguardia cuando la retirada del enemigo embarcandose en el navio que fué á cometer al que habia quedado suyo animando los soldados, todo con mucho valor. Por muerte del Sargento mayor Garcia de Torres, se nombró al Capitan Mateo Delgado, que lo era de la infantería en la gran Canaria, persona que ha mas de 30 años que sirve á S. M. y en esta ocasion importó su eleccion para disciplina de los soldados, asistencia y trabajo de su persona en las trincheras y plantar la artillería y ser de los primeros que acudió á la nao para reparar si habia algun fuego y defender lo que habia dentro, por orden de nuestro Gobernador. Acabada esta relacion escribieron al Gobernador el Cabildo de la villa de San German, 30 leguas á sotavento de esta Ciudad, como el enemigo con su armada habia dado fondo en un puerto que se dice San Francisco, reconocióse iban muy maltratadas y la Capitana y otra desarborlada, y que de dia y de noche no cesaba la carpintería y que juntamente les habia escrito la carta que sigue:

Carta 3. de Boudoyno Henrico.—Señores: El portador de esta llamado Manuel Casuella, natural de la Ciudad de Miega, es prisionero que los indianos del Brasil tomaron con su mujer y dos niños en la Capitanía del Rio Grande, pero viéndoles en el poder de aquella gente, luego fueron de los nuestros tomados en salve y guarde, y por no haber hallado comodidad propia de ponerlos en tierra, se han hasta agora quedado con nosotros, y como le hallamos ser hombre de bien y honrado, habemos hallado por bien de fiarle y enviarle á Uds. para que en nombre mio pidiese á Uds. que nos manden aqui algun hombre de la tierra sobre mi fé y abajo de la bandera blanca para saber si queria tratar con nosotros sobre algun ganado y otras provisiones que pudiesemos haber de menester en pagándoles lo que será de razon, y con esto guarde Dios á Uds. á 8. de Noviembre, en el Almirante.—Jaques Lofrebure, Secretario.

Respondióseles á esta carta que si querian saltar por bastimentos lo hiciesen con su riesgo, que ellos no le querian dar ninguno. Vista por el Gobernador la carta y respuesta de arriba y la falta de pólvora y balas que habia, les despachó dos botijas de pólvora 2400 balas, para que de ninguna manera diesen lugar á que hombre del enemigo pusiese pié en tierra inspidiéndoles todo género de socorro; si antes que se despachase esta se avisase del suceso se pondrá á continuacion de lo demas, y perdone el lector la prolijidad, que no se ha podido decir en menos palabras habiéndose de ponderar y escribir el caso como pasó. En realidad de verdad, que asi lo certifico como testigo de vista, que es fecha en Puerto-Rico á 18 de Noviembre de 1625 años. Fin. (*)

1636.

Copia de Cédula de S. M. por la cual se dá facultad al Gobernador de Puerto-Rico para que por su ausencia ó muerte pueda nombrar persona que gobierne aquella Isla.

El Rey.—Don Yñigo de la Mota Sarmiento, caballero de la orden de Santiago, mi Gobernador y capitan general de la Isla de San Juan de Puerto-Rico, en un capítulo de carta que me escribisteis en último de Abril pasado, decis os hallais muy falto de salud, maltratado de los años que habeis servido las campañas, con algunas heridas que no os dan la agilidad y prontitud que requieren las cosas de esa Isla, y me suplicais que para en caso que la falta de ella os apretare ó por otro accidente, os de facultad para que podais nombrar persona que gobierne en vuestro lugar pues no usareis de ella sino es que tengais muy precisa necesidad, y habiéndose visto en mi Junta de guerra de las Indias y consultádoseme, teniendo consideracion á las causas que representais y á la satisfaccion que tengo de vuestra persona y que mediante la que mostrais en las cosas de mi servicio procurareis, he tenido por bien de dar la presente por la que os doy licencia y facultad para que sucediendo el caso de ausentaros de esa Isla, ó por vuestra muerte, podais nombrar con título de Sargento mayor, el soldado que os pareciere mas á propósito para que gobierne esa Isla, en el interin que envia mi Real Audiencia de Santo Domingo quien lo haga. La cual dicha licencia y facultad os doy con calidad que no habeis de manifestar mientras no sucedieren los casos referidos en que os habeis de valer de dicha facultad, que para solo ello os doy tan bastante poder y comision como de derecho en tal caso se requiere. Fecha en Madrid á 6. de Noviembre de 1636 años.—Yo el Rey.—Refrendada de D. Gabriel de Ocaña y Alvarez.

(*) Este documento disipa el error en que incurrieron algunos escritores; pues á mas de probar que no murió el general Enrico á manos de Amezquita como se creia, fija la época del suceso en 1625, cuando hasta hoy se ha supuesto en 1615.

1638.

Título de Contador para que tome las cuentas á los oficiales de la Real Hacienda y otras personas de la ciudad de la Havana y á los oficiales Reales de las Cajas de las ciudades de Santo Domingo, Puerto-Rico, Cumaná y la Florida, para Don Pedro Veltran de Santa Cruz en consideracion de sus servicios y de que sirve á V. M. por este oficio con 50 ducados de plata doble.

Don Felipe &c. Por cuanto habiéndoseme consultado por los de mi Consejo Real de las Indias, lo mucho que convenia á mi servicio y á la buena administracion de mi Hacienda que en la ciudad de la Havana haya un Contador nombrado por mi, que tome las cuentas al Contador y Tesorero de mi Real Hacienda de la dicha Ciudad de la que fuere á su cargo, y de las penas de Cámara, gastos de Justicia, propios y sissas de la Armadilla y otros que estuvieren obligados á dar ellos y los Tesoreros, Arrendadores, Administradores fieles y recojedores y al tenedor de bastimentos y municiones, y herramenteros de las fábricas, y al mayordomo de los esclavos, de la dicha ciudad de la Havana, y á los Oficiales de mi Real Hacienda, de las ciudades de Santo Domigo, Puerto-Rico, Cumaná y de la de San Agustin de las provincias de la Florida. He tenido por bien de resolver y mandar, que haya el dicho Contador, para que tome las dichas cuentas en la forma segun y de la manera que se contiene en la instruccion que para ello he mandado hacer y remitir á mi Gobernador y capitan general de la dicha Ciudad y oficiales de mi Hacienda, della, para que la vean y si se les ofreciere algo, que añadir, quitar ó mejorar para el mejor cobro de mi Hacienda, lo hagan y me avisen dello en la primera ocasion para que resuelva y mande lo que tuviere por mas conveniente á mi servicio y se forme la dicha instruccion ó instrucciones que tuviere por mas convenientes para el buen uso y ejercicio del dicho oficio, que así es mi voluntad, y que en la que ahora se ha hecho, ó hiciere de aquí adelante, por los del dicho mi Consejo de las Indias, se puedan mudar, añadir ó quitar, las ordenanzas ó capítulos que les pareciere conviene á mi servicio y á la mejor ejecucion de las cosas tocantes á él, y deseando proveer éste oficio, en persona de las partes y calidades necesarias, atendiendo á que estas y otras concurren en la de vos Don Pedro Veltran de Santa Cruz, y á lo que me habeis servido, y esperando que lo continuareis de aquí adelante, con la fidelidad y limpieza que sois obligado, habiéndose visto por los del dicho mi Consejo de las Indias el concierto que el conde de Castrillo mi Gobernador dél, hizo con voz en virtud de la comision que le tengo dada para el beneficio y venta de oficios y otras cosas de las Indias, de que yo os haria merced del dicho oficio de Contador de la dicha ciudad de la Havana, sirviéndome con 5,000 ducados de plata doble, pagados los 3,000 dellos de contado en esta córte y los 2,000 restantes en mi Caja Real de la dicha Ciudad para que vengan por vuestra cuenta y riesgo registrados en los Galeones, que éste presente año de mil y seiscientos y treinta y ocho han de ir á las Indias, con calidad que los Oficiales de mi Real Hacienda, de la dicha Caja no os entreguen ésta mi Provision ni consientan que en virtud della seais admitido al uso y ejercicio del dicho oficio, sin que les hayais pagado los dichos 2,000 ducados, con mas lo que fuere necesario para sus fletes, costas y riesgos, hasta que libres de todo lleguen á la Casa de Contratacion de Sevilla, para que en ella se entreguen al Receptor del dicho mi Consejo de las Indias, y él los tenga á disposicion del dicho conde de Castrillo para los efectos que le tengo encargado y encargare, y habiendo constado que en ejecucion y cumplimiento, del dicho concierto, habeis entregado al dicho mi Receptor, en 18. del mes de Febrero pasado de éste año, los 3,000 ducados de plata doble, que conforme á él debiais pagar de contado en su poder y que por escritura que otorgasteis en esta villa de Madrid en veinte y cinco de dicho mes ante Francisco Blanco mi escribano, que originalmente queda en mi Contaduria de Cuentas del dicho mi Consejo para usar della á su tiempo os habeis obligado con vuestra persona y bienes á que pagareis en la dicha mi Caja de la Havana los dichos 2,000 ducados, restantes á los 5,000 con que me servisteis el dicho oficio con mas lo que fuere necesario para sus fletes, costas y riesgos hasta que lleguen libres dello á la dicha ciudad de Sevilla, es mi voluntad que cumpliendo vos el dicho Don Pedro Veltran de Santa Cruz, con la paga dellos en la forma que dicho es, de haceros merced, como por la presente os la hago, del dicho oficio de Contador de la dicha ciudad de la Havana para que en conformidad de la dicha instruccion podais usarle y ejercerle, todo el tiempo que fuere mi voluntad, y que como tal mi Contador tomeis y fenezcais las cuentas de los dichos oficios de mi Real Hacienda della y de los de las Cajas de las dichas ciudades Santo Domingo, Puerto-Rico, Cumaná y la Florida y las demas personas de cualesquier estado y condicion que sean contenidas en la dicha instruccion en cuyo poder hubiere entrado y entrare dinero, plata, oro y otras cualesquiera cosas que me hubieren pertenecido y pertenecieren y hubiere de haber en cualquier manera, por cualquier causa ó razon que sea en las dichas partes, guardando en el tomar y fenecer las dichas cuentas y cobranza de los alcances que en ellas hubiere, la órden y forma que se contiene en la dicha instruccion y en las que adelante yo os diere, firmando y señalando las Provisiones y despacho que para su ejecucion y cumplimiento fueren menester, y por la presente mando á mi Gobernador y los del dicho mi Consejo de las Indias tomen y reciban á vos el dicho Don Pedro Veltran de Santa Cruz el juramento y solemnidad que en tal caso se requiere y acostumbra hacer, y á mi Gobernador y capitan general de la dicha ciudad de la Havana y Oficiales de mi Real Hacienda della, que constándole que le habeis hecho y pagado en la dicha mi Caja los dichos 2,000 ducados, y sus fletes, costas y riesgo al plazo y en la forma que dicho es, os admitan y reciban al uso y ejercicio del dicho oficio para que le podais usar y ejercer en todos los casos y cosas á él anexas y concernientes, segun y como se contiene y declara en la dicha instruccion y en las que adelante yo os mandare dar que para ello os doy poder bastante cuan cumplido de derecho se requiere, y mando al dicho mi Gobernador y capitan general de la dicha ciudad de la Havana, y á los oficiales de mi Real Hacienda della y á todos los Presidentes, Gobernadores, Corregidores y Alcaldes mayores y otros cualesquier mis Jueces y Justicias, y á los Consejos, Justicias, Regidores, Caballeros, Escuderos, Oficiales y hombres buenos de las Indias, islas y tierra firme del mar Océano que os hayan y tengan por tal mi Contador y como á tal os guarden y hagan guardar, todas las honras, gracias, mercedes, franquezas, libertades, preheminencias y excenpciones, que por razon del dicho oficio debeis haber y gozar, y os deben ser guardadas, todo bien y cumplidamente sin que os falte cosa alguna, y que en ello ni en parte de ello embargo ni contrario alguno, os pongan ni consientan poner, que yo por la presente os recibo y he por recibido al dicho oficio y al uso y ejercicio del, y mando con el hayais y lleveis de salario en cada un año, todo el tiempo que le sirvieredes 200,000 maravedís, como las tienen los demas oficiales de mi Real Hacienda de la dicha ciudad de la Havana, la mitad dellas pagadas de mi Caja Real della, y la otra mitad en los demas géneros cuyas cuentan tomaredes, los cuales mando á los dichos oficiales de mi Real Hacienda de la dicha ciudad de la Havana os los den y paguen en cada un año segun y como dicho és, á los plazos y tiempos que ellos cobraren sus salarios desde el dia, que por testimonio signado de Escribano público, se contare haberos hecho á la vela en uno de los puertos de San Lucar de Barrameda ó Cádiz para ir á servir el dicho oficio, en adelante todo el tiempo que le sirvieredes que vuestras cartas de pago y el dicho testimonio y traslado signado de ésta mi Carta, mando se les reciba y pase en cuenta lo que así os dieren y pagaren, sin otro recaudo alguno y que la asienten en mis libros que tienen y habiéndolo hecho os la devuelvan originalmente para que la tengais por título de dicho oficio, lo cual mando se guarde y cumpla embarcandoos vos el dicho Don Pedro Veltran de Santa Cruz en la primera ocasion de flota ó Galeones que partieren para las Indias despues de la data de ésta mi Provision para ir á servir el dicho oficio de Contador, y no lo haciendo por el mismo caso y transcurso de tiempo, quedeis escluido del dicho oficio para que yo lo provea en quien mi voluntad fuere y no se os pueda dar la posesion dél ni seais admitido al uso y ejercicio no constando haberos embarcado en el dicho tiempo, y por que por certificacion de Gerónimo de Canencia mi Secretario y de la Junta de la media annata de ésta corte á cuyo cargo están los libros de la razon de la dicha media annata ha constado que en conformidad de la órden que tengo dada habeis pagado á mi Tesorero general de ellas 50,000 maravedís en reales de plata doble, que es la mitad de la primera paga de 100,000, que tocan á la dicha media annata desta merced hecha la cuenta por los dichos 200,000 maravedís que como dicho es, habeis de gozar de salario en cada un año con el dicho oficio, y que habeis otorgado seguridad que queda en poder de dicho mi Tesorero, de que pagareis en la dicha mi Caja de la Havana las dichas 50.000 maravedís de la segunda paga de la dicha media annata el primero mes del segundo año que sirviéredes el dicho oficio, os mando que luego que se cumpla el dicho plazo las pagueis sin ninguna dilacion en la moneda y Caja referida, y á los oficiales de mi Real Hacienda de ella, que en recibiendo ésta mi Provision, hagan averiguacion muy ajustada de si el dicho oficio tiene algunos derechos, provechos y emolumentos y de los que tuviere cobren así mismo de vos la mitad de lo que importare en un año, para la dicha media annata y juntamente con los dichos 50,000 maravedís de la dicha segunda paga della, lo remitan á estos reinos con la demas hacienda mia de éste género y relacion de donde procede y así mismo mando que de esta mi Provision tomen la razon Don Juan de Castrillo mi Secretario de registro de mercedes dentro de cuatro meses, contados desde el dia de su data, y que sin haberlo hecho no se use della ni los ministros á quien tocare la execucion y el dicho mi secretario Gerónimo de Canencia y mis Contadores de Cuentas que residen en el dicho mi Consejo de las Indias, dada en Madrid á 20 de Marzo de 1638 años.—Yo el Rey.—Yo Don Gabriel de Ocaña y Alarcon.—La hice escribir por su mandado.—El conde de Castrillo.—Doctor Juan de Solorsano Pereira.—Don Juan de Sante Elises.—El licenciado Juan de Mena.

1644.

OFICIOS DE LA ISLA DE PUERTO-RICO. (*)

En la isla de San Juan de Puerto-Rico hay los oficios siguientes:

Gobernador y capitan general de aquella Isla, tiene de salario al año, 1,600 ducados, y se provee por tiempo de cinco años.

La asignacion del Presidio de esta Isla, se pagaba de la Caja Real de México, y el año de 1643., por conveniencias del Real servicio, se mudó á la caja de Cartajena.

Alcaide de la fortaleza de la dicha ciudad é Isla de San Juan de Puerto-Rico, tiene 600 ducados de salario en cada un año, y es oficio perpetuo.

Hay en ella dos oficiales Reales que son Contador y Tesorero, y tiene cada uno de salario 100,000 maravedís.

Sargento mayor de la gente de guerra del Presidio de ella, es perpetuo y tiene de sueldo al mes 60 escudos.

(*) El título del presente documento es como sigue: "Memorial de todo lo que S. M. provee en el distrito de la Secretaria de la Nueva España, del Real Consejo de las Indias, así Eclesiastico como seglar, &c. 1º de Marzo de 1644.
Códice titulado "Iglesias de las Indias." Biblioteca nacional de Madrid. Estante J. núm. 32.

Hay dos capitanes de infantería y tiene cada uno de sueldo al mes 60 ducados.

Y en 30 de Julio de 1621 hizo S. M. merced á Don Andrés Botello de Cabrera, de la 1ª compañía de infantería que vacase en la dicha Isla, y en el interin, de 40 ducados de sueldo al mes en ella, y murió ya. (*)

Eclesiastico de esta Isla de San Juan de Puerto-Rico.

En la dicha Isla hay un Obispo que su estipendio es de 500,000 maravedis, que se le pagan cada año de la Caja de ella, aunque se entiende vale algo mas, y se exigió el año de 1511. son 500,000 maravedis.

En esta Iglesia hay tres dignidades que son: Dean, Arcediano y Chantre.

El Deanato valdrá 400 pesos de á ocho reales cada año, y las otras dos dignidades á 300 pesos cada uno. 1.000 pesos.

Hay cuatro canóngias con 200 pesos de estipendio cada una al año, y dos racioneros con 150 cada uno; y consumiose una canóngia para Inquisicion 1.100 pesos.

Carta del Obispo de Puerto-Rico D. fray Damian Lopez de Haro á Juan Diaz de la Calle, con una relacion muy curiosa de su viage y otras cosas.

JUAN DIAZ DE LA CALLE.

Ave Maria.

Por la relacion que irá con esta, sabrá Vuestra merced no sobre mi viage sino de cuanto pasa en esta Isla donde á Dios gracias llegamos y quedamos con salud y alegremente pobres y gustante de berla: el Sr. Secretario se la leerá, á Vuestra merced, lo que yo é hallado por acá es que en todas partes tiene Vuestra merced amigos como quien siempre se ha ocupado en hacer bien: el Señor Don Esteban comunicará con Vuestra merced nuestros trabajos y demandas, suplicole me haga favor de guiarle y despacharlas como acostumbra, que tiempo vendrá en que yo pueda mostrar mi agradecimiento ya que

---

(*) Este D. Andres Botello es el que figura en la Relacion del sitio de los Holandeses 1625.

por ahora esté tan miserable como Vuestra merced verá por mis memoriales, ésta nao parte muy de priesa y no sé si llegará á España, con otra escribiré mas de espacio, guarde Dios á Vuestra merced con las felicidades que deseo &c. Puerto-Rico Setiembre 27. de 1644.—Amigo y Capellan de Vuestra merced.—Fray Damian, Obispo de Puerto-Rico.

Relacion del viage y embarcacion y demas sucesos de Puerto-Rico por el Obispo.

De Cádiz escribí á Vuestra merced como quedaba embarcado con mi ropa y familia en la nao de Duorte y Cortizos, en cuya cámara de popa estube y dormí dos noches y en ella esperimenté tantos riesgos que me vi obligado á dejarla y entrar en la de Ricardo Ruiz sin concierto alguno, no obstante que allá tenia pagado todo el flete, cuando al dia siguiente tratamos de pasar la ropa y familia; tocaron á leba y no ubo lugar y yo vine con muchas incomodidades y la peor fué que juzgando beniamos en conserva de la flota en cuyo registro salimos y que á segundo dia nos podiamos mejorar y pasar la dicha ropa fué tan al contrario, que á la noche perdimos de vista 36 naos con que habiamos salido, por que así lo dispuso el inglés con ánimo de llegar algunos dias antes á ésta Isla, como en efecto llegamos, tardamos en montar las islas de Canarias 23 dias (que suelen pasarse en seis) á causa de calmas y bientos contrarios y de aquí nació que luego nos empezaron á tasar el agua que siempre vevimos caliente y á deseo: de la familia vinieron conmigo dos criados, un religioso y un esclavo y por ellos me pesaba mas que por mí, todos se marearon al principio sino fui yo cosa que los admiró mucho siendo la primera embarcacion, y aunque algunos se sangraron y purgaron, ninguno peligró por la misericordia de Dios, que en los navios de la flota fué grandísimo el trabajo, pues cuando llegaron á ésta Isla dijeron habian echado al mar mas de veinte ó treinta de cada navio y que venian muchos enfermos, tribulacion que sintió grandemente el Sr. Obispo de la Nueva Segovia, como me dijo habiéndole ospedado en mi casa, por verse obligado á asirtirles y darles su comida, pasadas las Canarias me sobrevino un grande asco causado á mi ver de los malos mantenimientos y de la umedad y mala habitacion del agua, y sobre no poder comer me sabia muy mal la vevida, balime por las mañanas de una jicara de chocolate y á medio dia de un jigote de ave que pasaba sin gusto y sin mascar para conservar la vida, con alguna conserva, sin poder atrabesar pan ni biscocho ni aun tablillas regadas de azúcar y huebos. madrugaba mucho y procuraba hacer ejercicio y verdaderamente temí que si durara mas tiempo dejara la piel, fué Dios servido que dia de San Antonio de Padua trece de Junio, á quien yo principalmente y todos los de el navio nos habiamos encomendado y ofrecido la primera Misa, tomamos este puerto, donde yo fuí recibido no solo con todas las prevenciones que dispone el ceremonial Romano, sino con muchas demostraciones de singular alegría, con danzas, comedias, toros y cañas que casualmente estaban prevenidas para la fiesta de dicho San Antonio á quien el dia siguiente dijimos la Santa Misa: cinco dias despues, llegó aquí la flota donde fué fuerza dar fondo y repararse de agua y mantenimientos y aligerar algunos enfermos que no podian pasar adelante; el Cielo de esta Isla es muy bueno y claro, la vista de grande amenidad por que á un mismo tiempo se ven pedazos del mar con grandes espesuras de árboles que siempre están verdes y amenos: las casas son pocas como 250. de teja obra y cantería; los bujíos son 100. cubiertos de paja como allá de retama, y en todas corrales con árboles frutales, que de la noche á la mañana nacen sin curiosidad, y la hierva en la plaza, calles y cementerio tan porfiada, que aunque luego que yo vine la cortaron para las cañas, ya está todo como un exido y de tal calidad que sirviendose todos los dias de los jumentos y de otros animales de carga en lugar de darles de comer les dan cuatro palos á medio dia y cuatro á la noche y los embian á pacer por las calles, y luego los buelven á cojer para trabajar con ellos.—El calor en estos tres meses que yo he existido con ser de caniculares no ha sido tan grande como el de allá porque ordinariamente coren unos aires que llaman aquí vrizas, que son muy apacibles y muy sanos, vienen muchas llubias y á veces como aguaceros sin pensar estando el cielo sereno, porque pasa una nuvesilla estando claro y sin ser vista de los que están en las casas por encima y deja caer el agua de modo que no sabemos de donde viene, y esto suele suceder en una casa y no en todas y muchas veces al dia, pero en acabando de caer se salen á la calle con zapatos blancos porque es toda arenosa.— Cuando es aguacero se suele llebar la brisa y nos deja en calma y con el mismo calor que en España por los caniculares, pero no con mas; la jente es muy caballerosa y los que no vienen de la casa de Austria descienden del Delfin de Francia ú de Cárlo Magno: la vecindad del lugar no llega á 200. vecinos, pero hay quien diga que de solo mugeres con negras y mulatas hay mas de 4,000. y estas tan encerradas que aun no salen á Misa, que si bien se atribuye mucho al encojimiento de las criollas, lo mas cierto es por la miseria y pobreza de la tierra, porque las mas de ellas no alcanzan para mantos y vestido y son tan altivas, que dándoselos de limosna un Obispo porque no perdiesen la Misa, muchas no los quisieron recibir y algunas que los recivieron no usaron de ellos por ser de anascote.—Los soldados son 300. aunque siempre faltan plazas; la Iglesia comenzó de sillería muy buena, pero jamás tubo con que poderse acabar y dándose por desauciados, sobre dichas paredes de sillería la hizieron de mampostería y mucho menor que la traza, será algo mejor que la de San Sebastian de esa corte, la bóbeda de la capilla mayor es de piedra excelentísima y el cuerpo de la Iglesia de buenas maderas y el retablo pobre como la fábrica. Súbese á ella por gradas de piedra y por los tres lados está cercada de una plazuela con parapetos de piedra de mampostería y sillería con algunas palmas de cocos que la adornan y la vista es al mar, al modo todo de nuestra casa de Málaga, y del otro lado están las casas de la dignidad con las mismas vistas, pero todo lo mas principal de ellas derribado y quemado del Olandés, de modo que despues que vine, he tenido necesidad de labrar cocina y demas oficinas, estrella que me ha seguido desde que nací.—Temo entrar en la relacion de las demas cosas, porque son tan siniestras las relaciones de lo que allá me dijeron y yo dejé dicho por su informacion en algunas visitas, que no se como salir bien de ello sino es con decir que lo mas fué mentira, y antes de entrar en la relacion por que no se entienda que es llorar lástimas lo que dijere, quede por asentado que con la bondad del clima yo lo paso muy bien y con salud, á Dios gracias, que como pájaro bobo no me aporreo en la jaula y aunque hay algunos trabajos que para otros fueran intolerables, yo los ofrezco á nuestro Señor y los llebo con buen aliento y paciencia.—Esto supuesto está tan lejos de comerse la carne de valde en esta tierra y de matar las terneras á su voluntad, los esclavos dejándose la carne en el campo y ya por la ganancia de la piel, ó ya por la golosina de las mollejas como allá me habian mentido que se pasan muchos dias y aun se han pasado semanas despues que yo estoy aquí, sin que se haya pesado baca en la carnicería ni tocino ni otro género de carne, en lugar de la cual se suelen pesar unas tortugas grandes del mar que acá llaman careyes de cuya conchas se hacen allá en España los escritorios y contadores, y tienen la carne como de baca aunque es peor sustento, y de este ha faltado tambien aun para mi familia, si bien algunas personas me han presentado terneras y carneros con que lo hemos pasado bien á Dios gracias, que aunque pobremente la mesa es siempre de Obispo de lo que dá de sí la tierra porque con hacer dos ó tres guisados de la ternera, algun abe, y dulces que hay en abundancia y con algunas frutas que diremos despues, está la familia contenta y bien mantenida, pero en esta Isla siempre pasan mucho trabajo por no estar cierta la carne en la carniceria todos los dias. La arrelde vale 18. maravedis: no solia valer mas que á 12. como en la ciudad de Santo Domingo, en este año han suvido el precio por animar los ganaderos y la pesan con tasa porque no se vaya acabando. La ciudad está muy pobre, la moneda que en ella se gasta es de pobres porque es de cobre *treinta y cuatro cuartos mas delgados la mitad que los de allá dán por un real, por el real de á ocho* lleban uno ó dos reales de premio, y en toda la Isla no se hallarán 8,000. ducados de cuartos y 20,000 de plata porque ha siete años que falta el situado de S. M. y uno que traian aora dos años de 60,000 pesos lo cogió el enemigo, yo entendí hallar 3,000 ó 4,000 ducados de la vacante y no he visto en dinero mas que 1,000 reales de cuartos, de pesos de plata 200. por cuenta de diezmos me dan cazabe cada semana para que coma la familia y los pobres, que es el pan de esta tierra que la necesidad les ha enseñado á comerlo, pero á mi no me entra de los dientes adentro aunque lo hacen de diferentes modos y ponen á la mesa uno que es el mas florido jaujao.—Por la ciudad se vende pan de trigo á temporadas conforme vienen las ocasiones de la arina, yo traje tres ó cuatro barriles de España muy buenos y muy floreados de que al principio me hicieron rosquillas como en Sevilla, pero con la humedad de la tierra se vá corrompiendo de modo que el pan es muy malo como el que se vende cuando lo hay en la plaza, yo fuí siempre mal comedor de pan y aora paso casi sin ninguno y no me hace falta porque de ordinario ay *arroz en la mesa que lo lleba esta tierra que en muchas partes del mundo no tienen otro pan*, no faltan algunos biscochos y una fruta que llaman *plátanos* de que hay grande abundancia y diferiencia en los campos, y es el sustento ordinario de los negros y aun de muchos blancos pobres, porque los maduros les sirven de pan y fruta y de los berdes asan como allá las batatas ó zanaorias, los labradores las cuezen como castañas y hacen muchos guisados de ellos echo en cazuelas morfies, es una comida sana, la carne es como de camuesa con olor de pera vinosa, despide la cáscara como una castaña asada con gran facilidad, otras frutas hay dulces pero muy sosas al gusto, la que llaman *piña* porque se parece á la de España es escelente pero no dura todo el año como los *plátanos*, sino tres ó cuatro meses, la carne es como de *limón dulce* con alguna punta de agrio que parece á la carne de *melocoton* muy maduro, pero las entrañas de que se hacen las ruedas tienen mas carnosidad y sustancia; de lo que estan llenos los campos es de *naranjas* y *limones* y *limas* y *cidras* todo silbestre pero lo que toca á los *naranjos dulces*, son mas grandes y mejores que los de allá porque los mas que he visto hasta aora han sido verdes y pequeñuelos, algunos que me han traido amarillos tienen la corteza muy fuerte y me parece que si los cultivaran fueran muy buenos y las *limas dulces* aunque me han traido algunas, de las agrias y de los *limones* pequeños se sirven ordinariamente las mesas, las *cidras* son como las de allá, así de ellas como de las *calabazas, batatas y otras muchas frutas* que lleba el campo hacen muy buenas conservas, porque no les duele el azúcar.—Todo lo que se compra y vende vale muy caro, una vara de vayete cinco pesos, de tafetan sencillo dos, de ruan otros dos, un adarme de seda un real, por hechura de unas medias cinco pesos, una mano de papel cuatro reales, una libra de cera veinte reales, de el trabajo de un oficial dos pesos, de un peon un peso y esto es cuando se halla, porque lo ordinario es mientras que no llega un navio faltar casi todo y los oficiales como en lugar corto, una gallina lo ordinario ocho reales, y cuando estubo aquí la flota, valiera á diez y á doce, un pollo cuatro reales y no siempre se halla y lo peor que á mi ver tiene la ciudad es que no hay una tienda donde poder embiar por nada, si no es que unos á otros truecan ó benden ó prestan lo que tienen: *aunque lo vale* 10. *maravedis*, el pan de cazabe vale real y medio cada torta que tendrá dos libras y media, el *maiz* aunque no lo gastan en pan lo siembran y cojen, y vale diez y ocho y veinte reales la fanega, allá la tierra adentro hay unas abes tan grandes como gallinas y en el sabor y la bondad como perdices, á mi me han presentado tres ó cuatro; pero 12. leguas de aquí dicen que hay muchas vandadas y que las matan á palos, pero la jente es tan olgazana, que no quieren ir por ellas para venderlas y lo mismo pasa en los pescados que aunque hay muchos y muy buenos, y yo he probado, sobre venderlos muy caros no hay quien se aplique á la *pesca*; todo el trato de esta Isla y la cosecha es de xenxibre y está tan de capa caida que nayde lo compra ni lo quiere llebar á España, en el campo hay muchas estancias y *siete Ingenios de azúcar* á donde muchos vecinos con sus familias y esclavos asisten la mayor parte del año como en los lugares de Toledo sus crederos. El año de 25. saqueó el enemigo esta ciudad y se llebó hasta las escrituras de la Iglesia, y porque no le ofrecieron mucho dinero, quemó muchas casas y entre ellas la de la dignidad, pero el mayor trabajo fué el de la tormenta y tempestad que sobre vino el año 42. por el mismo mes de Setiembre que sucedió la de Burgos cuando derribó el crucero porque aquí derribó la Iglesia y muchas casas, y en el campo arrancó muchos árboles y bujios y hizo tan grande estrago que dejó esterelizada la tierra hasta hoy que vá volviendo en sí, y es de modo que á todo cuanto falta se disculpa con la tormenta y biene á ser tormento para mi, porque en virtud de esto me faltan todos los diezmos (de que S. M., Dios le guarde) me ha hecho gracia. De *melones* que tanto los habian alavado, no he visto mas de tres en todo este verano, y estos han sido colorados y no como los buenos de allá, aun no he visto ubas, granadas me han presentado hoy dulces medianas. pero nada se vende en la plaza de todo esto, el trigo se ha sembrado y ha provado bien en algunas partes de tierra, pero lo que se coje de ello y otras semillas que traen de España cuando los buelven á sembrar se desvanecen y quedan en berzas, y algunas semillas de la primera vez, tambien hay algun trato aunque pequeño de cueros como en Santo Domingo; y en conclusion lo mejor que tiene esta ciudad son las brizas y el ayre con que todos quedamos con salud á Dios gracias, por donde un hombre á quien pidió una Señora de Santo Domingo que le diese noticias verdaderas delo que era esta ciudad le respondió en este soneto.

"Esta es Señora una pequeña islilla
falta de bastimentos y dineros,
andan los negros como en esa en cueros
y hay mas gente en la cárcel de Sevilla,
aqui están los blasones de Castilla
en pocas casas, muchos cavalleros
todos tratantes en xenxibre y cueros
los Mendozas, Guzmanes y el Padilla,
ay agua en los algibes si ha llobido,
Iglesia catedral, clérigos pocos,
hermosas damas faltas de donaire,
la ambicion y la embidia aquí an nacido,
mucho calor y sombra de los cocos,
y es lo mejor de todo un poco de ayre."

Tambien me dijeron en esa corte preguntando si habia médico y botica, que no se trataba de eso porque todos estaban sanos y morian de biejos, con que yo juzgué que benia al Paraiso, pero el mes pasado enterramos mas de cincuenta y ha abido muchos enfermos, y estoy persuadido á que no se han muerto tanto de mal curados como de mal comidos, porque el sustento de los miserables es la baca y el caréi, esto ha faltado muchos dias y nos tememos que ha de faltar en los que vienen; los animales de cerda que tanto abundaba esta Isla, con la tempestad del año 42. murieron los mas y se retiraron á la espesura del monte, en tanto grado, que habiendose buscado para mi un lechoncillo, en tres meses no se ha podido descubrir, el vino, el vinagre, el aceyte, el pan con todo lo que es necesario para vestirse, viene por el mar, de Castilla ó de la nueva Epaña, y aquí estamos tan sitiados de enemigos, que no se atreven á salir á pescar en un barco porque luego los coje el Olandés.—Aquí llegaron de la Isla española dos fragatas que llebaban socorro á la de San Martin, habiendo salido tres, porque la una hiba cargada de azúcar para Cumaná y luego que se apartó, la cojió el enemigo y hechó la gente en el agua á 20. leguas de aquí, cuando yo llegué estaba sitiada la dicha Isla de San Martin y por la buena diligencia del Sr. Gobernador de esta Isla, que les embió socorro á tiempo que estaban ya para entregarse, lebantaron el cerco; pero la voz general que corre és, que dichos corsarios quieren sitiar á Santo Domingo, y acá estamos con cuidado de que no hagan allá el tiro y acá la suerte.—Muy grande es la necesidad que tienen estas Islas de barlovento de que no faltara en ellas la armada y pudiera hacer algunas presas de importancia, y para sustentarse, hacer S. M. que de la Isla de Santo Domingo poblaran esta de ganado bacuno, que como he dicho, la tempestad del año 42. acabó casi con todo, pero es tan fértil, que con muy poco que le ausiliaran, se volveria luego á poblar.—Mas dejando aparte esto que toca al Gobierno, la familia lo pasa alegremente por que lo que falta de el sustento se suple en abundancia con otros de este pais, como son *plátanos, arroz, azúcar, pescado, naranjas dulces* que hay grande abundancia, y algunas terneras que se matan, pero con la humedad y calor de la tierra no pasan á tercer dia.—Luego que llegué traté de confirmar, habiendo primero consagrado los olios de que tenian mucha necesidad, hize órdenes generales y particulares con el indulto de Su Santidad por que habia gran falta de Sacerdotes.—He comenzado á predicar y trato de visitar y hacer sínodo, luego pasaremos á la Margarita y á Cumaná, si Dios fuere servido, y de allí me prometo que podremos hacer algun regalo de cacao y perlas, que en esta Isla no se que aya mas que xenxibre y alguna azúcar; de esta partiremos con los amigos en recojiendo alguna de los diezmos y acabo con este dulce la relacion de viaje remitiendo lo demas á la carta.—En esta se admitió el papel sellado, si se puede admitir, con esto se esplica su pobreza.

DESCRIPCION

DE LA ISLA Y CIUDAD DE PUERTO-RICO, Y DE SU VECINDAD

Y POBLACIONES, PRESIDIO,

GOBERNADORES Y OBISPOS; FRUTOS Y MINERALES.

Enviada por el licenciado Don Diego de Torres Vargas, Canónigo de la Santa Iglesia de esta Isla en el aviso que llegó á España en Abril 23 de 1647.

AL SR. CRONISTA MAESTRO GIL GONZALEZ DÁVILA.

Códice titulado "Iglesias de Indias." que se encuentra en la Biblioteca del Sr. Don Domingo del Monte.—Madrid. 1851.

La Isla de San Juan, cuyo puerto (por ser bueno) llamaron sus descubridores Rico comparada en la demarcacion con las de la española y de Cuba, les cede sin duda en grandeza, por que no corre mas de cuarenta leguas de este oeste, desde la cabeza de San Juan que es su primer promontorio, y toca el meridiano del Occidente hasta el cabo que se llama Rojo, y está situado al oeste de ella donde su fin se termina. Boja en ámbito ciento y treinta y seis leguas (como parecerá de la medida, que por mandado de S. M., hizo el Gobernador Juan de Haro con cédula particular el año de 1629, que se llevó á Madrid, y se hallará en el oficio de Indias). Pero en el temperamento y calidades se adelanta mucho á todas las Islas de barlovento, por que goza de una perpetua primavera sin que el calor ni el frio llegue á sentirse de manera que aflija ni descomponga la naturaleza, á cuya causa viven los naturales largos años, y los negros de los Rios mas que los de tierra de Angola, que deben de ser aquellos de mas templados paises, y asi se adaptan mejor con este. Es toda ella fertilisima y verde á la vista de fuera por donde quiera que la miren los navegantes, y por los medios muy doblada, con que se hace áspera á los que la caminan por tierra, y útil á los esclavos que se huyen de sus dueños, que entrándose por las sierras, suelen no hallarse en diez y veinte años, y algunas veces se suelen quedar para siempre. La forma de la Isla es mas ángular que cuadrada, por que tiene en lo ancho de norte á sur veinte leguas donde mas y diez y siete donde menos, con que viene á ser casi igual por lo ancho. En los estremos á las tres ó cuatro leguas es mas baja y se puede caminar casi toda por la playa, pasando las bocas de los rios que salen á la mar que los mas se vadean, principalmente los de la parte del Sur, que son mas pequeños que los de la parte del Norte. No ha dormido tanto al olvido esta Isla, que falte su memoria en los anales antiguos asi de cosmógrafos, como de historiadores, y entre otros se halla la suya en Antonio de Herrera, en su crónica general de las Indias, en Gerónimo Benzoni en su historia de América, en Juan Paulo Galvera Salonense en su libro Theatrum orbis, en D. Juan Solorsano Pereira, en el Jure Indiarum, en Juan Botero en sus Relaciones universales, y en Juan de Laet Auturpiense en el Questiones de las W. Bestinas que imprimió el año de 632 en Holanda (y siendo casi todos Juanes parece que quisieron pagarle la obligacion adquirida en el nombre de la Isla). Pero con todo, no la describieron tan en particular como yo lo pudiera hacer agora, donde se mostrará mas hermosa que en comun y general, por lo ameno de sus valles y arboledas, sino fuera por lo conciso que pide la historia donde no podrá gozar de tanto lugar. En el primero descubrimiento del Almirante Colon se nota en Antonio de Herrera, haberla conocido despues de algunos años que se pobló la española, que dice fué en 1508. Pero Juan de Laet y otros, tienen que el año siguiente del descubrimiento de las Indias que fué el 1493, y que el primer capitan que comenzó á conquistarla con órden del Almirante fué el adelantado Juan Ponce de Leon caballero noble de Sevilla, que lo era del Higuey en Isla de Santo Domingo, por tener la primera noticia de los indios que por aquella parte, que es la del Norte, se comunicaban. Navegando desde España á estas Indias hay otras islas antes de esta, como son la Dominica, San Estacio, Santa Lucia, la Granada Marigalante, Matalino, Barbado y Barbada, San Martin, San Bartolomé, Santa Cruz, Las Vírgenes y San Cristóbal, que en esta ledanía de escollos guarda igual proporcion á su nombre, teniendo diez y ocho leguas de grandeza á que ninguna de las otras arriba. Habrá tiempo de 30 años poco mas ó menos que gobernando esta Isla D. Felipe de Biamonte y Navarra, se tuvo noticia de la poblacion que tenian en estas de barlovento los ingleses, holandeses y franceses que rebelados de la Rochela ó ya fundados aunque mal en el derecho del primer ocupante, las han poblado casi todas, y en la Isla de San Cristóbal dicen los españoles que salen de ella, que tienen mas de 12,000 hombres é ingenios de azúcar y otras grangerías de tabaco, añil, algodon y ganados con muchos caballos que crian de que tienen grandes atajos, pero que ya cansada la tierra porque esta de las Indias no sufren mas de tres frutos buenos no los dá como á los principios, de que disgustado su Gobernador, se habla y discurre sobre desampararla y mudarse á otro sitio si bien el inglés está labrando una fuerza con fosos guarnecidos de artillería, y porque mi intento no es referir los de esta Isla digo que las de barlovento, las principales y que primero se descubrieron y poblaron fueron Santo Domingo, Cuba y Puerto-Rico y esta la llamaban la Boriqueña sus naturales y las tuvieron por las Esperides, Plutarco, Plinio, Pomponio Mela, Tholomeo, S. Isidoro, Abraham, Ortelio y otros de los antiguos si bien el Abulense, Alerio, Vinegas, Mariana, Postello, Alegreti y otros las confunden con las de Canaria, que son las Afortunadas, y las de Cobo-verde que son las Gorgonias, por lo que Antonio de Lebrija llama á este cabo, Esperionceras. Siendo pues estas tres islas las que primero se descubrieron en este nuevo Mundo, dice fray Luis de Leon sobre el capítulo 8º de los Cantares, que se ha de entender y esplicar aquel lugar Sorori nostre in die quando aloquenda est? Si murus est? edificemus super eum propugnacule argentea, si ostium compingamus illud tabulis cedrinis, de la gente de este descubrimiento, y siendo asi, á quien le cuadra la esplicacion aun en el sentido literal con que habla la esposa sino á esta Isla de Puerto-Rico? que ella sola "parvula est" pues es de las tres la mas pequeña, y ella "ubera non habet" porque habiendose consumido sus naturales que beneficiaban sus ricas minas es la mas pobre de todas, y ella "si murus est" es solo *Ciudad de Muros cerrada* entre las demas de las Indias, y ella si "Ostium habet" no solo tiene puerto sino que por ser tan bueno se llama San Juan de Puerto-Rico, y en el "quid faciemus sorori nostre in die quando aloquenda est," parece que la divina esposa previene á los Reyes de España, sus Señores y nuestros, que consideren la respuesta que han de dar á sus quejas cuando por dormido descuido llegare á peligrar á la hostilidad de tan advertidos enemigos que se le han avecindado para lograr mejor sus ocasiones que Dios no permita. En algunas de las causas citadas se hallan tales disposiciones que las hacen aptas á predominar á otras de su misma especie, ejemplar sea el Sol de cuya luz como de mayor dignidad participan las estrellas y Luna, y el hombre que es una semejanza del mundo, segun Platon en su Thimeo, suele tener cierto imperio y señorío en otro hombre, como observo la curiosidad de Roma entre Marco Antonio y Julio César que aun en los juegos de burla le tenia César ganada la ventaja. Otras cosas hay que por la colocacion de sus partes se hallan con disposiciones superiores, como la cabeza donde asiste la razon dominante á las partes del alma que respecto de las del cuerpo tiene el mas eminente lugar. Pues de esta superioridad y eminencia viene á gozar en las Indias occidentales la Isla de Puerto-Rico *como primera de las pobladas* y principal custodia y llave de todas, como Su Magestad refiere en las cédulas que remitió el año de 1643. La fecha de una en Zaragoza á 20 de Agosto y en ella inserta otra su fecha tambien en Zaragoza á 1º de Mayo del año 1645 á Don Fernando de la Riva Agüero su Gobernador y capitan general, en razon de la situacion de la Infantería de esta plaza cuyas formales palabras dicen hablando de ella. "Siendo frente y vanguardia de todas mis Indias occidentales y respecto de sus consecuencias la mas importante de ellas y codiciada de los enemigos." Esta Isla en general es fértil para cualesquier frutos que se quieran sembrar en ella y son de mejor calidad que los de las otras islas, porque el azúcar es mas dulce (aun que el de la Havana sea mas duro) y asi con el de Puerto-Rico se refina en Sevilla, el de las otras partes de Indias y el gengibre tiene mas valor dos ducados en cada quintal que el de Santo Domingo, pero el del Brasil es mejor que todos. Los principales frutos en que se funda el comercio de esta Isla son gengibre, cueros y azúcar de que hay siete ingenios. Cuatro en el rio de Bayamon, dos en el rio de Toa y uno de agua en el rio de Canobana, que otros cuatro que habia, dos en el rio de Luysa, uno en el pueblo viejo y otro en el rio de Toa arriba, se han desecho unos por las invasiones de los enemigos y otros por mayores conveniencias de sus dueños. Tambien hay otros trapiches que hacen melado en la villa de San German y valle de Coamo, y las cañas se dan con tanta fertilidad que no necesitan de riego ni de sembrarlas mas de una vez, que en cortándolas, vuelven al año á crecer de la mesma manera que de antes y dura un cañaveral sesenta y setenta años. El gengibre se da en gran cantidad habiendo año que se han cojido 14,000 quintales en toda la Isla, pero con la guerra ó la abundancia se le ha minorado el precio, con que ha dejado de sembrarse, y este año de 1646 solo se han cojido 4,000 quintales, y se ha esforzado la siembra del cacao de que habrá dentro de cuatro años cantidad para poder cargarse bajeles, y se da con las ventajas que los demas frutos, y al presente se coje alguno mas no bastante para poder hacerse comercio. Los cueros suelen llegar á 8 y 10,000 los que se cargan cada año para España y son de condicion razonable y los morrudos buenos y todos bien beneficiados. El tabaco de diez años á esta parte se ha comenzado á sembrar y embarcarse para fuera de la Isla, dase con grande fertilidad y es mejor que el de la Havana, Santo Domimgo y Margarita esceptuando el de Barinas, y vale la libra á dos reales. Hay escelentes maderas para fábricas de navios y galeones, de que se han hecho algunos de porte de ochocientas y novecientas toneladas, y se pudiera poner fábrica Real en esta Isla; donde con mucha comodidad se labrarán para las armadas de Su Magestad con solo traer jarcia y velamen. Asi mismo hay en la Isla grandes minas de oro, cristal y cobre, que no se benefician por haber faltado los indios naturales, y en la villa de San German una salina de que se pudieran cargar cada año cien galeones de Sal, y en el valle de Coamo un baño de agua que de un risco arroja dos caños el uno mas caliente que el otro, y es salutífero para humores gálicos y enfermedades de miembros tullidos, donde van muchos enfermos y quedan sanos. Las frutas de Indias son mejores y mayores que las de las otras islas; y las de España que se dan, son ubas, higos granadas y estas tan buenas como las de Palma y Cordova de España; se dan tres y cuatro veces al año; y trigo, cevada y millo se ha sembrado y da muy bien. Pero la flojedad de los naturales no continua el sembrarle y así no se coje para el sustento ordinario, y por no dilatar la narracion ó descripcion de la Isla que necesita de tratado copioso, vengo á las Península en que la Ciudad está fundada que es en la manera siguiente.

PENÍNSULA DE PUERTO-RICO.

La ciudad de Puerto-Rico al principio de su descubrimiento, se fundó en la banda del Sur, á la tierra firme de la Isla, una legua de la bahía que hoy es el printipal puerto, con nombre de la villa de Caparra; y de este nombre hallo en Antonio de Lebrija que hay una ciudad en Castilla junto á Ciudad Rodrigo, que se llama Caparra, y las ventas de Caparra: y como era costumbre de los españoles en los nuevos descubrimientos, poner los nombres de las tierras de donde eran naturales, pudo ser que en el principio de su fundacion, algunos de los españoles principales le pusiesen este nombre por que no le habian de dejar el nombre de los indios fundándola con nombre de villa. En ella se labraron algunas casas de piedra de que hoy parecen cimientos y se hallan rastros aunque pocos, y por que los que nacian en dicha villa no se lograban á causa del viento Sur, que corriendo sobre la tierra, era tan enfermo que ocasionaba *mocezuelo* en los niños; despues de diez ó doce años se mudaron á la Península en que hoy está la Ciudad, que bañada del viento Este que es la brisa y corre de la mar, es saludable y alegre. Esta Península se abrocha á otra con una puente que llaman de los soldados, por que en ella se hacen guardias, y se tiene un fuerte para atalaya del enemigo si intentaren venir por la tierra, para que cortando la puente, den aviso á la Ciudad que esta media legua distante: de esta segunda Península, corre á la tierra firme de la Isla, otra puente mayor que llaman Martin Peña por que devió de ser su artífice, y así se quedó con el nombre. En la tierra firme de la primera puente hay una fuente de agua dulce que en tiempo de seca, que falta el agua de los algibes de esta Ciudad, la socorre; y corre por dos caños poco menos gruesos que la muñeca y nunca, aunque se adelgazan á menos que un dedo, se ha visto faltar el agua; háse tratado de traer á la Ciudad y por estar mas baja no se ha ejecutado. Será poblacion esta Ciudad de quinientos vecinos con razonable caseria de piedra y alguna de tabla que llegan á 400; los materiales para fábrica de ellas son los mejores de las Indias, y tan cerca, que dentro de la Ciudad se halla todo el material necesario, y las maderas á menos de dos leguas. Consta de diez Regidores, Alferez mayor, Alguacil mayor, y Depositario general; con eleccion de Alcaldes ordinarios y otros dos de la Santa Hermandad, un procurador general, un fiel executor y un mayordo de Ciudad con su portero, y á todos los Cabildos preside el Gobernador. Las armas que tiene le dió Su Magestad, año 1511, siendo procurador un vecino llamado Pedro Moreno; son: un cordero (de San Juan que es su patron) con su banderilla, y el cordero sobre un libro, y todo sobre una Isla verde que es la de Puerto-Rico, y por los lados una F. y una Y. que dicen Fernando y Isabel, los Reyes Católicos que se las dieron y hicieron igual en todos los privilejios y mercedes á la Isla Española; como lo dice Antonio de Herrera en su Crónica general de las Indias. La infantería es de cuatrocientos soldados con dos capitanes, un sargento mayor y un castellano en la fuerza de San Phelipe del Morro, que se hizo antes de la cerca de la Ciudad, y para su planta mandó Su Magestad al Maese de campo Juan de Tegeda, cuando vino por Gobernador á la Havana, que pasase por este puerto y con Juan Heli su ingeniero mayor la designare, como la hizo el año 1584, y asi esta planta y la del Morro de la Havana, me parecen una, con diferencia de que esta fuerza es mayor, porque tuvo mas planicie por donde correr, y la de la Havana mas fuerte, por ser por la mar y la tierra fundada sobre peñas que hay; esta solo por la banda de la mar. Hase gastado en dicha fábrica del Morro aunque le falta la entrada cubierta y otros reparos, *un millon y novecientos mil ducados*, y si se acabare, llegará á *dos millones* sin lo que ha costado la cerca, que con lo que han dado los vecinos en veces, pasa de doscientos mil ducados; tiene dicha cerca de ambitu..... La fuerza del Morro dicho, tiene ochenta y cuatro piezas de artillería, y algunas piezas que arrojan treinta libras de bala, las setenta son de bronce y las otras de hierro colado. En la Ciudad hay Iglesia Catedral, antiquisima, y que comenzó con gran fábrica, si se acabara. Es su patron y titular Señor San Juan Bautista, y tiene por armas uu cordero con diadema sobre unos islotes. El cordero atravesado con una cruz, metido dentro de un círculo que tiene estas letras. "*Joannes est nonem eius.*" Su obispado tiene corta-renta con sus prebendados, que son ocho, por que aunque eran nueve, se mandó consumir una conongía para la Inquisicion, habrá ocho ó nueve años, y asi hay Dean, Arcediano y Chantre, tres Canónigos y dos Racioneros, pertiguero y portero. Los réditos de Misas de Capellanías, cantadas y rezadas, que tiene la Iglesia son *veinte y seis mil y docientos* reales de plata. Los diez y seis mil de misas cantadas, y los diez mil y doscientos de Misas rezadas, y esta es la principal renta con que cortamente se sustentan, por que los diezmos valen muy poco, y asi tienen suplicado á Su Magestad se la acreciente, y parece justo: en esta Santa Iglesia, aunque no hay canongía magristral, tiene dotacion de cien ducados de renta cada año para un *maestro de Gramática*, que la lee de ordinario á los hijos de los vecinos de ella, y se paga la dicha renta con título de *maestro de Gramática*. El convento del Señor Santo Thomas del orden Domínico, tambien tiene muchas Capelianías que valdrán la mitad de lo que á la Iglesia; es convento grave y en tal asiento fundado, que mueve á devocion juntamente con las Imágenes que tiene, entre las cuales está en el altar de Señor San Joseph, Nuestra Señora de Betlen, un cuadro pequeño como de tres cuartas y antiquisimo, pero tan lindo y lucido como si acabara de hacerse, haviendo mas de cien años que está en el dicho convento; esta Santa imágen estuvo muchos años en el dormitorio del convento en Altar particular, y por tradicion se tiene, que le cantataban algunas noches á Maitines los ángeles, y siempre los religiosos de aquel convento y vecinos la han tenido y tienen en suma veneracion. Tambien hay otra Imágen mas nueva, de bulto, que se trajo ha treinta y cuatro años de Sevilla, que es de la advocacion de Nuestra Señora de Candelaría; y estando el navio para quedarse en aquella flota por la mucha agua que hacia, asi como entró la Imágen Santísima estancó el agua y hizo el viage hasta esta Ciudad sin hacer ninguna, y en ella ha obrado muchos milagros y conmigo dos, que por la brevedad no refiero, pero es cierto que sino fuera ansi no lo dijera, y siendo necesario, lo juro, y suplico no se deje de hacer memoria de estas dos devotas Señoras, la de Betlen y Candelaría, del convento de Señor Santo Tomás. Los religiosos ordinarios son treinta, por que hay casa de noviciado que alcanzó el Provincial de esta orden, fray Jorge Cambero, como natural de esta Ciudad, el año de 1645, que aunque la hubo antiguamente, se habia reducido á Santo Domingo, y ansi mismo puso casa de estudio de artes y de Gramática para los novicios y vecinos de la Ciudad que quisieren estudiarlos, y hoy se está fabricando nueva casa de noviciado, para que en ella se hagan generales para los estudios. El convento de Señor San Francisco, es nuevo, que la licencia se alcanzó el año de 1642, aunque los Religiosos vinieron antes ochos años, con intento de fundarle á instancia de Don Francisco de Villanueva y Lugo, Depositario general de esta Ciudad, que se halló el año de 1633 en la de Santo Domingo, y por devocion del nombre y del Santo, pidio á los Religiosos que iban á hacer su capitulo á la ciudad de Caracas, tratasen de fundar en esta

Ciudad; y asi le hicieron á que ayudó el Obispo Don Juan Lopez Agurto de la Mata que se halló entonces en la visita de la isla Margarita. La licencia para el convento de Monjas que se suplicó á Su Magestad se fundase en esta Ciudad, se alcanzó el año pasado de 1646. La fecha de la Cédula, en Zaragoza á 1? de Julio: concedió tres Monjas de Sevilla del orden del Cármen calzado, que asi lo quiso Doña Ana de Cauzos natural de esta Ciudad, que es la persona que con su hacienda se ha ofrecido á ser su fundadora; tiene fabricada la casa para el dicho convento junto á la Iglesia Catedral, en casa particular suya y que antes fué colegio de estudiantes donde se leia gramática, con vocacion antigua de Señor San Idelfonso, y por ser de la Iglesia se vendió con otras que tenia por parecer al Obispo Don Juan Lopez Agurto de la Mata que era de mas útil á la Santa Iglesia de esta Ciudad; y en ella hay dos Hospitales, el uno de la vocacion de Nuestra Señora de la Concepcion, fundacion de un vecino de los antiguos y ricos llamado Francisco Juancho, Vizcayno de nacion, pero no se hallan papeles de la antigüedad aunque tiene descendientes legítimos en esta Ciudad. Las elecciones de diputados y mayordomos, se hacen por los Cabildos eclesiástico y secular, alternando cada un año. Tiene este hospital, capellan con cien ducados de renta y casa y servicio y renta de tributos con que se sustenta, y indulgencias á los que murieren, lo que no se sabe mas que por tradicion, por haberse perdido los papeles, y que algunas personas principales, por gozar de dichas indulgencias, se hacian traer á morir en el dicho hospital. Otro hospital hay mas nuevo con vocacion de Santiago; que es de la Infantería del presidio: la casa es de Su Magestad, y la renta, de la misma Infantería, que de sus sueldos le sustentan, y tambien algunos tributos, que á los principios pusieron sus fundadores, aunque pocos. Hermitas hay, la de Señora Santa Ana, Señora Santa Bárbara, Señor San Sebastian, y habia la de Señora Santa Catalina, y por que cayó fuera de la muralla, la deshizo Don Iñigo de la Mota Sarmiento, Gobernador que fué de esta Ciudad, y sobre la misma muralla, le hizo otra capilla y altar donde se celebra su fiesta en su dia. En la isleta en que está fundada la Ciudad, que sera de media legua de largo, no se halla agua manantial y así se han hecho en las casas, algibes, y cuando falta, se acude á la fuente que esta media legua, y por mar y tierra se trae á la Ciudad; y tambien del rio que se llama *Bayamon*, que sale á la misma bahía de frente de las casas Reales del Gobernador, y otro que llaman *Rio-piedras* que tambien sale á la misma bahía: y ámbos son de escelente agua, por que todas las de la Isla, como son de oro, se tienen por bonisimas y muy digestivas, pero la mas delgada, habiendolas pesado todas, fué la del Aybonito, cerca del valle de Coamo, como dos leguas: y despues de esta, la del rio Guanaxibo, que es donde está fundada la villa de San German, y tiene este rio, piedras salutíferas para mal de hijada, flujos de sangre, dolores de cabeza, y hacer venir la leche á las mugeres paridas que no la tienen, y otros males de estómago y diversas enfermedades, y asi se llevan á todas las partes de estas Indias y á España, por ser la virtud suya conocida en todas ellas. En dicha villa de San German hay tres cosas de grande estimacion que son el rio Guanaxibo de agua muy saludable, una exelente campana, y una Imágen de la Concepcion en lienzo de admirable mano y hermosura, que está en el hospital de la dicha villa donde hay tambien un convento del orden de Santo Domingo; y en la Aguada hubo en los principios de su fundacion otro convento de Señor San Francisco, que es el que ahora se ha transferido á esta Ciudad, con pretesto de reedificacion por la contradiccion que le hicieron los frayles Dominicos, y deshizóse aquel convento por que los indios caribes, que entonces infestaban mucho la Isla, martirizaron cinco religiosos á flechazos de que no he podido saber los nombres por la antiguedad y falta de archivos y papeles, pero es cierto que fué la causa de su despoblacion, el martirio de estos Santos religiosos, que como entonces habia pocos y eran menester para obreros de esta nuestra viña del Señor, quisieron guardarse para confesores, los que quedaron, mas que para mártires. Tienen en dicha villa una Imágen en el sitio que llaman el *Hormiguero*, de la vocacion de Nuestra Señora de Monserrate, es pintura del grandor de tres cuartas de largo, en hermita particular, y con tributos para su renta; de gran devocion y algunos milagros; y dejando de referir muchos, fué notorio que el mayordomo de dicha capilla, llamado Giraldo Gonzalez, tuvo entre otras una hija que, de edad de ocho años, se le perdió en los montes que en aquella parte son de grandes sierras y alturas, y enviándola á buscar á muchas personas; al cabo de quince dias hallaron la niña buena y contenta, y la ropa sana, como cuande se perdió: y preguntándola como habia vivido sin sustentarse, dijo, que una muger la habia dado de comer todo aquel tiempo, alhagándola y acariciándola como madre; de que se entendió ser la de misericordia y Vírgen de Monserrate, de quien el dicho su padre era devoto, y fundador de la hermita que hoy tiene, crecida su devocion con milagros que obra con la gente de aquella villa cada dia. Es poblacion la dicha villa de San German de *doscientos* vecinos, y está sugeta al Gobernador y capitan general de esta Ciudad, que pone teniente de su mano, pero tiene jurisdiccion separada. Regidores y Alcaldes ordinarios, que como villa, elije cada año, con alferez mayor y alguacil mayor y escribano de Cabildo y público. El valle de San Blas de Coamo tiene otra hermita, demas de la Iglesia, con vocacion de alta gracia, y tambien es de gran devocion, y su Imágen, pequeña, de bulto, de tamaño de una vara, y tiene tributos con que se sustenta la lámpara que es de plata, como la de la Iglesia del dicho valle, y está veinte leguas de esta Ciudad, y será poblacion de cien vecinos. La otra poblacion; que está doce leguas de esta Ciudad, se llama *San Felipe del Arecibo*; tiene el mejor rio con el mismo nombre de quien le tomó el pueblo, que yo creo que es el mejor que hay en la Isla; ancho, claro, bajo de buen agua y buen pescado y su ribera es de las mejores, para la labranza de gengibre y cacao, de cuantas hay en la Isla; el puerto es de costa brava, y así los bajeles paran poco en él por que cualquiera norte los echaria á la costa de fuera. Es tan hermosa la vista, que los enemigos la llaman jardin dorado, y el rio donde está poblado el lugar, que será de cuarenta vecinos, por media legua corre tan á la orilla de la mar á donde sale, que no hay mas de la mar al rio, de como cuarenta pasos, que es de grande alegría á los que le miran; y es de manera, que podrán pescar con cordel, á un mismo tiempo, en la mar y en el rio, mas de media legua dentro de la boca, que no se podrá hacer en otro rio de la Isla. Tiene este lugar, demas de la Iglesia, otra hermita de Nuestra Señora del Rosario donde van las proseciones, y con renta y capellania de Misas que dejó un vecino y natural de aquel pueblo, llamado Juan Martin de Benavides. De este lugar hubo una muger llamada Gregoria Hernandez, que murió de mas de ochenta años, y se enterró el de 1639, que murió en esta Ciudad, en el convento de Señor Santo Thomas de Aquino; de quien su confesor, que era un religioso del mismo convento, que ya es muerto, decia grandes cosas de su virtud y revelaciones; y de su vida dicen otras virtuosas mujeres, que vivian con ella, que era de gran Santidad y penitencia, y lo que vió toda la Ciudad, es, que era humilde; y pidiendola su marido, que llevado de su valor natural se fué á Italia, donde fué capitan de Infantería y se llamaba Villodres, dos hijos que tenia solos, y enviándoselos á España los cautivó un navio de Turcos á entrambos, y viniendole la nueva de tan fuerte dolor jamás le mostró, ni impaciencia, sino una conformidad con la voluntad de Dios, que admiraban á los que la conocian; y su virtud era tan sólida y sufrida, que siendo pobrisima, jamas salia de casa sino era á Misa, ni pedia á nadie limosna, sino solo pasaba con la del convento de Santo Domingo, cerca de donde vivia, que parece que imitaba á la beata Maria Raggi de Roma, y creo que no ha de ser menos la gloria de esta buena muger por las virtudes de paciencia, humildad y pobreza, que toda esta Ciudad conocia en ella. De milagros no hay mucho que decir de esta Ciudad como de todas las de Indias lo dice el Padre Maestro Bictoria, si bien en su descubrimiento fué milagro la previa disposicion con que movió Dios á los Reyes Católicos y á Cristóbal Colon su primero descubridor, para una empresa tan de esperanzas fáciles y así se pudo decir en la conversion de estos naturales "digitus dei est hic." y con Balthasar Chanasio, de nostra vere Religionis, en el capítulo último de su libro 4º "Si aliquo est mihi quod volo: si nullo hoc ipsum megnum est miraculum potuise corverti sine miraculo." y si algunos naturales no se convirtieron de todo corazon, por su inocencia y simplicidad, menos se les podrá hacer el cargo que dice San Juan, capítulo 12. "cum tanta signa fecisset coram eis, non crediderunt in eum." Un milagro hallo comprobado en el libro de Nuestra Señora de Guadalupe, que fué cuando en la tormenta rigorosa de San Bartolomé, que hubo en esta Ciudad, ha mas de 70 años, se llevó el aire una criatura, que pasaba de una casa á otra, y encomendándose á la Vírgen de Guadalupe, de allí á tres dias se halló viva y sana debajo de una teja. La Vírgen de la Candelaria, ha hecho aquí algunos milagros, y Señor Santo Domingo Soriano, que tiene altar y cuadro particular en el convento de Señor Santo Thomas de esta Ciudad. Pero como no están comprobados no me atrevo á ponerlos por verdaderos y no es la menor alabanza de la fé de estos vecinos y naturales, que creyesen, como dice San Gregorio en el libro 9. epistola 58, y el venerable Beda en el libro primero de la "historia anglicana" que fué menester en Inglaterra al principio de su conversion, y el Cardenal Baronio en los anales de la Iglesia, año de 632, que fué menester en Holanda. En bien dilatados discursos se pudieran esplayar las noticias de esta Isla, pero en historia general, que ha de tener concisas las relaciones, no podrá gozar de tanto lugar, y así lo hago de los Obispos que ha tenido desde su principio y descubrimiento admitiendo con Antonio de Herrera en su historia general de las Indias, que el primero que pasó á ellas desde España fué el licenciado Don Alonso Manso, clérigo canónigo, y natural de Salamanca, que con retencion de la canongía, aceptó el dicho Obispado, y asi fué esta Isla la primera que recibió bendicion episcopal sobre la haz de su tierra, en todas estas Indias occidentales y Nuevo mundo descubierto. El dicho Obispo sobre diferencias de los diezmos personales que pedia, volvió á España; y mandándole Su Magestad venir á su Obispado le hizo merced de título de Inquisidor, que siendo el primero que hubo en estas partes, podemos decir que lo fué general en estas Indias, y asi de todas ellas se traian los delincuentes y se castigaban, quemando y penitenciando, á cuya causa hasta hoy está en pié la cárcel de Inquisicion, y en la Iglesia Cathedral hasta la venida del enemigo Holandés Boduyno Enrico, el año de 625, se veian muchos Sambenitos colgados detrás del Coro. Murió dicho Obispo en esta Ciudad y se enterró en su Catedral; donde hasta la venida del dicho Boduyno Enrico, se conservó al lado derecho del Evangelio un nicho con figura de Obispo, de alabastro y un cordero á los pies, la cual figura deshizo dicho enemigo. En tiempo de este Obispo destruian las hormigas la yuca, que es de lo que se hace el pan ordinario que llaman cazabe, sacóse por suerte por abogado á Señor San Saturnino y cesó luego la plaga; despues hubo otro gusano que se comia la dicha yuca, y echando nueva suerte, salió Señor San Patricio, mas pareciendo al Obispo y Cabildo Eclesiástico que este Santo era poco conocido y estraordinario, se volvió á reiterar la suerte tres veces, y siempre salió el mismo, con que teniéndolo por notorio milagro, se tomó por abogado del dicho cazabe y se le votó fiesta en ámbos Cabildos, haciendola de Ciudad, con Misa, sermon y prosecion, con que hasta hoy se celebra y guarda, sin que haya havido falta notable (sino en las tormentas) del dicho cazabe, y por que se ha enfriado algo el afecto de los ánimos en su celebracion, aunque siempre se ha continuado, este año de 1641 comenzó otra vez el gusano á comer la yuca, y haciéndole mucha fiesta con tres prosecciones, cesó luego y ha vuelto á reverdecer la yuca, que son los panes de estas partes, con admiracion de los labradores, dándoles á entender que los Santos no se enojan pero que se obligan. Sucedió en la silla episcopal al dicho licenciado D. Alonso Manso clérigo y Canónigo de Salamanca, el Maestro Don Fray Manuel de Mercado del órden de San Gerónimo. No murió en esta Ciudad, pero no se sabe donde fué promovido ni se tiene noticia de sus obras, por la falta de papeles que tienen los archivos, con los sacos y invasiones de los enemigos, que han robado dos veces la Ciudad. Su Crónica de San Gerónimo dirá su promocion y cosas particulares á quien me remito. Al dicho Maestro Don Fray Manuel de Mercado, sucedió Don Rodrigo de la Bastida, clérigo y Dean de la Catedral de la Isla de Santo Domingo de la Española, y natural de ella, de donde fué promovido por Obispo de Caracas, provincia de Venezuela, de quien escribe Antonio de Herrera, en su general historia, que tuvo una vacada que en veinte años le valió 800 ducados de plata; en tiempo de dicho Obispo se debió de hacer, ó por lo menos comenzar, la capilla mayor de la Iglesia Catedral, por que en el principal testero de ella, están labradas de piedras, las armas del Señor Emperador Cárlos 5º, y debajo las del dicho Obispo Don Rodrigo de la Bastida, que son; un escudo en cuarteles, en los dos una estrella, y en los otros dos una torre con una bastida ó grua que sale de una ventana de ella, y á la puerta un leon atado con una cadena. La fábrica de esta dicha Iglesia se dejó á las dos primeras capillas colaterales que siguen á la mayor, creo que por que faltando los indios, se dejaron de labrar las minas de oro, que es el que levanta los ánimos, y es torre que dá fortaleza segun lo de el Eclesiástico, "subtantia divitum urbs fortitudinis eius, timor pauperum egestas eorum." y si como se comenzó dicha Iglesia, se ejecutará hasta el fin, fuera, segun parecia en la planta que yo ví de ella hecha en pergamino, tan grande como lo es hoy la de Sevilla. Dicho Obispo Don Rodrigo de la Bastida, fué promovido á la silla arzobispal de su patria, Santo Domingo, donde murió, dejando en ella un mayorazgo de casas y otras haciendas, que gozan hoy en la dicha Ciudad sus herederos y descendientes. Al dicho Arzobispo Don Rodrigo, sucedió en esta silla Obispal de Puerto-Rico, D. Fray Diego de Salamanca, del orden de San Agustin, que fué el que hizo, á su costa y espensas, las gradas de fuera de la Iglesia Catedral de esta Ciudad; obtuvo licencia de Su Magestad para volverse á España, como lo hizo y murió, dejando casada una sobrina que trujo consigo, en esta Ciudad, de que hay sucesora en la de Santo Domingo; quedó por su Provisor y Gobernador del obispado, Gaspar de Santa Olaya, Canónigo de esta Catedral. Al Obispo Don Fray Diego de Salamanca del orden de San Agustin, sucedió en el Obispado, Don Fray Nicolás Ramos, del orden de Señor San Francisco, y natural de Carrion de los Condes, en Castilla; hombre tan virtuoso, que no se entendió solicitase el Obispado, porque se le dió sin pretenderle, dicen que el decia ser de humilde linage y hijo de un carbonero, y asi era de condicion llana y afable; era gran letrado y escrivió mucho, pero por ser muy viejo no se pudieron leer sus cuadernos, por lo temblado de la letra, con que fué mas arcano y misterioso en lo escrito que en lo razonado. En el oficio de Inquisidor, que hasta entonces le tenian los Obispos de esta Isla, desde que se concedió al licenciado Don Alonso Monso en su primero principio, se mostró severo y rigoroso, como lo pide su recta administracion, quemando y penitenciando en los autos que hacia, algunas personas, y hasta hoy se conserva el lugar del quemadero que cae fuera de la puerta de San Cristóbal. Fué promovido dicho Obispo á la silla arzobispal de Santo Domingo, donde murió con opinion de Vírgen, guardando siempre el instituto de su orden en no tomar dinero, y una vez que de su renta le llevaron trescientos pesos, los mandó poner debajo de su cama, y á media noche hizo que los sacasen y repartiesen á pobres, testificando que no habia podido dormir hasta aquella hora, por el cuidadado y escrúpulo que le ocasionaba el dinero; y con ser tan gran letrado no conocia el valor de cada moneda, como no la habia tratado por toda su vida, que creo fué bien aventurada conforme su buena fama. Al Arzobispo Don Fray Nicolás Ramos, sucedió en este Obispado, el Doctor Don Antonio Calderon, clérigo y Arcediano que fué de la Catedral de Santa fé, en el Nuevo Reino. Era natural de Baeza y viniendo á este Obispado, en una Isla, 24 leguas de este puerto, que se llama Santa Cruz, le tomó un enemigo inglés llamado Santa Cruz, dia de la Cruz, y el bajel en que venia embarcado se llamaba Santa Cruz. Lo mas estimable que le quitó, fué una Cruz que traia por pectoral al pecho, y se le pudiera acomodar lo del Evangelio "tollat crucem suan." Fué promovido al Obispado de Panamá, y por su promocion, hubo una larga Sede vacante de trece ó catorce años en esta Catedral, y murió en Santa Cruz de la Sierra, siendo de allí Obispo. Fué proveido en el Obispado, por promocion del dicho Obispo Don Antonio Calderon, Don Fray Martin Vasquez de Arce, fraile del orden de Santo Domingo, colegial de Santo Thomas de Sevilla, Colegio de su Orden, y Rector que era en él, cuando le proveyeron. Era natural del Cuzco en el Reyno del Perú y sobrino de Rodrigo Vazquez de Arce, Presidente de Castilla, hijo natural de su hermano. Vino á su Obispado por la Isla Margarita, que se incluye en él, donde estuvo tres años, y desde allí á esta Catedral por el año de 1603, y murió el de 1609 por principio de Henero: dejó su hacienda á esta Iglesia, que era de veinte mil ducados, por que faltaron algunos dias desde que hizo testamento hasta que murió, los Oficiales Reales pusieron pleyto por falta de tiempo, como el derecho dispone, pero Su Magestad mandó con piedad Católica, se diese á la Iglesia, por ser pobre, aunque la lució poco por estar ya convertida en los prebendados de ella. Mándose enterrar en su Iglesia, como se hizo, al lado de la epístola en bóveda particular, donde estubo hasta que el año de 641 se quitó con la otra del Obispo Manso, para acrecentar las gradas del Altar mayor, y se pusieron los huesos en el mismo Altar mayor al lado de la epístola. Por muerte del dicho Don Fray Martin Vazquez de Arce, se hizo merced de este Obispado al Maestro Don Fray Alonso de Monroy, del orden de Nuestra Señora de la Merced, Provincial en su orden; aceptólo y consagrose, mas no quiso venir á su Obispado, por lo que el Real Consejo de las Indias, (como está advertido al principio de la Curia Ecca.) mandó que los Obispos de las Indias no se consagrasen en España, mas ya se comienza á dispensar, como se ha hecho este año pasado de 644, que vino consagrado de Madrid el Obispo Don Fray Damian Lopez de Haro á este Obispado, y otros lo vienen por el gasto y riesgo que se ocasiona de irse á consagrar á otras partes. El dicho Obispo Don Fray Alonso de Monroy murió en Sevilla, donde está enterrado en su convento de la Merced, con losa en su sepultura, que dice, haber sido electo y consagrado Obispo de este Obispado, la cual yo ví en la Ciudad de Sevilla. Al Obispo Don Fray Alonso de Monroy, y que no quiso venir á su Obispado, sucedió el Maestro Don Fray Francisco de Cabrera y Cordova natural de la misma Ciudad y del orden de Santo Domingo, del convento de Santa María del Monte de su orden, que está fuera de dicha Ciudad de Córdova, era hermano de Don Alonso de Cabrera, del Consejo Real y de la Cámara de Su Magestad y vino el año de 610 y fué promovido el de 613 al Obispado de Truxillo, en el Perú, porque el año de 612, se dividió dicho Obispado, como el de Guamanga, de el de Cuzco que lo tenia todo antes, como dice Solorsano Pereira en su libro de "iure indiarum." Por promocion de dicho Maestro Don Fray Francisco de Cabrera y Cordova, se proveyó este Obispado en el Maestro Don Fray Pedro de Solier, del orden de San Agustin; hombre mozo y gran predicador, del lugar de Barajas, cerca de Madrid. Vino á su Obispado el año de 615, y en el fué la rigorosa tormenta que sucedió en esta Isla, despues de mas de 40 años que habia pasado la de San Mateo, que llaman, y esta fué á 12 de Setiembre. Hizo tanto daño á la Iglesia Catedral, que fué necesario por una parte cubrirla de paja, y avisar á Su Magestad, suplicando la hiciese una limosma para su fábrica; y concedió cuatro mil ducados con su acostumbrada grandeza; y con ellos, y lo que debian los prebendados, desde el tiempo del almoneda de la hacienda del Obispo Don Fray Martin Vazquez de Arce, se hizo un arco y dos pilares, con que se reparó el Crucero de la dicha Iglesia, y sobre ellos se fundó el nuevo, que el año de 641 se hizo, á solicitud de Don Iñigo de la Mota Sarmiento, Gobernador de esta Ciudad, como tambien la mitad del convento del Santo Thomas de Aquino del orden de Santo Domingo, á espensas de la infantería del presidio, con precepto de capilla y entierro suyo. El dicho Don Fray Pedro de Solier fué promovido el año de 615, á la silla arzobispal de Santo Domingo, que acepto con mucho disgusto, y como con espíritu profético adivinó su temprana muerte, que fué á los dos ó tres años de su arzobispado, de edad de 46 años. Al dicho Don Fray Pedro de Solier, sucedió el Doctor Don Bernardo de Balbuena, natural de Valdepeñas, en la Mancha, clérigo Abad de la Isla de Jamaica, de donde vino rico. Pretendió hacer un convento de monjas Bernardas en el lugar del Viso, en Extremadura, y aunque envió muchos frutos y dineros en los navios que salieron aquellos años de este puerto, los mas se perdieron, con que conociendo que Dios Nuestro Señor queria que se gastase la renta en utilidad de la parte donde se ganava; mudó de parecer, y muriendo el año de 625, mandó su hacienda á la Iglesia, con cargo de que se labrase una capilla al Señor San Bernardo para Sagrario, y en ella se colocasen sus huesos, dotando la lámpara del aceite que pudiera gastar cada año, y en cada primer domingo de mes, se le dijese una Misa cantada, y el dia de Señor San Bernardo otra, con sermon y vísperas como todo se hace. Tambien los oficiales de la Real Hacienda pusieron pleyto al testamento de dicho Obispo, por decir no era válido su otorgamiento; y Su Magestad mandó, se diese la hacienda á la Santa Iglesia. Vino á su Obispado el año de 623, y el de 621 mandó Su Santidad y Su Magestad celebrar Concilio Provincial en la Metropoli de Santo Domingo, y que acudiesen los Obispos sufraganeos, y asi fué á él, Don Fray Gonzalo de Angulo, Obispo de Caracas, por su Iglesia, y por esta, que estaba Sede vacante, el Racionero Bernardino Riberol de Castilla, y por la de Cuba el Dean Don Agustin Serrano, con poderes de D. Fray Alonso Enrriquez de Toledo su Obispo, que se escusó por su vejez y poca salud. Este Concilio se llevó á España y le presidió Don Fray Pedro de Oviedo, Arzobispo de la Metropoli de Santo Domingo, grande letrado y catedrático de Alcalá. Pero hasta ahora no se ha confirmado. Al Doctor Don Bernardo de Balbuena, sucedió en el Obispado el Doctor Don Juan Lopez Agurto de la Mata, clérigo natural de Tenerife, en las Canarias. Fué primero Dean de Mérida en la provincia de Yucatan. Pero antes de venir á su Iglesia le hizo merced Su Magestad de una racion en la de Tlaxcala, y estando en ella vacó la canongía Doctoral de aquella Iglesia y por oposicion se la llevó. Hízole Su Magestad merced del Obispado, y cuando tuvo la nueva, dió seis mil ducados de limosna al gran Santuario de Nuestra Señora de Candelaria de su tierra, y aquí hizo muchas á la Iglesia y á personas necesitadas. Era hombre entero, ajustado de vida, y como dicen los Italianos de *Testa*, y tenia otras muchas partes de las que pide San Pablo para los Obispos, con que no contentó á algunos pareciéndoles muy severo para lo relajado y infeliz de estos tiempos. Visitando su Obispado en la Margarita pasaron los frayles Franciscos de su capítulo, con intento de fundar en esta Ciudad un convento, como desde Santo Domingo llevaron acordado, y para la obra de la Casa dió mil ducados de limosna en la Real Caxa, cumpliendo con la obligacion de su oficio. Fué promovido á la Catedral de Caracas, donde murió á pocos años, y era de los mejores predicadores que tenia este Obispado. Al Doctor Don Juan Lopez Agurto de la Mata, sucedió el Maestro Don Fray Juan Alonso de Solis de la orden de Nuestra Señora del Cármen, y natural de Salamanca. Fué antes que religioso, caballero seglar y casado, de cuyo matrimonio tuvo dos hijos. Entróse clérigo en siendo viudo de donde pasó á ser religioso del Cármen. Decia que habia dado y recibido todos los Sacramentos de la Iglesia Católica, y como tal y virtuosisímo religioso, murió en esta Ciudad despues de haber venido de la visita de Cumaná, Margarita y demas anexos á su Obispado, en donde bautizó mas de diez mil indios; dejando su hacienda á la Iglesia, que le valió tan poco, que no llegó á dos mil pesos, y á sus hijos solo en Salamanca en el lugar de Retortillo, y la granja que ya habia renunciado en ellos cuando se metió á fraile. Está enterrado en el Altar mayor de la Catedral de esta ciudad, y tiene una losa al lado derecho del Evangelio donde fué su sepultura, con el epitafio siguiente: "Doctor Don Joannes Ildefonsus de Solis, fœliciore sæculo vigil toto virtutum cumulo nitidisissimum exemplar, Huius urbis presul sine exemplo. Die XIX Aprilis anno 1691. Obist plorandus, cuius in memoriam lapidem hunc duraturum minus. Sobrinus Dominus Ignacens de la Mota Sarmiento dicavit". Al Maestro Don Fray Juan Alonso Solis, sucedió el Maestro Don Fray Damian Lopez de Haro natural de Toledo y fraile de la orden de la Santísima Trinidad, Provincial que estaba siendo en ella, de la provincia de Castilla, cuando se le hizo merced del Obispado. Vino á esta Ciudad el año de 1644, y luego trató de celebrar Sínodo Diocesano, como lo hizo, el cual remitió á Su Magestad y le confirmó y está mandado imprimir. En él se reforman muchos abusos y dá asiento á muchas cosas que necesitaban de tenerle fijo, y en particular puso precio á las Misas de capellanías perpetuas, que hasta ahora era de ocho reales la limosna de la Misa, y la subió hasta quince, para que mejor puedan sustentarse los capellanes. Así mismo escribió carta á Su Santidad el año de 1646 sobre el aprieto que se hace á los indios de la Margarita y provincia de Cumaná que es anexo á este Obispado, y hasta ahora se está haciendo aquella visita de que se esperan grandes frutos en bien de las almas, y reverencia del Culto divino y estimacion de sus prelados.

Como Juan Ponce de Leon, capitan de *Higüey* en la Isla española, fué el primero que tuvo noticia de esta Isla, segun Antonio de Herrera en su general Historia, parece que de derecho se le debia su primero gobierno, y asi fué el primero Gobernador de esta Isla, y era de casa del ayo del príncipe, Pedro Nuñez de Guzman, hermano de Ramiro Nuñez, Señor de Toral. En su tiempo, se fundó el primer pueblo llamado Caparra, á la banda del Norte, año 1509, y despues de 12 años se despobló por mal sano. Gobernó hasta el año 512. Sucediéronle Juan Ceron y Miguel Diaz, por eleccion del Almirante Diego Colon, y luego nombró al comendador Moscoso, como dice el mismo Herrera y creo que natural de la villa de Sanervaez. Y como en aquellos tiempos la mayor ansia de los españoles, eran los nuevos descubrimientos, pidió el de la Florida, y Su Magestad le dió título de Adelantado de ella, y ansi mismo quiso fundar en la Trinidad, pero comenzando la poblacion en verano, con las avenidas del invierno, se inundaron las casas, con que se le frustró el intento y murió en esta Ciudad donde tienen sus descendientes su casa cercada de almenas, y su sepultura en el altar y capilla mayor del convento de Santo Thomas del orden de Santo Domingo, y en una losa se sella. "Aquí yace el muy Ilustre Señor Juan Ponce de Leon primero Adelantado de la Florida, primer conquistador y Gobernador de esta Isla de San Juan." Este entierro y capilla es de sus herederos y el padronazgo de ella, de Juan Ponce de Leon su nieto, y de sus hijos y de Doña Isabel de Loaysa su mujer. El segundo Gobernador, que sucedió al dicho Juan Ponce, fué el capitan Cristóbal Mendoza, como dice Antonio de Herrera, en su general historia, tuvo guerra con los Caribes, que hasta entonces no habian pasado ingleses ni holandeses á estas partes, y se mostró valeroso, buscándolos fuera de la Isla hasta la de Bieque. El tercer Gobernador fué el Comendador Moscoso, que no se sabe su naturaleza, ni de que hábito fuese, por la antigüedad; y solo Herrera en su historia, dice, que fué Gobernador de la Isla. El dicho Comendador Moscoso, estuvo poco tiempo en el cargo y el Almirante nombró por su sucesor á Cristóbal de Mendoza &c. (año 547). El cuarto Gobernador fué Francisco Manuel de Obando, caballero gallego y por ser deudo de Doña Teresa de Rivera, la envió á llamar á Sevilla para casarse con ella, de donde vino, de la casa del Señor Duque de Alcalá, donde como á deuda suya la tenia; con ella pasó Alonso Perez Martel su hermano que es uno de los caballeros de que hace mencion Antonio de Herrera, que pasaron al principio de su descubrimiento á las Indias. La dicha Doña Teresa de Rivera dejó sucesion en esta Ciudad, pero no Alonso Perez Martel por que nunca fué casado y murió en la Ciudad, de Santo Domingo, como el Gobernador Francisco Manuel de Obando en esta de Puerto-Rico, por ser muy viejo y con opinion de gran virtud y Santidad. A este Gobernador Francisco Manuel de Obando, sucedió el licenciado Caraza, montañés. Era letrado, por que entonces como no habian pasado á las Indias, armadas de enemigos sino cual ó cual navio que solo trataba de su mercaduría ó rescates, se atendia al buen gobierno de los vecinos y con estos parece que se entenderian mejor los letrados. A Caraza le prorrogó S. M. dos años, de los cuatro por que fué, por su buen proceder, por carta de 10 de Enero de 561. Al dicho licenciado Caraza, sucedió el Doctor Antonio de la Llama Vallejo, con titulo de Juez de residencia, que casó en esta Ciudad con Doña Leonor Ponce hija del primer Gobernador Juan Ponce, y llevando á España su residencia se ahogó, y con la pena y melancolia de su muerte, la dicha su muger cayó emferma, y estando un dia en la cama, á medio dia entró un hombre en forma de médico con cuello y guantes al modo que entónces se usaba, pero no conocido en esta Ciudad, y la visitó, y del temor que concibió con su vista, por que se le desapareció en la visita, comenzó á consolarse y mejoró, que Dios busca los medios que sabe que mas importan para nuestro remedio. A este Gobernador, sucedió Francisco Bahamonde Lugo natural de Tenerife en las Canarias, (su título en 29 Mayo 564) capitan de caballos en Flandes, que fué á aquellos estados con el Adelantado de Canaria su tio, y como soldado, no traia vara sino la Semana Santa, que en esta entónces todos los Gobernadores la traian como los Corregidores de España; y por que los Caribes infestaban la Isla por la banda de San German, fué en persona á aquella guerra donde le dieron un flechazo en un muslo que estuvo de él, oleado, pero viviendo y acabando su gobierno fué á España, y tan pobre, que una vuelta de cadena que solo tenia, se la dió cuando se iba á embarcar, á la muger de un sobrino suyo, diciendo: Señora, no me agradezca el darle esta cadena, que no lo hago por servirla, sino por decir con verdad que no llevo nada de Puerto-Rico. Pero no le faltó el premio á sus buenos servicios, que dentro de cinco meses le dieron el gobierno de Cartagena de las Indias, donde murió del trabajo que tuvo en defenderle á Francisco Draque la entrada, que en su tiempo pretendió hacer en aquella Ciudad, que por entónces no consiguió. Al dicho Francisco Bahamonde Lugo, sucedió Francisco de Obando por título de 12 de..... de 1575. con 375,000 maravedís en lugar de Francisco Solis por cuatro años con 775,000 maravedis de salario. Haciendo viaje á la Isla de Santo Domingo, á curarse de una enfermedad grave, á la vuelta, le cautivó un corsario inglés, que pidió por él, rescate, que se le dió y fueron 4,000 ducados, que..... en la villa de San German de donde volvió hasta aquí y murió en ella. Era natural de Cáceres en Estremadura. Por muerte del dicho Francisco de Obando, gobernó él interin, por nombramiento de la Real Audiencia de Santo Domingo, Gerónimo de Agüero Campuzano, caballero vecino de ella. A este sucedió Juan de Solis, caballero de Salamanca, tuvo pesadísima residencia intentando agraviarle en ella ciertos vecinos de la Ciudad, que en hábito de penitentes, le salieron al camino del convento de Santo Thomas, donde acostumbraba ir á Misa, pero no lo consiguieron, y aunque no se pudo probar plenamente su delito, les costó haciendas y destierros por solo la presuncion; que en los Gobernadores aun en la residencia resplandece la escelencia de su dignidad y oficio por tiempo de un año, como disponen las leyes. Succedió á este Gobernador, Juan Lopez Melgarejo, natural de Sevilla, alguacil mayor por Su Magestad de la Audiencia de Santo Domingo, y Gobernador por ella, en el interin, de esta Ciudad. A este Juan Lopez Melgarejo, sucedió Juan de Céspedes con título de Gobernador en 24 de Abril de 580 en lugar de Francisco de Obando con 375,000 maravedis. Murió en esta Ciudad con opinion de Santo, y cuando murió, toda la gente de ella, acudió á verle porque tuvo la cruz..... en la mano derecha, hasta que le enterraron, que siendo tan admirable en vida, se puede entender haber, nuestro Señor, queridola mostrar en esta maravilla. Su hacienda la dejó á pobres por que ansi lo habia hecho en su vida. Su entierro y sepultura está en el convento de Santo Thomás de la orden de Santo Domingo, junto al del Gobernador Juan Ponce, con losa y un epitafio que dice de esta manera. "Aquí está sepultado el muy Ilustre Señor Juan de Céspedes Gobernador y capitan Jeneral que fué por Su Magestad, en esta Isla, y murió el 2 de Agosto de 1581.; dejó toda su hacienda á pobres. A este Gobernador Juan de Céspedes, sucedió Menendez de Valdes, asturiano de nacion, la cédula en 18 Junio de 582 con 1,000 ducados, capitan que fué de la fuerza de esta Ciudad, con 50 soldados de guarnicion, que entónces no eran menester muchos. Ni la fuerza se hizo sino para defenderse de los indios, y despues ha quedado, como se hizo la de San Felipe del Morro, por casa de morada de los Gobernadores, y es de las mejores que hay en las Indias, aunque entren los palacios de los Virreyes del Perú y México, porque aunque en fábrica y aposentos puedan escederle, en el sitio nunca podian igualarsele por estar en la bahia y entrada del puerto, en un brazo de mar, en la eminencia de unas peñas, colocada con tal disposicion, que se compiten lo agradable y lo fuerte, porque tambien tiene debajo de unos corredores que caen en el brazo de mar, plataforma con artillería, y puertas de un lado y otro, con vista de arboledas y isletas como se podia pintar en el país mas vistoso de Flandes. Este Gobernador Diego Menendez, gobernó tiempo de 11 años, y se quedó para vecino de ella. Constancia de..... que entonces tenia mucho valor y casas propias en la plaza que despues han gozado sus hijos y sucesores. Intitulábase Gobernador y capitan General, pero en su tiempo, vino Pedro de Salazar por capitan de infantería y título de capitan á guerra que dió á entender una vez tocando de noche á rebato sin avisar á dicho gobernador ni al Obispo, de que se mostraron ambos quejosos. Al Gobernador Diego Mendez de Valdes, sucedió Pedro Suarez, Coronel, Gobernador y capitan general en esta Isla, natural de Piedrahita en Castilla, (su título en 11 de Marzo 593). En su tiempo vino Francisco Draque, el año 1595 á exdugnar esta Ciudad y robar la plata de la Capitana de Nueva España, que llamaban Santa María de Cabogeña, su general Sancho Pardo Osorio, y no entró en el puerto, sino que echó 30 lanchas de noche con 1.000 hombres, y como Su Magestad Don Felipe 2º nuestro Señor, habia prevenido este intento enviando las cinco fragatas con Don Pedro Tello, caballero de Sevilla, que vino por cabo de ellas, no hizo mas efecto que quemar una de las fragatas que fué su mayor perdicion, porque alumbrando la bahía, vieron las lanchas de que se les defendió la entrada por el dicho Gobernador Pedro Suarez, coronel, y Francisco Gomez Cid que era gran soldado y capitan y Sargento mayor por Su Magestad, en aquella ocasion, de aqueste presidio; y como el Draque se quedó con la armada, fuera, media legua del puerto, aquella noche fué, cuando á la lumbre que mostraba una ventanilla de su Capitana, hizo el tiro aquel artillero que refiere Lope de Vega en su Dragontea y le dió mala herida á Juan Asle su sobrino y otras diez personas, por cuya causa, se levó la Capitana y armada, y en el puerto de la Aguada, 24 leguas de este, dejó una carta en que refiere lo dicho. Al artillero le dió el Gobernador una sortija con un diamante, y merecia mayores premios su acierto. Sucedió á Pedro Suarez coronel, Antonio de Mosquera, gallego, gran soldado, capitan en Flandes, de quien se dice, que tuvo la mejor compañía que ha tenido capitan en aquellos estados, por que habiendo un motin casi general, solo su compañía quedó firme en la obediencia, y todos los Señores Maeses de campo, capitanes y personas de puesto, se agregaron á su compañía que gobernó como su capitan y estuvieron á su orden, hasta que se sosegó el motin. El año 596 fué promovido y llevó 200 soldados para el presidio, 18 de Diciembre. Su título en 20 de Junio de 596, de Gobernador capitan general y alcayde de la fortaleza de ella, con 1,000 ducados de salario al año. Era mas buen soldado para obedecer que para mandar, y asi le sucedió la desgracia de tomar la Ciudad á pocos dias de su gobierno el conde Jorge Cumberland, inglés de nacion, y del hábito de la Jarretiera de Inglaterra, que por mandado de su Reina Isabel, vino á solo esta faccion, corrida del desaire de Francisco Draque, y aunque no habia fuerza entonces, ni cerca en esta Ciudad, fué mayor su pérdida que su ganancia, y habiendo entrado á los primeros de Agosto, salió dia del Señor San Clemente á 23 de Noviembre con solo medra de los órganos y campanas de la Santa Iglesia, que en la Ciudad, no hizo mas daño que llevar un mármol de una ventana de un vecino, por parecerle admirable como lo era. Hállose tambien el Gobernador Pedro Suarez, coronel en esta Ciudad, cuando vino el Conde, pero como ya no la gobernaba no corria por su cuenta la pérdida y asi le dieron el gobierno de Cumaná que tuvo mas de diez y ocho años. Al Gobernador Antonio de Mosquera, sucedió Alonso de Mercado, natural de Ecija en Andalucía, se tituló en 26 de Diciembre de 598, persona que por su valor y servicios, alcanzó ser capitan en Flandes, y cierto que viendo sus papeles en poder de un hijo suyo que dejó en esta Ciudad, me parecian aventuras de caballería ó las relaciones de Fernandez Pinto, segun eran de prodigiosos. Vino enviado por la Magestad de Felipe 2º nuestro Señor, el año de 1599, como tan gran soldado, á recuperar la Ciudad, del conde de Cumberland, con los galeones de Don Francisco Coloma, y orden que si estuviese el enemigo en la tierra, saltase Mercado con tres mil hombres de que habia de ser general, para con ellos desalojar al dicho Conde, y si se hubiese ido, quedase por Gobernador y capitan general con cuatrocientos soldados de presidio, como se hizo, y dando aliento á la fábrica del Morro, hizo un caballero que hasta hoy conserva su nombre, y el algibe que esta dentro en la fuerza donde puso las armas que le dió Felipe 2º nuestro Señor; que fué, un revellin de que sale un brazo con una espada, por el que ganó en Flandes con tanto valor y riesgo volándole una mina que tenia el enemigo, pero sin embargo le ganó y el general en aquella ocasion que llegó á su presencia sin espada y una gran herida en el rostro, le ciñó la suya y la truxo á esta Ciudad como testigo de aquella hazaña. Gobernó tres años y envióse á despedir, y dándole Su Magestad licencia, por no hallar embarcacion para España, la fué á buscar á Santo Domingo y en una nao que llamaban la Pava, se embarcó en aquella Ciudad y hasta hoy no se supo mas nuevas de ella, acabando infelizmente en el agua, quien tantas veces se habia librado en Flandes del fuego. Al Gobernador Alonso de Mercado, sucedió Sancho Ochoa de Castro, vizcaino, (año 1602) gran republico y como tal, hizo las Casas de Cabildo en la plaza de esta Ciudad. Fué capitan de galeones y en sus bandos se intitula Señor de la Casa y Solar de los condes de Salvatierra en Vizcaya. Tambien hizo una fuente que está junta á la casa y fuerza de los Gobernadores que hasta hoy conserva su nombre, y tiene en una piedra el título del Señor de la Casa y Solar de los condes de Salvatierra. En este tiempo se introdujeron los créditos que se dan á los soldados de este presidio, destruicion general de ellos y de la tierra, y aun á lo que se puede entender de todos los Gobernadores que le han imitado, pues desde su antecedente ninguno de los que siguen hasta hoy ha gozado otro gobierno, que todos han muerto en el siguiente ó antes de tenerle aunque no veo que les escarmienta. Fué dicho Gobernador á España con su residencia y habiéndole hecho merced de un hábito y General de la flota de Nueva España, murió en la Corte el año 609. Y volvió á proseguir la fábrica del Morro el año de 1600 á 8 de Enero. En tiempo de este Gobernador Sancho Ochoa año de 602, hizo Su Magestad merced de la

Sargentia mayor de la plaza, al capitan Garcia de Torres, con 60 escudos al mes, soldado antiguo de Flandes, de gran opinion en tiempo del conde de Fuentes. Era muy padre de sus soldados y tuvo muchos encuentros con el Gobernador por contradecirle los créditos, de que dió cuenta á Su Magestad, y por sus Reales cédulas, lo prohibió y es de advertir que la esperiencia ha enseñado que por estas plazas de las Indias, importa mucho sean los Gobernadores soldados de Flandes, porque como allá no aprenden á mercadear se contentan con poco, con que enriquecen la tierra con el buen pasage y contratacion comun de sus vecinos. Créditos, es anticipar la paga á los soldados, dándola en drogas á mas de su justo valor. A dicho Gobernador Sancho Ochoa de Castro, sucedió Gabriel de Roxas...... natural de Illescas seis leguas de Madrid, capitan de galeones y Sargento mayor de Sevilla, por título de 29 de Abril de 608, por 5 años; vino el año de 608, á 22 de Julio entró en esta Ciudad, y truxo infantería para rehacer las dos compañías de presidio, que habia en esta. Fué el Gobernador mas asistente que ha tenido la fuerza del Morro y hizo el caballero de Austria, que es el mejor de la dicha fuerza, las casas matas, y sus algibes y se entró una de las dos compañías, con que parecia la fuerza un razonable pueblo. Y aquí advierto, que desde que Juan Ponce de Leon que era Alcaide perpetuo de la fuerza viexa, que es hoy Castillo de morada de los Gobernadores, siempre se intitularon los de esta Ciudad, Alcaide de la fuerza, cuyo título pasaron á la del Morro, y ponian subteniente aunque sin particular sueldo, por serlo, sino con el que tenian de alferez ó soldado sencillo, como gustaban los Gobernadores de nombrarle. El dicho Gabriel de Roxas, hizo el fuerte del Boqueron con vocacion del Señor Santiago, de quien era muy devoto, y con esto obligó á esta Ciudad que con particular voto se le hiciese fiesta con Misa, sermon, toros y cañas como muchos años se ha hecho, asi mismo hizo la puente con fuerte de piedra, que hasta entonces solo tenia de tabla, y así fué fácil al conde Jorge Cumberland el ganarla aun que se le hizo fuerte resistencia, y en él mataron á un capitan de milicia llamado Bernabé de Serralta, que peleó con tan heroico esfuerzo, que ha merecido hasta hoy quedar muy vivo en su fama, que como dijo Ovidio, hablando de sí mismo: "metamen extinto fama super est." En tiempo del Gobernador Gabriel Roxas, se manifestó, que una negra tenia un espíritu que le hablaba en la barriga. Llevóse á la Iglesia y exorcisose, y dijo llamarse Pedro Lorenzo. Y cuanto le preguntaron decia de las cosas ausentes y ocultas..... como Silico, que yo la oí algunas veces, y mandó el Comisario de la Inquisicion no se le hablase con pena de escomunion, y luego se descubrió otro que si el primero hizo admirar, del segundo y de otros que despues han salido no se hace mucho caso. Dicen las negras que le tienen, que en su tierra se les entra en el vientre en forma visible de animalejo, y que le heredan de unas á otras como mayorazgo. Tambien hizo el fuerte del Cañuelo con vocacion de San Gabriel, por que era su nombre. Y el año de 625, el enemigo Boduino Enriquez, le quemó aunque bien á su costa, y hasta hoy no se ha reedificado si bien era muy necesario á la buena guarda del puerto. Escribió á Su Magestad que bastaba para esta plaza un capitan con trescientos infantes, y engañóse, y así Su Magestad mandó reformar uno de los que habia, que aunque por mas moderno, le tocaba á Juan de Amezquita Quixano el ser reformado, no quiso el otro capitan Martin Perez Achetequi, por tenerle casado con su hija; y así fué dicho Martin Perez reformado, y fué á España donde le hizo Su Magestad merced de la compañía de la fuerza viexa de la Havana. Al dicho Gobernador Gabriel de Roxas Paramo, sucedió Don Felipe de Beaumont y Navarra, caballero navarro y deudo de los duques de Alba. Estuvo en esta Ciudad cuando vino Alonso Mercado á gobernarla, con plaza de soldado sencillo, y despues gobernando Sancho Ochoa, arribó en el galeon Santa Ursula, donde venia por capitan, como lo fué de arcabuceros en la armada Real, y el año de 614 vino por Gobernador y capitan general de esta Ciudad, con título de 14 de Setiembre de 1613 por 5 años, y la gober: 6 años. En su tiempo sucedió la gran tormenta de los 12 de Setiembre, y acudió á la necesidad con admirable diligencia, enviando bajeles á todas las islas vecinas, con que no se sintió el hambre, remediándola su providencia, y por que en los púlpitos le acomodaban el lugar del Evangelio; "Philipe unde emenus panem" señaló casa particular de depósito donde se diese el maiz y cazave que es el pan de las islas, á todos los pobres al mismo precio á que se habia comprado de las otras de donde se truxo. Mostraba ser cristiano y devoto, dando buenas limosnas á personas necesitadas, y asi Dios le dispuso de donde, porque en el tiempo de su Gobierno, entraron en este puerto once navios de negros arribados, sin mas de otros doscientos de islas, Portugal y Castilla. Fuese á España con su residencia el año de 621, y Su Magestad le hizo merced del Castillo de Pamplona, cabeza del Reino de Navarra que hasta él no se habia fiado á ningun natural de la tierra y murió dentro de pocos años. En tiempo de este Gobernador, llovió en esta

Ciudad el año de 614 granizó, que yo ví, y admiró la novedad, por que los antiguos jamás lo habian visto desde que se pudieron acordar, y luego á poco tiempo sobrevino la gran tormenta. Al dicho Don Felipe de Beaumont y Navarra, sucedió el año de 620, Don Juan de Vargas, general de la caballería de Flandes que degolló al Justicia mayor de Aragon, y tan gran soldado como todas las historias refieren. Gobernó hasta el año de 625 que vino por Gobernador Juan de Haro, y ambos se hallaron en la invasion de Boduino Enriquez, como en la otra invasion del Conde, Pedro Suarez coronel, y Antonio de Mosquera; retiráronse ámbos al Morro, donde le defendieron, por que la Ciudad no tenia cerca hasta entonces; y al Gobernador Juan de Haro le hizo merced Su Magestad de un hábito de Santiago y cuatrocientos ducados de renta en la pension de un Obispado. Dicho Don Juan obtuvo merced del gobierno de Campeche y por un encuentro con los Oficiales Reales de aquella Ciudad, le llevaron á México, donde á pocos dias murió, pobre y desacreditado. Al dicho Don Juan de Vargas, sucedió el capitan Juan de Haro, natural de Medina del Campo, con título de 6 de Abril de 625, capitan que fué de los galeones, Gobernador de Cumaná, y despues Gobernador del tercio de galeones con propuesta de este gobierno. Luego que llegó á esta Ciudad dentro de 26 dias, pareció el enemigo holandes Boduino Enrico con 17 urcas, que no pudiendo hacer el socorro que en el Brasil intentaba, por hallar la armada de Don Fabrique de Toledo en él, se dejó descaer á este puerto. Hado infeliz de los desgraciados que aun de las venturas ajenas vienen á heredar desdichas propias. Retiróse la gente al Morro por no estar la Ciudad cercada, y entró con viento favorable á 25 de Setiembre, y á los 26 echó la gente en tierra y comenzó á batir la fuerza, donde el capitan y Sargento mayor de la plaza que era Garcia de Torres, natural de la villa de Velez en la Mancha, soldado de grande opinion en Flandes, fué herido en el pecho de una bala de mosquete y á pocos dias murió de la herida. Fué su muerte muy sentida por la falta que tan gran soldado hizo en aquella ocasion, que le tenia muy bien conocido el Consejo, pues cuando llegó el aviso del enemigo, dijo D. Agustin Mexia, de cuyo tercio habia sido alferez en Flandes, al Consejo, que se confiase de buen suceso, por estar tan gran soldado como el Sargento mayor Garcia de Torres, en esta plaza: Su Magestad remuneró su sangre vertida, en su hijo mayor Don Garcia de Torres que se mostró al lado de su padre, señalándose en particular, dando muestras del valor heredado de su padre; mandando que otra vez se presidiase la gente en dos compañia y se le diese la una como se hizo. Era el dicho Sargento mayor de tanta llaneza y tan padre y tan amigo de sus soldados, que se pudiera dudar como en Atenas de Epaminondas, si era mejor capitan que hombre, ó mejor hombre que capitan. Los tres hijos varones que dejó, no solo imitaron á los Horacios que tuvo Roma, en el valor, sino que en la poca ventura tambien fueron los tres Horacios, muriendo Don Garcia de Torres y Don Alonso de Torres, capitanes de este presidio, en los 33 y 26 años de su edad, y Don Diego de Torres que siguió las letras y se graduó en Salamanca, dejando mayores puestos que Su Magestad le hiciera merced en otras partes, por el remedio de dos hermanas solas y desamparadas, se contentó con una canongía de esta Catedral, del mas limitado estipendio que hay en las Indias. Avisóse á Su Magestad la entrada del dicho Boduino, y envió dos fragatas de socorro á la fuerza y por cabo de ellas á Pedro Perez de Arecizabal, capitan de los galeones, y á Don Francisco de Villanueva y Lugo que en aquella ocasion habia vuelto del socorro de Cádiz á la Corte, donde pretendia un hábito, con el pliego de Su Magestad á este de Puerto-Rico, por mas práctico en la tierra como natural de ella, y pasando á nado el rio de Luisa, le puso en manos del Gobernador Juan de Haro con igual satisfaccion de su persona y obligaciones. Luego el año de 628 sucedió la quema del Morro ocasionada de una chispa que saltó, muriendo la guardia en la Casa mata donde habia parte de la pólvora. Volola y los alojamientos con 43 personas, soldados y otros de la tierra, que fué espectáculo lastimoso, y de México y España se acudió con pólvora y municiones. Murió dicho Juan de Haro en esta Ciudad poco despues de haber dado su residencia, y ocho dias antes, su mujer de pesadumbre de la mala residencia, y está enterrado en el convento de Santo Thomás de la orden de Santo Domingo, y el dia de sus honras se dijo que era el soldado mas antiguo que tenia Su Magestad en su servicio porque de los de sus papeles, constaba haberle servido sesenta y ocho años, que murió de mas de ochenta; por lo bien que procedió en esta le libró Su Magestad 2,000 ducados por haber ayuda de costa en lo procedido de la nao que se tomó en esta ocasion al enemigo holandés, y á los capitanes Juan de Amezquita y Andrés Botello 1,000 ducados á cada uno, por lo mismo. Al Gobernador Juan de Haro, sucedió Don Enriquez de Sotomayor, hijo 2º de aquella ilustre Casa de los Enriquez de Salamanca, que desciende de un infante de Castilla, su título de 24 de Enero de 631. Fué Gobernador y capitan general de

Cumaná por 5 años con 2,000 ducados. Fué capitan en Flandes y Gobernador de Cumaná, y vino á gobernar, el interin, por 2 años, del Maestre de Campo Don Cristóbal de Bocanegra, á quien Su Mugestad habia hecho merced de este gobierno en propiedad: gobernó esta Ciudad de donde fué por Presidente á la de Panamá. Los dos años que tuvo el interin, gobernó escelentemente y en los otros dos, parece que le querian prevaricar malos Consejeros, pero al fin le sacó Dios de este peligro y le llevó á su presidencia, año de 1635, y se puso un hábito de Santiago y le vino la nueva de la subversion del mayorazgo de su Casa, que son seis mil ducados de renta con el señorío de Villalva y Obera, lugares junto á Salamanca, y murió á dos años de su presidencia con grande opinion y fama, dándole nombre de Presidente Santo. Lo que se afirma es que en esta Ciudad resplandeció en él con admiracion de todos, la virtud de la continencia, que en años que no llegaban á 40 es digna de ponderacion. Hiciéronsele honras en esta Catedral y Conventos porque fué su muerte generalmente de todo el pueblo tiernamente sentida, correspondiendo al amor con que le gobernó. En su tiempo mandó S. M. que se cercase esta Ciudad por lo apretado de sus informes, y comenzó su cerca con tanto desvelo y trabajo que no reservaba ninguno, y al fin la dejó con una puerta y dos plata-formas. Hizo tambien las dos puertas que atrás quedan referidas. En tiempo de este Gobernador D. Enrique año de 630, se dividió la alcaidía de la fuerza de San Felipe del Morro, del gobernador, en que hasta entonces habia estado; S. M. le hizo merced de ella al capitan y Sargento mayor Agustin de Salduendo, por titulo de 30 de Abril de 630, con 600 ducados de sueldo al año, que le servia 30 años, natural de Dicastillo en Navarra. Murió á los 7 años de su oficio y por su muerte y servicios se le hizo merced á su hija Doña Constanza de Salduendo, de 3,000 ducados de ayuda de costa en vacante de Obispados de Indias. Sucedió á Don Enrique Enriquez de Sotomayor, Don Iñigo de la Mota Sarmiento, caballero del hábito de Santiago, del Consejo de Guerra de los Estados de Flandes, y primo hermano del conde de Salvatierra, natural de Burgos y capitan de caballos en Flandes, con título de 23 de Febrero de 635, por 5 años, con 1,600 ducados. Siguió con tanto afecto la fábrica de las murallas que en los 6 años que gobernó acabó la cerca con tres puertas escelentes y asi mismo hizo la mitad del convento de Señor Santo Thomas de Aquino de la orden de Santo Domingo, á espensas de la infantería, con pretesto de capilla suya y entierro; y el cruzero de la Iglesia Catedral le hizo de nuevo por que temia alguna desgracia con su ruina, y hizo una cerca á la Iglesia, solicitando para dicho efecto, la cobranza de deudas que por su antiguedad eran incobrables, y en memoria de estos beneficios perpetuamente se obligaron el Dean y Cabildo de esta Santa Iglesia, á decille una Misa cantada todos los años al Señor San Juan Bautista en su dia, de quien era tan devoto, que jamas dió el nombre para la guardia y custodia de la Ciudad, que se acostumbra en la milicia dar, sin haber hecho oracion en esta Iglesia á Señor San Juan Bautista su padron; y desde esta Ciudad fué á la de Panamá con no menos fama de continente que su antecesor D. Enrique Enriquez, y en la edad aun era mas mozo cuatro ó cinco años. Antes del primero de su presidencia murió en Puerto Belo, estando para hacer un templo porque lloraba mucho, que por donde pasaba todos los años el mayor tesoro del mundo, no tubiese casa decente Dios; dicen que con sospechas de veneno por ser muy celoso del servicio de su Rey. En esta Catedral se le hicieron honras y fué de todo el pueblo muy llorada su muerte. Al Gobernador Don Iñigo de la Mota Sarmiento, sucedió D. Agustin de Silva y Figueroa Caballero del hábito de Alcántara, natural de Jerez de los Caballeros, teniente de la guardia del Duque de Feria en Milan y Capitan en Lombardia (título 16 de Mayo 640) Vino con tan poca salud que murió en esta Ciudad dentro de 5 meses, y así no hizo cosa de memoria mas del designio y planta de la casa de los gobernadores de esta ciudad, que se ejecutó por su sucesor en el gobierno. Está enterrado en la capilla de Nuestra Señora del Rosario que para esto dejó señalada Don Iñigo de la Mota. A este Gobernador Don Agustin de Silva sucedió en el gobierno Don Juan de Bolaños, vecino de esta ciudad, natural de Guadix en el Andalucia, capitan que tenian nombrado en el interin, y la forma de su nombramiento fué una cédula particular que tenia Don Iñigo de la Mota, para nombrar Gobernador en su ausencia, que no pudo estenderse á otro Gobernador alguno, y aunque en el Cabildo de la Ciudad se estendió este punto y á el tocaba nombrar Gobernador, á lo menos en lo de la paz, se dejó llevar por lo que se debe atender á la de la Ciudad, donde en aquella ocasion no se hallaba sujeto de mucha importancia, por estar vacas casi todas las plazas de la guerra. La Audiencia con la cédula que tiene para nombrar en tales casos en sus distrito, envió un Oidor de ella llamado Don Juan Melgarejo, y en llegando 12 leguas de la Ciudad al lugar del Arccibo, envió Don Juan de Bolaños un ayudante y soldados que le volviesen á embarcar para Santo Domingo, como se hizo, diciendo que las plazas de frontera no se habian de fiar de quien no entendia la guerra. Fué á Espña dicho Don Juan de Bolaños á sus pretensiones con buena residencia y hasta ahora no se sabe el suceso de ella. Al dicho Don Juan de Bolaños sucedió Don Fernando de la Riva y Agüero, natural de las montañas, y caballero del hábito de Santiago, con título de 23 de Abril de 643, el de 48 le proveyó Su Magestad por Gobernador y capitan general de la Ciudad de Cartagena; y luego que vino puso en ejecucion la planta que dejó Don Agustin de Silva para la Casa Real que es morada de los Gobernadores, y á la puente de los Soldados la hizo levadiza con nuevo reducto con que está defendia y creó para ella un capitan con título de teniente. Devierála la plaza de San Martin la corona Occidional que dió Roma á Quinto Fabio, cuando en la 2ª guerra africana, la libró cercada de sus enemigos, si se usaran en estos tiempos los honores de la antiguedad; por que entendiendo el peligro en que aquella plaza se hallaba, la despachó dos socorros tan á tiempo que supieron ser su remedio, y en el 2º que dispuso en veinte y cuatro horas, entró en San Martin á los 16 de Abril, el capitan Flamenco Vicente, que perdiendo con él la esperanza, levantaron luego aquel cerco, ofreciéronse plegarias y sacrificios continuos á Nuestro Señor en este tiempo, y asi le premió con tal feliz suceso. Temor dió siempre á los prudentes el haber de escribir de los vivos por el riesgo de odio ó lisonja, pero en la modestia de Don Fernando de la Riva la mayor ha de ser el no hacersela. El año de 649 fué proveido por su sucesor en estos cargos el Maestre de Campo, Don Diego de Aguilera. Para concluir con este pliego la breve relacion que se ha podido enviar de este Isla, digo que ha notado la curiosidad, que hasta ahora han sido trece los Obispos que ha habido y doblados los Gobernadores que son veinte y seis, con los que han servido en el interin, y como al principio se advirtió que era esta la primer Isla que fué bendita de mano episcopal ha sido tambien la primera el año de 1640 que en todas las Indias hospedó grande de Castilla, pues el Señor marqués de Villena y duque de Escalona, viniendo por Virrey á la Nueva España, saltó en tierra en el Aguada, y por memoria de su grandeza, apadrinó un niño hijo de un vecino de aquella poblacion, hechándole el agua el Señor Obispo de Tasxala, Don Juan de Palafox y Mendoza con asistencia de otros Obispos que se hallaron en aquella flota y ocasion, que ha sido el acto de la mayor grandeza que en el profano se ha podido poner en memoria, desde que se descubrieron las Indias. Llamose el baptizado Don Diego Pacheco como su padrino, y dejose ordenado que se le buscase cuando fuese adulto para hacerle el favor que le ocasionó su ventura. De las islas pobladas antes de San Martin, es la de Puerto-Rico, la que se halla á barlovento de todas, y asi para todas ellas tiene la entrada libre, porque á Santo Domingo se va en tres dias, á la Habana en ocho dias, á Cartagena en seis, á Nueva España en veinte, y asi á todas las demas partes por que siempre goza de vientos orientales y como es la que tiene mayor elevacion de polo, con facilidad se navega á todas ellas y al contrario desde las otras partes se tarda mucho en el viage porque se tiene contra el viento que de ordinario corre que es dicha brisa. La Ciudad tiene cuatrocientas casas de piedra y algunas de tabla, y es la caseria muy buena, y en estremo es la Ciudad alegre y bien asombrada, desde la mar ó la tierra que se mira, porque está toda muy bien murada y luego la ciñe una cinta de plata del mar que casi por todas partes la cerca y rodea; su asiento está superior al mar, y la disposicion de calles es á lo moderno, todas iguales. Los vecinos son quinientos, por que desde que Boduino Enrico tomó la Ciudad, algunos á quienes quemó sus casas, se agregaron á vivir con sus deudos. Las mugeres son las mas hermosas de todas las indias, honestas, virtuosas y muy trabajadoras y de tan lindo juicio, que los Gobernadores Don Enrique y Don Iñigo, decian, que todos los hombres prudentes se habian de venir á casar á Puerto-Rico, y era su ordinario decir, "para casarse, en Puerto-Rico". Los naturales son generalmente de grande estatura, que solo un linage hay que la tenga pequeña; de vivos ingenios, y fuera de su patria muy activos y de valor, que aunque en lo antiguo no se tiene noticia, mas que de aquel capitan de Flandes Juan de Avila natural de esta Ciudad, que por sus hechos mereció que se hiciera de ellos memoria en la 3.ª parte de la Pontifical que escribió el Doctor Babia, y de otro caballero Don Antonio Pimentel que lo fué del hábito de San Juan. De 20 años á esta parte, han lucido muchos naturales que han salido de ella y vecinos de esta Ciudad; en gobiernos de otras ciudades como lo fué Don Andres Rodriguez de Villegas, de la Margarita y de la Florida; Juan de Amezquita Quixano, capitan de este presidio, de el de Cuba; Don Francisco de Avila y Lugo del de Chiapa; y Don Felipe de Lascano del hábito de Alcantara, y capitan y alcaide de la Punta de la Havana. Don Antonio de Mercado, natural de esta Ciudad, y alcaide de la fuerza de Santo Domingo, Don Andres Franco, natural de esta Ciudad, del hábito de Santiago, y Maestre de Campo general del Reyno de Nueva España; Don Garcia de Torres y Vargas, capitan de infantería de este presidio; Don Alonso de Torres y Vargas, su hermano, capitan de la plaza de San Martin y luego de este presidio; Don Matias Otaso, capitan y Sargento mayor de Filipinas; Don Iñigo de Otaso, Sargento mayor de la flota de Nueva España y capitan de Filipinas; Don Antonio de Ayala, Arcediano y canónigo de Segovia y Inquisidor de Valencia; Don Juan de Ayala su hermano, Dean y canónigo de Segovia; Don Alonso de Ulloa, Racionero de Guadalajara; Don Diego de Cárdenas Dean de Carácas; Don Fernando Altamirano, Canónigo de Taxcala; Don Gerónimo Campuzano, Chantre de Cartagena; Francisco Mariano de Rivera, Racionero de Yucatan; Don Juan de Salinas, Tesorero de Caracas; Gregorio Perez de Leon, catedrático de Maese Rodrigo en Sevilla; y de ordinario todas las dignidades y prebendas de esta Iglesia, las gozan los naturales por el patronazgo Real que los prefiere á otros, y de los que han salido de la patria, se conoce que cualquiera que cumpliere con el mandato que le hizo Dios á Abraham, "egredo de terra tua et de cognatione tua", sin duda lucirá adelantando su casa y honrando á su patria y amor dulce como dijo Virgilio, "dulcis amor patriæ laudum inmensa Cupido," y que sea la primer nobleza la de esta Ciudad y la de Santo Domingo, lo refiere Antonio de Herrera en su general historia y se deja bien entender por haber sido las fundaciones primeras.

El Rey.—Venerable Dean y Cabildo de la Iglesia Catedral de la Ciudad de Puerto-Rico: Vuestra letra de 15 de Enero de este año en que nos haceis saber el fallecimiento de Don Alonso Manso, Obispo que fué de esa Isla, he recibido, y hános desplacido de su muerte por tenerle como le teniamos por tan buen Prelado, y celoso del servicio de Dios Nuestro Señor y nuestro. Ya tendremos memoria de presentar para Prelado de esa Iglesia, persona que convenga al servicio de Dios Nuestro Señor y descargo de nuestra real conciencia. De Madrid á 12 de Enero de 1540. Refrendado de su mano.

Segun esto murió 539.

En respuesta de esta carta á S. M. de 29 de Abril 549 dice S. M. al Obispo D. Rodrigo La Bastida, de Puerto-Rico: Del Sínodo que decis que celebrasteis en ese obispado, he holgado, por que del habrán redundado cosas en servicio de Dios nuestro Señor, y bien de esa Iglesia, y demas de cumplir con vuestro oficio como sois obligado, os lo agradezco y tengo en servicio el trabajo que en ello habeis tomado; y me ha parecido bien y &c.

ANEXOS AL OBISPADO DE PUERTO-RICO.

ISLA MARGARITA.

De las islas que tiene este Obispado, la de mas nombre y lustre, es la de la Margarita, distante de la de Puerto-Rico, ocho ó diez dias de navegacion, y de la tierra firme seis leguas. Tiene catorce de longitud que corre el Este Oeste; su terreno escabroso y esteril, requisito que generalmente tienen las tierras que en la mar crian minerales de perlas, que aqui son de mejor Oriente que en otra parte. Tuvieron noticia de ellas los primeros pobladores de las Indias, hallándolas en los indios naturales de Santo Domingo, con quien haciendo aprietos para que las descubrieran, les dixeron se las traian los caribes, y estos, que las habia en la Isla Margarita; cuya codicia facilitó inconvenientes, despachando la Audiencia bajeles, que certificados de la verdad, movieron los ánimos de muchos para venirse aun con sus familias á poblar, como lo hicieron, en la Isla de Cubagua, que intermedia á esta Isla y la tierra firme; dista de una parte y otra casi con igual distancia, tres leguas, y tendrá otras tantas de longitud. Tuvo Cubagua por nombre la nueva Cádiz: que cuando mas acreditada con la opulencia de sus Ostrales, padeció los eclipses que ofuscan sombra las mayores propiedades, pues la codicia que á sus fundadores, despertó tambien á franceses piratas que la infestasen, á cuyas inquietudes ordinarias pudo mal resistir, fundada en la playa y sin defensa, á que ayudando la falta de agua y leña que se traia de acarreto, se despobló y mudó á la Margarita en el pueblo de la Mar, que por las mismas causas pasó dentro de poco la Ciudad dos leguas la tierra dentro, que hoy tiene por nombre la Asuncion. Sus vecinos serán hasta trescientos españoles, gente de luste por la mayor parte, y en lo que mas lo muestran es el adorno de los templos, devocion del Santísimo Sacramento y sufragios por los difuntos, que frecuentaban con el aseo y cuidado que pudieran en lugares mas cómodos. Tiene indios naturales que llaman Guaiqueries, libres de servidumbre por el agasajo que hicieron á los primeros españoles, ofreciéndoseles sin conquistas ni fuerza de armas, no obstante que son de natural belicoso, como lo muestran en las ocasiones de guerra con piratas. Hay fuera de la Iglesia parroquial, que gobiernan un Vicario y dos Curas con copia de clérigos, dos Conventos de Santo Domingo y San Francisco. Una Iglesia de Santa Lucia y un hospital, y en tres sitios de ella, las feligresias cuyos capellanes paga Su Magestad. En una de ellas que llaman el Valle, se venera una Imágen de Nuestra Señora y se cuenta por particular devocion de los vecinos y forasteros, que con patentes milagros esperimentan cada dia sus divinos favores, y aun que en la Virgen todos son iguales, pondré uno que á nuestro ver es particular; estaban dos mancebos criollos de la tierra lisongeando los orgullos de su edad afirmades con espadas envainadas, y uno de ellos fiado en que lo estaban, se arrojó, de suerte que hallándo al otro firme, se metió la contera del contrario por la cuenca del ojo, y sintiéndose herido, al retirarse dejó al otro la espada desnuda y el quedó con la vaina colgando del lagrimal. Acudieron á tirarle de ella, y salió dejando la contera tan metida dentro del casco, que aunque la buscaban con una tienta, cirujanos y un doctor que asistian, no podian hallarla, hasta que despues de algunas horas invocando el doliente la Vírgen del Valle, y repitiende en su divino Nombre los cirujanos sus diligencias, la hallaron y sacaron con unas tenazas abriendo primero cisura por donde entrasen, echando para efecto fuera la lumbre del ojo; que vuelto á poner en su lugar, quedó casi sin señal de haber padecido semejante batería. Cuando esto se escribe, lo testifica vivo y sirviendose de ambos ojos, y la contera colgada en el templo de esta divina Señora.

CUMANÁ.

De la gente que para poblar la Margarita despobló á Cubagua, se dividió alguna, y fué á poblar en el rio de Cumaná de donde tomó nombre la Ciudad, catorce leguas de la Margarita, en la tierra firme, que aunque solia ser lugar de menos parte que hoy le ha igualado de años á esta parte, *que* (*) el maesso de capilla sube las voces en la música del mundo, ha subido este lugar, con las haciendas de cacao y otras inteligencias de sus moradores, con pueblos de indios, que encomendados, son los que llevan el pondus dici & estus de la codicia humana, y particular en el de las perlas, tan preternatural como arriesgado; y aunque esta ocupasion es propia de la Margarita, se agregan estos dos lugares en un cuerpo que

---

(*) Que asi como.

llaman de Ranchería, gobernados por un Alcalde mayor y cuatro diputados, que un año se eligen de un pueblo, y otro de otro, para sacarlos. El número y porte de sus vecinos es como el de la Margarita; Iglesia parroquial, dos convento de Santo Domingo y San Francisco, y clérigos bastantes para la asistencia de la Iglesia y doctrinas de pueblos de indios, en cuyo catecismo se puede decir predican en desierto, por lo mal que les asienta el Culto Divino y policia, y aun todo lo que no es lo bárbaro de sus costumbres. Venérase en la parroquial de esta Ciudad, una Cruz de poco mas de una vara de medir, guarnecida de plata y metida en una caja de lo propio, cuya ceremonia es que en años pasados dando fondo un pirata con número de naos en este puerto, y marchando hasta reconocer la Ciudad, que dista de la marina dos tiros de mosquete, halló en un serrito que está caballero del lugar, una Cruz, y pegándole fuego tres veces sin que hiciera impresion, mudaron diligencias, pero no la Cruz del lugar donde estaba, tan firme, que hechándole los brazos un cabo y tirando de ella con furor diabólico y......(*) sin poderla mover, la dejaron sin señal alguna de tan héreticos oprobios, y sin esperanzas de conseguir la empresa, los retiró á sus naos el pavor de lo que habian esperimentado; de cuyo lugar la llevó general aplauso á la parroquial, y repartió en pedazos, fabricando del mayor de ellos la que hoy se venera en esta Iglesia.

CUMANAGOTO Y NUEVA BARCELONA.

San Cristóbal de los Cumanagotos, poblacion fundada casi consecuente con la de Cumaná, catorce leguas la costa abajo, y la Nueva Barcelona, fundacion nueva, legua y media una de otra, pueden reducirse á un pueblo, pues habiéndose despoblado el primero para poblar el segundo, solo han quedado en él, media docena de vecinos, que mas por tema que comodidad, se ha retenido en él, si bien con su parroquial *que solian* (*) y una hermita de la Vírgen del Socorro de particular devocion. La nueva Barcelona tendrá al pie de ochenta ó cien vecinos y no otra cosa particular, por ser tan recien fundada.

SAN MIGUEL DE BATEY.

Este lugar es tan nuevo, que aun no ha tomado estado su

(*) No se lee.
(**) Que tenian.

fundacion. Dos dias de camino la tierra adentro de la nueva Barcelona. Sus vecinos pocos. Fundóse á titulo de poner freno con la asistencia de sus moradores, á la avilantez de los indios de todo este pais, que con menos sujecion, asaltan las poblaciones y matan por los caminos á sus mismos amos con el veneno de sus flechas, tan raro, que sin haberseles hallado remedio, qualquier picadura por pequeña que sea, es mortal al segundo ó tercer dia, cayéndose las carnes á pedazos, con intensos dolores, tanto, que en hiriendo á alguno, no dicen herilo sino matelo: efecto esperimentado con gran aplauso suyo y daño nuestro.

SAN FELIPE DE AUSTRIA.

Esta Ciudad, que en el nombre solo lo es, y merece serlo, cuando no sea sino por el nombre, ha padecido vaivenes desde su fundacion hasta hoy que está en el mas bajo de todos, reducida á tan pocos vecinos, que apenas forman una aldea. Hase mudado á tres ó cuatro sitios, retirándose siempre de lo mal seguro de los indios, que no tienen encomiendas, pero sujetos á la nacion española. Tiene Vicario, Cura y sacristan, que paga, como en las demas partes, Su Magestad.

CUMANACOA.

Por otro nombre San Baltazar de los Arias. Doce leguas de la tierra de Cumaná, fundada en un Valle muy fértil. De muchas veces que se le ha dado principio, jamas lo ha tenido, de suerte que se le pudo dar titulo de lugar, sin haberse asentado salario para los Ministros de su Iglesia á quien sirve algun religioso que va solo á decir Misa, sin mas autoridad de administrar Sacramentos.

ISLA TRINIDAD.

Hase esta Isla, cincuenta leguas á barlovento de la Margarita, en las bocas que los hidrógrafos llaman de los Dragos, frontera de las corrientes del famoso rio de Urinoco, que juzgando estrecho arcaduz para su desagüe una boca, se abalanza por sesenta y dos en el mar, con distancia de sesenta leguas de la primera á la última. Tiene la Isla de longitud poco mas ó menos, cuarenta leguas, y poco menos de latitud. Tendida de la forma de un corazon, poblacion antigua de españoles y con el riesgo é inquietud de sus naturales, y vecindad de las naciones del Norte, que diversas veces han asistido en en ella con pueblos y castillos formados; no ha levantado cabeza á la altura, que lo fértil y cómodo de su terreno, pudiera haber logrado; pero resistiendo á estas y otras muchas calamidades, se conserva hoy con número de cien vecinos, su parroquial con tres ó cuatro sacerdotes, y un convento de San Francisco, cuya pobreza muestra bien la de esta sagrada religion y poco caudal de los vecinos.

SANTO THOMÉ DE GUAYANA.

Está en la tierra firme, sesenta leguas el rio de Urinoco arriba; está en sus riberas. Tiene estendidísimas provincias, pero mal sugetas, y apenas conocidas. Está poblada de infinitas naciones de indios pero de pocos españoles, habiendo sido sepultura de muchos, conducidos á este rincon del mundo por las noticias de una mentira con que los han paladeado sus naturales, pintándoles una anchurosa laguna entre unos cerros, con una Isla en medio, poblada de gente vestida, con gran número de ganados y tanta cantidad de oro, que á su capitan ó Rey todos los dias, despues de untado con un betun, lo asperxan todo con polvos del oro, que con facilidad sacan en aquel sitio, por cuya causa han venido á llamarse estos retiros del mundo las provincias del Dorado, y lo peor es, que habiéndose hecho para este descubrimiento, entradas por diversas partes, á buscar este imposible con las mismas guias que lo testificaban, y muerte de los mas que iban á ellas ni el ercarmiento de los *muchos* (*) sucesos ni el poco ó ningun efecto que han surtido, han dado lugar al desengaño en que hasta hoy los tiene esta patarata. La poblacion es sola una, y sus vecinos pocos, y aunque tienen encomiendas de indios, solo les sirven para sembrar maiz, que comer y algun tabaco, que siendo del mejor de las Indias, suele malograrsele por falta de bajeles y merchantes, que rara vez suben aquel puerto, infestado de piratas diversas veces, una de las cuales no dió lugar su asalto á que retirasen la Custodia del Santisimo Sacramento, que con sacrílego desacuerdo llevaron á depositar á un lugar cincuenta leguas de este, para cuyo desempeño se aprestó gente y hicieron prevenciones que por justos juicios se malograron, sin poder ejecutarlas (castigo quizá del poco cuidado si es que fué culpable) que pusieron en reservarla cuando debian hacerlo. Tiene su parroquial con dos clérigos, y un convento de

---

(*) Malos.

San Francisco que tenia, pereció en una de estas invasiones y aunque la mies es mucha y los operarios pocos, no convida á que haya mas, el poco fruto que se ha esperimentado en los indios, porque su natural nunca les ha inclinado á tener siquiera alguna falsa religion de idolatría, encarnizados muchos de ellos en la voraz y nefanda carniceria de carne humana, haciendo armadillas por mar y escuadrones por tierra, solo á título de comerse unos á otros. ¡O piedad divina! que insultos no ha perpetrado la temeridad humana, pues este que al natural horror dificulta imposible, lo ha ejecutado por no reservarse á ninguno, cuando á lo rapante y canino de los demas animales no son escepcion de su voracidad los de su misma especie.

ISLA DE SAN MARTIN.

Es una de las que, llaman de barlovento. Quitósela al Holandes, España, y fundó en ella un presidio cerrado para prohibirle sus salinas, cuya esterilidad no ha sufrido mas poblacion que la del Castillo y ese por evitar gastos y otros inconvenientes, esta mandada retirar su infantería y demoler su fortificacion, como se hizo por principios de Enero de 648, con cinco navios que envió de Puerto-Rico, su Gobernador y capitan general Don Francisco de la Riva Agüero, que llegaron á dicha Isla víspera de año nuevo, hallándola apestada, y á toda prisa embarcaron la artillería y municiones demoliendo las fortificaciones, y se hicieron á la vela, y llegaron á este puerto, en dos dias de navegacion, á los 20 de dicho mes de Enero, habiendo muerto mas de cien personas de la dicha peste, y asi mismo hundídose uno de los cinco navios en que perecieron mas de sesenta personas, escapando seis milagrosamente sobre unos palos; perdiéndose á las nueve de la noche mas de cinco leguas de tierra. Atribúyese este desgraciado fin á estar su Gobernador ex-comulgado por ciertos agravios que hizo al Cura y Vicario y á otro clérigo. Este dicho año de 648, por Febrero, la peste que cesó luego que llegó la gente apestada del presidio desmantelado de San Martin, con las plegarias, misas y rogativas que se hicieron, teniendo descubierto el Santísimo Sacramento, volvió con tanta fuerza, que murieron seiscientas personas usando Dios de su misericordia, que nadie murió sin Sacramentos; y habiendo en este tiempo salido un barco para la isla Margarita, se avisa, que les llevó la peste, y ha muerto mucha gente. En este año de 648, murió, por Agosto, el Señor Obispo de este obispado, Don Fray Damian Lopez de Haro, en donde estaba entendiendo en la visita espiritual, que por corregir algunas cosas, que necesitaban de remedio y defender su esposa la Iglesia de la Ciudad de Cumaná, padeció mucho por los enemigos poderosos que se le levantaron y referiré un caso notable que sucedió, estando haciendo sus honras en esta Catedral, de que se ha tomado testimonio, y fué así: que estando á los veinte y uno de Octubre de dicho año de 1648, diciéndose la primera Misa del novenario, entró una paloma montaraz en la Iglesia, y se puso sobre el coro, en medio de un tirante que cae sobre la silla obispal, estando cantando la música, despues de la epistola, el verso, "in memoria eterna erit iustus abanditione non timebit." La cual se estuvo allí, hasta que se acabó la Misa, y salieron del coro á cantar el responso, donde estaba el túmulo al lado del Evangelio, junto al Altar mayor, donde es el entierro de los Señores Obispos; y entónces, dió un vuelo pasando por sobre el túmulo y se estuvo alli cuatro dias naturales, hasta el sábado despues de la Misa del novenario, sin comer cosa alguna. De esto hubo general regocijo en la Iglesia, teniéndolo por buen anuncio de que estaba en carrera de salvacion el alma de dicho Señor Obispo. De la Margarita se avisa, hay hecha informacion como el Señor Obispo profetizó su muerte, y por carta de su Gobernador se avisó al Canónigo Don Diego de Torres y Vargas. Tambien que se hizo informacion con mucho número de testigos, que le vieron muchas veces llamar los pájaros y venirsele á las manos. Esta informacion se remite á España en el patache, y en ella vá inserto el testimonio del suceso de la paloma.

En esta relacion ván algunas cosas que el Señor Secretario Juan Diaz de la Calle y el maestro Gil Gonzalez, avisaron iba falta la que llegó á sus manos, de esta Isla de Puerto-Rico, y de los anexos á este obispado.

Puerto-Rico y Santo Domingo hechas Catedrales, el año 1511 á 8 de Agosto, sufraganeas al Arzobispado de Sevilla hasta el año de 1545, en 31 de Enero, que se hizo Metrópoli Santo Domingo.

Escudo de armas dado á Puerto-Rico por los Reyes Católicos el año de 1511, siendo Procurador, un vecino llamado Pedro Moreno. Son: un cordero blanco con su banderilla colorada, sobre un libro, y todo sobre una isla verde, que es la de Puerto-Rico, y por los lados, una F. y una I., que quiere decir: Fernando é Isabel: los Reyes Católicos que se las dieron, y hoy se conservan en el estandarte Real que es de damasco naranjado, con que se ganó esta Ciudad, y como dice Antonio de Herrera en su "Crónica general de las Indias," hicieron á esta Ciudad los dichos Señores Reyes igual en todos privilegios y mercedes á la Isla española.

Las armas de la Catedral son: un cordero sobre un islote, con su banderilla, con estas letras al rededor:

Joannes est nomen eius.

Gozan en ella sus capitulares de Jueces adjuntos, por costumbre inmemorial, y aunque el Obispo Don Juan Lopez Arguto quiso interrumpirles la costumbre, apelaron á la Metrópoli, con que quedó ejecutado en favor de dichos capitulares, por haberse hallado gozaban de ellos antes del Concilio Tridentino.

La dotacion de los cien ducados de renta para el catedrático de Gramática, dejó un vecino de esta Ciudad llamado Francisco Ruiz, año de 1589. El general donde se enseña Gramática, y el hosario de los difuntos, están juntos y contiguos con la Catedral, y el año de 1641, siendo catedrático Don Jose de Jarava, capitan de infantería que fué de este presidio, el año siguiente de 640, puso estos dos disticos sobre la puerta.

Hic habitant Musæ hic servant sua pignora parcæ
Vivere difce puer dogmata difce mori.

Por cédula de 20 de Mayo de mil seiscientos trece, mandó Su Magestad se le diese silla en todos los actos públicos al lado de la del Gobernador, al Capitan y Sargento mayor Garcia de Torres y capitanes de infantería, y no han querido obedecerla. Los Gobernadores hoy se sientan en frente de la Ciudad, al lado del Evangelio, en un escaño como se hace en la Havana.

En la fuerza de San Felipe del Morro de esta Ciudád, hay una pieza rabona con cuarenta libra de calibre, que tiene las armas del gran Turco, que se dice era cañon de Crujia de la galeaza Real que rindió Don Juan de Austria, en la batalla naval. Envióla el Señor Rey Felipe 2°, que en su tiempo se dió principio á esta fuerza.

En la Catedral hay una Custodia de plata, en que se lleva el Santísimo Sacramento á los enfermos, que es de muy primorosa obra, la cual la envió el Señor Emperador Carlos 5°, con una Cruz que habiéndose quebrado, no ha habido aquí quien la pueda aderezar. A la parroquial de la villa de San German, de las cosas que se recojieron, envió otra Cruz de estremada hechura que hoy tiene.

En tiempo del Gobernador Sancho Ochoa de Castro, sucedió que á un islote que está en frente de la boca del rio de Toa, que dista por mar dos leguas de la Ciudad, venian infinidad de palomas á anidar y sacar sus crias por cierto tiempo del año, con que los vecinos cojian gran cantidad de ellas; y el Gobernador pareciéndole que esto seria de provecho para Su Magestad, mandó con pregon general que ningun vecino las cojiese en aquella parte, y desde entonces hasta hoy, que ha mas de cuarenta años, no han vuelto mas las palomas al islote, mostrando Dios en su liberal mano, que quiere gozen todos de sus beneficios, y casos semejantes han sucedido en otras muchas partes de las Indias.

El Gobernador Don Iñigo de la Mota Sarmiento, presidente que fué de Panamá, antes de acabar el primer año de su presidencia, murió en Puerto-Belo estando para hacer un templo, porque lloraba mucho que por donde sacaba todos los años el mayor tesoro del mundo, no tubiese decente casa nuestro Dios y Señor, que no sin misterio quiso su Divina Magestad que allí fuese sepultado. Díxose que con sospechas de veneno fué su muerte, por ser muy celoso del servicio del Rey Nuestro Señor.

En esta Catedral como á bienhechor, se le hicieron honras, y fué de todo el pueblo muy sentida su muerte. He oido al padre fray Jacinto Martin, padre de los Dominicos en esta provincia de Santa Cruz, y natural de esta Ciudad, que llevó por su confesor, que era Virgen.

El Gobernador Don Agustin de Silva, en los seis meses no cabales que vivió, hizo á sus espensas en el hospital de Nuestra Señora de la Concepcion, dos altares colaterales al de Nuestra Señora, y en el uno colocó un Santo Cristo muy devoto que indecente estaba en la Sacristia, y en el otro á Señora Santa Catalina martir, de quien era muy devoto, adornado este Altar con un retablo que le costó 600 ducados. Habia ofrecido á los religiosos de Señor San Francisco dar principio á la obra de su convento con el año 642, y cuando murió que fué por Navidad de 641, trataba de salir á pedir limosna por el lugar, deseando imitar y seguir los pasos de su antecesor Don Iñigo de la Mota Sarmiento, en las obras que hizo en los templos, que en estas partes de las Indias, un Gobernador sin poner de su casa mas que el cuidado y solicitud basta eso para que se hagan grandes cosas y se allanen muchas dificultades, como se echó bien de ver en la obra de la Iglesia mayor de esta Ciudad y del convento de Santo Domingo, en la relacion antecedente referida; que teniendose por casi imposibles, el hacerse por lo pobre de sus rentas y de esta tierra, se hicieron con gran facilidad obras tan Reales, tomándolas á su cargo el Gobernador Don Iñigo de la Mota Sarmiento.

Dicho Gobernador Don Agustin de Silva, era grande ingeniero y arquitecto, y asi estaba por orden de Su Magestad, fortificando á Gibraltar, cuando le hicieron merced de este gobierno y del de Cumaná, para que escojiese, y elijió este por ser el de mas reputacion de las Indias, como lo dice S. M. en sus Reales cédulas referidas en el primero pliego de la relacion, que llegó, sus fechas en Agosto de 643 y en Mayo de 645, cuyas palabras son estas: "Siendo frente y vanguar-"dia de todas mis Indias Occidentales, y respecto de sus con-"secuencias, la mas importante de ellas y codiciada de los ene-"migos &c." Hay en esta Ciudad doce cofradias. En la Iglesia mayor la del Santísimo Sacramento, la de las Animas del Purgatorio, la de Nuestra Señora del Cármen, de Nuestra Señora de Alta gracia, de Señor San Antonio, de Señor San Pedro, del dulce nombre de Jesus y de San Miguel; y en el hospital, la de Nuestra Señora del Rosario, de Nuestra Señora de la Soledad y la de la Vera Cruz; y en el Convento de Señor San Francisco, la del Señor San Diego. Todas son pobres pero las que se sirven con algun lucimiento son, la de Nuestra Señora del Rosario, la de Nuestra Señora de la Concepcion, la de Nuestra Señora de la Soledad, la del Santísimo Sacramento y la de las Animas. La de Santísimo Sacramento, tiene veinte y cuatro hermanos, los doce eclesiásticos que con su compañero secular, cada dos á su costa, el tercer domingo del mes que les toca, celebran la fiesta, con Misa, procesion y sermon, teniendo descubierto el Santísimo Sacramento, y asistiendo todos los hermanos con sus cirios encendidos, procurando unos á otros aventajarse en su fiesta en el adorno de la Iglesia, música, olores, predicador y flores que se ván regando por donde pasa el Santísimo Sacramento. Los principales estatutos es, celebrar todas las fiestas del Santísimo Sacramento, á que acuden como arriba está dicho, y que piden limosna los dos hermanos todos los juéves del mes que les toca hacer la fiesta, para que la cofradia pague á los sacerdotes que van cantando y llevan el guion, varas de palio y incensario cuando vá el Santísimo Sacramento á visitar los enfermos. Tiene prefecto á quien se jura de obedecer, mayordomo, diputados y secretario que se elige todos los años.

La cofradia de las Animas, tiene otra hermandad de veinte y cuatro hermanos, en que no hay el orden de que sean por mitad eclesiásticos, celebran fiesta todos los terceros lúnes del mes por las ánimas del Purgatorio, cada dos hermanos, con Misa, procesion y sermon, puesto un túmulo en medio de la Iglesia con dos gradas, adornado de 48 luces y muchas bulas de difuntos, á costa todo de los dos hermanos que hacen la fiesta, y la cofradia reparte cera entre los hermanos y cofrades para la Misa y procesion y piden limosna dichos dos hermanos, todos los lúnes del mes que les toca, para pagar las demas Misas y procesiones que se dicen y hacen los demas lúnes del año, y un dia despues que muere cualquier hermano, se le dice su Misa cantada.

Rios.—Tiene esta Isla 26 rios principales que salen al mar sin algunas quebradas, y los rios que salen á la parte del Norte son los mas caudalosos como el rio Guadalete que sale al punto de Santa Maria en España. Los cuales son diez y se llaman como se sigue: Rio-grande, Luisa, Puerto nuevo, Guayamon, Toa, Sebuco, Manatí, Arecibo; y en el Aguada hay dos rios, el uno no tiene nombre, el otro se llama Calvache, y asi mesmo dos quebradas sin nombre, en espacio de una legua, que hace una ensenada, y aquí es donde hacen agua y toman refresco las flotas de Nueva España y algunas veces galeones, por ser tan acomodado el sitio, que en las mismas bocas de los rios y quebradas está dulce el agua. Este paraje está á sotavento de Puerto-Rico 18 leguas, y es tan ameno y lleno de muchas arboledas y árboles frutales, y especial de naranjos agrios y dulces y limones, que los navegantes le alaban diciendo que no han visto cosa mas deleitable en el mundo, que la naturaleza echó allí el resto. La palabra Aguada en lengua de indios segun Gomara en su "General historia" hablando de este sitio, quiere decir jardin. Está de la villa de San German doce leguas, y son las mas fértiles tierras de su jurisdiccion.

A la banda del Oeste, salen los otros tres rios que son Guairabo, Mayagüez, Guanaxivos. Este último rio pasa por la villa de San German. A la parte del Sur salen otros varios rios que son los siguientes, Guánica, rio de Ponce, Jacagua, rio de Coamo, Guayama, Maunabo, Guayanes, Candelero, Jumacao, Cristóbal Alonso, Naguau, Rio Santiago, y en la ensenada donde sale el rio Guánica hay una buena salina de sal. A la parte del Este sale solamente el rio Faxardo, dos leguas de la cabeza de San Juan, que asi se llama el principio de esta Isla. Estos veinte y seis rios referidos son los que salen al mar, que sin exageracion son mas de doscientos los rios y quebradas que entran en ellos, antes que salgan al mar, por ser la tierra por el medio muy doblada de Serranias.

Tiene la cerca de la Ciudad tres puertas principales, la una al Este que cae á la parte de tierra y se llama de Señor Santiago, con una capilla encima, en que está el glorioso Santo de bulto sobre un caballo de buena escultura, y en ella se celebra Misa en su dia y en otros del año. Las armas Reales tiene encima labradas de piedra, y á los lados dos escudos pequeños con las armas del Gobernador Don Iñigo de la Mota Sarmiento, en cuyo tiempo se hizo la cerca y debajo de dichas armas este verso. "Nisi dominus custodierit civitatem frustra vigilat, qui custodit eam." La segunda puerta está á la Marina, sobre el Sur, y es donde los navios descargan, dan carena y y cargan, por ser lo mas abrigado de los vientos. Llámase de San Justo y Pastor, con capilla encima y armas como la otra, que los Santos estan pintados en lienzo y tiene este letrero. "¿Dominus mihi adjutor queno timebo?" La tercera puerta está á la parte del Oeste á la entrada del puerto, donde surjen los navios luego que entran, llámase de Señor San Juan Bautista. Con capilla y armas como esotras puertas y el Santo en lienzo, de pintura de buena mano. Celébrase tambien Misa como en las demas y la letra que tiene es este verso. "Benedictus qui venit in nomine domini."

Hay en la fuerza de San Felipe del Morro y plataformas y baluartes de la cerca de la Ciudad, cien piezas de artillería, las ochenta y seis de bronce, y las catorce de fierro colado.

En las ocasiones que el enemigo ha acometido á esta plaza, se han mostrado muy valerosos sus vecinos en defenderla, y en la del conde Jorge Cumberland, el año de 1598, que se apoderó de ella, al lado del capitan Bernabé de Serralta, de quien va hecha mencion en la relacion remitida, murieron muchos vecinos y naturales en la puente de los Soldados que está media legua de la Ciudad, donde se le resistió con grande esfuerzo, hasta que caido en tierra dicho capitan de un mosquetazo que le dieron en un muslo, y acometidos de nuevo por otra parte, perdiendo una nao pequeña el enemigo que hizo barar en el Boqueron sobre las peñas, se retiraron á la Ciudad antes que les cortasen la retirada: solo se acuerdan los antiguos de los valerosos hermanos que allí murieron, llamados Juan y Simon de Sanabria que hoy tienen vivos hermanas y parientes.

En la ocasion del año 1625 asi mesmo se señalaron muchas personas, y en particular el Capitan y Sargento mayor Garcia de Torres, natural de la villa de Velez y vecino de esta Ciudad. Hombre de conocida nobleza y valor, como lo mostró en Flandes; dicen los que se hallaron en esta ocasion, que no hubiera el enemigo saltado en tierra, si mal aconsejado no le hubiera mandado retirar el Gobernador Juan de Haro, de la playa, donde se habia fortificado en una noche, para impedirle no echase en tierra su gente, y que dicho Sargento mayor respondió con harto sentimiento, que como le mandaba retirar sin saber el poder que traia, que el lo haria á su tiempo, y animando á sus soldados les decia, "para esta ocasion nos ha estado sustentando Su Magestad tantos años ha; en defensa de esta plaza hemos de morir como leales vasallos, y yo os prometo ser el primero," y así sucedió; como en la relacion remitida mas largamente va referida su muerte.

En esta ocasion murieron muchos vecinos, y otros quedaron estropeados, y se les hizo merced de plazas muertas de soldados, como fueron Blas de Mesa, Francisco de Navarrete, el capitan Luis de Larrasa, Domingo Velez, y otros que se han quedado sin premio por su flojedad y que tenian con que comer.

Tambien se señaló valerosamente Juan de Amezquita Quixano, capitan de Infanteria española, que era en aquella ocasion, y despues murió Gobernador de Cuba, y en particular el primer domingo de Octubre de dicho año de 625 que con menos de cien hombres, de las nueve á las diez del dia, acometió al enemigo y lo puso en huida ganándole las primeras fortificaciones, matándole mucha gente y entre otros oficiales al Sargento mayor, de que hizo gran sentimiento el enemigo, y trató de retirarse. Hízole Su Magestad merced de quatrocientos ducados de ayuda de costa.

En esta ocasion como en muchas otras que se ofrecieron, en los treinta y nueve dias que estuvo sitiada esta plaza, que fué desde 24 de Setiembre hasta 1º de Noviembre dia de todos Santos, las personas que mas se señalaron son las siguientes: El capitan Don Antonio de Mercado y Peñalosa, natural de esta Ciudad que murió alcaide de la fuerza de Santo Domingo, la española. Era hijo del Gobernador Alonso de Mercado y en esta ocasion alferez. El Doctor Don Juan de Salinas, natural de esta Ciudad, á quien hizo Su Magestad merced de Canónigo de Santo Domingo, y hoy vive Tesorero de la Iglesia de Caracas, con gran ejemplo de virtud. El capitan Don Garcia de Torres y Vargas, hijo del Sargento mayor arriba referido, á quien hizo Su Magestad merced de una compañía de infanría en este presidio, sin embargo de ser natural de esta Ciudad. El regidor Francisco Dassa y Bastida vecino y natural de esta Ciudad, descendiente de hermamo del Obispo Don Rodrigo de la Bastida de que fué hecha mencion en la susesion de los Obispos. El capitan Don Sebastian de Avila, regidor y vecino de esta Ciudad, natural de Jerez de la Frontera y de los Avilas de allí.

El capitan Don Juan de Bolaños, vecino de esta Ciudad y natural de Guadix en Andalucia, hombre noble, y en esta ocasion servia plaza sencilla de soldado, y en el año de 642 gobernó esta plaza por muerte de Don Agustin de Silva que era el propietario, y asi vá puesto en el número de los Gobernadores.

El alferez Antonio Moreno de Villa Mayor, vecino de esta Ciudad y natural de Llerena en la Estremadura.

El capitan Juan de Lugo Sotomayor, vecino y natural de esta Ciudad y de lo noble de ella, á cuyo cargo estuvo el impedir por la parte del puente de los Soldados, que estaba apoderado el enemigo de ella, no entrase por los campos á impedir los socorros de bastimentos que se entraban en la fuerza todas las noches.

La poblacion de San Felipe del Arccibo, no es villa sino valle, y está á sotavento de Puerto-Rico, once leguas, sita en las riberas del rio de Arecibo de quien tomó nombre. Fundose siendo Gobernador Don Felipe de Beaumont y Navarra, por el año de 616.

El valle de San Blas de Coamo, falta por poner en el memorial, y noticias sacras y reales que ha impreso el Sr. Juan Diaz de la Calle, de que fué hecha mencion en la relacion remitida, y dicen sus vecinos tienen hecha merced de villa, aunque no les ha venido la cédula, avisándome lo que hay en esto. Los alentaré á que envien lo necesario para el despacho de ella. Dista de esta Ciudad dicho valle, veinte leguas por tierra hacia la parte del Sur, y está de la mar donde tiene puertos dos leguas, como mas largamente consta de la relacion remitida.

El estanque del tabaco de esta Ciudad no vale mas que ocho mil reales cada año y fué yerro de la imprenta, porque está puesto ocho mil pesos.

Tampoco en los oficios de la Ciudad viene puesto el alguacil mayor.

SIGLO 18.

1703.

REAL CÉDULA CERTIFICADA.

El capitan Don Antonio Paris Negro, contador de Real Hacienda de esta Ciudad é isla de San Juan de Puerto-Rico, por Su Magestad, que Dios guarde, certifico: que en el libro de cédulas, títulos y mercedes, que corrió del año pasado de mil setecientos y cuatro, y que para en esta Real Contaduría de mí cargo, desde el fólio. "Nota.—Que el fólio no se pone por estar rompido el lugar en que le corresponde, rubricado." Consta estar tomada la razon de una Real cédula de S. M. de el tenor siguiente:" El Rey.—El Maestre de Campo Don Gabriel Gutierrez de Rivas, caballero del orden de Santiago, mí Gobernador y capitan general de la isla de San Juan de Puerto-Rico, en carta de treinta de Agosto de mil setecientos y dos, referís que el dia del mes, cinco, llegaron al puerto de San Felipe del Arecibo en esa jurisdiccion dos embarcaciones, la una bergantin y la otra balandra de ingleses, quienes echaron dos lanchas con treinta hombres y un capitan, y habiendo hecho fuego sobre la guardia, acudió el teniente y capitan á guerra del referido puerto, nombrado Antonio de los Reyes Correa, con treinta hombres y un ayudante, y peleó con ellos logrando matarlos á todos, á los veintidos en tierra y á los demas en el agua, á donde se arrojaron tras ellos por haberse echado los ingleses á cojer las lanchas, de qué les quitaron una; y que el capitan inglés lo mató el mencionado teniente y capitan á guerra: cuya operacion ejecutaron solo con lanzas y machetes no obstante venir armados los enemigos de fusiles y espadas, de la cual salió herido de un balazo y un golpe en la cabeza el espresado teniente, y de otro balazo el ayudante, Nicolas Serrano, quien ha quedado manco, y otros dos heridos nombrados el sargento José Rodriguez y Pedro de Alejandria, que este murió despues de las heridas, sin haber tenido mas descalabro que el de los cuatro que quedan mencionados, y que siguiendo los nuestros la empresa á nado con los machetes en la boca, y las lanzas en las manos, con modo de abordar á las embarcaciones grandes y apoderarse de ellas, no lo pudieron conseguir por haber los enemigos cortado los cables y levádose, dejándose una ancla, la lancha que queda dicho, treinta y dos fusiles que eran todos los que llevaban los enemigos, y veinticuatro espadas, cuyas armas y la ropa de vestir de los muertos ordenasteis se repartiese entre la gente que se halló en la funcion, con cuyo motivo participais las providencias que disteis luego que tuvisteis el aviso, asi para la curacion de los heridos, como para reforzarlos de algunas municiones por si se ofreciere otro lance; y ponderais el valor de toda la gente de esa Isla, y el zelo con que se dedican á mi mayor servicio, suplicándome que en atencion á ello conceda alguna merced á honor de el teniente y capitan á guerra Antonio de los Reyes Correa, el ayudante Nicolas Serrano y sargento José Rodriguez, como tambien para los herederos de Pedro Alejandría difunto, que dejó madre y hermanas muy pobres, de una plaza muerta de soldado para que á vista del premio se alienten todos á sacrificar sus vidas en mi servicio. Vista vuestra representacion en mi Junta de guerra de Indias, he resuelto á consulta de 14 de Agosto de este año, hacer merced al mencionado Antonio de los Reyes Correa de la medalla de mi Real efijie, destinada para los que han servido veinte años sin usar licencia, pues sus méritos y esfuerzo singular en la ocasion referida, lo califican por digno de semejante demostracion, la cual se os remite con este despacho para que se la entregueis, y tambien he concedido patente con grado de capitan de infantería española; y por lo que mira al ayudante Nicolás Serrano, he venido en dispensarle la misma patente y grado, y que se le mantenga su plaza y se le asista con media mas por los dias de su vida sin obligarle á servir; esto en el caso que sea veterano, pues no siendolo sino miliciano ó particular voluntario, solo se le asistirá con el sueldo que le corresponde á la plaza de ayudante en la conformidad que lo he dispensado á los que salieron heridos y estropeados en las funciones de la boca de Loiza y jurisdicciones de la villa San German, cuyo despacho recibireis con este, siendo mi voluntad se ejecute lo mismo con el sargento José Rodriguez que salió herido en esta ocasion, á quien he concedido patente con grado de alferez de infantería española; y que á la madre y hermanas de Pedro de Alejandría difunto, se le asista con lo que importare la plaza muerta de un soldado, que proponeis, de que participo al Virey de la Nueva España por despacho de este dia, á fin de que aumente al situado de ese Presidio, lo que importare los aumentos del sueldo ó plazas que he concedido á los espresados ayudante Nicolas Serrano y sargento José Rodriguez, como tambien la plaza muerta de soldado, concedida á la madre y hermanas de Pedro de Alejandría, y le ordeno os remita con el primer situado quinientos pesos por cuenta aparte, como mas difusamente lo vereis por el duplicado que con este os remito para que lo dirijais al Virei, diciéndole se les ha asignado, si son milicianos el sueldo solo correspondiente á sus plazas de ayudante y sargento, ó este y la media paga mas si son veteranos, para que sepa la cantidad que se ha de aumentar, y tambien le participareis, y quien os sucediere, si faltare alguno de los dos sugetos mencionados, y la madre y hermanas de el difunto, para que deje de remitir lo que correspondiere; y os mando que luego que recibais los mencionados quinientos pesos, deis ciento á la viuda de Pedro de Alejandría, si la tuviere, y si no á su madre por via de ayuda de costa para el funeral, y el resto lo repartireis entre la gente que se halló en la ocasion de San Felipe de Arecibo, de que vá hecha mencion segun la razon y necesidad que en cada uno concurriere, y que dejo al vuestro arbitrio y prudencia, y habiendo sido tan de mi aceptacion lo que los naturales de esa Isla han ejecutado en las tres funciones que van espresadas, he resuelto manifestaros la gratitud con que quedo como lo vereis por el despacho adjunto que leereis públicamente en presencia de los interesados y les dareis en mi Real nombre muy especiales gracias, y Yo os las doy á vos por el zelo y vigilancia con que os dedicais á la mayor defensa de esa Isla. De Madrid á veintiocho de Setiembre de mil setecientos y tres.—Yo el Rey.—Por mandado del Rey nuestro Señor, Don Manuel de Aperreguí.—Y al pié de dicha Real cédula, hay cuatro rúbricas que parecen ser de los Señores de el Real y supremo Consejo de Indias.—Concuerda con la Real cédula de Su Magestad de que se ha hecho mencion y devolví á entregar al Señor Gobernador. Puerto-Rico y Julio treinta y uno de mil setecientos y cuatro años.—Don Gerónimo Narro.—Segun que mas largamente consta y parece de dicho libro á los fólios citados á que me remito. Y para que de ello conste de pedimento de las herederas de Pedro de Alejandría doy esta en Puerto-Rico en doce de Setiembre de mil setecientos y ocho años.—Antonio Paris Negro.—Asi parece del testimonio que para efecto de sacar este me entregó Don Agustin de la Concepcion y Herrera, á quien lo devolví y al que me remito. Y para que conste doy el presente que signo y firmo en Puerto-Rico á dos de Junio de mil setecientos y sesenta años.—En testimonio.—Signado.—De verdad.—Pedro Ruiz de Solana, escribano de Real Hacienda.

Patente de capitan de infantería de Don Antonio de los Reyes Correa.

Don Felipe por la gracia de Dios, Rey de Castilla, de Leon, de Aragon, de las Dos Sicilias, de Jerusalen, de Navarra, de Granada, de Toledo, de Valencia, de Galicia, de Mallorca, de Sevilla, de Cerdeña, de Córdova, de Córcega, de Murcia, de Jaen, de los Algarbes, de Algeciras y Gibraltar, de las islas de Canarias, de las Indias orientales y occidentales, islas y tierra firme del mar Occéano, Archiduque de Austria, duque de Borgoña, de Brabante y Milan, conde de Abspurg, de Flandes, Tirol y Barcelona, Señor de Viscaya y de Molina &c.

Por cuanto el Maestre de Campo Don Gabriel Gutierrez de Rivas, caballero del orden de Santiago, mí Gobernador y capitan general de la Isla de San Juan de Puerto-Rico, me ha representado lo mucho y bien que vos Antonio de los Reyes Correa, teniente y capitan á guerra del partido de San Felipe del Arecibo, me habeis servido en la referida Isla, y con especialidad en la ocasion que los enemigos ingleses echaron gente en tierra en el espresado puerto donde consiguieron mis armas que vos mandabais, matar á los treinta y dos que desembarcaron, y la aprehension de todas las que traian de fuego y blancas, y una lancha; dándo vos muerte al capitan de los enemigos, en que os portasteis con singular valor y esperando lo continuareis como hasta aquí. He resuelto á consulta de mí Junta de guerra de Indias, haceros merced de la medalla de oro de mí Real efijie, que recibireis con esta patente por mano de mi Gobernador y capitan general de esa Isla, y haceros tambien de gradüaros, como en virtud de la presente patente os graduo de capitan de infantería española para que como tal goceis de todas las preeminencias, escenciones, prerogativas é inmunidades que tienen y gozan los demas capitanes de infantería española de mis ejércitos. Por tanto mando al Capitan general, Gobernador de las armas, Maestres de Campo generales, Generales de la caballería y artillería y demas cabos, oficiales y soldados de estos Reinos donde fuereis á servir, y á mis Vireyes, Presidentes y Oidores de mis Audiencias de las Indias, Gobernadores y capitanes generales, Corregidores y Alcaldes mayores de ellas donde residiereis, y á mis Capitanes generales y Almirantes de las armadas y flotas de aquellas provincias, y otras personas de cualquier calidad preeminencia ó condicion que sean os guarden y hagan guardar en la forma segun y de las maneras que á los demas capitanes de infantería española, que como vos lo son sin que por esta graduacion hayais de gozar sueldo alguno que así es mi voluntad. Dada en Madrid á veintiocho de Setiembre de mil setecientos y tres.—Yo el Rey.—Por mandado del Rey nuestro Señor, Don Manuel de Aperreguí.—Aquí se encuentran cuatro rúbricas.—Patente de capitan de infantería española, para Antonio de los Reyes Correa, teniente y capitan á guerra del partido de San Felipe del Arecibo, en la Isla de Puerto-Rico.—Registrado por el gran Canciller.—Lugar del sello.—Aquí se encuentran dos firmas ilegibles.

Por Real cédula de veintiuno de Diciembre de mil setecientos cinco, consta le hizo Su Magestad merced á dicho Don Antonio de los Reyes Correa, de medio sueldo de capitan de infantería, consignado en las Reales Cajas de Méjico, en atencion á sus méritos, diciéndole al Gobernador y capitan general estas palabras.—"Y asi mismo os mando atendais á este sugeto como á especial recomendado mio en todo lo que fuere de sus aumentos &c."

1750.

El Rey.—Por cuanto por diferentes Reales cédulas espedidas en los años de mil seiscientos y ochenta, mil seiscientos y noventa y tres, y señaladamente por las de veinte y nueve de Octubre del de mil setecientos y treinta y tres, once de Marzo, y once de Noviembre del de mil setecientos y cuarenta, se mandó al Gobernador de la Florida, y á otros de América, que pusiesen en libertad á los negros esclavos que se refugiasen de las colonias Inglesas y Holandesas á mis Dominios con el pretesto de abrazar nuestra Santa Fé Católica, sin permitir que con motivo, ni pretesto alguno se vendiesen por esclavos, ni que se restituyese como se habia hecho algunas veces, á sus dueños el precio en que se tasaban cuando los venian á reclamar, por que no se practicaba igual correspondencia por los ingleses y holandeses con los que de mis Dominios se huian á sus colonias; habiéndome ahora dado cuenta el Gobernador de la Ciudad y partido de Santiago de Cuba de lo que habia practicado con tres negros esclavos, con el mismo motivo de abrazar nuestra Santa Fé Católica, se habian huido á aquella Ciudad desde la Jamaica, y consultádome sobre este asunto mi Consejo de las Indias en 6 de Abril de este presente año; he resuelto por punto general, que desde ahora en adelante para siempre queden libres todos los negros esclavos de ámbos sexos, que de las colonias Inglesas y Holandesas de la América se refugiasen, (ya sea en tiempo de paz ó en el de guerra) á mis Dominios para abrazar nuestra Santa Fé Católica, y que esta mi Real determinacion se publique por bando en todos los parages en que corresponda, para que llegando á noticia de todos, no se moleste ni mortifique á negro ó negra alguna que con este fin se huyesen en poder de sus dueños, pues con el hecho de haber llegado á mis Dominios han de quedar libres, sin permitirse que con pretesto alguno se vuelvan á vender y reducir á la esclavitud. Por tanto para que esta mi Real determinacion se cumpla y observe puntual y literalmente, mando al Virey Gobernador, y Capitan general de las provincias de la Nueva España, á los Presidentes y Oidores de mis Reales Audiencias de aquellos mis Reinos, á los Gobernadores de ellos, y á los demas Jueces y Justicias á quienes toque, ó tocar pueda su cumplimiento, dispongan que esta mi Real cédula se publique por bando en los parages á donde corresponda y que la obedezcan, cumplan y ejecuten, y la hagan obedecer, cumplir y ejecutar por todos y cada uno de aquellos á quienes pertenezca, poniendo y haciendo poner en libertad, (sin permitir que se les veje, ni moleste) á todos los negros esclavos de ámbos sexos, que de las colonias Inglesas y Holandesas se huyesen á mis Dominios con el fin de abrazar nuestra Santa Fé Católica; á quienes desde ahora para en adelante declaro por libres de la esclavitud en que estaban, y quiero que asi se declare por todos y cada uno de los referidos en todos los casos que se ofrezcan; por convenir al servicio de Dios y al mio. Fecha en el Buen-Retiro á veinte y cuatro de Setiembre de mil setecientos y cincuenta.—Yo el Rey.—Por mandado del Rey nuestro Señor, Don Joaquin Josef Vazquez y Morales. Tres rúbricas. Para que en las provincias de la Nueva España se guarde y cumpla lo resuelto en punto de que se tengan por libres los negros esclavos que se huyesen á ellas con el fin de abrazar nuestra Santa Fé Católica.

1759.

MEMORIA DEL GOBERNADOR D. ESTEBAN BRAVO DE RIVERO.

Apuntacion que hace el Gobernador de la isla de San Juan Baptista de Puerto-Rico, de las noticias que en orden de 1º de Mayo de 1758 manda S. M. (Dios le guarde) se le dén; y son conformes á los capítulos, é instruccion, que á este fin se le remitió en quanto estos tocan á su Gobernacion.

	Pesos.	Rs.	Mrs.

Tiene la isla de Puerto-Rico, unas Reales caxas, que las administran dos oficiales, un Contador y un Tesorero cada uno con el sueldo de.. 567 5 6

El que viene separado en el situado, segun estracto de oficiales Reales.

Sirve el primer empleo por Real merced, en virtud de méritos de sus antepasados y propios, Don Manuel Ignacio de Areizaga.

Obtiene el segundo empleo en interin por nombramiento del Gobernador, á causa del fallecimiento del propietario D. Felix Bernardo Gomez, el teniente de infantería de esta plaza D. Gaspar Martinez de Andino, con solo el sueldo que por su cargo militar le corresponde.

En la dicha Isla, hay tres oficios de escribanos públicos, uno de Gobernacion, otro de Real Hacienda, y dos de Cabildo, uno público sirve por Real comfirmacion Ignacio Herranz, quien lo compró en...... 1,625 ,, ,,

Otro exerce sin corfirmacion Joseph Cestero quien lo sacó en pública subastacion, por cantidad de.................................... 1,501 ,, ,,

El tercero posee sin confirmacion Joseph Henriquez, y lo compró en.................. 300 ,, ,,

El de Gobernacion sirve sin Real despa-

cho el dicho Joseph Cestero por remate
que hizo de él en............................... 314 ,, ,,
Uno de Cabildo obtiene el espresado
Ignacio Herranz sin confimacion, comprado en............................... 586 ,, ,,
El segundo de Cabildo lo exerce sin confirmacion el dicho Joseph Henriquez, y lo
remató en............................... 125 ,, ,,
El de Real Hacienda lo sirve con Real
despacho Pedro Ruiz de Solanas quien lo
compró en............................... 1,000 ,, ,,

Nota: Que todos los dichos oficios (á excepcion del público y de Cabildo, que exerce el referido Joseqh Henriquez, y pertenecen á la villa de San German de esta jurisdiccion) existen en la ciudad Capital de San Juan Baptista de Puerto-Rico, y que los sujetos que los obtienen son vecinos de ella.

Nota tambien: Que todos los oficios vendibles y rennnciables por Reales leyes, se hallan vacos á falta de postores, no obstante, que anualmente se ponen á el pregon.

Obtiene el mando de toda la dicha isla de Puerto-Rico, un Gobernador que es capitan general, con sueldo mensual de 183 pesos 6 reales, que hacen al año 2,205 pesos, y se paga del situado de dicha plaza conforme al Real reglamento.

Nota: Que este empleo de orden de S. M., lo sirve ahora en interin, el Sargento mayor de la plaza, teniente coronel D. Estéban Bravo de Rivero, con el sueldo entero de este, y mitad de aquel, concedido por Real merced.

Compónese la expresada Isla de una Ciudad (que es la Capital) nombrada San Juan Baptista: una villa con título de San German; y los diez y siete lugares y riberas siguientes:

LUGARES.	RIBERAS.
Manatí.	Thoa-baxa.
Arecibo.	Thoa-alta.
Tuna.	Bayamon.
Hutuado.	Caguas.
Aguada.	Guayama.
Añasco.	Las Piedras.
Ponce.	Loysa.
Yauco.	Rio-Piedras y Cangrejos.
Coamo.	

Comandados todos y la dicha villa por Tenientes á guerra milicianos, sin algun sueldo.

Pertenece la espresada Isla y su gobierno á la jurisdiccion de la Real Audiencia y Chancillería de la Isla española y ciudad de Santo Domingo. Al Vireynato y Reales caxas del Reino de México, y al tribunal de Cuentas que reside en la Isla de Cuba y ciudad de San Christobal de la Havana.

Cada una de las dichas ciudad, villa, lugares y riberas, tiene un Cura clérigo secular, y este se presenta por el Gobernador como Vice-Patrono Real, para su provision, exceptuando el de la dicha Ciudad, que conforme á Real disposicion de que en las Cathedrales pobres se una el curato á su Cabildo, reside en este, quien para su exercicio nombra un Regente y le paga de sus obenciones y primicias la quarta parte por estipendio. A los demas Curas le contribuyen sus feligreses y parroquianos 300 pesos anuales, de moneda usual y corriente segun prorata, que hace el Teniente á guerra con respecto á las personas de cada familia de los quales paga cada Cura, 25 pesos de la misma moneda á un sacristan, y no tienen parte de diezmos; solo el de la villa de San German, goza renta fixa en los de su jurisdiccion de 50,000 maravedises anuales, los quales (que componen 1,470 reales y 20 maravedis), segun Real cédula, pagan ó no en los dichos diezmos, deben pagársele aunque sea necesario ocurrir á qualesquiera otro ramo de Real Hacienda; y en la misma conformidad, y de igual caudal se pagan al sacristan mayor de dicha villa 25,000 maravedises, bien advertido que en este curato, y sacristia mayor está libre su jurisdiccion de contribuir cosa alguna por via de estipendio.

La dicha Santa Iglesia Cathedral se compone de un Ilustrísimo Señor Obispo, Dean, Arcediano, Chantre, tres Canónigos mercenarios, una canongía suprimida para el tribunal de Inquisicion, segun Ley Real, dos Racioneros y un sachristan menor.

A cada uno de los dichos en este último año de 58, ha cabido de los diezmos, que importaron en arrendamiento, los de esta Capital y pueblos de su jurisdiccion 18,653 rs. y 10 mrs. y los de la villa de San German y sus puelos 10,032 rs. que en un cuerpo hacen la cantidad de 28,685 rs. 10 mrs.

LO SIGUIENTE:

	Reales.	Mrs.
Al Señor Obispo	6,958	17

—505—

Suma anterior.....	6,958	17
Al Señor Don Ignacio Sanchez de Paez, Dean, por 14 dias de esta dignidad, y 11 meses y 17 dias de Chantre, inclusos 230 de quarta y seis Misas de tercia, que cantó á razon de 5 rs. que es la limosna por ellas tasada que segun eleccion debe satisfacerse de diezmos.............	1,901	4
Al Arcediano Don Juan Dávila inclusos 85 reales, de diez y siete Misas de tercia.......	1,754	17
Al Chantre Don Juan Joseph Orriola, por 14 dias de esta dignidad y 11 meses y 17 dias de Canónigo...................................	1,295	,,
A la canongía suprimida....................	1,283	,,
Al Canónigo Don Luis Montañez, inclusos 820 reales de 174 Misas de tercia..............	2,103	,,
Al Canónigo Don Nicolas Quiñones, inclusos 895 reales de 179 Misas de tercia..............	2,178	,,
Al Canónigo Don Blas Ramon de Oyza, por 11 dias que sirvió y 5 Misas de tercia.......	86	,,
Al Racionero Don Juan Alvarez de Oliver, inclusos 300 reales que segun ereccion tiene señalados en los diezmos por Contador de la mesa capitular, y 68 mas, de 34 vestuarios de Diácono, tasados por dicha ereccion, á 2 reales, y se pagan segun esta de los diezmos.....................	1,268	16
Al Racionero Don Joseph Meysonet, inclusos 544 reales de 272 vestuarios de Diácono.	1,444	16
Al Sachristan menor, á quien segun ereccion le está señalado la mitad de lo que anualmente alcanza un Racionero, inclusos 148 rs. 17 maravedises, de 99 vestuarios de Subdiácono en Misas de tercia, tasados á $1\frac{1}{2}$ real cada uno..	398	17
A mas de esto se han pagado de dichos diezmos á dos capellanes por 413 vestuarios de Subdiácono en Misas de tercia, á razon de uno $1\frac{1}{2}$ real cada uno como está dicho, todo conforme á ereccion.............................	619	18
A la fábrica de la Santa Iglesia Cathedral, por tres novenos que le corresponden por Ley Real y ereccion: 400 reales por el dezmador escusado, que le pertenece segun práctica, y 16 que se le aplican por costumbre del feudo que		
Suma á la vuelta....	21,290	3

Suma anterior.....	21,290	3
debe pagar el Hospital de la villa de San German al Real general de esta Ciudad...............	3,408	11
A la fábrica de la Santa Iglesia parroquial de la villa de San German por la mitad de tres novenos, que le corresponden segun Ley Real de los diezmos que produce aquella jurisdiccion y 150 reales del escusado dezmador...............	973	17
Al Hospital de dicha villa, por mitad de dichos tres novenos, que le pertenecen, rebajados los 16 reales del feudo.....................	807	17
Al Cura Rector de aquella parroquia, por total de su renta...............................	1,470	20
Al Sachristan mayor de allí, por estipendio fixo.....................................	735	10
Total............	28,685	10

Nota: Que los cuatro novenos, que tocan á la Curia de la Santa Iglesia Cathedral, y han montado en los presentes diezmos 3,989 reales 26 maravedises se reparten en su Cabildo por razon de renta y no por el beneficio unido como debiera.

Nota tambien: que los dos reales novenos que pertenecen á S. M. y les ha cabido en dichos diezmos 3,092 reales 30 maravedises, se aplican para ayuda de completar la renta de los prebendados. Las quales cantidades todas componen los 28,685 reales 10 maravedises, que importaron los dichos diezmos en arrendamiento.

Papel sellado de los presentes biennios existente.

	Resmas.	Manos.
Del sello primero...............................	,,	1
Del segundo...................................	1	,,
Del tercero....................................	8	,,
Del quarto....................................	4	,,
Total.........	13	1

Papel sellado existente pero inútil á causa de corrupcion por la mucha polilla, que de un biennio á otro lo deteriora y atraza.

	Resmas.	Manos.
Del sello primero................................	”	2
Del segundo....................................	2	”
Del tercero.....................................	9	”
Del quarto.....................................	6	”
Total.........	17	2

Se necesita en cada bienio segun cómputo prudencial.

	Resmas.	Manos.
Del sello primero................................	”	1
Del segundo....................................	”	5
Del tercero.....................................	4	”
Del quarto.....................................	8	”
Total.........	12	6

Págase al Receptor el cinco por ciento de su estipendio.

Las mercedes, gracias y limosnas que tiene S. M. asignadas en estas Reales Caxas son las siguientes:

	Pesos.	Rs.	Mrs.
Paga S. M. al Hospital de nuestra Señora de la Concepcion de esta Ciudad, diez y seis ducados al mes, por merced de 29 de Agosto de 1,701, son al año..............	264	5	32
El convento de San Francisco, goza por Real merced de 30 de Mayo de 1,734 la limosna de vino para celebrar sus Sacerdotes el Santo Sacrificio de la Misa, y la del aceite, para que arda una lámpara del Santísimo Sacramento, importa cada año..	280	”	”
Al convento de Religiosas de esta Ciudad, se le pagan 100 ducados cada año, por merced de 4 de Junio de 1,757, son al año......................................	137	6	32
A los herederos de Francisco Ortiz			
Suma á la vuelta....	628	4	30

Suma anterior.....	682	4	30
Carranza, 8 ducados cada mes que S. M. concedió al susodicho, por haber quedado estropeado en la funcion que lograron las Reales armas en la ribera de Loiza de esta Isla, su fecha de 28 de Setiembre de 1703, importa	132	2	28
La madre y hermanos de Pedro de Alexandria, gozan otra merced de la misma cantidad por haber muerto el susodicho en la funcion del Arecibo arriba, su fecha de 28 de Setiembre de 1,703, importa..	132	2	28
Los hijos y herederos del capitan Don Antonio Delgado Manso, gozan otra merced por dicha Real cédula de 28 de Setiembre de 1,703, importa............	132	2	28
Doña Baltazara Montañes, goza otra merced de 8 ducados al mes, que por los servicios de su abuelo Don Bernabé de Lara, y de su padre D. Josef Montañes, la concedió S. M. por Real cédula de 11 de Diciembre de 1,713, importa........	132	2	28
Emerenciana de la O. goza otra merced de 8 ducados al mes que S. M. le concedió por Real cédula de 30 de Setiembre de 1,707, importa..................	132	2	28
Don Marcos Candosa, y las tres viudas, de Don Juan de Rivera, Don Pedro de Rivera y Don Juan Ortiz, gozan cada uno una plaza de soldado de este presidio, que S. M. les hizo merced por Real cédula de 28 de Enero de 1748, por haber muerto sus maridos en la funcion que se tuvo con los ingleses en la costa del Sur de esta Isal, en la defensa de los intereses, que se hallaban de cuenta de S. M. en las playas de Bocachica, de un paquebot inglés, que con un temporal vino á barar, y por la guerra que se tenia, se aplicó á la Real Hacienda, al año.	528	,,	,,
Doña Ildephonsa de Loredo y Estrada goza 3 reales cada dia, por Real cédula de S. M. de 20 de Abril de 1744. importa.	135	,,	,,
Total............	1,997	1	26

EL UNICO ESTANQUE ES EL SIGUIENTE.

	Pesos.	Rs.	Mrs.
Estan estancados en la dicha Isla únicamente el aguardiente y aloxa, con la pension de un maravedi en el quartillo de esta y ocho en el de aquel á favor de la Real Hacienda, y se ha arrendado uno y otro en pública subastacion en Don Antonio de Córdova, por tres años contados desde Enero del inmediato año de 58, en cantidad de...	5,400	,,	,,
Cuyo arbitrio con el derecho de Alcabala del viento se incorporó á la Real Hacienda, por Cédula de 31 de Julio de 1755. con la situacion en su producto de la cantidad de 100 pesos anuales para gastos estraordinarios del Cabildo secular de esta Ciudad, y el resto destinado á la conservacion de las casas de Ayuntamiento y los puentes de San Antonio y Martin Peña.			
El real derecho de Alcabala se remató, en Don Joseph Aguayo del Rey, por un año en cantidad de..............................	1,300	,,	,,
Y no tiene asignacion á cosa alguna, incorpórase á la Real Hacienda en su propia estacion.			
Total.........	6,700	,,	,,

DÉBITOS DE LA REAL HACIENDA.

Debe la Real Hacienda, hasta fin de Diciembre de 1758, de sueldos de oficiales, sargentos, cabos y soldados del batallon de esta plaza, la cantidad de 62,627 pesos, de resulta del atraso que tuvo con el motivo de la pasada guerra, á causa de haberse atrasado los situados que se remiten de las Caxas de México para esta guarnicion......	62,627	,,	,,

DÉBITOS Á LA REAL HACIENDA.

Se le está debiendo á la Real Hacienda de esta Isla 16.775 pesos 3 reales y 27 mrs., en esta forma. Los 6,000 pesos, debe Don José Ventura de Respaldiza, Maestre y Administrador de los registros, nombrados Nuestra Señora de Aranzazu, San Antonio y Nuestra Señora de Echaurren, (alias el Leopardo) que para Puerto-Rico, Santo Domingo y Cumaná, sacó de Cádiz, los quales 6,000 pesos entraron en su poder por orden del Illmo. Sr. Obispo D. Francisco Jullian Antolino, quien mandó se le entregasen para conducirlos á la ciudad de Caracas, y habiéndosele entregado dicha cantidad se tuvo la noticia que dió de su fallecimiento el Gobernador de aquella provincia disponiendo se le retuviesen por vía de espolio las rentas, que habia devengado dicho Señor Obispo, por cuya razon habiendo reconvenido al dicho Respaldiza volviese á enterar en estas Reales Caxas los espresados 6,000 pesos, otorgó obligacion de entregarlos á la disposicion de los Oficiales reales, por estar para pasar á la ciudad de Santo Domingo en donde los tenia, dexando asegurados los referidos 6,000 pesos en el valor de tres casas propias del espresado Don Joseph, quien se ha ausentado á la isla de Curazao, en donde se tiene noticia está como fugitivo por lo que se procedió á embargar las dichas casas y que se proceda al remate de ellas hasta que quede satisfecha dicha deuda, que está asegurada en estos términos: Y los 10,775 pesos, 3 reales, 27 maravedíses, proceden de varios derechos y remates hechos á favor de la Real Hacienda, en vecinos de arraigo y confianzas suficientes y se tiene por muy seguro su cobro............ 16,775 3 27

Asimismo debe Don José Conexero á

Suma á la vuelta..... 16,775 3 27

| | Suma anterior..... | 16,775 | 3 | 27 |

la Real Hacienda, 23,147 pesos, de los que estan hecho cargo en la quenta que dieron el difunto Don Felix Bernardo Gomez tesorero, y Don Manuel Ignacio de Areizaga contador, cuya deuda procede de habersele entregado varias cantidades de efectos que fueron comisados en las balandras, el Codogan y otra nombrada la de Godoy que importaron 39,557 pesos, cuyas cantidades remató dicho Conexero, y se le entregaron sin fianzas por no haber habido quien las hiciese, en cuyo estado dispuso el Brigadier Don Juan Joseph Colomo, Gobernador y capitan general de esta Isla, y dicho Contador y Tesorero (difunto) se les entregasen en atencion á estar acreditado, y administrando otras cantidades crecidas pertenecientes á S. M. de que habia dado buenas quentas: Pero habiéndose reconocido por los citados Oficiales reales notable quiebra y fraudes en el dicho Don Joseph Conexero, procedieron á embargarle quantos bienes se reconocieron ser suyos los que podrán cubrir hasta en cantidad de 5,000 pesos, por cuyas razones queda el espresado Conexero, en segura prision y suficiente custodia hasta la determinacion de S. M. en virtud de los autos que para este fin se estan obrando contra dicho Conexero, á quien se considera insolvente, aunque se le consideren las debidas comisiones y averias que representa .... 23,147 ,, ,,

Total......... 39,922 3 27

Hay en la dicha Isla una plaza de armas situada en su Capital, y la guarnecen el número de Oficiales y soldados siguientes:

PLANA MAYOR.

Un Inspector, que lo es el Gobernador y capitan general

de toda su jurisdiccion, sin mas sueldo que el que se ha dicho goza como tal Gobernador, el qual empleo sirve ahora en interin de orden de S. M. el Sargento mayor propietario D. Estéban Bravo de Rivero con grado de teniente coronel, gozando la mitad del sueldo de Gobernador á mas del de su dicho empleo por Real merced.

	Pesos.
Un Sargento mayor, con sueldo mensual de........	75
Cuyo encargo exerce en interin, el capitan mas antiguo de la plaza Don Manuel Franco, por nombramiento del Gobernador á causa de estar el propietario en este empleo, y goza solo el sueldo de capitan, que son 60. pesos y 10 de gratificacion.......................	,,
Un Ayudante de plaza, á quien se le considera el grado de teniente, con sueldo mensual de..............	40
Exerce ahora este empleo Don Juan Martinez de Andino, en virtud de Real despacho.	
Un Guarda-almacen, con sueldo mensual de......	25
Cuyo nombramiento toca al Gobernador, sirve ahora este encargo, D. Agustin de la Concepcion Herrera.	
Un Sobre-estante, con sueldo mensual de.........	30
Su nombramiento pertenece al Gobernador, sirve ahora este encargo Don Juan Ferrier.	
Quatro plazas de Chirimias, y un Bajon para el servicio de la Santa Iglesia, con sueldo mensual de.....	44
Total.........	214

ESTADO MAYOR DEL BATALLON.

	Pesos.
Un Ayudante á quien se le considera el grado de teniente, con el sueldo mensual de........................	40
Cuyo empleo sirve hasta ahora Don Manuel Ximenez, por Real despacho.	
Un Capellan del Batallon, que lo es el Prior, y Convento de Predicadores, segun el real Reglamento, con sueldo mensual de.......................................	40
Un Médico y cirujano, con sueldo mensual de.....	55
Toca su nombramiento al Gobernador y lo es ahora, Don Magin de Mora.	
Suma á la vuelta....	135

—513—

	Pesos
Suma anterior.....	135
Un Ingeniero en segundo, con grado de teniente coronel y sueldo mensual de............................	125

Exerce ahora este empleo, D. Francisco Fernandez Valdelomar.

Tres tenientes de los Castillos, San Phelipe del Morro, San Juan de la Cruz y San Antonio del Puente, cada uno con sueldo mensual de 20 pesos............ 60

Y su nombramiento toca al Gobernador; sirven ahora estas tenencias, D. Francisco Gutierrez de Arroyo, el de San Phelipe, D. Diego Lavara Madrid, el de San Juan de la Cruz, y D. Pedro Velez, del Castillo de San Antonio.

Total......... 320

BATALLON.

El Batallon de dicha plaza se compone de cinco compañías, quatro de fusileros de 84 hombres inclusos dos sargentos, cinco cabos y dos tambores, y una de artilleros de 64 hombres inclusos dos sargentos tres cabos, un tambor, un pífano, un maestro mayor de carpintería, un herrero y un armero: cada una de estas compañías tiene tres oficiales segun reglamento y las sirven los sugetos siguientes:

	Pesos.	Rs.
1.ª Capitan con grado de teniente coronel D. Estéban Bravo de Rivero, por Real despacho.	60	10
Teniente D. Luis Valentin de Urquizo, por Real despacho..	32	3
Subteniente D. Melchor de Baerga Riva, por Real despacho...................................	28	2
2.ª Capitan D. Manuel Franco por Real Despacho	60	”
Teniente por Real despacho, D. Gaspar Martinez de Andino, con sueldo de 32 pesos en cuyo lugar sustituye el alferez D. Francisco García sin otro sueldo que el de alferez de nombramiento del Gobernador á causa de haber promovido á aquel en interin al empleo de Tesorero, oficial Real vacante por muerte del propietario..	32	3
Subteniente por Real despacho, D. Francisco García, con sueldo de........................	28	2

Sobstituye en lugar de este con motivo de servir la interinaria tenencia de esta compañía, D. Juan Antonio Balboa, sargento de Brigada, quien solo goza el sueldo de.......................... 17 1

3ª Capitan por Real despacho, D. Severino Xiorro y Diaz, con sueldo de......................... 60 10

Teniente D. Phelipe Fernandez Valdelomar, por Real despacho... 32 3

Subteniente D. Antonio de Arroyo Guerrero, por Real despacho...................................... 28 2

4ª Capitan D. José Chico, por Real despacho. 60 10

Teniente D. Francisco Julian de Acosta, por Real despacho... 32 3

Subteniente D. Juan Antonio Valentin, por Real despacho... 28 2

COMPAÑIA DE ARTILLEROS.

Capitan D. Pedro de la Cruz, por Real despacho... 60 8

Teniente Don Joseph Sanchez Perez, por Real despacho... 32 3

Subteniente D. Matheo Sanchez, por Real despacho... 28 2

Nota: Que el capitan Don Laureano de Arroyo, se halla con futura de capitan por Real despacho para la primer vacante y con este motivo de su pedimento hace el servicio sin sueldo alguno.

FUSILEROS.

	Pesos.	Rs.	Mrs.
Cada Sargento, goza de sueldo mensual....	17	1	4
Cada Cabo...	14	,,	,,
Cada Tambor...	12	,,	,,
Cada soldado...	11	,,	,,

ARTILLEROS.

Cada Sargento, goza de sueldo mensual....	18	1	4
Cada Cabo...	15	,,	,,
El Armero...	25	,,	,,
El Carpintero...	20	,,	,,
El Herrero...	20	,,	,,

El Tambor	13	,,	,,
El Pífano	13	,,	,,
Cada artillero	12	,,	,,

INVÁLIDOS.

Quatro Sargentos, con medio sueldo	8	,,	,,
Tres Cabo á	7	,,	,,
Diez artilleros á	6	,,	,,
Diez y siete soldados á	5	,,	,,

Todos los dichos oficiales y tropa, se pagan del sueldo que á este fin se remite anualmente de las Reales Caxas de México con noticia y estractos que para ello remiten oficiales reales.

Compañías de milicianos alistados en los pueblos y riberas de esta Isla, todos por nombramiento del Gobernador sin gozar sueldo alguno oficiales ni soldados.

PLANA MAYOR.

Comandante, D. Tomás Dávila.
Sargento mayor, D. Pedro Vicente de la Torre.
Ayudante, D. Joseph Pizarro.

	Comps.	Solds.		Comps.	Solds.
En la Ciudad	2	62	Pueblo del Hutuado	2	126
Villa de S. German	9	991	Ribera de Loyza	3	179
Pueblo de Ponce	4	356	Idem de Toa-rriba	2	128
Idem de la Aguada	6	564	Idem de Toa-abajo	3	294
Idem de Manaty	4	357	Idem de Piedras	1	104
Idem de Añasco	6	460	Idem de Bayamon	3	256
Idem de Yauco	2	164	Idem de Caguas	2	100
Idem de Coamo	3	342	Idem de Guayama	2	211
Idem de la Tuna	2	104	Id. de Rio-piedras	1	46
Idem del Arecibo	7	647	Id. de Cangrejos	2	120
	45	4,047		21	1,564

Puerto-Rico 1º de Marzo de 1759.—*D. Estévan Bravo de Rivero.*

1765.

Memoria de D. Alexandro O'Reylly sobre la isla de Puerto-Rico.

Relacion circunstanciada del actual estado de la poblacion, frutos y proporciones para fomento que tiene la isla de San Juan de Puerto-Rico, con algunas ocurrencias sobre los medios conducentes á ello, formada para noticia de S. M. y de sus Ministros, por el Mariscal de Campo D. Alexandro O'Reylly, y de resulta de la visita general que acaba de hacer en la espresada Isla, para evacuar las comisiones que se ha dignado fiar á su celo la piedad del Rey.

La conquista, poblacion, pasto espiritual, administracion de Justicia, fortificacion, artillería, armas, municiones y tropa para la defensa de la isla de Puerto-Rico, han costado al Rey en 255 años que la posee, mucha gente é inmensos caudales: aun continúan los desembolsos del Real Erario, vienen anualmente de México, mas de 80,000 pesos para los gastos de esta Isla, cantidad que será preciso aumentar considerablemente en los años próximos futuros. Quien dirá que despues de tantos años de posesion, y tanto tesoro derramado en esta Isla, todos los tributos de ella, incluso los diezmos, Real derecho de Bulas, Alcabala, Aguardiente, Almoxarifazgo &c., no ascienden á mas de 10,804 pesos y 3 reales al año, y que las manufacturas, frutos y comerciantes de España solo espenden la cortisima cantidad que manifiesta la relacion número 2, que me dieron los oficiales Reales? El pequeño importe de estos géneros retorna en dinero, curtidos, cueros al pelo y achiote. Mas admirará esto cuando se sepa que hay en esta Isla, 39,846 personas libres y 5,037 esclavos, que es muy templado el calor, muy sano el temperamento, y tan favorable á los Europeos como á los naturales, que está bañada de muchos rios caudalosos, que abundan en buen pescado, que en las sierras nunca faltan aguas, que en las llanuras hay bellisimas vegas, que de maiz, arroz, tabaco y los demas frutos, dá dos y hasta tres cosechas al año, que se puede regular que todo lo que se siembra dá ochenta por uno, que las cañas de azúcar, son las mas gruesas, altas, jugosas y dulces de América, que el algodon, añil, café, pimienta de tabasco, cacao, nuez moscada y bahinilla se dá de buena calidad, que se atribuye la inferior calidad del tabaco á la codicia de los cosecheros, en cojerlo antes de estar en sazon para que tenga mas jugo y peso; á escepcion de este fruto, del café y cañas de azúcar, los demas se hallan silvestres en los montes: el palo de Mora, muy buscado por los estrangeros para sus tintes amarillos, es muy abundante, como asi mismo el Guayacan que es madera muy fuerte para motones, y del que se sirven para varios muebles, y tisanas antigálicas. Los holandeses é ingleses sacan anualmente considerable porcion de uno y otro; pasa de 43,000 pesos lo que importa: se halla en la Isla grande abundancia de escelentes maderas para edificios, ingenios, construccion de pequeñas embarcaciones de comercio y carbon: He visto en las inmediaciones de Guayama, salitre: Hay salinas suficientes para el consumo; infinitas yerbas, raices y gomas medicinales, que podrian formar considerable renglon de comercio.

Para que esta verídica relacion no parezca ponderada, y se haga mas comprehensible y útil, he formado el estado número 1º que manifiesta el importe de todos los derechos Reales de aquella Isla: el del número 2º detalla todos los géneros que ha introducido la compañía de Cataluña desde que se ha hecho la paz: el del número 3º toda la poblacion de la Isla con distincion de edades, sexos y clases: el del número 4º las cabezas de ganado de todas especies que ecsisten en la Isla: el del número 5º todos los frutos y maderas que estraen los estrangeros con su comercio ilícito, que efectos introducen, y á que precios compran y venden: el papel número 6º contiene un cálculo prudencial del importe de los géneros que introducen los estrangeros para vestuario: el número 7º manifiesta con individualidad lo que estraen de cinco pueblos; á que siguen otras varias noticias relativas á esta Isla.

No basta conocer los males; conviene saber la causa y raiz de ellos para, relativo á todas sus circunstancias, proporcionar los remedios; de lo primero hablaré con la confianza que da la práctica observacion y ecsámen de los hechos; y en lo segundo, aunque con justa desconfianza de mi dictamen, me precisa mi obligacion, celo y suma gratitud á la piedad del Rey, á esponer mis ocurrencias, descosísimo de que en algo conduzcan á su servicio.

El orígen y principal causa del poquísimo adelantamiento que ha tenido la isla de Puerto-Rico, es por no haberse hasta ahora formado un Reglamento político conducente á ello; haberse poblado con algunos soldados sobradamente acostumbrados á las armas para reducirse al trabajo del campo: agregáronse á estos un número de Polizones, Grumetes y Marineros que desertaban de cada embarcacion que allí tocaba: esta gente por si muy desidiosa, y sin sujecion alguna por parte del Gobierno, se estendió por aquellos campos y bosques, en que fabricaron unas malísimas chozas: con cuatro plátanos que sembraban, las frutas que hallaban silvestres, y las vacas de que abundaron muy luego los montes, tenian leche, verduras, frutas y alguna carne; con esto vivian y aun viven. Estos hombres inaplicados y perezosos, sin herramientas, inteligencia de la agricultura, ni quien les ayudase á desmontar los bosques, qué podrian adelantar? Aumentó la desidia lo suave del temperamento que no exigia resguardo en el vestir, contentáronse con una camisa de listado ordinario, y unos calzones largos, y como todos vivian de este modo, no hubo motivo de emulacion entre ellos; concurrió tambien á su daño la fertilidad de la tierra y abundancia de frutas silvestres. Con cinco dias de trabajo, tiene una familia plátanos para todo el año: Con estos, la leche de las vacas, algun cazave, moniatos y frutas silvestres, están contentísimos. Para camas usan de unas hamacas que hacen de la corteza de un árbol que llaman *Majagua*. Para proveerse del poco vestuario que necesitan, truecan con los estranjeros, vacas, palo de Mora, caballos, mulas, café, tabaco ó alguna otra cosa, cuyo cultivo les cuesta poco trabajo. En el dia han adelantado alguna cosilla mas, con lo que les estimula la saca que hacen los estrangeros de sus frutos y la emulacion en que los van poniendo con los listados, bretañas, pañuelos, olanes, sombreros, y otros varios géneros que introducen, de modo que este trato ilícito que en las demas partes de América es tan perjudical á los intereses del Rey y del comercio de España, ha sido aqui útil. A el debe el Rey el aumento de frutos que hay en la Isla, y los vasallos aunque muy pobres y desidiosos, están mas dedicados al trabajo de lo que estarian, y es muy fácil al Rey el cortar el comercio ilícito de esta Isla siempre que lo quiera; á lo que contribuirá infinito el repartimiento hecho de la milicia y sus oficiales veteranos que ocupan toda la costa en forma de cordon: debo decir al mismo tiempo que los habitantes son muy amantes del Rey, y de una natural inocencia y verdad que no he visto, ni he oido haber en otra parte de América.

Para que se conozca mejor como han vivido y viven hasta ahora estos naturales, conviene saber que en toda la isla no hay mas que dos escuelas de niños, que fuera de Puerto-Rico y la villa de San German pocos saben leer, que cuentan, por épocas de los Gobiernos, huracanes, visitas de Obispo, arribo de flotas ó situados: no entienden lo que son leguas, cada uno cuenta la jornada á proporcion de su andar, los hombres mas visibles de la Isla comprendidos los de Puerto-Rico, cuando están en el campo andan descalzos de pié y pierna. Los blancos ninguna repugnancia hallan en estar mezclados con los pardos. Todos los pueblos á escepcion de Puerto-Rico, no tienen mas vivientes de continuo que el Cura, los demas existen siempre en el campo á escepcion de todos los domingos que los inmediatos á la Iglesia acuden á Misa, y los tres dias de Pascua en que concurren todos los feligreses generalmente. Para aquellos dias tienen unas casas que parecen palomares, fabricadas sobre pilares de madera con vigas y tablas: estas casas se reducen á un par de cuartos, están de dia y noche abiertas, no habiendo en las mas, puertas ni ventanas con que cerrarlas: son tan pocos sus muebles que en un instante se mudan: las casas que están en el campo son de la misma construccion, y en poco se aventajan unas á otras.

Los sugetos distinguidos de la Isla son pocos, la única diferencia entre los otros está en tener alguna cosilla mas de caudal ó su graduacion de oficial de milicias.

Los Gobernadores que conocieron parte de estos males y que deseaban el remedio, creyeron hallarlo en repartir tierras á los pobres. Estos las solicitaban con grandes ofrecimientos de cultivarlas y los gobernadores llenos de buen celo, los creyeron sin hacerse cargo que les era imposible cumplir lo que ofrecian. La corte, no pudiendo á tanta distancia discernir las cosas con otra luz que la que daban los Gobernadores, abrazó el sistema que se la pintó con colores de tanta ventaja, la resulta fué, repartirse mucho mas el vecindario en gravísimo perjuicio del pasto espiritual, mútuo socorro y trato, imposibilitar las escuelas y frecuencia de toda doctrina; dificultar su defensa, quitar mas y mas todo estímulo de aplicacion y cultura. Para que esto se conozca mejor citaré dos ejemplares entre otros muchos que pudiera: Los habitantes de la Aguada vivian con bastante inmediacion unos á otros, lo restante del partido estaba destinado para criar ganado mayor y menor: cuando se resolvió el reparto de tierras, cada vecino quiso tener mayor porcion y todos los que vivian en tierras agenas aunque se les cedieron siempre cuantas querian cultivar, y sin exigirles arrendamiento ni tributo alguno, quisieron tener mucha mas y propia. Se les dió, persuadido el gobernador que conseguiria mucho desmonte en los bosques, crecido aumento de labranza, y mejorar considerablemente la suerte de los pobres; pero lo que resultó, es, haberse sembrado los vecinos en todo el partido que tiene seis leguas de largo y cuatro y media de ancho, hallarse tan escasos de pasto espiritual que me ha asegurado el Cura que muchos y en particular mugeres oyen pocas Misas al año; que mueren no pocos sin Sacramentos y que las confesiones se alcanzan unas á otras: como es posible que no suceda asi estando la asistencia espiritual de 4272 almas que viven dispersos en un territorio tan dilatado á cargo de un Cura y su teniente, quienes por mucho que sea su celo y salud no pueden cumplir?

Que aumento de frutos ha dado esta providencia? afirmo que nada: antes del reparto les sobraba tierra para su manutencion, segun viven, y aun para mucho mas: en el dia solo sacan lo mismo; todos los vecinos son labradores y como cada uno posee los mismos frutos, no hay mercado, comercio interior, ni reciproca dependencia: de la tierra que se ha repartido no se ha desmontado una ventésima parte.

El mismo Gobernador que empezó el reparto de tierras, consideró conveniente como lo era y es, el formar una poblacion en Faxardo que está al Este de la Isla, en donde hay un escelente rio y un puerto para abrigo de embarcaciones pequeñas de comercio, la fundó con el mejor celo, pero sabido los medios de que se valió, no se estrañarán los efectos: destacó á dicho parage algunos soldados del batallón fixo, les incitó á que se estableciesen; dió á cada uno una caballería de tierra y á todo el que quiso agregarse á estos le franqueó tambien tierras; fueron allá algunos mal hallados en sus pueblos: en el dia ascienden á 474 personas las que hay en este nuevo pueblo, pero es tan poca la labranza que tienen, y el desmonte que han hecho, que está aun muy á los principios: toda la industria y modo de vivir de estos habitadores se reduce al trato ilícito que tienen con las islas Danesas de Sto. Thomas y Santa Cruz: los vecinos de Faxardo son los comisionarios ó factores de aquellos; y que otra cosa se podia esperar de unos soldados pobres y desidiosos, y de unos hombres vagos á quienes faltaban todos los medios necesarios para desmontar bosques y fabricar casas? Este nuevo pueblo depende para su pasto espiritual del Cura ó capellan de Loisa, que dista de Faxardo siete leguas larguisimas y de mal camino: añádese á esto, que el Cura que vive en Loisa tiene mas que hacer en aquella jurisdiccion que es mas dilatada de lo que puede cumplir; lo que sucede es, que en Faxardo se mueren los mas sin asistencia espíritual, que los niños se bautizan muy tarde; y si no se toman otras providencias, estará esta nueva poblacion muchisimos años en el mismo infeliz estado; y solo útil á los estrangeros para la introduccion de sus géneros: repito que tengo por muy conveniente una poblacion en Faxardo, pero con gente de otro fundamento, auxilios y reglas.

Hasta ahora no ha habido mercado en la misma plaza de Puerto-Rico: venian algunas canoas al muelle con verduras, huebos y gallinas, unos dias vendian poco, otros nada, y otros faltaba todo: no habia precio, despacho, ni obligacion de concurrir: con motivo de arrancharse ahora los soldados, dejé dispuesto que las riberas inmediatas proveyesen el mercado por dias, que los regidores hiciesen este reparto, y que uno de ellos asistiese diariamente para vigilar el cumplimento y arreglar los precios: con esta providencia, la tropa actual y la que venga se podrá proveer de lo que necesita: no se alterarán los precios, y los vecinos seguros de hallar venta diaria, acudirán gustosos. Esto dará principio á algun comercio que se aumentará siempre á proporcion del gasto que se hiciere.

Por esta lisa y veridica relacion, conocerá S. M. la necesidad é importancia de hacer nuevos reglamentos para esta Isla, y las muchas proporciones que tiene para su adelantamiento; pero antes de esponer mis ocurrencias sobre este asunto, referiré brevemente el actual estado de la isla de Santa Cruz, y los medios que mas contribuyeron á su fomento.

En el año de 1734, los franceses hicieron cesion á los Daneses, de la isla de Santa Cruz: la compañía Dinamarquesa de las Indias occidentales, envió inmediatamente á ella un Gobernador, un abogado para lo juridico, un agrimensor, un Contador con varios dependientes, y una compañía completa de Infanteria veterana: toda esta gente se alojó en un pequeño fuerte que habia entonces en la Isla: la compañía de Dinamarca continuó en enviar á ella todo género de provisiones y efectos: los vendian fiados á toda la gente que venia á establecerse á quienes tambien proveyó de las herramientas que necesitaban para los desmontes de bosques y cultivo de tierras: hasta los negros vendia en Almoneda pública, y fiados por algunos años.

Desde los principios dió la compañía providencia para dividir toda la Isla con una línea central tirada del Este, Sudeste, al Oeste Noroeste; se tiraron despues otras ocho líneas que repartieron la Isla en partidos.

La compañía cultivó por su cuenta una porcion de tierra al Este y otra al Oeste: siguieron este ejemplo algunos directores y particulares y acudieron algunos estranjeros estimulados de las ventajas y franquicias que se les daban. La Isla estaba cubierta de bosques: al desmontarla fué grande la mortandad que causaron las exalaciones de la tierra. Con esto, la falta de agua que hay en la Isla, y la sobrada codicia y monipodio de los factores de la compañía, se retiraron muchos: atrasóse el fomento de la Isla, y la compañía que no recojia á proporcion de sus esperanzas, ni aun de los ordinarios intereses de los avances que habia hecho, propuso al Rey la venta de cuanto poseia en la Isla: la admitió aquel soberano en el año de 1755 y desde entonces las acertadas providencias que se dieron adelantó la Isla increiblemente. En el año de 1756 apenas daba para la carga de dos embarcaciones al año, y en el de 64 se cargaron 39 para solo la Dinamarca. La carga de cada una de estas embarcaciones es de *seiscientas á quinientas* barricas de azúcar, que es lo menos que llevan; en el mismo año envió esta Isla á las colonias inglesas mas de *quince mil* barricas de azúcar y aguardiente de cañas, sin poderse calcular lo que han sacado las goletas y barquillos que pasan frecuentemente á las islas inmediatas incluso la de Puerto-Rico.

Los derechos que produjo al Rey la aduana de esta Isla en el año próximo pasado, escedieron de 72,000 pesos fuertes y es regular que siempre vaya á mas.

Todos los productos de esta Isla que se estraen, pagan al Rey un cinco por ciento: todo lo que se introduce en la Isla, siendo de primera necesidad, como herramientas, tablas para sus barricas y fábricas, y los víveres que no produce la Isla, pagan de entrada cinco por ciento: lo de menos necesidad cuando viene del estranjero, ocho por ciento; y todo lo superfluo veinte y cinco por ciento, pero todos los productos y manufacturas de Dinamarca, y que allí se llevan en buques de esta nacion, sean ó no de primera necesidad, no pagan mas derecho que el de cinco por ciento.

Para el pago de negros y demas cosas que recibe esta Isla de las colonias inglesas ú otras, se les permite enviar á ellas la tercera parte de sus cosechas, pero es obligacion indispensable el enviar á Dinamarca dos tercios de los productos.

La carne salada del norte que venga en embarcaciones de Dinamarca, solo paga cinco por ciento, y ocho cuando en estranjeras.

La introduccion de negros es libre á todas las naciones, con solo el derecho de 4 pesos por cabeza de los que tengan 16 años cumplidos, y dos por cada uno que sea menor de edad.

Cobra el Rey un derecho sobre las tierras: cada porcion que es un cuadrilongo de tres mil pies de largo, y dos mil de ancho, paga cuatro pesos al año. Cada esclavo desde la edad de 16 años en adelante, paga un peso al año de capitacion, y cada uno de los de menor edad medio peso.

Hay una ley muy sabia para precaver que los estranjeros que se hayan establecido y hecho caudal, no se vayan con el. Les es permitido el irse á donde quisieren y sacar todos sus bienes, pero la décima parte de cuanto tengan queda á favor del Real Erario.

Los navíos que entran en los puertos de esta Isla pagan segun su porte desde 4 hasta 18 pesos por el anclaje, pero no se permite que se les haga estafa, vejacion, ni que se les cause dilacion alguna.

Esta isla tiene ya dos pueblos considerables, buenas casas en los campos, y bellos caminos reales para coches y calesas: estos son de cuarenta pies de ancho y como los mejores de Europa: se han hecho por los mismos habitantes, quienes cuidan de su entretenimiento.

En esta Isla se dedicaron con tanta eficacia al desmonte y cultivo, que han dejado poquísima leña, pero para sus ingenios les sirven con igual ventaja las cañas esprimidas.

La poblacion de esta Isla se regula en el dia á poco mas de tres mil blancos y 30,000 negros; pero los mas de los blancos tienen caudal, y algunos hay muy ricos, que es lo que da giro y empleo á todos.

Adquirí estas noticias, del secretario del gobierno de Santa Cruz y de un religioso domínico que vino con el á Puerto-Rico (cuando yo estaba) á la solicitud de la recíproca restitucion de negros: otros me confirmaron despues lo mismo.

La isla de Santa Cruz, no llega á ser una cuarta parte de la de Puerto-Rico: es tierra baja y llana: el temperamento es muy cálido, húmedo y mal sano: no hay rio alguno en toda la Isla, ni mas aguas que alguna muy salobre y la de lluvia: hasta sus algives se secaron este año; les ha sido preciso el traer agua para beber de las islas inmediatas: esta seca destruye sus ganados, ya dependen de otras islas para carnes y maderas.

Esta relacion, y los papeles que siguen al fin de ella, demuestran las ventajas que puede sacar el Rey y la nacion de la isla de Puerto-Rico. No dejarán sus ministros de ver con grande gusto, que tenemos todas las proporciones que se pueden apetecer y infinitamente mayores de las que ha tenido otra nacion alguna de Europa para sus colonias: el número de blancos que tiene esta Isla, escede muchísimo á el que hay en Santa Cruz, San Eustaquio, San Thomas y la Martinica, y aun creo que iguala á los que hay en las cuatro juntas: en todas ellas es sumamente desproporcionado el número de esclavos á el de los libres, lo que les deja muy espuestos á algun levantamiento funesto.

Para el pronto fomento de esta Isla, considero indispensable el establecimiento de algunos hombres de caudal que pongan ingenios. Un nuevo y proporcionado reglamentos de derechos y de comercio; algunos artesanos y labradores inteligentes, y obligar al cultivo de los frutos que sean mas útiles al comercio de España; que S. M. declare por del fisco, todas las tierras no cultivadas ó pobladas como es de ley y condicion espresa en la gracia. Con dar S. M. la propiedad de estas tierras á los que vinieron á establecerse, se animarian muchos: convendría arreglarles la cantidad al número de negros y dependientes que tragesen, y dejar á los mismos habitantes de la Isla, poseedores actuales, tierras con justa proporcion á sus fuerzas, señalándoles tres años para su cultivo. Se aplicarian á ello con fervor para no perderlas, y lo poco que se les dejaría les valdría entónces diez veces mas, de lo que hoy les vale, su imaginaria propiedad.

S. M. ha puesto acciones en varias compañías para animar á sus vasallos: parece que convendria que se pusiese aqui un ingenio bueno de cuenta del Rey: aumentaría muchísimo la confianza pública, produciria bien y en pocos años se podria vender con mucha ventaja. Convendria mucho á nuestros comerciantes acaudalados el enviar á esta Isla sus hijos ó factores, en lo que influiria el ejemplo de los gremios de Madrid: harian en ello un servicio al estado, y ciertamente en ningun parage del mundo daria su caudal tan segura y crecida ganancia.

Con lo que llevo espuesto, y las providencias relativas al nuevo sistema, que dictarán mejor las muy superiores luces de los Ministros de S. M., florecería muy en breve esta Colonia; su régimen y adelantamiento daria ejemplo á las demas: un sistema ventajoso, sea económico, político ó militar, que se logra poner en cualquiera parte de los dominios del Principe, es de la mayor importancia á su servicio, por lo que mueve y dispone todos los ánimos á admitir y aun á buscar lo mejor.

No puedo omitir una refleccion que me parece conducente para las combinaciones que se hagan sobre el asunto de que se trata, y es que los vasallos de esta Isla son hoy los mas pobres que hay en América, que por su desidia y falta de saca, pierde el estado muchos y preciosos frutos; que ha gastado el Rey en ella desde su conquista mucho mas de veinte millones de pesos; que no existen hoy entre todos los habitantes ciento cincuenta mil, en dinero efectivo. Tan inmensos gastos del Rey, la infelicidad de los vasallos poseedores de las mejores tierras de América, y sin tributos: el ser esta preciosa Isla una carga perpetua y pesada al Real Erario, son pruebas incontestables de la necesidad de seguir adelante otras reglas. Sobran estas apuntaciones para la alta comprehencion de S. M., inteligencia y luces de sus Ministros. Yo espero que disculpará mis yerros, el celo con que escribo y obro, dirigido siempre de mi eterna gratitud á las piedades de S. M., vivisimos deseos de la gloria de su reinado, y felices aciertos de sus Ministros.

A bordo de la fragata de S. M. El Aguila á 15 de Junio de 1765.—Alexandro O'Reylly.

Núm. 1.º

Relacion que manifiesta el importe anual, arreglado por un Quinquenio de todos los ramos de la Real Hacienda de la Isla de Puerto-Rico, (inclusos los diezmos) segun las noticias formales que me han pasado los Señores Oficiales reales de aquella Ciudad, y paran originales en mi poder.

	Partidas importan.			Al año suman.		
	Pesos.	Rs.	Mrs.	Pesos.	Rs.	Mrs.
El Real derecho de los diezmos, los que se reparten entre los Sres. Ilmos. Obispos y Venerable Dean y Cabildo, por dicha cuenta le cabe en cada año.	3,682	2	5			
El Real derecho de Bulas, que se dá por biennio sacada la cuenta por Quinquenio, le corresponde en cada año.......	2,713	3	28			
El Real derecho de la Alcabala, en la misma forma, corresponde en cada año............	1,372	,,	,,			
El Real derecho de Aguardiente, por dicha cuenta le toca en cada año.....................	1,721	1	17			
Papel sellado que remiten de España por biennios en la misma conformidad toca, cada año	370	7	22			
El Real derecho de Alcaldes ordinarios y de la Santa hermandad, al año.....................	18	2	,,	9,878	1	4

Suma á la vuelta. 9,878 1 4

Suma anterior. 9,878 1 4

	Reales.	Mrs.
Real derecho de Almoxarifazgo, corresponde en cada año.....	3,617	6½
Real derecho de Alcabala, al año................................	1,160	27⅗
Real derecho de armada, al año.	1,750	3½
Real derecho de Arqueo de embarciones al año................	543	2⅗
Real derecho de Muelles, al año.	339	20⅔

926 2 25½

Total de estos Ramos en cada año......... 10,804 3 29½
Rubricado.

Núm. 2.º

Copia de la descarga hecha de la fragata de la Real Compañía de Barcelona, nombrada San Francisco de Paula y Santa Eulalia (que es la única que ha venido desde que se hizo la paz) que entró en este puerto en 23 de Julio de 1763, y es en la forma siguiente:

  400 Barriles de harina.
  300 Botixuelas de aceite.
   20 Barricas de vino tinto.
   5 Barriles de lo propio.
   80 Botixas de vino blanco.
   8 Marquetas de cera con peso de 30 arrobas
    y 14 libras.
   4 Quintaels y 71 libras de hilo de acarreto.
 4,100 Cañones de escribir.

R. C. B.   16 Cajones Arpillados con núm. del márgen.
Nº 3 á 18. 2 Tercios, marca y núm. del idem.
Nº 1 y 2. 2 Id. con los números y marca id., que todas
Nº 1 y 2.   tres partidas miden 255 palmos cúbicos.

   2 Cajones de libros de impresion, uno de
    carga y otro de á media.
  158 Botellas de vino.
   12 Botixas de aceitunas.

1 Barril de quesos.
  66 Medias piezas de crudo.
  80 Idem forradas de listado de colchones.
  47 Idem de lo mismo.
 100 Piezecitas de coleta mediana.
   3 Sacos de avellanas.
   3 Idem de garvanzos.
   5 Cuñetes de pasas.
   5 Idem de almendras.
   5 Idem de mantequilla.

Es conforme á la descarga que se hizo: de la que cobramos 353 reales y 33 maravedises de Reales derechos correspondientes á S. M. de la Alcabala antigua y moderna, arreglado al Real proyecto de 21 de Abril de 1720.—Y para que asi conste por mandado del Sr. Mariscal de Campo, Don Alexandro O'Reylly damos este en Puerto-Rico á 19 de Abril de 1765 años.—Manuel Ignacio de Arcizaga.—Es copia de la original que para en mi poder.—O'Reylly.

ISLA DE SAN JUAN DE PUERTO-RICO.
Núm. 3.º

Recopilación general que manifiesta el número de habitantes que hay en esta Isla con distrinción de pueblos y partidos, sexos, edades y clase.

Blancos, Pardos y Morenos libres.

PUEBLOS Y PARTIDOS.	SEXOS.	Hasta 10 años inclusive.	De 10 á 15 inclusive.	De 15 á 20 inclusive.	De 20 á mayor edad.	Total respectivo.	Total de libres ambos sexos.	Esclavos.	Total de esclavos habitantes de cada pueblo.	Total general de habitantes de cada pueblo.	Total general de los habitantes de la Isla.
Puerto-Rico	Varones	660	153	185	452	1,467	3,562	490	944	4,506	
	Hembras	581	196	434	1,274	2,095		454			
Toa-Baja	Varones	267	93	73	355	788	1,498	133	207	1,705	
	Hembras	350	75	50	295	770		74			
Toa-Alta	Varones	460	93	85	303	941	1,882	47	96	1,978	
	Hembras	472	93	63	311	941		49			
Manatí	Varones	603	140	104	372	1,219	2,306	98	169	2,475	
	Hembras	529	114	63	381	1,087		71			
Arecibo	Varones	652	240	108	478	1,478	2,903	138	268	3,171	
	Hembras	592	242	123	468	1,425		130			
Hatualo	Varones	118	32	22	92	264	558	24	50	608	
	Hembras	128	48	15	103	294		26			
La Tuna	Varones	174	21	26	129	350	688	2	7	695	
	Hembras	183	24	21	110	338		5			
Aguada	Varones	1,029	192	180	700	2,101	3,976	169	316	4,272	
	Hembras	950	210	154	672	1,972		147			
Pepino	Varones	151	24	35	86	296	581	11	33	614	
	Hembras	141	35	32	81	285		22			
Añasco	Varones	880	128	109	571	1,629	3,199	95	199	3,398	
	Hembras	735	210	132	493	1,569		102			
Mayagüez	Varones	382	66	67	272	787	1,580	83	136	1,716	
	Hembras	358	107	80	248	793		53			
San German	Varones	1,300	286	251	993	2,830	5,373	310	577	5,950	
	Hembras	1,099	316	263	875	2,543		267			
Yauco	Varones	361	51	38	229	559	1,086	79	148	1,234	
	Hembras	212	47	28	284	507		69			
Ponce	Varones	746	111	122	581	1,608	2,960	173	354	3,314	
	Hembras	475	154	139	581	1,352		181			
Coamo	Varones	385	49	56	350	860	1,789	213	400	2,189	
	Hembras	472	96	63	327	960		187			
Guayama	Varones	320	94	85	404	1,019	1,967	224	447	2,404	
	Hembras	297	95	72	361	947		223			
Piedras	Varones	166	44	38	125	378	726	53	108	834	
	Hembras	160	36	32	109	348		55			
Caguas	Varones	100	25	16	98	249	514	40	90	604	
	Hembras	112	47	18	72	265		50			
Fajardo	Varones	105	35	21	91	252	464	4	10	474	
	Hembras	90	20	14	81	212		6			
Loisa	Varones	118	27	35	128	340	672	188	266	938	
	Hembras	135	26	16	117	332		78			
Rio-piedras y Cangrejos	Varones	86	70	47	105	408	792	72	121	913	
	Hembras	81	60	70	175	384		49			
Guaynabo y Bayamon	Varones	78	53	43	231	401	780	72	111	891	
	Hembras					379		39			44,883

RESUMEN GENERAL DE SEXOS Y CLASES.

LIBRES.				ESCLAVOS.		
Hombres.	Mugeres.	Niños.	Niñas.	Total de libres.	Hombres y Mugeres.	Niños y Niñas.	Total de esclavos.
10,968	11,497	17,381		39,846	3,439	1,598	5,037

Núm. 1.º

Resúmen general, que con distincion de cada partido, manifiesta el número de carros con bueyes, caballos, yeguas, mulas, ganado mayor, carneros, cabras y cerdos que hay en la isla de San Juan de Puerto-Rico.

NOMBRES DE LOS PUEBLOS Ó PARTIDOS.	Carros con bueyes.	Caballos y yeguas.	Mulas.	Bueyes.	Bueyes de pie y novillos	Carneros	Cabras	Cerdos	Total general cabezas respectivo de cada pueblo ó partido.
Toa-baja	»	966	25	19	1,826	73	20	1,318	4,247
Toa-arriba	»	710	19	24	1,795	70	15	619	3,275
Manatí	1	1,679	18	36	4,304	245	125	3,128	9,436
Arecibo	1	1,598	216	166	4,215	471	188	1,914	8,657
Hatauilo	»	249	»	11	607	39	»	320	1,311
Tuna	»	249	»	28	460	»	21	1,641	2,441
Aguada	»	1,819	717	78	2,989	247	285	2,004	6,124
Pepino	»	168	»	»	463	10	10	603	1,377
Añasco	»	1,483	139	29	2,092	136	195	2,896	7,050
Mayagües	»	816	286	21	2,379	571	112	2,608	6,979
San German	»	2,930	185	177	6,830	1,874	1,958	8,046	21,109
Yauco	»	463	19	91	1,048	673	91	2,119	4,387
Ponce	»	877	177	82	4,791	716	227	3,770	7,440
Coamo	»	1,085	165	119	8,562	432	138	3,999	10,003
Guayama	»	1,018	158	188	2,921	257	82	3,102	10,102
Cagnas	»	209	14	»	1,090	437	9	1,584	3,912
Pedras	31	423	8	28	4,391	87	25	2,617	4,678
Fajardo	1	526	12	»	301	44	»	317	801
Loisa	1	526	64	15	2,165	44	10	2,749	5,504
Rio-piedras y Cangrejos	»	63	»	4	132	»	25	35	258
Guainabo y Bayamon	»	1,199	19	26	2,117	62	71	1,916	4,591
Totales generales	64	18,577	1,971	1,031	44,033	5,735	3,083	47,305	121,935

NOTAS.

Los caballos son generalmente desde 5 cuartas y media hasta 7 de alto, de espíritu y resistencia, atendiendo á que toda su manutencion se reduce á solo la yerba del campo. Los mejores son del Arecibo y Toa.

El ganado vacuno es grande y hermoso y cuando cebado, que es como se mata, es gordísima y muy sabrosa: la carne; el pasto que dá la Isla no puede ser mejor; en cebar los ganados y cuidarlos en las estancias, estos naturales son mas inteligentes que en otra cosa alguna. Los carneros son medianos: Por no saberlos trasquilar les sofoca el calor y se pierde la lana.

Las cabras son regulares, pero solo se sirven de sus pieles: la carne y leche se inutiliza.—Una rúbrica.

Núm. 5.º

Relacion en que se manifiesta el precio á que los estrangeros pagan todos los frutos, ganado y madera, que estraen de la Isla de Puerto-Rico; y el á que venden los efectos que introducen, segun las noticias mas exactas, que pude adquirir.

FRUTOS, GANADO Y MADERA QUE ESTRAEN LOS ESTRANGEROS.	Precios á que los pagan.	
	Pesos.	Rs.
Cada mula por domar..	40	,,
Cada caballo...	25	,,
Cada res de ganado vacuno...................................	16	,,
Cada carnero..	2	,,
Cada cerdo...	5	,,
Cada carga de plátanos ú otra verdura.................	,,	3
Una arroba de tabaco de 1ª 2ª y 3ª calidad, partida por iguales partes...............................	1	4
Una arroba de café...	2	,,
Una arroba de pimienta de tabasco......................	1	4
Cada cuero en pelo comprendidos grandes y pequeños..	,,	6
Cada tortuga..	4	,,
Cada carapacho ó carey.......................................	2	,,
Cada trozo de palo de Mora que debe tener una vara de largo y un pié de diámetro...	,,	5
Cada trozo de Guayacan que debe ser de vara y media de largo y ¾ de diámetro..........	2	,,
Cada trozo de Ucar de iguales medidas...............	2	,,

EFECTOS QUE INTRODUCEN LOS ESTRANGEROS CON SU COMERCIO ILÍCITO.	Precios á que los venden.	
	Pesos.	Rs.
Listado número 2, la vara.....................................	,,	3
Listado número 3, la vara.....................................	,,	4
Listado número 4, la vara.....................................	,,	6
Listados de cuadros, la vara.................................	,,	5
Bretaña ordinaria, la pieza....................................	2	4
Bretaña entrefina, la pieza....................................	3	,,
Bretaña ancha, la pieza...	3	4

Ruan comun, la vara....................................	”	3
Ruan de cofre, la vara..................................	”	4
Bramante, la vara.......................................	”	3
Salpuria, la vara..	”	5
Angaripola, la vara.....................................	”	5
Lanillas negras, la vara................................	1	”
Arabia negra, la vara...................................	”	4
Coletas blancas y trigüeñas, la vara...................	”	1½
Olanes blancos, floreados y lisos......................	1	4
Pañuelos de Holanda, cada uno........................	1	”
Pañuelos de seda, grandes, cada uno..................	2	”
Pañuelos listados ordinarios á.........................	”	4
Pañuelos listados medianos á..........................	”	6
Pañuelos listados finos á...............................	1	”
Olandilla de hilo, la vara á.............................	”	3
Platillas, la vara..	”	6
Sarazas, cada pieza.....................................	10	”
Sombreros blancos grandes y finos, cada uno......	10	”
Sombreros negros finos, cada uno á..................	8	”
Sombreros de medio castor ordinarios á.............	6	”
Medias de seda á.......................................	2	”
Tafetan doble que se usa negro y rosado, la vara.	2	”
Tafetan sencillo, la vara................................	1	4
Barril de harina á.......................................	8	”
Cera, la libra..	”	4
Vino tinto de Francia un frasco de 7 á 8 cuartillos.	”	4
Barril de aguardiente, cada uno de los de carga.	15	”
Machetes comunes, cada uno..........................	”	6
Machetes de guarnicion de metal.....................	1	4
Machetes con ojas que llaman de sol y luna.......	2	4
Azadas, cada una.......................................	”	4
Acero, la libra...	”	3
Hierro de 2 á 3 pesos el quintal......................	”	”
Plomo, cada libra.......................................	”	1
Pólvora fina, la libra...................................	”	5
Perdigones y balas, la libra............................	”	1½
Galones, sea oro ó plata, se paga la onza...........	3	4

Nota: Que todos los géneros que introducen los estrangeros, son de inferior calidad á su precio: con ellos satisfacen siempre el importe de cuanto sacan de la isla de Puerto-Rico, y si alguna rarísima vez dán algun dinero, bajan un treinta por ciento de los precios antecedentes, que son los que aquí se usan en el trueque.—Una rúbrica.

Núm. 6.º

El modo mas esacto para saber á cuanto ascienden los géneros para vestir, que los estrangeros introducen anualmente en esta Isla, es el de hacer una cuenta individual de la ropa que usan libres y esclavos con distincion de edades y demas circunstancias, que deben concurrir para este cálculo: Lo he averiguado tan por menor en cada pueblo y partido de la Isla, que me persuado que la cuenta siguiente aproxima tanto que puede haber cortísima diferencia..

Número de personas.	Distincion de edades.	PERSONAS LIBRES. Regulacion del corte anual que tiene el vestuario de cada uno.	Total importe del vestuario en cada año.
17,381	Niños y niñas hasta la edad de 10 años inclusive.	Para el vestuario de cada uno, se consideran 2 pesos anuales que para todos ascenderá á.......	34,762
10,963	Hombres.	Se consideran 10 pesos para el vestuario de cada uno al año que para todos ascenderá á..............	109,680
11,497	Mugeres.	Se consideran 14 pesos para el vestuario de cada una al año que para todas ascenderá á..............	160,958
		ESCLAVOS.	
1,598	Niños y niñas hasta la edad de 10 años inclusive.	Se consideran 4 rs. para el vestuario de cada uno al año; y á este respecto ascenderá el de todos á	799
3,439	Hombres y mugeres.	Se consideran 4 ps. para el vestuario de cada uno al año; y á este respecto asciende el de todos á...	13,756
44,883			319,955

Nota: Que no está comprendido en la cuenta antecedente el importe de la pólvora, cera, plomo, aguardiente, rom, galones de oro y plata, vino, harina, cuchillos, fusiles, espadas, pistolas, hebillas de metal, botones de camisa y vestuario, sillas y bridas de caballo, algunos negros y herramientas, algun poco de peltre, losa, vasos y lienzo blanco para mosqueteras y sábanas de algunos pocos que las usan: tampoco se ha incluido en la cuenta antecedente el vestuario de toda la tropa veterana que hay en la isla de Puerto-Rico, que es cuasi todo de géneros estrangeros: Estos sacan á mas de los frutos y maderas ya espresadas cuasi todo el situado que viene de México, como se reconocerá por la relacion número 2.º que manifiesta los pocos efectos que expende la compañía de catalanes y que en parte se satisfacen con curtidos y achiote.—Rubricado.

Núm. 7.º

Para dar un conocimiento mas individual de la cantidad y calidad de los frutos y maderas que los estrangeros estraen de esta Isla, estenderé las noticias que he adquirido de los siguientes pueblos que es por donde se embarca mucha parte de lo que sale.

IMPORTE DE ESTOS FRUTOS Y MADERAS,
EN LOS PUEBLOS QUE ABAJO SE ESPRESAN
CALCULADO POR UN QUINQUENIO.

Frutos, ganado y maderas, que estraen anualmente los estrangeros.	Villa de S. German. Pesos.	Añasco. Pesos.	Ponce. Pesos.	Coamo. Pesos.	Guayama. Pesos.	Total importe en los cinco pueblos. Pesos.
Mulas	8,000	3,000	10,500	8,000	5,340	
Caballos	,,	200	1,500	500	675	
Burros	,,	,,	500	,,	,,	
Reses vacunas	,,	,,	,,	2,400	1,000	
Tabaco	3,000	5,000	1,000	12,000	3,749	
Café	874	200	24	500	1,866	
Cueros	1,500	200	76	450	208	
Pimienta de tabasco	,,	,,	,,	300	3,000	
Palo de Mora	6,000	,,	6,000	2,000	7,580	
Guayacan	3,000	,,	800	2,500	2,812	
Ucar	,,	,,	350	300	,,	
Cañas de azúcar	,,	200	,,	,,	,,	
Arroz	,,	400	,,	,,	,,	
Maiz	,,	50	500	,,	,,	
Plátanos y otras verduras	,,	3,000	525	,,	687	
Carneros	,,	100	,,	,,	70	
Cerdos	,,	200	,,	,,	1,165	
Aves	,,	300	225	400	500	
Naranjas dulces y limones	,,	100	,,	,,	,,	
Conchas de Carey y tortuga	,,	,,	,,	950	1,100	
	22,374	12,950	22,000	30,300	29,752	117,376

Rubricado.

Noticia exacta del número de Eclesiásticos, Religiosos y Religiosas existentes en esta Ciudad é Isla de San Juan de Puerto-Rico, con las distinciones que abajo se manifiestan.

IGLESIAS Y CONVENTOS.	Sacerdotes de Misa.	Novicios.	Legos y sirvientes.	Total.
En la Iglesia Catedral.....	17	,,	14	31
Curas y Presbíteros en los pueblos de la Isla.	26	,,	,,	26
Convento de Santo Domingo, que está en la ciudad de Puerto-Rico	15	4	3	22
Convento de San Francisco	10	6	7	23
	68	10	24	102
MONJAS.	Profesas.	Novicias.	Legas.	
De la órden del Cármen que está en la ciudad de Puerto-Rico.........	15	3	1	19
			Total general.........	121

NOTA.

Para la asistencia espiritual de 44,883 almas que hay en esta Isla, sin comprender el Batallon fixo, cuyo Capellan por Real orden, es el Prior y Convento de Santo Domingo, hay 68 Sacerdotes comprendidos 8 prevendados de la Catedral, y 9 Presbíteros. Repartidos entre estos el total de los habitantes corresponderá á 660 personas por Sacerdote; y escluyendo de esta asistencia á los Prebendados y Racioneros que solo atienden á su Catedral y á los indispensablemente empleados en los cargos de sus Conventos, y á los enfermos que puede haber, se conocerá la urgente necesidad de aumentar el número de Sacerdotes en aquellos partidos que tienen mas gente, y que esperimentan mayor falta. Rubricado.

VARIAS NOTICIAS
RELATIVAS A LA ISLA DE PUERTO-RICO.

El trato ilícito se hace con la mayor franqueza en toda la Isla: las embarcaciones estrangeras llegan con mas frecuencia á la costa del Sur y del Oeste: no usan en esto de disimulo alguno: arriban á cualquiera de los puertos, echan su ancla, envian á tierra su lancha ó canoa, acuden los habitantes á la playa y se hace allí el trato: uno de los medios de que usan estos vecinos para introducir parte de estos géneros en la plaza de Puerto-Rico, es el enviar los interesados desde la Ciudad á los pueblos de la costa, barcos para cargar frutos de la Isla: toman allí los efectos que los comisionarios les tienen aprontados, ó pasan en los mismos barcos á las Islas inmediatas á traerlos; de vuelta tocan en algunos puertos de nuestra costa, toman algun arroz, maiz, y otros frutos, con cuyo pretexto hallan fácil entrada y desembarco en la Ciudad. El trato ilícito se hace con los holandeses de Curazao y San Eustaquio, dinamarqueses, de Santo Thomas y Santa Cruz, ingleses de las Islas inmediatas, y muchos de esta nacion que hay avecindados en las de Dinamarca. Los holandeses se llevan la mayor parte del tabaco, los ingleses el palo de mora y guayacan, los dinamarqueses los víveres y el café, y todos, algunas reses vacunas y cuantas mulas pueden conseguir.

Con este comercio ilícito se les proporciona á estos vecinos y brevemente, cualquier encargo de Inglaterra ú Holanda. Los de aquel tráfico son en esto muy puntuales, y me han asegurado que en sus respectivas Islas, seria atendida cualquiera queja de mala fé por el interés que les resulta de sostener este comercio. Hay en esta Isla 4,579 estancias de labranza: y 269 hatos y criaderos para ganado mayor y menor. Hay un número de trapiches que abastecen la Isla con el azúcar y miel que consume: se saca porcion de aguardiente de caña; pero como el de los estranjeros es mas barato, proveen cuasi toda la costa del Sur y parte de las otras; ganancia que perderán enteramente fomentándose los ingenios de azúcar, para lo que hay todas las proposiciones que se pueden apetecer. En los montes de esta Isla se hallan silvestres muchos árboles cargados de nuez moscada lexitima, y que cultivadas prometen buena fruta. En los partidos del Utuado y Coamo se halla una fruta cuyo gusto, olor y figura, dicen ser el mismo del clavo. Hay en varias partes de la isla dos arbolitos cuya corteza tiene el mismo olor y sabor de la canela; y aunque muy inferior á la oriental, es verosímil que con mas cuidado y instruccion se lograría mejorar de mucho su calidad. Se halla silvestre por cada parte de la Isla la mata de añil: en todos los pueblos se cuaja alguna poca para algunos tintes de algodon que hacen, me ha parecido muy buena la calidad: se daria con mucha abundancia teniendo salida correspondiente. Se halla silvestre cantidad de bainilla, y segun dicen es de la mejor calidad. El tabaco es flojo, y no del mejor gusto; pero aseguran que contribuye á perjudicar su calidad la costumbre que tienen los cosecheros de cogerlo antes que esté maduro; lo hacen para que conservado el jugo, y melado pese mas, que es por donde se gradua su valor en el comercio ilícito. Se ha sembrado algunos años ha un poco de trigo en los partidos de la Aguada y Manatí; ha llegado á dar hasta 200 por uno y nunca menos de 150, pero la gente ya hecha á su plátano y cazave, y que ignoran el uso del arado y todas las ventajas del cultivo de trigo, y la cevada, lo han dejado enteramente. Se halla en los montes crecida cantidad de pimienta de tabasco y de achiote, uno y otro fruto muy apreciados, y que con un poco de cultivo y fomento, formarian renglones considerables de comercio: el segundo se usa para tintes finos amarillos y aun se sirve de él en lugar de azafran. El algodon, es por su naturaleza de buena calidad, en el dia le dán poquísimo cultivo: lo mas se cria silvestre: es un árbol que en esta Isla está siempre dando fruto: convendria introducir los tornos que usan los estrangeros para quitar las pepitas del algodon. En los bosques de esta Isla hay mucha y buena madera: las mejores son de cedro, caoba, ucar, ausua, cobano, laurel, capá, tortugos, moca, roble, (diferente del de Europa, pero buena madera) palo de mora, guayacan, masa, espinillo, guaraguao y magas: Hay otros muchos árboles pero de menor aprecio. La madera que pudiera servir para la construccion de navios grandes, está distante de la costa en unos montes de dificil acceso, y como no he recorrido los bosques ni he tenido noticias por sujetos inteligentes en este asunto, no puedo informar con la certeza que deseara. Abunda la Isla de rios y estos de buenos pescados: los mas estimados son guabinas, lisas, robalos, lebranchas, pargos, anguilas, morones, camarones, sábalos, dajados, galápagos, moharras, areas de escala y ureles. Los ingleses buscan con grande aprecio los palos de mora y guayacan: se sirven del primero para el tinte amarillo y del segundo para motones, muebles y tisanas antigálicas. Hay en la costa del Norte otro árbol que se llama maza que da el tinte morado muy bueno pero este no lo conocen los estrangeros, ó no lo hallan inmediato á puertos acomodados para su saca; son muchas las yerbas, raices y gomas medicinales de la Isla: ayudarian con lucro al comercio.—O'Reylly.

Muy Señor mio: Por uno de los capítulos del oficio, que U. S. se sirvió dirigirme con fecha de 9 de este mes, relativo á varias providencias ordenadas para el padron general de la Isla, y alistamiento de milicias de esta Ciudad, y sus partidos inmediatos, me previene U. S. le pase noticia reservada de las calidades, utilidad y defectos de los oficiales de ellas, y que el Sargento mayor de la propia clase lo ejecute asimismo por lo correspondiente á libros de servicios, y vita et moribus. En esta virtud paso á esponer á U. S. no haber hallado memoria de que en tiempo alguno se hayan tomado estas noticias en esta Isla, y que desde mi ingreso á su Gobierno reconocí, que el establecimiento y ninguna regularidad, que se habia tenido en asunto de milicias, solo habia sido y era un falso nombre de ellas, consistiendo únicamente en tener alistados, y en varias compañias del vecindario de los campos, el número de hombres, que hallaban en ellos los Tenientes á guerra, Comandantes de los partidos, é igualmente vecinos de las mismas jurisdicciones, estando todos desnudos, desarmados, sin disciplina, reglas, ni algun método propio de este importante fin, en tal manera, que se hacia impracticable contar para la defensa del dominio con esta gente, sin que primero se diesen considerables providencias, y se tratase seriamente de poner en orden un asunto, que jamas le tuvo; á cuya grave novedad no podia yo determinarme, sin las competentes órdenes, y proporcionado tiempo, á que no dió lugar la inmediata guerra que ocurrió desde el año de 1762, y el haber sabido despues de ellas el nuevo establecimiento encargado á U. S. para las milicias de la Isla de Cuba, y consiguientemente las de otros Dominios. Las proposiciones de estos empleos vacantes, y de reformas para sus oficiales, y sargentos, inhábiles, han corrido igualmente por los esplicados Tenientes á guerra, sin que jamas se haya obligado á la presentacion personal de los sugetos en esta Capital; y aunque por lo respectivo al tiempo de mi mando han tenido las mas estrechas ordenes para proceder en uno y otro punto con la mayor integridad, estoy persuadido, á que antes, ni despues las han observado; por todo lo cual comprendo, que respecto á la visita, é inspeccion general, que U. S. ha resuelto hacer personalmente en la Isla, será necesario se sirva mandar recojer todos los títulos de oficiales y sargentos vivos, y reformados, despachados por esta Gobernacion, y que U. S. elija y nombre de nuevo enteramente como si nada se hubiese hecho; pues que en la realidad es este el antiguo, y actual estado de milicias, en que ha perseverado esta provincia totalmente sumergida en la ignorancia y olvido, como verbalmente he tenido la honra de espresar á U. S. sobre esta grave materia. Reitero mi pronta obediencia al obsequio de U. S. y ruego á Nuestro Señor le guarde muy felices años. Puerto-Rico 20 de Abril de 1765.—B. L. M. de U. S. Su mas atento servidor.—D. Ambrosio de Benavides.—Señor D. Alexandro O'Reylly.—Es copia de la original que para en mi poder.—O'Reylly.

Excmo. Sr.—Muy señor mio: Por muchas razones deseo dar á V. E. cuenta del éxito de mis comisiones, y me parece que conviene infinito al servicio del Rey que tenga un conocimiento exacto y circunstanciado del estado de nuestras colonias en América: Paso á manos de V. E. la adjunta relacion que manifiesta la poblacion, frutos y proporciones para aumento, que tiene la isla de Puerto-Rico: la he formado con todo el cuidado, y reflexion que he podido: Ruego á V. E. que sirva de disculpa á mis yerros, la verdad con que escribo, y el fervoroso celo con que obro.

Tengo tambien por muy necesario que V. E. esté noticioso del estado de defensa en que queda aquella plaza ó Isla; de el en que yo la hallé, y de cuanto concibo necesario que se haga para su seguridad. Los soldados del batallon fixo de Puerto-Rico estaban cuasi todos casados, con muchos hijos, y sin mas auxilio que su Presbítero, vivian separados en chozas propias ó alquiladas. Los sarjentos, atendian únicamente al cuidado de sus familias y hasta los oficiales entregados á su comodidad ó intereses, ponian todo su conato en hacer valer sus empleos. Los capitanes (á cuenta del primer situado) anticipaban al soldado los efectos que necesitaba para si, y su familia: con este tráfico recogian mucha parte de lo que correspondia á cada uno. Los capitanes mas moderados se entendian para esta negociacion con algun tendero, quien del total de los efectos que suministraba á la compañía, les abonaba desde 10 hasta 15 por 100, pero los mas tenian los géneros en sus casas. Las dos compañías y dos piquetes que á principios de la última guerra se enviaron á Puerto-Rico para refuerzo de la guarnicion, siguieron muy luego el arraigado exemplo de estas industrias. Esta última tropa quedó acuartelada, pero cada soldado se arranchó con alguna negra ó mulata que llamaba su casera; á esta entregaba cada uno los cuatro pesos mensuales que recibia de tesorería para su subsistencia: de este dinero comia el soldado, la casera y los hijos si los tenia. Que fuerzas puede tener un soldado tan mal mantenido? que modo de pensar influiria aquel trato? y que honor, celo, ni aplicacion al servicio se puede esperar de quien vive con tanto abandono espiritual y temporal?

Toda la tropa veterana de Puerto-Rico estaba sin uniformidad alguna en su vestuario: cada uno compraba y llevaba lo que quería: muchos cuando no estaban de servicio usaban de sombrero de paja por la calle, y cuasi todos de calzon ancho que les baxaba hasta los tobillos. El exercicio estaba igualmente descuidado: ninguno lo sabia: daban los oficiales por disculpa de su omision, que esperando de dia en dia quien les enseñase el nuevo no habian practicado el antiguo. Esta disciplina y calidad de tropa, mal correspondia al crecido haber que recibia y al importantísimo objeto confiado á su valor y á su celo. Era la única defensa que tenia S. M. para la conservacion de la mas preciosa Isla de América, en cuya fortificacion, tropa y demas obligaciones lleva ya gastados muchos millones.

A pocos dias de mi arribo á Puerto-Rico, adquirí noticias ciertas de las industrias de los oficiales, y con haber dado libre acceso á los soldados, y oido sus quejas y pretensiones con paternal amor, grangée su confianza. Los oficiales conocieron mi disgusto á su manejo y se alarmaron: aproveché la ocasion y por persona de mi confianza les hize saber lo mucho que S. M. se habia agradado de haber la tropa en la Habana solicitado el establecimiento de los nuevos goces; que la orden era general para toda la América, y que con anticiparse ellos y sus soldados á pedirlo, se harian honor y disculparian en gran parte el mal estado de su tropa: estas insinuaciones tuvieron el deseado efecto: todas las compañias del refuerzo y fixo vinieron á mi casa con sus oficiales á la testa: pidieron con las mas vivas demostraciones de celo el establecimiento de los nuevos goces: aprobé su honrada solicitud; les signifiqué que el reglamento era general para toda América, y que su distinguido celo en anticiparse á las órdenes, habia logrado hacerse un mérito de lo que una vez mandado, seria obligacion indispensable, y que para honor y consuelo suyo, yo informaría exactamente á S. M. Enteré á los soldados del modo que se seguiría en la distribucion de los nuevos goces, y logré hacerles comprender que con recibir su haber mensualmente y el justificado método que se establecía para la distribucion, estarian mejor con ocho pesos de lo que antes estaban con los once. Con repetidas aclamaciones de *viva el Rey* manifestaron su gratitud y contento. Este nuevo reglamento tuvo su práctica desde el dia 1º de Mayo próximo pasado: á mas del considerable ahorro que resulta al Real Erario, me pareció muy importante el dejarlo establecido y que cualquiera tropa que se destine á aquella Isla, halle estos goces ya puestos.

Revisté toda esta tropa, destiné á inválidos 39 del Fixo que por sus largos servicios, crecida edad y achaques, no podian tener otro destino, y como eran ya inservibles, si los dejaba seguir en sus compañías, costarian al Rey el doble de lo que ahora les dá; despedí con licencias 73 del mismo batallon que eran enteramente inútiles, y de la tropa del refuerzo destiné 13 á las obras del Rey por el tiempo que les quedaba que servir. Con esto se ha limpiado toda esta tropa y el Rey solo paga los que le pueden servir con utilidad.

Concluidas mis revistas, hize juntar en mi casa separadamente á los oficiales del refuerzo y á los del Fixo: les hize conocer todas las faltas que habia observado, en su tropa y manejo interesado, y los reprehendí como correspondia. De esto resultó ofrecerse los capitanes á dar á sus compañías por via de indemnizacion una cantidad de dinero que me aseguraron sobre su palabra de honor, ser el importe de las utilidades: apliqué este dinero á hacer un vestuario nuevo de bramante y sombrero con galon; con lo que logré uniformar la tropa en su vestuario, dejar corrientes los nuevos goces; contentísimos los soldados, y los mismos oficiales obligados á la benignidad del castigo que era el único adaptable á unas ganancias inaveriguables en su cantidad, y abonadas con una costumbre de tantos años que ya lo escrupulizaban muy poco. El actual Gobernador aunque sentia mucho el manejo que se seguia, tuvo por mejor el tolerarlo hasta ocasion oportuna, que deseaba infinito. Hize arranchar inmediatamente las dos compañías del refuerzo, acuartelar y arranchar todos los solteros del Fixo y recoger las armas de cada compañía en los armeros que hize poner en la casa elejida para cuartel de sus solteros; con estas providencias mudó tanto aquella tropa, que á mi partida de la Isla, nadie diria que era la misma: aprehendian diariamente el exercicio, con grande aplicacion, se hacia el servicio con mucha exactitud; hubo uniformidad en el vestir: subordinacion y aseo.

Revisté los inválidos, y de 5 pesos y medio que gozaban al mes, como vivian en sus casas sin vestuario, les bajé á 4, y para alivio de la tropa veterana les destiné dos pequeños destacamentos que hay fuera de la Plaza en donde logran alojamiento y terreno para verduras si lo quieren cultivar. A mas de otros muchisimos inconvenientes que tienen los regimientos fixos, producen un crecidisimo número de inválidos: del solo batallon de Puerto-Rico existen en el dia 10 sargentos, 8 cabos y 112 soldados que estarian durante su vida á cargo del Rey, número escedente al que darian cuatro batallones del ejército. La utilidad de la milicia ha sido total: hubo muchos oficiales, pero nada se les habia enseñado; los mas ni aun leer sabian: estaba armada parte con malas lanzas, otros con solo machetes y hasta con palos largos se presentaron varios á mi revista: nunca se habia dado instruccion, ni reglamento alguno para su gobierno: entraba en ella el útil y el inútil, de modo que se reducia á una especie de padron de hombres poco esacto. Se nombró años há para comandante general de esta milicia á un honrado vecino que nunca habia servido, y otro para sargento mayor, pero estos nada sabian de lo militar: ignoraban hasta el número de compañías que habia; ninguna noticia ni órden pasaba por su conducto, de modo que tanto ellos como todos los demas empleos de la milicia se reducian á un título honorífico que dispensaban los Gobernadores, mediante los buenos informes del sugeto, y una corta gratificacion para su secretaría: el actual Capitan General con su notorio desinteres y celo, redujo esta gratificacion á la mitad de lo que antes pagaban. La adjunta copia de la respuesta que me hizo, hará conocer á V. E. cuanto deseaba su mejor arreglo, y la poca luz que pude adquirir para mis primeras providencias. Luego que llegué á Puerto-Rico, adelanté á todos los pueblos de la Isla oficiales, sargentos y cabos con una instruccion detallada para formar un padron general y exactísimo de la poblacion con distincion de edades, colores, y sexos, enterarse á fondo del modo de vivir, inclinaciones, conveniencias, costumbres y buenas y malas propiedades de los habitantes; tomar noticias seguras del número de ganado mayor y menor que habia en cada partido, comercio, frutos, calidad del terreno, rios, bosques, caminos y distancias: señalé dias para revistar todos los hombres que habia en cada partido desde la edad de 15 años en adelante. Con estas providencias logré el fin: formé en la Isla 19 compañías de infantería de á 100 hombres cada una y 5 de caballería de á 60 comprehendidos diez supernumerarios, que hay en cada una. Los soldados de las compañías de infantería viven con tanta inmediacion al parage elegido para su enseñanza que sin el menor gravámen concurren diariamente una hora para aprender el ejercicio, y la caballería cada domingo y dia de fiesta viene montada á oir Misa, para antes ó despues hacer su ejercicio.

Tuvieron tan buen efecto las impresiones que se logró dejar en los ánimos de los habitantes de esta Isla, que con el mayor empeño solicitaron el ser incluidos en la milicia. Los alistados en ella, y aun algunos que no lo son, han concurrido á la enseñanza con tanta aplicacion que á mi partida de la Isla, estaban increiblemente adelantados.

Los hombres son robustos, de aventajada estatura, bien dispuestos, amantísimos del Rey, y de la mas ingénua naturalidad que en parte alguna que yo haya conocido. Con tan bellas proporciones solo me restaba el ver como podia dar á esta buena masa, oficiales de espíritu y inteligencia: despues de bien refleccionado este interesante punto, de haber visto por mi toda la Isla, comprobados en cada partido los informes y noticias que me dieron los oficiales que adelanté á este fin, y tratado personalmente á los hombres de mas aceptacion y respeto, conocí con evidencia que no lograría el Rey tener la milicia de esta Isla cual yo la deseaba y tanto convenía á su servicio, si para capitanes y subtenientes de ella se elejian sujetos del pais que sirviesen sin sueldo como en la Habana. Son cuasi todos muy pobres, se crian siempre en el campo, fáltanles medios y cultura; ni aun leer saben los mas. Como poner estos sugetos á mandar? los tenientes veteranos respetarian poco á sus capitanes, estos en fuerza de su graduacion querrian mandar sin saber como, lo que sería un contínuo manantial de recursos, disgustos y desórdenes: me parece haber acertado con el modo de precaver todos estos inconvenientes, y aun el de mejorar de mucho el pié de esta milicia al de la Habana, sin que tenga un real de mas costo al Rey que aquella. Resolví el proponer á S. M. que todos los oficiales gozasen sueldo, que los eligiese de sus veteranos, á escepcion de un corto número del país que conviene atender en consideracion á sus recomendables circunstancias personales, á haber siempre distinguido su celo, servido los empleos mas honóríficos de sus pueblos, ó ser hijos de unos padres de particular mérito y concepto en el país.

Destiné para comandante interino de esta milicia al Sargento mayor D. Andrés Vizcarrondo, cuya inteligencia, celo, y actividad, es lo que requiere este primer establecimiento: nombré para ayudarle tres ayudantes mayores de muy buenas prendas. Se necesita este número para recorrer con frecuencia los pueblos, remediar cualquiera falta á sus principios, sostener la disciplina, vigilar la conducta de los oficiales, el buen trato de los voluntarios y en caso de guerra, servir para la plana mayor. Puedo asegurar á V. E. que las 18 compañías de esta milicia de Infantería (que cuando unidas, deberan formar un regimiento) tienen tan buenos oficiales y sargentos, como el regimiento mas escojido del Rey: Considero este pié muy preferible al de la Habana, pero solo adaptable á esta Isla, en donde favorecen todas las circunstancias, sin el inconveniente de emulacion, ni mirarse la nobleza por despreciada; antes bien se logró el establecimiento con el mayor contento y satisfaccion de todos.

La disposicion en que queda esta milicia resguarda toda la costa de cualquier insulto de corsarios, y en caso de invasion enemiga se puede con la mayor facilidad unir todas ó parte de ella en la plaza ó parage que mas convenga, para cuyo fin, hize tomar una noticia exactísima de todos los caminos por horas de marcha de infantería: este repartimiento de milicias y oficiales veteranos, será utilísimo para todos los fines del servicio: contribuirá infinito á atajar la desercion de la tropa y de las escuadras; á limpiar los partidos de ladrones y vagos, é informar exactamente al Superior Gobierno de lo que merezca su atencion.

La fortificacion me mereció grandísimo y contínuo cuidado: examiné cada parte con la mas reflexiva atencion: oí sobre el terreno á los Ingenieros, Gobernador y su Cabo-subalterno, el Sargento mayor de la plaza, y despues de haber pesado, y combinado todas las circunstancias, me fixé al proyecto que dirijo al Ministerio de Indias: todos los nombrados lo aprovaron plenamente en nuestras repetidas conferencias pero para resguardarme mas contra cualquiera contemplacion, hize que precediese al dictamen definitivo de cada uno, el empeño de su palabra de honor, que daria su parecer libremente cual concebia, y sin otro respeto que el mejor servicio de S. M.

La plaza de San Juan de Puerto-Rico, no tiene aun cuarteles para medio batallon, ni almacenes correspondientes á los repuestos que debe haber: se ha reducido hasta ahora su defensa á la de sus murallas, y á no haberla atacado el enemigo.

La importancia de la situacion de la isla de Puerto-Rico, la bondad de su puerto, la fertilidad, ricos productos, y poblacion, las ventajas que debe producir á nuestro comercio el irreparable daño que nos resultaria de poseerla los estrangeros, piden, me parece, la mas seria y mas pronta atencion del Rey y de sus Ministros. Yo espero que conocerá V. E. que por mi parte no omití diligencia alguna para este tan importante objeto; y me parece que Dios felicitó mi celo á un término que puede llenar á V. E. de consuelo, y al Rey de esperanza, no solo en cuanto á la futura defensa de esta Isla; pero tambien de que en pocos años puede mediante buenos reglamentos ser de alivio á su Erario, y una de las mejores joyas de su Corona: En asuntos tan interesantes nunca puede mi gratitud á S. M. mi honor, ni mi celo, dejar de representar todas las cosas cual concibo, sin alterar, paliar, ni bruñir las verdades.

Repito en obsequio de V. E. mi rendida obediencia y mas fina voluntad con la que ruego á Nuestro Señor guarde y felicite la apreciable vida de V. E. muchos años.—Abordo de la fragata de S. M. El Aguila 20 de Junio de 1765.—Excmo. Sr.—B. L. M. de V. E., su mas atento servidor.—Alexandro O'Reylly.—Excmo. Sr. Marques de Grimaldi.

AL GOVERNADOR DE LA HAVANA.

CEDULA.—1789.

Participándole haberse revocado el auto que proveyó sobre la coartacion de los esclavos en beneficio de su libertad; y declarando lo que se espresa.

El Rey.—Governador y Capitan general de la isla de Cuba y ciudad de San Cristóbal de la Havana:

En carta de 25 de Junio de 1786, espusisteis que desde que empezasteis á oir los asuntos contenciosos de vuestro Tribunal, observasteis que los mas de los puntos jurídicos y extrajudiciales contravertidos en esa Capital, entre los esclavos y sus dueños, provenian de la ambigüedad con que los Abogados entendian la coartacion: porque unos querian que los hijos de madre por sí misma ó por su dueño, gozasen del mismo beneficio que ella, si bien á proporcion del valor del hijo, de modo que estos despues de coartados solian valer mucho mas que la madre antes de serlo, cuando la estimacion alteraba sus respectivos precios; pero otros (y eran los mas) opinaban que rebajada del valor legítimo del hijo, igual cantidad de la en que fué coartada la madre, debia ser aquel resto el justo precio del hijo; y que pareciéndoos ser esto lo mas conforme á equidad, deseoso de evitar dudas y uniformar los juicios de esta naturaleza, habiais proveido en 7 del citado mes, con dictámen del Auditor de guerra, el auto que acompañabais testimoniado por el que declarastéis, que en lo sucesivo hasta mi Real declaracion se observase precisa é inviolablemente la resolucion del derecho que establece seguir el parto la condicion de la madre, estimándose al hijo, sujetoá sola la respectiva esclavitud á que lo estaba aquella, para lo cual tomando conocimiento del valor de esta al tiempo de su coartacion, y de la parte del que se redimió ó se hizo gracia por legado ú otro beneficio, se tasase el hijo por peritos inteligentes, y de lo que importase la tasacion, se rebajase aquella parte de precio que correspondia al de la libertad que gozaba la madre, y por consiguiente el hijo, y el resto fuese solo lo que se hubiese de abonar al dueño en los casos que ocurriesen de libertad ó venta, conforme á lo resuelto en Reales Cédulas de 21 de Junio de 1768, 27 de Setiembre 1769 y 8 de Abril de 1778., en inteligencia de que creciendo con la edad, alimento y enseñanza, el valor del hijo coartado, y no siendo su beneficio de libertad por actual negociacion propia, sino por virtud de la de la madre, no se pudiese fijar un precio inalterable á su esclavitud, sino que cuando se vendiese, y se hallase aumento, diminucion de edad, ú otra causa que debiese adelantar ó disminuir su precio, hubiese de ser nuevamente tasado para deducir el de su esclavitud segun las mismas reglas.

Y para que esta declaracion se observase uniformemente dispusisteis se participase á los Alcaldes y Abogados, dándome cuenta, como lo haciais para mi Real aprobacion.

Visto en mi Consejo de las Indias pleno de tres Salas, con lo que en su inteligencia y de lo imformado por la Contaduría general, espusieron mis Fiscales y consultádome sobre ello, en 5 de Diciembre próximo pasado, he resuelto revocar y anular la providencia que comprende el mencionado vuestro auto, como opuesta á derecho; declarando como por mi Real Cédula declaro, que la coartacion en las madres es solo para ellas, tan personal, que no puede ser transmisible á los hijos á fin de que estos logren el mismo beneficio, para que sean vendidos en menos valor del que en realidad tienen; y que el que nace esclavo, aunque sea de madre, no por esta cualidad debe carecer de cuantos efectos causa la esclavitud, en cuanto al absoluto dominio que deben tener los dueños y Señores sobre ellos; por lo cual y por que se abriera la puerta en esa Capital á semejante novedad, como la que contiene vuestro auto, no solo se perjudicaria el Real derecho de Alcabala, que bajaria considerablemente, sino que por las razones políticas, que se dejan considerar, causaria vuestra providencia notables perjuicios, y con el tiempo vendrian á hacerse muchos libres, valiéndose tal vez para ello de medios ilícitos por la consideracion de las cortas cantidades en que se evaluaban sus hijos, y estos serian unos públicos haraganes en la sociedad, como se esperimenta con los mas que consiguen la libertad, y se minorarian los trabajadores tan necesarios en esas preciosas poblaciones; os ordeno y mando, que enterado de la espresada mi Real determinacion y declaracion, deis las disposiciones convenientes para que tenga su puntual y debido cumplimiento, por ser asi mi voluntad; y que de esta mi Real Cédula se tome razon en la mencionada Contaduría general. Fecha en Madrid á 10 de Febrero de 1789.—Yo el Rey.—Por mandado del Rey nuestro Señor.—Antonio Ventura de Taranco.—Esta con tres rúbricas.—Tomosé razon en la Contaduría general de las Indias.—Madrid 10 de Febrero de 1789.—Don Francisco Machado.

CEDULA GENERAL.—1789.

Por la que se manda que no se restituyan los negros fugitivos de las colonias estrangeras, que por los medios que se espresan adquirieron su libertad.

El Rey.—Vireyes, Presidentes, Regentes, Audiencias, Gobernadores, Intendentes y demas Ministros de mis Reynos de Indias, islas Filipinas y de Barlovento y otros cualesquiera Jueces y Ministros de ellos. Con fecha de 20 de Febrero del año de 1773, mandó espedir el Rey mi Señor y padre, que sea en gloria, la Cédula del tenor siguiente:—El Rey.—Gobernador de la isla de la Trinidad de Barlovento, en cartas de 18 de Junio de 1771. y 15 de Mayo de 1772, disteis cuenta de haber arribado en una canoa á esa Isla siete negros fugitivos de la del Tabaco, que dista seis ó siete leguas, á los que han reclamado sus dueños, y respondisteis me teniais dado cuenta, y que habiéndose pasado despues de la de Esquivo otros seis en un bote, teneis repartidos unos y otros entre los vecinos para que los den de comer y vestir; ocupándoles en sus obrages, con cuyo motivo me suplicais os prevenga lo que debeis hacer con ellos respecto de no encontrar en ese Gobierno documento alguno que os instruya en ello. Y habiéndose visto en mi Consejo de las Indias, con lo que dijo mi Fiscal, y consultádome sobre ellos, hé resuelto no entregueis los referidos negros á los que los reclaman como sus señores y dueños, pues no lo son segun el derecho de las gentes, desde que llegaron á territorio mio, y que hagais entender á todos los negros fugitivos, no solo la libertad que gozan con el hecho de su llegada á mis Dominios, sino tambien la suma demencia con que me digno admitirlos bajo mi Real proteccion y amparo, exortándolos á que en recompensa de tan inestimable beneficio y favor, procuren portarse como fieles y agradecidos vasallos, y se ocupen como corresponde en los obrages y tierras de esa Ciudad, colocándolos vos á este fin separados y divididos, para que puedan mantenerse en las casas de los hacendados, á quienes prevendreis cuiden de su buena educacion, y vos estareis á la mira de que no los maltraten ni molesten, pues los han de servir como mercenarios y no como esclavos, y me dareis cuenta con testimonio de haberlo ejecutado. Fecha en el Pardo á 20 de Febrero de 1773.—Yo el Rey.—Por mandado del Rey nuestro Señor.—D. Domingo Diaz de Arce.

Y ahora con motivo de haberme hecho presente con testimonio, en carta de 22 de Noviembre de 1784, Don José María Chacon, Gobernador de la propia isla de la Trinidad, haberse pasado á ella en el de 1778 de la de la Granada, sugeta entónces á la dominacion inglesa, una morena llamada Teresa, con sus hijos Rafael, Leon, Cárlos, Reuy, Yauy y Carlota; esclavos todos del inglés Mousieur Yozly, inteligenciada de la relacionada Real cédula se habian mantenido allí, en virtud de su declaracion, sin interrupcion alguna todo este tiempo, pero que como en el artículo 13 de la Real instruccion reservada, que se le dió para el mismo Gobierno en 8 de Diciembre de 1783, se le prevenia, que los esclavos fugitivos de la referida isla de la Granada y otros estrangeros que se refugiasen en aquella, los devolviese á sus dueños ó Magistrados, siempre que los reclamasen con justificacion, dispuso se notificase á la enunciada Teresa, deberla entregar con los espresados sus hijos al apoderado del mencionado su amo, de lo que noticiosa otra hija suya llamada Margarita Marizo, mulata libre, y nueva Colona de aquella Isla, le representó en 18 del citado mes de Noviembre y año de 784, los inhumanos y duros castigos, con que en estos casos trataban los ingleses á sus esclavos, pidiéndole que en esta inteligencia, y en la de que su madre y hermanos solo hicieron fuga con el único objeto de conseguir su natural libertad, y contando con el buen acogimiento que á consecuencia de la mencionada Real Cédula, habian tenido otros esclavos fugitivos, que alli habian llegado, se hiciese suspender su entrega y admitirla la oferta de pagar en el término de tres años, la cantidad en que se justipreciasen todos siete, para lo cual otorgaria la correspondiente escritura de fianza á satisfaccion del referido apoderado: en cuya vista por auto que proveyó con dictámen de su Asesor en 19 del propio mes condescendió á esta instancia, mandando se procediese al justiprecio y que mediante ser este asunto de la mayor gravedad y exámen, se pusiese en mi Real noticia, como lo hacia, á fin de que enterado de ello, me sirviese dar la regla fija, que se debia observar en este caso, y en los demas de igual naturaleza que ocurriesen en lo sucesivo, depositándose en el interin en mis Reales Cajas las cantidades que fuese pagando la enunciada Margarita Marizo. Visto lo referido en mi Consejo de las Indias con lo que en su inteligencia, y de lo informado por la Contaduría general, espuso mi Fiscal, y consultado sobre ello, he resuelto ordenar al mencionado Gobernador (como se hace por Cédula de la fecha de esta) que á los insinuados esclavos les mantenga en la libertad, que conforme á derecho de gentes, y á lo dispuesto en la preinserta adquirieron, acogiéndose á mis dominios, por no deberse entregar en consecuencia de ello, sus personas, ni el precio de su rescate á su antiguo amo, aprobarle su providencia, en cuanto á la libertad que por ella les concedió, y no el que dispusiese se justipreciasen, ni admitiese el generoso ofrecimiento de la enunciada Margarita Marizo, de pagar lo que se regulase por cada uno; mandándole que en esta inteligencia la dé por exenta de la obligacion, que al efecto hizo, y devuelva las cantidades que en su virtud haya depositado en aquellas mis Reales Cajas, y declarar (como declaro por punto general) no se restituyan los negros fugitivos que por estos legítimos medios adquiriesen su libertad; y en su consecuencia os ordeno y mando cumplais y ejecuteis, y hagais cumplir y ejecutar en los casos que se ofrezcan esta mi Real resolucion, segun y en la forma que vá espresada: por ser asi mi voluntad; y que de esta mi Real Cédula se tome razon en la mencionada Contaduría general. Fecha en Madrid á 14 de Abril de 1789.—Yo el Rey.—Por mandado del Rey nuestro Señor, D. Antonio Ventura de Taranco.—Para que no se restituyan los negros fugitivos de las Colonias estrangeras, que por medios que se espresan adquiriesen su libertad, acogiéndose á los Dominios de S. M. en Indias.

DIARIO Y DOCUMENTACION

DEL SITIO QUE PUSIERON LOS INGLESES

A LA CIUDAD DE PUERTO-RICO EN 1797.

Diario de las disposiciones y ordenes dadas por el Brigadier Don Ramon de Castro, Gobernador, Inteudente y Capitan general de la plaza é Isla de Puerto-Rico, desde el dia 17. de Abril de 1797. en que se presentaron buques enemigos á su vista, y de las operaciones y movimientos mas principales de los dos ejércitos y escuadra hasta el dia de la fecha.

DIA 17.

A las seis de la mañana de este dia, poco mas ó menos, se avistó un convoy compuesto de buques de guerra y velas al parecer de transporte, cuyas circunstancias de número, calidad y nacion, no podian distinguirse, pero con motivo de la presente guerra, y de las noticias anteriores de un ataque contra esta plaza é isla, se receló ser escuadra enemiga Asi se comprendió á poco tiempo despues por las maniobras y movimientos de la escuadra aunque todos sus buques se mantenian sin enarbolar bandera.

Inmediatamente se convocó á los Gefes de la plaza y con presencia del plano de defensa que anticipadamente tenia formado su Gobernador, despues de haber conferido lo conveniente al asunto en este caso, y de haber pasado el Gobernador acompañado de los mismos Gefes al Castillo del Morro, á reconocer por si la escuadra, se dió á cada uno de estos y demas oficiales nombrados, el destino señalado en aquel. Se tocó la generala y se distribuyó oportuna y proporcionalmente toda la tropa existente, guarnicion en los castillos, fuertes, baterias y demas puestos de las obras interiores y esteriores de esta plaza. Se dió armas al paisanage alistado, colocándolo en los puestos convenientes. Se habilitaron y colocaron en los sitios que estaban detallados los cuatro ganguiles, dos pontones y doce lanchas cañoneras armadas y tripuladas bajo la direccion del capitan de fragata D. Francisco de Paula Castro. Se envió un cuerpo volante proporcionado al número de la guarnicion con cuatro cañones de campaña á las órdenes del teniente coronel D. Isidoro Linares, capitan de este regimiento Fijo, con el fin de impedir el desembarco, bajo las instrucciones que para él y sus oficiales se formaron con presencia y conocimiento de la situacion de los desembarcaderos y segun la observacion que se hiciese de los movimientos del enemigo y demas circunstancias ocurrentes. Igualmente se dió instrucciones á todos los Comandantes y Gefes de línea. Se despacharon ordenes para que tomasen las armas y acudiesen á esta Capital la compañía de caballería los urbanos y gente útil de los partidos inmediatamente, y circulares á fin de que hiciesen lo mismo en todos los partidos de la Isla. Se proveyó y reforzó á todos los puestos del recinto y guarnicion, obras esteriores y avanzadas, con armas, municiones, útiles y demas efectos necesarios á la defensa de esta plaza. Se mandó pasar á sus respectivos destinos á todos los individuos y dependientes de las Maestranzas de artillería y fortificacion para los trabajos y ocurrencias necesarias. Se dispuso que el Guarda-almacen de artillería se mantuviese dia y noche en el Parque general para suministrar los pertrechos y efectos que se pidiesen. Se espidió órden á los partidos de esta Isla á fin de que concurriesen á la Ciudad los vecinos de ellos que quedasen libres del servicio de las armas con provision de los frutos del pais para subsistencia de la guarnicion. Se publicó Bando á fin de que saliesen de la plaza las mugeres, niños y viegos, quedando solo los útiles para tomar las armas. Se dieron las mas activas y eficaces providencias para introducir en la plaza la pólvora que existia en los almacenes situados fuera de ella depositándola dentro y en buques destinados á el efecto en la bahia.

Como á las 10. de la mañana del mismo dia por las maniobras de la escuadra se confirmó sin duda ser de la nacion inglesa y que su direccion era á un desembarco en las playas de Cangrejos, empezando los buques de transporte á dar fondo en la última de ellas ó ensenada inmediata al sitio nombrado la Torrecilla. Con este conocimiento se mandó habilitar el Escambron avanzado á las obras esteriores de esta plaza, destinando inmediatamente á él, trabajadores con los útiles y efectos necesarios, á fin de formar una línea de defensa en aquel sitio. Se dió providencia para que el ingeniro ordinario D. Ignacio Mascaró y Homar con los trabajadores necesarios pasase á formar batería en el Seboruco de Barrios, para defensa del paso de la laguna al caño del puente de Martin Peña, debiendo formar en aquel sitio escollera para estorbarle, llevando al mismo tiempo las instrucciones convenientes para su retirada en caso de no poder verificar el intento.

Se dispuso que se situasen dos pontones á la entrada del puerto á fin de sostener la defensa é impedir la entrada en él. Dos de los ganguiles se destinaron con el mismo objeto en el caño de Martin Peña para defender el paso del puente por él; y los otros dos fueron en defensa del paso del puente de San Antonio; cada una de estas baterias flotantes compuesta de dos cañones de á 16. Las lanchas cañoneras unas ausiliando á los pontones y ganguiles, y otras dispuestas para acudir adonde la necesidad lo exigiese estando todos estos buques como el cuerpo de Marina bajo la direccion del capitan de fragata D. Francisco de Paula Castro.

El Illmo. Sr. Obispo se presentó inmediatamente ofreciéndose con cuanto tenia y Eclesiásticos que de él dependian al servicio de S. M. y defensa de la religion en esta ocasion. Igualmente se ofrecieron los comisionados de RR. PP. Religiosos Domínicos y del órden seráfica que tiene esta ciudad con los misioneros transeuntes que se hallaban agregados á ella. De todo el Cuerpo Eclesiástico y Religioso se nombraron Capellanes que inmediatamente pasaron á los castillos, puestos de la guarnicion y hospitales de la misma que se estimó conveniente. Estos se formaron dentro y fuera de la plaza con todo lo necesario á su asistencia y profesores correspondientes igualmente que el campo volante; se dió providencia para tener provisto el Hospital general en la plaza de facultativos, Capellanes, asistentes, medicinas &c. para remedio de los heridos que de los hospitales de la sangre se trasladasen á él.

Se dispuso que saliesen de esta ciudad con el decoro correspondiente las RR. MM. Carmelitas calzadas dejando su convento y los de Religiosos para emplearlos en hospitales ó cuarteles segun conviniese, y con el mismo fin se escogieron otras varias casas del pueblo.

En este dia no se observó otro movimiento de la escuadra enemiga que el de haber destacado dos fragatas con su mosca, y objeto al parecer de bloquear el puerto á cuya vista se estuvieron bordeando: el resto de la escuadra en aquella ensenada con inmediacion de los buques menores de transporte á la playa. Tambien se advirtió que un navio se echó afuera quedando en alta mar, al parecer á la descubierta.

La escuadra se componia de un navio de 3 puentes, 2 de á 70 y otros 2 de á 50; dos fragatas, una de 40 y otra de 36;

dos bergantines de 16 á 18 cañones: cuatro corbetas como de á 16; diez y ocho goletas corsarias de porte de 6 hasta 12 cañones, una urca grande, y otros buques menores como de transporte, contándose el número de velas de toda la escuadra hasta sesenta.

DIA 18.

En la noche del 17 al 18 estuvo en esta plaza la compañía de caballería de la ciudad que reside en Bayamon y Guainabo y se destacaron cuarenta hombres de ellos á reforzar el cuerpo volante.

En la madrugada de este dia se sintió un vivo fuego de los buques fondeados que se conoció era para protejer el desembarco, como efectivamente asi sucedió.

Al amanecer se descubrió que las fragatas bloqueadoras se mantenian en la posicion de su objeto.

El cuerpo volante salió al mando del teniente coronel D. Isidoro Linares con los de igual grado D. José Vizcarrondo y D. Teodomiro del Toro, ayudante este de las milicias disciplinadas de esta Isla y capitan aquel del Regimiento de infantería de Valencia. D. Isidoro Linares se apostó con cien hombres en el sitio nombrado la Plaza, inmediato á una de las playas de Cangrejos: D. José Vizcarrondo en la playa de San Mateo y D. Teodomiro del Toro en la Torrecilla con igual número de gente cada uno al que tenia Linares, siendo los puestos de situacion, los mas ventajosos y resguardados para rechazar el desembarco que intentase el enemigo y poderse protejer unos á otros.

Cada uno de estos comandantes se atrincheró segun le permitieron la situacion y el tiempo, colocando oportunamente los dos cañones de campaña que llevaban Linares y Vizcarrondo.

El enemigo para protejer su desembarco dirigió su fuego principalmente hacia el puesto de Toro, como el mas inmediato. Se aproximaron cuatro lanchas grandes llenas de tropa á la playa, y una de ellas con el pavellon inglés enarbolado. Rompió Toro su fuego contra ellas con mucho estrago, de tal modo, que en la lancha que enarbolaba el pavellon, solo quedó un hombre vivo, y en las otras, muy pocos, viéndose obligados á retroceder. Emprendieron de nuevo el desembarco un crecido número de lanchas sostenidas unas por el fuego de otras y por el de los buques de guerra, y aunque Toro les correspondia con mucho acierto, no pudo sostenerse contra un cuerpo al parecer de tres mil hombres armados, que pusieron el pié en tierra, de cuyas resultas se vió precisado Toro á la retirada replegándose con la partida de Linares y ambos con la de Vizcarrondo. Informados estos tres oficiales de que el enemigo con un cuerpo muy crecido de gente marchaba hácia ellos, determinaron la retirada haciéndola Linares y Toro al puente de Martin Peña y Vizcarrondo al del de San Antonio, segun las instrucciones que se les habia dado.

En este nuevo supuesto se colocó Vizcarrondo atrincherándose segun le fué posible con sus 2 cañones á fin de rechazar á los contrarios y de sostener la última retirada de Linares y Toro al espresado puente de San Antonio: viendo estos que la direccion del enemigo no era hácia su puesto y si al de Vizcarrondo se replegaron con él. Conocida la superioridad de fuerzas del contrario, se retiraron estas partidas por el puente de San Antonio á nuestro campo, y no teniendo la de Vizcarrondo, tiempo para arrastrar los cañones los dejó inutilizados y enterrados en tierra y se replegó al mismo puente dejando partidas avanzadas defendidas por la artillería del mismo puente y castillo de San Gerónimo. Los enemigos sin duda al reconocer aquellos dos fuertes se detuvieron, y dejando puestos avanzados, retrocedió el resto de su gente á replegarse con los demas. En la misma mañana se mandó salir á Vizcarrondo á incomodar á los enemigos y reconocer su posicion con individuos ciudadanos de la república francesa, cincuenta hombres del Fijo y de las milicias y treinta de á caballo: marchó hácia Cangrejos haciendo tres divisiones dirigidas por distintos caminos con las órdenes correspondientes para obrar y concurrir en caso necesario á un punto de reunion en que dejó al capitan de caballería con quince caballos y 25 infantes. Las partidas que se dirigian á la plaza de San Mateo se escopetearon con las avanzadas de los enemigos, quienes hicieron avanzar inmediatamente las suyas del grueso de su ejército que tenian en dicha plaza al parecer de mas de tres mil hombres y en esta situacion recibió Vizcarrondo orden de su General para retirarse y llevándose un cañon que encontró en el camino de Cangregos, verificó su retirada por el puente de San Antonio á cuyo tiempo se hallaba en San Gerónimo el Capitan general, y dispuso hacer fuego á los enemigos que venian en seguimiento de las partidas; en que se detuvieron y retrocedieron. Inmediatamente mandó cortar el puente de San Antonio.

En este dia se mandó descovijar todos los bohíos de la ciudad y sus inmediaciones con el fin de evitar cualquiera incendio que pudiese causar el fuego enemigo.

En la mañana del mismo dia se presentó en la boca del puerto un bote con bandera parlamentaria que fué detenido por el Castillo del Morro, dando parte inmediatamente al General de la plaza de esta novedad: se dispuso que al instante saliese un edecan á recibirle bajo los mismos términos parlamentarios; y el oficial inglés entregó para el General de la plaza un pliego dirigido por los Comandantes generales de mar y tierra de la espedicion destinada al sitio y bloqueo. El contenido de él se reduce á la intimacion de la entrega de la plaza á las armas Británicas que la sitiaban, cuyo por menor se manifiesta en la copia que acompaña designada con el número 1º El General de la plaza contestó en los términos que manifiesta la copia núm. 2º y no habiéndose esperado el parlamentario inglés á recibir la respuesta, se remitió á uno de los buques bloqueadores mas inmediato al puerto: este ó por ser ya obscurecido y no conocer la bandera parlamentaria de la falua, ó por algun otro motivo hizo fuego lo que obligó á nuestro parlamentario á retirarse.

A las 3. de la tarde salieron tres lanchas cañoneras, y se pusieron avanzadas á los dos ganguiles que estaban á la defensa del puente de Martin Peña, con el fin de contener por aquella parte á los enemigos y defender la retirada del ingeniero D. Ignacio Mascaró y Homar y sus trabajadores destinados al Seboruco de Barriga que pudo conseguir con bastante riesgo de ser cortado; pero los enemigos intentaron atacar por tierra las lanchas con una partida como de 200 hombres. De resultas del fuego que estas hicieron, se dividió la partida enemiga en dos partes y resguardándose, intentaron otra vez el ataque por el costado y retaguardia de las lanchas que se retiraron poniéndose al abrigo de un vivo fuego que rompieron los ganguiles quedándose los enemigos en Martin Peña. Estas baterias flotantes continuaron su fuego todo el dia por aquella parte con el fin de estorbar cualquier trabajo que pudiera intentarse. En los mismos términos siguió el fuego por la noche.

Prácticos del país y partidas avanzadas destinadas á observar los movimientos del contrario y tomar conocimiento de sus fuerzas avisaron á los comandantes del puente de San Antonio y fuerte de San Gerónimo, que los enemigos avanzaban por aquellos terrenos, y descubiertos que fueron, rompió nuestro fuego contra ellos continuándose dia y noche segun las observaciones que se hacian, y á fin de impedir que intentasen trabajo alguno. Hubo en este dia dos muertos y un herido del regimiento Fijo.

DIA 19.

Se descubrieron las dos fragatas bloqueadoras en los mismos términos que el dia antecedente.

Se dispuso y preparó una goleta correo de S. M., con el fin de que aprovechándose de la obscuridad de la noche saliese del puerto con pliegos para los generales de mar y tierra de la Havana, dando aviso de la situacion de esta plaza y reiterando el reclamo los ausilios que se habian pedido de buques de guerra, tropas, armas y dinero, comunicándoles el ánimo del Gobernador de la plaza á sostener una defensa vigorosa hasta agotar todas las fuerzas, que podrian mantenerse un tiempo suficiente á recibir el socorro que pedia.

Combinando con otros partes y noticias, se comprendió que el fuego vivo que habian hecho en la noche antecedente el fuerte de San Gerónimo y bateria de San Antonio con sus dos cañones de á 8, esta y aquel con los del calibre de á 12 de su frente al Sur y el de los ganguiles, no solo habian estorbado en gran parte los trabajos que se conocia habia emprendido el enemigo, sino que les habian muerto y herido porcion de gente. De los heridos se pudo cojer uno que lo estaba mortalmente, y examinado por el comandante del puente de San Antonio D. Ignacio Mascaró y Homar, ingeniero ordinario, solo pudo averiguarse ser aleman, granaderos de uno de los regimientos de su nacion que al servicio de Inglaterra, venia de transporte para el desembarco: que la tropa desembarcada hasta aquel dia serian á su parecer uno 3,000 hombres poco mas, y la que traia la escuadra para el mismo fin, podria ser como 6,000 hombres, sin permitirle el estado de su herida continuar la declaracion: en vista de esto determinó aquel comandante remitirle á la plaza, pero murió en el camino antes de su llegada.

En este mismo dia una de las fragatas que se mantenian á la capa para el bloqueo del puerto se acercó á el algo mas de lo acostumbrado, pero siempre fuera del tiro de cañon, echó su lancha al agua con bastante gente, y se observó que reconoció la punta de la isla de Cabras y castillo del Cañuelo, y que sondeaban aquellos parages. Desde el castillo del Morro, aunque se reconocia la larga distancia para ofenderla, se le tiraron algunos cañonazos, con el fin de ahuyentarla ó escarmentarla y de que no intentase otro reconocimiento: en efecto se consiguió verla retirar á su fragata precipitadamente. Con el mismo objeto hicieron fuego el castillo de San Cristóbal y algunas de las baterias de la línea del Norte pero sin empeñarse en él por hacerlo infructuoso la distancia.

Para contener algun desembarco que de resultas de este reconocimiento intentase hacer el enemigo en la noche siguiente por la parte de Punta Salinas, salió de la plaza el teniente coronel D. Isidoro Linares con cincuenta hombres armados para mandar un cuerpo volante formado de ellos y de la gente de armas que se iba acercando de los partidos inmediatos, para la defensa de esta plaza que encontraria en Palo-seco debiendo colocarse segun las observaciones del movimiento de los enemigos.

Conocido el buen efecto del fuego que hacian los dos ganguiles situados en el caño de Martin Peña por el acierto y segura direccion de sus tiros se tuvo por conveniente mandar reforzarlos con uno de los pontones que estaban en la boca del puerto á fin de oprimir é incomodar mas al enemigo.

Se reforzó el castillo de San Gerónimo con un obuz, municiones y pertrechos correspondientes.

Se recibió aviso del partido de Rio-piedras de haber llegado á él 400 hombres de armas de los partidos inmediatos: se mandó que 200 de ellos se trasladasen inmediatamente á esta ciudad y que los 200 restantes se quedasen en aquel partido para resistir y rechazar las hostilidades que el enemigo intentase por la retaguardia de su campo.

Llegó noticia de que una partida enemiga compuesta de 20 ó 30 hombres habia situado su campo por el sitio de Bañacaballos y de que habia saqueado los ingenios inmediatos de D. José Giral y D. Jayme O'Daly sitos en Puerto Nuevo y San Patricio.

Una partida de negros del partido de Loysa aprendió dos soldados alemanes del egército enemigo que por aquella parte se habian adelantado y fueron remitidos á esta capital, se procuró adquirir de ellos cuantas noticias son útiles en estos casos relativas á los enemigos y de sus declaraciones no resultó alguna estraordinaria digna de atencion, solo si en el reconocimiento de sus mochilas se encontró en la de uno un papelito con el nombre de un vecino de esta ciudad que se pasó al Auditor de guerra para el exámen y procedimiento necesario. Como en estos casos ninguna precaucion está demás, tanto por este motivo como por el recelo de la inteligencia de los enemigos con sugetos existentes en la plaza é isla, se dispuso que con cautela y reserva se observasen los movimientos y siguiesen los pasos de algunos vecinos y otros individuos estrangeros transcuntes que se hallaban en la plaza. principalmente de los de la nacion inglesa é irlandesa; y se tuvo por conveniente el arresto y seguridad de las personas de algunos de ellos cometiendo las diligencias inquisitivas de cualquier género de sospechas relativas á inteligencia ó comunicacion con los enemigos, al mismo Auditor de guerra.

Entraron en este dia, en la plaza 251 hombres de armas de las compañías urbanas de Toa-baja y Rio-piedras. Con motivo de no haber sido recibido nuestro parlamentario el dia antes, y haberse retirado á la plaza, salió en este dia y fué al navio *Comandante*, á entregar la contestacion que estaba detenida con nuevo oficio de que es copia el señalado con el número 3º

DIA 20.

En este dia se avistaron las dos fragatas bloqueadoras en su acostumbrada posicion con agregacion á ellas de un bergantin y dos lanchas al parecer cañoneras. La escuadra se mantenia anclada en los mismos términos del dia anterior.

El fuego del Castillo de San Gerónimo, puente de San Antonio y de los ganguiles, fué en la noche y resto de este dia igual al de la antecedente, graduando á tiempos su mayor ó menor viveza segun se observaban los trabajos del enemigo.

Se advirtió que intentaba el enemigo establecer batería en el Cerro del Condado dominante á nuestros puertos y por la parte del Este y como de 400. varas de distancia, con cuyo motivo se dirigieron nuestros fuegos hacia aquellas partes usando de granadas que segun se advirtió produjeron efecto favorable.

Se dispuso que el subteniente de milicias D. Vicente Andino con su hermano el subteniente D. Emigdio, ayudante de la plaza, saliesen con 60 hombres voluntarios para unirse á la partida del campo volante, y contener las hostilidades del enemigo que por su retaguardia intentase obrando segun lo exigiesen las circunstancias.

Con igual objeto y motivo salió el Sargento mayor del partido de Toa-alta, D. José Diaz con 50 hombres armados.

Se formó una instruccion para los Comandantes de las partidas de paisanos que se fuesen formando en el campo y que llegasen á él de la Isla, para defenderse con el posible acierto de los insultos del contrario y atacarle segun permitiesen las ocurrencias.

Se dieron órdenes por el Comandante de la Marina, para numerar las piraguas de todos los desembarcaderos de la bahia á fin de servirse de ellas en la conducion de víveres, ganados, pasage de tropa y municiones y demas necesario á la comunicacion de esta plaza con los campos de la Isla.

Se repitieron providencias para el abasto y acopio de víveres, igualmente que para la conservacion de agua en los algibes.

Se remitió un parlamentario á la escuadra enemiga con el motivo que esplica el oficio de que es copia el designado con el número 4, y la contestacion del General inglés es la de la copia número 5.

Se observó en la tarde de este dia haberse hecho á la vela una fragata del fondeadero de la escuadra, que se agregó á los buques del bloqueo.

Cerca de las nueve de la noche, se advirtió que las fragatas enemigas y el bergantin del bloqueo se acercaban á la plaza con direccion á Punta de Salinas.

El Castillo del Morro y el del Cañuelo les hicieron fuego, pero sin empeñarse en ello por haber conocido se hallaban los buques fuera del tiro de cañon. Se determinó la salida del capitan del puerto teniente de fragata D. Juan Hurtado, con cuatro lanchas cañoneras á situarse en la boca de Palo-seco, para observar los movimientos de las fragatas y resistir el desembarco que intentasen los enemigos por la espresada Punta. Durante la noche y sin embargo de la obscuridad de ella, se advirtieron varias maniobras del bergantin bloqueador que por último fondeó en las inmediaciones de la isla de Cabras por la parte del Norte: con este motivo se mandó que el castillo del Cañuelo avivase su fuego é igualmente la batería de San Fernando con su artillería de á 36 á fin de conseguir ofender é incomodar al citado bergantin, de cuyas resultas se notó al amanecer, y cuando podia asegurarse la puntería, que hizo este toda fuerza de vela y remo para salir, como lo consiguió no sin daño al parecer dejando el ancla sobre que se hallaba.

Se recibieron en todo el dia 25 prisioneros y desertores: por sus declaraciones lo mas particular que se indagó fué lo siguiente: que en el campo enemigo habia regimientos alemanes é ingleses; que la tropa del desembarco era de 6 á 7,000 hombres: que se habian desembarcado todos estos en la playa y despues algunas piezas de artillería de grueso calibre, obuces y morteros con un crecido tren de municiones y efectos correspondientes: que habia un cuerpo de 400 á 500 franceses que siendo prisioneros de los ingleses, los incitaron y casi obligaron á tomar las armas para esta espedicion á que condescendieron por la miseria en que estaban, pero que generalmente se hallaban descontentos en semejante servicio y por último que en el dia del desembarco hubo muchos muertos y heridos.

Entraron en la plaza en este dia 325 hombres de las compañías urbanas de Guainabo y Caguas.

DIA 21.

Se descubrió que los buques bloqueadores se mantenian igualmente que la escuadra en la misma posicion que el dia antecedente, y solo se advirtió que un navío salió á la mar con un bergantin, que se perdieron de vista infiriéndose iban empleados á la descubierta.

El capitan del puerto D. Juan Hurtado con sus lanchas cañoneras se mantuvo toda la noche antecedente observando con cayuco de escucha las operaciones de la fragata, sin haberse advertido otra novedad que la del bergantin fondeado en la punta de la isla de Cabras sin tener proporcion de ofenderle con sus lanchas cañoneras.

Se recibió en este dia aviso del teniente coronel D. Isidoro Linares comandante de las partidas del cuerpo volante á la retaguardia del enemigo, en que dá cuenta de las operaciones y disposiciones que habia tomado.

Apostó varias partidas y avanzadas segun la del enemigo y movimientos que se le observaban. En la madrugada de este dia las partidas volantes al mando del subteniente de granaderos D. Luis de Lara y el de milicias D. Vicente Andino, y de su hermano el ayudante de plaza D. Emigdio fueron atacadas por una avanzada superior del contrario como de 150 hombres que se hallaba emboscada fuera de su línea en el puente de Martin Peña, sin embargo de la inferioridad de nuestras partidas fueron sosteniendo una retirada con su fuego hasta llegar al Roble en donde reunidas con otras que componian igual número al de los contrarios con 48 soldados de á caballo sobrecargaron al enemigo con un fuego tan bien ordenado que pusieron al enemigo en precipitada fuga, obligando á los pocos que de su partida quedaron á ampararse del puente de Martin Peña y batería de tres cañones que estaba en él establecida.

En esta accion hubo bastantes muertos y heridos y se tomaron 32 prisioneros y un subteniente, que fueron conducidos á esta Capital; por nuestra parte hubo 5 muertos, 20 heridos, 4 de ellos gravemente, y 2 soldados dispersos.

Se reforzó el Castillo de San Gerónimo con dos cañones de á 24 para mas incomodar al enemigo por la observacion que se hizo de dos baterías que construian dirigidas principalmente á batir el fuerte de San Antonio, la una por frente al Sur, y á unas 250 varas poco mas ó menos de distancia en el sitio llamado el Rodeo, y la otra por el costado del puente al Este de él, en el Condado, como á 400. varas poco mas ó menos de distancia.

El ingeniero ordinario D. Ignacio Mascaró y Homar, comandante del fuerte de San Antonio, en vista de los trabajos del enemigo y de la poca defensa de su puesto por falta de estension para colocar artillería, solicitó poner dos cañones de á 8. en la parte inferior de su puesto, y en las aletas de él para rechazar cualquier ataque brusco del contrario por el puente; lo que inmediatamente se ejecutó segun propuso.

El fuego de este dia, de San Gerónimo, San Antonio y ganguiles, fué con intermision y segun se comprendia que podia incomodar los trabajos del enemigo.

Se mandó á precaucion derribar los pretiles del puente de San Antonio á fin de que en el caso de un ataque, no se amparasen los contrarios de ellos para cubrirse de nuestros fuegos.

Se reforzó el fuerte de San Gerónimo con dos morteros, uno de á 9. y otro de á 12 pulgadas.

A las 9. de la noche salió del puente de San Antonio una partida de 15. hombres con dos sargentos comisionados á dar fuego á algunas camisas embreadas para poder descubrir á los enemigos y sus trabajos; pero como á 100 pasos del puente les acometió la fusilería enemiga en crecido número á que sinembargo de la inferioridad de nuestra partida, le correspondió esta con la suya retirándose al puente, cuyo comandante, el de San Gerónimo y los de los ganguiles y lanchas, luego que conocieron asegurada nuestra tropa, rompieron un general y vivo fuego que obligó á cesar inmediatamente el de la fusilería contra ella, conociéndose que hizo mucho daño en ellos nuestro fuego sin haber tenido por nuestra parte mas que un soldado herido de la partida que avanzó.

Se recibieron en la plaza 35 prisioneros y desertores inclusos en ellos los que condujo el subteniente D. Vicente Andino. De sus declaraciones solo resultó útil para el gobierno del general que continuaban los enemigos en el desembarco de los efectos y pertrechos de artillería: que el parque general estaba establecido en la plazuela de San Mateo: que el general de tierra se habia alojado en la casa llamada del Obispo: que el campamento de su egército estaba á sus inmediaciones; que trabajaban con esfuerzo en adelantar sus baterías contra nuestra linea, y que intentaban construir algunas de morteros.

Entraron en la plaza 530. hombres de las compañías urbanas de los partidos de Toa-alta, Vega-baja y Manaty.

DIA 22.

Los buques bloqueadores se mantuvieron en su crucero ordinario y algunos barcos de la escuadra se agregaron con el mismo objeto al parecer.

El fuego de nuestra parte en la noche anterior fué intermitente de balas, bombas y granadas; segun se conocia, podia causar daño en los trabajos del enemigo.

En el discurso del dia, se descubrió, que en el campo contrario se arrastraban cañones hacia sus baterías, con cuyo motivo se avivaron todos nuestros fuegos dirigidos donde se conocia que podian causar mayor estrago, el que sin duda se comprendió en los enemigos.

Con noticia que se tuvo de que el Almirante enemigo estrechaba al General de tierra á fin de que atacase la plaza y recelando por algunas otras sospechas de que en la noche de este dia se intentaba algun ataque brusco á vista de haberse descubierto en su campo crecidas columnas de regimientos veteranos con banderas fuera del alcance de nuestros fuegos; á las cuatro de la tarde se dispuso lo siguiente:

Se sabia que traian los enemigos, caballos de desembarco, y se creyó que se aprovecharian para el ataque del puente, vadeando sus aguas por la parte mas débil con un infante á la gurupa de cada caballo, sostenidos por columnas de fusilería y de la artillería de sus baterías, mientras algun otro cuerpo forzaba la cabeza del puente.

Para rechazar esta accion se coronó de caballos de frisa la inmediacion de la parte mas fácil de pasar á nado la caballería; se pusieron á la orilla del agua mantas ó tablas con clavos para dañar los caballos, se tendió en la misma línea, porcion de salchicha cargada con varios combustibles, y algunos quintales de pólvora regados en sus cercanías á proporcionada distancia de la misma línea; se formó una trinchera capaz de cubrir 400. hombres que con la fusilería se opusiesen al paso de la caballería; y se parapetó la gola indefensa del fuerte de San Gerónimo, situando oportunamente un cañon de á 8, ademas de los dos de á 12. A la oracion salieron los 400. hombres y se apostaron en dicha trinchera; se guarneció el trincheron del fuerte de San Cristóbal con algunos cañones de campaña, 1,500 infantes y la compañía de caballería repartida en los costados con el objeto de reforzar el fuerte de San Antonio y trinchera citada segun lo exigen las circunstancias y con las ordenes correspondientes para sostener la retirada de aquellos puestos avanzados en un evento funesto. Se aprontó porcion de granadas de mano para su debido uso. En la puerta del puente se colocaron barreras de aquellos mismos tablones enclavados y se hicieron troneras para la fusilería. Se reforzaron las guarniciones del fuerte del puente y castillo de San Gerónimo, en donde se colocó una mina volante con algunas bombas cargadas á fin de darles fuego en su oportunidad.

Los ganguiles y lanchas cañoneras bien tripuladas y municionadas se situaron debidamente para auxiliar el rechazo del ataque.

Recelando que el enemigo pudiese hacer el ataque por la primera línea del puente, inclinando á llamar toda nuestra atencion á él, y que mientras tanto amparado de la obscuridad de la noche intentase un desembarco por los........ Escambron ó canal de Jorge que media al Norte, entre San Gerónimo y el trincheron que se halla al frente del Castillo de San Gerónimo, se destinaron patrullas de caballería, y se apostó en situacion ventajosa un cuerpo de infantería con dos cañones de campaña para hacer la debida oposicion.

En este dia se recibieron 22 prisioneros y desertores cuyas declaraciones nada aumentaron á las noticias recibidas.

Entraron en la plaza 323 hombres de las compañías urbanas de los partidos de Juncos, Arecibo y Cayey.

DIA 23.

Los buques bloqueadores se descubrieron del mismo modo poco mas ó menos que los dias antecedentes, y los de mayor porte de la escuadra estaban anclados mas afuera de su primer fondeadero, sin duda por el mayor riesgo que en este conocian, pues al menor viento Norte ó nordeste que soplase, en lo que desde su llegada habian sido dichosísimos, estaba espuesta toda la escuadra á perderse.

Se hizo particular encargo al comandante del campo volante en la retaguardia del enemigo para hacer una salida y atacar á la avanzada previniendo la circunstancia de su posicion, fuerza &c. Se pusieron presos algunos estrangeros del pueblo á precaucion y por conocimiento que habia de que los ingleses venian á tomar esta plaza fundados en la esperanza de inteligencia y comunicaciones, lo que confirmaron las declaraciones de alguos desertores.

Se observó que algunos de los buques bloqueadores se arrimaban mucho á Punta Salinas con lanchas á su costado y que de noche principalmente hacian guardia mas vigilante que al principio, lo que se atribuyó á que tal vez tendrian noticia, por inteligencias ó espias de que estaba pronto un Correo para salir á la Havana con aviso del sitio desde el dia tercero de él.

Frustrada la esperanza de hacerlo ahora por este medio se dirigieron por tierra á la Aguadilla, pliegos para la isla de Santo Domingo y la de Cuba con igual objeto á fin de que el Teniente á guerra proporcionase barco que los condujese.

Se repitió circular llamando la gente útil de armas de los partidos de la Isla que se retardaban.

Se colocó un mortero de á 12 pulgadas en uno de los pontones para usar de él contra el enemigo en el caño del puente de San Antonio.

El fuego de la línea avanzada y baterias flotantes fué en este dia con alguna intermision y por la noche algo mas vivo con bombas, granadas y balas para incomodar á los enemigos y detenerles sus trabajos, y se conocia el buen efecto que causaba en ellos: por nuestra parte tuvimos 2 soldados heridos de bala de fusil en los puestos de la línea.

Se recibieron en la plaza 29 prisioneros y desertores, cuyas declaraciones nada añadian á las de los anteriores y solo confirmaban el daño que nuestras lanchas les hacian.

DIA 24.

Se descubrieron los buques bloqueadores en su acostumbrada posicion, con inclusion de una fragata hácia Punta Salinas, sin novedad en los demas de la escuadra.

Conociendo el General la calidad de tropas que tenia en su guarnicion, siendo el regimiento Fijo el único veterano que habia en ella nuevamente completado con reclutas de la Isla, y el resto de él casi de la misma clase, consideró, no sin mucho sentimiento, perder la ocasion, que se hallaba imposibilitado de hacer una salida de la plaza y dar un ataque brusco al enemigo para obligarle á levantar el sitio y escarmentarle.

Sinembargo de este conocimiento intentó incomodar al contrario, y al efecto, por informe que tuvo, escogió al sargento de milicias Francisco Diaz, á cuyas órdenes se puso una partida de 70 hombres bien armados que voluntariamente se prestaron á la accion proyectada: estos eran 20 de las compañías de milicias disciplinadas y 50 escogidos de los destinados á este presidio. En la madrugada de este dia se embarcaron en piraguas, y sostenidas por dos lanchas cañoneras, entraron por el caño de San Antonio á desembarcar por la parte mas inmediata, al costado de las trincheras y baterías enemigas. Anticipadamente se habia mandado que todos los puestos de la línea y baterías flotantes, hiciesen un fuego general muy vivo y que cuando observasen que la partida estaba ya en tierra en disposicion de ataque, se continuase el fuego vivo sin bala, preparándose para sostener la retirada cuando fuese conveniente, igualmente que las lanchas cañoneras que convoyaron las piraguas.

Luego que Diaz desembarcó su tropa y la ordenó, debidamente, fué avanzando con cautela hacia la trinchera enemiga, y á proporcionada distancia hizo una descarga contra los trabajadores que en ella se hallaban: la guardia que los sostenia tomó las armas y pretendió defenderse pero Diaz continuó su fuego ganando terreno hasta llegar al caso de entrar en la trinchera con sable en mano acometiendo valerosamente á los contrarios, matando é hiriendo cada soldado nuestro á cuantos se les presentaban delante; de tal modo que los que podian librarse de nuestras armas se ponian atropellada y vergonzosamente en precipitada fuga, sinembargo de haberse calculado que el número de los enemigos en aquella ocasion llegaria á 300. Quedó solo Diaz con su gente en la trinchera enemiga, reconoció una batería de cañones muy bien dispuesta dirigida al puente de San Antonio y fuerte de San Gerónimo, capaz de siete cañones en batería, de los cuales tenia ya montados dos de á 24 y uno de á 12. con dos obuces y tres morteros para granadas reales; y no pudiendo clavar la artillería por falta de tiempo y proporciones, determinó la retirada trayendose un capitan y 13 prisioneros vivos, y sintió inmediatamente el rumor en el campo del enemigo, comprendiendo que se destacaba algun cuerpo grueso contra los nuestros, como efectivamente sucedió, pero cuando llegó, ya Diaz estaba embarcado con toda su gente y prisioneros, sostenidos por las lanchas cañoneras y se retiró gloriosamente. El General de nuestro egército presenció esta accion clara y distintamente, con mucha satisfaccion y envidia desde el fuerte de San Gerónimo, y luego que advirtió, embarcada toda nuestra tropa, dispuso que se rompiese un fuego muy vivo de cañon, obuz y mortero, por toda nuestra línea al campo contrario que acudió en socorro de su trinchera y baterías. El mismo General lleno de júbilo y contento, dió gracias en nombre del Rey á toda la partida con particularidad al Comandante de ella, por accion tan distinguida, y ordenó que inmediatamente se le entregaran 500 pesos del Real Erario, y que los repartiese á su tropa, á reserva de las demas gracias que hubiese lugar. En esta acción solo tuvimos un individuo muerto de los del presidio, y 3 heridos gravemente, los dos de él y otro de milicias.

Ya se descubrieron en esta mañana clara y distintamente las baterías del enemigo con sus troneras abiertas y cañones montados con direccion á las del puente de San Antonio y castillo de San Gerónimo.

Atendiendo á la sencillez de la puerta de este puente, se reforzó interiormente, fortificó lo posible á fin de que pudiese resistir el fuego del enemigo y cualquiera ataque brusco.

Se mandó cortar el puente de Juan Diaz para estorbar el paso á los enemigos hacia los campos de esta Isla, por la parte conocida con el nombre de Baña-caballos, y lo egecutó eficazmente D. Blas Lopez, Teniente á guerra de Juncos.

A las 8. de la mañana de este dia, rompió el enemigo su fuego con las dos baterias de cañones situadas al Este y Sur del puente de San Antonio dirigidas principalmente contra él: tambien empezó á hacer fuego de bombas y granadas desde otra batería que formaba ángulo con las de cañones detrás de la casa de teja, y á distancia de medio cuarto de legua de nuestra línea. Por el vivo fuego que hacian los enemigos por el efecto que causaba en las obras del puente y por las balas que se recogieron, se conoció que el calibre de sus cañones era de 8, 12, 24 y 36: que el mortero era de 9 pulgadas y que usaban de granadas reales. Se le correspondió con la mayor vivesa y bizarria por toda la artillería de nuestros fuertes y baterías flotantes y se observó que hacia daño considerable á los enemigos, principalmente con la buena direccion de bombas y granadas que abundantemente se les arrojaron en todo el dia y noche.

La batería del puente de San Antonio recibió bastante daño en su débil obra molestada por dos baterias, la una con cañones de á 24, uno de á 36, y cuatro cañones de á 12. y la otra con cuatro cañones de á 24. Su Comandante, el ingeniero ordinario D. Ignacio Mascaró y Homar, procuró reparar inmediatamente los descalabros que padeció su batería con sacos y barriles de arena y demas ausilios que pudieron franquearse segun el tiempo y las circunstancias, aprovechándose principalmente de la obscuridad de la noche y siendo el primero que echaba mano á cualquiera faena é instaba con el egemplo á su tropa.

Se publicó Bando indultando á los desertores que hubiese en la Isla y se presentasen habiendo cometido su fuga sin circunstancia gravante y antes del primer dia del sitio y bloqueo de esta plaza, con el fin de reforzar en lo posible el corto número de tropa veterana de la guarnicion.

Entraron en este dia 32 prisioneros y desertores del campo enemigo, inclusos los 13 prisioneros de la partida del sargento Diaz, por cuyas declaraciones nada de particular se supo, mas que el estrago en el campo contrario, de nuestro fuego. Por el capitan prisionero se ha sabido que el Gefe de brigadas ingles nombrado Ylope habia estado espuesto á la misma suerte que él si al tiempo que huia el capitan, no hubiera vuelto para atras y hecho frente con una arma de fuego que llevaba, á unos cuantos de nuestra tropa que los perseguian, con cuyo entretenimiento hasta que lo rindieron tuvo lugar su General para la fuga.

En este dia hubo por nuestra parte 2 muertos, uno del regimiento Fijo, y otro de las milicias urbanas y 15. heridos, 2 de Artillería, 3 del Fijo y los 10 restantes de las milicias urbanas.

Entraron en la plaza 147. hombres de las milicias urbanas del partido de Utuado. Habiendo dado parte el teniente de Rey, que la batería del puente de San Antonio se hallaba sin bandera, dispuso el General que inmediatamente se le remitiese una que fué acompañada con un oficio de que es copia el señalado con el número 6.

DIA 25.

No se advirtió novedad en los buques bloqueadores. El fuego de la noche antecedente fué intermitente de una y otra parte pero siempre por la nuestra mucho mas vivo con muy buen efecto segun las observaciones.

La debilidad de la batería del puente no podia resistir el grueso calibre de las balas que á tan corta distancia le batian, por cuyo motivo se multiplicaron trabajadores y era incesante la fatiga para reparar con sacos, barriles de arena y otros ausilios los descalabros que se esperimentaban.

La estrechez de aquel puesto para tener con precaucion y reserva los abundantes repuestos de municiones y otros efectos que se necesitaban, el ningun sitio para la tropa de descanso por estar ocupadas sus pocas separaciones y la escasez del terreno que nada permitia, aumentaban considerablemente los trabajos y fatigas del Comandante para poner á cubierto su guarnicion y efectos de la batería, construyendo espaldones para resguardarla de dos vivos fuegos que venian por el frente y costados. Las ruinas que de este cayeron causadas por los cañones de á 24 de la batería enemiga del Condado, inutilizaron el uso del cañon colocado en la aleta izquierda del puente, se vió Mascaró precisado á retirarle de la plazuela interior de él, construyendo batería provisional con direccion á la del Condado, y con su fuego se incomodó mucho al enemigo principalmente con la puntería del artillero de las milicias disiplinadas Cistóbal Ortega, quien al obscurecer de este dia desmontó uno de los cañones del enemigo que mas daño causaba.

Para el caso de necesidad en la retirada del puente, se empezó á construir una trinchera en el pequeño alto de la izquierda y apartada de la que está á espaldas de los caballos de frisa: igualmente se empezó á construir un camino de comunicacion para cubrir la tropa y trabajadores que debian pasar desde el trincheron á los fuertes avanzados.

El enemigo incomodaba bastante al fuerte de San Gerónimo con los fuegos de la batería del Rodeo, que dirigia tanto á él como á la batería del puente. El Comandante teniente coronel D. Teodomiro del Toro, esforzaba á los trabajadores para reforzar con sacos y barriles de arena, el descubierto que esperimentaba en su Castillo, por la parte que mira á la citada batería enemiga, y para precaver los daños de las bombas y granadas reales, que frecuentemente caian en todo el Castillo, mandó llenar de arena las azoteas que correspondian al cuerpo de guardia y demas cuartos inferiores, por haberse esperimentado que una bomba traspasó la azotea del cuerpo de guardia de la tropa y reventando en él mató é hirió á varios.

Los fuegos de este Castillo fueron vivos contra la batería enemiga, y el soldado de milicias diciplinadas, agregado al servicio de artillería, Domingo Gonzalez, apuntó un mortero con tanto acierto, que la bomba cayó en el repuesto de municiones y bombas del enemigo, á donde la dirigió por hallarse reconocido antes, de que resultó volarse el repuesto y seguidamente un incendio con bastante estrago, á cuya vista se dirigieron todos nuestros fuegos hácia aquella parte. El Capitan general mandó dar inmediatamente al artillero el premio de 10 pesos.

Los ciudadanos de la república francesa, encargados en aquel Castillo, de algunos cañones, y de la puntería de un mortero bajo la direccion de Mr. Varon, capitan de un Corsario de la misma nacion, sirvieron con mucha actividad, prontitud y acierto los fuegos de su encargo.

En la tarde de este dia se observaron movimientos del enemigo con direccion á situarse en el puerto de Miraflores y almacen de pólvora que se hallaba desocupado en fuerza de las activas disposiciones que se dieron desde que el enemigo se presentó á la vista de este puerto, dirigidas por el Comandante de Marina, el capitan de fragata D. Francisco de Paula Castro, atendiendo al riesgo en que se hallaba de caer aquel puesto en las manos del enemigo por quedarse el paso franco á él desde que la defensa de la plaza se redujo á las primeras líneas formadas en el puente de San Antonio y castillo de San Gerónimo. Se habia proyectado volar aquel almacen despues de desocupado, pero se suspendió hacerlo con reflexion á que no estando á prueba de bomba era fácil su destruccion con los fuegos de mortero y cañon de la plaza y el de las baterías flotantes, causando tal vez en este caso mayores estragos al enemigo.

En la misma tarde una de las fragatas bloqueadoras se aproximó hácia la parte del castillo de San Gerónimo y á la vela disparó algunos cañonazos, y correspondiéndola con algunos de á 24, á pocos tiros se vió precisada á separarse. Se comprendió que esta accion fué una prueba para conocer si podria batirse al Castillo por la mar, y echó de ver que era diligencia infructuosa. Sinembargo tanto en este puesto, como en los castillos del Morro y San Cristóbal, se hallaban preparados hornillos y demas útiles necesarios para el uso de bala-roja, siempre que se estimase conveniente.

Entraron en la plaza 7 prisioneros y desertores de quienes no se adquirió noticia digna de atencion.

El ingeniero ordinario D. Ignacio Mascaró y Homar, Comandante del puente de San Antonio, recibió una contusion en la cabeza, de resultas de la ruina de su batería. El capitan de milicias disciplinadas D. José Quiñones, recibió un golpe contuso de casco de bomba hallándose de guarnicion en el fuerte de San Gerónimo. Tuvimos por nuestra parte 4 muertos de las milicias urbanas y 9 heridos, 2 del regimiento Fijo, 4 de las mismas milicias, 2 de ellos ciudadanos franceses, y 1 de los de Marina empleados en las baterías flotantes.

Entraron en este dia 204 hombres de las compañías urbanas del partido de Coamo y la compañía de caballeria de la Aguada.

DIA 26.

Se desembarcaron los buques bloqueadores y demas de la escuadra sin novedad digna de consideracion; una de sus fragatas habia dado fondo la noche antecedente en las inmediaciones de Punta Salinas. Las lanchas cañoneras destinadas á aquella parte, estuvieron en observacion de sus movimientos, y á la madrugada dieron caza á uno de sus botes que estuvo muy espuesto á ser apresado, si la fragata con fuego de metralla no lo hubiera estorbado.

El artillero Ortega que en la tarde anterior habia desmontado al enemigo un cañon de la batería del Condado con uno de la nuestra del Puente, observó en la mañana de este dia que le habian vuelto á montar los contrarios y que hacia mucho daño en el costado del Puente, y tomó con tanto empeño que hizo fuego y consiguió á poco rato con la buena direccion de sus puntería: sinembargo de hallarse este artillero con una contusion no quiso retirarse de su puesto y siguió haciendo fuego con mucha utilidad. El General mandó darle inmediatamente 10 pesos en premio de su buen acierto y constancia.

En la observacion del dia antecedente se vió que los enemigos se apostaban en Miraflores, salió D. Pedro Córdova y el sargento de milicias disciplinadas Rafael Garcia, con 60 negros armados, embarcáronse en piraguas sostenidos de lanchas cañoneras y precedida de descubierta, hicieron desembarco en el muelle de Miraflores.

Reconocido libre el campo fueron avanzando hácia las trincheras del enemigo, con ánimo de clavar algunas piezas de artillería si conseguian sorprenderlos. Fueron sentidos y recibieron una descarga de fusilería á que correspondieron los negros con un tiroteo por no ser capaz esta clase de gente de obrar con la disciplina y arreglo necesario, y su Comandante procuró, retirarla con el órden posible, al almacen de Miraflores: reunidos allí y visto que el enemigo no los habia perseguido, volvieron de nuevo á avanzar hasta que encontraron con un cuerpo contrario de 300 infantes, 30 caballos y 2 piezas de campaña á cuyo fuego rechazó y obligó á los nuestros á la retirada seguidos de los enemigos que mataron 10 negros é hirieron 5. Las lanchas cañoneras, luego que tuvieron ocasion, sostuvieron el embarco de nuestra tropa, que se verificó, habiéndoles resultado al enemigo por entonces 4 muertos, y 10 heridos con algunas averias en sus buques.

Conocido que la colocacion de una batería del enemigo en Miraflores podria enfilar la tropa de la línea del trincheron avanzado á las obras esteriores de San Antonio, se mandó construir un espaldon de resguardo por aquella parte; y para ofender y estorbar los trabajos del puesto enemigo, se mandó habilitar un mortero en el caballero del castillo de San Cristóbal, y otro que se halla en su plaza de armas, como igualmente todos los cañones de á 24 que desde dicho Castillo hasta la batería de Pedro Martin tienen direccion á Miraflores.

Igualmente se mandaron disponer dos ganguiles para obrar con el mismo fin, el uno en la bahía dirigiendo sus fuegos por la enfilada de la batería enemiga y el otro á la entrada del caño de Martin Peña, cuyos fuegos ofendian á la batería del sitiador por la espalda.

El fuego de San Gerónimo, San Antonio y baterías flotantes con sus cañones, mortero y obuz, fué muy vivo todo el dia y con buen efecto segun se observó.

El enemigo correspondió muy lentamente, pero la debilidad de la batería del Puente no podia resistir los tiros de cañon de á 24 y 36 que causaban muchas ruinas, viéndose obligado su Comandante á continuos trabajos para reparar su puesto.

El Comandante del castillo de San Gerónimo, se veia igualmente precisado á poner corriente su batería del Sur con sacos de arena, batida por la misma del contrario.

Se destinó una canoa en el puente de San Antonio, con el fin de recoger los desertores que solian presentarse del campo de los enemigos.

En la tarde de este dia apareció un bergantin por el Oriente al Norte de nuestro puerto; una de las fragatas bloqueadoras hizo señal á la escuadra, la que repitió muchas y varias. Aquella dió caza al buque avistado, y sinembargo de parecer que hacia el ponerse el Sol se hallaban juntos, dudándose si era amigo el bergantin ó si habia sido aprendido 2 navios se hicieron á la vela con motivo al parecer de la novedad, pero luego volvieron á su fondeadero.

Una de las fragatas enemigas hizo á la vela la misma maniobra que la anterior, acercándose al castillo de San Gerónimo, y tuvo que retirarse sin fruto, recelosa del fuego del mismo Castillo.

Se proyectó y trazó una batería en la Puntilla, á fin de dar principio á su construccion para ofender mas de cerca á cualquiera lancha cañonera que pudiese el enemigo introducir en la bahía.

Recorriendo el teniente de Rey Brigadier, D. Benito Perez, los puestos avanzados fué herido gravemente su caballo. El teniente graduado D. José Vizcarrondo, recibió una contusion en la rodilla hallándose de servicio en los puestos avanzados de la línea del trincheron.

El ingeniero ordinario D. Ignacio Mascaró y Homar, Comandante del puente de San Antonio, recibió una contusion en la rabadilla. En este dia tuvimos entre la tropa y trabajadores de la línea 4 muertos, 18 heridos y 2 contusos; 2 de los muertos fueron de los del servicio de Marina y 2 de los urbanos: los heridos fueron, 1 de Artillería, 4 del regimiento Fijo, 5 de los del servicio de Marina, otros 5 de los urbanos, y 3 de los franceses: los 2 contusos eran del regimiento Fijo.

Entraron en la plaza 15 prisioneros y desertores, entre ellos 1 sargento de Artillería que desde las mismas baterías del enemigo se pasó á nuestra primera línea, y su declaracion sirvió para conocimiento de la situacion de las baterías que aquel tenia en su campo, que eran las dos de cañones espresadas, la de morteros detras de la casa de teja, y otra tambien de morteros entre ella y la del Condado. Declaró el referido sargento que el fuego de nuestra primera causaba bastante daño á los sitiadores.

Entraron en este dia, en esta plaza la compañía de caballería de Añasco.

DIA 27.

La escuadra inglesa y sus fragatas bloqueadoras se descubrieron en la misma posicion que el dia anterior.

Con motivo de haberse observado por la partida volante á retaguardia del enemigo, que una partida suya se habia internado á llevar aves y ganados para su campo, se reunieron aquellas é intentaron cortar la retirada de los contrarios. Efectivamente el sargento primero de milicias disciplinadas Felipe Cleimpaux con su partida fué quien se adelantó á hacer fuego y á poco tiempo rindieron un capitan, un teniente y 16 soldados que restaban de aquella partida, despues de haberle muertos 2, y por nuestra parte hubo 2 heridos.

En la noche antecedente los fuegos de ambas partes fueron intermitentes pero siempre duplicado el nuestro. Se continuó reparando con obras proporcionales y socorros necesarios los descalabros que incesantemente padecia la batería del puente de San Antonio, siembargo de que siempre seguia haciendo fuego.

El castillo de San Gerónimo recibió tambien bastante daño en su frente del Sur, que inmediatamente se repuso con tierra, faxina &c.

Se hizo prueba en la plaza con los morteros de á 12 pulgadas, dirigiendo su puntería al almacen de Miraflores esforzándolos con carga para calcular por nuestros tiros el alcance de los del enemigo de bombear la Ciudad. Por todas las noticias adquiridas se sabia que el enemigo no los tenia de mayor calibre, y sinembargo de haber examinado antes por las reglas del arte militar con presencia de las distancias que no podia tener efecto el tiro de los sitiadores, quiso el General, confirmarse con aquella prueba de que resultó quedarse las bombas poco mas de media distancia de la que hay entre la plaza y la batería enemiga. Tambien se hizo prueba desde nuestras baterías mas avanzadas con direccion á Miraflores de alcance de tiro de cañon de á 24 para conocer el daño que podia hacerse al enemigo, y se advirtió que alcanzaba muy bien á ofenderle é incomodarle.

Se mandó que en la noche siguiente se arrimasen al puente de San Antonio todas las lanchas cañoneras á fin de ausiliar el rechazo del enemigo si intentaba algun ataque brusco.

En la tarde de este dia se puso á la vela un navio de la escuadra inglesa y con dos de las fragatas bloqueadoras se arrimaron lo posible al castillo de San Gerónimo y alternativamente hicieron á la vela un fuego muy vivo de andanadas corridas igualmente que á las dichas avanzadas del castillo de San Cristóbal, pero sin efecto considerable á nuestros fuegos con bala y palanqueta les impedian acercarse mas, aunque no muy eran vivos por no poderse apuntar bien á causa de la distancia. Repitieron los buques su fuego vivo apartándose, pero con el mismo efecto vano. En todas las baterías se estaba con la mecha en la mano esperando ocasion de aprovechar bien los tiros, pero los contrarios procuraron escusarlo. Con el mismo fin estaba preparada la bala-roja, aunque se malogró el deseo de haberla puesto en uso.

El Comandante de una de las partidas volantes D. Francisco Andino, dió aviso que estando reconociendo los puestos avanzados del enemigo por su retaguardia en el puente de Martin Peña, pudo sorprender con la tropa de su cargo una centinela y hacerla prisionera, y al ruido de nuestra tropa, acudió la guardia enemiga, se hizo resistencia de parte á parte y fué preciso retirarse nuestra partida por la superioridad de los contrarios. Se vió haber muerto 1 de aquellos en la accion sin que en nuestra partida hubiese resultado otro daño que habernos apresado 1 soldado.

Algunas de las compañías urbanas de los partidos de esta Isla que iban llegando al Cuartel general de las partidas volantes en Rio-piedras, se mandó que se quedasen en aquel punto para proteger nuestras tropas por aquella parte, igualmente que las dos compañías de caballería de la villa de San German y del Arecibo.

Entraron en esta plaza 100. hombres de la primera compañía de urbanos del partido de Ponce, igualmente entraron en ella 19. desertores y prisioneros con un capitan y un teniente de los de la partida volante de Cleimpaux.

El ingeniero ordinario D. Ignació Mascaró y Homar, comandante del puente de San Antonio, recibió una contusion en la tetilla derecha.

Hubo por nuestra parte en toda la línea 3 muertos y 9 heridos; los primeros de las compañías urbanas, y los segundos 2 del Fijo, 4 de milicias, 1 de urbanos y 2 franceses.

DIA 28.

Entre 3 y 4 de la mañana de este dia empezó el enemigo á hacernos fuegos desde su batería, con cuatro cañones de á 36, dos morteros y un obuz, situada en el puesto de Miraflores, arrojando porcion de granadas reales y balas incendiarias, que exforzando las piezas de artillería, caian en la plaza, aunque la mayor parte, ó reventaban en el aire ó se quedaban fuera. Continuaron este fuego hasta las ocho y media ó nueve de la mañana en que rompió el nuestro muy vivo con las baterías que tenian su direccion á aquel puesto, y con dos morteros de aplaca colocados oportunamente: con suma viveza rompieron el suyo los dos ganguiles destinados al efecto, y un mortero de á 9. pulgadas que se habia colocado en uno de los pontones situado en la bahía. Oprimido sin duda el enemigo con tantos y tan vivos fuegos, cesó inmediatamente el suyo. De resulta de él no se experimentó otro daño mayor que el de haber prendido fuego una de sus balas incendiarias en uno de nuestros almacenes de víveres, pero con la felicidad de haberse conseguido apagarlo inmediatamente.

Nuestro fuego hácia aquella parte no cesó dia y noche aunque con intermitencia en su mayor ó menor viveza y en el uso de cañon y mortero. Desde luego se conoció el efecto favorable de nuestras baterías, pues no solo destruia las suyas, sino que no le daba lugar á repararlas. Por la noche arrojaron algunas granadas los enemigos aunque sin considerable efecto, y nuestros fuegos les obligaban luego á desistir de su intento.

No hubo novedad en este dia en la escuadra y sus buques bloqueadores.

El castillo de San Gerónimo y la cabeza del puente con los dos ganguiles destinados á su defensa, hicieron fuego todo el dia y noche, segun exigian las circunstancias y observaciones y las baterías enemigas correspondian aunque no con tanta viveza.

Se aprovechaba dia y noche en el reparo de los descala

bros del puente de San Antonio y fuerte de San Gerónimo, á costa de incesable fatiga de sus Comandantes y oficiales que no desperdiciaban un momento.

Se continuaron con actividad las obras del reducto, camino cubierto y espaldon de la enfilada de la línea del tricheron.

Se construyeron blindages y se colocaron aportunamente en la escuela práctica de artillería con el fin de poner á cubierto el depósito de pólvora que en ella habia, del fuego que pudiese causar alguna granada ó bala incendiaria.

Se colocaron dos cañones en la parte baxa del castillo de San Gerónimo para impedir el paso del Boqueron, si algunas lanchas cañoneras del enemigo lo intentaban.

Se dieron las providencias mas activas para el acopio de faxinas en los partidos inmediatos y su conduccion á los parages convenientes.

En este dia tuvimos solo un desertor por cuya declaracion se infirió que el enemigo intentaba algun ataque brusco; y aunque no habia prueba completa de ello, se continuaron las providencias necesarias al rechazo de todos los puntos de mayor recelo.

El capitan de las milicias disciplinadas D. José Quiñones recibió dos heridas leves hallándose de guarnicion en el fuerte de San Gerónimo.

En este dia hubo 18. heridos, 3 del regimiento Fijo, 5 de las milicias de caballería, otros 5 de las de infantería, 2 de las de urbanos y 3 de los franceses.

Entraron en la plaza 252 hombres de las compañías urbanas de Toa-alta.

DIA 29.

Con el fin de estorbar al enemigo el uso de sus lanchas cañoneras á la bahía por el Boqueron en el estremado caso de abandonar la primera (*) del fuerte de San Gerónimo y puente de San Antonio, se dispuso que el agregado á los correos marítimos D. Miguel Asaldegui, hiciese esfuerzos para cegar el paso del Boqueron al caño de dicho puente, y al efecto salió en la noche antecedente con 100 trabajadores y las correspondientes piraguas, empleándose todos en echar sillares al agua en los parages mas oportunos, hasta tanto que recelaron poder ser descubiertos del enemigo, lo que les obligó á retirarse asegurando Asaldegui quedaba mas imposibilitado el paso por aquel sitio pues que á sus piraguas habia costado trabajo salir de él.

(*) No se lee.

Los buques bloqueadores y escuadra enemiga se descubrieron en la misma parte que el dia antecedente y solo se advirtió la novedad de haberse incorporado en aquella mañana con la escuadra un paquebote y una balandra al parecer armados y con pavellon anglo-americano.

El fuego de las baterias y morteros de la plaza en la noche antecedente hácia el puesto de Miraflores fué intermitente, y al parecer con buen efecto, y el enemigo solo correspondió con algunas granadas reales sin hacer daño.

En la tarde de este dia el ganguil situado en la bahía hizo un fuego muy vivo por la enfilada de la batería de Miraflores con tan buen acierto y direccion que no desperdiciaba tiro, de lo que irritado el enemigo se empeñó en corresponderle con vivo fuego de bala, metralla y granadas reales, pero sin ningun efecto y el ganguil continuaba siempre como empezó.

Mandó el General gratificar con diez pesos á Mauricio del Rosario, soldado de las milicias agregadas á la Artillería, y á Tomás Villanueva, de las compañias de negros, 4 pesos por su valor en haberse arrojado á sofocar una de las granadas reales evitando el daño que hubiera causado al reventar.

Habiéndose dado parte de que hácia Punta Salinas se arrimaban despues de la oracion, tres fragatas y tres buques menores enemigos, se dió órden con las instrucciones convenientes al Comandante de nuestras tropas en aquel destino á fin de que destinándolas segun las observaciones del movimiento de los enemigos, estuviesen prontas á rechazar un desembarco; y en su ausilio se remitieron lanchas cañoneras por aquella parte del mar.

La inaccion del enemigo y el no haber adelantado terreno, hacia sospechar que intentaba algun ataque. Para precaberle se repitieron órdenes y providencias en todos los puestos avanzados y castillos, se redoblaron las rondas de las lanchas cañoneras en la bahía con los respectivos destacamentos de ellas en los caños y boca del puerto: se reforzaron los puestos avanzados sin perder de vista todos los puntos dignos de la mayor atension y cautela.

Tuvimos en este dia 4 muertos, un miliciano cumplido, 2 de las compañías urbanas, y 1 artillero francés, y 5 heridos, 1 de las milicias diciplinadas, 3 de las urbanas y el otro de los franceses.

Entraron en la plaza 4 prisioneros y desertores sin noticia digna de atencion en sus declaraciones.

Igualmente entraron en ella 208. hombres de las compañias urbanas de los partidos de Peñuclas, Aguada y Tuna.

Viéndose el General con mucho sentimiento imposibilitado de que se hiciera una salida de la plaza á fin de derrotar de una vez al enemigo por conocer la clase y calidad de la tropa que la defendia toda bisoña é inesperta sin poderse contar 200. hombres verdaderamente veteranos, proyectó atacar é incomodar al enemigo por sus costados y retaguardia y al efecto ordenó lo siguiente:

Nombró al teniente de milicias D. Miguel Canales á fin de que por el costado del campo enemigo y en situacion determinada colocáronse dos cañones de campaña que podian batir la casa llamada del Obispo, en donde estaba alojado el General inglés Albercromby con el campamento principal de su ejército sin riesgo de que pudiese atacar este puesto vigorosamente por mediar el caño de Martin Peña y serles preciso para llegar á él tomar una dilatada vuelta, saliendo de su línea para el Puente. Este puesto estaba dotado con el correspondiente número de artilleros y el de suficiente gente para sostenerle con la fusilería. El subteniente de granaderos del regimiento Fijo, D. Luis de Lara, comandante del Cuartel general de Rio-piedras, debia reunir la tropa de él con las dos compañías de caballería y apostarse hácia el puente de Martin Peña para atacar en su oportunidad. El sargento de milicias disciplinadas Cleimpaux, con su partida volante y otras nombradas de la misma clase, debia entrar por el sitio nombrado de San Antonio para apostarse debidamente á fin de atacar al enemigo por sus playas avanzando á cortarle la retirada. Todas estas partidas debian emprehender su accion á la madrugada del dia 30. y despues que D. Miguel Canales con sus cañones hubiese alarmado el exercito y llamado su atencion en defensa de su General por aquella parte. A este tiempo debia empezar Lara su ataque por la retaguardia y Cleimpaux seguir el suyo por su puesto, con el fin de cortar la retirada de los enemigos, ó de atacarlos cuando estuviesen empeñados contra los puestos de Lara y Canales. Se dispuso tambien que la linea avanzada de nuestros puestos, rompiese muy vivamente todos sus fuegos para entretener al sitiador y distraerle en parte de aquellas atenciones. Al efecto se dieron todas las órdenes é instrucciones convenientes á los respectivos Comandantes para que acordes todos tubiese feliz éxito la accion.

DIA 30.

La escuadra y buques bloqueadores del enemigo se observaron en su acostumbrada posicion.

El fuego de cañon y mortero de la plaza en toda la noche hácia Miraflores fué sin intermision y con muy buena direccion y efecto, pues á la mañana se observó en gran parte destruida su batería, algunos cañones desmontados y con poca gente al parecer en aquel puesto. El ganguil con sus cañones y el ponton con su mortero acompañaron á la plaza con su fuego acreditando su acostumbrado acierto, é incomodidad del enemigo.

El fuego de la línea avanzada de San Gerónimo, San Antonio y ganguiles fué en la noche con mucha intermision tanto de nuestra parte como de la del contrario.

A la madrugada se avivaron todos los fuegos de nuestra línea y plaza hácia los puestos del sitiador. Desde Miraflores solo se correspondió con un corto número de granadas reales, y en el resto del dia con algunos tiros de cañon, pero muy intermitentes. Las baterías del campo contrario correspondieron á nuestras avanzadas con alguna viveza de cañon y mortero, y en lo restante del dia lo hacian igualmente con mucha intermision.

El subteniente de granaderos del regimiento Fijo D. Luis de Lara, comandante de nuestro Cuartel general en la retaguardia del enemigo, sin embargo de las órdenes claras que se le dirigieron como á los demas oficiales comisionados, no entendió bien el proyecto del General en el dia anterior para el ataque del enemigo, y en lugar de las disposiciones y providencias dadas para él lo trastornó y obró del modo siguiente: Reunió todas las partidas hasta el número de 800 hombres con dos compañías de caballería, puso á la cabeza un cañon de campaña, con el que marchó hácia el puente de Martin Peña, llevando su tropa en varias columnas, de las cuales repartió alguna por los costados y manglares inmediatos á fin de cortar al enemigo la retirada en caso de salir del Puente. Llegaron á tiro de pistola de él, que le tenia anticipadamente con una gran cortadura, y defendido por una batería de tres cañones. Le incitaron con algunos cañonazos á que respondió con los de su batería. Formó el Comandante su tropa en batalla, repartiendo las dos compañías de caballería en los costados y empezó á hacer un vivo fuego de fúsil á los enemigos que se descubrian provocándolos al ataque sin poderlo conseguir en vista de lo cual, repitió el vivo fuego y el enemigo siguió respondiendo con el de cañon, y reflexionando que la disposicion del terreno no le permitia avanzar mas y que el enemigo se escusaba de hacerlo, se retiró con su tropa dejandolos bien escarmentados. Por nuestra parte tuvimos tres muertos, entre ellos el sargento mayor de Toa-alta D. José Diaz, á quien una bala de metralla lo dejó en la orilla del Puente á que se habia avanzado; y ocho heridos pero ninguno de gravedad.

En nuestro campo tuvimos en este dia 28 heridos, 9 del regimiento Fijo, 13 de las milicias disciplinadas, 1 de la artillería, 1 de los agregados á la Marina, 3 de las milicias urbanas y el restante de los franceses.

Entraron en la plaza 35 prisioneros y desertores del campo enemigo por cuyas declaraciones, se supo que con motivo de su accion de la mañana en el puente de Martin Peña, se habia tocado la generala en el campo de los contrarios; que el exército todo se habia formado en dos cuerpos, dirijido el uno á Martin Peña, y otro á nuestros puestos avanzados á su vanguardia creyendo que de la plaza se hacia alguna salida grande y que por ámbas partes se le atacaba.

Entraron en la plaza en este dia 102 hombres de la 2ª compañía urbana del partido de Ponce.

DIA 1º DE MAYO.

Desde la media noche del dia antecedente cesó el fuego del enemigo, y el nuestro continuó muy pausado. Se habia advertido que desde el anochecer del dia anterior habia un fuego muy crecido en los manglares y parte del monte del campo enemigo que corria toda su línea del Norte, y se atribuyó era con el fin de descubrir é impedir cualquier ataque nuestro.

A la madrugada de este dia que era cuando el sitiador solia avivar su fuego se advirtió mucho silencio en su campo. Luego dieron parte los prácticos del puerto y vigias de la escuadra que los ingleses se estaban embarcando con mucha precipitacion lo que informaron algunos desertores que muy temprano pasaron á nuestra línea. En virtud de estos avisos marchó inmediatamente el General con las tres compañías de caballería á los puestos de la línea, con el fin de ver si conseguia dar un ataque al enemigo por su retaguardia, y estorbarle el reembarco de sus tropas ó destruirselas en parte á la descubierta del campo enemigo, quienes inmediatamente reconocieron las baterías desamparadas con su artillería clavada: dieron cuenta de la novedad, y en seguida continuaron otras partidas descubriendo el rastro del enemigo hasta que encontraron haberse ya embarcado dexando abandonada toda su artillería de tierra con un crecido tren de ella, municiones, víveres y otros efectos. Luego se dispuso recojerlo todo, aunque estaba muy desparramado sin haberse podido evitar algun pillage que hizo el paisanage á causa de que por lo dilatado de la línea de circunferencia del campo que ocupó el inglés, no se podia estorbar la entrada de la gente escotera y práctica en aquellos terrenos.

A las 7 de la mañana acabaron de embarcar las últimas tropas y á las 10 cuando entró la brisa empezaron á salir de las ensenadas los buques de transporte, y á las 4 de la tarde salió el último manteniéndose todos á la vela, quedando fondeados los de guerra, menos los bloqueadores, en cuya posicion sobrevino la noche.

En este dia se recojieron 45 dispersos del exército enemigo por cuyas declaraciones confirmamos su precipitada retirada.

En nuestro exército no se hizo otra novedad que la de cesar los fuegos y mantenerse todos los puestos, como si estuviera el enemigo en el campo redoblando la vigilancia sobre la boca del puerto.

DIA 2.

Se descubrió la escuadra contraria como habia quedado al anochecer del dia anterior, y cuando entró la brisa empezaron á levarse los buques de guerra, estando todos á la vela á las once y media de la mañana. Toda la escuadra siguió con poca vela en vuelta del Norte, y al anochecer de este dia los buques mas atrasados estaban separados de nuestros puertos.

Se continuaron las providencias para introducir en la plaza la artillería, municiones y demas efectos abandonados por el enemigo, y al efecto se habilitaron las cortaduras del puente de San Antonio.

Se dió órden á los Alcaldes á fin de que pasasen al campo abandonado por los ingleses á efecto de enterrar con cal los muchos cadáveres de ellos, que se encontraban dispersos para evitar la infestacion de la atmósfera y sus resultas.

La guarnicion continuó en sus puestos acostumbrados.

Se recogieron 23 dispersos de los enemigos.

DIA 3.

Al amanecer de este dia ya se habia perdido de vista la escuadra enemiga, y solo quedó una fragata al parecer bloqueando el puerto.

En este dia se recogieron 4 soldados dispersos de los ingleses.

Con acuerdo del Illmo. Sr. Obispo, se dispuso cantar con la posible solemnidad, en la Santa Iglesia Catedral el *Te-Deum* con Misa mayor y sermon que predicó su Ilustrísima en accion de gracias, por los ausilios que franqueó en una tan crítica ocasion á todos los defensores de la plaza y habitantes de la Isla empleados en su socorro. Para que á un acto tan religioso y preciso, asistiesen todos á manifestar en general y cada uno en particular el reconocimiento debido al Señor Dios de los ejércitos, con el fervor que á cada uno dictase su cristiano corazon, se publicó en la Ciudad esta determinacion, y el exército concurrió en la forma siguiente:

Dexando la guarnicion necesaria en todos los puestos, formó el resto en el órden de batalla á la 7. de la mañana de este dia en el campo de nuestra línea, y pasando al de columnas emprendió la marcha con su órden. Iban á la cabeza un cabo y 8. dragones, seguidos de dos cañones de campaña con la correspondiente dotacion de artilleros: Luego el General del exército, montado en un caballo de los que dexó el enemigo en su campo, y se decia ser el que servia al General inglés Arbercromby, acompañado de todos los Gefes de la plaza, Comandante de la Marina, edecanes y ayudantes: El cuerpo de los ciudadanos de la república francesa con el pabellon de su nacion y su comandante D. Agustin Paris con sus ayudantes: una compañía de granaderos del regimiento Fijo con su música: El Comandante del puente de San Antonio ingeniero ordinario D. Ignacion Mascaró y Homar, con sus oficiales y guarnicion, tremolando el mismo pabellon que valerosamente defendió, y manifestaba los balazos recibidos en aquel puesto: El Comandante del castillo de San Gerónimo, Teniente coronel y ayudante de las milicias disiplinadas, D. Teodomiro del Toro, con los oficiales, tropa de su guarnicion y la de los artilleros de la república francesa que hubo de ausilio en aquel puesto con su Comandante Mr. Varon, capitan de un corsario de la misma nacion, tremolando igualmente el mismo pabellon defendido valerosamente en aquel Castillo, y presentaba los balazos que en él recibió: Toda la milicia urbana en el centro, cerrando la columna la milicia disciplinada de infantería: Dos cañones de campaña en los mismos términos que los de la vanguardia y las tres compañías de caballería.

Llegó la columna en esta disposicion á la Catedral en cuyo frente formó en el órden de batalla, y á este tiempo, se incorporó en ella el capitan del puerto ministro principal de marina teniente de fragata D. Juan Hurtado que tremolaba el pabellon de una de las baterias flotantes con todo el cuerpo de su cargo. Entraron en la Iglesia los pabellones triunfantes que se colocaron en el presbiterio durante la funcion. Se hizo triple salva en los tiempos acostumbrados, empezando los cañones de campaña á que siguió la fusilería del exército y luego toda la artillería de la plaza, castillos, como tambien las baterías flotantes; y concluida la funcion se retiró el exército á sus respectivos destinos, quedando las banderas en la Catdral, para colocarse en la cornisa, como trofeo de la gloria de esta Plaza en su defensa contra los ingleses.

La viva representacion que causaba la vista del exército con los pabellones traspasados de balazos al lado de sus Comandantes, y la del exército que con tanto valor, constancia y bizarría defendieron esta plaza, de que seguramente resulta el mayor honor y gloria á las armas españolas, conmovió tiernamente los corazones de todos, que rebozando en júbilo y gozo prorrumpieron en aclamaciones de repetidos vivas y otras fieles demostraciones de contento y alegría.

DIA 6.

En los dias 4 y 5 no hubo mas novedad, que la de verse contínuamente dos fragatas, cuyas maniobras no dejan duda de que son enemigas destinadas al bloqueo de este puerto. En ellos, sin embargo de la fatiga de la guarnicion, se ha atendido á varias faenas consecuentes al movimiento que causa un sitio en almacenes, parques. &c.

Se van despachando á sus respectivos destinos las compañías urbanas que habian concurrido de los partidos de esta Isla á la defensa de esta plaza.

Las relaciones núm. 7 y 8 manifiestan las piezas de artillería, municiones, víveres y pertrechos, que se han podido recojer de los que el enemigo dejó abandonados en su campo.

Durante el sitio se cuenta que hemos tenido 42 muertos, 154 heridos y 2 contusos, con 1 prisionero y 2 dispersos.

En el mismo tiempo han entrado en la plaza dos capitanes, un teniente y un subteniente prisioneros de guerra, y de las demas clases inferiores 286 entre prisioneros, desertores y dispersos.

Núm. 1º

A bordo del navio el Principe de Gales á 18 de Abril de 1797.

Señor:

Nosotros los Comandantes en gefe de las fuerzas Británicas por mar y tierra en esta parte del mundo, creemos de nuestro deber, antes de dar principio á algunas hostilidades, el intimaros que rindais la colonia de Puerto-Rico y lo que de esta depende á las armas de S. M. B.

Estamos dispuestos en este momento á conceder á vuestra persona, á la guarnicion y á los habitantes las condiciones mas favorables que con la proteccion en la continuacion de sus actuales goces de la religion, de las propiedades y leyes; pero si por desgracia reusareis aprovecharos de nuestras ofertas, sereis responsable de las consecuencias que se sigan, como de la variacion de los términos en que despues haremos seais tralados.

Tenemos el honor de ser, señor, vuestros mas humildes y obedientes servidores.—Ralph Albercromby, y Henry Harvey.

A S. E. el Gobernador ú Oficial comandante en Gefe de las fuerzas de S. M. C., en San Juan de Puerto-Rico.

Núm. 2.

Excmos. Señores.—He recibido el pliego de VV. EE. de este dia intimándome la rendicion de la plaza de Puerto-Rico, que tengo el honor de mandar; y defenderé como debo á mi Rey Católico, hasta perder la última gota de sangre. Esta circunstancia me priva de admitir las generosas ofertas que VV. EE. se sirven hacerme en él, particularmente á mí, á mí guarnicion y habitantes, los cuales, como su Gefe, están dispuestos á vender caras sus vidas; y espero que en su defensa obtendré la gloria que he conseguido de la nacion Brivánica en el puesto del Wilage cercano á Panzacola en el año pasado de 1781.—Nuestro señor guarde á VV. EE. muchos años como deseo. Puerto-Rico 18 de Abril de 1797.—Ramon de Castro.—Excmos. Señores. D. Ralph Abercromby y D. Henry Harvey.

Núm. 3.

Excmos. Señores.—Cuando llegó el capitan D. Miguel Palatino con el pliego que recibió del parlamentario que VV. EE. se sirvieron dirigirme, me hallaba yo reconociendo varios puestos de la plaza de mi mando, y con motivo de haber retardado mi regreso, se demoró el que yo recibiese el pliego; y por esto y por la dilacion de encontrar intérprete para su traducion, se ha retardado salir á dar á VV. EE., la respuesta. Inclúyola pues á VV. EE. en los mismos términos en que la habia dirigido á las tres de la tarde de hoy, cuando su parlamentario se habia ya retirado.—Nuestro señor guarde á VV. EE. muchos años como deseo. Puerto-Rico 18 de Abril de 1797.—Ramon de Castro.—EE. SS. D. Ralph Abercromby y D. Henry Harvey.

Núm. 4.

Excmo. Señor.—El oficial parlamentario D. Miguel Palatino, que en la mañana del dia de ayer, pasó á entregar á V. E. mi contestacion al oficio del dia anterior, me ha manifestado haberle V. E. insinuado, en vista de la insignia del pabellon francés, enarbolado en uno de los castillos de la plaza de mi mando, inmediato á la del Rey mi amo, no sabia con cual de las dos naciones debia entenderse V. E. La estrecha alianza de la república francesa con la nacion española me hizo condescender á permitir á un corto número de ciudadanos franceses, que sirven voluntariamente á mis órdenes, el uso de su pabellon en el puesto que les he señalado, permaneciendo en el sitio de preferencia el español que V. E. habrá visto en los otros castillos; pero sin embargo para absolver dudas, que en cualquiera concepto puedan ofender el honor de las armas españolas, mandaré, luego que reciba la contestacion de V. E., que se arrie el pabellon francés, á fin de que, dude que con quien se ha de entender es con el Brigadier de los Reales egércitos de S. M. C., Don Ramon de Castro, Gobernador y Capitan General de la plaza é isla de Puerto-Rico, el mismo que satisfará á V. E. en cuanto se le ofrezca, como le manda su Rey, y le dictan su honor y conocimientos militares que no ignora la nacion Británica. Nuestro señor guarde la vida de V. E. muchos años como deseo.—Puerto-Rico 20 de Abril de 1797.—Ramon de Castro.—Excmo. Sr. D. Henry Harvey, Comandante General de las fuerzas navales Británicas en estos mares.

Núm. 5.

Príncipe de Gales &c. 20 de Abril de 1797.

Señor:

Tengo el honor de haber recibido la carta de S. E. por D. Miguel Palatino sobre el asunto de la bandera de la república francesa que se halla enarbolada en el Castillo de Puerto-Rico; esta fué una cuestion hecha al Oficial, solo por curiosidad, por lo poco comun que ha sido por lo general, el observar banderas de dos diversas naciones enarboladas al mismo tiempo:

Queda á la disposicion de S. E. determinar que bandera debe enarbolarse en sus Castillos en adicion á las de España.

Tengo el honor de ser, señor, su mas obediente y humilde servidor.—Henrique Harvey.

A S. E. Don Ramon de Castro, Gobernador de Puerto-Rico.

NUM. 6.

Remito á U. esa bandera para que la trémole sobre la cabeza de ese puente que tan gloriosamente está defendiendo. Encargo á U. que la clave fuertemente con su valor y el de su gente, que no dudo serán capaces de sostenerla contra todo el impulso y esfuerzo de esas tropas inglesas, en la inteligencia de que al tiempo de fijarla, ha de ser saludada por toda la artillería de los fuertes y ganguiles, igualmente que por la fusilería de esos puestos, pues que asi deben afirmarse las banderas de nuestro Rey Católico.—Dios guarde á U. muchos años. Puerto-Rico 24 de Abril de 1797.—Ramon de Castro.—Sr. D. Ignacio Mascaró.

1799.

EL REY.

Gobernador y Capitan general de la Ciudad é Isla de San Juan de Puerto-Rico: Con fecha de 17 de Mayo del año de 1797. manifestó el Ayuntamiento de esa Ciudad la fidelidad, amor, y patriotismo con que siempre y en ocasiones anteriores habian manifestado los naturales de esa Isla su lealtad en defensa de ella, quándo ha sido invadida por los enemigos; el nuevo mérito que habian contraido en la última intentada por los ingleses en Abril anterior, puntualizando los sugetos que con el mismo esmero que por vuestra parte se habian señalado mas, con sus recomendables acciones, y los auxilios que franquearon; pidiendo en señal de alguna recompensa, me sirviese de conceder las ocho gracias que proponian: *Primera*, que se pueda titular de muy noble y muy leal la Ciudad, y orlear el escudo de sus armas con este mote, "POR SU CONSTANCIA, AMOR Y FIDELIDAD, ES MUY NOBLE Y MUY LEAL ESTA CIUDAD." *Segunda*, que aquel puerto sea franco y libre para el Comercio, á lo menos por veinte años, aunque sea en los términos que se acordó en Junta de Real Hacienda de 7. de Agosto de 1794. á consecuencia de la Real Cédula de 6 de Julio de 1793., y segun me informó el Intendente interino que fué de esa Isla, Don Juan Francisco Creagh, entendiéndose tambien libre de derechos toda estraccion de frutos y provisiones del pais: *Tercera*, que lo sean igualmente de Alcabala los demas, y las carnes del abasto de esa Capital en los mismos términos, que está concedido por su reglamento á la isla de Cuba, y últimamente á las carnes saladas, y sebo de Buenos-Aires, y lo solicitó el propio Intendente interino: *Cuarta*, que estando gravados los vecinos con el derecho de contribucion de tierras y otros muchos que componen los varios Ramos de Real Hacienda, pagando ademas diezmos y primicias, y costeando en todos sus pueblos la fábrica material de Iglesias, su dotacion, la congrua del Cura y otras erogaciones para disfrutar del pasto espiritual de que carecen en los campos, me dignara de eximirlos de otras pensiones, mandando que hecha la distribucion de diezmos por parroquias, con arreglo á lo prevenido por las leyes, y última Real Cédula del asunto, se aplique á los Curas y fábricas respectivas, las partes que les corresponde, cesando la obligacion de los vecinos, supuesto que habiendo ascendido la gruesa total de diezmos en el útimo trienio á 77.810 pesos, quedaban á favor de la Real Hacienda anualmente cerca de 12,000, despues de cubiertas las antiguas erogaciones de este ramo, que aplicados á sus peculiares objetos, aun quedarian á beneficio de la misma Real Hacienda sus respectivos novenos, conciliándose el alivio de esos amantes vasallos sin gravamen del Real Erario, y pudiendo á consecuencia descender á la concesion de otra gracia importante qual era la de aumentarse en ese Cavildo Eclesiástico, las cuatro Canóngias de oficio, Doctoral, Magistral, Penitenciaria y Lectoral, que habiéndose de proveer por oposicion, excitaría la mayor instrucion del clero, sirviendo de notoria utilidad al público, y de ornamento, y decoro al Cavildo: *Quinta*, que á los tres Regidores actuales, y al interino D. Domingo Dávila, me dignara perpetuarles sus oficios por via de vinculacion en sus familias para que les sirviera de una señal que en todo tiempo acreditara la fidelidad amor y constancia, con que han procedido en las críticas circunstancias del sitio, y antiguos servicios que me han echo, y á la causa pública: *Sexta*, que al Síndico Procurador general por los personales que ha contraido y gastos con que ha contribuido, se le conceda la condecoracion que sea de mi Real agrado: *Septima*, que los Regidores, Alcaldes y Síndico del Cavildo puedan usar del mismo uniforme que los de la ciudad de Cuba: y la *Octava y última*, que me sirviera declarar por fieles y leales vasallos, á esos vecinos y habitantes, con todas las demas demostraciones y gracias que sean de mi Soberano agrado.— Visto en mi Consejo de las Indias, con lo que en su inteligencia, y de lo informado por la Contaduría general de él, espuso mi Fiscal y consultándome sobre ello en 22 de Octubre último; he resuelto en remuneracion de los servicios hechos por esos habitantes, y de la fidelidad y amor que han mostrado á mi Real servicio con motivo de la indicada última invacion de los ingleses, concederles de las ocho gracias propuestas; la primera, tercera, quinta, séptima y octava; honores de mi Real Audiencia de Cuba, á D. José Ignacio Baldejuli, y que vos me propongais la clase de las que puedan convenir al Procurador Síndico general para resolver lo que tenga por conveniente, igualmente que en otros puntos incidentes que resultan del espediente, é interesan al alivio de los mismos naturales y al lustre, esplendor y decoro de la Catedral: lo que os participo para vuestra noticia, y que la comuniqueis á los que resultan agraciados á efecto de que por parte de todos y cada uno de ellos se acuda á impetrar mis Reales rescriptos confirmatorios: que asi es mi voluntad, y que de esta mi Real Cédula se tome razon por la espresada Contaduría general. Fecha en Aranjuez á trece de Abril de mil setecientos noventa y nueve.—Yo el Rey.—Por mandado del Rey nuestro señor.—Francisco Cerdá.—Tres rúbricas.—Al Gobernador de la Isla y ciudad de San Juan de Puerto-Rico, participándole las gracias que V. M. se ha servido conceder con motivo de la vigorosa defensa de aquella Isla en su última invasion por los ingleses en la forma que se espresa.—Corregido.

Puerto-Rico 5 de Octubre de 1799.—Guárdese, cúmplase y execútese lo que S. M. se sirve mandar en la precedente Real Cédula; tómese razon de ella en la Real Contaduría; compúlsense seis testimonios íntegros por el escribano de Gobierno, de los quales se pasarán cinco á mis manos y el otro se llevará al Sr. Auditor de Guerra á fin de que consulte lo conveniente al cumplimiento de lo que el Rey ordena; publiquen por Bando en la forma acostumbrada; y devuelvan original á esta Secretaría con la nota correspondiente del Escribano.—Castro.

Tomóse razon en esta Real Contaduría de nuestro cargo. Puerto-Rico 14 de Octubre de 1799.—Reyes.—Patiño.

En diez y ocho de los corrientes se público la Real Cédula que antecede con las solemnidades acostumbradas, fixándose en la plaza mayor un exemplar y testimonio prevenidos, doy fé.—Campderros.

23 AP 68

INDICE DE LA BIBLIOTECA.

Fechas.	MATERIAS.	Págs.	Procedencias.
1535.—	Introduccion........................	3	
	Fragmentos de la Historia general y natural de las Indias por Gonzalo Fernandez de Oviedo...	7	Edicion de la Real Academia de la historia de Madrid.
	Nota biografica.....................	9	
	LIBRO 16.—Prohemio.............	11	
	CAPÍTULO 1º—En que se tracta del asiento de la isla de la Mona ó de la de *Boriquen*, que agora se llama isla de Sanct Johan, y otras particularidades....................	14	
	CAP. 2º—Como por mandado del Comendador mayor de Alcántara, Don frey Nicolas de Ovando, Gobernador de la isla Española, se començó á poblar de chripstianos la isla de *Boriquen* (que agora llamamos de Sanct Johan) por mano del capitan Johan Ponce de Leon; y de otras particularidades á esto conçernientes...............	17	
	CAP. 3º—Que tracta del primero pueblo de chripstianos que ovo en la isla de *Boriquen* ó Sanct Johan, ó por que se mudó adonde se hiço despues.......................	20	
	CAP. 4º—Del pueblo de Guanica, ó porque se despobló ó se hizo otro que se llamó Sotomayor, ó del levantamiento ó rebelion de los indios, ó como mataron la mitad de los chripstianos que avia en la isla de Sanct Johan, y del esfuerço ó cosas haçañosas del capitan Diego de Salaçar....................	21	
	CAP. 5º—Que tracta de la muerte de Don Chripstobal de Soto-		

Fechas.	MATERIAS.	Págs.	Procedencias.
1535.	mayor é otros chrisptianos: é como escapó Johan Gonçalez, la lengua, con quatro heridas muy grandes é lo que anduvo assi herido en una noche, sin se curar, é otras cosas tocantes al discurso de la historia.	25	
	CAP. 6º—De los primeros capitanes que ovo en la conquista é paçificaçion de la isla de *Boriquen* que agora se llama isla de Sanct Johan.	27	
	CAP. 7º—Que tracta de algunas personas señaladas por su esfuerço, y de algunas cosas á esto conçernientes en la guerra é conquista de la isla de Sanct Johan.	28	
	CAP. 8º—Como los indios tenian por inmortales á los chripstianos luego que pasaron á la isla de Sanct Johan, é como acordaron de se alçar é no lo osaban emprender hasta ser certificados si los chripstianos podian morir ó no. Y la manera que tuvieron para lo esperimentar	34	
	CAP. 9º—De las batallas é recuentros mas principales que ovo en el tiempo de la guerra é conquista de Sanct Johan, por otro nobre dicha *Boriquen*.	35	
	CAP. 10.—De otra guaçábara ó recuentro que ovieron los españoles con los indios de la isla de *Boriquen* ó de Sanct Johan.	37	
	CAP. 11.—Como el gobernador Johan Ponce acordó de yr á descubrir por la vanda ó parte del Norte, é fué á la tierra-firme en la costa de las islas de *Bimini*; é halló la isla dicha *Bahamá*; é co-		

Fechas.	MATERIAS.	Págs.	Procedencias.
1535.	mo fué removido de la gobernacion é volvieron á gobernar los que él avia enviado presos á Castilla; y de otros gobernadores que ovo despues en la isla de Sanct Johan..	38	
	Cap. 12.—Del repartimiento de los indios de la isla de Sanct Johan y de lo que en ello se siguió.	42	
	Cap. 13.—De la muerte del adelantado Joan Ponce de Leon, primero conquistador de la isla de *Borinquen* que agora llaman Sanct Johan, y otras cosas tocantes á la mesma isla..................	44	
	Cap. 14.—Del pueblo llamado *Daguao*, que hiço poblar el almirante D. Diego Colon, en la isla de Sanct Johan......................	45	
	Cap. 15.—De los gobernadores que ovo en la isla de Sanct Johan, despues que alli fué por Juez de residençia el liçençiado Velazquez..	45	
	Cap. 16.—De diversas particularidades de la isla de Sanct Johan.	47	
	Cap. 17.—Del árbol del palo sancto é de sus muy exçelentes propiedades...........................	48	
	Cap. 18.—De otras particularidades de la isla de Sanct Johan, con que se dá fin al libro décimo sexto.	50	
	Libro 5º—Prohemio...............	53	
	Cap. 1º—Que tracta de las imágenes del diablo que tenian los indios, é de sus idolatrias, é de los *areytos* é bayles cantando, é la forma que tienen para retener en la memoria las cosas passadas que ellos quieren que queden en acuerdo á sus subçessores y al pueblo.	54	

Fechas.	MATERIAS.	Págs.	Procedencias.
1535.	Cap. 2º—De los tabacos ó ahumadas que los indios acostumbran en esta isla española, é la manera de las camas en que duermen.	61	
	Cap. 3º—De los matrimonios de los indios, é quantas mugeres tienen; en qué grados no toman mugeres, ni las conosçen carnalmente; é de sus viçios é luxuria, é con que manera de religiosidad cogian el oro, é de la idolatria destos indios, é otras cosas notables.......	64	
	Libro 6º—Cap. 1º—El qual tracta de las casas y moradas de los indios desta isla española, por otro nombre *Haytí*...............	75	
	Cap. 2º—Del juego del *batey* de los indios, que es el mismo que el de la pelota, aunque se juega de otra manera, como aqui se dirá, y la pelota es de otra especie ó materia que las pelotas que entre los chripstianos se usan...........	78	
	Cap. 4º—Que tracta de los navíos ó barcas de los indios, que ellos llaman *canoas*, é en algunas islas ó partes las diçen *piraguas*; las quales son de una pieza é de un solo árbol................	80	
	Cap. 5º—Que tracta de la manera que los indios tienen en sacar y ençender lumbre sin piedra ni eslabon, sino con un palo, torciéndole sobre otros palillos, como agora se dirá................	82	
	Cap. 8º—El qual tracta de los metales é minas que hay de oro en esta isla española: el qual se divide en onçe párrafos ó partes; y deçirse ha assí mismo de la manera que se tiene en el coger		

Fechas.	MATERIAS.	Págs.	Procedencias.
1535.	del oro, ó otras particularidades notables ó conçernientes á la historia	84	
	CRÓNICA GENERAL DE LAS INDIAS por Antonio de Herrera. (Lo referente á Puerto-Rico)	91	
	LIBRO 2º—DÉCADA 1ª—CAP 7º AÑO DE 1493.—Que el Almirante prosigue su viage y descubre otras islas de camino	95	
	LIBRO 7º—CAPÍTULO 4º—AÑO DE 1508.—Que Juan Ponce de Leon pasó á reconocer la isla de San Juan de Puerto-Rico, llamada el *Boriquen*, y que el Almirante D. Diego Colon puso demanda al fisco sobre sus pretensiones...	96	
	CAP. 7º—AÑO DE 1508.—Que Alonso de Ojeda y Diego de Nicuesa, capitularon para poblar en la tierra-firme	98	
	CAP. 10. AÑO DE 1509. Que el almirante llegó á la española y lo que pasó en la residencia del Comendador mayor Nicolas de Ovando..	98	
	CAP. 13.—AÑO DE 1510.—Que el Rey proveyó á Juan Ponce de Leon por gobernador de la isla de San Juan: y la guerra con los indios de ella; y de las quejas del Rey de Portugal, sobre los descubrimientos que se hacian	99	
	LIBRO 8º—CAP. 12. AÑO DE 1511. —De la junta que se tuvo de diversas personas de letras, sobre la opinion de los padres Domínicos: y que se envió á la española un nuevo Tribunal: y lo que sentian los indios de San Juan, que los castellanos se arraigasen en aquella isla	101	

Fechas.	MATERIAS.	Págs.	Procedencias.
1535.	Cap. 13.—Año de 1511.—De la guerra que Juan Ponce de Leon, tuvo en la isla de San Juan de Puerto-Rico: y que los indios naturales llamaron caribes en su favor............................	104	
	Libro 9º—Cap. 10. Año de 1512. De la navegacion de Juan Ponce de Leon, al Norte de la isla de San Juan y descubrimiento de la Florida, y porqué la llamó asi.	107	
	Cap. 11.—Año de 1512.—Que Juan Ponce de Leon, acabada su navegacion por la costa de la Florida, bolvió á la isla de San Juan.	107	
	Libro 10.—Capítulo 10.—Año de 1514.—De lo que respondió el Rey á las pretensiones del Almirante; lo que hizo en la isla de San Juan Christoval de Mendoza; y que Francisco de Garay no puede entrar en la isla de Guadalupe; y de una embajada del Rey al de Portugal...................	108	
	Década 2ª—Libro 3º—Cap. 14. Año de 1518.—De la plaga de las hormigas que hubo en la española y en San Juan, y el remedio que tubo........................	110	
	Libro 5º—Cap. 3º Año de 1519. De una noa inglesa que llegó á las Indias; y del estado en que se hallaban las islas...................	112	
	Década 3ª—Libro 1º Cap. 14. Año de 1521.—Corria el nombre de Hernando Cortés, y su fama andaba muy reputada, lo cual levantó el ánimo á muchos de los mas antiguos y mas principales capitanes de las indias, para emprender cosas señaladas, por que		

Fechas.	MATERIAS.	Págs.	Procedencias.
1535.	siendo del tiempo de Hernando Córtes, no se tenian en menos.....	113	
	DÉCADA 4ª—LIBRO 5º CAP. 2º AÑO DE 1528.—De el cuidado que el Rey tenia en la libertad é institucion christiana de los indios, y licencia que se dá para armar contra caribes...............	114	
	CAP. 3º—AÑO DE 1528.—Que el Rey mandó que se casasen los vecinos de la isla de San Juan, que llaman Puerto-Rico: que envió á tomar residencia á los oficiales Reales de ella: y de su descripcion.	115	
	DÉCADA 4ª—LIBRO..... CAP. 7º AÑO DE 1529.—Que el presidente del Audiencia de la española, embió al capitan San Miguel, contra el cacique Enrique y muchas buenas ordenes que dió.......	119	
	LIBRO 7º CAP. 6º AÑO DE 1530.—Que trata de Santo Domingo y San Juan y otras provincias....	120	
	DÉCADA 5ª CAP. 1º AÑO DE 1532. Que Antonio Sedeño hizo asiento con el Rey, de pacificar y poblar la isla de Trinidad, y lo que en ello le sucedió.....................	121	
1640.	Historia del Nuevo Mundo ó descripcion de las Indias occidentales. Escrita en 18 libros, por el Señor Juan de Laët, natural de Amberes................	133	Biblioteca nacional de Madrid.–Edicion francesa traducida.
	LIBRO 1º—Islas del Océano.—Isla de San Juan de Puerto-Rico. Cap. 1º—Situacion, tamaño, naturaleza del clima y del suelo de la isla de San Juan...............	125	
	CAP. 2º—Ciudades fundadas por los españoles, y de las cuales es Puerto-Rico la capital.............	128	

Fechas.	MATERIAS.	Págs.	Procedencias.
1640.	CAP. 3º—Puertos y costas de las islas de San Juan y Mona.........	131	
	BREVE NOTICIA de Casas y Castellanos.....................	133	
	DOCUMENTOS INÉDITOS. Siglos 15 y 16.........................	135	

Los que referentes á la isla de San Juan, se encuentran recopilados por D. Juan Bautista Muñoz..... á saber.

SIGLO 15.

COLON.—Bajo este epígrafe se encuentran algunos estractos......

SIGLO 16.

1504 y 1505..	Bula de 1ª ereccion de obispados en Indias (Estracto)...............	141	
1505.—	Asiento con Vicente Yañez Pinzon para ir á poblar la isla de San Juan (Estracto)...............	142	
1510 y 1511..	Algunas concesiones de vecindad en la isla de San Juan............	143	
1510 á 1516..	Algunas fundiciones de oro en la isla de San Juan................	144	
1510.—	Micer Geron de Bruselas, pasó de fundidor á San Juan...............	146	
1511.—	Instruccion para Diego de Arce, veedor².....................	147	
1511.—	Instruccion para el Contador Lizaur ó Lizaver................	147	
1511.—	Instruccion para Ceron y Diaz, Alcalde y alguacil mayores de San Juan para la buena gobernacion de ella...................	148	
1511.—	Franquezas y libertades de los vecinos mercaderes y tratantes de Indias &c. (Estracto)..........	149	

Fechas.	MATERIAS.	Págs.	Procedencias.
1512.	Capitulacion ó ordenacion de los reyes con el Obispo de San Juan.	151	
1513.	Instruccion para Haro, Tesorero.	152	
1513.	Nómina de lo que el Tesorero de San Juan ha de pagar............	153	
1513.	Ordenanzas para el remedio de la poblacion de San Juan (Estracto)..-............	153	
1514.	Memorial de Arango contra el licenciado Velazquez. (Estracto).	154	
1515.	Ponce de Leon parte de Sevilla contra caribes............	156	
1516 y 1518..	Varios cargos contra Conchillos.	156	
1517.	Pregónase por las Andalucias cédula Real sobre transporte de labradores á las cuatro islas........	162	
1518.	Dos renunciaciones de Lope Conchillos............	163	
1518.	Informacion hecha en San Juan sobre escesos............	164	
1519.	Recomendacion á favor de Blas Villasante............	165	
1514 á 1519..	Relacion de lo que han valido las grangerías de S. M............	165	
1519.	Traslacion de la Capital de Puerto-Rico. (Estracto).........	166	
1519.	Residencia del licenciado Velazquez............	168	
1511 á 1519..	Memoria de lo que los oficiales de Sevilla dieron á varios que van á Indias............	170	
1519 á 1520..	Indios que el licenciado La Gama depositó en el factor de San Juan............	170	
1517 á 1520..	Estracto del pleyto entre Ponce y Velazquez............	171	
1520.	Cuenta de lo que han rentado los indios de Conchillos............	171	
1521.	Ceron y Arango contra Velazquez (Estracto)............	172	

Fechas.	MATERIAS.	Págs.	Procedencias.
1521.	Sedeño contra Velazquez (Estracto)	172	
1521 y 1522..	Requerimientos de Villasante al Tesorero y teniente de Gobernador (Estracto)	173	
1523.	Relacion al Emperador de como le han servido los oficiales de San Juan (Estracto)	174	
1524 á 1542..	Fianzas y obligaciones	177	
1526.	Noticia de cargos y datas	177	
1528.	Mandamiento del Obispo Manso.	178	
1527 y 1528..	Cuenta de Miguel de Castellanos, Contador de San Juan	179	
1530.	Representacion de la ciudad de Puerto-Rico	180	
1531.	Defensa contra caribes	180	
1531.	Informacion hecha por el Alcalde ordinario á pedimento de Sedeño (Estracto)	180	
1531.	Mandamiento del Obispo Manso (Estracto).	181	
1533 á 1538..	Relacion del oro enviado á S. M.	181	
1533.	Informacion hecha en Puerto-Rico sobre el pecado de la usura (Estracto)	182	
1535.	Ordenanzas sobre armamentos y porte de naos (Estracto)	183	
1535.	Testimonio á pedimento de Sedeño (Estracto)	183	
1536.	Probanza á pedimento de los oficiales Reales (Estracto)	183	
1540.	Instruccion al procurador en Corte, Sebastian Ramirez	184	
1540.	El Consejo de Indias sobre el armada (Estracto)		
1540.	Fallecimiento del Obispo Manso.	185	
1540.	Informacion hecha en San Juan sobre el estado y necesidades de la guarnicion (Estracto)	185	

Fechas.	MATERIAS.	Págs.	Procedencias.
1541.—	Alarde de la guarnicion............	186	
1541 á 1542..	Memorial del Consejo de Indias sobre defensas (Estracto).........	187	
1546.—	Residencia del licenciado Cervantes (Estracto).....................	187	
1547.—	Pregon de una cédula del Príncipe sobre los corsarios.............	188	
1552.—	Cédula Real para que se desocupase la casa de Contratacion &c. (Estracto)......................	188	
1555.—	Sobre residencia del Doctor Angulo............................	188	
1555.—	Requerimiento al Gobernador de San Juan......................	189	
1509 á 1536..	Varias remesas de oro y perlas de San Juan....................	189	
1513.—	Ordenanzas para el tratamiento de los indios de San Juan.........	192	
1513.—	Declaracion de las ordenanzas sobre los indios..................	196	
1516.—	Parecer anónimo en un pliego....	198	
1516.—	Memorial anónimo................	201	
1516 y 1518..	Gobernacion de los Gerónimos...	202	
Id.—	Memorial del Obispo de Avila (Estracto)........................	214	
Id.—	Otros varios pareceres sobre los indios..........................	215	
Id.—	Memorial de los vecinos de Indias que estan en la Córte............	219	
1520.—	Carta del Rey á consecuencia de las anteriores informaciones......	222	
1537.—	Estracto de Bulas espedidas en favor de los indios................	225	
1543.—	Sobre encomiendas á conquistadores y pobladores..................	226	
1509 á 1543..	Estracto de varias cédulas y cartas del Rey relativas á la isla de San Juan.....	231	
1515 á 1555..	Estracto de cartas dirigidas al Soberano	271	

Fechas.	MATERIAS.	Págs.	Procedencias.
1515.	Cédula del licenciado Velazquez encomendándo á Conchillos doscientos indios...	347	
1518.	Cartas de los Gerónimos al Rey.	348	
1519.	Idem. de los id. á id...	349	
1520.	Declaracion del licenciado Figueroa sobre los caribes y guatiaos..	350	
1526.	Parecer del Br. Enciso sobre los indios...	354	
1536.	Cartas de Antonio Sedeño al Rey.	360	
1512.	Ereccion de la Santa Iglesia Catedral de la ciudad de San Juan Bautista de Puerto-Rico...	361	Archivo del Gobierno de Puerto-Rico.
1538.	Real cédula para que se hagan casas de piedra por los encomenderos de indios...	379	
1840.	Sobre que no se pueda hacer ejecucion, ni se vendan los negros, herramientas y materiales que andubieren en las minas...	380	Biblioteca nacional de Madrid.
1554.	Ordenanzas para la administracion de la Real Hacienda...	382	
1558.	Para que se dé noticia al Virey Presidentes y Oidores, las personas en cuyo distrito estubieren, de lo que avisaren á S. M...	388	
1559.	A los Arzobispos y Obispos de las Indias, sobre ciertas heregías.	390	
1560.	Sobre que se recojan los libros que hubiere impresos sin licencia de S. M., que toquen en cosas de Indias...	391	
1561.	Rebocacion de las provisiones que estan dadas sobre la tasa de negros...	392	
1585.	Corsario Drake.—Discurso sobre la venida de la armada inglesa...	397	
1595.	Relacion de lo sucedido en San Juan de Puerto-Rico de las Indias, con la armada inglesa, del cargo de Francisco Draque y Juan		Real Academia de la Historia de Madrid.

Fechas.	MATERIAS.	Págs.	Procedencias.
	Aquiles, á los 23 de Noviembre de 1595 años...	400	
1596.	Corsario Francisco Draque. Una carta...	416	Biblioteca nacional de Madrid.

SIGLO 17.

1625.	Relacion de la entrada y cerco del enemigo Boudoyno Henrico, general de la armada del príncipe de Orange en la ciudad de Puerto-Rico de las Indias; por el licenciado Diego de Larrasa...	416	Real Academia de la Historia de Madrid.
1636.	Copia de cédula de S. M. por la cual se dá facultad al Gobernador de Puerto-Rico para que por su ausencia ó muerte pueda nombrar persona que gobierne aquella isla.	433	Biblioteca nacional de Madrid.
1638.	Título de Contador para que tome las cuentas á los oficiales de la Real Hacienda y otras personas de la ciudad de la Havana y á los oficiales Reales de Sto. Domingo, Puerto-Rico, Cumaná y la Florida para D. Pedro Veltran de Santa Cruz.	434	
1644.	Oficios de la isla de Puerto-Rico. CARTA DEL OBISPO DE PUERTO-RICO.—D. Fray Damian Lopez de Haro á Juan Diaz de la Calle, con una relacion muy curiosa de su viaje y otras cosas...	439 439	
1647.	Descripcion de la isla y ciudad de Puerto-Rico, y de su vecindad y poblaciones, presidio, gobernadores y Obispos; frutos y minerales. Enviada por el licenciado Don Diego de Torres Vargas, Canónigo de la Santa Iglesia de esta Isla en el aviso que llegó á España en Abril 23 de 1647., al Sr. Cronista Maestro Gil Gonzalez Dávila...	447	Biblioteca particular del distinguido literato D. Domingo Delmonte.

Fechas.	MATERIAS.	Págs.	Procedencias.
	SIGLO 18.		
1703.	Defensa de Arecibo, por el capitan Correa............	496	Se hallan los originales en poder de sus descendientes.
1750.	Real cédula sobre esclavos procedentes del estrangero.........	500	Impresa ademas en Madrid.
1759.	Memoria del Gobernador Bravo de Rivero............	502	Archivo del Gobierno de Pto.-Rico.
1765.	Memoria de D. Alejandro O'Reylly sobre la isla de Puerto-Rico..	516	Copia de la original presentada á Su Magestad.
1798.	Real cédula participando al Gobernador de la Havana haberse revocado el auto que se proveyó sobre la coartacion de los esclavos en beneficio de su libertad; y declarando lo que se espresa.........	545	Biblioteca nacional de Madrid.
Id.	Cédula general por la que se manda que no se restituyan los negros fugitivos de las colonias estrangeras, que por los medios que se espresan adquirieron su libertad.....	547	
1797.	Diario y documentacion del sitio que pusieron los ingleses á la ciudad de Puerto-Rico.....	550	Archivos del Gobierno de Pto.-Rico.

Al terminar la impresion de la presente obra, me toca recordar la triste pérdida que ha esperimentado recientemente la literatura española.

El Presbítero Baranda y el Sr. Delmonte han fallecido. La Bibliografia, el buen gusto y la erudicion no cuentan ya dos faros luminosos; y los hombres de bien han perdido dos amigos. Por lo que hace á mí, ni aun siquiera llegó hasta ellos el voto humilde de gratitud que les dirigia al abrir la primera página de este libro. Su caracter bondadoso, su afecto á la juventud anhelosa de nobles lauros, el respeto y admiracion que inspiraban sus talentos y virtudes, tienen hoy su espresion legítima, en mi voz que demanda su descanso.

Puerto-Rico 4 de Marzo de 1854.

A. T. y R.

CPSIA information can be obtained
at www.ICGtesting.com
Printed in the USA
BVOW04s2016020417
480088BV00010BA/274/P